Mary Welsh
Hemingway

Wie es war

Deutsch von
Helmut Kossodo

Rowohlt

Die Originalausgabe erschien 1976
unter dem Titel «How it was»
bei Alfred A. Knopf, New York
Schutzumschlag- und Einbandentwurf
von Werner Rebhuhn
Foto von Peter Buckley
Einige Kapitel wurden für die
deutsche Ausgabe im Einverständnis
mit der Autorin leicht gekürzt

1. Auflage September 1977
© Rowohlt Verlag GmbH, Reinbek bei Hamburg, 1977
«How it was» Copyright 1951, © 1956, 1963, 1965, 1976
by Mary Welsh Hemingway
All rights reserved under
International and Pan-American Copyright Conventions
Alle deutschen Rechte vorbehalten
Printed in Germany
ISBN 3 498 07280 3

Inhalt

1. Mein Vater in Minnesota 7
2. Eine überbewertete Zeitspanne 24
3. Eine flammenzüngelnde Furie 51
4. Koordinierte Kampfhandlungen 61
5. Cuba Bella 133
6. Draußen im Westen 162
7. Veränderliches Wetter 171
8. Szenenwechsel 185
9. Die italienische Reise 191
10. Zurück zur Basis 203
11. New York – Venedig 211
12. Stimmungsschwankungen 218
13. Wechselfälle 244
14. Daheim auf See 250
15. Preise, Überraschungen, Pläne 269
16. En Voyage 275
17. Ostafrika 290
18. Frühling in Europa 344
19. Probleme und Nobelpreis 347
20. Schlechte Nachrichten 360
21. Neue Unternehmungen 369
22. Sweet Home 381
23. Kuba in der Krise 385
24. Freuden in Idaho 390
25. Ein beunruhigender Sommer 396
26. Lähmende Tage 412
27. Wiederauflebende Hoffnung 418
28. Schwindende Hoffnung 425
29. Wiederaufbau 438
30. Anfänge 449
31. Unterwegs 456
32. Stürmisch, gelegentlich heiter 466

I
Mein Vater in Minnesota

Von den fünfzehntausend Seen, die im zweiten Jahrzehnt dieses Jahrhunderts die Wälder im nördlichen Minnesota verschönten, liebten mein Vater und ich den Leech Lake (Blutegelsee) am meisten. Mein Vater arbeitete dort während des Sommers, und ich tollte herum, ging auf Entdeckungsfahrten oder träumte in den Tag hinein. Unsere anderen Seen hatten lieblichere Namen. Lake Bemidji, wo wir im Winter lebten, heißt in der Chippewa-Sprache «Schimmernde Wasser». Dann war da der Tenmile Lake, der Cut Foot Sioux, der Bowstring und der Kabekona-See. Aber sie alle waren klein und «weiblich». Sie begannen sich zu bürgerlichen Ferienzielen zu entwickeln, und an ihren Ufern vermehrten sich die Sommerhäuschen.

Der Leech Lake dagegen mit seinen sechshundertvierzig Meilen Küste, seinen tiefen, unregelmäßigen Buchten und plötzlichen Untiefen, seinen zwölf Inseln, seinem treibenden Morast und seinen heftigen Stürmen erschien einem Mädchen wie mir, das in einer Hütte an seinem Ufer geboren war und dessen erste Reise im Alter von einem Monat über eine seiner Buchten geführt hatte, als männlich und anregend.

Unter all den Gewässern unseres Landes zeichnete sich der Leech Lake durch eine Besonderheit aus. Weniger als zehn Jahre, bevor ich in Walker, Minnesota, zur Welt kam, hatten der Chippewa-Häuptling Bug-o-nay-ge-shig und seine tapferen Krieger auf einem stillen Küstenstreifen den Truppen der Regierung der Vereinigten Staaten eine der allerletzten Schlachten geliefert und gewonnen. Es war zwar nur ein kleiner Knallfrosch in der lärmenden Geschichte unseres Landes, aber uns Kindern, denen am Frühstückstisch bei wildem Reis und Milch davon erzählt wurde, blieb das Ereignis in lebendiger Erinnerung, und mein Vater – ein geborener Bilderstürmer, politisch Liberaler und Freund der Chippewas – pflegte seiner mit Vergnügen zu gedenken, wenn sein Schiff, die *Northland*, am Sugar Point vorbeikam, wo die Schlacht einst getobt hatte. Dann zog er an seiner Pfeifenschnur und ließ die *Northland* ein paar heisere Gruß-Signale ausstoßen.

Die Holzfällerei und die Verwüstungen, die sie auf indianischem Gebiet anrichtete, war der Grund, der Bug-o-nay-ge-shig in den Kampf getrieben hatte. Er hatte miterlebt, wie weiße Holzfäller – mein Vater war noch nicht unter ihnen – die reichen Waldungen der Chippewa-Stämme

White Earth und Red Lake in kahle, von Baumstümpfen übersäte Felder verwandelten und die darin wohnenden Tiere und Vögel vertrieben. So weigerte er sich, ein Papier zu unterschreiben, mit dem er in die Abforstung der Gebiete seines Stammes auf Bear Island, der größten Insel im Leech Lake, einwilligen sollte. «Er stellt sich dem Fortschritt in den Weg», klagten die Holzhändler vor den Kommissionen in Saint Paul, der Hauptstadt von Minnesota. «Das ist eine Einmischung in unsere Geschäfte.»

Der Federal Marshal von Walker wurde beauftragt, Bug-o-nay-ge-shig festzunehmen und vor Gericht zu bringen, wo er sich für seine trotzige Haltung gegenüber den landesüblichen Geschäftspraktiken verantworten sollte. Der Beamte stellte den alten Häuptling bei der Indian Agency in Onigum, jenseits der Bucht, gegenüber von Walker und wollte ihn mit Gewalt in ein wartendes Boot verfrachten, als Bug-o-nay-ge-shig in der Chippewa-Sprache rief: «Wo sind meine jungen Männer?» Seine braven Getreuen hatten sich schnell um ihn geschart, stießen den Beamten beiseite und zogen sich mit ihrem Häuptling in ihre tiefen Wälder zurück. Widerstand gegen die Staatsgewalt war in den Augen des unerforschlichen «großen weißen Vaters» in Washington eine Beleidigung. Also entsandte die Bundesregierung General John M. Bacon mit einer Schar Soldaten nach Walker, damit er den Häuptling und seine jungen Männer gefangennahm.

Am 4. Oktober 1898 fuhren General Bacon, sein Stellvertreter, Captain Wilkinson, und achtzig Mann mit gemieteten Schleppdampfern nach Bear Island hinüber, fanden die Insel verlassen vor und fuhren daraufhin weiter westlich nach Sugar Point, wo Bug-o-nay-ge-shig eine Hütte und einen Kartoffelacker besaß. Die kleine Armee konnte hier zwar ihren Nachschub ohne Beiboote nicht ausladen, ging aber trotzdem mit geladenen Gewehren an Land, fand die Hütte verlassen und rückte nun auf den Pfaden des Waldes vor. Vielleicht sahen sie hier und da einen Zweig, der sich bewegte, oder einen Vogel, der plötzlich wild aufflog. Sie erblickten aber keine Indianer und kehrten zu der Hütte zurück, wo sie aufgefordert wurden, ihre Gewehre zusammenzustellen. Dabei ging versehentlich ein Schuß los. Jetzt prasselte aus dem dichten umliegenden Wald Gewehrfeuer auf sie ein, und mehrere der Soldaten, die nach ihren Waffen griffen, in die Bäume schossen und in Deckung sprangen, wurden verwundet.

Die Schlacht setzte sich in einzelnen Scharmützeln an jenem Nachmittag und am nächsten Tage fort. Captain Wilkinson und sechs Soldaten wurden getötet, zehn andere Soldaten verwundet. General Bacon zog sich mit seiner Truppe nach Walker zurück und bot mit aller Würde, die er noch aufzubringen vermochte, Unterhandlungen an. Die Streitmacht

Bug-o-nay-ge-shigs bestand aus zwanzig mit Steinschloßgewehren bewaffneten tapferen Männern.

Andere Indianerhäuptlinge aus dem Leech Lake-Gebiet nahmen in jenem Jahr an Waffenstillstandsverhandlungen in Walker teil. Aber Bug-o-nay-ge-shig verhandelte nicht, ergab sich nicht und wurde nie von den Häschern der Regierung festgenommen. Eine der wenigen Fotografien, die von ihm existieren, zeigt ihn als einen schlanken Mann mit hohen Backenknochen, einem energischen Mund und offenen Blick – er trägt auf dem Bild eine Halskette aus Patronenhülsen der Marke Krag-Jorgensen, die aus den Gewehren der Truppe General Bacons stammten. Er lebte noch einige Jahre friedlich, fischte, jagte, beriet junge Leute und rauchte seine lange, gerade Kinnikinnick-Pfeife, die er mit indianischem Tabak aus der getrockneten inneren Rinde der roten Korbweide stopfte. Der aromatische, beizende Geruch war während meiner Kindheit für mich der Inbegriff des Indianischen.

Die Chippewas bauten sich ihre ovalen Wigwams aus Birkenrinde rings um den Leech Lake und lebten inmitten einer natürlichen Fülle von Fisch, Wild und wildem Reis. Die in den See mündenden oder von ihm ausgehenden Gewässer waren reich an Muskalunge und anderen Arten von Hechten. In den Wäldern – der Traum eines jeden Naturschützers – konnte man Rehe, Hirsche und Elche fangen, von deren Fleisch man sich nährte und in deren Felle man sich kleidete. Bären machten zwischen Kiefern und Laubbäumen ihre Runden, und Marder, Waschbären und Füchse waren überall in diesem Gebiet zu Hause. Bisamratten, Otter, Nerze und Biber lebten in den Sümpfen oder in den Bächen und bauten ihre Dämme.

Als Lieutenant Zebulon Pike von der Armee der Vereinigten Staaten im Jahre 1806 bei einer Forschungsexpedition auf der Suche nach der Quelle des Mississippi – er entdeckte später Pikes Peak – zufällig an den Leech Lake gelangte, besichtigte er den dortigen Pelzhandelsplatz, erkundete den Verlauf der Seeufer und erstattete dem Kriegsministerium in Washington darüber Bericht. Der Staat Minnesota ehrte ihn dafür, indem man die kleinste und unbedeutendste Insel nach ihm benannte.

In den neunziger Jahren des vorigen Jahrhunderts gab es im nördlichen Minnesota noch mindestens 600000 Acres unvermessenes Waldland, und mein Vater, noch nicht einundzwanzig, beschloß, 160 Acres dieses Urwalds auf Grund des damals praktizierten Ansiedlerrechts zu erwerben. Man nahm eine roh skizzierte Landkarte, markierte einen Baum und schritt von dort aus das Gebiet in östlicher, nördlicher, westlicher und südlicher Richtung mit Hilfe einer Meßrute ab, befestigte ein Schild an einem Pfahl, mit dem man seinen Anspruch auf das Land geltend machte, baute sich eine Behausung - und war so nach einigen weiteren kleinen Formalitäten anerkannter Landbesitzer.

Mein Vater entschied sich für die dicht bewaldete Gegend von Hasca County, ungefähr hundertfünfzig Meilen südlich der kanadischen Grenze, und wählte es, als er das erste Stück Land in Besitz nahm! Er baute seine Hütte fünfundsechzig Meilen vom nächsten Dorf an der Eisenbahn entfernt und machte sich mit seiner näheren Umgebung - dem Wald, dem Wild, den Vögeln und Menschen - bekannt, die alle den Besitzanspruch auf ihr Land wie er dadurch geltend machten, daß sie dort lebten. Dann kehrte er heim in das Dörfchen L'Anse Michigan, unten an der Ecke des kleineren «Daumens» des Staates, der von Wisconsin in den Lake Superior führte und verfiel dort - wie er stets behauptete - dem einschmeichelnden Wesen eines zierlichen blauäugigen Mädchens namens Adeline Beehler, die er am 9. Juli 1902 in der Kirche von L'Anse heiratete.

Mein Vater hatte auch für meine Mutter und für seine Schwester Katherine in der Nähe seiner eigenen Besitzungen im Norden von Bemidji Land abgesteckt. So fuhren meine Eltern auf ihrer Hochzeitsreise zuerst nach Bemidji, damals eine Stadt, in der die Holzfäller, wenn sie im Winter Arbeit suchten, zeitweilig Unterschlupf fanden, in der die Siedler ihre Einkäufe und kleine Händler, *entrepreneurs*, Jagd auf Waren machten, die sie billig kaufen und teuer verkaufen konnten. Der zweite Teil der Hochzeitsreise war eine knochenerschütternde Wagenfahrt über Stock und Stein bis zu einer Lichtung im Walde, wo mein Vater mit Hilfe eines Indianers ein einräumiges Blockhaus erbaute, das erste Heim meiner Eltern.

Das Blockhaus war längst fertig, als die ersten herbstlichen Schneegestöber einsetzten, und es war, wie meine Eltern erklärten, auch im frostigen Winter in Minnesota behaglich und bequem. In jenem Winter verdiente mein Vater sich seinen Lebensunterhalt als Schreiber und Waagemeister bei einem Holzfällerteam, dessen Lager, wie er berichtete, ungefähr zehn Meilen von seiner und Adelines Hütte entfernt war. Jeden Morgen legte er diese Strecke fröhlich auf seinen Schneeschuhen zurück und kehrte im weißen Dämmerlicht des Nachmittags wieder nach Hause. Noch viele Jahre später waren seine Beine so elastisch wie die eines Känguruhs.

Je genauer er es kennenlernte, um so mehr fühlte mein Vater sich versucht, in das Holzgeschäft mit seinen Chancen und Risiken einzusteigen. Er übte sich in der Holzmeßkunde, lernte, den Holzbestand in einem Areal wachsender Bäume abzuschätzen, und konnte schließlich aus Höhe, Umfang und Dichte den Ertrag so genau berechnen, daß der

Unterschied zwischen seiner Schätzung und dem «amtlichen Maß», das für den Käufer von geschnittenen Stämmen das Entscheidende war, nie mehr als zehn Prozent betrug.

1904 beschlossen meine Eltern, das Dorf Walker, das an den weiten blauen Wassern des Leech Lake lag, zum Hauptsitz der Holzgeschäfte meines Vaters zu machen. Sie kauften ein Häuschen auf dem hochgelegenen Seeufer, in dem ich eines schönen Sonntagmorgens im Jahre 1908 geboren wurde. Als meine Mutter am gleichen Tage aus dem Schlaf erwachte und nach mir tastete, fand sie mich nicht in ihrem Bett. Sie hörte meinen Vater auf dem elektrischen Klavier spielen, und rief, wo ich sei. «Ich habe sie hier», rief mein Vater zurück, ohne sein Klavierspiel zu unterbrechen. Er hielt mich an den Füßen mit dem Kopf nach unten, so daß er, während er die Walze abrollen ließ, mein Gesicht vor sich hatte. Später erinnerte mich meine Mutter bei jeder Dummheit, die ich beging, an diesen luftigen Kopfstand.

Obwohl mein Vater das Holzgeschäft am Leech Lake weiterbetrieb, überdies noch eine Farm von über 800 Acres gekauft hatte, die an eine der Buchten grenzte, verlegten meine Eltern ihren Wohnsitz von Walker nach Bemidji. Sie zogen in ein großes, sonniges Schindelhaus an der Ecke der Bemidji Avenue und der Zwölften Straße – gerade rechtzeitig, daß ich den Kindergarten in der größeren Stadt besuchen konnte. Aber der Leech Lake, mit der Farm oder aber mit der *Northland,* war im Sommer unser Zuhause, und ich für mein Teil fand die abgeschlossene kleine Welt des Schiffes unvergleichlich anziehender als das Leben am Seeufer.

Wenn die *Northland* den See durchpflügte, war das Steuerhaus auf dem oberen Deck Herz und Seele meiner sommerlichen Welt. Es war ein spartanisch einfacher Raum mit nackten Bodenplanken und großen Fensterscheiben, die ihn von Hüfthöhe aufwärts umschlossen. Oft stand mein Vater dort allein am Steuer. Wenn ich an die Glasscheibe der Tür klopfte, rief er mir zu: «Komm, komm herein, Dearidoo», und dann ergingen wir uns zusammen in fröhlichen Liedern: «Als du eine Tulpe trugst, eine gelbe Tulpe.» Oder: «Ein bißchen Himmel fiel einst herab.» Dann erzählte er mir von dem großen Schauspieler Edwin Booth, den er in Chicago als Hamlet gesehen hatte, oder vom Stillen Ozean, der ihm in San Francisco so kalt und grau, aber vor allem so *GROSS* erschienen war – und so verlockend für einen dem Land verhafteten Mann aus dem mittleren Westen.

Er war ein leicht aufbrausender Mann, aber die Geduld, mit der er meine Fragen beantwortete, und mir half, die grausame Welt der Erwachsenen zu verstehen, ließ meine Verehrung für ihn täglich wachsen. Ich lernte wie Torfmoore entstanden oder warum Vögel sich bestimmte

Plätze für ihre Nester suchten. Ich war verwirrt über die Stelle im 2. Buch Mose, Kapitel 34, wo es heißt: «Herr, Herr ... der da bewahret Gnade in tausend Glieder, und vergibt Missetat, Übertretung und Sünde ...» Und gleich darauf: «... und vor welchem niemand unschuldig ist, der die Missetat der Väter heimsucht auf Kinder und Kindeskinder, bis ins dritte und vierte Glied ....» Mein Vater erklärte mir, wie die Bibel entstanden war, und erzählte mir von dem Fanatismus derer, die sie in der Frühzeit zusammengestellt hatten.

Eines Abends, als die *Northland* leise plätschernd durch die Abenddämmerung glitt, zeigte er mir ein wie ein Stuhl geformtes Sternbild am nachtblauen nördlichen Himmel. «Das ist die Kassiopeia. Und dort links ist der Große Bär, und genau in der Mitte ist der Nordstern. Wenn du dort oben auf dem Nordstern säßest, Dearidoo, würde die Kassiopeia für dich wie ein M aussehen. M wie Mary. Und wenn du sie Millionen Meilen weiter nordöstlich von uns sehen könntest, erschiene sie dir wie ein W. So stehen die Anfangsbuchstaben deines Namens in den Sternen geschrieben.» Ich merkte mir die Kassiopeia und stellte die astronomischen Kenntnisse meines Vaters nicht in Frage.

Wir blickten über den blaugrauen See und auf die Landmarken an den fernen Küstenstrichen und sprachen über Dinge, die uns bewegten. Was war Gerechtigkeit? Was Barmherzigkeit? Denn eine meiner liebsten Bibelstellen war das dreizehnte Kapitel – das über Liebe und Barmherzigkeit – im ersten Brief des Apostels Paulus an die Korinther. «Allerdings nicht ganz leicht zu befolgen», sagte mein Vater dazu, und dann erzählte er mir von Korinth und seiner langen blutigen Geschichte.

Einer seiner liebsten Aphorismen, über den wir oft sprachen, war aus *Hamlet*: «Es gibt nichts Gutes oder Schlechtes, doch der Gedanke macht's dazu». Er hatte *Hamlet* das erste Mal an der Universität Valparaiso gelesen, als Student, und er bewahrte ein Exemplar zusammen mit anderen Lieblingsbüchern im Aufenthaltsraum der *Northland* auf. Wie die Bienen auf der Suche nach Nektar, so blätterten wir, bis wir die Stelle gefunden und ausgekostet hatten. Mr. Shakespeare war ein häufiger Gefährte bei unseren Gesprächen auf dem Boot.

Von all dem Wissen und all der Weisheit, die mein Vater in jenen Sommern über mich ausgoß, war ein Ratschlag mir besonders teuer. Eines Tages überquerten wir eine Wiese mit einer Schafherde, als wir auf unser großes weißes Boot zugingen. Wir sahen den Tieren zu, wie sie planlos vor und hinter uns herumliefen. Ich mußte über sie lachen, und ich drückte meines Vaters Hand und sagte: «Sind sie nicht dumm, Papa? Wie leicht können sie sich verletzen, wenn sie so blindlings durch die Gegend laufen.»

Mein Vater lachte auch, und als wir dem Wirbel der Herde entkommen waren, sagte er: «Merk dir das, Mary. Sei nie ein Schaf. Folge nie einem Führer, nur weil er vor dir geht. Nimm dir Zeit und schau dich um und sieh selbst, ob du die richtige Richtung eingeschlagen hast.» Ich muß an jenem Morgen acht oder neun Jahre alt gewesen sein.

Die in der Nähe von Walker gebaute *Northland* war ein Schiff vom Typ der Mississippi-Flußboote. Sie war 120 Fuß lang, 36 Fuß breit, und die Schaufeln des Rades am Heck waren 24 Fuß lang und vier Zoll dick. Sie war zwar drei Decks hoch, lag aber mit ihrem flachen Unterbau nur vier oder fünf Fuß tief im Wasser, was auf unserem See mit seinen vielen Untiefen sehr wichtig war.

Wenn die *Northland* in Betrieb war, bot das untere Deck mit dem Maschinenraum einem Kind herrliche Beschäftigungsmöglichkeiten. Mein Freund Ole Helgerson, der Maschinist, hatte stets einen Lumpen zur Hand, von dem er mir ein Stück gab, damit ich die unbeweglichen Teile seiner schnurrenden Maschinen putzen konnte. Auch er gab mir einen guten Rat. Als ich ihm eines Tages von irgendeinem übertriebenen kindlichen Kummer vorstöhnte, sagte er: «Mach dir keine Sorgen. Mach dir niemals Sorgen. Wenn es etwas ist, das du beheben kannst, so behebe es. Wenn es aber nicht zu beheben ist, dann hilft dir auch alles Sorgen nichts.»

Wenn Ole beschäftigt war, durfte ich mich auf die Stufen setzen, die zu der schwarzen Eisentür des Kesselraums hinabführten, und mich mit Axel Stand, unserem gutmütigen Heizer, unterhalten. Jedesmal wenn er die Tür öffnete, um einige große Scheite von dem geklafterten Holz in die tobenden gelben Flammen zu werfen, erschauderte ich ehrfürchtig.

Bob Cloud und Jim Thunder, zwei Indianerjungen und etwa doppelt so alt wie ich, die seit mehreren Jahren zu unserem Holzfällerteam gehörten, waren meine Helden. Sie nannten mich Manee – das ist der Chippewa-Name für Mary. Sie gehörten zur Sippe des mit meinem Vater befreundeten Häuptlings Kau-kau-kan und hatten zwar Englisch auf der Missionsschule gelernt, brachten mir aber mit viel Geduld Sätze in der Chippewa-Sprache bei.

«*Boujou Nitchie. On in a kom a gut?*» («Guten Tag, Freund. Was gibt es Neues?») pflegten wir uns zu begrüßen. Jahre später fragte ich mich, ob das «*Boujou*» nicht womöglich von französischen Forschungs- oder Handelsreisenden, die im 18. Jahrhundert durch unser Land zu wandern pflegten, übernommen worden war.

Kaum hatte ich von Bob oder von Jim einen neuen Satz oder einen neuen Seemannsknoten gelernt, eilte ich in das Steuerhaus, um es meinem Vater zu berichten. Manchmal brachte auch er mir dann einen Satz bei,

den ich Bob und Jim sagen sollte. Einmal lautete die Botschaft: *«Dinne mo schai a, wetch i web.»* Als ich diese Worte stolz meinen Helden im Maschinenraum überbrachte, schwiegen sie und blickten betreten zu Boden. Ich eilte die beiden Kajütentreppen hinauf zu meinem Vater und erzählte es ihm. «Es sind brave Jungens, Dearidoo», sagte er. «Vielleicht haben sie nicht verstanden, daß ich einen Spaß machen wollte. Der Satz heißt nämlich: ‹Mein Liebling, ich liebe dich.›»
Wenn wir langsam an einer Küste entlangschaukelten, angelten Bob und Jim manchmal vom unteren Deck. Sie spießten ein Stückchen Fleisch auf einen Haken, befestigten den Haken an einer langen Schnur und banden diese an einen Weidenstock. Eines Tages, als ich ihnen zusah, bog sich plötzlich Bobs Stock nach unten. Er schnellte ihn hinauf, und ein glitzernder braungrüner junger Hecht landete auf dem Deck zu unseren Füßen. Bob nahm ihn beim Schwanz, schleuderte ihn mit dem Kopf gegen die Bordwand, und dann lag er da, reglos. Außer toten Fliegen hatte ich bis dahin noch nie ein getötetes Tier gesehen. Ich war verwirrt und ging zu meinem Vater.
«Er war so lebendig und hat so geglitzert», erzählte ich. «Und dann, so schnell, war er tot, und der Glanz verschwand.»
Mein Vater nickte.
«Ich möchte, daß alles lebt, Papa. Ich glitzere nicht, aber ich lebe so gern.»
«Du glänzt auf deine Art, Dearidoo», sagte mein Vater. «Aber glitzern ist nicht genug im Leben. Du mußt auch lernen, zu geben.»
Wasser war mir als Kind eine ebenso natürliche Umgebung wie Land. Meine Mutter hatte mir ja auch erzählt, meine allererste Reise sei eine Fahrt mit ihr über die Bucht des Sees gewesen. Sie wollte mich Miss Pauline Colby, ihrer Freundin, vorführen, die als Missionarin in Onigum arbeitete. So bestieg sie im Monat Mai mit mir die öffentliche Motorfähre für die Drei-Meilen-Fahrt. Ein Sturm wirbelte vom großen See her aus nordwestlicher Richtung auf das vollbeladene Fährschiff zu. Die Indianer an Bord wurden nervös und seekrank, und die Fähre schaufelte Wasser und Gischt über die Passagiere hin. Meine Mutter, an die kalten, ungastlichen Gestade des Lake Superior gewöhnt, blieb ruhig und gelassen.
Bei all meinen Erfahrungen vom Leben auf dem See war ich doch aufgeregt und entzückt, als die *Northland* (ich weiß nicht, warum Schiffe meist, wenn nicht sogar immer weiblich sind) eines Tages in der Abenddämmerung auf eine Schlammbank auflief. Ich war damals sieben oder acht Jahre alt. Wir waren durch die Enge in den großen See gelangt, von dem stetig an Wucht zunehmende Wellen gegen unsere Steuerbord-

wand schlugen. Im Osten ballten sich dunkle Kumuluswolken, die von Blitzen gespalten wurden, und Donnergrollen rollte auf uns zu. Mein Vater und seine Crew probierten jeden Trick aus, um uns aus der Schlammfalle zu befreien. Das Schaufelrad drehte sich, die Ankerwinde rasselte. Ohne Erfolg. Sie hatten besonderen Grund zu Besorgnis an jenem Abend, denn der Schlamm hatte uns kaum zweihundert Meter von einem haushohen Granitfelsen, der fast bis an die Wasseroberfläche emporragte, erwischt. Der Felsen war auf unserer Seekarte verzeichnet, aber treibenden Schlamm konnte man nicht aufzeichnen.

Es muß gegen zehn Uhr gewesen sein, lange nach meiner normalen Zubettgehzeit, als mein Vater mich unter den Männern an Deck bemerkte und mich zu Bett schickte. Aber ich mochte nicht gehorchen. Ich schlich mich hinter eine der großen Schiebetüren des Vorderdecks und lauschte bibbernd, als mein Vater und sein irischer Vormann und Ole Helgerson diskutierten, wie man dem Sturm und dem Felsen am besten beikommen könne. Ihre Stimmen waren höher als gewöhnlich. Sie versuchten noch einmal das Manöver mit Anker, Schaufelrad und Ankerwinde, um das Schiff zum Abdrehen zu bringen. Es half nichts. Dann hörte ich meinen Vater mit entschlossener Stimme sagen: «Also gut. Ich gehe jetzt ins Bett. Du, Bill, und du, Sven, ihr beide haltet Wache. Einer von euch geht ins Steuerhaus. Wenn irgend etwas passiert, sagt mir Bescheid.»

Regen prasselte auf das Vorderdeck, und einen Augenblick lang war das Prasseln das einzige Geräusch. Mein Vater ging auf die äußere Kajütentreppe zu, die zu unseren Wohnkabinen führte. Die versammelte Mannschaft stand schweigend da. Plötzlich rief der irische Vormann: «Tom Welsh, du bist ein verdammter Narr!»

Ich stand im Halbdunkel hinter der Schiebetür und betete, daß mein Vater diese Worte nicht gehört hatte. Wenn er in Wut war, hatte er nämlich eine lockere Faust. Ich betete auch, daß ich mich, ohne daß er es bemerkte, in meine Kabine verdrücken konnte. Da entdeckte mich jemand und brachte mich schnell in unsere Wohnkabine auf dem zweiten Deck, von der aus man in die Schlafkabinen gelangte. Ich verkroch mich, ohne ertappt zu werden.

Am nächsten Morgen erzählte mir mein Vater, der wieder oben am Steuer saß, daß man ihn gegen zwei Uhr früh geweckt habe, nachdem eine hohe Welle die *Northland* aus dem Schlamm gehoben hatte. Der Steuermann hatte dann den Felsen umschifft, und wir hatten die restlichen Stunden der Nacht in einer stillen Bucht geankert. Wir waren nun auf dem Weg nach Portage Bay, und mein Vater zeigte mir auf der Karte unsere Position. (Ich hatte gelernt, Seekarten zu lesen, als ich lesen lernte.) Ich erzählte ihm, daß ich seinem Befehl, ins Bett zu gehen, am Vorabend nicht befolgt hatte, und wartete ängstlich, ob er sich ärgern und mich bestrafen, oder – wie ich hoffte – mir verzeihen würde. Er zog die Stirn kraus, blickte über den See und steuerte weiter, ohne ein Wort zu sagen. Nach ein paar Minuten begriff ich, daß die Angelegenheit für ihn damit erledigt war. Ich fühlte mich einsam an jenem Tag.

Wir hatten viel Platz in unserer Wohnkabine auf dem zweiten Deck mit ihren Leselampen und Korbmöbeln und bunten Kretonkissen. Die Bücherregale waren vollgestopft mit Büchern: Tolstoi, Ernest Thompson Seton, dessen Name damals noch nicht so bekannt war, Galsworthy, die Bibel, Ben Hur, Ramona, ein paar Bände unserer Shakespeare-Ausgabe – schmale Dünndruckbände in weinrotem Leder mit Goldschnitt –, einige Bücher aus der Stadtbibliothek in Bemidji, die meine Mutter für den Sommer entliehen hatte, weil sie es für ebenso liederlich hielt, ein Kind ohne Bücher in die Ferien zu schicken, wie ohne Zahnbürste.

Wir hatten Bücher über die Geschichte des Staates, über die Navigation und über die Chippewa-Indianer. Unser Grammophon kratzte Etüden von Chopin, Mozart-Sonaten und «Ich lieb dich innig, innig, mein Lieb.» (Die Chopin-Etüden waren die gleichen, die ich im Winter in Bemidji übte.) Wir verbrachten nur selten einen Abend in der Wohnkabine. Wir hatten meist auf dem Deck zu tun oder wir waren zu müde. «Offiziell» sollte ich nach dem Abendessen im Speiseraum, der hinter unserer Wohnkabine lag, zu Bett gehen, um halb neun. Nicht gerade viel Abend, dachte ich bei mir, wenn ich in meine Koje kroch, während die Abendsonne noch die äußere Kabinentür überflutete.

Das Jahr 1916 brachte meinem Vater, wenn auch nur vorübergehend, schwere geschäftliche Verluste – mir dagegen einen Sommer voller Wunder. An vier verschiedenen Lagerplätzen rings um den Leech Lake hatten Vaters Holzfäller während des Winters so viele weiße und norwegische Föhren geschnitten und an die Seeufer geschafft, daß die *Northland* zwanzig große Einheiten Floßholz zum Federal Dam am östlichen Ende des Sees schleppen konnte. Mit unseren Männern, die wie mein Vater bis zu fünfzehn Stunden am Tag arbeiteten, hatte er schon zwei solche Flöße zum Damm geschleppt und sie mit der Great Northern Railway auf den Weg zur Sägemühle gebracht. Ein solches Floß hatte einen Durchmesser von etwa einer viertel Meile, und seine Form wechselte von kreisrund zu tropfenförmig oval, wenn wir mit dem Schleppen begannen. Die *Northland* fuhr dabei rückwärts, damit die vom Schaufelrad erzeugten Wasserwirbel die Baumstämme nicht durcheinanderbrachten. Wir hielten die stattliche Geschwindigkeit von etwa einer Meile in der Stunde!

Mitte Mai tobte in jenem Jahr ein fürchterlicher, drei Tage anhaltender

Nordwest. Er riß alle anderen bereits zusammengestellten und an achtzehn verschiedenen Küstenplätzen, Buchten und Häfen vertäuten Flöße auseinander und trieb fünfundvierzigtausend Baumstämme – drei Millionen Fuß Holz, wie mein Vater sagte – hoch hinauf auf sandige Strände, zwischen hohe, steile Felsen oder in den Schlamm der Sümpfe entlang den Ufern des Sees. Alle Stämme mußten wieder herangeholt und zu Flößen zusammengestellt und schließlich zur Sägemühle transportiert werden, wenn man das Ergebnis der winterlichen Mühen retten wollte.

Mein Vater ließ auf der *Northland* zusätzliche Kojen neben dem Maschinenraum einbauen und vergrößerte sein Holzarbeiterteam von drei auf fünfundzwanzig Mann. Zwischen Ende Mai und dem 3. Juli kreuzten wir langsam die Küste entlang, die Männer kämmten die abgetriebenen Stämme aus ihren Verstecken heraus und brachten sie zurück in die Floßrahmen. Ich erforschte dabei meilenweite Küstenstriche, die mir völlig unbekannt waren. Als wir am östlichen See-Ende die Bear Island passierten, durfte ich in unserem Hilfsboot mit an Land. Auf der hohen Uferböschung, die übriggeblieben war, nachdem der Sturm das Küstenvorland weggeschwemmt hatte, stieß ich auf einen herrenlosen Schatz: Pfeilspitzen, rostige Steinschloßgewehre, indianische Pfeifen und hölzerne Gefäße. Gleich darauf fand ich ein Indianergrab im hohen Gras. Es war eine Holzkiste, aus der der Sturm das eine Seitenbrett herausgerissen hatte.

Ich spähte in das Grab und sah zu meiner Bestürzung einen Totenschädel, aus dem immer noch dichtes schwarzes Haar wuchs. Es muß das Skelett eines Mannes gewesen sein – ich schloß es daraus, daß man ihm eine geschnitzte, gradstielige Pfeife neben die Hand gelegt hatte. Ich lief zu unseren Männern und ließ mich zu meinem Vater rudern.

Als ich ihm von meinem Abenteuer erzählte, überlegte er laut, ob ich mir die Sache mit dem immer noch wachsenden Haar, nachdem Fleisch und Haut verwest waren, nicht vielleicht eingebildet hatte. Er war zu beschäftigt, um mit mir zu kommen und mir meine Entdeckung zu bestätigen. Und als ich vorschlug, ein paar von den Gegenständen aufzusammeln, verbot er es mir. «Wahrscheinlich stammen die Sachen aus anderen zerstörten Gräbern», sagte er. «Geh zurück, präge dir alles genau ein und merke dir die Stelle, wo es liegt. Markiere ein paar Bäume oder Büsche; ich werde die Stelle in meiner Karte eintragen. Aber du darfst auf keinen Fall etwas mitnehmen, Dearidoo. Die Sachen gehören uns nicht.» Wochen später erzählte mir mein Vater, daß er meine Entdeckung seinem Freund Daniel DeLury, einem Anwalt, einem wichtigen Mann in Walker und eifrigen Erforscher der Chippewa-Kultur, beschrieben habe. Er werde sich darum kümmern, daß die Funde von Bear Island ordnungsgemäß und mit der Erlaubnis der Indianer, denen sie gehörten – falls sich Besitzer fanden –, eingesammelt und an einem der Öffentlichkeit zugänglichen Ort aufbewahrt würden. (Ich habe nie auch nur eine einzige Pfeilspitze aus dem nördlichen Minnesota besessen, und die herrlichen mit Perlen bestickten Jacken und Mokassins, die uns die Squaws zum Geschenk machten, sind längst dahin. Die bunten Perlenstickereien der Indianer hatten immer geschwungene Formen – sie imitierten die Konturen der Wälder, der Wildblumen und der Wellen –, ganz im Gegensatz zu den Indianern aus dem Südwesten unseres Landes, deren Muster stets geradlinig und eckig sind, weil sie inmitten von geradlinigen, kantigen, tafelförmigen Felsen leben, die sich vor der flachen Wüste abheben. Eine kleine mit Stachelschweinsborsten bestickte Schachtel aus Birkenrinde hat mich allerdings überraschenderweise bis heute durch Raum und Zeit begleitet. Meine Mutter benutzte sie als Nähkästchen. Und ich tue es auch.)

Gelegentlich charterten irgendwelche Gruppen die *Northland* für einen Tagesausflug mit Fischbraterei am Ottertail Point, dessen sandiger Strand sich bis zu den Kiefernwäldern hinauf erstreckte. Solche Tage machten mir keinen Spaß. Ich fand es erniedrigend für meinen Vater, daß er Fremden erlauben sollte, in unser privates Reich einzudringen – nur für Geld. Wenn ich die Leute an meiner Reling und an den weiß gestrichenen Eisenplanken stehen oder in unsere Wohnkabine blicken sah, drehte sich mir der Magen um. Vielleicht teilte mein Vater meine Abneigung gegen diese Ausflüge. Eines Tages hatten wir eine Gesellschaft von vierhundertfünfundzwanzig Senatoren und Kongreßabgeordneten mit ihren Frauen an Bord. Wir fuhren zum Picknick nach Ottertail Point, und mein Vater beschloß, ein paar seiner Leute, die auf Goose Island für ihn arbeiteten, zu besuchen. Er beauftragte einen Steuermann, das große Schiff nach Walker zurückzubringen, und wir fuhren in unserem Hilfsboot zur Insel hinüber. Als wir Goose Island wieder verließen und über das seidige Wasser hinweg auf unsere zehn Meilen entfernte Farm zufuhren, ging bereits die Sonne unter. Wir hatten den ganzen Abend lang Muße, den sich von Rosa über Lavendel bis zu einem tiefen Nachtblau verfärbenden See und die am Himmel auftauchenden Sterne zu beobachten. Ich hatte in aller Eile die *Northland* verlassen und trug nur meinen leichten, baumwollenen *bloomer suit* – meine Uniform in diesen Sommern. Die Hose bedeckte mir die Beine bis gerade unter das Knie. Aber einen Pullover hatte ich nicht mitgenommen. Ernest Blackburn, einer von unseren Indianern, bot mir einen Teil seiner Wolldecke an. Ich wärmte mich an seiner Wärme und blieb zum erstenmal in meinem Leben die ganze Nacht wach.

Im frühen Frühling, wenn die ersten Krähen am Leech Lake eintrafen, verließen die Indianer ihre Häuser in Onigum und zogen über das Eis zu ihrem Ahornzucker-Camp am Hardwood Point an der Sucker Bay. In manchen Jahren fiel die Saison der Zuckergewinnung mit den Osterferien der Schule von Bemidji zusammen. Dann fuhr ich mit der Eisenbahn zu unserer Farm – und mein Vater stellte wie jedes Jahr fest, daß er mit jemandem über die Arbeiten des kommenden Sommers sprechen mußte, und dieser Jemand lebte stets in der Nähe des Zucker-Camps. So fuhren wir eines Morgens auf unserem roten, hochrädrigen, von Mike und Dan, unseren Kentucky-Füchsen gezogenen Wagen los. Wir zogen die Räder den Kufen vor. Und es konnte auch sein, daß an manchen Stellen in Ufernähe das Eis schon geschmolzen war. Mit den Rädern kamen wir besser durch die tiefen Pfützen, Priele und matschigen Sandbänke, und auch auf dem Eis rollten sie nicht schlecht. Sie bewährten sich schließlich überall da, wo an Land die Wagenpfade bei der Schneeschmelze verschlammten.

Wir flitzten über das Eis, am Squaw Point vorbei und auf den großen See hinaus und sangen dabei im Rhythmus der trabenden Pferde. Ich war immer wieder von der unermeßlichen, scheinbar durch keine Küstenlinie begrenzten lila Weite beeindruckt. Der Saft für den Ahornzucker wurde aus den harten Stämmen der ehrwürdigen Ahornbäume gewonnen, die zwischen den rosa Stämmen der norwegischen Föhren und dem dunklen Grün der Kiefern emporragten. Einmal hielt mein Vater die Pferde mitten auf dem Eis an. Dann hüpfte er, mich in den Armen tragend, von Stein zu Stein an Land. Am Ufer blieben wir stehen und atmeten die Luft des Waldes. Der feuchte Laubboden kam unter dem Schnee hervor, überall zeichnete sich das zarte Grün neuen Lebens ab. Wir lauschten der Stille, die noch süßer klang, wenn der Wind in den Baumkronen wisperte. Ich pflückte für meine Mutter ein paar zerbrechliche, im Schnee erblühte rosa und blaßlila Arbutuszweige.

Die Indianerkinder durchstreiften den Wald und leerten aus jedem kleinen *mokahk* (das Chippewa-Wort für «Teller») den aufgefangenen Ahornsaft in ein größeres Gefäß, das sie zum Wigwam zurückbrachten. Die Squaws schütteten den wasserdünnen süßen Saft in riesige, rußgeschwärzte Kupferkessel, *ak-ik* auf Chippewa, die wahrscheinlich einst bei der Hudson's Bay Company in Kanada erworben worden waren. Die Kessel hingen an Ketten über einem Feuer aus langen Hartholzscheiten – die Indianer zogen das Hartholz dem Kiefernholz vor, weil es langsam und fast rauchlos brannte. Die Squaws wußten, was ich nie gelernt habe, wann genau man den zusammengekochten Ahornsaft auf meterlange Holzplatten gießen mußte, wo der Sirup abkühlte und sich verfestigte.

Wenn er fest und kalt war, schabten sie ihn mit Holzspachteln ab, so daß lauter kleine Zuckerkörnchen entstanden.

Jedesmal, wenn mein Vater mich zu den Zucker-Camps mitnahm, luden uns die Indianer, die alle gute alte Bekannte waren, zum Mittagessen ein. Aber das Mittagmahl bestand aus Fisch-Stew, dessen Geschmack immer wieder bestätigte, daß die Chippewa nicht viel von Salz hielten. Die Squaws taten zwar kleine Stückchen gepökelten Schweinefleischs in das Stew, aber sonst dachten sie nicht ans Salz, sofern sie überhaupt welches hatten, und mir schmeckte das Essen auf meinem Zinnteller ekelhaft, als wäre es mit Zucker gekocht. Der Hunger trieb's rein, aber ich sehnte mich nach ein paar gesalzenen Erdnüssen, die wir in einer Tüte in unserem Gefährt hatten.

Mein Vater kaufte jedesmal einen dreißig Pfund Ahornzucker fassenden *mokahk* von unseren Gastgebern, ehe wir Mike und Dan wieder losbanden und heimwärts fuhren. Doch holte er den *siz-ah-bah-quit* (Ahornzucker) im blanken neuen *mokahk* mit dem spitz zulaufenden darübergenähten Deckel immer erst, wenn die Ahornzuckersaison vorüber und der See wieder aufgetaut war. Diese Zeit kam, wenn die ersten Wanderdrosseln in den Norden zurückkehrten, um bei uns den Sommer zu verbringen.

Wir frühen Bewohner Minnesotas genossen Freiheiten, die heute fast vergessen sind. Wir waren frei von jeder allgemeinen Musikberieselung durch Radio und Fernsehen, frei von Luft- und Wasserverschmutzung und frei von jeglichem Lärm. Natürlich wußten wir das alles nicht recht zu schätzen: jedes neue mechanische Gerät versetzte uns in Entzücken. Ich weiß noch, mit welcher Ehrfurcht mein Vater eines Tages in unserem Haus in Bemidji verkündete, er werde nun mit einem Mann in Cass Lake, etwa achtzehn Meilen östlich von uns, telefonieren. Unsere Küchenmädchen Alice und Emma wurden ermahnt, sich still zu verhalten, und ich natürlich auch. Der Telefonist in der Stadt stellte die Verbindung her, mein Vater brüllte mit der ganzen Lautstärke seiner Baritonstimme in die Muschel, und das ganze Haus erbebte vor Aufregung, als er feststellte, daß er das Gebrüll vom anderen Ende der Leitung her hören konnte!

Wir schämten uns nicht, unsere Helden zu haben. Mein Vater, etwa 1,80 groß, schlank, drahtig, flink und blauäugig, thronte auf dem Gipfel meines Heldenhügels. Kleinere Helden zierten die Hänge. Mit fünf verliebte ich mich in den rothaarigen Jack MacGregor, der mit fünf anderen Kindern, die alle viel artiger waren als ich, uns gegenüber wohnte. Stolz wie ein Küken, das ein Korn gefunden hat, verkündete ich meine neue große Liebe so laut in der ganzen Nachbarschaft, daß Jack sich ein, zwei Tage lang errötend in der Scheune seiner Eltern verkroch. Seine

Mutter rettete ihn schließlich, indem sie mich von ihrem Hof verbannte, weil ich, wie sie behauptete, lauter krakeelte als alle ihre sechs Kinder miteinander, wenn wir auf ihrem Rasen Fangen spielten. Meine Mutter, die nur ein Kind hatte, war nachsichtiger als Mrs. MacGregor. Sie war eine typisch viktorianische Lady, die ihr Haar frisch frisierte und ihren Hut mit Hutnadeln feststeckte, bevor sie sich für ihre wöchentliche Besuchsrunde ankleidete, bei der sie in andere Häuser ging und ihre gestochenen Visitenkarten hinterließ. Und so befleißigte sie sich Kindern wie Erwachsenen gegenüber einer stets frisch gestärkten Selbstdisziplin. Aber ihre süßesten Erinnerungen galten den zwei Jahren, die sie als junge Frau bei Freunden der Familie in Lansing, der Hauptstadt Michigans, verbrachte, wo sie im Büro eines Senators arbeitete – «sehr fortschrittlich für damals!» – und, stets unter der Obhut ihres älteren Bruders, bei den Bällen und Maskenfesten der Stadt Walzer tanzte.

Mit geröteten Wangen tanzte sie in unserem Wohnzimmer in Bemidji allein Walzer, sooft sie meinen Vater dazu bewegen konnte, auf unserem Pianola einen Straußwalzer zu spielen – oder wenn ich die Walze trat, als meine Beine groß genug waren. Sie erlaubte mir im Winter, auf unserem Eßzimmerteppich mit Murmeln zu spielen, und wenn sie nicht gerade Besuch erwartete, durfte ich im Wohnzimmer Phantasiehäuser für meine Ausschneidepuppen bauen, wobei ich die länglichen Kartons der Pianolarollen als Fundamente benutzte. Aus ihren alten Ausgaben des *Ladies' Home Journal* schnitt ich mir ganze Schauspielertruppen aus – von Babies über Schulkinder und Backfische bis hin zu Großeltern. Mit meiner imaginären Freundin, Margaret, spielte ich ganze Nachmittage lang Dramen, in deren Mittelpunkt immer wieder irgendwelche häusliche Schwierigkeiten standen. Ich brachte die Leute auf schreckliche und üble Abwege, während Margaret sie nach und nach wieder auf den Pfad der Tugend und zu einem guten Ende führte. Die Dramen wurden oft mit denselben Darstellern über Tage hin fortgesetzt, bis wir dieser Personen überdrüssig wurden und uns neue Familien schufen.

Margaret war etwa zwei Jahre lang meine ständige Begleiterin und Gegenspielerin. Sie hatte nicht einen strubbeligen und strohblonden Lockenschopf wie ich, sondern weiche, glatte schwarze Haare. Sie war gehorsam und höflich und schrie fast nie, was ich um so öfter tat. Sie war klug und süß und ganz genauso groß wie ich, was sich sehr gut traf, da sie und ich nämlich jeden Tag gemeinsam beschlossen, welches von meinen Kleidern sie anziehen sollte, ehe meine Mutter und ich das Kleid aussuchten, das ich anziehen sollte. Ebenso beschlossen wir gemeinsam, was wir essen und was wir spielen wollten. Als eines Tages eine Besucherin meiner Mutter sich in unserem Wohnzimmer auf einem Sessel niederlassen wollte, schrie ich sie an: «Sie sitzen auf Margaret!» Die Arme fiel fast in Ohnmacht.

Ich muß meiner Mutter manchmal Verdruß oder Sorgen bereitet haben, aber ich kann mich nicht erinnern, daß sie je den Versuch gemacht hätte, mir meine Freundin auszutreiben. Erst als ich in die Schule ging und mich mit richtigen Kindern anfreundete, verschwand Margaret allmählich. Sie hat es nie bis zur Schule geschafft, aber eine Zeitlang kam ich mir sehr treulos vor, daß ich sie so einfach verlassen hatte.

Bis weit ins zweite Jahrzehnt unseres Jahrhunderts hinein lebten wir in einer Welt, die damals entlegen war und heute nicht mehr existiert – sie ist dem beharrlichen Drängen der Holzfäller, der Farmer und der Straßenbauer zum Opfer gefallen. Sümpfe wurden trockengelegt, Häuser angemalt und überall im nördlichen Minnesota wurden Tankstellen errichtet. Aber in meiner Kindheit war es eine von Gewässern durchzogene Waldwelt, wo Kinder fast so ungehindert groß werden konnten wie die von den Holzkaufleuten verschmähten Birken. Und mehr als irgend jemand sonst half mir mein Vater immer wieder, meine Freiheit zu erkennen und zu genießen.

In den Jahren, in denen ich die High School besuchte, gerieten meine Eltern in eine wirtschaftliche Notlage. Wir verkauften unser großes und bequemes weißes Schindelhaus, dessen Heißluftheizung in jedem Winter zehn Tonnen Kohle verschlang. Das Lehrerbildungsseminar kaufte es als Wohnsitz für den Präsidenten der Anstalt, Mr. Deputy. Wir zogen in eine Mietwohnung in der Stadt.

Für die jungen Leute in Bemidji war das Abschlußexamen an der High School ein großes Ereignis, und jeder Zeremonie dabei und allen damit zusammenhängenden Umständen und Bräuchen kam größte Bedeutung bei. Die Mädchen wurden junge Damen, und wir versuchten, uns gewählt auszudrücken. Die oberste Klasse gab im besten Hotel der Stadt, im Markham, ein Essen – eines der großen gesellschaftlichen Ereignisse des Jahres, und folglich erschien die ganze Klasse in nagelneuen Anzügen und Kleidern.

Meine Mutter sagte mir, wir könnten es uns nicht leisten, ein neues Kleid für mich zu kaufen. Aber wir könnten den Stoff für ein neues Kleid kaufen. Und so machte sie sich Wochen vor dem Essen an die Arbeit, mir ein blau und weiß getüpfeltes Musselinkleid zu nähen. Es wurde ein braves Examensschülerinnenkleid, hochgeschlossen, mit Spitzenrüschen am Hals. Ich hatte – nach dem Versprechen, niemandem etwas zu verraten – die neuen Kleider einiger meiner Freundinnen gesehen, fröhliche, freche

Kleider aus Chiffon mit Satinschleifchen und seidenen Schärpen, im Modegeschäft gekauft.

Als meine Mutter mit dem Kleid kam, um es mich anprobieren zu lassen, selber ganz begeistert von den feinen Stichen und dem schlichten Schnitt, bewunderte ich es gebührend und dankte ihr – und rannte dann die Straße hinunter an den See, um mich auszuweinen. Wie gern hätte ich das Kleid verbrannt und wäre in meinem Turnanzug zu dem Klassenessen gegangen, er stand mir besser als das alberne Kleid. «Schick wie ein Nadelkissen», schluchzte ich vor mich hin. «Ich *kann* es nicht anziehen.»

«Doch, du kannst und wirst es anziehen», befahl mir mein Gewissen. Die ganze Freude war mir verdorben. Ich ging zu dem Essen, ein Bündel Selbstmitleid in dem braven, liebevoll genähten Kleid, aber nach einer halben Stunde war mein Kummer vergessen.

Meine Mutter nahm fröhlich die Komplimente ihrer Bekannten für ihr Werk entgegen. «Wie gut es ihr steht!» sagten sie. «Wie nett!» Das Kleid war eines der zahllosen gutgemeinten Geschenke von ihr, die ich damals nicht richtig zu würdigen wußte.

Es war bei uns so üblich, daß Eltern ihren Kindern zum Examen etwas schenkten und an der Examensfeier in der Aula teilnahmen. Ich hatte meinem Vater, der geschäftlich verreist war, geschrieben: Clifford hat von seinem Vater einen Ford Roadster gekriegt, stell Dir vor! Und Winston darf mit seinem Vater nach San Francisco.

Mein Vater rief an und sagte, er hoffe, am Abend der Feier nach Bemidji zurückzukommen, aber nicht früh genug, um daran teilnehmen zu können. Meine Mutter fand, sie könne nicht ohne Begleitung zu einer solchen Veranstaltung gehen.

Nach den aufregenden Feierlichkeiten schlenderten wir Schüler durch die Stadt, um uns wieder zu beruhigen. Wir gingen durch den lauen Abend und saßen dann in unserer Lieblings-Eisdiele zusammen. Als ich nach Hause kam, waren meine Eltern schon zu Bett gegangen. Ich klopfte an die Schlafzimmertür, und mein Vater gratulierte mir herzlich und fragte, wie der Abend gewesen sei. Nachdem ich durch die einen Spaltbreit geöffnete Tür berichtet hatte, nahm ich all meinen Mut zusammen und fragte, ob er mir etwas mitgebracht hätte.

«Ja, o ja, Dearidoo. Es ist in meinem Koffer. Du findest es schon.» Seine Stimme klang plötzlich müde. Ich fand den schwarzen Koffer im Eßzimmer und suchte darin. Papiere und Briefe. Das runde Lederschächtelchen, das meines Vaters Kragenecken und Kragenknöpfe enthielt. Hemden, Socken. Nichts, was wie ein Geschenk eingepackt war, nichts, was ein Mädchen gebrauchen konnte.

«Sieh noch einmal nach. Du findest es schon. Es ist rund und rot», sagte mein Vater.
Ich durchsuchte den Koffer noch einmal und fand mein Examensgeschenk. Es war rund und rot – wie mein Vater gesagt hatte. Ein Apfel.

2
Eine überbewertete Zeitspanne

Die Jugend ist wie der Frühling
eine überbewertete Zeitspanne.

SAMUEL BUTLER

Ich denke manchmal darüber nach, ob Schriftsteller sich wohl über den Einfluß ihrer Werke im klaren sind. Carl Sandburg jedenfalls hat mit seinem Gedicht *Chicago* die Welt meiner Jugend verändert. Ich wußte schon von Kindheit auf, seit dem Tag, an dem der Redakteur der *Bemidji Pioneer Press* mit seiner Frau zu uns zum Abendessen kam, daß ich einmal bei einer Zeitung arbeiten würde. Während ich mich in der staatlichen Lehrerbildungsanstalt ein Jahr mit höherer Algebra, Differentialrechnung und Geschichte beschäftigte, suchte ich nach Gründen, die meine Eltern davon überzeugten, daß ich nach Chicago ziehen müßte. Ich bildete mir ein, ein Leben ohne Lärm von Straßenbahnen und Polizeisirenen und ohne das aufregende Gefühl, das von dieser Hektik ausging, sei leer.

An der Northwestern University in Evanston, unmittelbar nördlich von Chicago, der Stadt Sandburgs, gab es Kurse für Journalistik, und ich überredete meine Eltern, mich dorthin zu schicken, obwohl ich wußte, daß die hohen Studienkosten es erforderlich machten, daß ich mir einen Teil meines Lebensunterhalts selbst verdiente.

Das herrliche, am See gelegene Universitätsgelände mit seinen wunderbaren alten Ulmen gefiel mir, und der Anthropologe der Universität, Professor Melville Herskovits, faszinierte mich. Er hatte sich mit den primitiven Wirtschaftsstrukturen und Volksbräuchen der Neger in Westafrika und einer Anzahl von Völkern Nord- und Südamerikas befaßt und gab sein Wissen in einer ungemein überzeugenden Art an uns weiter. Kompromißlos, fast schroff zwang er unsere trägen Gehirne zu genauem Denken und brachte uns konzentriertes Lesen und methodisches Lernen bei. Mir, in meiner Unwissenheit, hat er jedenfalls Entscheidendes über unseren Planeten und das Leben auf ihm mitgeteilt.

Zu meinem Leidwesen war keiner der anderen Professoren mit Herskovits zu vergleichen, und nur wenige Themen erregten Aufmerksamkeit. Ein Englischlehrer mit käsigem Gesicht erklärte, das höchste Ziel seines Lebens sei, an den Gestaden des Balchaschsees im mittleren Süden Rußlands eine Kolonie wahrer Sozialisten zu gründen. Wie weit er auf der Strecke Evanston–Balchaschsee gekommen ist, habe ich nie erfahren.

Meine Bettnachbarin in dem armseligen Schlafsaal in Evanston war ein unternehmungslustiges Mädchen. Sie hieß Helen Find und kam auch aus Minnesota. Sie absolvierte gerade ihr erstes Jahr (ich war im zweiten), als ihr Vater starb. Sie fuhr zur Beerdigung nach Hause, und als sie kurz darauf zurückkehrte, war von ihrem bis dahin so sonnigen Gemüt kaum noch etwas zu spüren. Noch nie war in meinem Freundeskreis einer der Väter gestorben, und Helens Leid stürzte mich in Zweifel und Ängste, denn mir wurde bewußt, daß ich selber völlig unvorbereitet und ungewappnet war, falls mir einmal dergleichen zustieß. Ich mußte mir eingestehen, daß keiner meiner gleichaltrigen oder älteren Freunde mir das an Weisheit, Unterstützung und Beistand geben konnte, was mein Vater mir gab, daß niemand ihn ersetzen konnte.

Auf der Suche nach Lichtblicken begann ich, die Samstagnachmittage in Chicago im Art Institute zu verbringen und mir die Gemälde anzusehen. Die Sammlungen waren zu jener Zeit noch nicht so prachtvoll, wie sie heute sind, und damals hatte mir auch noch niemand gesagt, wie Bilder zu betrachten sind – erst später las ich es dann in Virginia Woolfs *A Room of One's Own*. Aber es gab illustrierte Führer, und an den Wänden des Art Institute hingen einige gute Gemälde der italienischen und flämischen Renaissance, einige hinreißende Bilder von Monet, Manet, Matisse und Cézanne, sowie die kraftvollen Aquarelle Winslow Homers. Nach einiger Zeit fand ich die Bilder anregend und belehrend und auch tröstlich: sie waren nicht sterblich. Mein Vater lebte übrigens noch ein volles Vierteljahrhundert.

Aber die versnobte, prätentiöse Northwestern University schien mir nicht die richtige Schule für mich zu sein. Ich haßte den schäbigen Schlafsaal mit seinen Gerüchen, Geräuschen und den schwatzenden Mädchen, obwohl viele von ihnen meine Freundinnen waren.

In den Sommerferien nach unserem zweiten Studienjahr absolvierte ich einen Schnellkurs, den man als Modernes Leben hätte bezeichnen können. Eine meiner Klassenkameradinnen nämlich, Helen Silverberg, ein blondes, leise sprechendes Mädchen von der Ostküste, wollte mit ihrem Dodge-Coupé für die Ferien nach Hause fahren und suchte eine

Begleiterin. Ich besaß damals etwa 25 Dollar, und so telegrafierte ich meinem Vater, erklärte ihm die Lage und bat um zusätzliches Geld. Mein Vater antwortete: «Du hast genug für die Hinreise. Verdiene dir die Rückreise. In Liebe, Dein Vater.» Ich war erschrocken und stolz zugleich, daß meine Eltern gegen ein solches Abenteuer keine Einwände hatten und mir vertrauten. Der Sommer erwies sich als lehrreicher und auch als anregender, als ich erwartet hatte.

In Boston ging ich zum YWCA, wo man mir mitteilte, daß eine Stelle als «Hostess» im St. Clair Tearoom in der Federal Street frei sei. Ob ich in der Branche schon mal gearbeitet hätte, fragte man. «Ja, natürlich», log ich – ich hatte einmal zwei Wochen lang beim Limonadenausschank im besten Sommerhotel von Bemidji ausgeholfen. Ich erschien also im Tearoom, der damals mitten im Bostoner Bankviertel lag und vor allem von Börsenmaklern besucht wurde. Man schickte mich zuerst in den Raum, in dem sich die Kellnerinnen umzogen. «Ich bin die neue Hostess», stellte ich mich einer Gruppe von Mädchen vor. «Was habe ich zu tun?» Sie nahmen sich meiner an, und ich arbeitete dort den ganzen Sommer über.

Die Frau vom YWCA verhalf mir auch zu einem billigen Zimmer. Sie schickte mich zu einem Haus im Italienerviertel, wo eine freundliche Zimmerwirtin mich sechs Treppen hinauf in ein sauberes kleines Nest unter dem Dach führte. Die Mansarde hatte ein Fenster. Es stand ein Feldbett darin, ein Tisch mit einer Lampe darauf, ein Kleiderschrank. Nur neben dem Bett konnte man aufrecht stehen. Es lagen ein paar saubere Handtücher da. Dann führte mich die Zimmerwirtin nach unten und zeigte mir ein ebenfalls sauberes Badezimmer, in dem eine Wanne stand, wie ich sie noch nie zuvor gesehen hatte. Sie war aus Holzplanken gezimmert, die vorn und hinten schnabelförmig zusammenliefen, so daß sie wie ein kleines Ruderboot aussah. Das Ganze war mit mindestens zwanzig Schichten weißer Ölfarbe bestrichen.

Ich mußte eine Woche arbeiten, bevor ich meinen ersten Lohn bekam, und da ich die Miete immer eine Woche im voraus zu bezahlen hatte, mußte ich gut haushalten. Im Tearoom konnte ich zwar zu Mittag essen, aber abends war er geschlossen. Und in meinem Budget waren die Mittel für ein richtiges Abendessen nicht vorhanden. So beschloß ich, die drei Kilometer zur Arbeit und zurück zu Fuß zu gehen. In der Nähe meiner Dachbehausung gab es einen kleinen Laden, wo ich mir eine halbe Melone und für 5 Cent einen Riegel Hershey-Schokolade kaufte. So kostete mich ein Abendessen fünfzehn Cent. Wenn ich aus dem Tearoom kam, waren die Museen geschlossen. Dann schlenderte ich über den Boston Common und durch den Park nach Hause, beobachtete, wie der Sommerhimmel in der Dämmerung zu Türkisblau und dann zu Silbergrau verblaßte, und hörte den Gesprächen der Menschen zu, die an mir vorübergingen. In meinem Dachkämmerchen unter meiner Leselampe erwarteten mich drei oder vier Bücher, die ich mitgebracht hatte. Eines davon war Sandburgs *Abraham Lincoln, The Prairie Years.*

Es war gerade zu der Zeit, als ich anfing, mir den Luxus zu gönnen, mit der Straßenbahn zur Arbeit zu fahren und abends Spaghetti und Fleischklößchen zu essen, als eine unserer Kellnerinnen mich mitten im dicksten Getriebe beiseite zog und mich zum Abendessen zu sich einlud. Sie wohnte mit ihren beiden jüngeren Brüdern in der Commonwealth Avenue in einem Vorstadtviertel. Die drei waren Kinder von Missionaren, die in Afrika lebten. Die Eltern hatten sie zur Ausbildung in die Vereinigten Staaten geschickt, und in jenem Sommer arbeiteten sie alle drei, um ihr Taschengeld zu verdienen, ehe im Herbst die Schule anfing. Ihre Wohnung war einfach eingerichtet, luftig und geräumig. Im Vorraum stand ein Klavier. Das Schlafzimmer meiner Freundin war groß genug für ein zusätzliches Feldbett. Sie bot mir an, bei ihr zu wohnen, und ich brauchte ihr nicht mehr zu bezahlen, als mich meine Dachkammer in Bostons Italienerviertel kostete, und dazu meinen Anteil für das gemeinsame Essen. Ich zog also dort ein.

Die Straßenbahnen, die nachmittags zwischen fünf Uhr und fünf Uhr dreißig durch die Commonwealth ratterten, waren stets überfüllt. Ich stand meist auf der Plattform, hielt mich an einer Stange fest und las die Abendzeitung. Mehrere Male schon war ein hochgewachsener blonder junger Mann mit lachenden blauen Augen und einem wilden Schnurrbart mitgefahren. Eines Nachmittags, es war ein Jahrestag der Verurteilung oder der Hinrichtung von Sacco und Vanzetti, als meine Zeitung dieses Ereignisses in großen Lettern gedachte, machte auch ich meiner Empörung durch ein paar Worte Luft. Der schnurrbärtige junge Mann stimmte mir zu. Als ich an meiner Haltestelle ausstieg, stieg er ebenfalls aus, und wir gingen angeregt plaudernd bis zu meiner Wohnung. Sein Name war Sebastian Littauer. Er arbeitete als Mathematiker am Massachusetts Institute of Technology. (Er war jahrelang das mathematische Genie an der Columbia University und löste Probleme, deren Dimensionen und Kompliziertheit mich immer wieder in Erstaunen versetzten.)

Wir sahen uns auch danach noch gelegentlich, bis ich nach Evanston zurückkehrte. Aber seither sind wir, wenn auch nur sporadisch, in Verbindung geblieben – ein Postkartengruß, ein Telefongespräch und kürzlich gemeinsame Opernbesuche. Es ist eine jener kleinen Freundschaften, die dem Fliehen der Zeit etwas Tröstliches verleihen.

Am Ende des Sommers hatte ich ein bißchen von Boston und New

England und seiner Geschichte kennengelernt. Ich fand, daß sich die Menschen dort zwar in ihrer Sprache und in ihren Manieren von denen des mittleren Westens unterschieden – ich war noch jung genug, um mir grobe Verallgemeinerungen zu erlauben –, daß ihre Hoffnungen aber, ihre Wünsche und Vorurteile und ihre Poesie den unseren ähnlich waren. Ich hatte mir genug Geld gespart, um mir einen Platz in dem damals besten Zug nach Chicago zu leisten.

Nach kaum zwei Jahren beschloß ich, auf die Sicherheit eines Diploms für Geisteswissenschaften und freie Künste zu verzichten und als Redakteurin im Magazin *The American Florist* zu arbeiten. Es war eine jämmerlich kleine Fachzeitschrift für die Blumen-Einzelhändler in Chicago, aber es war eine Stellung mit Gehalt inmitten einer von der Wirtschaftskrise gezeichneten Welt, in der überall Arbeitslosigkeit und Not herrschten. Als die Herausgeber der Zeitschrift mir den Lohn vorenthielten, auf den ich durch meine Arbeit von zehn Stunden täglich und an sechs Tagen in der Woche Anspruch zu haben glaubte, kündigte ich und ging zu einem der Menschenschinder im Norden Chicagos, wo fünf Zeitungen verlegt wurden, die wöchentlich erschienen und in den verschiedenen Stadtvierteln kostenlos verteilt wurden. Einkünfte und Gewinne wurden durch die Veröffentlichung von Firmen-Anzeigen erzielt, und die Mitarbeiter der Redaktion, alle Anfänger wie ich, erhielten Anfängergehälter.

(Seit ich mich als Fünfjährige in Jack MacGregor verliebt hatte, schwärmte ich ständig für irgendeinen mir besonders ruhmreich erscheinenden Jungen, und manche dieser Verliebtheiten dauerten sogar einige Jahre. Auf dem Gymnasium war es Dick Simons gewesen, der Kapitän unserer *Football*-Mannschaft, an der Northwestern Lawrence Miller Cook aus Ohio, ein Student der Dramaturgie, der mir mit seinen Dichteraugen, seinem flotten Tennisspiel und seinen sanften Manieren imponierte. Als seine Eltern mich einluden, ein Wochenende bei ihnen zu verbringen, hielten wir unterwegs an und ließen uns durch einen Friedensrichter in dessen Wohnzimmer trauen. Aber bald merkten wir, daß wir in unserer Unschuld einen Fehler gemacht hatten – einen Fehler, den junge Leute von heute seltener machen. Unsere unterschiedlichen Pläne und Absichten ließen sich kaum auf einen Nenner bringen, und als Larry von seinem Vater einen Scheck erhielt, wurde ich mir plötzlich des ganzen Problems bewußt. Larry gab das Geld für eine Sportjacke, einige Bücher, die er brauchte, und eine Flasche Sherry aus, um das Ereignis zu feiern. Ein paar Wochen später fiel mir ein, daß er mir doch zumindest eine Blume von dem Geld hätte schenken können. So trennten wir uns bald in aller Form und ohne jeden Groll.

Als Colonel Frank Knox die Chicagoer *Daily News* erwarb, vertraute er Miss Leola Allard, einer energischen Reporterin von der Hearst-Gruppe, die Redaktion der Frauenseiten an. Sie war bereit, mir als Hilfsredakteurin in der Abteilung Berichte aus der Gesellschaft eine Chance zu geben. Ich hätte zwar lieber als richtige Reporterin gearbeitet und über die Stadtverwaltung, die Gerichte und die Politik berichtet, statt die Hüte und den Kopfschmuck der Damen der Gesellschaft zu beschreiben, aber Miss Allards Angebot gab mir die Chance, an einer Zeitung zu arbeiten, zu der so hervorragende Leute wie Henry Justin Smith und Lloyd Lewis, die Autoren meines Lieblingsbuches über Chicago, gehörten. Hier hatte John Gunther seine Karriere begonnen, hier hatten J. Vincent Sheean und Ben Hecht gearbeitet. Einmal in der Woche kam Carl Sandburg von seinem Landsitz und brachte Gedichte und Aphorismen. Manchmal stattete er dann auch unserer Frauenredaktion einen Besuch ab, und hin und wieder lud er mich, die er «Minnesota» nannte, und andere ein, auf dem Heimweg ein paar Lieder zu singen und zu einem Drink zu ihm ins Hotel zu kommen. In seinem zweitklassigen Hotelzimmer saß er gewöhnlich, neben sich eine offene Flasche Whiskey und auf seiner Gitarre klimpernd, in dem einzigen vorhandenen Sessel, während wir anderen auf der Bettkante hockten. Diese Sitzungen waren stets ein fröhliches Durcheinander von Geplauder und Gesang – und der Hunger trieb mich heim.

Leola Allard, eine nervöse, einsame Frau, war, seit sie ihre Stelle als verantwortliche Redakteurin der Frauenseiten der *Daily News* angetreten hatte, fest entschlossen, aus diesen Seiten die schönsten und interessantesten im ganzen Land zu machen. So lockte sie die beiden besten Reporterinnen ihres ehemaligen Chefs aus dem Hearst-Gebäude auf der anderen Flußseite zu uns herüber und ließ aus Memphis ein sehr talentiertes Mädchen namens Martha Sweeney kommen. Sie setzte uns alle an die Gesellschaftsseite, und dann erklärte sie uns den Krieg. Fast jeden Morgen platzte für eine von uns eine Bombe. Wenn man zum Beispiel bis zwei Uhr morgens gearbeitet hatte, um den Bericht über eine Opernvorstellung oder über irgendeinen Ball rechtzeitig fertigzustellen, und dann am nächsten Morgen eine halbe Stunde zu spät kam, wurde man zu Leola zitiert. Bleich vor Zorn saß sie an ihrem Schreibtisch. Den Bericht hatte sie zerrissen, weil er zu linkisch oder zu übertrieben war, zu unwahrscheinliche Beschreibungen enthielt oder zu übertrieben klang. Daß sie das Wort «Person» haßte, wußten wir, aber welche anderen Ausdrücke für sie tabu waren, merkten wir erst, wenn wir sie einmal benutzt hatten.

Vielleicht war Miss Allard der Ansicht, daß ein weinendes, rebellierendes oder verzweifeltes Mädchen eine bessere Geschichte schreiben könne, als ein zufriedenes Mädchen. Vielleicht meinte sie, daß Frauen, die einander argwöhnisch beobachten und sich mißtrauen, härter arbeiten und besser schreiben als Frauen, die miteinander befreundet sind. Mit viel Einfallsreichtum und List bevorzugte sie mal die eine, mal die andere von uns, lud mal die eine, mal die andere zum Essen ein, lobte sie dann und tadelte statt dessen Arbeit oder Kleidung oder Frisur einer anderen, säte Zwietracht und Zweifel – und machte so die besten Frauenseiten ihrer Zeit.

Sie behandelte ihre Mitarbeiterinnen zwar wie Söldner und trat auf ihrem Weg zum Erfolg unser ohnehin am Boden liegendes Selbstgefühl erbarmungslos mit Füßen, aber sie verstand es auch, uns Arbeiten, richtiges Schreiben und Standhaftigkeit beizubringen. In einer fünfjährigen Schlacht besiegte sie meinen bis dahin ständigen Begleiter, die Faulheit. Trotz ihrer Spaltungstaktik schmiedete sie unser kleines Team zu einer von gegenseitiger Achtung und Sympathie erfüllten Gemeinschaft zusammen, die immer noch besteht – wie unter Soldaten, die eine lange, bittere Belagerung überlebt haben.

Eines Tages im Jahre 1935 kam ein wohlbeleibter, charmanter Franzose mittleren Alters zu uns ins Büro und plauderte mit uns. Es war Jules Sauerwein, Mitarbeiter vom politischen Ressort des *Paris Soir*. Er lud uns ein, ihn zu besuchen, wenn wir einmal in Paris wären. Keine von uns war je in Paris gewesen, und Monsieur Sauerweins Einladung war eine Versuchung. Martha Sweeney und ich machten aus, daß diejenige von uns, die als erste nach Paris fuhr, bei ihrer Rückkehr nach Chicago zehn Dollar bekommen sollte. Im folgenden Frühjahr bestieg ich ein kleines Passagierschiff der Canadian Pacific Montreal: die Reise sollte nach Belfast und Dublin gehen, wo ich Vorfahren aufgespürt hatte, und dann von dort nach London und Paris.

Ein junger Hund, den man an einem Frühlingsmorgen aus dem Haus läßt, könnte nicht ausgelassener sein, als ich es bei meiner ersten Erkundung Londons war. Ich lief von Piccadilly zum Trafalgar Square und von dort zur Fleet Street, und in meinem Kopf sprudelte es von Zitaten: Shakespeare, Dr. Johnson, Boswell, Andrew Marvell, Pepys, Samuel Butler und Charles Lamb. Als ich trunken von all dem Gesehenen und vom Licht und Lärm Londons in mein Hotel in der Bond Street zurückkehrte, sagte mir der Portier: «O nein, Miss. Der Speisesaal ist schon seit zwei Stunden geschlossen... Nein, tut mir leid, es gibt keine Cafés in dieser Gegend von London.» Das war 1936. Die lange Abenddämmerung in der in nördlichen Breiten liegenden Stadt hatte mich irregeführt. Ich trank drei Glas Wasser und ging zu Bett.

In Paris traf ich Jules Sauerwein nicht im Büro des *Paris Soir* an. Er war in Berlin, um sich über die unheilvollen Ereignisse in Deutschland zu informieren. Die ganze Redaktion des *Paris Soir* war an diesem warmen Frühlingsabend schon ausgeflogen, aber dafür war das auf demselben Stockwerk befindliche kleine Büro des Londoner *Daily Express* noch hell erleuchtet.

Der nette junge Chef des *Daily Express*-Büros war gerade dabei, seine Arbeit zu beenden, wie er mir sagte. Er hatte vor, mit einigen Kollegen zu Abend zu essen, und fragte mich, ob ich mich ihnen anschließen wolle. Einige der vier oder fünf in Paris arbeitenden englischen Journalisten waren bei Nazi-Veranstaltungen in Österreich gewesen, und während des Essens erzählten sie mir Dinge über Adolf Hitler, die Braunhemden und ihre Methoden, die sehr viel bedrohlicher klangen als alles, was ich in den Zeitungen Chicagos gelesen hatte. Es war ein langes Abendessen mit viel Wein. Danach besuchten wir mehrere Kellerlokale am linken Seine-Ufer, wo wir in schalem Zigarettenrauch zu französischen Spielarten einer amerikanischen Jazzmusik tanzten, die bei uns längst passé war. Zum Schluß führten sie mich noch zu den Markthallen von Paris, wo wir Zwiebelsuppe aßen. Als ich über meine baldige Rückreise nach Chicago jammerte, sagte der junge Mann vom *Daily Express*: «Wenn Europa Sie so interessiert, warum kündigen Sie dann nicht bei Ihrer Zeitung in Chicago und bleiben hier?»

«Mein Französisch ist noch nicht gut genug.»

«Sie könnten in London arbeiten. Die Londoner Blätter schicken ihre Leute ständig auf den Kontinent.»

«Aber wie komme ich als Amerikanerin in die Fleet Street?»

«Kein Problem. Rufen Sie morgen früh den Beaver an. Der sucht immer Nachwuchs.»

«Sie meinen Lord Beaverbrook?» Ich zerfloß beinahe vor Ehrfurcht.

Der junge Mann gab mir die Telefonnummer von Lord Beaverbrooks Haus am Green Park. Nach einem kurzen Schlaf im Grand Hôtel in der Rue Castiglione ließ ich mich mit der Nummer verbinden, und Lord Beaverbrook kam an den Apparat.

«Josephine, Josephine?» fragte er.

«Nein. Mein Name ist Mary Welsh. Ich würde gern für Sie bei Ihrer Zeitung arbeiten.»

Beaverbrook hatte kurz zuvor Josephine Patterson kennengelernt, die Tochter von Joe Patterson von der New Yorker *Daily News*, und bewunderte sie, wie alle, sehr. Er hatte das Gefühl, getäuscht worden zu sein. «Wer?» schrie er verärgert. «Ich habe keine Zeit, mich mit Leuten zu unterhalten, die einen Job wollen.»

«O Sir, ich habe eine gute Stellung bei einer der besten Zeitungen in

Amerika, bei den Chicagoer *Daily News*», sagte ich mit honigsüßer Stimme. «Ich wollte Ihnen nur einen Besuch abstatten, bevor ich zurückfahre.»

«Aber wir haben bereits einen Amerikaner beim *Express*», sagte Beaverbrook mißmutig.

«Ich glaube, ich könnte zum Tee bei Ihnen sein und würde dann noch mein Schiff erreichen», sagte ich. Was hatte ich zu verlieren?

«Ich bin ein beschäftigter Mann», sagte der Beaver. Aber seine Stimme klang weniger abweisend. Sicher flogen damals nicht viele Mädchen von Paris nach London, nur um ihn zu sehen.

«Ach, das ist aber schade. Es tut mir leid für Sie. Sie wissen gar nicht, was Sie verpassen.» Das schien ihn zu amüsieren. (Natürlich verpaßte er gar nichts. Meine Kleidung, meine Frisur, mein Auftreten – all das war noch typischer Mittelwesten.)

«Na schön. Schön. Ich kann Ihnen eine Tasse Tee und fünfzehn Minuten Zeit bieten.»

Mein Schiff sollte mittags in Le Havre auslaufen. Aber von Southampton ging es erst am späten Abend ab. Trotz meines Katers von der vorangegangenen Nacht gelang es mir, einen Platz in der zweimotorigen Air France-Maschine nach London zu buchen, und so erreichte ich Lord Beaverbrooks Residenz Stornoway mit fünf Minuten Verspätung zum Vier-Uhr-Tee. Aber meine Kasse war bis auf ein paar Dollar für Trinkgelder leer.

Lord Beaverbrook ließ mich einige Minuten warten, vielleicht, um mir Zeit zu lassen, seinen runden, reich gedeckten Teetisch zu bewundern, und meine unsinnige Beharrlichkeit zu bereuen. Der Butler goß mir Tee ein, und ich nippte an der Tasse. Ich hatte seit der Zwiebelsuppe vor zwölf Stunden nichts außer einer Tasse Kaffee zu mir genommen und war am Verhungern. Aber ich konnte mir nicht erlauben, mit vollem Mund dazusitzen, wenn der Hausherr erschien.

Lord Beaverbrook kam die Marmortreppe herab. Er empfing mich wohlwollend und schien belustigt, als ich ihm über den vorangegangenen Abend in Paris berichtete. Als ich jedoch erklärte, ich würde gern beizeiten in London sein, um «über den Krieg zu berichten», bekam der Blick seiner blaßblauen Augen etwas Steinernes.

«Es wird keinen Krieg geben, nehmen Sie das zur Kenntnis», sagte er.

«Ich hoffe, Sie behalten recht, Sir», erwiderte ich. Und ich dachte mir: Die übliche Kurzsichtigkeit der Reichen und Mächtigen, wenn man sie mit unwillkommenen Perspektiven konfrontiert.

Trotz dieser Meinungsverschiedenheit wies er seinen Sekretär an, Arthur Christiansen, den berühmten Chefredakteur in der Fleet Street, anzurufen und ihm mitteilen zu lassen, eine junge Amerikanerin werde sich bei ihm bewerben. Dann verfrachtete der Butler mich, meinen Kater und meinen Mordshunger in ein Taxi.

Christiansen, in seinem Büro im *Express*-Gebäude, einem schwarzen Glasbau, der neben den pseudogotischen oder schlicht viktorianischen Nachbargebäuden so abweisend wirkte, schien gehetzt, schlecht gelaunt, ungeduldig und verärgert zu sein über diese neue Laune seines Chefs. «Ich habe schon eine sehr gute Reporterin. Ich habe einen Amerikaner. Ich habe keinerlei Verwendung für Sie», sagte er gequält.

Er tat mir leid. «Schon gut. Schon gut», sagte ich. «Machen Sie sich keine Sorgen. Ich gehe schon.»

Er fand das gar nicht komisch.

Auf dem Schiff, auf der Fahrt nach New York, schrieb ich ein paar Dankzeilen an Lord Beaverbrook und an seinen nervösen Chefredakteur. In Chicago gab Martha Sweeney mir meine zehn Dollar. Die Atmosphäre in Miss Allards Büro hatte sich noch verschlechtert, sie war jetzt so herbe wie eine zu starke Zwiebelsoße. Ich war zu lange fort gewesen. Immerhin beförderte mich Leola Allard in einem Augenblick geistiger Verwirrung an die Spitze unserer kleinen Abteilung – Adeline Fitzgerald hatte geheiratet und war nach Tahiti gegangen – und unterminierte so zumindest zeitweilig meine Freundschaft mit den anderen Damen unter ihrem Zepter.

Ohne Wissen von Miss Allard hatte ich mit Hal O'Flaherty, dem geschäftsführenden Herausgeber, ein paar vertrauliche Gespräche. Ich bettelte ihn an: «Lassen Sie mich doch in ihrem Pariser oder Londoner Büro arbeiten. Sie können mir das Gehalt kürzen. Es wird Krieg geben, und ich muß dort sein. Eigentlich müßte ich schon jetzt dort sein, um mich einzuarbeiten.»

Der gute O'Flaherty lächelte «Ihr Französisch reicht für Paris nicht aus, mein Kind. Und außerdem braucht Edgar Mowrer höchstens Sekretärinnenhilfe. Stoneman in London leistet ausgezeichnete Arbeit, auch er braucht niemanden.»

Im Februar oder März bekam ich im Büro einen Anruf aus Palm Springs. Lord Beaverbrooks Sekretär und Kammerdiener fragte an, ob ich am Abend zum Dinner mit seiner Lordschaft in dessen Suite im Blackstone Hotel erscheinen könne. Lord Beaverbrook sollte gegen Abend mit seinem Privatflugzeug in Chicago eintreffen.

Ich bahnte mir einen Weg durch das Gedränge der Reporterkollegen, die vor der Tür der Hotelsuite Beaverbrooks Posten bezogen hatten. Der Lord telefonierte. Er telefonierte mit London, Montreal, Quebec und New York. Er lehnte eine Einladung Colonel Bertie McCormicks zum Lunch am nächsten Tag ab und lud statt dessen mich ein. Auf dem Heimweg machte ich noch schnell einen Abstecher ins Büro und schrieb eine Notiz über das, was ich über seine Vorhaben in Chicago erfahren hatte.

Der Beaver forderte mich auf, das Restaurant für unseren Lunch auszusuchen. Ich wählte einen Salon im Drake Hotel, von dem aus man auf ein Stück Strand und den vom Wind gepeitschten Michigansee blickte. Da ich nach dem Essen gleich eilig ins Büro zurück mußte, beschloß Lord B., daß wir uns in demselben Raum zum Abendessen treffen sollten.

Nach einem anregenden Dinner brachte der Lord mich nach Hause. Ich wohnte damals im obersten Stockwerk eines grauen Steinhauses in der Elm Street, ein paar Straßenzüge vom Hotel Drake entfernt. Vor der Haustür bat er mich, ihm meine Wohnung zu zeigen. Ich war froh, daß ich vorher ein Kaminfeuer angelegt hatte, das ich nur anzuzünden brauchte.

Lord Beaverbrook kam mir unruhig vor in meinem hellen, behaglichen, jedoch keineswegs eleganten Wohnzimmer. Er sah sich gleichgültig meine Bücher an, einen Matisse-Druck an der Wand und einen alten Zinnteller über dem Kamin. Er sprach über die englische Politik und erzählte, wie er Bonar Law, der wie er aus Brunswick stammte, auf den Stuhl des Premierministers geholfen habe, indem er in seinen drei Zeitungen Laws Wahlkampagne unterstützte, und wie Law dann, als er im Amt war, Beaverbrooks geheiligten politischen Grundsatz – Priorität des Empires und des Commonwealth bei allen Beschlüssen der Downing Street, insbesondere in Fragen des Handels – verraten habe. Erst später wurde mir klar, daß diese Ereignisse vierzehn Jahre zurücklagen, aber der verbitterte Groll, den Beaverbrook gegen den längst verstorbenen Mann hegte, der ihn verraten hatte, beeindruckte mich.

Um dem Gespräch eine freundlichere Wendung zu geben, fragte ich ihn, wie und warum er den *Daily Express* erworben habe und was die Zeitung ihm bedeute. Er wich einer Antwort aus, indem er verkündete: «Keine andere Zeitung informiert die britische Bevölkerung so gut wie wir über die Ereignisse in Großbritannien und in der ganzen Welt. Und das gefällt mir.» Die Zeitung, auf die er so stolz war, zählte damals zu den skandalfreudigsten und sensationslüsternsten Blättern englischer Sprache.

«Was mir diese Zeitung bedeutet?» wiederholte er nachdenklich. «Manche Leute protzen gern mit einem besonderen Jagd- oder Rennpferd, das sie in ihrem Stall haben. Der *Daily Express* ist mein Paradepferd.» Das stimmte, er hatte die größte Auflage in Großbritannien. Dann nahm Beaverbrook seinen Hut, ich begleitete ihn die Treppe hinunter und rief ein vorbeifahrendes Taxi herbei. «Falls Sie je einen

Posten in Ihrer Redaktion frei haben», sagte ich, «werden Sie es mich hoffentlich wissen lassen.»

«Mmmmmm», sagte Lord Beaverbrook.

Eine Woche später rief er mich vom Waldorf Astoria Hotel in New York an und krächzte: «Kommen Sie mich besuchen. Ich zahle Ihnen die Reise.»

«Ich habe viel zu tun, Sir», erwiderte ich. «Wenn es sich um einen Job bei Ihrer Zeitung handelt, komme ich auf eigene Kosten nach New York. Aber wenn das nicht der Fall ist, kann ich leider nicht kommen.»

«Kommen Sie, mein Kind. Wir werden uns über den Job unterhalten.»

Ich wußte nicht, daß er wieder einen seiner Asthmaanfälle hatte und sich wahrscheinlich nur langweilte. Ich lief durch den Flur zu unserem Redakteur für Flugwesen, und innerhalb weniger Minuten war mir ein Ticket für einen Freiflug nach New York sicher. Abflug am Samstag und Rückflug am Sonntagnachmittag.

Ein später Winterwind heulte um die Türme des Waldorf Astoria, als ich in die große, eisige Suite Lord Beaverbrooks vorgelassen wurde. Meinen Koffer hatte ich vorher in einem mindestens zwanzig Stock tiefer liegenden kleinen Zimmer mit Blick auf den Hinterhof abgestellt. Ich bewunderte ehrfurchtsvoll den prächtigen Salon mit den vielen Blumenarrangements und den zahlreichen, mit allerlei Früchten gefüllten Körben und Schalen, als der Kammerdiener mich ins Schlafzimmer geleitete, wo der Boss flach im Bett lag. Seine dünnen kleinen Beine unter der Decke sahen wie Stöcke aus, und sein großer, kugelrunder Kopf lag auf einem Berg von Kissen. Der Lord verkündete, wir würden gemeinsam hier im Schlafzimmer zu Abend essen. Aber vorher müsse er noch ein paar Leute empfangen. Sie wurden hereingeführt: der Geschäftsführer der Holzfaserfabrik Lord Beaverbrooks in Kanada und der Chef seiner Zeitungsdruckerei, anscheinend ein Neffe von ihm, und noch ein paar andere. Sie traten alle in derselben Weise auf: freundlich lächelnd, ehrerbietig, glattrasiert, geschniegelt und gebügelt wie aus einer Modezeitschrift. Sie verharrten in respektvoller Entfernung vom Fußende des Bettes, und Lord Beaverbrook lud sie nicht ein, näherzutreten. Er hob den Kopf leicht von den Kissen und feuerte auf jeden der jungen Männer eine Salve von Fragen ab, die – wären sie Patronen oder auch nur Murmeln gewesen – jedes Ziel demoliert hätten.

Er verschwendete keine Zeit auf Dinge wie Produktion und Absatz im vergangenen Monat, sondern erkundigte sich eingehend nach dem Anteil eines chemischen Stoffes, den man der kochenden Holzfaser beimischte, und nach dem Grad der Verbesserung, der durch Beifügung einer anderen Chemikalie bei der Papierherstellung erzielt wurde, oder nach den

Mehrkosten, die aus der kürzlichen Erhöhung der Frachttarife in Kanada entstehen würden. Und Beaverbrook wußte die Antworten im voraus, davon war ich überzeugt. Er drillte lediglich seine Truppen – er genoß es, wie sie sich verhaspelten, freute sich, wenn er ihnen Irrtümer nachweisen und sie berichtigen konnte, sah mit Vergnügen, wie sie vor Angst ins Schwitzen gerieten und wie erleichtert sie waren, wenn sie entlassen wurden. Es war eine lehrreiche Stunde für mich. Nie zuvor hatte ich jemanden – und hier sogar aus horizontaler Lage – mit so viel Intelligenz, Kraft und Ironie Macht ausüben sehen.

Als der letzte der jungen Leute mit hängenden Schultern hinausging, teilte Beaverbrook mir mit, daß wir jetzt essen würden und daß ich ihm danach etwas vorlesen solle. «Ich habe vor, den Nil hinaufzufahren. Ich werde mein Flugzeug nach Ägypten bringen lassen. Und Sie werde ich vielleicht als Vorleserin anstellen.»

Ich war genauso überrumpelt wie seine Geschäftsführer es gewesen waren. «Aber ich bin keine Vorleserin, Sir. Ich bin Reporterin. Ich habe keine Schulung im Sprechen.»

«Das werden wir sehen.»

«Ich kann es mir nicht leisten, den Nil hinaufzufahren. Ich muß mir meinen Lebensunterhalt verdienen.»

«Sie haben von der Welt noch nichts gesehen. Sie sollten anfangen, sie kennenzulernen.»

«Ich würde lieber erst einmal London kennenlernen.»

Ich merkte, daß Beaverbrook hartnäckigen und entschlossenen Widerstand von jungen Leuten nicht gewohnt war. «Das hat Ihnen vorhin wohl Spaß gemacht, die jungen Männer zum Zittern zu bringen», sagte ich, während wir aßen – er im Bett, ich von einem Tablett auf meinem Schoß.

Seine eisblauen Augen blitzten vergnügt, aber er sagte: «Sie müssen lernen, zu beobachten, sich Ihr Teil zu denken und Ihre Zunge im Zaum zu halten.» Er hatte keine Ahnung, wie sehr ich meine Zunge im Zaum hielt. Aber es war ein guter Rat, dachte ich bei mir und fröstelte in meinem Wollkostüm. Es war kalt und zugig.

Ich sprach nie mit der schnarrenden Stimme der Amerikaner aus dem mittleren Westen, und der Beaver hatte auch nichts zu beanstanden, als ich die Hotelbibel nahm und daraus wie gewünscht den 23. Psalm vorzulesen begann.

«Der Herr ist mein Hirte, mir wird nichts mangeln. Er weidet mich auf einer grünen Aue und führt mich zum frischen Wasser», las ich und bemühte mich um eine deutliche Aussprache. Wenn ich den Job als Vorleserin am Nil ablehnte, so sollte es nicht so aussehen, als scheiterte es an meiner Unfähigkeit.

«Er erquicket meine Seele, er führet mich auf rechter Straße ...»
«Strah-ße», rief Lord Beaverbrook mir von seinem Kissenberg zu.
«Straße», rief ich zurück. «Wie Maße.»
«Strah-ße», brüllte er.
«Da sehen Sie's, Sir. Sie könnten mich als Vorleserin gar nicht ertragen.»
Darauf lächelte er zwar freundlich, aber mit der Leseübung war es aus, und ich zog mich in meine Höhle weiter unten im Hotelfelsen zurück.

Am nächsten Morgen, als ich gerade im Bett frühstückte, rief Lord Beaverbrook mich an. Mein Besuch hatte ihm so gut getan, daß er mich nun zum Lunch in seiner Suite einladen wollte. Er spazierte in seinem großen, mit Geschenken überladenen Salon herum, als ich hereinkam. Ich träumte immer noch von London. (Während er erwartete, daß ich in der vergangenen Nacht über den Nil nachgedacht hatte.)

«Wie Sie wissen, würde ich sehr gern für Sie in London arbeiten», begann ich. «Aber –»

Beaverbrook, ein Meister der Überraschung, gab mir einen leichten Kuß auf die Stirn und hob an, mir eine Rede zu halten. Er sprach mindestens zehn Minuten lang, und was er da aus der Güte seines Herzens und den Tiefen seiner Weisheit meinen staunenden Ohren zu Gehör brachte, war ein erotisch angereichertes Destillat aus dem *Fürsten* und den *Diskursen* Machiavellis, dessen Lehren er auf strategische und taktische Rezepte für den Krieg zwischen Männern und jungen Frauen reduzierte. Es klang wie die Parodie einer Sonntagspredigt zum Ruhme der Unschuld und Tugend junger Frauen. «Absoluter Quatsch», schloß Lord Beaverbrook mit belästigtem Lächeln, «und völlig unpraktisch.» Ich hatte so verblüfft zugehört, daß ich nicht imstande war, mir seine Worte einzuprägen, und später konnte ich mir nur einige wenige wieder ins Gedächtnis rufen.

Sein Hauptargument war, daß ich als Greenhorn aus dem mittleren Westen noch sehr viel zu lernen hätte, wenn ich es in der Welt zu etwas bringen wolle, und daß es in Europa für eine Frau nur einen Weg gebe, ihre Pläne – wie sie geartet seien – zu verwirklichen: nämlich unter dem Schutz eines bedeutenden, einflußreichen Mannes. Romantische Liebe sei reine Zeitvergeudung. Eine junge Frau müsse nur immer ein einziges Ziel vor Augen haben: sie müsse lernen, Männern in allen Aspekten des physischen Lebens zu gefallen, und sich dann in der Ausübung solcher Zaubereien zu vervollkommnen.

Nach dem klangvollen Höhepunkt seiner Rede war in dem eisigen Raum nichts mehr zu vernehmen als das Heulen des Windes. Ich suchte nach einer passenden Antwort, während der Lord ungeduldig im Zimmer auf und ab ging.

«Mein Vater hat mich gelehrt, daß man nie Geschäfte mit Gefühlen vermischen soll», sagte ich schließlich. Ich hatte keine Angst vor ihm. Ich war größer und stärker als er. «Und außerdem, Sir», fügte ich hinzu, «verlasse ich mich lieber nicht auf meine Fähigkeiten, einem Mann zu gefallen. Indessen bin ich mir meiner Fähigkeiten als Reporterin durchaus bewußt.»

«Hmmmmm, Hmmmmm. Ich werde nach dem Essen läuten.»

Als ich ihn nach dem Lunch verließ, erklärte ich, daß das Wochenende nicht sehr erfolgreich gewesen sei: *er* habe mich nicht überreden können, mit ihm den Nil hinaufzufahren, und *mir* sei es offensichtlich nicht gelungen, ihn dazu zu bewegen, mir eine Stelle bei einer seiner Zeitungen anzubieten.

«Wie ich sehe, lassen Sie sich von Ihren Vorhaben nicht abbringen, Mary», sagte Lord Beaverbrook. «Aber wir brauchen keine weiteren Reporter bei unseren Zeitungen. Das hat Ihnen Mr. Christiansen ja schon gesagt. Sollten Sie jedoch nach London kommen, werde ich sehen, ob sich eine Stellung für Sie finden läßt.» Seine Augen sagten: «Du dumme, undankbare, starrköpfige Gans!»

Ich begann Reisevorbereitungen zu treffen. Ich schrieb Briefe, rief meine Eltern an, flog nach Detroit, um mich dort mit meinem mir liebsten Cousin, Homer Guck (er war Direktor bei Hearst) und seiner Frau Beatrice zu beraten, verkaufte und verschenkte mein Mobiliar und kratzte das Geld für die Überfahrt zusammen (für die Rückfahrt reichte es nicht). Dann setzte ich Miss Allard von meinen Plänen in Kenntnis. Sie schien verärgert, ließ sich aber nie anmerken, ob sie über mein Weggehen erleichtert oder gar entzückt war. In der letzten Woche bei den *Daily News* packten mich plötzlich Zweifel und Ängste, und ich lief damit zu Hal O'Flaherty: Wenn ich nun drüben keine Arbeit bekam und nicht nach Chicago zurückkehren konnte? Wenn ich nun mit dem britischen Journalismus nicht zurechtkam? Wenn Beaverbrook mich fallenließ? Was dann? «Vielleicht habe ich eine Dummheit gemacht», jammerte ich und dachte an all die Freunde, die ich in Chicago hatte, beim Ballett, im Symphonieorchester, an den Theatern, im Art Institute und im Kunstverein. Mr. O'Flaherty gab mir einen kurzen Rat, den ich nie vergessen habe: «Machen Sie nie aus Angst einen Entschluß rückgängig.»

Bill Hawkins, ein junger Mann, der auch bei den *News* arbeitete, lud mich und einige andere Freunde ein, in einer Nacht von Freitag auf Samstag zum Derby in Kentucky zu fahren. Nach dem großen Rennen lotste er uns durch den Güterbahnhof zu dem Salonwagen, den seine

Eltern zusammen mit Mr. und Mrs. Roy Howard für die Fahrt von New York nach Louisville gemietet hatten, und inmitten des allgemeinen Trubels, der Freudenausbrüche über Wettgewinne und der Verzweiflungsanfälle über Verluste erzählte Bill Hawkins bei *mint juleps*, die wir aus silbernen Bechern tranken, Mr. Howard von meinem London-Plan und von meiner Sorge, nichts zu erreichen und dann ohne Geld für die Rückfahrt dazusitzen.

«Ich kenne Beaverbrook», erklärte Roy Howard. «Ich war im letzten Herbst mit ihm in Cherkley. Sie sind ein mutiges Mädchen. Ich werde Ihnen einen Brief für ihn mitgeben.» Und der liebenswerte Mann setzte sich kurz entschlossen hin und schrieb einen Brief, der Lord Beaverbrook sicherlich dazu bewogen hätte, auch einen amerikanischen Schimpansen anzuheuern. «Mary ist eine der besten jungen Reporterinnen in den USA», schrieb er, der mich vorher nie gesehen und nie etwas von mir gelesen hatte. Ich schickte Beaverbrook den Brief nach Cherkley, als ich – wiederum mit einem kleinen Schiff der Canadian Pacific – in London ankam. Daraufhin erhielt ich eine Einladung zum Lunch auf seinem Landsitz in Surrey. Von der mit Glyzinien überwachsenen Loggia blickte man über weite dunstige Täler hin. Lord Beaverbrook bot mir eine Stelle bei einer seiner drei Zeitungen an. Er empfahl mir den *Sunday Express* oder den *Evening Standard*. «Dort herrscht nicht so ein Tempo wie beim *Daily Express*.» Der amerikanische Reporter beim *Daily Express* war inzwischen ausgeschieden.

«Ich würde den *Daily Express* vorziehen, Sir. Und das dürfte für Sie und Ihre Redakteure auch besser sein, denn wenn ich mich dort als unfähig erweisen sollte, sind Sie mich um so schneller wieder los. Und wenn ich Erfolg habe . . .»

«Mmmmmmm. Ich weiß, ich weiß», brummte Lord Beaverbrook.

Die britischen Einwanderungsbehörden hatten mich an Land gelassen, weil ich angegeben hatte, ich wollte einige Sommerkurse in Oxford besuchen. Jetzt mußte der *Express* dem Home Office eine Arbeitsgenehmigung abringen, ehe ich den ersten Lohn bekommen konnte. Meine Barschaft schmolz rasch zusammen, und ich sah mich gezwungen, Lord Beaverbrook anzurufen: Ich müsse jetzt entweder Geld verdienen oder ich würde verhungern. Die Arbeitsgenehmigung wurde mir erteilt.

An dem Tag, an dem ich meine Arbeit aufnahm, war gerade die Nachricht durchgekommen, daß Amelia Earhart auf dem Flug über den Pazifik verschollen sei, und mein erster Auftrag war, innerhalb einer Stunde eine Tausend-Wörter-Story über sie zusammenzustellen, die als Kasten in der Mitte der Leitartikelseite erscheinen sollte. Was ich nicht wußte, war, daß man mir mit dem einstündigen Termin nur hatte Angst machen wollen. Ich nahm mir die Earhart-Akte im Archiv vor, fand nur ein paar kurze Meldungen über sie, erinnerte mich aber an ein Gespräch mit meinem Cousin Homer Guck, der mir voller Begeisterung von ihr erzählt hatte – er hatte einmal bei einem Lunch in Chicago neben ihr gesessen. Nach einer Stunde hatte ich meinen Tausend-Wörter-Artikel fertig. Ich war gerettet.

Hinter der prunkvollen schwarzen Glasfassade des *Daily Express*-Gebäudes verbargen sich Redaktionsräume, die weit mehr den überfüllten, schlecht beleuchteten, schlecht geheizten Büros der billigen Skandalblättchen im Norden Chicagos glichen als denen der *Daily News*. Nur wenige Leute hatten ihren eigenen Schreibtisch. Wir Nachrichtenredakteure saßen dagegen an einem langen, ungebeizten, selten frisch gescheuerten Holztisch, wo für jeden ein enges Plätzchen, eine Schreibmaschine, Notizblöcke, Bleistifte und Radiergummis zur Verfügung standen. Wir arbeiteten ungefähr unter den gleichen Bedingungen, unter denen man in einem Schnellimbiß sein Essen zu sich nimmt.

Meine besten Aufträge waren die von Mr. Wilson, dem Lokalredakteur, der wie ein Bischof aussah. Wenn er Bilder brauchte, schickte er mich mit einem Fotografen los – sein Chauffeur fuhr uns zum Schauplatz des Geschehens. Die Fotografen waren immer lustige Gefährten, und ich lernte von ihnen mehr über Land und Leute und Gebräuche, als wenn ich allein unterwegs war.

Damals war es beim *Daily Express* üblich, eine Feature Story zweispaltig auf die Mitte der fünften Seite zu setzen. Wer sie verfaßt hatte, sah seinen Namen in schönen fetten Buchstaben unter der Überschrift und manchmal in zwei Fuß hohen Lettern auf den Plakaten an den Lieferwagen prangen. Ich hatte das Vergnügen, an einigen solcher Artikel mitzuwirken und berichtete über «farbige» Ereignisse wie «Protestkundgebungen auf dem Trafalgar Square gegen die britische Politik im Spanischen Bürgerkrieg» oder über Leichtgewichtiges wie «Wer beim Derby Champagner trinkt», «Britische Seebäder ertrinken im Regen», «Zylinderhüte in den Gärten des Buckingham-Palastes», «Der Hyde Park gehört am Sonntag den Verliebten», «Das eherne Glaubensbekenntnis der Vororte und Kleinstädte: Wir bleiben unter uns».

Bald hatte ich eine recht bohèmehafte Kellerwohnung am Glebe Place, Chelsea, gefunden. Das einstige Jagdschlößchen Heinrichs VIII. befand sich an der Ecke, und Thomas Carlyles Haus lag gleich um die Ecke in der Cheyne Row. Über dem alten, aber noch funktionierenden schwarzen Eisenherd hingen Schnüre mit aufgereihten Knoblauch-Zwiebeln. Das Haus wurde von lauter berufstätigen jungen Frauen bewohnt. Nan, die in der Werbebranche tätig war, im obersten Stockwerk, ein ständig wechselnder Reigen von Mannequins im ersten Stock, Joy, die bei einer Filmgesellschaft arbeitete, im Erdgeschoß. Da ich mich tagsüber fast nie in meiner Kellerwohnung aufhielt, fühlte ich mich nicht bedrückt in meiner Höhle mit ihrem winzigen Fenster und dem Blick auf den taschentuchgroßen Rasen des «Vorgartens». Eine nette Putzfrau, Mrs. Gordon, hielt mir Wohnung und Kleider in Ordnung, und nachts genoß ich die absolute Stille nach dem Geratter beim *Daily Express*.

Wenn mein großer schwarzer Herd dann Wärme und die angenehmen Düfte von Suppen, Geschmortem, Würzen und Soßen ausströmte, war es sehr behaglich in meinem Keller, so entsetzlich unelegant er auch war, und ich verließ ihn erst, als ich – als Mrs. Noel Monks – mit meinem Mann in ein in der Nähe gelegenes Puppenhaus in der Upper Cheyne Row zog.

Noel war in Australien geboren. Er hatte bei einer führenden Zeitung in Melbourne gearbeitet, ehe er nach London gekommen war und erreicht hatte, daß ihm die Berichterstattung über den Spanischen Bürgerkrieg für die *Daily Mail* übertragen wurde. Er war groß und stämmig, wie es sich für einen ehemaligen australischen Meisterschwimmer gehörte, hatte vorzeitig ergrautes Haar und sah trotz seines rötlichen Teints gepflegter und geschniegelter und gebügelter aus als alle Londoner Junggesellen, die ich kannte. Nachdem wir neun oder zehn Monate lang zusammen ausgegangen waren, begann er, als mein Beschützer aufzutreten, was mir sehr gefiel. Wir heirateten in der Town Hall von Chelsea, und meine Freundin Joy, inzwischen Mrs. Moore Raymond, gab uns zu Ehren einen fröhlichen Empfang in ihrer neuen Wohnung am Glebe Place, gerade um die Ecke von unserem ehemaligen gemeinsamen Mädchenquartier.

Noel war ein genügsamer, konservativer Ehemann, freundlich und rücksichtsvoll, begeistert über unser Puppenhaus, obwohl es mit seinen graziösen goldenen Stühlen, seinen roten Samtkissen und Teppichen, seiner Aussicht auf ein ummauertes Gärtchen voller bunter Blumen und singender Vögel zu klein und zu zierlich für ihn war. Nur unter dem Zwang des Zweiten Weltkriegs gaben wir es schließlich auf.

Neville Chamberlain, Premierminister von Großbritannien, mit steifem Kragen und stachligem Schnurrbart, setzte sich im Herbst 1938 über alle Präzedenzfälle hinweg und flog nach Deutschland, um mit Adolf Hitler zu verhandeln.

Mr. Christiansen schickte Hildy Marchant hinüber, damit sie über die ersten Verhandlungen ein reines Debakel berichtete. Am Abend des 28. September 1938 war ich gerade dabei, einen Artikel zu beenden, als die gebieterischen Schritte unseres Chris durch den Gang hallten. Er kam zu mir herein und sagte: «Der Premier fliegt morgen nach München. Nehmen Sie sich ein Flugzeug und versuchen Sie, vor ihm dort anzukommen. Sie haben Zimmer im Regina Palast Hotel. Vielleicht schicke ich noch jemanden mit ihnen. Berichten Sie ausführlich über alles.»

Ich machte mich telefonisch auf die Suche nach Privatflugzeugen, die diese Entfernung zurücklegen konnten, und charterte schließlich eines, das es ohne Zwischentanken bis nach Frankfurt schaffte und gleich nach Mitternacht vom Flughafen Heston aus starten konnte. Dann rief Webb Miller, der Chef des Londoner United Press-Büros, an und fragte, ob er mitfliegen könne. «Natürlich», erwiderte ich. Mr. Christiansen telefonierte inzwischen in London herum, erreichte C. V. R. Thompson, den New Yorker Korrespondenten des *Daily Express*, und überredete den breitschultrigen, fröhlichen und schnell denkenden Mann, sich uns anzuschließen. Beaverbrooks kleinformatige Nachmittagszeitung, der *Evening Standard*, schickte einen jungen Mann namens Ossian Goulding mit, ich fand ihn eifrig, aber reichlich unerfahren.

Der Telefonverkehr zwischen dem Kontinent und London war 1938 noch ziemlich unterentwickelt und würde meiner Vermutung nach chaotisch werden, sobald es im Verlauf der Konferenz etwas zu berichten gab. Also wandte ich im Einverständnis mit Tommy Thompson den alten Trick an, ständig eine Leitung vom Regina Palast Hotel nach London besetzt zu halten, indem ich den Bruder unseres Pagen, der fließend Englisch sprach, dem Telefonisten des *Express* so lange aus der englischen Hotelbibel vorlesen ließ, bis wir unsere Berichte durchgeben konnten – Chamberlains Ankunft am Flugplatz, Mussolinis bombastische Posen am Hauptbahnhof, wo er mit wehenden Hakenkreuzfahnen und Marschmusik begrüßt wurde, Daladiers finsteres Gesicht, als er aus Frankreich eintraf.

An diesem Abend hatten sich die Staatsmänner im Braunen Haus versammelt, und wir standen auf der Straße und sahen Hitler vorüberfahren, während die Menge «Heil, Heil» schrie. Er grüßte mit schlaff erhobener Hand zurück, eine Geste, die gelangweilt und weibisch wirkte. Tommy wartete mit den meisten Vertretern der europäischen Presse vor dem Braunen Haus, während ich auf der Straße Gespräche mit Leuten, die einigermaßen Englisch sprachen, anzuknüpfen versuchte.

Die Zusammenkunft im Braunen Haus dauerte bis nach Mitternacht, und nachdem ich die Staatsoberhäupter mit unverbindlichen Mienen hatte heimfahren sehen, bahnte ich mir meinen Weg durch die Menge zum Hotel zurück, schrieb meinen abschließenden Artikel und sank ins Bett. Es war drei Uhr morgens, und ich hatte seit zweiundvierzig Stunden nicht mehr geschlafen.

Am nächsten Morgen kam ein Telegramm von Christiansen, in dem er

Tommy die amerikanische Staatsbürgerschaft verlieh. Es lautete: «Ihr Amerikaner könnt wirklich schreiben.» Mit unserer offenen Drahtverbindung – der *Daily Express* scheute nie irgendwelche Kosten – hatten wir alle unsere Londoner Konkurrenten geschlagen.

Wir bohrten in Chamberlains Umgebung und bei Daladiers Mitarbeitern nach Neuigkeiten und klaubten uns ein paar Krumen aus Wolken von leeren Phrasen heraus. Um die Mittagszeit traten wir auf unseren Balkon hinaus. Wir sahen die Menschenmassen im Nieselregen stehen und Chamberlain zujubeln, der an seinem Fenster direkt unter uns stand.

Der britische Premier und die anderen hohen Tiere setzten am Nachmittag ihre Gespräche fort. Danach wurde die Presse zu einer Konferenz in Chamberlains Suite gebeten. Der Premier, der mit seinen Eckenkragen wie eine Vogelscheuche aussah, sparte sich seine Phrasen über den «Frieden für unsere Zeit» für seine Ankunft in London auf. Mit lautstarker, krächzender Stimme, um den Ausverkauf zu vertuschen, eröffnete er uns, daß Großbritannien und Frankreich Hitlers Verlangen nach «Anschluß» des Sudetenlandes zugestimmt hätten. Er fügte hinzu: «In Zukunft sollen alle Fragen, die unsere beiden Länder betreffen, durch Schiedsspruch geregelt werden.»

Nachdem wir unsere Berichte durchgegeben hatten, beauftragte uns die Redaktion, an die tschechische Grenze zu fahren und über den Einmarsch der deutschen Truppen zu berichten. Falls damals irgend jemand vorausgesagt hat, daß Großbritannien und Frankreich ein Jahr später mit Deutschland im Kriege sein würden – ich habe es jedenfalls nicht gehört.

Wir brachen sogleich auf. In einem bequemen Wagen mit Chauffeur fuhren wir bei Nebel und Regen über gewundene Bergstraßen nach Salzburg, wo wir am Eingang eines Restaurants das erste JUDEN WERDEN NICHT BEDIENT sahen. Wir aßen Wiener Schnitzel mit Paprika und beobachteten, wie die Gäste aus dem Ort sich teilnahmslos das Lügengebrüll aus dem Rundfunk über den angeblichen Jubel im Sudetenland nach Bekanntwerden des Münchner Abkommens anhörten.

Wir übernachteten in Linz. Am nächsten Morgen überquerten wir die senfgelbe Donau und stießen auf Truppen, die wartend am Rande der engen Landstraße standen, hübsch aussehende zwanzigjährige junge Männer. Ihre Stahlhelme hatten sie mit Zweigen getarnt, ebenso ihre Maschinengewehre und ein paar in den Kornfeldern stehende Flakgeschütze. Die Bierwagen und Ausflugsbusse, mit denen sie über die Grenze gekommen waren, standen am Straßenrand.

An der Spitze der Kolonne, etwa drei Kilometer von der Grenze entfernt, saß General Dollmann, der die einmarschierenden Truppen in diesem Abschnitt von einem Panzerwagen aus befehligte. Er war österreichischer Offizier und trug eine schicke blaue Uniform mit kirschroten Biesen an der Hose. Ein galanter Mann. Er küßte mir die Hand, sagte: «Ich freue mich, Sie hier zu sehen», und schickte mich in ein Bauernhaus, wo ich warten sollte, bis seine Truppen ihr Tagesziel, das Dörfchen Guglurold, erreicht hatten.

Eine liebliche herbstliche Landschaft umgab uns: goldene Täler schimmerten zwischen den Hügelketten, rote Ziegeldächer schmückten die Bauernhäuser, und die Menschen glichen den klassischen Gestalten eines Genregemäldes. Das Ganze hatte sich so korrekt und höflich abgespielt, daß es uns schwerfiel, in unseren Berichten das Brutale und Bedrohliche zu vermitteln.

Unsere Rückkehr nach London vollzog sich in Etappen. Die unvorhergesehenen Ausgaben hatten unsere Kasse erschöpft, und wir forderten telegrafisch Geld an. Als es schließlich eintraf, hatten sich wieder neue Rechnungen angesammelt. Es dauerte eine ganze Woche, bis der *Express* genügend Geld geschickt hatte, daß wir zurückkehren konnten. Die Zwischenzeit vertrödelten wir in Alpendörfern und versäumten dadurch die Berichte über Churchills Kritik am Münchner Abkommen vor dem Unterhaus: «Es ist vorbei. Still, voller Trauer, verlassen und gebrochen versinkt die Tschechoslowakei in dunkler Nacht.»

Im März 1939 teilte Chamberlain der polnischen Regierung mit, Großbritannien und Frankreich würden Polen, falls es angegriffen werden sollte, «sofort jede in ihrer Macht stehende Unterstützung» garantieren. Einen Plan oder ein Programm, wie dieses Versprechen zu erfüllen sei, gab es nicht.

Die Londoner Presse feierte diese unrealistische Nachricht mit großen Schlagzeilen.

Im April verkündete die Regierung die Einführung der allgemeinen Wehrpflicht.

Ende August kehrten Noel und ich von unserem Sommerurlaub in Saint-Jean-de-Luz zurück. Am Freitag, dem 1. September, wurde in den Morgennachrichten bekanntgegeben, deutsche Truppen hätten die polnische Grenze überschritten und Warschau sei bombardiert worden.

Am Sonntag, dem 3. September, als ich gerade das Frühstück machte, ertönte Chamberlains Stimme aus dem Radio. Das den Nazis um neun Uhr morgens übermittelte britische Ultimatum – sofortiger Rückzug aus Polen oder Kriegserklärung – war unbeantwortet geblieben. Um elf Uhr lief es ab. Wir waren friedlich in den Krieg eingetreten.

Den ganzen Winter über gab es in London außer den Debatten im Unterhaus keine nennenswerten Nachrichten. Aber ich war – wie alle – voller Unruhe und überredete die Redaktion des *Express*, mich nach

Frankreich zu schicken, wo ich Artikel über die dort stationierten britischen Truppen und über Ereignisse von allgemeinem Interesse schreiben wollte. (Noel war bei der R.A.F. im Nordosten Frankreichs.)

Ich fand eine hübsche Studiowohnung mit Blick auf das junge Laub der Bäume in der Avenue de Breteuil hinter dem Invalidendom, schrieb mich bei der Alliance Française für einen Französischkurs ein, lernte, mich der Métro als Transportmittel und der Bar im Hôtel Ritz als Treffpunkt zu bedienen. Dort saß ich oft und las, während ich auf hochgestellte französische Persönlichkeiten wartete, mit denen ich verabredet war. Die Militärs wie die Zivilisten unter ihnen verstanden es genausogut wie die Engländer, Antworten zu geben und ein simples Nein in zwanzig unverbindliche Sätze zu kleiden. Keine der Reportagen, die ich nach London schickte, war mehr als ein Stimmungsbericht, und mein Gewissen sagte mir, daß ich eigentlich nichts anderes tat, als in einem brennenden Haus Menuett zu tanzen.

Die Pariser Zeitungen trugen zu der Illusion bei. Anfang April zitierten sie Mr. Chamberlain, der sich über Fortschritte der britischen Aufrüstung geäußert und gesagt hatte: «Hitler hat den Bus verpaßt.» Nach dem 10. Mai 1940, als die Deutschen mit Fallschirm- und Bodentruppen gleichzeitig in Belgien, Luxemburg und den Niederlanden einfielen, schien mir die Pariser Presse mitten während des Blutbads noch immer ein Trugbild zu vermitteln. *Nos canous*, war da zu lesen, haben eine *attaque féroce* des Feindes abgeschlagen. Als jedoch die französischen Truppen sich stetig südwestwärts zurückzogen und das britische Expeditionsheer im Norden abgeschnitten wurde, schlug die zuversichtliche Stimmung der Pariser Bevölkerung in trübselige Verzweiflung um. Dennoch tanzte ich das Menuett weiter: Lunch im blühenden Garten des Ritz, ein Bummel durch die Kunstgalerien in der Rue Bonaparte, eine Anprobe bei meiner «kleinen» Schneiderin. Als das Gerücht umging, die französische Regierung werde Paris verlassen und in den Süden gehen, erkundigte ich mich bei einem Bekannten im Informationsministerium. «*Non, non, non, absolument non. C'est défendu d'en parler.*» Wäre ich eine Stunde länger geblieben, hätte ich gesehen, wie die Beamten begannen, ihre Archive in Pappkartons zu verpacken.

Noel kam mit einigen Freunden von der Front auf Urlaub nach Paris. Wir gingen ins Restaurant La Cascade im Bois de Boulogne, wo wir ausgezeichnet speisten und ein paar Flaschen unvergeßlichen Mouton Rothschild tranken. In dieser Nacht hörten wir aus der Ferne das leise Grollen schwerer Artillerie. Aber wir glaubten an Wunder. Ich ging zum Tennis Club im Bois, schwamm und legte mich in die Sonne – und bekam am Abend plötzlich hohes Fieber. Ein älterer Arzt aus der Nachbarschaft diagnostizierte einen Sonnenstich, machte mich darauf aufmerksam, daß mir das Haar ausfallen würde, und verschrieb mir Ruhe und viel Flüssigkeit. Ich lag schwach auf dem Sofa und hörte draußen die Kinder unter den Bäumen spielen. Es war ein einschläfernder, schwüler Sonntagnachmittag.

Am Abend wollte mein Mann mit der Bahn zum Hauptquartier der R.A.F., das noch bei Reims lag, zurückfahren. Er konnte kein Taxi finden, verpaßte den Zug und fuhr zu seinem Pariser Büro, um die nächsten Nachrichten zu hören. Die Nazis hatten die französischen Verteidigungslinien mit einer solchen Übermacht durchbrochen, daß Paris bedroht war. Trotz meines Fiebers und meiner Schwäche hatten wir in zwanzig Minuten unsere Koffer gepackt. Wir fanden wie durch ein Wunder ein Taxi und fuhren bei mindestens dreißig Grad Hitze zur Gare d'Austerlitz. Durch die Taxifenster sah Paris im Dämmerlicht wie eine Traumstadt aus. Die schmale Mondsichel spiegelte sich im seidigen Glanz der Seine und ließ die dunklen alten Gebäude wie verzauberte Silhouetten erscheinen. Über allem lag der stille Friede der Sommernacht. Allerdings nicht auf dem Bahnhof – dort schien sich alle Welt lärmend vor den Fahrkartenschaltern und den Bahnsteigsperren zu drängen und sich in die überfüllten Züge zu zwängen.

Wir rannten den ganzen Bahnsteig entlang, versuchten es an jeder Tür, aber die Türen der vollgestopften Waggons ließen sich nicht öffnen. Schließlich gelang es uns, eine Tür aufzureißen und uns in ein Abteil zu drängen. Ich hockte mich mit meinem Fieber auf einen unserer Koffer, zwischen dem Hinterteil eines Cockerspaniels und den Knien eines traurigen, hageren alten Mannes, der mir erzählte, er sei einer der Kuratoren des Louvre. Wir atmeten auf, als der Zug sich langsam in Bewegung setzte. Unterwegs hielt er wiederholt auf freier Strecke, ohne daß wir wußten, warum.

Noel und ich stiegen in Blois aus – wir hatten gehört, hierher sei die französische Regierung übergesiedelt. Die Stadt lag friedlich im Mondschein. Wir gingen eine Straße hinunter, klopften bei einem kleinen Gasthaus an und bekamen ein Zimmer. Mein Fieber dauerte an, und wie vorausgesagt, begann mir das Haar auszufallen. Aber wir sagten uns, daß wir unbedingt die Reste der R.A.F. und das französische Informationsministerium finden mußten. Wir fanden sie in Hotels an der Hauptstraße, die voller verstörter Menschen war, aber dieser Erfolg half uns nicht weiter. Niemand wußte in dem Chaos über irgend etwas Bescheid, und selbst wenn wir Neues erfahren hätten, wäre es unmöglich gewesen, Nachrichten nach London zu übermitteln. In dem Büro der französischen Zensur lagen Berge von Telegrammen, die auf Durchgabe warteten, und es war nur ein einziger Zensor da, der die englischen Texte lesen konnte. Vor dem Telegrafenamt der Stadt stand eine lange Schlange von Zeitungskorrespondenten, die hofften, die Zensur umgehen und die Leute im Telegrafenamt bestechen zu können. Nein, Blois war nicht der richtige Ort für mich.

Ein glücklicher Zufall verhalf mir zur Flucht.

Beim Lunch auf einer Hotelterrasse traf ich Persis Woodward, eine reiche Amerikanerin, und ihre Tochter Ruth, die ich vor sechs Monaten in Paris kennengelernt hatte. Sie waren mit ihrem Wagen unterwegs nach Biarritz, um von dort über Spanien oder Portugal nach Amerika zurückzukehren. Sie luden mich großzügig ein, mit meinem kleinen Gepäck mit ihnen zu kommen. Ich nahm an. Zweimal stoppte die lange Wagenkolonne, in der wir uns südwärts bewegten. Die Menschen stürzten sich in die Straßengräben. Kampfflugzeuge flogen über uns hinweg. Es waren Messerschmitts, wie wir hörten. Sie hatten die Kolonne hinter uns beschossen. In Biarritz richtete ich mich im Salon der Suite ein, die die Woodwards im Hôtel Miramar genommen hatten, und schlief erst einmal zwei Tage lang mein Fieber aus. Als ich aufwachte, hatte der Sonnenbrand etwas nachgelassen. Ich machte mich daran, die Lage zu sondieren. Vielleicht war meine Hoffnung, bald in ein Paris zurückkehren zu können, in dem die französische Regierung wieder regiert, nur ein törichtes Hirngespinst. Vielleicht würde Noel, der in Blois geblieben war, nach Biarritz nachkommen, vielleicht auch nicht. Ich hatte zwei Pelzmäntel, siebenundzwanzig Pullover, Großmutters Silberbesteck, dreißig oder vierzig meiner Lieblingsbücher, Versicherungspolicen, Bankauszüge und alle anderen Papiere in Paris zurückgelassen. Mitgenommen hatte ich lediglich meine Reiseschreibmaschine, einen Tweedmantel, eine große Flasche Eau de Toilette «Indiscret», ein paar Kleider und sehr wenig Geld. Schlußfolgerung: Ich mußte schnellstens wieder Geld verdienen, und England war, falls erreichbar, das nächste Land, was dafür in Frage kam. General Gort und die britischen Seeleute hatten über eine halbe Million alliierter Soldaten, einschließlich Franzosen und Polen, auf Schiffen jeder Art und Größe von Dünkirchen über den Ärmelkanal zur englischen Küste hinübergerettet. Die französischen Nachrichten darüber waren so spärlich, daß die Gäste, die dicht gedrängt um das Radio in der Halle des Hôtel Miramar standen, von diesem Wunder kaum etwas erfuhren.

Von Bordeaux her drang das Gerücht zu uns, daß Briten und Amerikaner sich dort versammelten, in der Hoffnung, nach England fliehen zu können. Ich sah mich in den leeren Straßen des einstigen Sommerbadeorts nach einem Transportmittel um, das mich nach Norden bringen konnte. Öffentliche Busse verkehrten kaum noch wegen des Benzinmangels. Und auch das Dieselöl war knapp. Durch den Haarausfall hatte ich viele kahle, nur mit dünnem Flaum bewachsene Stellen auf dem Kopf. Ich ging zu einem Friseur in der Nähe des Hotels und fragte ihn um Rat. Eine Perücke vielleicht? Der Friseur hatte nur ein paar Tinkturen anzubieten und den Rat, mir häufig die Kopfhaut zu massieren. Als ich zum Hotel zurückging, winkte mir jemand lachend aus einem Wagen zu. Es war der Mann, ein Baske, der Noel und mich oft während unserer Ferien vor dem Kriege von Saint-Jean-de-Luz zum Casino in Biarritz gefahren hatte, wenn wir dort ein, zwei Stunden hatten spielen wollen. Ich hatte also wieder einmal Glück. Wir tauschten Neuigkeiten aus. Er berichtete, er verdiene seinen Lebensunterhalt durch kurze Fahrten zwischen Biarritz und Saint-Jean-de-Luz. Sie brachten ihm mehr ein als lange Fahrten nach Bordeaux. «Wenn Sie Benzin auftreiben können, zahle ich Ihnen den doppelten Preis», sagte ich.

«Das werden wir schon schaffen», sagte er. Und ich dankte dem Himmel, daß wir ihm in glücklicheren Zeiten immer reichliche Trinkgelder gegeben hatten.

An diesem Abend standen die wenigen Gäste des Miramar in der Hotelhalle um das einzige Radio herum und lauschten schweigend. Paul Reynaud, der französische Ministerpräsident, war zurückgetreten. Der greise Marschall Pétain hatte eine neue Regierung gebildet und wollte mit den Deutschen über einen Waffenstillstand verhandeln. Einige Leute in der kleinen Gruppe weinten. Ich war bestürzt.

Am nächsten Abend wollte ich gerade mit meinen amerikanischen Freunden zum Abendessen hinuntergehen, als mein Mann mit verstörtem Blick, zerlumpt, unrasiert und schmutzig im Hotel erschien. Er hatte eine Lokomotive, einen Leichenwagen und diverse andere Fahrzeuge requiriert und war teilweise sogar zu Fuß gelaufen, um in drei Tagen und zwei Nächten von Blois nach Biarritz zu gelangen. Wenigstens hatte ich die gute Nachricht für ihn, daß ich eine Transportmöglichkeit nach Bordeaux gefunden hatte. Und tatsächlich stand am nächsten Morgen unser baskischer Taxifreund wartend vor dem Hotel.

In Bordeaux, in einem Schuppen, an einem kleinen Schreibtisch saß Anthony Drexel Biddle aus Philadelphia, der bis zum Einfall der Deutschen in Polen unser Gesandter in Warschau gewesen war und als der am besten gekleidete Diplomat des amerikanischen Außenamts galt. Irgendwie war er nach Frankreich gelangt und prüfte nun hier am 22. und 23. Juni die Pässe britischer, amerikanischer und französischer Staatsbürger und teilte Bordkarten für die *Andura* aus, ein kleines Passagier- und Frachtschiff, das nach Bordeaux beordert worden war, um Flüchtlinge nach England an Bord zu nehmen. Mit den kostbaren Bordkarten in der Hand jagten wir durch das Hafenviertel von Bordeaux, um uns, wie man uns gesagt hatte, für die Überfahrt etwas zu essen zu kaufen. Fast alle Lebensmittelgeschäfte waren geschlossen, und als wir schließlich eines fanden, das geöffnet war, wollte der Krämer uns nur vier Dosen minderwertiger Sardinen und sonst nichts verkaufen, obwohl der Laden voller guter Sachen war. Er erklärte, er habe seine Gründe. Wir fanden eine *Charcuterie*, deren Inhaber sich immerhin herabließ, uns eine Wurst zu verkaufen. Und wir ergatterten auch einen Laib Brot und eine Flasche Whiskey. Alles in allem nicht genug, aber wir wagten es nicht, noch länger von der langen Schlange von Menschen fernzubleiben, die auf das Boot, das uns Flüchtlinge zum Schiff fahren sollte, warteten. Wir hätten uns nicht zu beeilen brauchen. Das Boot tuckerte die ganze Nacht hin und her. Als die *Andura* am folgenden Abend den Anker lichtete, waren die Decks des kleinen Schiffes, das für den Transport von zweihundertfünfzig Passagieren eingerichtet war, von zusätzlich fünfzehnhundert Menschen überfüllt.

Fast alle Journalisten, die wir aus Frankreich kannten, waren an Bord, darunter Red Knickerbocker von Hearst, Bill Stoneman von den *Daily News*, Chicago, und eine ganze Schar von Fleet Street-Leuten. Eve Curie und der Dramatiker Henry Bernstein hatten sich auf der Steuerbordseite unseres Decks neben einer Familie fetter, reicher Franzosen eingerichtet. Virginia Cowles, in einer Nerzjacke, hatte sich einer Gruppe von Engländern angeschlossen. Was für Neubesetzungen würde es in den englischen und amerikanischen Zeitungsredaktionen geben, falls dieses Schiff sank! Obwohl wir in den fünf Nächten, die wir auf dem Atlantik herumkreuzten, in ständiger Angst lebten, torpediert zu werden, schlief ich tiefer als sonst irgendwann.

Nie war mir das wohlgeordnete Grün Englands gastlicher und tröstlicher erschienen als an dem Junimorgen, als wir in den stillen Hafen von Falmouth einliefen. In London fanden wir eine möblierte Wohnung in Chesil Court, einem Häuserblock am Themseufer in unserem lieben alten Chelsea. So konnte ich wieder in den verwarten Läden, bei meinem Gemüsehändler, meinem Fleischer und meinem Krämer in der King's Road einkaufen. Den Krämer bat ich, irgendwo in London amerikanische Erdnußbutter für mich aufzutreiben. Jede Menge sei mir recht, fügte ich hinzu. Ich befürchtete nämlich, daß tierische Fette bald knapp werden würden.

Auf der Überfahrt von Frankreich war ich aus dunklen Gründen zu dem Schluß gekommen, daß ich aufhören mußte, für eine britische Zeitung zu arbeiten und zu einer amerikanischen überwechseln müßte.

Beim *Daily Express* nahm man meine Kündigung mit Gleichmut hin. Ein paar Wochen lang tat ich gar nichts und genoß nach der trostlosen Atmosphäre in Frankreich die gefaßte, zuversichtliche Stimmung in London. Ich feierte Wiedersehen mit alten Freunden, ging in Roehampton schwimmen, massierte den streichholzlangen Flaum auf meinem Kopf und schrieb für eine Redaktion in der Fleet Street eine Reportage über die Evakuierung Londoner Kinder in eine ihnen neue, fremde Umgebung auf dem Lande. Es war ein rührender Anblick, wie die Kinder mit ihren Rucksäcken, ihrem Namensschild am Jackenaufschlag und ihren in Kartons verpackten, um den Hals hängenden Gasmasken die Reise ins Ungewisse antraten.

In meinem Tagebuch notierte ich: «Diana [Greenlee] erzählt, daß die Bauern in ihrer Gegend in Berkshire kleine Bomben aus Eiern basteln. Sie blasen die Eier vorsichtig aus, füllen sie dann mit Ammoniak und versiegeln sie. Sie fabrizieren auch Benzinbomben mit Hilfe von Flaschen und wühlen sogar ihren tausendjährigen Rasen auf, um Tankfallen zu errichten.»

Einige Tage später machte ich Ronald Tree, dem charmanten und freundlichen Enkel des Warenhausbesitzers Marshall Field in Chicago, der für Duff Cooper im Informationsministerium tätig war, den Vorschlag, regelmäßige Rundfunkkommentare für Amerika zu verfassen. Er war interessiert, aber unentschlossen. Ich machte mir eine Liste der amerikanischen Büros in London, für die ich gern schuften wollte: die *New York Times*, die bereits eine Frau als Reporterin hatte, Tanya Long, die *Herald Tribune*, deren Londoner Büro von einem Freund von mir, Geoffrey Parsons geleitet wurde, die Presseagenturen A.P., U.P. und I.N.S. Hinterher fiel mir noch *Time* ein. Den Londoner Bürochef des Magazins, Walter Graebner, kannte ich aus Chicago. Aus Jux begann ich beim Telefonieren unten auf meiner Liste.

«Können Sie heute nachmittag vorbeikommen?»

«Nein, aber morgen.»

Am Nachmittag setzte ich mich mit dem Britischen Roten Kreuz in Verbindung. Man versprach mir, über das Internationale Rote Kreuz in Genf den Behörden unseres Arrondissements in Paris meine und meines Mannes Genehmigung zu übermitteln, über die Kleidung, die wir in unserer Pariser Wohnung zurückgelassen hatten, zu verfügen. Auf demselben Wege baten wir darum, daß man unsere persönlichen Papiere für uns in Verwahrung nahm. In meinem Kleiderschrank in Chelsea hingen nur drei Kleider, und jedesmal, wenn ich sie sah, war ich froh, aller Modesorgen ledig zu sein – so brauchte ich am Morgen nicht mehr darüber nachzudenken, was ich anziehen sollte.

Am folgenden Nachmittag wies Walter Graebner mir in dem Gebäude, das die *Time*-Büros beherbergte, einen kleinen Raum mit einem großen Schreibtisch und einem Fenster mit Blick auf die Dean Street in Soho zu. Die Kampfflieger unter Air Chief Marshal Sir Hugh Caswall Tremenheere Dowding beschützten uns: sie verwickelten die feindlichen Flieger über den südöstlichen Grafschaften Englands in Luftkämpfe und bescherten uns so noch ein paar Wochen relativer Ruhe, ehe die Luftangriffe auf London begannen.

3
Eine flammenzüngelnde Furie

Und Zeit, staubschleudernder Rasender,
Und Leben, flammenzüngelnde Furie ...
TENNYSON

Der 10. Juli 1940 war der erste Tag der Schlacht um England, des heroischen Kampfes der Royal Air Force gegen die anstürmende deutsche Luftwaffe. (Es war ebenso der Tag, an dem ich meine Arbeit im Londoner Büro von *Time*, *Life* und *Fortune* aufnahm.) So wie die wildesten Sturmwellen und andere kleine Naturwunder am Sandstrand Muscheln zurücklassen, so sind mir von diesen schweren Wochen viele Erinnerungen unversehrt im Gedächtnis geblieben.

Trotz der oft willkürlichen Art der Zensur, die Londoner Presse im Zaum zu halten, und trotz des Ernstes der Lage, feierten die Londoner Zeitungen die Siege der R.A.F. in großen Schlagzeilen – als jubelten sie dem Sieger eines Cricket-Matchs zu. Sie ergötzten ihre Leser mit detaillierten Berichten über die erbitterten Kämpfe am Himmel über dem Südosten Englands, sofern die R.A.F.-Flieger als Sieger daraus hervorgegangen waren. Es war der trockenste und strahlendste Sommer seit Menschengedenken. So bot die Luftschlacht ein noch nie dagewesenes kriegerisches Schauspiel, das demjenigen von uns, die einen der Kampfflieger kannten, auf eine besondere Weise zu Herzen ging.

Die Londoner begannen ihre Zähne zu zeigen. Die schimmernde Sommerluft Londons schien vom Geist der Furchtlosigkeit durchglüht. «Wir kommen durch», lautete die trotzige Parole. Vielleicht war es ein Glück, daß die Leute damals noch nicht wußten, was der Herbst und der

Winter und die darauffolgenden Jahre bringen sollten.

Auf der Suche nach einem billigen Lokal, in dem ich schnell zu Mittag essen konnte, hatte ich einen Tearoom in der Nähe der Oxford Street entdeckt, und immer, wenn ich in der Mittagspause Einkäufe machen mußte, pflegte ich dort rasch etwas zu mir zu nehmen. Eines Tages, Ende Juli, als ich meine Rechnung bei der Wirtin bezahlte, sah ich ein gut dreißig Zentimeter langes Schlachtermesser neben der Kasse liegen. Die hagere ältliche Dame mit ihren baumelnden Jadeohrringen erklärte: «Diese Deutschen fallen ja jetzt überall vom Himmel. Ich lebe in Kent, wissen Sie? Deshalb habe ich das Ding morgens und abends bei mir. Wenn mir je so ein Deutscher über den Weg läuft, säbele ich ihm den Kopf ab.» Die ganze Person wog keine neunzig Pfund.

Als Churchill vor dem Unterhaus bekanntgab, daß die Deutschen in den Häfen Hollands, Belgiens und Frankreichs Truppentransporter zusammenzogen, machte ich einen Schießkurs für Frauen mit. Da lagen wir alle auf dem Bauch, hielten ein Gewehr und visierten mit zusammengekniffenen Augen das Ziel an. Da es keine Munition gab, hörte ich nach ein paar Unterrichtsstunden wieder auf und beschloß, etwaigen Invasoren Puder oder Salz in die Augen zu streuen.

In London arbeiteten wir mit Hingabe an banalen Aufgaben. Ich hatte seit meiner Rückkehr aus Frankreich einige Radiosendungen von dreizehneinhalb Minuten für die BBC gemacht und wurde nun gebeten, an einem Kurzwellenprogramm für Amerika und das Empire mitzuwirken. Meine Beiträge sollten keine Propagandasendungen sein, sondern reine Reportagen über London. Ich sprach mit jemandem in unserer Botschaft, und man versicherte mir, daß die Sendungen nicht als «Tätigkeit für eine ausländische Regierung» betrachtet würden und somit auch nicht meine amerikanische Staatsbürgerschaft gefährdeten. Die Sendungen fanden zwei- bis dreimal wöchentlich statt. Sie begannen jeweils um zwei Uhr morgens, aber wir mußten schon früher dort sein, weil der Text redigiert und Probe gesprochen werden mußte. Meine Sendung lag zwischen der von J. B. Priestley und der von Leslie Howard – ich hätte mir keine interessantere Zeit wünschen können.

In jenem Herbst und Winter, als die deutsche Luftwaffe in 57 aufeinanderfolgenden Nächten Tonnen von Sprengbomben und Brandbomben über London abwarf, dankte jeder, der nach Einbruch der Dunkelheit noch bei der BBC tätig war, dem Himmel für die grauhaarigen alten Taxichauffeure, die jede Nacht und den ganzen Winter hindurch draußen vor dem Funkhaus standen. Tief vermummt kamen sie nach Lansdowne House am Berkeley Square und brachten mich zur BBC. Geschickt umfuhren sie die Gebiete, in denen es brannte, und manchmal vollführten die Wagen einen jähen Sprung in der Dunkelheit, wenn irgendwo in der Nähe eine Bombe explodierte.

Wir hatten fast alle zuviel zu tun, um ans Sterben zu denken, aber insgeheim dachte ich, daß ich lieber einen Arm oder ein Bein verlieren wollte, als mein Augenlicht. Wenn ich unterwegs vom Fliegeralarm überrascht wurde und das Rauschen der Bomben zu nahe war, warf ich mich, mit dem Gesicht nach unten, zu Boden und legte die Arme schützend über meinen Kopf.

Mein ehemaliger Arbeitgeber Lord Beaverbrook war zum Minister of Air Craft Production ernannt worden, und bei *Time* wurde ich beauftragt, für eine Titelgeschichte Material über ihn und seine Tätigkeit zusammenzustellen.

So trieb ich mich eine Zeitlang mit Genehmigung des Beavers in den Flugzeugfabriken außerhalb Londons herum, stellte fest, daß die Arbeiter sieben Tage in der Woche in Zehn-Stunden-Schichten arbeiteten und trotzdem gut gelaunt waren, daß kein Fabrikbesitzer, kein Direktor, kein Aufsichtsratsvorsitzender vor Anrufen zu jeder Tages- und Nachtzeit sicher war. Mit krächzender Stimme fragte der Minister sie immer wieder: «Warum nicht?» Immer wieder trieb er sie an, machte ihnen Vorhaltungen, erfand neue Abkürzungsverfahren und scherte sich nicht um das, was «üblich» war. Seine Parole lautete: «Noch heute!» Und er erreichte, was er wollte.

Nachdem ich mir alles zusammengetragen hatte, was ich über Beaverbrooks *modus operandi* finden konnte, besuchte ich ihn in seinem Büro am Themseufer in der Hoffnung auf ein paar weise Worte und ein paar persönliche Bemerkungen. Lord Beaverbrook war lebhaft, frisch und munter. Er genoß offensichtlich seine gewaltige Aufgabe und war nicht weniger mitteilsam als gewöhnlich. Er vermied es, sich über die von ihm veranlaßte Kampagne zu äußern, mit der die britischen Hausfrauen aufgefordert worden waren, alle Kochtöpfe und Bratpfannen aus Aluminium für den Bau von Flugzeugen abzugeben. (Zwei Chemiker hatten mir gesagt, die Küchenutensilien dienten bestenfalls der Propaganda – «Zu viele verschiedene Legierungen.»)

Als er mich durch den Bürosaal hinausbegleitete, fragte er mich inmitten all der jungen Sekretäre, die dort an ihren Schreibtischen saßen, laut und deutlich mit seiner sandpapiernen Stimme: «Und sagen Sie mir, verschafft Ihr Mann Ihnen sexuelle Befriedigung?» Ich nehme an, das war die Rache für meine damalige Weigerung, ihn auf dem Nil flußaufwärts oder flußabwärts zu begleiten.

Alle meine Bekannten rechneten jeden Tag mit einer deutschen

Invasion. Trotzdem gingen die Londoner in aller Ruhe ihren gewohnten Beschäftigungen nach – bestärkt durch Churchill und irgendeine angeborene Unerschütterlichkeit. Die Cockneys – Lastwagenfahrer, Hafenarbeiter, Hausmeister und Kellnerinnen –, die im Bath House, unserem Pub gegenüber vom Büro, verkehrten, machten allabendlich die gewohnten Witze bei ihrem Bier.

Immer häufiger heulten die Londoner Sirenen, und in allen Büros stellte sich das gleiche Problem. Sollte man den Schutzraum aufsuchen oder nicht? Unser Gebäude in der Dean Street in Soho war neuer und sah solider gebaut aus als die meisten drei- oder vierstöckigen alten braunen Backsteinhäuser in der Nachbarschaft mit ihren ziemlich schäbigen Ladengeschäften und Restaurants und den Wohnungen in den oberen Etagen. Unser Gebäude, bildeten wir uns ein, würde allem außer einem wirklichen Volltreffer standhalten.

Der Chef unseres Büros, Walter Graebner, erklärte, er könne nicht verlangen, daß wir die Sirenen nicht beachteten und bei Fliegerangriffen einfach weiterarbeiteten. Und bei den ersten Angriffen gingen wir denn auch brav in den Keller, ließen Telegramme liegen und das Telefon läuten. Bald jedoch kamen wir, jeder für sich, zu dem Schluß, daß das ständige Schutzsuchen eine zeitraubende und vielleicht auch nicht gerade ruhmvolle Angelegenheit war. Die Luftschutzwarte waren sogar draußen auf der Straße und nur durch einen Blechhelm geschützt, und die Männer der R.A.F. kämpften über uns auf Leben und Tod. So ließen wir alle Vorsicht beiseite und arbeiteten weiter. Wir waren sechs, sieben Leute in der Redaktion von *Time* und vier oder fünf arbeiteten in den angrenzenden Büros und Dunkelkammern von *Life*. Aber wir produzierten ein Volumen an Telegrammen und Bildern, das später von der dreimal so großen Belegschaft kaum übertroffen wurde.

Die Bombenangriffe konzentrierten sich immer mehr auf das Herz von London, aber trotz aller Verluste blieb der Geist der Londoner ungebrochen. Ende August jedoch waren Air Marshal Dowdings Reserven erschöpft. Erst viel später erfuhren wir die Zahlen. Zwischen dem 24. August und dem 6. September fielen 103 Jagdflieger und 128 wurden schwer verwundet. Darunter waren persönliche Freunde von uns. Von den Spitfires und Hurricanes waren 466 zerstört oder schwer beschädigt worden. Wir merkten unseren Freunden unter den Fliegern, wenn sie auf einen eintägigen Urlaub nach London kamen, die tiefe Erschöpfung und Müdigkeit an. Aber keiner britischen Zeitung wäre es eingefallen, dem Feind den Gefallen zu tun, darüber zu schreiben.

Wir beteten um ein Wunder – und hämmerten auf unsere Schreibmaschinen ein.

Es wurde immer schwieriger, abends von unserem Büro in Soho nach Chelsea zu gelangen. Entweder mußte ich die Arbeit unerledigt liegen lassen, oder ich verpaßte den letzten Bus und mußte die lange Strecke zu Fuß gehen. Also zogen wir am 16. September in das Lansdowne House am Berkeley Square, wo wir eine für uns viel zu kostspielige Wohnung (12 Pfund die Woche) gemietet hatten.

Am Abend des 22. September – ich hatte gerade mit Noel zu Abend gegessen, und das Haus zitterte hin und wieder unter den nahen Bombeneinschlägen – wurde von der Telefonzentrale des Hauses angerufen: «Sie müssen das Haus verlassen. Wir haben eine Brandbombe.» Man konnte noch keinen Brandgeruch riechen, aber wir nahmen rasch unsere Mäntel und meine Handtasche und liefen hinunter. Unsere Mitbewohner vom siebten Stock, Quent Reynolds, Bob Low und mein früherer Chef Arthur Christiansen vom *Daily Express*, waren schon draußen auf dem Berkeley Square und warfen Sandsäcke auf Brandbomben, aus denen weißglühende Funken zischten. Ein ganzes Bündel solcher Bomben war auf den Platz und die umliegenden Häuser niedergegangen. Während wir unseren Rasen und unsere Bäume retteten, spürte die Feuerwehr den weniger leicht zugänglichen Bomben nach. Überall auf dem Platz sahen wir behelmte Gestalten, die sich vor dem Flammenschein abhoben. Die Bombe in unserem Haus hatte eine Wohnung in Brand gesetzt, aber die Feuerwehrleute hatten das Feuer so schnell gelöscht, daß wir nicht lange in der Kälte stehen mußten. Immerhin reichte die Zeit für einen Umtrunk, denn Christiansen hatte sich erinnert, daß er eine Flasche Scotch an einem Baum abgestellt hatte, bevor er zu den Löscharbeiten geeilt war. Er ließ die Flasche herumgehen, und jeder nahm einen herzhaften Schluck, und Quent sagte mit seiner netten, rauhen Stimme: «Prost auf die Differenzen zwischen Redakteuren und Reportern.»

In dieser Nacht und in den beiden darauffolgenden Nächten schien ganz London zu brennen. Unablässig dröhnten die Bomber über uns und warfen Sprengbomben in die brennenden Häuser. Wir beteten, daß die Hauptwasserleitungen nicht getroffen würden, und in Lansdowne House hatten wir den Herbst und Winter über großes Glück in dieser Beziehung. Strom und Telefon waren allerdings zeitweilig unterbrochen. Unser Badezimmer wurde eine Zwischenstation für unsere Freunde vom Militär, die auf einen Vierundzwanzig-Stunden-Urlaub nach London kamen. Da wir unsere Wohnungstür nie verschlossen, fanden wir morgens oft Soldaten, Matrosen oder Flieger vor, die auf unserem Sofa im Wohnzimmer oder auf dem Boden schliefen. Mrs. Gordon kochte ihnen Tee, wenn wir welchen hatten, oder Kaffee, der nicht rationiert war.

In jenem Herbst entwickelten wir alle eine Art moralische Schutzfärbung. Eines Morgens, als ich zur Arbeit ging – Bruton Street, Bond Street, Regent Street, Wardour Street, Dean Street – kam ich an einem ganz gewöhnlich aussehenden grauen Lieferwagen vorbei, der, die hinteren Türen geöffnet, am Straßenrand stand. Aus dem Trümmerhaufen, der gestern noch ein Haus gewesen war, schleppten Männer mit Leinentüchern zugedeckte Bahren heran. Es waren einige der Londoner, die in der vergangenen Nacht ums Leben gekommen waren. Namenlose Tote. Ich hatte kaum Tränen für diese Fremden übrig und schämte mich meiner Teilnahmslosigkeit. Aber ich hatte ein großes Pensum an Arbeit vor mir, und Gefühle konnten mich dabei nur behindern. Immerhin kabelte ich einen kleinen Artikel über den Zwischenfall an die *Time*-Redaktion in New York. Aber man brachte ihn nicht. «Zu grausig!» hieß es.

In der New Yorker *Time*-Redaktion wollte man hin und wieder wissen, wie die Londoner Bevölkerung über die verschiedenen Aspekte des Luftkriegs oder der britischen Politik dachten. Um mich nicht immer an die Portiers und Barmänner des Dorchester oder des Savoy zu wenden, verschaffte ich mir meine Information in den zwei- und dreistöckigen Reihenhäusern am East End. Hier, in der Gegend Eliza Doolittles, in den Arbeiterwohnungen unten am Fluß, schlug mir die wärmste Gastfreundschaft entgegen. Da saßen die Großmütter in den Küchen im hinteren Teil der Häuser, wärmten sich am Kohlenherd und drängten mir stets ein Täßchen Tee auf. Die Mütter und Töchter arbeiteten in den Fabriken, die Väter und Söhne arbeiteten im Hafen oder auf den Märkten, und sie alle unterbrachen bereitwillig ihre Feierabendbeschäftigungen – ob sie im Pub an der Ecke saßen und tranken oder ihr Bündel für die Nacht zusammenpackten, die sie auf irgendeinem Untergrundbahnhof verbringen würden –, um mir zu sagen, was sie von allem hielten: den neuen Lebensmittelbezugsscheinen, von dem Vorschlag der Regierung, auf den Dächern aller Arbeitshäuser die ganze Nacht über Feuerwachen aufzustellen, und von dem Aufruf an alle, die in London nicht unabkömmlich waren, aufs Land zu ziehen. In den Häusern meiner Arbeiterfreunde, in denen ich jedoch nur die Großmutter und die Kinder antraf, und in den Familien, die ich näher kannte, war man gegen jede Evakuierung. Die Männer und ihre Frauen waren in derselben Gegend geboren und zusammen aufgewachsen, und hier fühlten sie sich zu Haus. Sie waren zwar bereit, ihrer Sicherheit wegen gemeinsam auf Untergrundbahnsteigen zu schlafen, aber nichts konnte sie aus ihrem geliebten Stadtviertel herauslocken.

Die New Yorker Redaktion beschloß, eine Seite der *Time* unter der Überschrift «Der Krieg des Volkes» den Bombenangriffen auf London zu widmen, und ich sollte für einen Teil dieser Seite verantwortlich zeichnen.

Es war mir eine willkommene Aufgabe, und ich bewunderte den Mut und die Standhaftigkeit der Londoner, die ja praktisch an der Front standen.

Als die Deutschen ihre Bomben immer gezielter abwarfen, waren meine Freunde im East End, besonders die, die in der Nähe der Docks an der Themse wohnten, am härtesten betroffen. Bis Mitte Oktober war der Arbeiterwohnblock in der Nähe des Pubs Prospect of Whitby noch nicht beschädigt, aber bei einem meiner Besuche hörte ich von einer Familie, daß es weiter unten in der Straße in der vorangegangenen Nacht Freunde von ihnen erwischt hatte, und jemand erbot sich, mich dorthin zu begleiten. Die Geschädigten waren ein Kirchenvorsteher, seine Frau und zwei Kinder. Ihr kleines zweistöckiges Haus war während sie in der benachbarten Kirche übernachtet hatten, von einer Bombe getroffen worden. Man sah nur noch Trümmer, Möbelteile und Staub. Aber die Hausfrau zeigte mir lächelnd einen kleinen unbeschädigten Porzellankrug, der auf dem zur Hälfte zertrümmerten Küchenregal stand. «Nicht zu glauben!» sagte jemand. Ich fragte mich, ob nicht ein Witzbold den Krug dort hingestellt hatte. «Das Radio wird mir fehlen», sagte die Hausfrau. «Wir haben es ausgegraben, aber es funktioniert nicht mehr.»

«Und wo werden Sie jetzt wohnen?»

«Ach, ich denke, wir werden weiter in der Kirche schlafen. Sie hat letzte Nacht mächtig gewackelt, aber kein Stein hat sich gelöst.»

«Aber wo werden Sie kochen und waschen und so weiter?»

«Nun ja, Henry hat eine Schwester in Camberwell. Und meine Schwester wohnt in Limehouse [Londons Chinesenviertel]. Irgendwo werden wir schon unterkommen.» Aber das würden sie erst erfahren, wenn sie mit der Untergrundbahn oder dem Autobus zu ihren Verwandten führen, denn die kleinen Leute in London hatten kein eigenes Telefon.

Wer von uns ein Telefon hatte, rief seine Freunde nach einer schlimmen Nacht gewöhnlich an, um sich nach ihnen zu erkundigen.

Die in Friedenszeiten so beliebten Penthouse-Wohnungen und alle Wohnungen in den obersten Stockwerken hatten durch die Luftangriffe ihren Reiz eingebüßt. So gab die Verwaltung des Lansdowne House bekannt, daß im obersten Stockwerk eine Wohnung für etwa ein Drittel der Miete, die wir für unsere bisherige Wohnung bezahlten, zu haben sei. Wir zogen um.

Auch in der neuen Wohnung besuchten uns unsere Freunde vom Militär, wenn sie auf Kurzurlaub in London waren, badeten, rasierten sich, schliefen auf dem Fußboden und erzählten uns, was sie wußten. Sie konnten sich darauf verlassen, daß wir nichts ausplauderten und nicht versuchten, etwas durch die Zensur zu schmuggeln, um es in *Time* oder –

was Noel anbetraf – in der *Daily Mail* zu veröffentlichen. Oft hatten wir Freunde zum Abendessen. Das Menü war stets einfach: Corned Beef gab es noch zur Genüge, und ich hatte gelernt, wie man daraus «Corned Beef-Hasch» bereitete.

Am Samstag, dem 8. März, schrieb ich in mein Tagebuch: «Heute sahen wir zum erstenmal die neuen Fallschirmleuchtkugeln. Sie hingen lange in der Luft – ich glaube, fast zehn Minuten – und strahlten helles Licht aus. Die Bomben gingen in der letzten Nacht alle auf das West End nieder. Sie trafen das Café de Paris. Zahlreiche Tänzer wurden getötet, ebenso die gesamte Snake-Hip Johnson's-Band, außer dem Schlagzeuger. Heute war man noch damit beschäftigt, sie auszugraben und ein Dutzend Autos standen besitzerlos auf der gegenüberliegenden Seite des Platzes.

Am 10. Mai – es war ein Samstag, Noel und ich hatten Besuch gehabt, und unsere Freunde hatten sich zu einem Nightclub aufgemacht hörten wir eine Bombe in unmittelbarer Nähe niedergehen. Das Lansdowne House schien einen Sprung zu machen, und unsere Fenster wurden eingedrückt. Das Licht ging aus. Wir tasteten herum, fanden eine Taschenlampe und gingen ein paar Stock tiefer, wo wir für solche Fälle Matratzen im Treppenhaus deponiert hatten.

Am Sonntag, dem 11. Mai, schrieb ich: «Der heutige Tag brachte den üblichen Bombenkatzenjammer. Pulvergeschmack im Mund, das ununterbrochene Läuten von Alarmanlagen, knirschendes Glas unter unseren Füßen, sowohl in der Wohnung als auch draußen auf der Straße, die Kleider in den Schränken und die Wäsche in den Schubladen voller Staub, meine Augen sind rot, mein Gesicht sieht alt und abgespannt aus und fühlt sich an, als ob es brenne, und ich habe die größte Mühe, einen klaren Gedanken zu fassen.»

Walter Graebner und der Geschäftsführer des Londoner *Time*-Büros hatten für erschöpfte Mitarbeiter ein Landhaus in den grünen Hügeln von Buckinghamshire, in der Nähe von High Wycombe, nordwestlich von London, gemietet. An einem Wochenende dort schrieb ich in mein Tagebuch: «Las bis zum Mittagessen *Wem die Stunde schlägt* – ein ausgezeichnetes Buch.»

Noel und ich lebten den ganzen kalten englischen Frühling hindurch in unserer hohen, luftigen Wohnung ohne Glas in den Fenstern. Außerdem mußten wir mit dem Licht sehr vorsichtig sein, da jeden Augenblick ein Windstoß die Vorhänge beiseite wehen konnte. So waren wir nicht besonders enttäuscht, als die Hausverwaltung uns mitteilte, die Regierung benötige das Lansdowne House für Büros und wir müßten ausziehen. Wir fanden eine Wohnung in der Park Lane 55, gleich hinter dem Dorchester Hotel. Der Umzug machte keine Mühe, da fast alle unsere

Habe in Paris geblieben oder bei dem Glasschaden zerbrochen war. Materieller Besitz bedeutete uns nichts mehr.

An einem Sonntag im September erhielt unser Büro in der Dean Street ein Telegramm aus New York mit der Bitte, über eine Rede, die H. G. Wells vor ein, zwei Tagen vor der Londoner Sektion des PEN-Club gehalten hatte, zu berichten. Walter Graebner war nicht in der Stadt und meine Freunde vom britischen Informationsministerium waren vollauf mit John Dos Passos beschäftigt, der gerade in London war. Es war niemand da, der mich bei H. G. Wells einführen konnte. Ich rief ihn also selber an und versuchte, einem Dienstmädchen mein Anliegen zu erklären, als Mr. Wells selbst ans Telefon kam. Er fragte, wer ich sei, und warum Henry Luce, der Verleger von *Time* und *Life*, einen Bericht über seine Rede wollte. Ich ließ ihn im Glauben, Luce habe telegrafiert und nicht ein Redakteur. Ob ich Luce kenne? Ja. Mr. Wells bat mich, in einer halben Stunde bei ihm vorzusprechen.

Mit Hausschuhen an den Füßen begrüßte er mich mit seiner hohen Fistelstimme und seiner undeutlichen Aussprache. Er führte mich hinauf, in einen großen Salon, dessen Fenster auf der Straßenseite auf den Regents Park hinausgingen. Von den hinteren Fenstern blickte man auf die Bäume und Ranken in seinem Garten. Die großen, «sehr wertvollen» Teppiche lagen aufgerollt an der Wand, so daß man sie, wenn das Haus von einer Brandbombe getroffen wurde, schnell aus dem Haus tragen konnte. Er machte ein Feuer im Kamin. Die Scheite lagen auf blankpolierten Kaminblöcken. Dicht neben dem Kamin stand sein kleiner Mahagonischreibtisch. Ich bemerkte die prunkvollen purpurnen Samtvorhänge an den Fenstern und einen Wandschrank voll sicherlich höchst kostbaren Porzellans. Dann führte er mich nach unten und zeigte mir unterwegs das an der Treppe gelegene *Cabinet pour Dames*, ein in rosa gehaltener Raum mit viel Glas und Spiegeln, der auch eine kleine Bibliothek enthielt, unter anderem mit Werken von Dostojewski. Ich versuchte mir vorzustellen, wie hier eine Dame die *Brüder Karamasow* lesen sollte, während von draußen Geplauder und Gelächter hereindrang.

Mr. Wells erzählte mir von seiner Rede vor dem PEN-Club. Dann beklagte er sich über die königliche Familie: «Deutsche Einwanderer – der König ist der einzige, der ein akzentfreies Englisch spricht, wahrscheinlich weil er stottert.»

Als ihm der Name Thomas Manns nicht einfiel, entschuldigte er sich: «Ich habe gerade ein reichhaltiges Mittagessen hinter mir.» Er roch nach Whiskey.

Schließlich verabschiedete ich mich. Er brachte mich an die Tür, verstellte mir den Weg und hielt mir auffordernd seine Wange hin. Ich kaufte mich mit einem keuschen Kuß frei. Dann ließ er mich hinaus und begleitete mich die Einfahrt hinunter. Dabei erzählte er mir, daß seine beiden Dienstmädchen die einzigen Luftschutzwarte und Feuerwachen für die ganze Straße mit den herrlichen Regency-Häusern seien. «Es macht ihnen Spaß, über die Dächer zu klettern. Besonders der einen. Eine ausgesprochene Pfadfindernatur.»

Am Sonntag, dem 12. Oktober, schrieb ich in mein Tagebuch: «Letzten Freitag waren es vier Monate her seit dem letzten großen Luftangriff auf London. Unsere Nächte sind sagenhaft still.»

Am 19. November schrieb ich: «Ich habe in den Spiegel geschaut und entdeckt, daß ich alt werde. Ich habe Falten um die Nase und den Mund. Ich werde bald scheußlich aussehen . . .»

Noel und ich aßen zu zweit in dem Restaurant in der Park Lane Nr. 55 zu Abend, als ein alter Freund von mir vom *Daily Express*, Percy Hopkins, hereinkam und uns erzählte, daß die Japaner Pearl Harbor bombardiert hätten. Bill Downs von U.P., der auch in dem Restaurant aß, bestätigte es, und wir eilten nach oben, um die Neun-Uhr-Nachrichten der BBC zu hören. Zu unserer Erbitterung brachten sie jedoch nichts außer der Meldung, daß Präsident Roosevelt den Überfall auf Pearl Harbor bekanntgegeben habe. Roosevelt werde um 23 Uhr 15 britischer Zeit sprechen. In der Fleet Street spielte alles verrückt. Da genaue Nachrichten fehlten, ergingen wir uns in Spekulationen über die Strategie eines über zwei Ozeane hinweg zu führenden Krieges. Da Weihnachten in diesem Jahr auf einen Donnerstag fiel und da die *Time*-Redaktion in New York so wenig auf Berichte aus London erpicht war wie auf eine Grippeepidemie, verbrachten wir ein langes Wochenende im Landhaus von *Time*. Vier Tage lang wanderten wir durch das Hügelland, betrachteten die auf reifbedeckten Wiesen weidenden Schafe, die blökend über den eisigen Boden trampelten und die ländliche Stille belebten. So endete das Jahr 1941 für uns friedlich. Aber es war kein friedliches Jahr gewesen. Zwischen dem 10. Juli 1940 und Ende 1941 waren etwa dreißigtausend Engländer, die meisten von ihnen Zivilisten und etwa die Hälfte von ihnen Londoner, durch deutsche Bomben umgekommen. Über eine Million Menschen waren obdachlos geworden. Die Statistiker stellten fest, daß in diesem Zeitraum in England und Wales vierunddreißig Millionen Adressenänderungen gemeldet worden waren. Aber viele Leute waren wie wir mehrere Male umgezogen.

4
Koordinierte Kampfhandlungen

Im Januar 1942 erhielt ich Order, mich mit etwas Kleidung, meinem Paß und meinem Personalausweis zu einer bestimmten Zeit an einem bestimmten Ort einzufinden. Seit 1939 in Frankreich hatte ich nicht mehr das «Beeilen Sie sich und warten Sie» zu hören bekommen, mit dem man vom Militär herumkommandiert wird. Ich kramte mir meine Kreditkarte von der Western Union hervor und folgte dem Befehl. Auf dem Bahnhof in London traf ich einige der alten Journalistenfreunde und auch einige der neuen Amerikaner, die in letzter Zeit bei Pressekonferenzen aufgetaucht waren. Reporter und Kolumnisten mit großen Namen, die man hierher geschickt hatte, damit sie die amerikanischen Redaktionen besser über die europäischen Ereignisse auf dem laufenden hielten, als wir das bisher getan hatten.

In Fishguard bestiegen wir ein mit Schwimmwesten geschmücktes Schiff und stachen in die Irische See. Die Überfahrt von England nach Ulster sollte eine Nacht dauern. Die Schwimmwesten hätten uns im Notfall vor dem Ertrinken, nicht aber vor dem Erfrieren bewahrt.

Am nächsten Morgen, es war der 26. Januar 1942, wohnten wir, zusammen mit einer Gruppe britischer Offiziere und einigen Beamten der Regierung von Ulster im Hafen von Belfast der Ankunft eines kleinen Truppentransports mit den ersten Einheiten des amerikanischen Expeditionskorps bei. Obwohl es ein sehr kleines Truppenkontingent war, war es doch ein sichtbares Zeichen für die Entschlossenheit der Vereinigten Staaten, in die Kämpfe auf dem europäischen Kriegsschauplatz einzugreifen, und überdies gute Publicity.

Wir Presseleute einigten uns, die Reaktionen der irischen Bevölkerung auf die Ankunft der amerikanischen Truppen zu testen. Wir besorgten uns Platzkarten für den behaglichen, altmodischen Zug, der südwärts nach Dublin schnaufte. Es gab einen Speisewagen! Wir nahmen sofort an einigen der weißgedeckten Tische Platz, und der Kellner sagte uns, es gäbe Räucherheringe, Steak und Eier mit Speck. Wir bestellten Eier mit Speck. Seit über einem Jahr hatten wir nicht mehr zwei Eier – und nur selten eines – auf dem Teller gehabt.

Am nächsten Tag empfing Mr. de Valera, Premierminister seit 1937, eine Gruppe von zwanzig bis dreißig größtenteils amerikanischen Journalisten in seinem Büro im Dail. Mir fiel seine Ähnlichkeit mit

Neville Chamberlain auf, vielleicht war es der steife Eckenkragen. Er hielt uns einen ausführlichen Vortrag über irische Geschichte. Die Briten hätten acht Jahrhunderte lang das irische Volk gequält, gehetzt und betrogen, deshalb könne er, so schloß er, dieses Eindringen amerikanischer Truppen in irisches Gebiet nicht gutheißen. Angesichts der vielen Söhne Irlands, die als Märtyrer den Briten zum Opfer gefallen seien, könne Irland in diesem Krieg seinen Unterdrückern keine Unterstützung gewähren. Seine Regierung werde ihrer starken Mißbilligung Ausdruck verleihen. Einige Tage später sandte seine Regierung eine Protestnote nach Washington.

In Dublin gab es keine Lebensmittelkarten, und für Geld konnte man nahezu alles kaufen. So führten wir ein rechtes Schlemmerleben, butterten unseren morgendlichen Toast, zuckerten unseren Tee, bummelten durch die Geschäfte, gingen im Garten der hübschen Residenz des amerikanischen Gesandten spazieren und aßen riesige Steaks bei Jammet, dem besten Restaurant damals in Dublin. Bevor wir nach England zurückfuhren, ging ich noch einmal mit meinem alten Freund Harry Kennedy von der irischen *Times* durch den Park St. Stephen's Green, in dem wir 1936 händchenhaltend spazierengegangen waren.

Die *Time*-Redaktion in New York fand, daß ich eine Zeitlang im New Yorker Büro arbeiten sollte, vermutlich, damit ich mir die bei *Time* üblichen Arbeitsmethoden aneignete. Ich nahm mit Freuden an. Ich hatte meine Eltern seit 1938 nicht mehr gesehen. Zum erstenmal in meinem Leben überquerte ich den Atlantik auf dem Luftweg.

Meine Eltern lebten in Thief River Falls, Minnesota. Ich besuchte sie dort in ihrem behaglichen weißen Schindelhaus, das von Rasenflächen und Blumen- und Gemüsebeeten umgeben war. Als ich wieder abfuhr, standen sie lächelnd auf dem Bahnsteig und winkten mir. Welch ein Glück, dachte ich, solche Eltern zu haben.

Eine meiner ersten Aufgaben war es, einen leichtgewichtigen Artikel über den Einfluß der amerikanischen Truppen auf das Verhalten und die Moral der Briten zu schreiben, über die Rivalitäten und Streitereien in den Pubs, wo die Amerikaner so viel mehr Geld auszugeben hatten als die Einheimischen.

Der Artikel war, wie bei *Time* üblich, nicht gezeichnet. Aber er löste in der Redaktion einen wahren Sturm aus, denn bisher war zwischen der Arbeit der Männer und der Frauen in der Redaktion eine klare Trennungslinie gezogen worden: die Männer der Redaktion waren zum Schreiben da, die Frauen zum Recherchieren – sie hatten das Material für die Artikel der Männer zusammenzustellen, und diese Einteilung galt als unumstößlich. Als mein Artikel erschien, waren einige der Frauen beleidigt. Es sei ungerecht, einer Fremden ein solches Vorrecht einzuräumen. Und die Männer schlossen ihre Reihen. Mir fiel auf, daß mich keiner mehr zum Mittagessen oder auf einen Drink einlud. Niemand – außer Mr. Luce und einigen der Topleute.

Ich erhielt eine erfreuliche Nachricht aus Australien. Noel, der mit australischen Truppen die Japaner durch den Dschungel Neuguineas verfolgt hatte, schrieb, er sei auf den europäischen Kriegsschauplatz zurückbeordert worden und habe es so einrichten können, daß er über Amerika zurückreise.

Ich zog aus meiner bescheidenen Zelle in den damaligen Beekman Towers in der 49. Straße, einer fast ausschließlich von berufstätigen Frauen bewohnten Schlafstätte, nach oben in ein Zimmer mit einer Säule in der Mitte und einer hübschen Aussicht auf lauter Dächer. Es reichte als provisorische Bleibe völlig aus, denn als Noel Mitte Dezember ankam, benutzten wir es nur als Schlaf- und Umkleideraum. Ich hatte die unterschiedlichsten Aufgaben bei *Time*, Buchkritiken, die Spalte über Persönlichkeiten – lauter Kleinkram, da niemand wußte, wann ich wieder ins Ausland gehen würde. Wenn ich mein Pensum erledigt hatte, zogen Noel und ich durch die Stadt, soweit es unsere Brieftasche erlaubte: ein Drink im Stork Club oder im «21», Theater, Kino und Spielautomaten am Broadway, wo wir mit Vergnügen feststellten, daß Noel in seiner britischen Uniform, mit seiner hochgewachsenen, breitschultrigen Gestalt, seinen roten Wangen, seinem silbrigen Haar und seinem schüchternen Lächeln großen Erfolg bei den Mädchen zu haben schien.

Walter Graebner war gerade in den Vereinigten Staaten. Und er und seine Frau luden uns zum Weihnachtswochenende in ihr Haus in Connecticut ein. Mit den verstreut liegenden Häusern und den schlittenfahrenden Kindern, die man von der Straße aus in den verschneiten Tälern sah, war Connecticut noch ganz das vertraute Grandma Moses-Land. Wir verlebten friedliche schöne Festtage. An ihrem Ende standen Abschied und neues Beginnen: Noel wurde an Bord eines im Konvoi nach England auslaufenden Schiffes beordert, und ich hatte meine Paßverlängerung erhalten und trat an Bord eines Flugboots in der Frühe des 1. Januars 1943 den Rückflug nach London an.

In der Sicherheit der USA hatte ich mit Beunruhigung von den wiederaufgenommenen, wenn auch nur sporadischen Luftangriffen auf London, den sogenannten «Baedeker-Angriffen», gelesen, hatte mich dann aber mit dem Gedanken getröstet, daß Gefahr und Zerstörung uns um so größer erscheinen, je weiter wir von ihnen entfernt sind. Doch kaum war ich wieder in London, stellte ich mit Schrecken fest, daß diese

Regel zumindest vorübergehend nicht zutraf. Ich war entsetzt über die grauen, eingefallenen Gesichter meiner Freunde, über die Müdigkeit, die aus ihren Reden und Bewegungen sprach, und schämte mich fast der blendenden Gesundheit, der ich mich nach sechs Monaten proteinreicher Kost erfreute. Als jedoch eines Abends, als wir bei einem Freund zu einer kleinen Abendgesellschaft versammelt waren, die Flakgeschütze im Hyde Park losdonnerten, konnte ich kaum meine Furcht beherrschen. Um mich herum wurde sorglos und fröhlich weitergeplaudert, und ich mußte mich auf meine Hände setzen, damit niemand sah, wie sie zitterten.

Roosevelt und Churchill trafen sich in Casablanca und verkündeten ihre Siegesparole: «Bedingungslose Kapitulation.» In den Büros in Londons West End fand ich leere Schreibtische und Stühle vor: Die hohen Herren, die sonst hier saßen, Briten und Amerikaner, Zivilisten und Militärs, schwitzten alle im sonnigen Marokko.

Da über die amerikanischen Land- und Seestreitkräfte in England kaum etwas zu berichten war, beschloß unser Londoner Büro, etwas über die U.S. Air Force in England in Erfahrung zu bringen, und wies mir diese Aufgabe zu. Die Air Force hätte nicht großzügiger sein können in ihrer Hilfsbereitschaft. Man flog mich innerhalb von dreißig Minuten zu Luftstützpunkten, die einen halben Reisetag von London entfernt waren, zeigte mir die langen Reihen von Nissen-Hütten, die man als Schlafsäle für die weiblichen Angehörigen der Air Force eingerichtet hatte, ließ mich das Essen kosten, mitsamt den obligatorischen rohen Karotten und Rosinen zum Frühstück (gut für die Augen, wie die Ärzte sagten), und gab mir jede gewünschte Auskunft.

General Tooey Spaatz, den ich schon 1940 kennengelernt hatte, lud mich gelegentlich zum Abendessen an seinem langen Tisch im südlich von London liegenden Hauptquartier ein, und dort führten wir hin und wieder erhitzte Debatten über die verschiedenen Arten des Luftkriegs und ihre möglichen Auswirkungen. Aber es waren alles nur Theorien, zögernde Kompromisse und zweifelhafte Schlußfolgerungen. Das Essen und das Drum und Dran waren bescheiden und unprätentiös, wie es dem Wesen des Generals entsprach. Wenn einer der Offiziere bei Tisch ein durchgeführtes oder geplantes Projekt erwähnte, das mir interessant erschien, fragte ich stets, ob ich am nächsten Morgen anrufen dürfe, um mir die Geschichte bestätigen oder näher erläutern zu lassen. Manchmal war die Antwort ein Ja, und ich hatte einen Artikel, aber meistens durften die Geschichten noch nicht verwendet werden.

Noel hatte eine schlimme, unbequeme Überfahrt über den Atlantik. Er besuchte mich nur kurz in meiner kleinen Wohnung in der Grosvenor

Street 32, mußte sich dann in einem R.A.F.-Hauptquartier in den Midlands melden und wurde bald darauf ins Mittelmeergebiet geschickt, um über die Kämpfe der Truppen General Montgomerys in der nordafrikanischen Wüste zu berichten. Unsere Arbeitsinteressen lagen so weit auseinander – Noels beim britischen Militär, meine bei den Amerikanern und der alliierten Strategie, Politik und Wirtschaft –, daß keiner von uns viel Begeisterung für die Vorhaben des anderen aufbringen konnte. Aus wirtschaftlichen Gründen hatte ich mir eine Ein-Zimmer-Wohnung am Ende eines Außenflurs im obersten Geschoß eines Gebäudes in der Grosvenor Street gemietet. Ich hatte das Zimmer mit lauter nicht rationierten Dingen ausgestattet – mit einem grasgrünen Teppich, hellen, gelb und weiß gestreiften Satinvorhängen, einem bequemen Sofa vor dem elektrischen Heizofen, hübschen antiken Mahagonitischchen und -kommoden und mit einem prunkvollen golden gerahmten Spiegel. Es war das erste Mal, daß ich mich in London nach meinem eigenen Geschmack eingerichtet hatte. Und ich liebte diese Wohnung sehr. Aber für zwei Personen war sie zu klein.

Noel und ich erwogen, uns nach einer größeren Wohnung umzusehen, nahmen dann aber doch davon Abstand. Wir hatten ja keine Ahnung, wie lange der Krieg noch dauern würde, wohin unsere Arbeit uns noch verschlagen konnte, ob wir mit dem Leben davonkommen würden, und wo wir nach dem Krieg leben wollten. Noch vor einem Jahr hatten wir gehofft, eine Familie gründen zu können. Aber die Zeit war nicht danach. Wir hatten andere Probleme, die mit der Zeit zusammenhingen. Wir hatten keine Zeit für lange gemeinsame Spaziergänge, keine Zeit für stille gemeinsame Abende, keine Zeit für vertrauliche Gespräche – und keine Lust, uns über die Veränderungen in uns klarzuwerden.

London war in jenen Jahren ein Paradies für alleinstehende Frauen. Die Schlange der Versuchung hing sozusagen an jedem Baum und an jeder Straßenlaterne. Sie lockte mit verführerischen Geschenken, mit Geselligkeit, die das Gefühl der Einsamkeit vertrieb, mit herzlichen, wenn auch nur vorübergehenden Zuneigungen, kleinen, wenn auch nur provisorischen Zufluchten vor den Ungewißheiten der allgegenwärtigen Schatten des Todes. Unter meinen Londoner Freundinnen waren nur wenige «Kriegerwitwen», die nicht bei Freunden von Übersee Trost gefunden hatten. Von Kairo drang das Gerücht herauf, daß Noel dort einem hübschen Mädchen den Hof mache, und «besorgte» Freunde machten mich darauf aufmerksam. Nach ein paar kummervollen Tagen beschloß ich, mir keine Sorgen deswegen zu machen. Komplikationen des Privatlebens mußten warten bis nach dem Krieg.

Dann kam ein beunruhigender Brief von meinen Eltern aus Minneapolis, Minnesota. Sie hatten ihre wertvollsten Sachen in ihren Wagen gepackt und waren nach Chicago aufgebrochen. Das Haus in Thief River Falls hatten sie verkauft. Sie wollten sich an einem «näher der Zivilisation gelegenen» Ort niederlassen. Gesundheitlich ging es ihnen gut. In Chicago wollten sie sich eine Wohnung suchen und mir dann ihre Adresse mitteilen. Mein Vater hoffte in Chicago etwas zu tun zu finden, womit er besser als in Minnesota zu den Kriegsanstrengungen der Vereinigten Staaten beitragen konnte. Eine edle, aber tollkühne Geste, fand ich. Ich wartete auf die neue Adresse, und als sie kam, sah ich, daß es eine Straße im südlichen Teil Chicagos, einer mir völlig unbekannten Gegend, war.

Anfang 1944 traf man in den Straßen und Restaurants des Londoner West End Scharen interessanter neuer Leute aus den Vereinigten Staaten. Connie Ernst landete nach einer Überquerung des Atlantik auf dem Tiefkühlfrachter *Talapa* im Amt für Kriegsinformation in der Wardour Street und verschönerte mit ihrer Anwesenheit die Landschaft von Soho. Mein alter Freund Mark Abrams kam mit ihr in mein kleines Büro bei *Time*, und wir wurden auf der Stelle Verbündete. Sie kam mir vor wie ein Pony, das fröhlich auf einer Blumenwiese herumtollte – und so ist sie auch heute noch. Sie machte mich mit einigen der Neuankömmlinge aus New York bekannt, so mit dem Filmregisseur Henry Hathaway, dem gutmütigen, grauhaarigen Rauhbein Sam Boal, der auch für das Office of War Information arbeitete, mit William Saroyan, Irwin Shaw und anderen. Ich machte Connie mit meinen besten Londoner Freunden bekannt, mit Michael Foot und einigen *Time*-Leuten wie Bill Walton. Bald bildeten wir den Kern einer neuen Zelle des Londoner Lebens. Wir wollten mehr Spaß, mehr Geist und mehr häusliche Geselligkeit, wo und wie auch immer. (Es mußte sich deswegen im allgemeinen zu Hause abspielen, auch in meiner kleinen Wohnung in der Grosvenor Street, weil die eleganten Londoner Clubs, obwohl ich einem Dutzend von ihnen angehörte, keine gewöhnlichen Soldaten einließen. Und trotz ihrer Leistungen und ihres Status im Zivilleben waren meine Bekannten schlichte G.I.s in der Dokumentarfilmeinheit der U.S. Army.)

Nach einer Reise durch Südamerika, nach Khartum, in den Kaukasus, nach Moskau und New York hatte Walter Graebner bei uns in der Dean Street wieder die Zügel in die Hand genommen. Und es kam Charles Wertenbaker mit seiner freundlichen, dröhnenden Baßstimme und leitete – oft durch das Hochziehen einer Augenbraue – *Time*'s Berichterstattung über die bevorstehende zweite Front und über die alliierten Kriegsanstrengungen in Frankreich. Falls irgendwer von uns etwas Genaues über den Ort und Zeitpunkt des großen Angriffs wußte, so behielt er es für sich. Niemand im Büro sagte mir etwas, und ich hütete mich, über die leisen Andeutungen zu sprechen, die meine Freunde vom Militär mir gegenüber gemacht hatten.

Die englischen Kanalhäfen wurden einer nach dem anderen gesperrt. Da hatte ich eine Idee. Ich kaufte mir bei Foyles, dem alteingesessenen Buchladen in der Charing Cross Road, einen Kalender. Darin waren die Gezeiten im Ärmelkanal für jeden Monat des Jahres 1944 verzeichnet. Im Februar, März und April waren noch nicht genügend Schiffe und Mannschaften an der Südküste konzentriert. Im Mai und Juni gab es einige Tage mit hohem Wasserstand. Aber ich hatte nicht das geringste Bedürfnis, in New York vorzuschlagen, man solle sich einen Kalender ansehen. Ich trottete mit meinem Kalender unter dem Arm zur Admiralität, wo ich einen guten Freund hatte. Ich zeigte ihm die Hochwasserangaben für Juni – für den 4., 5. und 6. Juni. «Interessant, nicht?» sagte ich.

«Mary, du bist verhaftet», sagte mein Freund. Seine Sekretärin blickte mit schlecht verhohlener Überraschung auf.

«Aber Liebling, du kannst mich doch nicht verhaften, bloß weil ich dir ein paar Zahlen aus einem gewöhnlichen Kalender zeige.»

«Verdammt, und ob ich das kann!»

Wir setzten uns in das kleine Vorzimmer seines Büros. Vor dem Zweiten Weltkrieg hätte sich die Admiralität nie dazu herabgelassen, einen Presseoffizier in ihren Stab aufzunehmen, aber mein Freund war es.

«Hast du dir mal meine M.I. 5-Akte angesehen?» fragte ich.

«Natürlich habe ich das, auch wenn dich das nichts angeht.»

«Und da nimmst du immer noch an, ich würde vielleicht versuchen, eine Nachricht nach New York zu senden, die uns schaden könne?»

«Die Zeiten sind so, daß man jeden verdächtigen muß.»

«Bei Foyles hat man nicht gezögert, mir diesen Kalender zu verkaufen. Sie haben übrigens noch eine Menge vorrätig.»

«Du bist *nicht* verhaftet.»

«Du hast etwas bestätigt», bemerkte ich schadenfroh. «Aber ich verspreche dir hiermit, daß ich dich nicht verpetzen werde.» Ein Mann in seinem Rang wußte wahrscheinlich auch nicht die genauen Daten.

«Willst du bitte deine Kalender-Weisheit für dich behalten?»

«Ja, Sir. Ich verspreche es.» Und ich hielt mein Versprechen.

In mein Tagebuch schrieb ich am 2. März 1944: «Ich kriege gewaltige, übertriebene Komplimente aus New York für die Titelgeschichte über König Georg. Luce redigiert sie persönlich. – Vier Telegramme bisher!»

Die neuen Bombenangriffe auf London machten mich nervös. Das hatte zum Teil mit meiner Müdigkeit zu tun, aber auch mit den neuen Perspektiven, die sich in meinem privaten Bereich ergeben hatten. Die britischen Inseln dröhnten unter den Rädern, die unvorstellbare Lasten von Kriegsmaterial transportierten. Die Alliierten bereiteten sich auf die Invasion und den Sieg vor. Jetzt ums Leben zu kommen und die Chance zu versäumen, Geschichte zu beobachten – nicht nur den militärischen Sieg, sondern auch die damit verbundenen politischen und wirtschaftlichen Triumphe – oder verstümmelt zu werden und nichts mehr tun zu können, war mir eine grauenhafte Vorstellung.

Als ich mich eines Abends von jemandem vor dem Hause, in dem ich wohnte, verabschiedete, kratzte ich gedankenverloren mit dem Fingernagel an einem der braunen Ziegelsteine der Fassade. Bald hatte ich ein etwa drei Zentimeter tiefes Loch gebohrt. Da wurde ich mir der Zerbrechlichkeit der Steine bewußt, und mein Zutrauen in die Festigkeit des Gebäudes war dahin. Als einige Abende später ein paar Freunde bei mir waren zu Keksen mit Erdnußbutter, schien die deutsche Luftwaffe ihre Bombenlasten genau in unserer Gegend abzuwerfen. Ich drängte meine Gäste, in die Halle unten im Erdgeschoß hinunterzugehen, was ich vorher nie getan hatte. Für die amerikanischen Neuankömmlinge war es neu und aufregend, aber als das Dröhnen der Einschläge anhielt, flaute die Stimmung ab, und wie die anderen Hausbewohner saßen wir stumpf da, bis die Geräusche anzeigten, daß die Krauts das Zielgebiet gewechselt hatten. Connie Ernst erwähnte an diesem Abend, daß ihre möblierte Wohnung in der Brick Street ihr bei den letzten nächtlichen Luftangriffen wie aus Pappe vorgekommen sei, und wir alle stellten fest, daß man es schlimmer empfand, wenn man allein war.

Ich hatte bemerkt, daß mein Nachbar, Admiral George Barry Wilson, der im Hauptgebäude der Nummer 32 im obersten Stockwerk wohnte – er hatte mir einmal Zitronen geschenkt, mit denen ich einen Kuchen backte, und mich gelegentlich gebeten, für ihn und ein, zwei Freunde Rührei zu machen, aus richtigen frischen Eiern –, bei diesem bösen Luftangriff nicht in der Eingangshalle gewesen war. Als ich ihm erzählte, wie ich meine Gäste nach unten gescheucht hatte, schalt er mich: «Ein Mädchen wie Sie! Sie haben schon so viel Schlimmeres durchgemacht! Wenn es Ihnen zu laut wird, kommen Sie doch zu mir. Ich werde auf sein.» Ich tat es in mehreren der folgenden Nächte, und wir plauderten über unsere Familien, unsere Heimat und andere tröstliche Erinnerungen, bis der Angriff vorüber war.

Noel hatte seit Jahren keine Zivilkleidung mehr getragen, und da meine Kleiderkarte verschwunden war, schrieb ich ihm und fragte, ob ich mir aus einem seiner Anzüge etwas schneidern lassen dürfe. Ich suchte mir einen guten dunkelblauen Anzug mit feinen weißen Streifen aus bester englischer Wolle aus, und unser Schneider machte daraus ein schmuckes Kostüm nach der letzten Mode, sogar mit Uhrentasche. Dieses Kostüm und meine dunkle Brille beeindruckten Irwin Shaw sehr, als er mich an einem strahlenden Maitag zum Lunch abholte. «Frisch aus Hollywood», sagte er. «Trotz des schüchternen Make-up.» Wir spazierten vergnügt zum White Tower und freuten uns des Sonnenscheins und des glücklichen Umstands, daß sein Vorgesetzter es meist nicht merkte, wenn er ein paar Stunden Mittagspause machte.

John Stais, der Inhaber, gab uns einen kleinen Tisch nahe bei der Tür im zweiten Stock, wo ein halbes Dutzend Freunde bereits beim Essen hockten, und Shaw flüsterte mir zu, der große Kerl, der dort allein am anderen Ende des Raumes saß, sei Hemingway. In seiner dicken, wollenen R.A.F.-Uniform wirkte er so, als ob ihm zu warm darin sei. Ich erinnerte mich an eine Cocktail Party für Martha Gellhorn Hemingway vor einigen Monaten, bei der Miss G. ihre ganze Aufmerksamkeit ein paar polnischen Fliegern widmete, während Helen Rogers Reid von der *Herald Tribune* so munter und amüsant das große Wort führte, so daß ich ihr staunend zuhörte.

In dem oberen Raum des White Tower war es zu warm, und so zog ich meine elegante neue Jacke aus, worauf Shaw mir voraussagte, daß jetzt bestimmt zu viele Leute an unserem Tisch stehenbleiben würden. Schon als ich zwölf war, hatte meine Mutter mich in einen Büstenhalter zwängen wollen. Aber ich hatte nie einen getragen. «Gott segne die Maschine, die diesen Pullover gestrickt hat», sagte Shaw.

«Warst du noch nie in einem Museum?»

«Es ist eine Frage des Materials», sagte Shaw. «Farbe ist nun einmal keine Haut.»

Zwei oder drei Freunde blieben beim Weggehen an unserem Tisch stehen: «Schöner Pullover ...», «Was so ein warmer Tag wieder mal alles hervorzaubert, was», «Mary, ich hätte gern mehr von Ihnen gesehen.» Mr. Hemingway blieb zögernd stehen und sagte: «Shaw, stell mich deiner Freundin vor.» Dann lud er mich schüchtern für den nächsten Tag zum Lunch ein. Über dem großen, buschigen, scheckigen Bart leuchteten schöne Augen – lebhaft, wachsam, freundlich. Seine Stimme klang mir jünger und energischer, als er aussah. Er wirkte etwas verlassen. Vielleicht ist er einsam, sagte ich mir und dachte nicht weiter darüber nach. Er war erst vor kurzem angekommen und hatte bisher nur wenige Freunde. Wir verabredeten uns für einen Tag, an dem wir beide Zeit hatten, zum Lunch.

Als Hemingway gegangen war, sagte Shaw: «Nun ja, es war jedenfalls nett, dich kennengelernt zu haben.»
«Mußt du denn weg?»
«Ein Monopol ist soeben begründet worden, du Dummchen.»
«Du bist nicht ganz gescheit!»
Das überraschend warme Frühlingswetter hielt an, und John Stais stellte ein paar kleine Tische draußen auf den Bürgersteig vor seinem Restaurant auf. Er wies Ernest und mir einen davon an, was unserem ersten Beisammensein keineswegs förderlich war. Taxis ratterten um die Ecke in die Charlotte Street, die Worte verloren sich im Straßenlärm, und die Kellner schenkten den draußen sitzenden Gästen nur gelegentlich ihre Aufmerksamkeit. Ernest schwärmte von seinen wenigen Begegnungen mit der R.A.F. und erzählte sehr komisch von der Bordverständigung und seinen Schwierigkeiten, die Aussprache der Männer und den Fliegerjargon zu verstehen. Er war beim SHAEF (Supreme Headquarters of Allied European Forces) akkreditiert und arbeitete für *Collier's*. Aber er schien mir bemerkenswert schlecht informiert über die allgemeine Organisation der R.A.F. und über ihre Leistungen in der Schlacht um England, bei der Verteidigung Londons, und über die britischen und amerikanischen Bombenangriffe. Ich füllte einige Lücken in seiner Kenntnis der Hintergründe und gab ihm ein paar Lesetips. Während er die Buchtitel und Hinweise notierte, fielen mir seine wohlgeformten Hände auf: weder dünn und knochig noch fett und pummelig, die Finger lang und mit flachen Kuppen. Aber vor allem kam er mir sehr scheu und ernst vor, und ich vermißte den bequemen spöttelnden Ton meiner Freunde. Er hatte Noel im Spanischen Bürgerkrieg kennengelernt und fand ihn großartig: «Ein toller Kerl.» Es war ein Lunch zweier Berufskollegen, und ich eilte davon, zu amüsanteren Begegnungen, und rechnete nicht damit, Mr. H. wiederzusehen.

Da die deutsche Luftwaffe ihre nächtlichen Besuche Londons fortsetzte, beschlossen Connie Ernst und ich, gemeinsam ein Zimmer im Dorchester Hotel zu nehmen. Jemand hatte erzählt, das Hotel habe ein Dach aus herrlich dickem Beton, und außerdem fanden wir es beide tröstlich, unsere Ängste zu teilen. Charles und Lael Wertenbaker hatten dort auch ein Zimmer mit Blick auf den Hyde Park, und eines Abends luden sie mich und einen jungen Mann, der mich zum Abendessen ausführte, auf einen Drink zu sich ein. Hemingway war bei ihnen. Wir setzten uns auf das Bett und hörten ihm zu. Er beklagte gerade den Verlust seines «Glücksteins», den er aus Kuba mitgebracht hatte. Lael gab ihm einen Champagnerkorken als Ersatz, und ich empfand zu meiner Überraschung so etwas wie Antipathie ihm gegenüber. Aber vielleicht störte es mich nur, daß er anscheinend nicht so anregend war wie seine Bücher.

Große Ereignisse standen unmittelbar bevor, wie wir alle wußten, und unser Gespräch drehte sich in dieser Stunde ums Sterben, und wir redeten darüber in der üblichen lässigen Londoner Art. General Tooey Spaatz hatte mir persönlich und ausdrücklich verboten, seine Piloten zu überreden, mich auf einem ihrer Flüge über Frankreich mitzunehmen, und ich hatte es ihm widerwillig, aber brav versprochen. Weder Charlie noch Lael oder mein Begleiter waren besonders darauf erpicht, bei der Invasion dabeizusein. Ernest jedoch hoffte, mit irgendeiner amerikanischen Einheit nach Frankreich gehen zu können und meinte: «Meine Mutter hat mir nie verziehen, daß ich im Ersten Weltkrieg nicht gefallen bin, weil sie so keine *Gold Star*-Mutter geworden ist.» Ein trauriger Scherz, dachte ich bei mir und empfand abermals diese Abneigung. In späteren Jahren sollte ich in vielen fremden Gesichtern den gleichen Ausdruck der Ablehnung entdecken, die ich gefühlt und nicht verstanden hatte.

Als mein Freund und ich uns verabschiedeten, sagte Ernest, er wolle später noch bei Connie und mir vorbeikommen. «Ich muß aber früh zu Bett», erwiderte ich.

Zufällig kam ich früh nach Hause und fand Connie und unseren alten Freund Michael Foot auf ihrem Bett sitzend vor. Es war ein warmer Abend, und um frische Luft zu haben, hatten sie die Fenster weit geöffnet und wegen der Verdunklung das Licht ausgemacht. Ich stopfte mir ein paar Kissen in den Rücken und streckte mich auf dem Bett aus. Wir plauderten vergnügt, als es an der Tür klopfte: Ernest. Er machte es sich neben mir im Dunkeln bequem und begann, uns sehr unterhaltsam und ausführlich von seiner Familie in Oak Park, Illinois, zu erzählen. Er sprach von seiner Schwester Marcelline mit ihren preziösen Manieriertheiten. Wenn kein Junge sie zum Schulball einlud, hatten Marcelline und seine Mutter ihn dazu gebracht, mit ihr zu gehen. Und er sprach von seiner herrschsüchtigen Mutter, die sich weigerte, für die Familie zu kochen, und sich bei Marshall Field's Hüte für fünfzig Dollar kaufte, obwohl die Patienten seines Vaters die Arztrechnungen nicht bezahlten. Er war enttäuscht gewesen von seinem Vater, der unter dem Pantoffel der Mutter stand. Aber seine Schwester Ursula bewahrte die Familie vor Mittelmäßigkeit. Sie war flink und gescheit, und außerdem sehr hübsch. Sie war eine begabte Bildhauerin. Es war eine bittersüße Gutenachtgeschichte, und wir drei Zuhörer murmelten beifällig. Da schlug Ernest plötzlich ein ganz neues Thema an.

«Ich kenne Sie nicht, Mary. Aber ich möchte Sie heiraten. Sie sind so

lebendig. Sie sind schön wie ein Schmetterling.»
Schweigen.
«Ich *möchte* Sie *jetzt* heiraten. Und ich hoffe, Sie irgendwann heiraten zu können. Irgendwann werden Sie mich vielleicht auch heiraten wollen.»
Langes Schweigen.
«Seien Sie nicht albern», sagte ich schließlich. «Das soll wohl ein Witz sein. Wir sind beide verheiratet, und außerdem kennen wir uns gar nicht.»
«Der Krieg wird uns vielleicht eine Zeitlang trennen», fuhr Ernest behutsam und beharrlich fort. «Aber wir müssen anfangen, unsere Kampfhandlungen zu koordinieren.» Seine Stimme war ruhig und, wie mir schien, etwas traurig. Resigniert vielleicht.
«Sie sind sehr voreilig», sagte ich.
Ernest stand auf. «Denken Sie bitte nur immer daran, daß ich Sie heiraten möchte. Jetzt und morgen und nächsten Monat und nächstes Jahr.»
Wie kann er sich nur so sicher sein, fragte ich mich.
Wir schlossen die Fenster, zogen die Vorhänge zu, machten das Licht an und ließen die Männer hinaus. Ich war erschöpft.
«Uff!» sagte Connie, als sie die Tür geschlossen hatte. «Uff! Warum warst du aber auch so schroff zu ihm? Konntest du nicht ein bißchen nett zu ihm sein? Oder freundlich? Der Kerl ist einsam. Du wirst nicht jeden Tag aufgefordert, einen solchen Kerl zu heiraten. Warum bist du nicht ein bißchen nett zu ihm? Es könnte dir noch einmal leid tun.»
Wir hatten uns die Zähne geputzt und das Licht wieder ausgemacht. «Er ist zu groß», sagte ich und meinte damit beides – Statur und Status.

Am 20. Mai klingelte mein Telefon im Büro und Noel meldete sich. Er kündigte mir aufgeregt seine Ankunft in London an. Ich rief Connie an, eilte zum Dorchester, um meine Sachen abzuholen, kaufte an Lebensmitteln ein, was ich auf meine Karte bekommen konnte, und war gerade rechtzeitig in unserer kleinen Wohnung in der Grosvenor Street, um Noel zu begrüßen. Sein Gepäck nahm fast ein Viertel des Raumes ein, aber das machte uns nichts aus. Er wollte sowieso bald wieder fort. Er wollte sich als Kriegsberichterstatter der *Daily Mail* den Invasionstruppen anschließen. Von Kairo aus war er in die Türkei geschickt worden, wo er sich während seines langen Aufenthalts furchtbar gelangweilt hatte. Nun wollte er hören, was sich inzwischen alles in London ereignet hatte.
Ich erzählte ihm, was ich von unseren gemeinsamen britischen Freunden wußte, von meiner Arbeit und besonders von meiner Titelgeschichte über König Georg, und wie ich ein für allemal richtiggestellt hatte, daß er sein Stottern nicht als Gebrechen, sondern als einen Sieg über

seine persönliche Nervosität empfand. Ich fand es herrlich, mich in meinem engen Bett an Noel zu kuscheln, auch wenn draußen die Bomben heulten. Aber irgend etwas war bei ihm oder mir oder uns beiden nicht mehr so wie früher.

Am 4. Juni schrieb ich einen Brief an meine Eltern, in dem ich mich glücklicher gab, als ich damals wirklich war. «Die letzten beiden Wochen sind wie der Blitz vergangen, vor allem weil Noel nach fast einem Jahr zurückgekehrt ist. Ich war ganz damit beschäftigt, für ihn zu sorgen und seine Sachen in Ordnung zu bringen, ehe er wieder fort mußte. Er war so viel stiller und zurückhaltender, als ich ihn in Erinnerung hatte. Jetzt ist er wieder abgereist. Näheres kann ich euch nicht schreiben. Aber ich hoffe, ihn in drei, vier Monaten wiederzusehen.»

Noel und ich verloren kein Wort über sein Mädchen in Kairo oder über meine Abenteuer in London, von denen man ihm erzählt haben mochte. Vielleicht hofften wir beide, daß unsere Schwierigkeiten sich irgendwie von selbst lösten.

Am 1. oder 2. Juni hatte er unsere übervolle kleine Wohnung wieder verlassen und sich an einen geheimen Bestimmungsort begeben, um sich bei der britischen Truppeneinheit zu melden, die am bestimmten Tag an der französischen Küste landen sollte. Etwa einen Monat später war er wieder in London, und zwar vor allem deshalb, weil die militärischen Verbindungswege von der Normandie her so vom Zufall abhängig waren, daß es einfacher für ihn war, über den Kanal zurückzukommen und seine Berichte in London zu schreiben. Noel beschrieb, wie schwerbepackte Tommies auf Befehl aus den Landungskähnen in das zu tiefe Wasser gesprungen und zehn Meter vor dem Strand ertrunken waren. Der Zensor machte ein finsteres Gesicht.

Jemand hatte mir erzählt, Hemingway habe einen Autounfall gehabt und liege im St. George's Hospital. Ich brachte ihm einen in Zeitungspapier eingewickelten Strauß Tulpen und Narzissen – dezentes Seidenpapier gab es seit langem nicht mehr. Die Krankenhausflure und ebenso sein großes, kahles Zimmer, in dem nicht eine Blume stand, wirkten entsetzlich schmutzig. Seine braunen Augen waren lebhaft und beobachteten mich, wie ich im Zimmer hin und her ging und die Blumen ordnete und die Vase so stellte, daß er sie vom Bett aus sehen konnte.

«In ein paar Tagen werde ich wieder im Dorchester sein», sagte er. «Besuchen Sie mich doch.»

«Gut.»

«Vielen Dank für die Blumen.»

«Blumen tun jedem gut.»

«Und Sie tun mir gut.»

Ich hatte einen ziemlich phantasielosen Bericht über die Vorkehrungen der U.S. Army zur Versorgung der Verwundeten bei der Invasion nach New York geschickt. Er erschien in *Life* unter der Überschrift «Invasionstruppenarzt General Hawley sorgt für schnelle Hilfe für die Verwundeten». Und darunter stand: «Mary Welsh, London.» Zufällig war es der einzige namentlich gezeichnete Bericht vom europäischen Kriegsschauplatz in der *Life*-Ausgabe der Invasionswoche.

Am 7. Juni morgens hielt die alliierte Infanterie nach wie vor ihre gefährdeten Stellungen, und die Landungsoperationen wurden fortgesetzt. Es war, wie Feldmarschall Erwin Rommel im April gesagt hatte: «Die ersten vierundzwanzig Stunden der Invasion werden entscheidend sein ... das Schicksal Deutschlands hängt von ihnen ab.»

In meinem Tagebuch notierte ich am 8. Juni: «Schrieb einen Bericht über unsere wilden indianischen Fallschirmjäger mit ihren Schlagringen für eine Rundfunksendung und las Noels ersten Bericht aus Frankreich in der *Daily Mail*. Zum Tee bei Pamela Churchill, die betonte, wie dumm jeder übertriebene Optimismus hinsichtlich unserer Chancen in der Normandie sei. Das Wetter ist schrecklich, und wir haben große Mühe, Nachschub in Frankreich zu landen.»

Am 13. Juni ging die erste «flying buzz bomb» in England nieder, aber in den ersten Tagen erreichten nur wenige dieser Ungeheuer das Zentrum Londons, und wir schenkten ihnen wenig Aufmerksamkeit. Die wenigen, die ich hörte, erinnerten mich an den Lärm eines Motorboots, das durch die sommerliche Stille eines Sees braust.

Wir lernten schnell, daß es erst richtig gefährlich wurde, wenn das Ding seinen Motor abstellte und sein tonnenschwerer Sprengkopf niederging. Der Sprengstoff war von hoher Explosionskraft, wie wir feststellten. Die Raketen richteten weit größere Schäden in den Straßen Londons an als die alten Ein-Tonnen-Bomben. In den ersten Tagen empfanden wir die fliegenden Bomben als Nervenplage. Wenn wir aus der Ferne das penetrante Surren hörten, hielten wir in der Arbeit inne und versuchten festzustellen, ob das Ungeheuer direkt auf uns zugeflogen kam. Dann warteten wir auf die plötzliche Stille und den darauffolgenden Knall, der uns sagte, daß der Sprengkopf anderswo niedergegangen war. Die Sirenen heulten Tag und Nacht fast ununterbrochen, denn es fielen täglich etwa hundert solcher Raketen auf London. Dieser völlig mechanische Feind und die Vorstellung, durch eine gefühllose Maschine getötet zu werden, hatten etwas Gespenstisches.

Hemingway widmete offenbar den größten Teil seiner Zeit und Aufmerksamkeit den R.A.F.-Stützpunkten, ihren Operationen und Mannschaften, aber er rief mich hin und wieder im Büro an. Eines Tages, als Charlie Wertenbaker und ich gerade beschlossen hatten, zusammen im White Tower zu Mittag zu essen – er wollte, daß ich einen «Haushaltsbericht» über die Versorgung hinter den Kampflinien in Frankreich schrieb, einen Überblick über den Lebensmittelnachschub, über Schlafgelegenheiten und Hygiene sowie über den gesamten Sanitätsdienst, den Bereich, für den ich an erster Stelle zuständig war –, rief Ernest an, und wir luden ihn ein, dazuzukommen. Er und Wertenbaker waren damals bereits befreundet, und Ernest hatte sich inzwischen, wie ich bemerkte, unsere Art zu reden angeeignet – unsere freundlichen Spötteleien und unsere verächtlichen Reden über Institutionen, Volkstum, Gebräuche und Helden, die unseren eingeschlossen: nichts war uns «heilig». So begann der Fremde, auf unsere Art und Weise amüsant zu werden.

«Lassen Sie sich nie mit Schriftstellern ein», riet Ernest mir an diesem Tag.

«Rede nur für dich selbst, mein Junge», meinte Wert.

«Wichser sind sie, allesamt», sagte Ernest, «die einen mehr, die anderen weniger. Manche tun es, weil sie zu geizig sind, dafür zu bezahlen. So oder so. Aber knauserig sind sie alle. Sie zahlen Geliehenes nie zurück. Sie sind so in sich selbst verliebt, daß sie Frauen nicht zu schätzen wissen. Nicht einmal eine Schönheit wie Sie.»

«Laß sie sich doch wenigstens nützlich machen», schlug Wert vor.

«Ich rangiere als Köpfchen», bemerkte ich.

Ich wartete immer noch darauf, mit dem Medical Corps nach Frankreich zu gehen, als Ernest mich wieder zum Lunch einlud. Hübsch, dachte ich, und schlug ihm am Telefon vor, nach Chelsea hinauszuwandern, wo ich ihm einige meiner Lieblingsstraßen zeigen würde und wo wir, vielleicht in einem Stehimbiß oder einem Pub wie Six Bells oder Bowling Green, essen könnten.

Er sagte: «Ja, gewiß.» Aber es klang skeptisch.

«Sie kennen doch nur das West End», sagte ich. «Und das ist nicht London.» Und dann wurde mir klar, daß ihm gar nicht daran gelegen war, London kennenzulernen. So einigten wir uns auf ein französisches Restaurant in der Jermyn Street, wo man das nicht rationierte Gemüse besonders gut zubereitete.

«Ich möchte mehr über Sie wissen», sagte Ernest. «Sie sagten, Sie mögen Boote gern.»

Ich erzählte ihm von Booten, die ich kannte, und er erzählte mir von seiner geliebten *Pilar* – «ich kenne nur eine Frau, der sie wirklich gefiel» –

und von dem abendlichen Rosa über dem Golfstrom.
«Ihre Beine sind wie die von Prudy Boulton», sagte er. «Fest.» Er erzählte mir von dem braunen Chippewa-Mädchen, dem ersten weiblichen Wesen, mit dem er Lust empfunden hatte. Ich erzählte ihm von meinen geliebten Chippewa-Freunden Bob Cloud und Jim Thunder und wie flink sie an Bord der *Northland* gewesen waren. Aber ich konnte meine Geschichte nicht so weit führen, wie seine ging. Wir waren uns einig, daß Kinnikinnick, der Chippewa-Tabak, einen der köstlichsten und einprägsamsten Gerüche habe.

Wenn dieses Mittagessen der Beginn einer Werbung war, dann war es das auf die altmodischste Art, die sich denken läßt. Wie Vögel schossen wir immer wieder ein Stück vorwärts, um einen besseren Blick und einen klareren Eindruck zu gewinnen. Seit dem Abend im Dorchester, als er mir geradeheraus seinen Wunsch, mich zu heiraten, kundgetan hatte, hatte Ernest dieses Thema nicht mehr erwähnt. Und jetzt, nach einigen Drinks und einer Flasche Wein zum Essen, verkündete er großartig: «Ich werde Ihnen ein Buch widmen.»

War das seine Art, die Zuneigung aller seiner Frauen zu gewinnen? fragte ich mich und hatte schon eine spöttische Bemerkung auf der Zunge. Wenn ich mich recht erinnerte, hatte er nicht viele Bücher geschrieben.

«In Liebe?» fragte ich.

«Das habe ich noch nie getan», sagte er, sogleich in der Defensive. «Aber ich werde es tun.»

Sechs Jahre später tat er es – es war das Buch, das ich für sein schwächstes hielt.

Nach dem herrlichen Wetter im Frühjahr 1944 waren Juni und Juli eine Folge von trüben, schlimmen Tagen. Ich erinnere mich, wie ich vom Büro in der Dean Street in meinen unansehnlichen, aber bequemen Zivilkleidern, meinem Kostüm aus festem Tweed mit einem schwarzen Pullover unter der Jacke und einem weißen Baumwollhemd darunter über die Straße zum Bath House ging, um ein paar Sägemehlwürstchen zu essen.

«Sollten Sie jetzt nicht bei irgendeiner Feier sein?» fragte Dorothy Dennis, unsere Geschäftsführerin in der Dean Street. «Zum Beispiel in Ihrer Botschaft?»

«Großer Gott, habe ich etwas vergessen?»

«Das Datum. Es ist der 4. Juli.»

«Unmöglich – bei dem Wetter!»

Mitte Juli erfuhr ich, warum man bei General Hawleys Medical Corps so lange gezögert hatte, mich nach Frankreich mitzunehmen. Da ich fahren sollte, wollte man gleichzeitig auch einige andere Korrespondentinnen, die sich darum beworben hatten, mitnehmen. Mit meinem kleinen mumienförmigen Offiziersschlafsack, den mir ein hohes Tier geschenkt hatte, konnte ich mich ohne weiteres in jedem Feldlazarett in irgendeine Ecke legen. Aber bei fünf bis sechs Frauen hielten sie es für notwendig, für richtige Schlafplätze zu sorgen. Ich hatte gedacht, daß ich mich – wo immer ich auch war – von meinen *K-rations* ernähren würde, aber fünf Frauen mußten von einer Feldküche versorgt werden. Es wurde die reinste Gesellschaftsreise.

In der Normandie saß ich da mit meinem Generaladjutantenausweis, meiner Ausrüstung und meiner Empörung. Das Medical Corps hatte *Life* immerhin mehr als diesen Schulausflug versprochen, und ich verlangte, daß man die Pläne, was mich betraf, sofort änderte. Selbst ein Laie hätte begriffen, daß *Life* für einen Artikel andere Bedingungen voraussetzte als die Pressedienste. Ich wollte Hawleys Versorgungskette von der vordersten Front bis zur Küste sehen. Das erklärte ich einem überraschten und verständnislos dreinblickenden Adjutanten des befehlshabenden Offiziers und dann dem befehlshabenden Offizier selbst, der zum Glück gerade erreichbar war. Er war bestürzt, zeigte sich dann aber hilfsbereit. Er war ein alter Berufssoldat, und er hatte meinen *Life*-Bericht gelesen. Wir einigten uns darauf, daß ich für die Nacht ins Durchgangslager zurückkehren, am nächsten Morgen einige Bataillonsverbandsplätze und später die ganze Evakuierungskette der Divisionsdurchgangslager, Verwundetensammelstellen und Lazarette besuchen würde. Er versprach mir, die Verbandsplätze zu verständigen. Die Nacht im Durchgangslager kam mir endlos vor, einmal, weil das Material für einen guten Artikel auf mich wartete, aber weit mehr, weil aus dem feuchten Boden der Normandie bei Sainte-Mère-Église wie aus einer Klimaanlage kalte Luft aufstieg, so daß die Kälte meinen Schlafsack, meine Uniform, meine persönliche Polsterung, mein Nervensystem und meine Knochen bis ins Mark durchdrang. Das Rührei aus Eipulver, das wir zum Frühstück bekamen, half mir zwar, wieder aufzutauen, aber der lauwarme Kaffee hatte so wenig mit Kaffee gemein, daß ich mich fragte, warum sie dieses Zeug überhaupt aufbrühten. Wie erging es da wohl unseren G.I.s in ihren baumwollenen Uniformen? fragte ich mich.

Mit einem Fahrer, der dem Alter nach mein Sohn hätte sein können und der alle Mühe hatte, die Straßenschilder der Army zu entziffern, holperte und schaukelte ich inmitten des dichten militärischen Verkehrs in Richtung Südosten. Ich bestimmte den Kurs und wunderte mich über die riesigen Staubwolken, die vor uns in der feuchten Luft aufstiegen. Mehrere Male hielten wir an, und ich blickte über die verlassenen Schlachtfelder mit den kaputten und weggeworfenen Gegenständen und den Papierfetzen, die überall wie verletzte Vögel aufflatterten. Eine seltsame Leere, über der eine fast greifbare Trostlosigkeit zu hängen schien. Warum hatten so viele Soldaten, Deutsche und Amerikaner, ihre Gasmasken weggeworfen, warum hatten sie Helme, Feldflaschen, Essensrationen und sogar Gewehre, die völlig unbeschädigt aussahen, weggeworfen? Ich las ein paar kleine Munitionskästen aus Holz auf, wagte mich aber nicht weit von der Straße fort. Überall an den Schützengräben warnten deutsche Schilder: «Minen!»

Unsere Straße folgte einem leicht erhöhten Plateau, und ich schlug meinem Chauffeur vor, die stark befahrene Hauptstraße zu verlassen und in einen schmalen Schotterweg, der rechts zwischen hohen Hecken entlangführte, einzubiegen.

«Und wenn da Minen sind?» fragte er – ein Baby.

«Sehen Sie sich doch die Fahrspuren an. Da ist erst heute morgen jemand gefahren. Man sieht noch die frischen Dreckspritzer auf beiden Seiten, vom Regen.»

«Aber wir können sicher nicht wenden.»

«Brauchen wir auch nicht – außer, wir stoßen auf ein explodiertes Fahrzeug.» Die Straße war auf meiner Karte mit einem sehr dünnen Strich verzeichnet. «Sind Sie ein Stadtkind?»

«Ja, aus Newark, New Jersey.»

Der Junge aus Newark hatte Angst auf dem fremden Landweg und fuhr sehr langsam. So langsam, daß ich einen Geruch wahrnahm, der nicht hierher gehörte, mir aber bekannt vorkam. Wir hielten an, und ich ging vorsichtig an der Böschung des Straßengrabens entlang und stieß auf einen amerikanischen Soldaten, der tot im Graben lag: seine jungen blauen Augen starrten zu den geballten grauen Wolken empor. Die Totengräberabteilung war noch nicht durch diesen Weg gekommen, und der Junge begann schon zu verwesen. Es roch, wie wenn meine Mutter Essig und Zucker kochte, um Dillgurken für den Winter einzulegen. Zu früh im Jahr für diesen Geruch, dachte ich. In Minnesota legte man die Gurken erst im August ein.

Ein Stück weiter lagen noch zwei Jungen tot im Graben. Dem einen war der obere Teil des Schädels weggerissen worden. Man konnte nichts mehr für sie tun. Ich berührte sie nicht und versuchte auch nicht, sie ordentlich im Gras zu betten. Ich sah keine Drähte, aber sie waren wahrscheinlich in eine Minenfalle geraten.

Auf dem Bataillonsverbandsplatz arbeiteten die Ärzte unter Zelten, deren Seitenwände hochgerollt waren – in jedem Zelt standen zwei, drei hohe Tische für Notoperationen. Der festgestampfte Boden erzitterte von Zeit zu Zeit von den nahen Einschlägen schwerer Artilleriegranaten. Die jungen Chirurgen arbeiteten schnell und geschickt und außerordentlich konzentriert. Sie beantworteten meine wenigen Fragen, ohne aufzublikken. Die Ärzte in den Zelten hier waren aus Illinois, Utah, Maine und Delaware, hatten an den üblichen Universitäten und Krankenhäusern studiert und praktiziert, und sie alle waren dankbar, daß die Kämpfe, abgesehen von gelegentlichen Patrouillengängen, nachts aufhörten, so daß sie wenigstens etwas schlafen konnten. Damals – es war der 12. und 13. Juli – sagten sie voraus, daß die Deutschen bald eine Gegenoffensive unternehmen würden.

«Sie haben in den letzten vierundzwanzig Stunden das Artilleriefeuer verdoppelt.»

Ein Doktor in blutbespritztem weißen Kittel war gerade dabei, den Rücken der grünen Uniformjacke eines Verwundeten herauszuschneiden.

«Schrapnell», sagte der Chirurg. Der Junge lag mit dem Gesicht nach unten.

«Doktor, ich muß scheißen», sagte der Junge, und seine Stimme war heiser vor Verlegenheit. «Ich kann's nicht halten.»

Ich trat ein paar Schritte zurück.

«Macht nichts», sagte der Chirurg. «Scheißen muß jeder. Nur zu, in die Hose.»

Ich verbrachte diese wenigen Nächte in Frankreich jeweils in den Quartieren der Ärzte und nahm morgens dankbar ihr Angebot an, vor dem *K-ration*-Frühstück ein bißchen Sauerstoff zu atmen. Wenn ich durch die langen Bettenreihen in den Abtransport-Lazaretten in der Etappe ging, war ich jedesmal wieder betroffen von der schrecklichen Anonymität. Name, Kennmarkennummer, Blutgruppe, Truppeneinheit. Nichts, was darauf hinwies, wer diese stummen verwundeten Jungen gewesen waren, ehe sie das Reglement der U.S. Army lernten, nach England verschifft und in die Normandie gebracht und im Nu zu halben Krüppeln gemacht worden waren. Schläuche und Flaschen hingen bündelweise über vielen Feldbetten und ließen Blut oder Plasma in die still daliegenden Körper tropfen. Niemand wußte und niemand scherte sich darum, wer von diesen Verwundeten Kapitän einer *Football*-Mannschaft oder Leiter einer Theatergruppe, wer ein toller Gitarrenspieler gewesen war. Ich hatte das idiotische Verlangen, sie allesamt in die Arme zu nehmen und ihnen leise ein paar tröstende Worte ins Ohr zu murmeln. Wie sollte ich, die ich unversehrt war, einen Jungen trösten, der ein Bein verloren hatte?

Wieder zurück in London erzählte ich Ernest von dem Geruch der Toten, als wir eines Abends in einem übelriechenden Bottleclub, dem Frisco's, saßen und Whiskey tranken, und er stimmte mir zu. Er mochte den Club, weil das Grammophon hier amerikanische Melodien kratzte – *Saint Louis Blues* oder *Thanks for the Memory* – und anscheinend auch, weil der Besitzer ein stets lächelnder, umgänglicher amerikanischer Neger war.

«Wie zu Hause», sagte Ernest und fingerte an einem der hölzernen Munitionskästen herum, den ich ihm geschenkt hatte.

«Nicht wie bei uns zu Hause», sagte ich. «Bei uns hat es nie so gestunken wie in diesem Stall.»

Ernest hatte sich seinen Bart abrasiert, und ich fand, daß er ohne Bart viel besser aussah. Er brummte, daß die Londoner Gesellschaft über ihn hergefallen sei. Emerald Cunard kam oft mit einem ganzen Schwarm bekannter Frauen, die auf Drinks und auf Flirts aus waren, zu ihm aufs Zimmer im Hotel Dorchester.

«Die ober-obersten Klassen der Londoner Gesellschaft sind die schlimmsten», sagte er. «Unmoralisch.»

«Die Mitglieder der königlichen Familie hast du nicht etwa auch angelockt?»

«Nein. Aber die anderen. Sie wollen die ganze Nacht bleiben, und dann muß man sie frühmorgens nach Hause bringen und kommt gerade an, wenn Seine Lordschaft das Haus verlässt, um sich ins Kontor zu begeben.»

«Du armer, unschuldiger Junge vom Lande! Und wie hältst du es mit dem Satz aus der Bibel: ‹Wer ohne Sünde ist, der werfe den ersten Stein›?»

«Unmoralisch sind sie. Da ist zum Beispiel eine, die ausgerechnet im Augenblick der ... der höchsten Wonne eine Freundin anrufen muß.»

Noel war nach Frankreich zurückgekehrt, und dies war eigentlich ein Abschiedstrunk, denn Ernest sollte in ein oder zwei Tagen abreisen. Lady Cunard hatte kleine Spuren in Ernests Zimmer hinterlassen, wie ich feststellte, Zettelchen und Firlefanz – wie ein Tier, das sein Gebiet absteckt. «Zu schade, daß du nach Frankreich mußt, ins graue gefährliche Frankreich, und deine bezaubernden Freundinnen verlassen mußt.»

«Für die bin ich das Fünftage-Wunder. Nächste Woche ist es jemand anders. Darf ich dich um etwas bitten? Einen Gefallen? Würdest du mir einen Brief, einen kleinen Gruß nach Frankreich schreiben? Hier habe ich die Adresse.»

«Aber natürlich. Für die Truppe tue ich alles.»

«Diese Scheißer bei *Collier's* schicken mir meine Post nicht nach. Seit zwei Wochen habe ich nichts bekommen. Kein Wort von meinen Kindern.»

Oben: Thomas James Welsh im Jahre 1889. Er schrieb zu diesem Bild: «In meinem ersten Schneideranzug, strikt nach der letzten Mode.»

Unten: Adeline Beehler. Ein modernes Mädchen – in den neunziger Jahren des letzten Jahrhunderts arbeitete sie im Büro eines Senators.

Oben: Die *Northland* bei einem Ausflug auf dem Leech Lake in Minnesota. Das kleine Mädchen im «Bloomer» vorn in der Tür erinnert sich noch gut daran.

Unten: Mit meinem Vater und zwei Freundinnen im Vorgarten unseres Hauses in Bemidji, Minnesota. Ich hatte die größte Haarschleife.

Oben links: Mary Welsh mit zwei Jahren in Bemidji, Minnesota. Man sieht schon, ein eigensinniges Mädchen.

Unten links: Mary als Schulmädchen.

Rechts: Im nördlichen Minnesota wäre kein Mensch auf den Gedanken gekommen, in Shorts Tennis zu spielen.

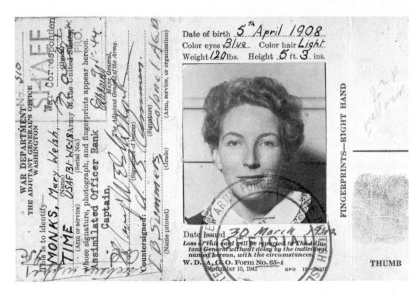

Oben: Mein Presseausweis vom Supreme Headquarters, Allied Expeditionary Forces (SHAEF) für den europäischen Kriegsschauplatz.

Rechts: Am Schreibtisch im *Time*-Büro in Soho, London. Nach mehrmaligem Bombenschaden hatten wir drahtverstärkte Fensterscheiben einsetzen lassen. (Foto Robert Capa)

DAILY EXPRESS

'GENTEEL' EASTBOURNE: BY MARY WELSH

WORLD'S LARGEST DAILY SALE

Ein erhebendes Gefühl, den eigenen Namen in riesigen Lettern auf den Plakaten an den Zeitungslieferwagen zu sehen!

Bei der Home Guard im Südwesten
Englands.
(Foto Cecil Beaton)

Oben: Auf dem Dach unseres Londoner Büros: das Time-Life-Team, das bis zur Invasion für die Kriegsberichterstattung zuständig war. Unten links Bob Capa, und hinter meiner linken Schulter David Scherman, der den Schnappschuß mit Selbstauslöser fotografiert hat. (Foto David E. Scherman)

Links: Noel und ich als Kriegsberichterstatter, er in britischer, ich in amerikanischer Uniform.

Adeline und Thomas Welsh vor ihrem Haus in Gulfport, Mississippi, am 9. Juli 1952, ihrem fünfzigsten Hochzeitstag. (Foto Mary Hemingway)

Vielleicht war er trotz all seiner Ehefrauen ein gewissenhafter Vater, dachte ich. Und ich erinnerte mich an eine seiner Freundinnen, die ihn mir mit den Worten anpries: «Sie sollten ihn ernst nehmen. Er meint es ernst mit Ihnen, und er ist so *verantwortungsbewußt*.» Ich schrieb ihm also einen kurzen, lustigen Brief nach Frankreich.

Während General Montgomery mit seinen Truppen die deutschen Panzerdivisionen an der nordöstlichen Front in Schach hielt, hatte die U.S. Army Ende Juli die feindlichen Verteidigungslinien durchstoßen und stieß nun in einem großen Bogen ins Herz Frankreichs vor. Sie kreiste die Deutschen bei Falaise ein, nahm fünfzigtausend Mann gefangen und rückte weiter vor, auf Paris zu. Ich war die einzige im Londoner *Time*-Büro, die Paris und ihre ganze Habe kurz vor dem Einmarsch der Deutschen verlassen hatte, und ich wurde kribbelig. Bei den Recherchen für eine Titelgeschichte über den Nachschub der U.S. Army und den Zwei-Sterne-General, der dafür verantwortlich war, entdeckte ich erstens, daß es eine große Nachschubbasis in der Nähe von Argentan gab, und zweitens, daß man von dort aus mehr oder weniger täglich mit C 47-Maschinen oder kleineren Flugzeugen Personen- und Fracht-Pendelflüge nach England und zurück durchführte.

Air Marshal Roderic Hill hatte inzwischen seine Flakbatterien an der englischen Südostküste konzentriert. Sie holten über die Hälfte der täglichen fliegenden Bomben herunter und machten so das Leben in London erträglicher. Ich nahm es nicht weiter zur Kenntnis. Mitte August landeten die alliierten Streitkräfte, hauptsächlich Amerikaner, in Südfrankreich, und man brauchte Lage- und Stimmungsberichte aus London. Ich nahm es nicht weiter zur Kenntnis. Wenn ich abends von der Arbeit aufblickte, an der ich in meiner Wohnung in der Grosvenor Street saß, und zuschaute, wie der Londoner Himmel vor meinem großen Nordfenster zwischen neun und zehn von Türkisblau zu Kornblumenblau und schließlich zu Marineblau überwechselte, wurde ich mir bewußt, daß ich hier nicht mehr lange arbeiten und nicht mehr lange dieses Stück Himmelsmetamorphose betrachten würde.

Schließlich hatte ich die letzten Tausend Wörter im Telegrammstil über den Nachschub der U.S. Army mit seiner unendlichen Sorgfalt im Detail – bis hin zu den zwei Zigaretten in den *K-ration*-Schachteln – zu Papier gebracht, da ging ich zu Walter Graebner und sagte: «Ich muß nach Frankreich.»

«Ja, ich weiß», sagte Graebner, «Frankreich ist jetzt sehr aufregend. Aber deshalb ist London noch lange nicht von der Landkarte ausradiert. Wir stehen hier vor wichtigen politischen Entscheidungen. Sie sollten hier bleiben.»

«Ja, ich weiß. Aber Paris, Paris!» Ich war wie eine brünftige Katze. Walter lächelte und sagte: «Kommen Sie so bald wie möglich zurück.» Ich bekam meinen «Marschbefehl», und am 24. August fuhr mich jemand zum Flugplatz. Im Camp der amerikanischen Versorgungsbasis in Frankreich wurde mir gesagt, ich müsse bis zum nächsten Morgen warten und könne dann in einem Jeep mitfahren, der einen Major vom Büro des Generaladjutanten nach Paris bringe. Der Major, der aus Ohio stammte, machte diese Reise offensichtlich sehr ungern. Er wirkte schüchtern und schweigsam an diesem Morgen. Es stellte sich heraus, daß er keine Ahnung hatte, wie man eine Straßenkarte der Army las. Vielleicht war er verwirrt von all dem Grün der Wälder und Felder auf den Karten. Nachdem wir an mehreren Straßenkreuzungen gehalten und uns nach englischen Schildern umgesehen hatten, die ziemlich willkürlich aufgestellt waren, bot ich an, die Führung zu übernehmen, da ich die französischen Schilder lesen konnte. Wir hatten schon eine halbe Stunde durch unschlüssiges Warten vertan. Der Fahrer war von dem Widerstreben des Majors angesteckt und fuhr in dem relativ geringen Verkehr immer nur bedächtige 60 Kilometer pro Stunde, was mich rasend machte.

Um die Mittagszeit begann der Major, sich nach einem amerikanischen Armeeposten umzusehen, wo er seine Bescheinigungen vorzeigen und Essen fassen konnte. Also fuhren wir noch langsamer. Wir kamen durch flaggengeschmückte Dörfer, in denen die Cafés geöffnet waren und die Leute uns zuwinkten. Ich lechzte nach einem Drink. Schließlich überredete ich den Major und den Fahrer, bei einem Café an der Straße zu halten. Ich plapperte fröhlich in meinem lange vernachlässigten, komischen Französisch auf den *patron* ein, als ich bemerkte, daß der Major sich wieder zur Tür wandte. Wir hatten seinen Dienstgrad nicht genügend respektiert. Der *patron* wandte sich mit reizenden gallischen Gesten dem Major zu, rief seine Frau herbei, schenkte uns Calvados ein, den er lange für diesen Tag aufgespart hatte, eilte zwischen den anderen Gästen umher, die ich alle umarmte, und war dabei, zwei kleine Tische aufzustellen – vielleicht einen für den Major und den anderen für den Fahrer und mich, oder einen für den Major und mich und den anderen für den Fahrer –, als ich bat, Zeit zu sparen. «Wir können *à pied* essen», sagte ich.

Das gefiel dem Major gar nicht, auch nicht, als der *patron* uns einen halben Laib herrlich duftenden Brots, etwas Käse, Salz und gebratene Hühnerkeulen brachte. Vielleicht aß man in Ohio nie stehend an der Theke. Aber vielleicht wußte man in Ohio auch nicht, was es bedeutete, vier Jahre lang unter feindlicher Besetzung zu leben. Der Calvados teilte mir seine Botschaft mit, und zum erstenmal seit Juni 1940 hatte ich das herrliche, berauschende Gefühl, wieder im wirklichen Frankreich zu sein.

Als wir wieder unterwegs waren, mußte ich den Fahrer ständig ermahnen, auf der rechten Straßenseite zu bleiben, und ihn zähneknirschend bitten, seine Versuche, Konvois von acht bis zehn Lastwagen mit schaukelnden Hinterteilen zu überholen, einzustellen. Auch er hatte eifrig Calvados gekippt. Ich hatte noch nie so viele Menschen auf den Straßen, noch nie einen so ausgelassenen Jubel gesehen. Als wir durch Versailles und durch die Poste de Saint-Claude nach Paris kamen und uns der Place de l'Étoile näherten, begann es zu dämmern. Ich nahm meine Schreibmaschine, verabschiedete mich von dem Major und ging das kurze Stück zum Hôtel Scribe zu Fuß durch die fröhlich lärmende Dämmerung oder wurde vielmehr von einer Gruppe vor Erleichterung krakeelender und singender Pariser zur nächsten weitergegeben, und alle umarmten und küßten mich und meinen Rucksack, wenn sie meine Uniform sahen. Die ganze Stadt war verrückt vor Freude. Irgendwo hörte ich jemanden unter freiem Himmel Akkordeon spielen.

Ich hatte in früheren Jahren die Franzosen ein wenig beobachtet. In Paris waren sie höflich, kühl und aus Geschäftsinteresse freundlich gewesen. Außer in Hotels und berühmten Restaurants hatten sie im allgemeinen eine harte Schale von Fremdenfeindlichkeit zur Schau getragen. Aber jetzt waren sie in einem wahren Freudentaumel, riefen «*Liberté, égalité, fraternité*», sangen *La Marseillaise* und bedachten mich mit schmatzenden Küssen.

Im Hôtel Scribe, das das Hauptquartier der alliierten Presse sein sollte, herrschte ein unbeschreibliches Chaos. Charlie Wertenbaker war im Hotel gemeldet, aber sein Zimmer, das nun vermutlich eine Weile lang unser *Time*-Büro sein würde, war leer. Die Zensoren hatten Quartier bezogen, arbeiteten aber noch nicht. Im Büro der Western Union ging alles drunter und drüber, und ein Dutzend oder mehr Journalisten warteten mit getippten Telegrammen in der Hand, die sie mit oder ohne den Stempel der Zensur abschicken wollten. Ich beschloß, Walter Graebner bis zum nächsten Morgen auf Nachrichten von mir warten zu lassen.

Überall im Hotel traf ich alte Freunde, nicht jedoch Noel, meinen Mann. Er war bei Montgomerys Truppen irgendwo in Nordfrankreich. Das Scribe war für diese Nacht voll belegt, aber man besorgte mir ein Zimmer in einem großen, schäbigen Hotel gegenüber, auf der anderen Straßenseite.

Unter dem Vorwand, nach Wertenbaker zu suchen, inspizierte ich mit ein paar Freunden die Bars und alle sonstigen erleuchteten Lokale in der Nachbarschaft. Auch um Mitternacht hatten wir noch keinen Wertenbaker gefunden, wohl aber Pariser, die sich freudetrunken immer wieder versichern wollten, daß wir wirklich Fuß gefaßt hatten und daß *les boches* nicht wiederkommen würden.

«*Le général de Gaulle arrivera demain, on me dit*», sagte ich immer wieder.

«*Mais, vous étiez ici avant la guerre?*»

«*Oui, et pendant le premier an.*»

«*Bienvenue. Mille fois bienvenue.*»

Ich war erschöpft. Ich putzte mir die Zähne in meinem Zimmer in dem schäbigen, muffig riechenden Hotel und ging zu Bett. Natürlich hätte ich noch bis Notre-Dame gehen sollen, um zu sehen, was dort los war. Aber ich tat es nicht.

Am nächsten Morgen packte ich meinen Rucksack, ließ ihn und meine Schreibmaschine und meinen Schlafsack beim Portier des zweitklassigen Hotels, ging hinüber ins Scribe und fand dort Wertenbaker, Dave Scherman und andere Londoner Kollegen bei der Arbeit in Werts Zimmer. «Geh los, und schreib uns was über die Pariser Mode», sagte Wert. Ich ging und bekam auf meinem Weg durch die Hotelhalle etwas von der Atmosphäre des Scribe zu spüren. Lärm, schlechte Luft und zu viele Menschen. Ich ging um die Ecke zum Place Vendôme-Eingang des Hôtel Ritz und erkundigte mich bei dem Portier, den ich von 1940 her kannte, ob Monsieur Hemingway zufällig im Hotel abgestiegen sei.

«*Bien sûr*», sagte der Portier und brachte mich auf den Weg zum Zimmer 31. Ich fuhr in dem schmucken kleinen Fahrstuhl hinauf – der Liftboy in properer Uniform und mit weißen Handschuhen –, klopfte bei Nr. 31 an und fragte den sommersprossigen Soldaten, der die Tür öffnete, ob Mr. Hemingway da sei.

«Papa, da ist eine Dame», brüllte der Gefreite Archie Pelkey in das Zimmer. Ernest erschien im Vorraum, ein Sturm von guter Laune, und wirbelte mich zur Begrüßung mit solcher Bärenkraft im Kreis herum, daß meine Füße infolge der Zentrifugalkraft beinahe an die Wände schlugen. Drinnen saßen einige seiner Freunde von der französischen Résistance, die seit Rambouillet mit ihm zusammen waren. Sie hockten auf dem Boden, reinigten unaufhörlich ihre Gewehre und tranken dabei Champagner. Ja, er hatte meinen Brief in der Normandie erhalten und ihn jeden Tag gelesen, bis er ihn verlor. Wir hatten die Neuigkeiten eines ganzen Monats auszutauschen und plapperten in einer saftigen Mischung aus englischen Flüchen, Französisch und Argot. Dabei stillten wir unseren Durst mit Champagner, der auf einem Tablett auf dem zartgrauen Empire-Schreibtisch vor dem Balkonfenster stand. Einer von Ernests Haufen, der seine Arbeit beendet hatte, streckte sich auf einem der

Doppelbetten zum Schlafen aus, die verstaubten, schmutzigen Stiefel seelenruhig auf der rosa Satinbettdecke des Hôtel Ritz. Ernest erzählte mir in kurzen Zügen von dem aufregenden Abenteuer, wie er mit seinen französischen Freiwilligen Rambouillet eingenommen und gehalten hatte. Und nun wollte er, daß ich mit ihm einen ausgiebigen Stadtbummel machte.

Aber ich hatte zu tun. Ich verabschiedete mich und versprach, bald wiederzukommen.

«Laß uns doch wenigstens heute abend zusammen essen», sagte Ernest.

«Klar.» Ein an diesem Augusttag – es war Samstag, der 26. – gegebenes Versprechen konnte nicht als Verpflichtung betrachtet werden. Am Ausgang zur Place Vendôme fragte ich den Portier, ob er ein Zimmer für mich habe.

«Aber gewiß, Madame», sagte er.

«Ich bringe mein Gepäck am späten Nachmittag.»

«Sie haben das Zimmer sechsundachtzig», sagte er.

Quatre-vingt-six mit seiner mit Goldbrokat bestickten rosaroten Chaiselongue, seinen Messingbetten, seiner taubengrauen Tapete und seinem bronzenen Medaillon mit dem anmutigen Profil einer Empiredame über dem Marmorkamin, mit seiner kleinen, genaugehenden elektrischen Uhr an der Wand, seinem großen grauen Toilettentisch mit Spiegel und rosa Spitzen-Nadelkissen, mit seinem Blick über die Gartenanlagen hinter dem Justizministerium und mit dem charakteristischen Lärm von Kinderstimmen, der während der Pausen von der Schule in der Rue Cambon heraufschallte, sollte von nun an bis Ende März mein Heim sein.

De Gaulle werde jede Minute in Paris erwartet, hieß es im Scribe, und Général Leclercs Division sollte zusammen mit Einheiten der 82. Division der U.S. Army noch an diesem Nachmittag die Champs-Élysées hinunterparadieren. Schnell, schnell! Jemand hatte Kaffee gekocht, und ich schnappte mir etwas zu essen aus einer *K-ration*, während ich ein paar Sätze schrieb, bevor ich zu den Zensoren ging und mich einer zum Glück kurzen Schlange vor dem Büro der Western Union anschloß. Bei *Time* in New York war in der Nacht zum Sonntag Redaktionsschluß, und wenn es mit der Übermittlung klappte, konnten wir gerade noch die Ausgabe der nächsten Woche erreichen.

Nachdem ich meinen Tausend-Wörter-Bericht im Telegrammstil über die Anblicke, die Geräusche, die Lieder und die Parolen des Tages aufgegeben hatte, raste ich zurück zur Place de la Concorde. Von dort aus waren die Champs-Élysées bis zur Étoile hinauf eine einzige wogende Menschenmenge. Ein halbes Tausend Umarmungen über mich ergehen lassend und immer wieder der Pariser Polizei ausweichend, die die Massen an die Straßenseiten drängte, hatte ich es fast bis zum Arc de Triomphe geschafft, als Leclercs Männer ihren Ruhmesmarsch antraten. Mit meinem Stenoblock hielt ich die Namen und Städte und die Leistungen der französischen und amerikanischen Einheiten fest und ebenso die Namen der hohen Würdenträger, die de Gaulle und den amerikanischen General auf der Tribüne auf der Place de la Concorde umgaben. Ich fragte und fragte, wie ein Amateurreporter, notierte die nicht aufhörenden Rufe, den Applaus, das millionenfache «*Vive la France!*» und das vielfache «*Vivent les Américains!*» Irgendwie freundete ich mich inmitten des wilden Jubels an diesem Nachmittag mit einigen Parisern an, die ich später in diesem Jahr und in den darauffolgenden Jahren wiedersah und mit denen ich noch lange korrespondierte.

Die Parade endete bei Notre-Dame, und viele der militärischen Einheiten rückten ab, aber Tausende von Franzosen wollten der Dankmesse beiwohnen – weit mehr als die Kathedrale fassen konnte. Das SHAEF-Zeichen an meinem Ärmel half mir, in das kühle, dunkle Innere zu gelangen. Ich hörte den Chorgesang und auch ein paar Gewehrschüsse, die wie zur Belebung des Gottesdienstes durch die Kirche hallten. Sie hatten sich offenbar versehentlich gelöst und richteten keinen Schaden an. Danach ging ich zum Scribe zurück, verfaßte ein weiteres langes Kabel, brachte es bei den Zensoren durch und händigte es den erschöpften armen Kerlen von der Western Union aus. Dann mußte ich wieder los, zu Ernest, der allein im Dämmerlicht in seinem Zimmer wartete.

Marcel Duhamel, sein französischer Übersetzer, hatte ihn überredet, am Abend mit ihm in irgendein Lokal am linken Seineufer zu gehen, wo das Essen sehr gut sein sollte.

«Ich will nur noch ins Bett», sagte ich.

«Trink ein bißchen von dem nahrhaften Champagner. Pelkey hat deine Sachen in dem Hotel da abgeholt. Sie sind hier.»

«Ich werde bei dem Essen zu nichts nütze sein», sagte ich.

Mir brummte noch der Schädel vom vielen Französisch-Sprechen den ganzen Tag hindurch. Aber ich wusch mich, frischte mein Make-up auf, und dann gingen wir durch die Rue de Castiglione zu den Tuilerien und über die Brücke. Ich weiß von dem Abend nur noch, daß Monsieur Duhamel sehr redselig und Ernest gegenüber sehr besitzergreifend war, daß wir einen dürftigen Rotwein zu trinken bekamen, und daß, als wir uns in der schmalen Straße verabschiedeten, ein paar Gewehrschüsse durch die stille silbrige Nacht hallten. Wir traten in den Schatten gegenüber des Restaurants und gingen langsam in der linden Nachtluft, in der nur noch ein Hauch von dem Pulvergeruch der vergangenen Tage hing, nach Hause. Ernest plauderte leise von seinen frühen Zeiten in Paris. «Es ist die großartigste Stadt der Welt.» Er hatte einen neuen Spitznamen für mich gefunden – «Gürkchen».

«Willst du mein Gürkchen sein? Sauer, aber herzhaft?»

«Eine Dillgurke», sagte ich. «Und weil du Hemingstein bist, eine koschere.»

Es mochte noch Heckenschützen geben, aber ich genoß es, daß hier keine fliegenden Bomben fielen.

Als wir zum Ritz kamen, war dort nur noch der diensthabende Nachtportier auf. (Nach Mitternacht ist das Hotel immer wie ein Jungmädchenpensionat geführt worden.) Ich hatte nicht mehr die Kraft, mich in meinem Zimmer *Quatre-vingt-six* einzurichten. Stieg mit Ernest in sein Zimmer im ersten Stock, schlüpfte in meinem Unterzeug in sein Bett und sank sogleich in tiefen Schlaf. Das andere Bett war mit Garand-Gewehren M-1, mit Handgranaten und anderen Metallgegenständen vollgepackt.

Ziemlich früh am nächsten Morgen hörte ich das leise Zischen einer Champagnerflasche, die vorsichtig entkorkt wurde.

«Guten Morgen», sagte ich. «Vielen Dank für die Schlafstatt. Heute werde ich nach oben ziehen.»

«Du hast die ganze Nacht geschnarcht. Übrigens schnarchst du ausgezeichnet.» Es lag kein Vorwurf in Ernests Stimme. Sie klang vergnügt. Er war nicht wie ich am Tage vorher fünfzehn bis sechzehn Stunden lang überall in Paris herumgelaufen.

«Das sind die Risiken einer romantischen Liebe für dich. Besonders in Paris im August», sagte ich und nahm gern ein Glas von dem Perrier-Jouet Brut. Dann klingelte ich nach Kaffee. Ich hatte nicht gemerkt, daß Archie Pelkey bereits in aller Stille auf dem kleinen G.I.-Kocher im leeren Kamin Kaffee aufbrühte.

Unter Ernests Briefen an mich ist einer vom 27. August 1944, der erste mit der Maschine geschriebene, seit er in Frankreich war. Das dünne Papier ist eingerissen und an einigen Stellen durchlöchert. Der Brief ist unbeendet und nicht unterschrieben.

Da ich am Freitag, dem 25. August, abends in Paris angekommen war, in dem schmutzigen Hotel gegenüber dem Scribe übernachtet und den kurzen Besuch bei Ernest am Samstagmorgen, dem 26. August, gemacht hatte, muß er den Brief am gleichen Morgen – um einen Tag vordatiert – angefangen und nach unserem fröhlichen Zusammentreffen in seine Tasche gesteckt haben. Er warf nur selten irgendein Stück Papier fort.

«Kam gerade ins Ritz, und da war ein Brief, und ich bin sehr glücklich», hatte er geschrieben. Schon vor langer Zeit hatten wir vage, hoffnungsvolle Pläne für ein Wiedersehen im Ritz gemacht, und ich hatte ihm regelmäßig geschrieben – über die Banalitäten des Lebens in London, mit einigen langweiligen Sentimentalitäten.

Er schrieb mir über seine Abenteuer zusammen mit dem französischen Maquis beim Marsch auf Rambouillet und wieder sehr flüchtig über seinen Einzug in Paris über die Place de l'Étoile und die Place de la Concorde, zusammen mit Lieutenant Colonel S. L. A. Marshall, dem offiziellen Kriegshistoriker und ehemaligen Detroiter Journalisten. Der Brief schloß mit der Frage: «Warum kommst Du nicht auch herüber?» Mehrere Monate lang lebte fast jeder auf dem europäischen Kriegsschauplatz unter so verwirrenden Umständen, daß ein normaler Austausch nicht möglich war.

Seit César Ritz am 5. Juni 1898 sein Hotel mit einem großen Gala-Abend im Hauptspeisesaal feierlich eröffnet hatte, erwarteten er und sein Sohn Charles und seine Helfer von ihren Gästen, daß sie sich mit klassischem oder konventionellem Anstand aufführten, und es ist ihnen stets gelungen, den äußeren Schein zu wahren. Herren empfingen keine Damen in ihren Zimmern, sofern sie nicht Suiten bewohnten, und Abweichungen von den Regeln wurden nicht toleriert. Doch Charles Ritz, der derzeitige Besitzer und unser munterer und herzlich lieber Freund, schien nichts zu bemerken, als Ernest, dessen Zimmer übervölkert war von seinen Truppen und einem Waffenlager glich, mit einem Hemd zum Wechseln und zwei Krawatten in die geordneteren Sphären meines Zimmers zog, um sich einige Tage der Ruhe und Erholung zu gönnen. Schließlich hatten wir ja getrennte Zimmer in verschiedenen Stockwerken.

(In den sieben Monaten, in denen ich in Zimmer 86 wohnte, sah Charles Mutter, Madame César Ritz, mich nie. Wenn sie den Hauptspeisesaal betrat und Ernest und ich schon bei Tisch saßen, nickte sie ihm lächelnd zu. Beim erstenmal lächelte ich sie an – und starrte sofort auf meinen Teller. Erst als wir nach dem Krieg wieder ins Ritz kamen, nachdem wir uns auf Kuba nach dem napoleonischen Gesetz hatten trauen lassen, nahm Madame Ritz von meiner Existenz Notiz, und von da an war sie uneingeschränkt liebenswürdig.)

Ernest nahm einen kurzen Urlaub von seinem selbstgewählten Job, der darin bestand, mit seinen französischen Freunden vor verschiedenen Einheiten der 4. Infanteriedivision die Aufstellung und Stärke der feindlichen Truppen zu erkunden. Und ich stellte mich Wertenbakers brummigen, halb zustimmenden Einwänden gegenüber taub und drückte mich ein paar Tage lang vor meinen Aufgaben bei Time Inc. Wenn wir uns nicht vergnügten oder still genossen, streiften wir, von glühenden Erinnerungen getrieben, durch die Straßen von Paris. Wir hatten uns gegenseitig eine Menge Lieblingsplätze zu zeigen.

Horizontal entdeckten wir aufs neue, was wir beide schon gewußt hatten: daß allzuviel Gelächter die Initiativen im Bett erstickt – und es machte uns nichts aus. So flüsterte ich etwa: «Wie nett, äh, wie war doch dein Name, Liebling?» Und löste damit einen beiderseitigen Kollaps aus. Wir taten so, als hätten wir unendlich viel Zeit, als gäbe es weder Krieg noch irgendwelche Verantwortungen. In diesen kurzen Tagen lebten wir weit über die übliche Reichweite unserer Sinne hinaus. «Das ist es», sagte Ernest feierlich eines Morgens. «Unser eines und einziges Leben.»

Vertikal spazierten wir über die Seine hinüber zum Invalidendom und die Avenue de Breteuil entlang zu dem Appartementhaus, in dem ich im Juni 1940 den größten Teil meiner irdischen Güter zurückgelassen hatte. Ich erkannte an einer der Passantinnen auf der Straße eines der Kleider wieder, die ich auf dem Wege über die Schweiz der Ortsgruppe des Roten Kreuzes in diesem Bezirk, dem 7. Arrondissement, gestiftet hatte. Ich erkundigte mich bei der Concierge des Hauses – es war noch dieselbe wie vor vier Jahren – und erfuhr von ihr die Adresse der Leiterin des Roten Kreuzes, die mir zeigte, was sie für mich aufgehoben hatte: einen Mantel aus imitiertem Chinchilla, ein paar irische Spitzendeckchen, die silbernen Teelöffel meiner Großmutter, ein paar Gedichtbände.

Ernests Lieblingsviertel von Paris waren das 6. Arrondissement und weiter südöstlich Montparnasse, und wir entdeckten sie fröhlich wieder. Der Louvre war geschlossen. Ebenso das Musée Rodin und das Musée de Cluny ebenfalls. Auch die Bücherstände an der Seine waren in jenen ersten Tagen größtenteils geschlossen. Und die Barmixer in den Lokalen am linken Seineufer leierten müde immer denselben Vers herunter: *«Pas de gin, pas de whiskey, pas de ‹fine›.»* Es gab nur *vin ordinaire* und ein schwaches, schales Bier, und sonst nichts. Aber die Quais waren da und all die Straßen mit ihren vertrauten Namen und die unveränderten Silhouetten der Gebäude vor dem weiten Pariser Himmel. Wir liefen meilenweit durch Montparnasse und an der Seine entlang. Manchmal durchzuckt von alten Erinnerungen, und oft blieben wir stehen und umarmten uns entzückt beim Anblick altvertrauter Straßen oder Ecken, oder einfach nur so, vor lauter Freude.

Am Sonntag, dem 27. August, nach der von mir durchschnarchten Nacht, hatte Ernest feierlich erklärt, daß wir die Schwarzmarkt-Restaurants, die bereits wieder geöffnet waren, nicht beehren würden, und ich stimmte zu. Im Hôtel Ritz hatte man zwar auch die Deutschen bedient –

was hätte man sonst tun können? –, doch die mageren Menüs dort bestanden jetzt nur aus den normalen, zugeteilten Lebensmitteln – Gemüsesuppe, Reisgerichte, Gnocchi, Kartoffeln und vielleicht ein dollargroßes Stückchen Fisch. Dagegen barg der Weinkeller des Ritz noch viele unangetastete Schätze, die wir dankbar durchprobierten.

Wir aßen dort regelmäßig zu Mittag und zu Abend, auch nachdem die U.S. Army im Kellergeschoß des Scribe eine Korrespondenten-Messe eingerichtet hatte. Am liebsten aßen wir allein oder mit wechselnden imaginären Gästen, Schatten, kurzlebigen Ausgeburten unserer Phantasie. Einer von diesen Gästen war Marschall Michel Ney, der die Nachhut der napoleonischen Truppen beim Rückzug aus Rußland (1812) befehligt hatte und der auch Ernest Achtung abnötigte.

«Hat man Sie nicht aus irgendeinem dummen Grund geköpft?» fragte ich, bemüht, ein paar Tatsachen aus der Erinnerung auszugraben.

«Nein. Ich wurde erschossen», belehrte mich Ernest in Neys Namen. «Man hat es mir nie verziehen, daß ich Bonaparte während der hundert Tage die Treue hielt und daß ich bei Waterloo kommandierte.»

«Was taten Sie, um die Moral der Truppe auf dem Rückmarsch von Moskau aufrechtzuerhalten?»

«Moral? Das ist ein Ausdruck, den wir in der kaiserlichen Armee nicht kannten.»

Wir hatten Cézanne eines Tages bei uns zum Lunch: ein schüchterner, langsam sprechender Mann, der unglücklich war über das Pariser Herbstlicht nach den schimmernden Farbenspielen der Provence, und Lady Mary Wortley Montagu, die so amüsante Geschichten über das Konstantinopel des frühen 18. Jahrhunderts erzählte und sich ärgerte, daß sie das Paris von 1944 nicht besuchen konnte.

«Haben Sie die Türken Pianos auf dem Rücken tragen sehen?» fragte Ernest.

«Nein, Pianos nicht, Monsieur. Pianos gab es damals in Konstantinopel noch nicht. Aber Cembalos, ja. Und die waren wohl ebenso schwer wie Pianos.»

«Könnten Sie bei Ihren Talenten nicht Mittel und Wege zu einer Reinkarnation finden und uns im Fleische Gesellschaft leisten?»

«Ach, wenn ich das nur könnte, Monsieur. Voltaire und Alfred Nobel beschäftigen sich seit Ewigkeiten mit diesem Problem, Voltaire mit ganz besonderer Vehemenz, weil er so wütend ist, zum Schweigen verurteilt zu sein, und Mr. Nobel, weil er das Gefühl hat, daß die Gelder, die er für den Frieden hinterließ, reichlich wenig bewirkt haben. Er würde gern sein Vermächtnis rückgängig machen.»

Wir hatten Benjamin Franklin bei uns, der Paris auch liebte, und

Stendhal und Eleonora Duse und Thomas Jefferson, durch den wir erfuhren, daß unsere respektiven politischen Anschauungen parallel und links verliefen. Der einzige Mann, dem Ernest je seine Stimme gegeben hatte, war Eugene V. Debs, der auch ein Held meines Vaters gewesen war. Das einzige Mal, als ich gewählt hatte, hatte ich für Franklin D. Roosevelt gestimmt und nicht für meinen Chef Frank Knox von den *Daily News* in Chicago oder den Republikaner Alf Landon.

Wir machten Besuche bei ein paar Pariser Freunden, teils aus Höflichkeit, teils aus Freude. Ernest feierte einen Nachmittag lang fröhliches Wiedersehen in Sylvia Beachs Buchhandlung, und an einem anderen Tag gingen wir in ein Arbeiterviertel am Stadtrand, das ich noch nicht kannte. Dort lebte einer von Ernest Freunden von den FFI (Forces Françaises de l'Intérieur), ein gewisser Marcel, ein hagerer Kerl von der Meute, mit der Ernest Paris erobert hatte. Sein Akzent und sein Vokabular waren mir so fremd, daß er und ich uns nur mühsam verständigen konnten. Er hatte Ernest – und auch mich – eingeladen, ihn und seine Frau in ihrer Wohnung zu besuchen, und da er zu den Leuten gehörte, die eine abschlägige Antwort von Ernest als persönliche Beleidigung empfunden hätten, fuhren wir hin. Marcel hatte erreicht, daß uns ein Jeep der französischen Widerstandsbewegung zur Verfügung gestellt wurde.

Ich hatte in England viele Arbeiterfamilien in ihren Wohnungen besucht. Sie hatten sich durch Unordnung und gute Laune ausgezeichnet. Marcels kleine Wohnung war ein Muster an Reinlichkeit, trotz der Seifenknappheit und strenger Einfachheit. Die Fußböden waren so blank wie Teller. Seine Frau, nicht so hager, aber ebenso herb wie er, brachte vier Tassen und einen Topf Tee herein und forderte uns auf, Platz zu nehmen. Es war offenkundig, daß sie mich ablehnten: sie sagten «la Mademoiselle», wenn sie von mir sprachen, was mich amüsierte. Und es wurde schnell deutlich, daß Marcel sich vor seiner FFI-Gruppe mit Ernest brüsten wollte. Kaum hatten wir den Tee getrunken, drängten weitere Arbeiter und Frauen, etwa ein Dutzend, in die Wohnung, um über ihre Partisanentaten der letzten Tage zu sprechen.

Ich beobachtete Ernests Gesicht – ich wartete auf ein Zeichen der Ungeduld und sah keines. Er verstand ihren Akzent, machte ihnen Komplimente und gab, wenn ich recht verstand, kleine witzige Bemerkungen von sich, die sie jedoch teilweise nicht begriffen. Nach etwa einer Stunde flohen wir. Ernest, auf dem Vordersitz des Jeeps, drehte sich mit finsterem Blick nach mir um und fuhr mich an: «Du gottverdammte, hämische, nutzlose Kriegsberichterstatterin! Warum hast du mir nicht geholfen?» Es war ein unerwarteter Schlag ins Gesicht.

«Es war deine Show, und du hast sie sehr gut hinter dich gebracht», sagte ich. «In Zukunft sorge einfach dafür, daß ich nicht eingeladen werde.» Ich war noch nie so plötzlich in die Rolle des Prügelknaben katapultiert worden, die mir noch jahrelang von Zeit zu Zeit in den unerwartetsten Augenblicken aufgedrängt werden sollte. Ich habe es nie gelernt, diese Rolle so anmutig und leidenschaftslos zu spielen, wie ich es mir gewünscht hätte.

Eines Abends gingen wir zu Fuß zur Rue de Fleurus 27. Die Concierge war da und sagte uns, daß Miss Stein und Miss Toklas noch auf dem Lande seien. Ernest kritzelte eine Nachricht. An einem anderen Abend gingen wir zum Atelier von Monsieur Picasso (die Franzosen betonten den Namen, wie mir auffiel, auf der letzten Silbe), und Monsieur Picasso war zu Hause. Er begrüßte Ernest mit offenen Armen, und während seine Freundin, Françoise Gilot, ein schlankes, dunkles, stilles Mädchen mit schlangenhaften Bewegungen, und ich uns im Hintergrund hielten, zeigte Picasso Ernest das große, kalte Atelier und viele der Arbeiten, die er in den letzten vier Jahren gemacht hatte. «*Les boches* haben mich in Ruhe gelassen», sagte P. P. «Sie mochten meine Arbeit nicht, haben mich aber nicht dafür bestraft.» (Da bekam ich eine gute Story für die Kunstseite von *Time*.)

Er zeigte uns wohl an die fünfhundert Bilder, darunter abstrakte, ein paar Porträts mit doppeltem und dreifachem Profil, mehr oder weniger gegenständliche Landschaften, einige Ölbilder auf Pappe oder Holz und viele Kompositionen, die mir überhaupt nichts sagten. «Es war immer schwierig mit der Leinwand und den Farben, *tu sais*?» Er und Ernest duzten sich. «Aber irgendwie habe ich's immer geschafft.»

Der Pariser Himmel färbte sich violett, und Picasso trat an ein offenes Fenster, von dem aus man auf Dächer und Schornsteine in gleicher Höhe und darunter blickte. Es war eine dicht geknüpfte Komposition von Linien, Formen und herrlich ruhigen Farbtönen. «Da», sagte Picasso. «Das ist das beste Bild in meinem Atelier.» Wie ich später entdeckte, hat er es mindestens einmal gemalt.

Im Hinausgehen sahen wir das Skelett eines Fahrrads, dessen Lenkstange nach vorn gedreht war. «*Mon taureau*», sagte Picasso. Einige der Bilder, die wir an diesem Abend gesehen hatten, waren Erinnerungen an kämpfende Stiere und das hektische Geschehen in der Arena. Wir verabredeten uns zum Essen ein paar Abende später, in Picassos Lieblingscafé, nahe bei seinem Atelier.

Auf dem Heimweg zum Ritz dachte ich laut vor mich hin und konzipierte meinen Artikel. «Seine Farben sind kühner und kräftiger, als ich sie in Erinnerung hatte. Keine blaue Periode. Nicht mehr die weichen Sandfarben. Aber viele der Formen verstehe ich überhaupt nicht.»

«Er ist ein Pionier», sagte Ernest. «Verurteile seine Sachen nicht, nur weil du sie nicht verstehst. Eines Tages wirst du ihnen gewachsen sein.» Wir gingen Arm in Arm durch die Tuilerien. «Was man zu leicht versteht, ist oft nicht echt.» Ich brauchte mich nicht als Kunstkritikerin aufzuspielen, um meine Story an *Time* zu schicken. Ich berichtete einfach über das, was ich in Picassos Atelier gesehen hatte.

Später schrieb Ernest mir über seine Ansichten über das Verstehen von Kunst. «Manche Leute sind mit einer regelrechten ästhetischen Blindheit geschlagen ... so wie andere kein musikalisches Gehör haben, nehme ich an ... aber ein gewisses Maß an Wissen und Verstehen von Bildern, Büchern und Musik ist ein guter Hintergrund für zivilisierte Verständigung zwischen Menschen.»

Zusammen mit Picasso und Mlle. Gilot aßen wir in einem der Restaurants auf dem Boulevard Saint-Germain, und der Abend verlief bei freundlichem und witzigem Geplauder, von dem ich etwa ein Drittel verpaßte, da meine Ohren nicht schnell genug folgen konnten. Ernest hatte dieses eine Mal sein Prinzip, in kein Schwarzmarktrestaurant zu gehen, durchbrochen: er konnte Picasso nicht gut unsere «Schulspeisung» im Ritz oder die lärmende, schlecht gelüftete Korrespondenten-Messe der U.S. Army im Hôtel Scribe zumuten. Picassos Gesicht, so empfindlich wie Lackmus-Papier, zeigte eine ganze Skala von amüsierten, besorgten und entzückten Reaktionen, als Ernest über seine Abenteuer mit der U.S. Army in Frankreich berichtete. Und sie erinnerten sich feierlich gemeinsam an die guten alten Zeiten in Paris. Françoise Gilot und ich hielten meistens den Mund, sie, wie mir schien, aufmerksam oder kritisch, ich, weil ich wenig außer meinen guten Willen beizutragen hatte.

Als Ernest Picasso fragte, ob er eventuell bereit wäre, ein Brustbild von mir zu machen, von der Taille aufwärts nackt, wandte Picasso mir seine großen schwarzen Radaraugen zu, ließ sie einen Augenblick lang über meine Uniform gleiten, lächelte und sagte: «*Bien sûr*. Schick sie mir ins Atelier.»

Eine Woche später pendelte Ernest zwischen Paris und seiner Lieblingseinheit in der U.S. Army, Colonel Buck (Charles T.) Lanhams 22. Regiment in der 4. Infanteriedivision, das nahe der belgischen Grenze lag, hin und her. Und da er mich nicht triezte, zögerte ich den Gang zu Picassos Atelier immer wieder hinaus – es kam mir so anmaßend von mir vor. Außerdem war es inzwischen kalt geworden, und wenn der Meister mich so gegenständlich malen wollte, wie er es Ernest zugesichert hatte, hätte er mich mit traubengroßen Gänsehautpimpeln malen müssen. Ich habe Picasso nie wiedergesehen.

Eines Morgens im September, nachdem ich aufgewacht war und zum Fenster hinausgeblickt hatte in den Tag, der strahlend und still begann, sah ich, daß das andere Bett, in dem Ernest gewöhnlich las und aus einer am Vorabend im Eiskübel heraufgebrachten Flasche Champagner trank, leer war. Ich ging in das große, weißgekachelte Badezimmer mit den beiden Waschbecken, der riesigen Wanne und einem Bidet, groß genug, daß man die Wäsche einer Woche darin hätte waschen können. Ernest saß auf dem Klo, seinen Armeemantel über den Schultern.

«Guten Morgen. Wie geht es dir, mein Hündchen?» Ich schreibe das Gedicht für dich weiter», sagte er und stand auf. Er hatte das Gedicht bei der Army begonnen.

«Ich bin kein Hündchen. Ich bin eine Frau. Hast du das vergessen?»

Das Gedicht wucherte schon über den ganzen gekachelten Fußboden: es war mit Bleistift auf Toilettenpapier geschrieben. Wahrscheinlich hatte er dieses Papier gewählt, um nicht Schreibpapier aus meiner Schreibtischschublade holen zu müssen, die vielleicht beim Öffnen geknarrt und mich aufgeweckt hätte. Er respektierte anderer Leute Schlaf.

«Ja, wirklich. Jetzt fällt's mir wieder ein. Du *bist* eine Frau.»

«Und du bist ein Hund», sagte ich und umarmte seine Brust – so hoch, daß meine Arme gerade reichten. «Soll ich's für dich abtippen?»

«Wenn du Zeit hast. Wollen wir frühstücken?» Er klingelte und bestellte eine weitere Flasche Perrier-Jouet Brut, ferner die Brühe, die man hier als Kaffee bezeichnete und ein Stück Brot für mich.

Irgend jemand im Büro hatte etwas schmuddeliges rosa Schreibmaschinenpapier für mich aufgetrieben, und ehe ich zur Arbeit ging, tippte ich sechs Seiten mit je einem Durchschlag des «Poem to Mary (Second Poem)», und ließ die Durchschläge auf meinem Schreibtisch liegen. «Es ist noch nicht fertig», hatte Ernest im Gehen gesagt. Die zwei letzten Zeilen, die ich an diesem Morgen abschrieb, lauteten:

Die eigne wahre Liebe, wirf sie fort,
Wenn du den Weg hinaufgehst.

Nein, es sah nicht so aus, als sei es fertig.

Wenn Ernest in Paris war, schrieb unser täglicher Ritus ein oder zwei Drinks vor dem Lunch in der Bar des Ritz auf der Rue Cambon-Seite des Hotels vor, und wo ich auch immer war, dieses Rendez-vous verfehlte ich gewöhnlich nie. Beim Drink nach dem Morgen, an dem ich das Gedicht abgetippt hatte, an Ernests Lieblingstisch in einer Ecke der Bar, zog er die zusammengefalteten rosa Blätter aus der Tasche und begann, mir das Gedicht vorzulesen.

«Ich glaube, du hast da etwas ausgelassen», sagte er und unterbrach das Vorlesen.

«Ich glaube nicht, aber vielleicht doch.»
«Nur ein paar Zeilen. Wir können es ja nachprüfen.»
«Nachprüfen?» wiederholte ich und spürte Entsetzen wie einen Gewitterschauer auf mich niedergehen. Ich hatte, wie ich es mit meinen eigenen Notizen tat, sein auf Toilettenpapier geschriebenes Original in den Papierkorb geworfen, nachdem ich es abgetippt hatte. «Lieber Jesus! Ich habe dein unsterbliches Original vergessen», krächzte ich und stürzte durch den Flur hinaus und rief *«Mademoiselle, mademoiselle!»* Die *femme de chambre* war um die Fünfzig und sehr freundlich, und sie liebte es, obgleich sie Großmutter war, mit Mademoiselle angeredet zu werden. Sie kam aus einem der anderen Zimmer und blickte mich argwöhnisch an.

«Die Papiere, die ich in meinem Papierkorb gelassen habe, *ma corbeille à papiers*», keuchte ich. Ihr Gesicht erhellte sich.

«Natürlich, Mademoiselle. Ich habe sie hinunterbringen lassen.» Sie lächelte. «Machen Sie sich keine Sorgen.» Der Inhalt meines Papierkorbs würde also nicht in die Hände des Feindes oder, schlimmer noch, in die der französischen Sûreté fallen.

«Sind Sie sicher? Können wir die Papiere nicht wiederfinden? Ich stelle gerade fest, daß ich sie noch brauche.»

«Ich habe Ihr Zimmer vor ein paar Stunden saubergemacht», sagte sie, aber sie rief über das Haustelefon unten an. Das Papier aus dem fünften Stock war bereits verbrannt worden. Falls Ernest über die Vernichtung seines Originalmanuskripts verstimmt war, so ließ er es sich zumindest nicht anmerken.

Einige Tage später fand ich ein zusammengefaltetes Blatt Papier in meinem Brieffach, mit Bleistift beschrieben in seiner runden, großen Handschrift. Es enthielt weitere Zeilen seines Gedichts.

«Ich sah dich davonlaufen durch den Flur», schrieb er. «Hättest du nicht winken, oder mir zumindest mit dem Hintern ein Zeichen geben können? Ein freundliches Signal?»

Ich hatte ihn am Empfang stehen sehen und hatte mich heimlich durch den Gang zur Cambon-Seite davongemacht, um irgend etwas Eiliges fürs Büro zu erledigen. Ich hatte keine Zeit für eine vormittägliche *quart de champagne* mit leichtem Geplauder in der Bar. Ernest vergaß ständig, daß ich mit Redaktionsschluß-Terminen lebte. Außerdem hatte ich allmählich das Gefühl, von ihm verschluckt zu werden. Die Hitze des Überschwangs, die er in jeder Gruppe, die ihn umgab, erzeugte, drohte meine Identität wegzuschmelzen, dachte ich gelegentlich, und obwohl er mich bezauberte – besonders wenn wir allein waren –, war ich im Zweifel, ob es weise sei, eine formelle Bindung mit ihm einzugehen. So glücklich ich bei unseren spontanen Liebesfesten war, muß ich doch recht sauer und skeptisch dreingeschaut haben, wenn er von unserer gemeinsamen Zukunft sprach. Mit seinem außersinnlichen Wahrnehmungsvermögen – er nannte es seinen «eingebauten Scheiß-Detektor» – erkannte er meine Furcht und versuchte sie mit kleinen Gesten zu zerstreuen. Einmal war es ein weißer Pullover aus imitierter Angorawolle. Wir sahen ihn in einem Schaufenster, als wir den Boulevard des Capucines hinunterschlenderten. «Weibies lieben Geschenke, hab ich mir sagen lassen», bemerkte er. «Laß mich dir das hier zum ‹Zeichen meiner Wertschätzung› kaufen.» Sein Ton ersetzte die Anführungszeichen.

«Vielen Dank. Das ist lieb von dir. Es sieht warm aus.» Wir gingen zurück zum Ritz, und ich probierte ihn an. «Das erinnert mich an dich im White Tower», sagte Ernest, und wir umarmten uns im Gedenken an jene dumme erste Begegnung. Als ich den Pullover wieder auszog, sah ich, daß Ernests Khakijacke weißbestäubt war und fand Fusseln von dem Pullover in meinem Haar und meinen Augenwimpern. Fluchend bürsteten und zupften wir. Ernest nannte den Sweater «das weiße Ding», und wir bemühten uns, noch ein paar Tage damit zu leben, dann packte ich ihn in eine Tüte und verstaute ihn im Schrank.

Anfang September besuchte Ernest auf dem Wege von Paris nach Norden zur belgischen Grenze die 4. Division und fand es «herrlich in dem Waldland», wo er – wie als kleiner Junge in Michigan – dem Wind in den Baumkronen lauschte. «So fühlte ich mich nicht um den Herbst betrogen, wie es einem so oft ergeht, wenn man in der Stadt oder in fremden Ländern mit anderem Klima lebt.» Er war sehr glücklich bei der Division, «obwohl ich mir nicht sehr nützlich vorkomme, da wir weit weg sein werden von da, wo ich Leute kenne».*

Es war ein Brief voller Liebe – «Ich liebte Dich die letzte Nacht, heute

---

* Nach Ernests Tod im Juli 1961 fanden wir im Bibliotheks-Safe in der Finca Vigía ein vom 20. Mai 1958 datiertes Schriftstück, in dem es hieß: «Es ist mein Wunsch, daß keiner der von mir irgendwann zu meinen Lebzeiten geschriebenen Briefe veröffentlicht wird. Ich bitte Sie und fordere Sie hiermit auf, weder solche Briefe zu veröffentlichen noch der Veröffentlichung solcher Briefe durch andere zuzustimmen.» Das Schriftstück war «An meine Nachlaßverwalter» adressiert. In seinem am 17. September 1955 datierten Testament hatte er mich zur Nachlaßverwalterin all seines Besitzes, «welcher Art und Natur er auch sei – real, persönlich, literarisch oder gemischt, also absolut jeden Besitzes» bestimmt.

Das die Briefe betreffende Verbot hat mir ständiges Kopfzerbrechen verursacht und anderen, die ihre Korrespondenz mit ihm veröffentlichen wollten, Enttäuschungen bereitet. Ich habe keine Erklärung, wenn auch mehrere Vermutungen, warum Ernest diese Einschränkung verfügte. Aber in meiner Eigenschaft als Empfängerin der Briefe und als Erbin weiche ich ein wenig von diesem zwanzig Jahre alten Wunsch ab, um hier zum ersten Male einige Auszüge zu veröffentlichen.

früh und jetzt um die Mittagszeit» – und voller Wünsche. «Bitte, schreibe mir, wenn Du Zeit hast, oder vielleicht auch, wenn Du keine Zeit hast.» Ich sollte seine Post in ein großes Kuvert stecken und ihm schicken, aber es war keine Post für ihn gekommen. Ich sollte ihm ein Paar Hausschuhe, Größe 11, besorgen.

Drei Tage später schrieb er wieder, immer noch in Hochstimmung und froh über das klare blaue Herbstwetter und seine schönen, erfüllten, glücklichen und nützlichen Tage im «Indianerland», obwohl sie jetzt fast die Grenze erreicht hatten, «wo mein Ojibway* läuft». «Aber, Gürkchen, das war wirklich der glücklichste Monat, den ich je in meinem Leben verbracht habe.» Diesen Satz sagte er immer wieder, fast jeden Tag, jede Woche, jeden Monat, nahezu sein ganzes Leben. «Deinetwegen ist es nicht verzweifelt glücklich gewesen, sondern direkt, gut und richtig glücklich – zu wissen, für was du kämpfst, und wo und warum und zu welchem Zweck. Nicht einsam. Nicht enttäuscht – desillusioniert. Nichts Falsches. Kein Sendungsbewußtsein ... Wir liebten uns sehr, ganz ohne Kleider, ohne Lügen, ohne Geheimnisse, ohne Verstellung, ohne Unterwäsche und nur mit einem zerrissenen Hemd ... Wenn ich in der Nacht aufwache und nicht schlafen kann, denke ich nur an Tom Welshs Kind. ... Ich führe ein Notizbuch, weil ich es so gut habe, daß ich es vergessen könnte, daß ein Tag im Indianerland mir den anderen Tag im Indianerland aus dem Gedächtnis treibt. ... Kleiner Freund – ich sehe uns gern in Gedanken im Speisesaal des Ritz mit unserer eigenen Welt, und die anderen konnten die ihre behalten. ... Capa ist nie, weder mit meiner Post noch mit meinem Geld gekommen. Andere haben das meiste von dem Geld geliehen.»

In Paris hatte ich beobachtet, wie Ernest mit Geld umging. Er verhielt sich so, als ob niemand sonst welches hätte, als ob Kobolde eine kleine Fabrik in seinen Hosentaschen betrieben und die französischen Franken so schnell ersetzten, wie er sie herausholte. Falls irgendwann einmal jemand anders in einer Bar bezahlt hat – ich habe es nicht gesehen. Die Trinkgelder, die er dem Hoteldiener, den Zimmer- und Barkellnern gab, waren annähernd doppelt so hoch wie üblich. In Geldsachen war er weich wie Daunen. Er gab mit vollen Händen und ohne zu zögern. Ich war sprachlos über seine Finanzpolitik und seinen Umgang mit Geld. Später haben Marlene Dietrich und ich ihm größere Summen geliehen, damit er etwas in der Kasse hatte.

In einem am 11. September datierten Brief legte er mir zur Beruhigung seine Art der Buchhaltung dar und führte die Gelder an, die er in diesem

---

* Ojibway, nordamerikanischer Indianerstamm (Anm. d. Übers.)

und dem nächsten Jahr erwartete. «Wir haben genug Zaster in Aussicht, um durchzukommen, während ich einen Roman schreibe. . . . Wir haben eine gute Zukunft, Gürkchen, die beste, die ich je hatte. Ich hoffe, einen sehr schönen, guten, ausgewachsenen Roman zu schreiben, von dem ich bisher nur die Widmung habe: FÜR MARY WELSH. Wenn Du den Roman nicht magst, kannst Du ihn jedem beliebigen anderen widmen, denn er ist Dein Eigentum. (Auf die Zukunft eines Romans zu setzen, ist ein schlechtes Spiel.) Laßt uns unsere Städte eine nach der andern einnehmen. . . . Und wenn Du mich verläßt und mit dem Schah von Persien lebst, werde ich ihn Dir trotzdem widmen, obwohl ich dann vielleicht in Klammern hinzusetze: Sch . . . auf sie, die persische Hure.»

Ernest schrieb mir regelmäßig nach Paris, den ganzen September hindurch, während das 22. Regiment mit seinem bewunderten Freund Buck Lanham nordostwärts zog, durch Belgien und das schöne Wetter und nach Deutschland, schlechtes Wetter, schwere mörderische Kämpfe, zur Siegfriedlinie und über sie hinweg, in das böse Wetter und das heimtückische Land dahinter. Unter den erhaltenen Briefen sind zwei am 13. September geschrieben, der eine nach einem Essen, das er Lanham und den anderen Offizieren in einem von ihm «requirierten» Bauernhaus gegeben hatte. «Wir hatten ein feines Hühnermahl. Die Hühner hatten wir mit Pistolenschüssen geköpft . . . und wir tranken alles, was da war, um den Tag zu feiern. Es war ein schöner Tag. Wir hatten Spuren von Panzern durch die Wälder verfolgt und sie schließlich in die Luft gejagt. . . . Dieses Land ist eine einzige Folge von bewaldeten Hügeln und welligem Gelände mit ein paar kahlen Höhen, von denen du alles sehen kannst, was sich bewegt. . . . Manchmal ist das Dickicht des Waldes wie daheim oder in Kanada, und es kommt einem hier ebenso widersinnig vor, getötet zu werden, wie es das im oberen Michigan wäre . . .»

In dem Post-Dinner Brief schrieb er: «Ich hoffe, Du hast es ganz ernst gemeint, Gürkchen, denn mein Kurs ist so fest gelegt wie der einer Panzerkolonne in einem Engpaß, wo kein Fahrzeug wenden kann, und ohne Parallelstraßen . . . und ich sehe auf Dich, wie Du aufrecht im Bett sitzt, lieblicher als der Bug des stolzesten, größten Schiffs . . . und ich setzte auf Liebe, Beständigkeit . . .»

Am 15. September schrieb er Instruktionen, welche Post nachzusenden sei, und welche ich aufheben sollte, und: «. . . ich habe nur noch eine Feldjacke, von Sicherheitsnadeln zusammengehalten, durchlöcherte Socken, zwei Hemden, beide an, keinen Regenmantel.»

Am 23. September schrieb Ernest aus Deutschland einen dreizehneinhalb Seiten langen Brief, in dem er mir mitteilte, er wolle sein Regiment nicht verlassen, solange die Dinge schlecht stünden, hoffe aber nach Paris zurückzukehren, um seine Erkältung und seine Bronchitis zu kurieren. «Hier im Regen und im Dunst und Nebel der Wälder geht es gar nicht gut. ... Es macht mich krank, daß Du die ganze Zeit vielleicht denkst, ich schriebe Dir nicht, oder daß Du nicht weißt, wie ich Dich liebe und wie ich Dich vermisse. ... Buck Lanham ist der feinste und tapferste und intelligenteste und fähigste Regimentskommandeur, den ich je kennengelernt hab. ... Gürkchen, ich schrieb Dir alles über uns und den Roman und die interessanten Dinge und über die Flora und Fauna hier, und Du hast nie etwas davon bekommen. ... Es wäre wunderbar, einen Brief zu bekommen. ... Ich könnte jetzt jederzeit zurückkommen, wenn ich nicht in Schwierigkeiten wäre wegen Rambouillet [wo er mit Truppen der Résistance gekämpft hatte und entgegen der Genfer Konvention Waffen getragen hatte]. ... Im Notfall muß man tun, was man tun muß. Es könnte ein Gesetz geben, das Journalisten verbietet, in die Seine zu springen. Aber sollst du dieses Gesetz befolgen, wenn jemand ertrinkt? ... Als ich meinem alten Freund Buck erzählte, daß da von Schwierigkeiten die Rede sei, sagte er: ‹Ich habe noch ein paar Adlerabzeichen in Reserve, und falls es irgendwelchen Ärger gibt, bleibst du einfach hier, und wir haben dann eben zwei verdammte Colonels in diesem Regiment, einen regulären Colonel und einen irregulären› ... Ich glaube, bald werden hier wieder die dicken Bananen tanzen. Und deshalb möchte ich Dir schreiben, weil Du alles bist, was ich habe. ... Ich habe Dich nie in einem Haus gesehen. Ich möchte jetzt ein Haus haben und mir den Kopf waschen und baden und einen Stapel Hemden haben, nicht nur ein Hemd, und eine Menge Socken, nicht nur dieses Paar, und sagen: ‹Nicht aufwachen, Gürkchen, es ist nicht nötig.› Statt: ‹In zehn Minuten mußt du aufstehen, Gürkchen. Schlaf noch so lange.› ... Ich möchte raus aus dieser Räusper- und Husten- und Spuckgegend und irgendwohin, wo wir gut schlafen und reden und unsere Einsamkeit wegschieben können. ... Ich sage es Dir offen und geradeheraus: ich bin nie glücklicher gewesen, wahrhaft, fest, wissend und zuverlässig glücklicher ... als ich je in meinem ganzen Leben war, und alles, was ich in der Stadt kannte und liebte, wollte ich nur mit Dir teilen ...»

Als ich seinen Brief vom 24. September las, empfand ich ein leises Prickeln im Nacken. Zum erstenmal war da – erkennbar – in seinen Sätzen ein Vorgefühl von Unheil, von Verlöschen. Er gab keinen Hinweis, woher dieses Gefühl kam, aber irgend etwas bedrängte ihn. Paris und ein Urlaub von der Gefahr müssen weit weg gewesen sein für ihn an diesem Tag. «Werde hier nun eine Weile bleiben, meine Inniggeliebte», schrieb er. «Liebe mich ganz fest und ganz innig und denke jetzt immer an mich, denn all meine schönen Pläne gleich heimzukehren, sind für eine kleine Weile gestrichen. ... Es ist schlecht, Briefe an jemanden zu schreiben, der Tatsachen liebt und versteht, und doch nur von tanzenden Bananen schreiben zu dürfen – was melodramatisch klingt und wie Hühnerscheiße aussieht ... und nicht einmal der Geliebten Goodbye sagen zu können, weil man Angst hat, daß es rührselig klingt.

So wisse also bitte, Gürkchen, daß ich Dich sehr liebe und daß, wer Dich auch je geliebt hat, und jeder sollte Dich sehr geliebt haben, ich Dich noch mehr liebe.

Gedicht   Und so,
           Verloren die drei gestern nacht
           Und heute zurückgeholt,
           Triefend und dunkel die Wälder ...

Kann vor zu viel Gerede nicht dichten ... es floß mir raus wie Hiawatha-Hühnerscheiße.* ... Ich bin wie ein altes Springpferd, das wieder im Training ist – häßlich, das einzige Pferd, das übrigblieb –, mit so vielen Rennen in den letzten zwei Monaten und nun mit großen Rennen vor sich, und jetzt weiß ich nicht weiter. Gemein, das zu sagen – Aber sehr glücklich – So es kommt. So kommt es ... Also nimm dies als komischen Gruß zum Valentinstag, wenn alles o. k., und wenn nicht o. k., lies es als Scherz und verbrenne es oder bewahre es auf für unsere Enkelkinder. ... Aber die Brust ist besser, der Kopf besser, alles andere, Großaufnahme, schlechter.» Auf die Rückseite schrieb er die Adresse und den Vermerk: «Bitte im Todesfall absenden.»

Ich las den Brief zuerst im mikrokosmischen Lärm des Büros und nahm ihn dann mit in die Stille des Zimmers *Quatre-vingt-six* im Ritz. Ich dachte an gute Freunde, die bei der R.A.F. und in britischen Panzern und bei der Infanterie umgekommen waren. Ich las Ernests Brief noch einmal und trat hinaus auf meinen Balkon. Ich sah die Gärten des Justizministeriums, die welken, schlaffen Sommerblumen, lauschte den gedämpften Abendgeräuschen der Stadt, dem Getrappel auf Kopfsteinpflaster (die *Métro* war in Betrieb), beobachtete ein paar Wolkenflocken in dem großen Stück Himmel zwischen mir und einem etwas höheren Bürohaus am Ende der Straße. Nein, es gab keinen Weg, keine Möglichkeit, sich vor einem solchen möglichen Unglück zu verbarrikadieren, zu schützen, oder es abzuwenden, sagte ich mir. Und ich erinnerte mich an das Ehegelübde,

* Anspielung auf die Verserzählung *Hiawatha* von H. W. Longfellow (Anm. d. Übers.)

das Ernest erst vor zwanzig Tagen für uns erdacht und ausgesprochen hatte.

Im Bett, mitten in einer stillen Nacht, hatte er mich gefragt: «Willst du mich heiraten, Gürkchen? Willst du, Mary Welsh, mich, Ernest Hemingway, zu deinem rechtmäßig angetrauten Ehemann nehmen?»

Ich hatte mich gesträubt: «Das ist nicht korrekt. Ich sollte zuerst meine Angelegenheiten mit Noel regeln, zu Ende bringen.»

«Sie sind in Wirklichkeit beendet, nicht wahr – in deinem Kopf und deinem Herzen?»

«Ja.»

«Dann will ich uns verheiraten. Du weißt, daß ich es ernst meine?»

«Ja.»

Wir wollten einander treu und wahrhaftig zueinander sein, sagte Ernest. Wir wollten versuchen, einander zu allen Zeiten in allem Leid und in allen Freuden zu verstehen und zu helfen. Wir wollten einander *nie* belügen. Wir wollten einander mit all unseren Kräften lieben. Ich hatte das Gefühl, während ich langsam dem Schlaf entgegentrieb, daß ich die Versprechen halten konnte – Treue, Verständnis, und ich hoffte, nie zu lügen und immer zu lieben. Ernest war sehr feierlich gewesen.

«O verdammt», brummte ich. «Jetzt bin ich schon wieder eine verheiratete Frau. Keine hübschen Schmeicheleien mehr. Keine Zeichen des Liebeswerbens mehr.»

Ernest hatte mit der linken Hand meine rechte ergriffen, und er küßte sie. «Mein armes Gürkchen, meine arme Braut», murmelte er zufrieden.

Der Brief für den «Todesfall» hatte meine beiseitegedrängten Erinnerungen an unsere private Hochzeitsnacht wieder lebendig gemacht. Dort auf meinem Balkon, im verdämmernden Septemberlicht, betete ich, er möge die tanzenden Bananen überstehen, was immer aus unserem persönlichen Bündnis werden sollte.

Das *Life*-Heft vom 11. September kam mit mehr als einer Woche Verspätung bei uns in Paris an und löste bittere Bemerkungen zwischen den Büros aus. *Life* hatte Wertenbaker, Walton und mir eine Doppelseite für unsere Berichte über die Rückkehr der Alliierten nach Paris eingeräumt, aber man hatte sie so drastisch zusammengestrichen, daß sie sich wie das Unterwassergeschnatter von Tümmlern lasen, und mein Artikel war völlig zusammenhanglos. Wir ärgerten uns, aber nicht lange. Zuviel Arbeit erforderte unsere Aufmerksamkeit.

Ich hatte nun lange genug mit nur einer Bluse zum Wechseln gelebt, und als ich darüber bei meinem alten Freund von den Bombenfliegern der Air Force, General Sam Anderson klagte, fiel ihm ein, daß das ihm persönlich zur Verfügung stehende Flugzeug, eine viersitzige oder sechssitzige, unbewaffnete Maschine, in ein paar Tagen nach London fliegen würde und daß Platz für mich darin sei. Sein Pilot und ich flogen bei scheußlichem Gegenwind über den Kanal, ich holte mir Kleider und ein paar Bücher aus der kleinen Wohnung in der Grosvenor Street und vermietete die Wohnung an die Verwaltung unseres Londoner Büros, die begierig war auf Wohnraum für die zunehmende Zahl von Experten und Spezialisten und Touristen, die via London nach Paris strebten. Dann flog ich mit Handbüchern der Air Force, einigen Zivilkleidern und meinem schönen warmen Uniformmantel nach Paris zurück. Unser Pariser Büro hatte sich vorläufig im Gebäude der *Herald Tribune* in der Rue de Berri installiert, was mir zwei- bis dreimal in der Woche zu einem erfrischenden Spaziergang über die Place de la Concorde und die Champs-Élysées verhalf, die seitdem nie mehr so leer und schön gewesen sind. Unsere kleinen Büroräume waren so überfüllt, rauchig und laut, daß Wertenbaker sichtlich erleichtert war, als ich ihm vorschlug, in meinem Zimmer im Ritz zu arbeiten und nur zu Konferenzen über die Artikelvorschläge der Woche ins Büro zu kommen. Wert verteilte die Aufgaben mit dem Fingerspitzengefühl eines Trockenfliegenanglers, der seine Rute auswirft. Und wenn ich mir wegen eines Telegrammtextes unsicher war, warf er noch einmal einen Blick darauf, wenn wir in der Korrespondenten-Messe im Keller des Hôtel Scribe beim Essen saßen. Gewöhnlich befolgte ich seinen Rat: «Hau's raus!» und hinterließ eine Kopie im Büro. Ohne Bedauern erinnerte ich mich an die stählernen Zügel, mit denen Leola Allard in Chicago ihr Team geführt hatte.

Eine gedruckte Mitteilung erschien nahe dem Empfangstisch im Eingang des Ritz. Darauf hieß es in etwa: «Das Hôtel Ritz nimmt ausschließlich V.I.P.s auf.»* Das war eine beunruhigende Nachricht für mich. Ich lief zu dem freundlichen Major Eddie Doerr, dem verantwortlichen Quartiermeister der U.S. Army in Paris, und klagte ihm mein Leid. Ich war bestimmt kein V.I.P., oder?

«Sie sind ein früherer Gast», erklärte mir der reizende Major. «Das trifft auf Sie nicht zu.»

«Sie riskieren doch hoffentlich nicht Kopf und Kragen für mich?» fragte ich, denn ich hatte keine Lust, allzu tief in seiner Schuld zu stehen.

«Nein», sagte er.

Unter den zuerst angereisten V.I.P.s im Hotel auf meiner Etage war Marlene Dietrich – so verführerisch schön in ihrer Khakiuniform und mit dem gestrickten khakifarbenen Helmfutter schräg auf dem Kopf wie in

---

* V.I.P. = Very important person

den durchsichtigen Lamékleidern, die sie auch im kältesten Winter trug, wenn sie bei der Truppenbetreuung mit einem Geigenbogen auf einer Tischlersäge spielte. Unter den hohen Tieren in der Bar an der Rue Cambon oder im neu eingerichteten Speisesaal an der Vendôme-Seite machte sie keine sichtbaren Anstrengungen, sich mit einem Glorienschein zu umgeben. Bei einem Damenmittagessen verspeiste sie ihr und mein Dessert, gebackene Meringue mit allerlei Früchten und Schlagsahne drauf. Sie war eine «Geschäftsfrau», die sich mit allen Einzelheiten ihres Programms befaßte, vom Transport über Zimmerbestellung, Maßen von Bühnen und Zuschauersälen bis hin zur Beleuchtung und den Mikrofonen. Das Geschäft schien ihre Religion zu sein, und in ihrer nüchternen Art erinnerte sie mich an meine aus dem Rheinland stammende Mutter. Als Ernest gegen Ende September nach Paris zurückkehrte, feierten sie ein freudiges Wiedersehen – sie waren einst auf demselben Schiff über den Atlantik gefahren. Er verkündete aller Welt ihren Ruhm, und sie bewies ihre Fähigkeiten durch kunstvolle Lobpreisungen: «Papa, du bist der wunderbarste. ... Papa, du bist der größte Mann, der größte Künstler.»

Zu dritt gingen wir eines Tages zu Prunier um die Ecke. Der untere Raum mit den mit Sägemehl bedeckten Fußböden war fast leer, so daß wir hinaufgingen, wo es ebenfalls fast leer war. Der ältliche Kellner gab vor, sich an Ernest zu erinnern, entschuldigte sich im voraus für die karge Kost, die er uns zu bieten hatte, freute sich jedoch, uns mitteilen zu können, daß das Haus noch über einen guten Vorrat an Weinen verfügte. Er empfahl einen Sancerre, den vollen, fruchtigen weißen Loirewein, und welcher Jahrgang es auch sein mochte, er mundete uns so sehr, daß wir zwei Flaschen tranken.

Marlene unterhielt Ernest mit harmlosen kleinen Scherzen. Als wir einmal vom Fischen und vom Meer sprachen, fragte sie: «Was ist eigentlich *wanting*, Papa? Sind das Perlen oder irgendwelche Fische? Ich habe das nie begriffen.»

«*Wanting* ist ein Verb, Tochter. Ein irischer Kellner würde sagen: ‹What would ye be wanting?›»

«Nein. Nein. Ich meine nicht *wünschen*. Ich meine diesen Ausdruck, den ich irgendwo gehört habe – *wade and found wanting*. Das hat doch bestimmt mit der See zu tun.»

Gelächter. Und die Erklärung. «*Weighed and found wanting.*» Gewogen und zu leicht befunden. Ernest sagte es ihr.

Marlene pflegte einfach in Ernests Zimmer zu kommen, sich auf den Rand der Badewanne zu setzen und ihm etwas vorzusingen, während er sich rasierte. Und sie verziehen es mir großmütig, wenn ich Marlene nachahmte, besonders ihre Gewohnheit, um einen Ton erst vorsichtig herumzusingen, bis sie ihn richtig getroffen hatte. Diese Gewohnheit und eine gelegentlich etwas zu tief intonierte Note gehörten zu ihren musikalischen Besonderheiten, vor allem bei Liedern wie *Peter* und *Ich bin von Kopf bis Fuß auf Liebe eingestellt*, und wir honorierten das. Wir beschränkten die Gesangsdarbietungen auf unsere Zimmer, denn Marlene war eine Berufssängerin, die sich nicht öffentlich ohne Gage zur Schau stellte. Ich schrieb einen Artikel über sie, den *Time* veröffentlichte; wir saßen in meinem Zimmer, und ich machte mir Notizen, während Ernest sich auf einem meiner Betten räkelte. Sie erklärte mir mit großer Geduld die kulinarische Schreibweise ihres Namens («diet-rich», englisch für «diät-reich»), und erzählte mir von ihren ständigen Tourneen und ihren Bemühungen, die amerikanischen Streitkräfte zu unterhalten. Marlene sang uns auch immer wieder *Lili Marleen* vor, und Ernest und ich steuerten aus unserem reichen Vorrat andere Lieder bei. Ich sang besonders gern *You're in the Army, Mister Jones*, Ernest summte oft *I don't know why, I love you like I do*. Und es machte ihm gar nichts aus, daß er hier und da falsch sang. Sein Lieblingslied, das er am häufigsten sang, war: *Auprès de ma blonde, il fait beau, fait beau, fait beau.*

Manchmal sangen wir zweistimmig Ernests Version eines alten französischen Liedes:

Après la guerre finie
Tous les soldats partis
Mademoiselle a un souvenir [er bewegte dabei wiegend die Arme]
Après la guerre finie.

Fast alle Musik, die wir in diesem Herbst zu hören bekamen, war selbstgemachte Musik.

Eines von Marlenes Lieblingsthemen war, wie sie sich ihr eigenes Begräbnis vorstellte, das sie bis ins kleinste Detail geplant hatte. Sie sprach darüber völlig gelassen, fast amüsiert.

Notre-Dame sollte den Rahmen bilden, die Zeit der späte Nachmittag sein, so daß flackerndes Kerzenlicht die Szene verschöne. Eine Ecke der Kathedrale sollte durch einen Vorhang abgetrennt sein.

«Für deine Mädchen?» fragte Ernest, als sie es uns zum erstenmal erzählte.

«Für was denn sonst, Papa?»

Ihr Ehemann, Rudy Siebert, sollte sich um die Transportfrage kümmern. Er sollte Flug-, Zug- und Autoreisen aus allen Teilen der Welt arrangieren, damit ihre Liebhaber, Freunde und Bewunderer sich zu dem Ereignis in Paris einfinden könnten.

«Sind es genug, um die Kirche zu füllen?» fragte ich ehrfürchtig.

«Wer weiß, Darling? Es ist eine ziemlich große Kathedrale, nicht?»
Marlene stellte sich vor, wie sie, schön wie immer, hübsch plaziert irgendwo vor dem Hochaltar in ihrem Sarg aufgebahrt lag und wie ihre langjährige, treue Friseuse ihr für diesen letzten Auftritt noch einmal das Haar richtete, aber aus Versehen die eine Strähne, die seit 1944 zu ihrer Lieblingsfrisur gehörte, nach hinten kämmte.

«Dann würde ich mich aufrichten, ihr den Kamm aus der Hand nehmen und die Strähne so kämmen, wie sie gehört. Wenn meine Freunde mich zum letzten Male sehen, sollte ich mich von meiner besten Seite zeigen.»

«So eine Show wird nie stattfinden», sagte Ernest dann. «Du bist unsterblich, mein Kraut.»

Nach seiner Rückkehr nach Paris muß ich mit Ernest einen gehörigen Krach gehabt haben, denn ich fühlte mich bemüßigt, ihm auf zwei Seiten meines dünnen rosa Briefpapiers Vorhaltungen zu machen. Ich hatte gerade einen Brief von Noel bekommen, in dem er schrieb: «Es tut mir leid, daß ich nicht die nötigen Voraussetzungen besaß, um auf Dauer mit Dir zusammen zu bleiben.»

«Das macht mich unsicher und traurig und läßt es mir notwendig erscheinen, meinen Kurs zu prüfen», schrieb ich an Ernest. «Es macht mich stolz auf ihn, und gleichzeitig ist es so, als sei ich durch ein Minenfeld gesegelt, hätte die Bojen und Seemarken verpaßt und befände mich nun auf hoher See, weitab von der Stelle, wo ich zu sein glaubte ...»

Es gab Krach zwischen Ernest und mir, als drei oder vier der Bataillonskommandeure vom 22. Regiment auf kurzen Urlaub nach Paris kamen. Die Offiziere – darunter einer aus New England und einer aus Virginia oder Carolina – waren frisch gewaschen, hatten glatt gebürstetes Haar und blankgeputzte Stiefel, als sie auf eine von Ernests zahlreichen Einladungen hin im Ritz erschienen.

Ich sollte als Gastgeberin helfen. Ich war neugierig, seine Helden kennenzulernen und frischte mein bescheidenes Make-up auf. Ernest hatte auch Marlene, die gerade in der Stadt war, gebeten zu kommen.

Der Champagner vor dem Essen sollte, wie ich hörte, in meinem Zimmer serviert werden, und zwei oder drei Flaschen standen dort bereits in Eiskübeln – an Eis fehlte es nie im Hôtel Ritz –, als die Gäste ankamen. Ich stellte bestürzt fest, daß sie schon halb betrunken waren. Marlene, in Zivil und sehr unauffällig, plauderte der Reihe nach mit den Offizieren, die immer wieder beteuerten, sie hätten mehr Angst vor ihr als vor dem Feind – bis ein ganz Kühner kundtat, das Schönste, das er sich erträumen könne, sei nach Hause zu schreiben, daß er mit Marlene im Bett gelegen habe. Sie streckte sich prompt auf einer meiner rosa Bettdecken aus, und der errötende Offizier legte sich vorsichtig und steif wie in Habt-acht-

Stellung neben sie. Ernests Freude riß uns alle mit.

Als wir endlich zu dem großen Tisch, den Ernest im Speisesaal hatte reservieren lassen, hinuntergingen, waren die Augen bereits ein wenig glasig und die Zungen schwer. Seit das Hotel eine V.I.P.-Herberge war, hatte das Ritz, das von der U.S. Army beliefert wurde, vielleicht die beste Küche in Paris. Mit Zittern und Zagen bemerkte ich, daß die Frau meines Chefs, Clara Booth Luce, Mitglied eines gerade anwesenden Untersuchungskomitees des Kongresses, ganz in unserer Nähe mit einem Offizier der Air Force speiste.

Wir hatten etwas zu essen und Wein bestellt, und ich bemühte mich gerade, den Offizier zu meiner Linken zu etwas mehr Aufmerksamkeit zu bewegen, als er sich plötzlich wie ein Bäumlein im Winde vornüberneigte und mit dem Kopf in seine Suppe fiel. Einer seiner Kameraden begleitete ihn hinaus. Die beiden kehrten überraschend schnell zurück, rechtzeitig, um Mrs. Luce, die inzwischen an unseren Tisch gekommen war, auf Fragen nach ihrem Dienst zu antworten. Sie war gerade mit den übrigen Mitgliedern des Informationskomitees aus Italien gekommen und war tief beeindruckt von dem Beitrag der U.S. Air Force zu den dortigen Kriegsanstrengungen. Aber, so meinte sie jetzt, in Belgien und Deutschland muß doch sicherlich auch die Infanterie von einigem Nutzen sein.

«Da haben Sie verdammt recht, Puppe», sagte mein Nachbar zur Linken. «Und nun hören Sie mal schön davon auf.»

«Bei der Infanterie wird der Vormarsch doch immer ganz genau geplant, nicht wahr?» fragte Mrs. Luce.

«Geplant! Heiliger Strohsack! Sie sollten mal ein Buch lesen, Sie blöde Gans. Was machen Sie hier überhaupt?» Er hörte sich nicht einmal die Erklärung an.

Ich sah schon den Zettel in meinem Brieffach vor mir: «Ihre Tätigkeit bei der Time Inc. ist beendet.» Ernests Held zu meiner Linken hatte nicht die geringste Ahnung, daß er mit einer Kongreßabgeordneten gesprochen hatte, die außerdem noch die schöne Ehefrau meines Chefs, Mr. Luce, war. Es gab noch weitere haarsträubende Konfrontationen, ehe der Kaffee serviert wurde, und ich zog mich eiligst zurück und rettete mich in mein Zimmer.

Ich war gerade im Begriff zu Bett zu gehen, nachdem ich zuvor rasch mein Badezimmer aufgewischt hatte, in dem jemand sich heftig erbrochen hatte, als Ernest an die Tür klopfte. Er stelzte stumm und mürrisch im Zimmer umher.

«Also, ich muß jetzt ins Bett», sagte ich. «Ich bin todmüde. Wenn du mich bitte entschuldigen willst.» Ich war zu einem Drittel beschwipst und zu zwei Dritteln erschöpft.

«Du hast meine Freunde beleidigt», sagte Ernest. «Den ganzen Abend lang und ohne Unterbrechung hast du meine Freunde beleidigt. Du hättest dich nicht gräßlicher aufführen können.»

Einen Augenblick lang beherrschte ich mich. Die Wut in mir glühte wie eine Zündschnur.

«Deine Freunde sind Saufbolde und Rüpel. Sie haben mir das ganze Badezimmer vollgekotzt. Sie haben mich wahrscheinlich um meinen Job gebracht. Sie haben Marlene vergrault. In Deutschland mögen sie Helden sein, aber hier stinken sie, stinken, stinken. Im übrigen habe ich sie nicht beleidigt, deine Scheißfreunde.» Ich brüllte.

Die Worte «mögen sie Helden sein» hatten Ernest offenbar in Wut gebracht. Er kam auf mich zu und versetzte mir einen Schlag, einen leichten Schlag ans Kinn. Es war das erste Mal, daß ich körperlich angegriffen wurde, seit meine Mutter mir mit der Rückseite einer Haarbürste den Popo versohlt hatte, und ich fiel aufs Bett, die eine Hand an meinem schmerzenden Kinn. Ich dachte einen Augenblick nach, entschied mich für die gemeinste mögliche Beleidigung, stand vom Bett auf und sagte, jetzt in einem leisen, haßerfüllten Ton: «Du erbärmlicher Feigling. Du erbärmlicher, fetter, lächerlicher Feigling. Du Frauenschläger.» Ich stampfte umher. «Schlag mir den Kopf ab, du Feigling. Warum schlägst du mir nicht den Kopf ab? Zeig doch mal, was für ein großer, starker Feigling du bist. Schlag mir den Kopf ab und nimm ihn mit zu deinen Freunden. Auf einem Tablett. Zeig ihnen, daß du sie nicht von mir beleidigen läßt, du Tyrann.»

«Schluß jetzt», sagte Ernest mit hervorquellenden Augen. «Hör jetzt auf.» Er verschränkte die Hände hinter dem Rücken.

«Glaubst du, du kannst mich einschüchtern, du grober Klotz? Warum schlägst du mir nicht den Kiefer ein? Schlag mir doch den Schädel ein.»

Er setzte sich aufs Bett, ich stieß ihn zurück und warf mich auf ihn und hämmerte auf seine Brust ein. «Du grober Klotz. Du aufgeblasener Rüpel.»

«Du bist hübsch, wenn du wütend bist», sagte Ernest und machte mich damit noch wütender.

«Das ist das Ende», sagte ich, nahm seine Krawatte und ein Hemd und Socken von ihm, gab sie ihm und schubste ihn zur Tür hinaus. «Gute Nacht, und Adieu.» Ernest ging schweigend davon. Ich putzte mir die Zähne, ging zu Bett, schlief gut und wachte auf, immer noch ärgerlich, aber gefaßt und entschlossen, mein Leben ohne diesen Mann weiterzuleben.

Ich hatte gerade meinen Frühstückskaffee getrunken, als der erste von Ernests Sendboten erschien und mich umzustimmen versuchte. Die

Friedensoffensive bestärkte mich nur in meiner Abneigung gegen die Allianz. Der junge Kompaniechef oder Bataillonskommandeur, den Ernest geschickt hatte, damit er die Verhandlungen einleitete, war der Lage nicht gewachsen. «Papa ist ganz unglücklich», sagte er. «Es tut ihm leid.»

«Papa kann mich mal.»

«Er meint, Sie sollten doch etwas Verständnis für ihn haben.»

«Erzählen Sie mir ein bißchen von Ihrer Einheit. Haben Sie da auch so ein paar Oberschlaue? Friert Ihnen nachts die Munition ein? Sagen Sie Papa, für mich ist und bleibt er ein Feigling.»

Ernest schickte einen zweiten Offizier, der meinem Ärger und meinem Entschluß, ihn zu verlassen und ihn seinen Kumpanen und seinem Schicksal zu überlassen, ebensowenig gewachsen war. Schließlich kam Marlene.

«Er liebt Sie, und das wissen Sie», sagte sie. «Kennen Sie diesen Mann? Dann wissen Sie, daß er ein wertvoller Mann ist. Er ist gut. Er ist verantwortungsbewußt.»

Wir lehnten am Kaminsims, und ich sagte mir, daß Marlene mehr über Männer wußte als ich. Aber welche Sorte von Männern hatte sie kennengelernt?

«Jeder Mann, der auch nur das Salz, das er ißt, wert ist, wäre selbst heraufgekommen», sagte ich, «statt Fürsprecher zu schicken. Er ist ein Feigling und ein Rohling, wie ich ihm gestern abend gesagt habe, und ich habe genug von ihm.»

«Sie machen einen Fehler», sagte Marlene.

«Ich glaube nicht.»

«Er ist ein faszinierender Mann. Sie könnten ein glückliches Leben haben.» Sie setzte sich treu für ihn ein.

«Nicht, wenn ich solchen Unsinn in Kauf nehmen muß.»

Ich mußte einen Artikel schreiben, machte mich an die Arbeit und war um die Mittagszeit fast fertig, als es an meiner Tür klingelte. Ernest stand im Flur und sah mich selig strahlend an.

«Du warst einfach wunderbar gestern abend, du Zaubergürkchen», sagte er.

Ich ließ ihn skeptisch herein.

«Du kleiner Kampfhahn», sagte er. «Wie du herumgetanzt bist und mich mit deinem Mut fertiggemacht hast.»

«Wollen wir die Szene lieber nicht wiederholen!» sagte ich. Ich war völlig unvorbereitet auf diese Ovationen. Ernest öffnete die Arme, und ich trat einen Schritt zurück. «Hast du nicht gehört, was ich dir ausrichten ließ?»

«Ja, und ich liebe dich um so mehr, du braves Bantamgewicht. Du warst wunderbar. Aber du weißt nicht, wie man zuschlägt. Das muß ich dir beibringen.»

«Nein, danke, ich habe genug von dir gelernt.»

Er setzte sich auf die rosa Chaiselongue an meinem Bettende. «Weißt du, Gürkchen, es ist mir endlich eingefallen, woran es gestern abend lag. Bitte, hör mir zu.»

Ich ging nervös auf und ab. Ich wollte meinen Artikel fertig schreiben.

«Du hast dir doch gestern das Haar richten lassen, nicht wahr?»

«Ja.» Meine nette Friseuse im Ritz machte es mir jede Woche.

«Irgendwie hat sie dein Haar so zurechtgemacht, daß du gehässig und boshaft aussahst. Sie hat regelrecht deinen Gesichtsausdruck verändert. Gestern abend war mir das nicht bewußt. Aber daran lag es.»

«Ach was, Unsinn!» Mir fiel ein, daß es ja heute – es war Samstag oder Sonntag – heißes Wasser gab. Der einzige Badetag in der Woche.

«Gürkchen, ob du nun bei mir bleibst oder nicht – du solltest dir von mir zeigen lassen, wie man richtig zuschlägt. So wie du mich gestern abend angegriffen hast, hättest du dir leicht die Daumen brechen können.»

Ein verführerischer Vorschlag. Mein Vater hatte mich die Tricks der Selbstverteidigung nie gelehrt. Er hatte sich nicht vorstellen können, daß ich sie je brauchte. Aber dank einiger Widrigkeiten in der letzten Zeit, war ich kampflustig genug, um einen Prügelkurs zu absolvieren.

Meine Nase sagte mir, daß Ernest ein Bad brauchen konnte, selbst wenn er danach wieder seine abgetragene, verdreckte Felduniform anzog.

Ich sagte es ihm.

«Ich wasche mich immer», sagte er.

«Du kannst, wenn du willst, in meine Wanne steigen und ein heißes Bad mit viel Seife nehmen», sagte ich. «Oder du verschwindest hier.»

Ernest badete behaglich in meiner großen, altmodischen Wanne. Ich weichte meine Unterwäsche in einem der beiden Waschbecken ein und schrubbte ihm den Rücken, und unsere Friedenskonferenz machte Fortschritte.

«Du trinkst zuviel», sagte ich.

«Du nörgelst zuviel.»

«Du trinkst so viel, daß du nicht mehr weißt, was du sagst.»

«Nicht zuviel trinken, nicht zuviel nörgeln», sagte Ernest.

«Ich nörgle nur, weil ich Säufer verabscheue.»

«Kann ich mich darauf verlassen?»

«Nein.»

«Also gut, Gürkchen. Nörgle, wenn du mußt. Auch wenn du nörgelst, will ich lieber dich als eine andere haben.»

Ernest hatte mir lang und breit von seiner zufriedenen Ehe mit Pauline Pfeiffer erzählt. Sie hatte als Redakteurin oder Reporterin bei *Vogue* in Paris gearbeitet und hatte ihn seiner ersten Frau, Hadley, abspenstig gemacht. Pauline hatte ihm dann in Key West ein ordentliches Haus geführt und ihm zwei prächtige Söhne geboren. Sie war gebildet und klug und belesen. Ich wußte, daß er sie sehr schätzte, denn eines Tages fand ich auf meinem Schreibtisch einen Brief, in dem er ihr von seiner neuen Verbindung mit mir berichtete. Der Brief lag offen neben meiner Schreibmaschine. Er schrieb darin, daß ich eine vernünftige Person sei, und zuverlässig, und daß ich für ihn und die Kinder sorgen würde.

Jetzt, da er in der Badewanne mein Gefangener war, nahm ich die Gelegenheit war, ihn an diesen Brief und das, was er mir von Pauline erzählt hatte, zu erinnern.

«Du mußt noch sehr an ihr hängen. Eigentlich bist du ein Idiot, daß du nicht zu ihr zurückgehst», sagte ich. «Ihr könntet mehr oder weniger wieder da anfangen, wo ihr aufgehört habt. Die Kinder hätten wenigstens ihre eigene Mutter statt einen Ersatz. Das schiene mir wirklich eine vernünftige Lösung. Und mich bist du ohne Mühe los. Ich bin auch, ehe ich dir begegnete, sehr gut zurechtgekommen.»

Bis zum Hals im Wasser blickte Ernest düster und gedankenvoll drein und starrte lange auf seine Füße, die wie Babyfüße geformt waren, mit gespreizten Zehen und rundem Spann und runden Fersen.

«Wir haben zu viele Grausamkeiten aneinander begangen», sagte er schließlich. «Wir könnten sie nicht auslöschen.»

«Ihr armen Idioten! Wenn du ihr den Brief schreiben konntest über mich – die Pflegerin für dich in deinen alten Tagen und das Mädchen für deine Kinder –, warum hast du dann nicht die Größe, eine Wiederannäherung zu versuchen?» In meinen Augen war es die einzig vernünftige Lösung für Ernests Frauenkarussell.

«Da gibt es Dinge, die du nicht weißt, Gürkchen. Und hier aus der Badewanne heraus kann ich sie dir nicht erklären. Du bist eine schöne und wunderbare Gurke. Und alles, was ich jetzt sagen kann, ist, daß ich dich wahrhaftig liebe und daß ich dich brauche und dich immer lieben und immer brauchen werde.»

«Immer? Scheiße.» Ich rubbelte ihm fest den Rücken mit einem riesigen Badelaken ab, ein Dienst, den er sehr schätzte.

«Nicht Scheiße. Oberscheiße.» Was Witz und Resignation beinhaltete.

Ein paar Tage lang behandelten wir einander mit der wachsamen Diplomatie von Spinnen oder Skorpionen, aber eines Abends, nachdem der Champagner geflossen war, überredete mich Ernest, die erste

Unterrichtsstunde in der Kunst des Nahkampfes zu nehmen, und wählte mein Bad als Ring.

«Daumen heraus und den rechten Arm frei hängen lassen, das Gewicht auf dem linken Fuß, die Augen auf sein Kinn gerichtet, und schwingen – zack!» Wieder und wieder illustrierte er diese und ähnliche Anweisungen, und ich spürte den Luftzug, wenn seine Faust um Haaresbreite an meinem Kinn vorbeisauste, und betrachtete mit neuen Augen das schöne harte Porzellan und den Marmor ringsum und fragte mich, ob er mir nicht bei seinen ersten und konzentrierten Unterrichtsbemühungen am Ende in aller Unschuld den Schädel einschlagen würde, wie ich es ihm ein paar Tage zuvor im Zorn vorgeschlagen hatte. Es war ein bißchen wie Tennis, fand ich, was die körperlichen Anforderungen betraf. Ernest schnaubte: «Viel härter!»

Als Marlene hörte, daß ich Boxunterricht im Bad bekam, wollte sie auch Stunden nehmen – und sie bekam sie. Später demonstrierte sie, was für eine gelehrige Schülerin sie war. Sie boxte Jean Gabin in einen Schneehaufen.

Neben Ernests monoton gesummten Lieblingsliedern nisteten sich nach und nach auch einige seiner Aussprüche und Redensarten in meinen Ohren ein. Oft wandte er das gleiche Zitat auf die verschiedensten Dinge an. *Fraîche et rose, comme le jour de bataille»* (Frisch und rosig wie der Tag der Schlacht) konnte er von einem Mädchen, einem Buch, einem Wein, einem Aphorismus sagen. *«Un peu de trop, c'est juste assez pour moi»* (Ein bißchen zuviel ist grad genug für mich) konnte er sagen, wenn er eine weitere Flasche Wein bestellte, wenn ihm jemand ein eindeutig übertriebenes Kompliment machte oder bei einem unerwartet weiten Heimweg, wenn es nachts keine Verkehrsmittel mehr gab – oder manchmal auch im Bett.

Eines schönen Sonntags gegen Ende Oktober, als wir im Ritz zu Mittag aßen, erschien Prinz (Lieutenant) Poniatowski, der zur gleichen Einheit gehörte wie Lieutenant Jack Hemingway, nämlich zu der Nachrichtentruppe (was im Klartext Spionage und Abwehr bedeutete) von General John («Iron Mike») O'Daniels 3. Infanteriedivision, die sich damals nordostwärts durch die Vogesen kämpfte. Die Nachricht, die Poniatowski brachte, erfüllte Ernest, der ohnehin immer in Unruhe war, mit Angst. Sein Sohn Jack (Bumby genannt) war am 28. Oktober verwundet und gefangengenommen worden, als er und ein anderer in der Dämmerung die feindlichen Stellungen erkundeten. Aus Höflichkeit Ernest gegenüber hatte der General die Nachricht durch Kurier überbringen lassen. Man hatte sich bereits vergewissern können, daß Jacks Verwundung nicht tödlich war. Er hatte auf einem vorgeschobenen deutschen Verbandsplatz

Erste Hilfe erhalten und sollte, wie man zuletzt gehört hatte, in ein Lazarett im Hinterland des Feindes verlegt werden. Ernest stellte ein Dutzend Fragen, die Poniatowski nicht eindeutig beantworten konnte: Wo war Jack verletzt worden? Wieviel Blut hatte man gefunden? Welche deutsche Einheit hatte ihn gefangengenommen? Hatte er seine richtigen Papiere oder gefälschte bei sich gehabt? Konnte man nicht hin und ihn rausholen? Wo genau war er jetzt? Ich spürte, wie Ernests Temperatur, Blutdruck, Sorge und ohnmächtige Wut sich allmählich der Explosion näherten.

Wir tranken immer mehr Wein mit Poniatowski und kämmten immer wieder die spärlichen Informationen durch, die teilweise Jacks Kameraden zu verdanken waren, die keine Gefahr gescheut hatten, um etwas herauszubekommen.

«Haben wir keinen Lageplan von dem Lazarettsystem der Deutschen?» fragte Ernest aufgeregt. Er war besessen von der Idee, mit einem kleinen Flugzeug in der Nähe von Jacks Lazarett zu landen, ihn aus dem Bett und dem Lazarett rauszuholen, in das Flugzeug zu schaffen und zurückzufliegen über die alliierten Linien. «Mit einer schnellen überraschenden Landeaktion könnten wir ihn rausholen», sagte er. «Ein Überfall! Ja, wir sollten einen Raubüberfall machen.» Der Gangsterausdruck gefiel ihm.

Pontiatowski bemerkte kühl, daß man im Divisionshauptquartier dergleichen bereits erwogen und verworfen hatte, weil es in keinem Verhältnis zu dem damit verbundenen Risiko und Einsatz stehe. Allmählich begriffen wir, daß Lieutenant Jack Hemingway für die U.S. Army nichts weiter als einer von Zehntausenden verwundeter alliierter Gefangener war.

Der Speisesaal hatte sich längst geleert, und die Kellner machten mürrische Gesichter, Poniatowski, der seine Mission erfüllt hatte, verabschiedete sich, und während wir traurig hinaufgingen, zerbrach ich mir den Kopf nach einem Ausweg aus der Misere. Ernest öffnete gerade eine Flasche Champagner, als ich ihm vorschlug: «Ich wette hundert Dollar mit dir, daß ich in zehn Minuten an der Place du Tertre bin.»

«Unmöglich bei all den Sonntagsspaziergängern.»

«Ich kenne die Abkürzungen.» Ich wollte nicht, daß Ernest sich betrank und über die Gefangennahme seines Sohnes trauerte. Andererseits – was sollte er sonst tun, wenn er hier zum Nichtstun verdammt, im Ritz hockte? «Wir rechnen vom Ausgang an der Rue Cambon bis zum ersten Schritt auf die Place du Tertre. Du mußt natürlich die Zeit stoppen.»

«Hundert Dollar, ohne Trick?»

«Hundert Dollar», sagte ich, und wir knöpften unsere Jacken zu, verglichen die Uhrzeit und gingen durch den prunkvollen Flur zum

Ausgang an der Rue Cambon. Ernest blieb mir anfangs dicht auf den Fersen, als ich mich durch Gruppen von Spaziergängern in der Rue Halévy, rechts von der Oper, dann die Rue La Fayette hinauf und durch die Rue Henri Monnier zum Boulevard Rochechouart drängte, Ernest immer hinter mir. Ein Mann, dem meine Hast auffiel, lief ein Stück neben mir her und fragte: «Mademoiselle, belästigt Sie der große amerikanische Soldat da hinten?»

«Non. Merci Monsieur. C'est une course.»

Mir blieben noch knapp zwei Minuten, als ich unten an der Treppe in der Rue Foyatier ankam. Ich raste die Stufen hinauf, schwindlig und außer Atem. Da brüllte Ernest von unten herauf. Ich hatte meine Wette verloren, aber ich hatte Ernest dazu gebracht, an die frische Luft zu gehen. Die Pariser Luft war in jenem Herbst noch gesund und rein – es gab ja kaum private Autos und nur wenige militärische Fahrzeuge, die sie verpesteten.

Wir gingen zur Place Clichy hinunter, die festlich dalag im abendlichen Sonnenlicht. Einige geöffnete Geschäfte boten alte französische Jazzplatten an oder schlechte Gemälde oder Papierblumen, und an Straßenständen gab es gekochte Zuckerrüben oder handgemachte Schuhe mit Sohlen aus Autoreifen oder Lampenschirme. Aber bald wurde es kühl, und Ernest, der bei unserem Wettrennen geschwitzt hatte, beklagte sich, daß ihn friere. Er hatte seinen Regenmantel mitgenommen und zog ihn jetzt an, brummte aber, die Kälte dringe hindurch. Er werde sich eine Lungenentzündung holen. Die Lungenentzündung war sein schlimmster Feind. Sie lauerte stets auf ihn, immer bereit, bei der ersten Unachtsamkeit zuzuschlagen. Seine Kehle war ein wahrer Tummelplatz für Bakterien – vielleicht hielten sie gerade eine Versammlung ab.

«Du hast sie doch jahrelang fernhalten können. Warum wendest du jetzt nicht die gleiche Taktik an?» Und ich schlug vor, daß wir in raschem Tempo zum Ritz zurückgingen, um sein Blut schön in Wallung zu halten, und danach könne er ja baden, falls es heißes Wasser gäbe. Ich hatte keinen Regenmantel mitgenommen und ging gern sehr schnell wegen der Kälte.

Ernest ging an diesem Abend wie seine Gefährtin voller Sorgen zu Bett und wachte am nächsten Morgen fröhlich und voller Unternehmungslust auf, und so geschah es dreihundertsechzigmal im Jahr in den siebzehn Jahren, die ich mit ihm zusammen lebte.

«Ich kann da nicht rüber», sagte er. «Wenn die Krauts etwas merken, setzen sie Bumby unter Druck. Aber du könntest hin. Du bist eine unschuldige *Time*-Reporterin. Du könntest hin und prüfen, ob es etwas gibt, was wir nicht wissen, und könntest auskundschaften und rausfinden, was wirklich los ist.»

«Ich kann überhaupt kein Deutsch. Schick doch Marlene. Ich habe keine Ahnung von Spionage.»

«Nein, nein. Hinter den Linien könntest du nichts ausrichten. Aber du könntest mit den Leuten von Bumbys Einheit sprechen. Poniatowski ist nur einer von ihnen. Und mit dem General. Du hast doch so viele Freunde, die Generale sind.»

Eine Kompanie Amerikaner japanischer Herkunft hatte gerade in den Vogesen eine große Gruppe von Deutschen überrannt und gefangengenommen, und bei dem darauffolgenden Gegenangriff hatten sie mit zähem Willen und Mut das Bauernhaus, in dem sie ihr Hauptquartier hatten, verteidigt. Wertenbaker, der den wahren Grund für mein Interesse an diesem Frontabschnitt wußte, fand ebenfalls, daß die Berichterstattung über diesen Abschnitt in *Time* letzthin etwas dürftig gewesen sei. Ich würde sicher eine informative Story finden.

Die folgenden Tage verbrachte ich bei militärischen Dienststellen. Danach verfügte ich über einen etwas unklaren Marschbefehl in dreifacher Ausfertigung, über einen Jeep und einen Fahrer. Der Marschbefehl lautete:

Restricted
Supreme Headquarters
Allied Expeditionary Force

AG 201-Welsh, Mary (War Co) (U.S.)

Main, APO 757
7 November 1944

Subject: Orders
to: Miss Mary Welsh, War Correspondent, (U.S.) Public Relations Division, Supreme Headquarters Allied Expeditionary Force.

You will proceed via government motor transportation on or about 7 November 1944, from present station to Headquarters, 6 Army Group on temporary duty of approximately seven (7) days, to carry out the instructions of the Director, Public Relations Division, Supreme Headquarters, AEF, and upon completion thereof return to proper station.

By command of General Eisenhower:
Milton H. Ellison
Captain, AGD, for
Henry C. Chappell
Lt. Colonel, AGD,
Asst. Adjutant General
Restricted

Da Ernest mich mit seiner Nervosität beim Packen aufhielt, war ich mit meinem Rucksack und meinem Schlafsack zwei Minuten zu spät unten am Haupteingang des Hotels. Mein Jeep wartete schon draußen auf der Place Vendôme. Ernest fuhr ein oder zwei Tage später zu seinen Freunden vom 22. Regiment nach Deutschland. So waren die Kommunikationsmöglichkeiten begrenzt und unsicher, obwohl der armeeinterne Postdienst besser funktionierte. Ich versprach, sofort zu schreiben, wenn ich etwas über Bumby herausfand.

Wir hatten gute Straßenkarten von der Army («Gar nicht zu verfehlen»), und ich genoß die Stille der Landschaft, die lavendelblauen Hügel in der Ferne mit den leuchtenden goldenen Tupfen der herbstlichen Bäume. Weiter nach Osten hin begegneten wir immer seltener französischen Bauernwagen und kamen immer häufiger an Straßen-Kontrollpunkte der Army, und jedesmal mußte ich meinen Marschbefehl und meinen Militärausweis vorzeigen. Die letzten zwanzig Kilometer fuhren wir mit abgeblendetem Licht durch die Dunkelheit. Dann erreichten wir das Hauptquartier der 36. Division. Es befand sich in den Bergen, in einem zerschossenen kleinen Hotel, zwischen anderen, geschlossenen oder verlassenen, von Nadel- und gelben Laubbäumen umstandenen Ferienhotels. In der Küche gab man uns zu essen, und dann lud mich Major General John Ewing Dahlquist, den ich schon aus London kannte, in den hölzernen Wohnwagen ein, der ihm als Büro und Schlafzimmer diente. Bei einigen Gläsern Whiskey besprachen wir meinen Besuch bei seinen Schützenkompanien.

Von der 36. Division fuhr ich mit meinem schweigsamen jungen Fahrer nordwärts bis in die Nähe von Nancy und zum Hauptquartier von «Iron Mike» O'Daniel, wo Ernests Sohn Jack verwundet und gefangengenommen worden war. Die Einheit lag inzwischen etliche Kilometer entfernt von dem Walddickicht, wo Jack gefangengenommen war, aber Captain Robert Thompson, der die Nachrichtenabteilung der Division kommandierte, ließ mich durch Matsch und Schnee an die genaue Stelle fahren, wo der Überfall stattgefunden hatte. Ein Hang, bewachsen mit Nadel- und Laubbäumen und dichtem Unterholz, nichts, was mir unter anderen Umständen irgendwie aufgefallen wäre. Und so folgten wir dem üblichen Ritus. Wir suchten im gefrorenen Gras und Gebüsch nach abgerissenen Kennmarken oder Knöpfen oder Uniformfetzen, die vielleicht irgendeinen Hinweis gaben – und fanden nichts. Wir wußten bereits, daß Jack von den Deutschen identifiziert und korrekt behandelt worden war. Captain Thompson lud mich an einem Abend zum Essen in seiner kleinen Offiziersmesse ein – es gab unter anderem rohen Schinkenspeck – und fuhr mich danach zum Hauptquartier zurück. Wir kamen an einer Kreuzung vorbei, die durch feindlichen Beschuß – große Geschosse, die tiefe Trichter rissen – unbefahrbar geworden war.

Ich hatte über die Umstände von Jacks Gefangennahme nicht viel mehr erfahren, als wir bereits wußten, aber ich sah und hörte doch genügend für zwei Telegramme an *Time* und einen Bericht an Ernest.

Wieder in meinem Hotelzimmer im Ritz, schrieb ich am 14. November auf meinem dünnen rosa Papier: «Kam gestern spät abends zurück, zu erfroren und müde, um Dir zu schreiben.... Ich habe einen ordentlichen, sorgfältigen Drei-Seiten-Bericht von Thompson für Dich sowie genaue und vollständige Antworten auf die Fragen, die Du aufgeschrieben hattest. Ich behalte den Bericht aber hier, da ich es angesichts der Lage an der Front für falsch hielte, ihn der Post anzuvertrauen. Statt dessen will ich Dir ausführlich berichten.

Erstens: Es war eindeutig die Schulter – die Lunge ist nicht in Mitleidenschaft gezogen.

Zweitens: Nur wegen des anderen, der schwer verwundet war, ist Bumby nicht weggelaufen, was er sonst leicht hätte tun können.

Drittens: Thompson hat einen Gefangenen verhört, der sie zufällig kurz danach noch gesehen hat. Von ihm erhielt er viele genaue Informationen, unter anderem darüber, wo sie wahrscheinlich hingebracht wurden und eine genaue Beschreibung der Örtlichkeiten und wann sie vermutlich weitertransportiert würden.

Viertens: Thompson und seine Leute haben die gleiche Operation erwogen, wie Du vorgeschlagen hast, und zwar auf Grund der Informationen, die sie von dem Gefangenen haben. Sie haben die Idee dann aber fallenlassen, weil die Sache, falls sie schiefgeht, nur die Aufmerksamkeit auf unsere beiden Jungen lenken würde, während sie jetzt eine Chance haben, wie gewöhnliche Kriegsgefangene behandelt zu werden. Nach allem, was Thompson mir erzählte, und nach seinem Bericht bin ich überzeugt, daß sie sich Bumby gegenüber bei ihrer Entscheidung weder der Phantasielosigkeit noch mangelnden Unternehmungsgeistes oder mangelnden Pflichtbewußtseins schuldig gemacht haben.

Fünftens: Bumby trug seine Kennmarke, hatte aber keine anderen Papiere bei sich. Was immer der andere bei sich hatte – er befand sich vier bis fünf Stunden unter nachlässiger Bewachung und hatte Zeit genug, sich kompromittierender Papiere zu entledigen.

Ich sehe das Ganze jetzt mit mehr Zuversicht und bin optimistischer, als wir es hier waren.... Eines weißt Du ja, ich mache Dir nichts vor, um Dir Ängste zu ersparen. Ich weiß, in dieser Beziehung sind wir beide einer

Meinung. ... Jede Angst ist immer noch besser als Flucht oder Selbsttäuschung ...»
Bumby ist nach dem Krieg aus der Gefangenschaft zurückgekehrt.

Der Vormarsch der alliierten Streitkräfte, der sich teilweise langsam unter erbitterten Kämpfen vollzog, zeigte immerhin, daß der militärische Sieg nur noch eine Frage der Zeit war, und im November, wenn nicht schon früher, begannen die politischen Machtkämpfe. In Paris hörte ich französische Radiosendungen, las Leitartikel, sprach mit britischen und amerikanischen Diplomaten und einigen höheren Beamten vom Quai d'Orsay – und stellte fest, die französischen Offiziellen betrachteten immer noch alle Journalisten als Gewürm. Für *Time* versuchte ich einen Überblick zu gewinnen über die Ambitionen, Täuschungsmanöver, Ziele und Methoden der führenden Politiker Amerikas, Rußlands, Englands und Frankreichs. Im November 1944 war jedoch kein namhafter Politiker bereit, irgend etwas Relevantes über den politischen Machtkampf zu sagen. Die Angehörigen der russischen Delegation, die nach Paris gekommen war und im Ritz wohnte – zwei Tage lang hatten wir heißes Wasser –, waren von allen Regierungsvertretern diejenigen, die sich am unbestimmtesten äußerten. Gleich nach ihnen kamen die Untersekretäre des französischen Außenministeriums: Meister im wortreichen Nichtssagen. Es war ein Auftrag, der mir viel Ärger einbrachte. Außerdem verfolgte ich die Prozesse gegen die Kollaborateure – Behördenvertretern in der Provinz, kleine Hotelbesitzer, Feindinformanten, angeklagt, Verbrechen gegen den Staat begangen zu haben. Ich saß auf der Pressegalerie im hinteren Teil des großen, hochgewölbten Gerichtssaals im Justizpalast. Durch die Fenster hoch oben an der einen Wand fiel graues Novemberlicht herein. Ich sah die eintönig grauen Gesichter der Angeklagten, Zeugen und Anwälte und lauschte den eintönigen Stimmen, die eher traurig als patriotisch entrüstet oder zerknirscht klangen.

Was sich da vor uns auftat, waren Habgier, armselige menschliche Schwächen und der gebrochene Stolz derer, die dem Zwang nachgegeben hatten. Bei dieser rituellen Verfolgung der Missetäter kamen mir die Gerichtsurteile übertrieben hart vor. Ich hatte das Gefühl, daß die Anwälte und Richter, gleichsam um ihr eigenes Schuldbewußtsein zu sublimieren, die armen Büßer, die kleinen grauen Übeltäter mit ungerechter Strenge verurteilten, und ich schrieb das auch in meinem Artikel für *Time*, einem ziemlich langen Telegramm. Als Ernest den Artikel das erste Mal las, runzelte er die Stirn. Als er ihn noch einmal gelesen hatte, sagte er: «Du verdammtes Biest von einem Gürkchen, du hast recht. Du bist ein ehrlicher Reporter – sehr gut.» Die hohen

Redakteure in New York schnitten einiges aus meiner Story heraus, druckten sie aber in ein paar Spalten, und infolgedessen war ich von da an auf immer Persona non grata bei allen französischen Gerichten.

Wenn Ernest in Paris war, nahm er immer ein reichlich brüderlich-väterlich-ehemännliches Interesse an meiner Arbeit und versuchte manchmal, das Kommando zu übernehmen. Eines Morgens nahm er in meinem Zimmer einen Anruf entgegen. Wertenbaker war am Apparat, er wollte mir einen Auftrag erteilen. Ich hörte mit an, wie Ernest ihm erklärte, wie ich seiner Ansicht nach diese Arbeit auszuführen hätte. Als er mich zufällig ansah, unterbrach er sich mitten im Satz.

«Mary ist hier. Sprich selbst mit ihr», sagte er und gab mir den Hörer.

Wert und ich hatten die Angelegenheit in einer Minute besprochen, und als ich den Hörer auflegte, bemerkte ich: «Du hast dich ja schnell aus der Affäre gezogen.»

«Du hast so verärgert ausgesehen, ganz verändert.»

«Und ob ich verärgert war. Verdammt! Oder hat Wert dich etwa gebeten, für *Time* und *Life* zu arbeiten?»

«Bitte, Gürkchen, ich habe doch nur ...»

Ob zu Recht oder nicht, ich kochte. «Warum kümmerst du dich nicht um deine eigenen Angelegenheiten! Ich habe mir lange genug meinen Lebensunterhalt ohne deine Hilfe verdient, und ich will und brauche deine Hilfe nicht, weder jetzt noch später.»

«Gürkchen, Gürkchen, du hast mich falsch verstanden.»

«Ich habe verdammt richtig verstanden. Und ich sag dir ein für allemal, es paßt mir nicht, wenn du dich in meine ureigene Arbeit einmischst. Hast du gehört? Hast du verstanden? Das kann doch nicht so schwer sein. Jedes Kind kapiert das. Halte deine Nase raus aus den Sachen, mit denen ich mein Geld verdiene.»

«Gürkchen, es tut mir ja leid. *Bitte.*» Er streckte die Arme nach mir aus, und mein Ärger war verflogen, und ich eilte auf ihn zu.

«Liebling, Liebling, verzeih mir. Ich liebe dich. Aber ich hänge an meiner Arbeit.»

Wir gingen hinunter und an den schicken Auslagen in den *vitrines* vorbei, um wieder einmal einen beigelegten Streit zu feiern.

An einem kalten, einsamen Novemberabend schrieb ich: «Damit ich's nie vergesse: Sechs Tage in der Woche eiskaltes Wasser aus dem Warmwasserhahn. In den Bars stets die gleiche Litanei: ‹Kein Gin, kein Whiskey, kein Apéritif›, und das Bier ist schlecht. Heute abend ist mein einziges Stimulanz kandierter Ingwer. Verglichen mit den Telefonen hier waren die kleinen Instrumente, mit denen die Borgias ihre Freunde quälten, ein

Kinderspiel. Bis zu tausend Franken für eine Mahlzeit in der Stadt. Doppelte Preise für alles, was Uniform trägt. Die Kälte. Wie dankbar bin ich für das menschliche Blutkreislaufsystem, aber das ständige Auf- und Zuknöpfen ist Zeitverschwendung.» Meist hatten wir nicht einmal am Sonntag heißes Wasser, und ich erinnere mich an die kalten Duschen in meinem eisigen Badezimmer, mit denen ich mich abzuhärten hoffte.

Ernest sprach bereits davon, Europa zu verlassen und mit mir «unser eines und einziges Leben» in Kuba neu zu beginnen. *Ich* wollte miterleben, wie der Krieg zu Ende ging, und ich hatte lange und kurze, tiefe und oberflächliche Vorbehalte dagegen, meine Arbeit aufzugeben – meine lebenslange Gefährtin – und mich den Anschauungen und Gewohnheiten und Launen eines so komplizierten und widersprüchlichen Mannes wie Hemingway anzuvertrauen. Aber ich erklärte mich bereit, Wertenbaker um einen längeren Urlaub zu bitten, damit wir einen Versuch machen konnten, gemeinsam zu leben. Ich schrieb Ernest am 14. November: «Ich habe mit Wert gesprochen. Ich sagte ihm, wir glaubten, wir hätten etwas, das eine Chance verdiene. Er war süß und verständnisvoll und lieb, fand auch, daß wir nicht warten sollten – du zu Haus, während ich hier arbeite – und versprach, er werde die Sache mit New York regeln . . . Dann gehen wir vielleicht unseren eigenen Weg und leben unser eigenes, ganz uns gehörendes, besonderes, schönes, verrücktes, herrliches Leben.»

Ernest kam von den Kämpfen im Hürtgenwald mit Fieber und krächzender Kehle zurück. Er legte sich in seinem eigenen Zimmer zu Bett, die Wangen zu rot, die Stimme wechselhaft. Jemand hatte mir eine Miniaturflasche Cognac geschenkt, und in Ermangelung einer besseren Arznei brachte ich sie ihm hinunter – in Zivil zur Feier des Tages. Jean-Paul Sartre und Simone de Beauvoir seien bei ihm gewesen, erzählte er.

«Hatten sie etwas Interessantes zu erzählen?» fragte ich unkonzentriert, da ich in diesem Moment nur den Spaß an meinem Kleid im Sinn hatte.

«Nein», sagte Ernest. «Weißt du übrigens, daß du wie eine Spinne aussiehst, wie du da sitzt?» Das war mir neu. Ich zog ab.

Obwohl sein Virus treu an ihm haftete, hielt Ernest *levées* in seinem Zimmer ab, empfing seine alten Freunde vom Maquis, denen es schwerfiel, sich wieder an das Leben in Paris zu gewöhnen, bot aller Welt Champagner an, unter anderen auch dem lächelnden, gestikulierenden Marcel Duhamel, der sich auf eigene Faust zum Chargé d'Affaires ernannt hatte, da Ernests Geschäfte mit französischen Verlagen sich auf ein

Minimum beschränkten. Es kamen Leute von der gerade erst wiedereröffneten amerikanischen Botschaft, Leute von der R.A.F. und der Army und alte Freunde wie Janet Flanner. Willy Walton und Marlene und ich saßen dabei, oft bemüht, unsere Mißbilligung zu verbergen. Wenn der Kerl nicht zur Ruhe kam, würde er nie gesund werden. Wenn abends die Besucher gegangen waren, sah Ernest erschöpft aus und war leicht gereizt. «In der Öffentlichkeit hat er bessere Manieren als zu Hause», klagte ich in meinem Tagebuch. «In guten Stunden ist er der liebenswerteste und anregendste Mensch ... fröhlicher und gescheiter als irgendwer ... aber in seinen schlechten Stunden ist er wild, kindisch, unberechenbar, böse ... Ist es sein Ego oder Ungeduld, daß er mir nicht erlaubt, zuerst durch eine Tür zu gehen?»

Keiner von uns ahnte etwas, als von Rundstedt Mitte Dezember die Gegenoffensive einleitete, die Ardennenoffensive oder die Battle of the Bulge. Zufällig saß ich am Abend des 16. Dezembers unter den Gästen bei General Tooey Spaatz am Tisch, und mitten während des Essens wurde mir plötzlich klar, daß ich so unauffällig und so schnell wie möglich verschwinden mußte. Drei oder vier Adjutanten waren erschienen und hatten dem Gastgeber etwas zugeflüstert. Und sobald das Essen beendet war, entschuldigte ich mich. Tooey bestand darauf, mich von einem bewaffneten Air Force-Mann im Dienstwagen zum Ritz zurückbegleiten zu lassen. Der Gegenangriff war gegen eine Flanke der 4. Division – Ernests bevorzugte Infanteriedivision – geführt worden, und da niemand etwas über die Stärke, das Potential oder das genaue Ziel wußte, ließen wir unserer Phantasie freien Lauf. Vielleicht würden die Deutschen die gesamten alliierten Streitkräfte im Norden abschneiden. Vielleicht setzten sie Fallschirmjäger ein. Vielleicht stießen sie bis nach Paris vor? Ich erinnerte mich, wie man vor vier Jahren und sechs Monaten alle offiziellen Dokumente in der Stadt verbrannt hatte.

Ernest, der immer noch Fieber hatte, war im Ritz dabei, seine Koffer zu packen. Alle Augenblicke lief er zum Telefon. Er müsse unbedingt zur Division, sagte er und gab mir einen Seesack voller Papiere, die ich verbrennen sollte, falls ich Paris verlassen mußte. Unser Freund, General Red O'Hare, der gerade im Ritz war, bot ihm eine Fahrgelegenheit an, und nach einer schlimmen, fast schlaflosen Nacht brach Ernest fiebrig und schwitzend auf.

Die Presseoffiziere der Army versicherten uns bei Pressekonferenzen im Hôtel Scribe, der Angriff sei aufgehalten und die alliierten Truppen seien wieder auf dem Vormarsch. Aber was wir Korrespondenten sonst in Paris hörten, klang bedrohlicher. Die Krauts stießen auf Antwerpen vor, und unsere Truppen brächten sie nicht zum Stehen, sagten Leute in der

Bar, Korrespondenten, die nach Paris gekommen waren, um von hier aus ihre Berichte abzuschicken, da es von Luxemburg aus unmöglich war. In Paris machten uns die Zensoren das Leben schwer. Sie wollten nicht, daß der Feind durch uns erfuhr, wie unvorbereitet uns die Offensive getroffen hatte.

Unter diesen Umständen sah ich ein gedämpftes, zurückhaltendes, wenn auch möglichst wenig spartanisches Weihnachtsfest voraus. In der Nähe der Rue du 4 Septembre entdeckte ich ein Geschäft, in dem man Holzscheite für den Kamin kaufen konnte. Ich gab etwa einen Wochenlohn aus, um für *einen* Abend reichlich Scheite zu haben. Ernest hatte mir einen Briefumschlag hinterlassen, mit der Anweisung, ihn nicht vor Weihnachten zu öffnen. Aber die Neugier siegte, und ich schrieb ihm am Samstag, dem 23. Dezember, einen drei Seiten langen, engbekritzelten Brief, in dem ich ihm dankte und allerlei Unsinn verzapfte. Neben einer Weihnachtskarte enthielt der Umschlag einen Scheck über 2000 Dollar und ein Eisernes Kreuz, das er einem toten deutschen Soldaten abgenommen hatte.

Trotz der Ardennenoffensive und der hohen Verluste – 6700 Gefallene – veranstalteten die meisten Hauptquartiere der Army und der Navy um Paris herum Weihnachtsfeiern oder große Weihnachtsessen, und zu einigen wurde ich eingeladen. Aber mich erinnerten sie zu sehr an die Engländer vor Waterloo, und ich entschuldigte mich.

Ich hatte für Ernest bei Dunhill ein tolles Klappmesser gekauft. Es war mit Elfenbein belegt und hatte über zwanzig gutgearbeitete Instrumente, die sich leicht herausklappen ließen, darunter eine Schere, ein Pfriem, ein goldener Zahnstocher, ein Korkenzieher und eine Nagelfeile. Marlenes Weihnachtsgeschenk für Ernest war noch eindrucksvoller. «So nützlich wie schön», sagte er, als er Mitte Januar aus den Ardennen zurückkam. Es war das Doppelbett aus ihrem Zimmer am anderen Ende meiner Etage, und es kostete uns einige Mühe, da weder die Mademoiselle noch der Etagendiener diesen Umzug guthießen. So zerrten Marlene und ich die Matratzen von den Betten und nahmen gerade die beiden Einzelbetten in meinem Zimmer auseinander, als das Personal sich endlich entschloß, den Bettenaustausch zu vollenden.

Wir lernten noch, die herrliche Schlafstatt zu genießen, als ich eines Nachts von einem Jucken am Arm aufwachte. Am Morgen stellte Ernest die Diagnose: «Rekrutenkrankheit, auch Krätze genannt. Eine Schmutzkrankheit.» Er schmunzelte.

«Ein altes Leiden. Schon Napoleons Truppen kannten es. Du solltest zum Arzt gehen.» Der Army-Doktor bestätigte Ernests Worte, nannte meine Krankheit «Scabies» und erwähnte, daß sie in diesem Jahr in unseren Truppen und bei der französischen Zivilbevölkerung weit verbreitet war.

«Sehr ansteckend», sagte der Doktor. «Sie müssen in sonderbaren Betten geschlafen haben.» Als ich das beschämt leugnete, gab er zu, ich könne es mir in infizierter Bettwäsche oder durch Kontakt mit anderem «unbelebten Material» geholt haben. In den Vogesen hatte ich mir mehrmals Wolldecken ausgeliehen. Jetzt dachte ich mit Schaudern daran zurück.

Mir sei, als ob Würmer unter meiner Haut herumkrabbelten, berichtete ich. Ein unerträgliches Gefühl. Der Arzt erklärte mir, daß es Milben seien. Die weiblichen Tiere setzten sich unter der Haut fest, machten es sich bequem, wärmten sich am Körper ihres Wirtes und brüteten ihre Jungen aus. «Bei mir nicht. Nie!» schrie ich und kratzte mich.

Bei der Army gab es ein Mittel. Man mußte sich mit einer dicken weißen Schmiersalbe, einem Benzyl-Benzoat, vom Hals bis zu den Zehenspitzen einschmieren. Ich kaufte mir auf ärztlichen Rat drei lange Armeeunterhosen, duschte jeden Morgen, rieb mich mit der Salbe ein, zog die saubere Unterwäsche an und bat Mademoiselle, die alte sofort verbrennen zu lassen.

Ich hatte in der Army-Klinik erwähnt, daß das ständige Jucken mich nachts am Schlafen hindere, und der Doktor hatte mir ein Mittel verschrieben. Am ersten Abend schluckte ich die Kapsel, schlief schlecht – und entdeckte am nächsten Morgen mit Schrecken offene, sottende, juckende Wunden in meinem Gesicht und am Hals. Ich sah aus wie im letzten Stadium der Syphilis oder was es sonst an Scheußlichkeiten geben mochte. Ich lief wieder zum Doktor.

«Sie sind allergisch gegen Barbiturate», sagte er. «Warum haben Sie mir das nicht gesagt?» Ich hatte es ihm nicht sagen können, da ich noch nie eine Schlaftablette genommen hatte.

«Es tut mir leid und ich schäme mich», sagte ich zu Ernest gleich am ersten Tag meines Leidens. «Aber du schläfst besser unten.» Aber er war außerordentlich unerschrocken, weigerte sich, unser Weihnachtsbett zu räumen und blieb von den Milben verschont.

Zu Beginn des neuen Jahres schrieb ich an meine Eltern: «Ich muß Euch endlich gestehen, daß ich Noel verlassen habe. Wir haben uns auseinandergelebt.» (Als wir uns kurz nach dem Einmarsch der alliierten Truppen in Paris trafen, hatte ich es ihm gesagt.) «Es gibt einen Mann, der mir sehr viel bedeutet, wegen all dem, was er ist, und manchem, was er nicht ist . . . Ich habe ihn erst kennengelernt, nachdem ich beschlossen hatte, Noel zu verlassen . . .»

Tom und Adeline Welsh telegrafierten mir, sie seien überrascht von dieser Wende in meinen persönlichen Angelegenheiten, enthielten sich aber eines Urteils.

Ende Januar beorderte mich Walter Graebner zurück nach London. Im dortigen *Time*-Büro herrschte Personalmangel. Und in meiner freien Zeit war ich glücklich, wieder inmitten meiner kolorierten Doré-Stiche zu den Fontaineschen Fabeln zu leben, mit meinen winzigen Waterford-Weingläsern und den soliden, uralten Mahagoni-Kommoden. Ja, das waren *meine* Sachen, sagte ich mir. Und da ich meine Londoner Zivilkleider nicht mehr brauchte, lud ich die Mädchen aus dem Büro zu einer Auktion ohne Geld ein, öffnete meine Schränke und verteilte meine Kostüme, Kleider, Handtaschen und Hüte. Meine Uniformen und die wenigen Zivilkleider, die ich in Paris hatte, waren alles, was ich brauchte. Niemand wußte, wie lange die einschneidende Rationierung der Textilien in England noch andauern würde.

Als ich zur Bank of Australia am Strand ging, um hundert Pfund oder mehr für voraussichtliche Ausgaben von meinem Konto abzuheben, sagte man mir, daß mein Guthaben sich auf zwölf Schilling und sechs Pence belaufe. Noel und ich hatten jahrelang ein gemeinsames Konto gehabt. Und meine wöchentlichen Einzahlungen waren höher gewesen als seine, da ich mehr verdiente. Mr. Noel Monks habe alles bis auf diesen geringen Betrag abgehoben, sagte der Bankangestellte höflich. Vier- bis fünfhundert Pfund meines Verdienstes waren ohne eine Silbe der Erklärung verschwunden. Ich rief Noels Redakteur bei der *Daily Mail* an. Er hatte Noel wieder nach Australien und nach Südostasien geschickt: er sollte über die beginnende Gegenoffensive gegen die Japaner berichten. Er hatte keine Ahnung, wo Noel sich gerade aufhielt. Ein, zwei Monate später hörte ich vom *Time*-Verwaltungsbüro in London, daß Noel die zwischen mir und *Time* getroffene Abmachung über die Überlassung meiner möblierten Wohnung gekündigt, die gesamte Einrichtung einschließlich meiner kleinen Bibliothek mit einigen wertvollen signierten Erstausgaben ausgeräumt und den Mietvertrag aufgelöst habe. Ich war dankbar, daß mir wenigstens die drei roten Lederbände der Shakespeare-Ausgabe meiner Eltern geblieben waren, die ich 1937 nach London mitgenommen hatte.

In Paris hatte Ernest im Februar 1945 wieder seine Junggesellengewohnheiten aufgenommen. «Ich kann dein Zimmer ohne dich nicht ertragen», erklärte er, während er zur Feier des Wiedersehens eine Flasche Lanson Brut öffnete. (Wir hatten inzwischen den gesamten Vorrat des Hôtel Ritz an Perrier-Jouet getrunken.) Er war überglücklich – ich eher besorgt – über die bevorstehende Ankunft seines Helden und Freundes

Colonel Lanham in Paris und eines anderen Helden der 4. Division, Colonel Bob Chance, dessen arg mitgenommenes Regiment einen Vorstoß der von Rundstedtschen Offensive abgewehrt hatte. Beide waren seit der Invasion in der Normandie ständig im aktiven Kampf oder unmittelbar hinter den Kampflinien gewesen.

«Die müssen doch genug haben vom Krieg», meinte ich. «Laß uns überlegen, ob uns irgend etwas Zivilisiertes einfällt, was sie tun oder sehen können. Henri unten weiß sicher etwas. Ein Konzert, vielleicht. Oder Theater . . .»

«Nein», entschied Ernest. «Wir sorgen selber für unser Vergnügen. Du kennst ihren Geschmack nicht.»

Ich war auf zwei Offiziere gefaßt, die nach so vielen erschöpfenden Monaten des Tötens etwas gedämpft und abgerissen waren. Statt dessen fand ich zwei muntere junge Männer unten in Ernests Zimmer vor, die Hosen frischgebügelt, sie selber geschniegelt und gestriegelt, mit leuchtenden Augen und flinken Zungen. Colonel Chance, klein und untersetzt, und – wie ich mir vorstellte – stockkonservativ, erinnerte mich an einen Kleinstadtbankier. Colonel Lanham war spritzig, witzig, schlagfertig. Ernest hatte bereits rote Backen vor Aufregung und Champagner, und wir tranken alle ein Glas.

Colonel Lanham hatte Ernest ein Geschenk mitgebracht, zwei deutsche Pistolen in einem mit Samt gefütterten Futteral, dazu Munition. Und der Junge aus Oak Park, Illinois, fand, er müsse seine Wertschätzung des Geschenks beweisen und mindestens eine der beiden Pistolen, wenn nicht beide, aus der Hüfte abfeuern. Er lud die eine, stolzierte im Zimmer herum, bedauerte, daß keine Krauts in Schußweite waren und zielte durch die Balkontür auf einen imaginären Feind im Garten des Justizministeriums. Und er war drauf und dran, in den Kamin zu schießen – Colonel Lanham hielt ihn im letzten Augenblick zurück. Ich sprang umher, ständig bemüht, mich aus der Schußlinie herauszuhalten, und mein Ärger wuchs.

Da entdeckte Ernest ein Foto, das er an sich genommen hatte, ein hübsches Foto von Noel und mir, aufgenommen in London vor ein oder zwei Jahren. Er schnappte das Foto und verschwand damit im Bad. Ich folgte ihm. «Sei kein Narr», stammelte ich und sah angewidert und wie hypnotisiert zu, wie er das Foto in die Kloschüssel legte und ein halbes Dutzend Kugeln darauf abfeuerte. Er zerstörte auf diese Weise seine Toilette und ein Stück der Rohrleitung. Klosettbecken waren damals mehr oder weniger unersetzbar. Personal kam angerannt, und ich zog mich eiligst in die heile, geordnete Welt meines Zimmers zurück.

Am 27. Februar 1945 schrieb ich an meine Eltern: «Heute nachmittag beantrage ich meinen Marschbefehl, die Erlaubnis der Army, nach Hause zu fahren. Das Kriegsministerium in Washington hat die Erlaubnis bereits zugesichert.

Anscheinend kursieren Gerüchte, daß ich Ernest Hemingway heiraten will... Bitte, redet nicht darüber, bis ich nach Hause komme und mit Euch gesprochen habe... Noch ist nichts beschlossen.»

Die Ereignisse auf dem europäischen Kriegsschauplatz überstürzten sich. So war es sinnlos, fand Ernest, lange Artikel zu schreiben, die vielleicht erst sechs Wochen später in *Collier's* erschienen. Er war zwar überzeugt davon, daß der Krieg mit dem Sieg der Alliierten enden würde, wollte aber den Ereignissen nicht so weit mit einem Artikel vorausgreifen. Sein Kopf war vollgestopft mit Geschehnissen, Landschaften, Leuten, Gesten, Gesprächen – Material, das ihm zu wertvoll erschien, um es an eine Zeitschrift zu vergeuden. Er hatte Heimweh nach Kuba und seiner Finca Vigía und seinen Katzen. Er wollte seine beiden jüngsten Söhne sehen. Er wollte in sein Zivilleben und zu seiner Schriftstellerei zurückkehren, und er wollte es so einrichten, daß auch ich darin meinen Platz hatte. So nahm er die Gelegenheit wahr, mit General Orville Anderson, der dienstlich nach Amerika mußte, über den Atlantik zu fliegen. Ich nahm die Farbdrucke von Bildern französischer Impressionisten, die ich im August aufgehängt hatte, von den Wänden seines Zimmers und half ihm beim Packen. Außer seinem mit – teilweise geheimen – Papieren von der Army gefüllten Seesack, den er unter dem Arm tragen konnte, und seiner klapprigen Schreibmaschine hatte er wenig Gepäck. Am 6. März flog er ab.

Um die gleiche Zeit flog ich ein paar Runden mit Generalmajor Pete Quesada, dem Kommandanten eines unserer mittleren Bombergeschwader, der die Operationen seiner 9. Bomber Division mit dem Artilleriefeuer des VII. Corps der Ersten Armee koordinierte. Am 7. März gelangten einige Spähtrupps der 9. Panzerdivision über die eingleisige Ludendorff-Eisenbahnbrücke bei Remagen, bevor die Krauts sie hatten sprengen können, und bildeten einen Brückenkopf auf deutschem Boden. Es waren die ersten ausländischen Truppen, die seit Napoleon im Jahre 1805 den Rhein überquert hatten, und die 9. Panzerdivision und die benachbarten Divisionen machten sich das Glück zunutze. Fünf amerikanische Divisionen gingen mit all ihrem Material über den Rhein, ehe die Brücke am 17. März einstürzte.

«Wie ist es denn mit der Aufklärung hier?» fragte ich General Quesada.

«Ausgezeichnet. Das Wetter ist besser geworden. Wir haben gute Aufnahmen gemacht.»

«Hmmm. In einem Flugzeug, das einen Fotografen mitsamt seiner

Ausrüstung mitnimmt, ist vermutlich kein Platz mehr für eine weitere Person?»

Der General wußte, worauf ich hinaus wollte. «Wir fliegen ja nicht immer mit Fotografen. Wollen Sie mal auf einen Aufklärungsflug mitkommen?»

Eines grauen Sonntagmorgens startete ich in einer Piper Cub zu dem längsten Tiefflug meines Lebens. Ich hatte ein Häufchen von dem schmuddeligen rosa Schreibmaschinenpapier aus Paris auf den Knien und notierte:

«Aachen. Tausende von Häusermauern ohne Dächer. Nur die Friedhöfe noch unbeschädigt. Rote Erde. Bombenkrater voller Wasser. Verbrannte Wälder. Landgrebe ein totes Dorf. Geschützstellungen und die Geschütze gelb. Graue Burgen, von Wassergräben umgeben, düstere graue Bauernhäuser. Lange Schützengräben, U-förmige Schützenlöcher . . .

Düren. Eine Brücke mit eingestürzten Pfeilern, halbe Häuser, Zickzackgräben in den Feldern dahinter. Weite grünbraune Felder, grün jetzt von der Saat eines vergangenen Frühlings. Abgebrannte Heuschober. Ein gespenstischer verkohlter Baum . . .

Herrem. Die Mühlen stehen noch in Flammen. Rauch von Waldbränden . . .

Köln. Unberührte Obstgärten, der Dom schwimmt in einer Wolke von Pulverdampf. Menschen auf den Straßen, in Mustern wie Spitzendeckchen auf einem Tisch. Mündungsfeuer und weißer Qualm. Schwarze Haufen von Granathülsen. Das rostige Rot zerfallener Ziegel. Schornsteine ohne Rauch. Kanonen, blinkend wie Leuchtkäfer . . . Die ganze Stadt ein Schutthaufen . . . [Wir kehrten um.]

Düren. Trauerweiden, die sich gelb färben. Ein Bettgestell auf einem Dach. Mit Heu beladene Wagen, aber keine Tiere, keine Menschen . . .

Eschweiler. Löcher im Hoteldach. Explosionen in Baumhöhe haben wie Scheren gewirkt und die Bäume geköpft . . .

Aachen. Ein belgischer Zug, der sich dahinschleppt. Wäsche, am Sonntag gewaschen, aufgehängt auf einem Dach. Andere, darunter ein Braunhemd, bleicht auf einem Fleckchen Gras . . .»

Mein Pilot war Sergeant Charles C. Cooke aus Cleburne, Texas, freundlich und gut gelaunt in seiner hüpfenden kleinen Maschine.

Einige Tage später zog ich mit General Terry Allens 104. Infanteriedivision durch die Ruinen von Köln. Ich freute mich, daß die alliierten Bomber den gotischen Dom verschont hatten. Gleichmütig betrachtete ich die vom Wasser des Rheins umspülten eingestürzten Träger der von den Deutschen gesprengten Hindenburgbrücke. Wieder in Paris, schickte ich einen langen Bericht ab, bestimmt für das Time Inc.-Rundfunkprogramm *March of Time*. Ich hob darin besonders das Fortwirken des Nazi-Geistes hervor.

«Nach dem, was ich auf langsamer Fahrt im Jeep durch den Bombenschutt in vielen Dörfern und Städten sah, bin ich überzeugt davon, daß wir das Denken und Fühlen des deutschen Volkes nicht verstehen ... Seine ethischen Maßstäbe, seine Vorstellung von Recht und Unrecht sind wie mit Radiumstrahlen ausgebrannt worden – durch das Erziehungssystem der Nazis und durch die tägliche Propaganda im Rundfunk, auf Plakaten, in Parteiversammlungen und kirchlichen Gottesdiensten ... wenn man wissen will, ob die Deutschen wirklich gelitten haben unter unseren Bombenangriffen, sollte man den Keller irgendeines deutschen Hauses betreten ... Das Dach mag abgeflogen, einige der Mauern mögen eingestürzt sein, aber in den Kellern stehen ordentlich, in Reih und Glied, Weckgläser mit Hühnerfleisch, Gemüse, Obst. Und immer steht irgendwo ein großer irdener Topf mit eingelegten Eiern. Man stößt auf beachtlichen Komfort: Teppiche, Radioapparate, Sofas, Lüftungsanlage, das Familienporzellan, alte Zinnsachen, die schönste Uhr. In München-Gladbach brachten sie es fertig, zwei Tage nach dem Durchzug der 29. Division morgens die Milch vor die Haustüren zu stellen. Eine Frau beklagte sich, weil der Milchmann sie vergessen hatte ...

In einem Dutzend deutscher Städte sah ich, was die Plünderung Europas für die Deutschen bedeutet hat – Nylon- oder reinseidene Strümpfe, die Schuhe besser, als man sie in den letzten vier Jahren in England oder Frankreich zu sehen bekommen hat, dicke, warme Mäntel. In Eschweiler sah ich eine junge Frau, die mit ihrem Baby in der Sonne vor ihrem Hause saß: sie trug einen Nerzmantel mit dem Etikett eines Pariser Modehauses. Die Kinder sahen gesund aus, hatten runde Knie und rote Backen – anders als die rachitischen Babies mit den aufgeblähten Bäuchen in den Armenvierteln von Paris ...

Überall waren die Deutschen fröhlich. Sie riefen vor unseren Jeeps ihren Freunden zu. Sie unterhielten sich lachend an den Straßenecken. Und wenn man sie fragte, warum sie so guter Dinge seien, sagten sie: ‹Jetzt können wir die Lichtleitung endgültig reparieren!› Oder: ‹Meine Frau hat am anderen Ende der Stadt etwas organisiert. Wir haben einen schönen neuen Sessel.› Keine Spur von Schuldbewußtsein ...

Sie haben immer noch ihre Nazi-Manieren, grüßen einen mit erhobener Hand und einem ‹Heil›. Die Schuljungen tragen immer noch ihre Hitlerjugend-Mützen. Zwei, die an einer Gruppe von G.I.s vorbeigingen, mit denen ich unterwegs war, warteten, bis einige der Soldaten vorüber waren, und drehten sich um und spuckten den Yankees nach... Wir anderen sahen es... Wir taten nichts...

Wie können amerikanische Truppen sich unter den Menschen in den Straßen und in ihren Geschäften bewegen, ihre Gärten betrachten, ihre Hunde, ihre sauberen, fröhlichen Kinder, und dem Fraternisierungsverbot gehorchen? In der Nähe von Köln sah ich neulich einen schlaksigen Jungen aus Oklahoma mit drei Kindern plaudern. Er brachte ihnen bei, wie man auf englisch zählt und schenkte ihnen Kaugummi, genau wie er es in England, Frankreich und Belgien getan hatte. Ich warnte ihn, ein M. P. könne vorbeikommen. ‹Yeah›, sagte er. ‹Ja, ich weiß. Aber gucken Sie den da an. Er ist das Ebenbild meines kleinen Bruders, der Knirps da!›

Die deutschen Mädchen... mit hohem, gesundem Busen, kräftigen Gliedern, mit sauberem, glänzendem Haar... lächeln und sagen: ‹Wie geht's› zu unseren herumschlendernden Infanteristen... Unsere Generale haben das auch gesehen...

Brigadier General Dick Nugent vom 29. Tactical Air Command, den ich in seinem fahrbaren Büro in der Nähe von Köln aufsuchte, sagte: ‹Vielleicht sind unsere G.I.s zu gesund in ihren Herzen, um ein Volk oder ein Mädchen ohne Gewissen zu verstehen.›»

Das war einer der letzten Berichte, die ich als Kriegsberichterstatterin nach New York schickte.

Charles Wertenbaker hatte mit dem New Yorker Büro vereinbart, daß ich ein Jahr Urlaub bekommen sollte, von März an, und daß ich einen Marschbefehl erhielt, mit dem ich auf einem Truppentransporter den Atlantik überqueren konnte. Ernest drängte, ich sollte nach Kuba kommen, und ich hatte genug vom eroberten Deutschland gesehen. Ich bat das Presseamt, mir einen Platz auf einem britischen Schiff zu besorgen, denn die amerikanischen Truppentransporter waren, was Alkohol betraf, trocken wie die Wüste.

Mein Schiff ging von Glasgow ab, und es *war* ein britisches Schiff, die gute alte *Aquitania*, auf der ich mehrmals gefahren war – jetzt ein elender Truppentransporter und unter amerikanischem Befehl. Kein Alkohol. Nicht einmal Wein.

Nach der Ankunft in Halifax machten ein paar Mädchen vom Roten Kreuz und ich einen kleinen Einkaufsbummel – wir kauften, ohne Karten!, Strümpfe und Schokolade –, ehe wir den Schiffszug nach Boston und New York bestiegen. Im Salonwagen – welch Luxus! – starrte ein Master Sergeant der U.S. Army mißbilligend auf die Dienstzeitstreifen am hinteren Ärmel meiner Eisenhower-Jacke und auf das herunterhängende Ende meines Gürtels mit seiner auffallenden roten Satinpaspel. Da er nicht fragte, sagte ich ihm auch nicht, daß beide «Verzierungen» vom Chef des SHAEF-Personals gebilligt worden waren.

Im damals angenehmen Ambassador Hotel in der Park Avenue packte ich am 12. April gerade wieder meine Koffer, als jemand vom *March of Time*-Büro anrief. «Roosevelt ist tot», sagte die Stimme am anderen Ende. «Können Sie etwas schreiben über die Reaktion beim Militär, für die Abendsendung?» Wie betäubt und mit dem Gefühl einer plötzlichen Unsicherheit wie bei einem Erdbeben rang ich mir, wie ich hoffte, aufrichtige Kommentare ab. Abends im Studio sagte der Sprecher ins Mikrofon: «Hier in unserem Studio ist heute abend Mary Welsh vom *Time*-Magazin. Sie ist Kriegsberichterstatterin und gestern erst vom europäischen Kriegsschauplatz zurückgekehrt. Vorher ist sie als Korrespondentin für uns in London tätig gewesen. Wir glauben, wenige Journalisten sind so berufen...»

Ich sprach ins Mikrofon: «Ein plötzlicher, unerwarteter Tod ist zur Zeit nichts Ungewöhnliches für amerikanische Soldaten...»

Seit seiner Rückkehr nach Kuba hatte Ernest mir fast täglich geschrieben. Viele der Briefe gingen verloren, aber einige, die zwischen dem 9. und 20. April geschrieben wurden, besitze ich noch. Er schrieb am 9. April: «Es ist einen Monat und drei Tage her, seit ich Dich das letzte Mal sah, und diese feine Imitation des Fegefeuers und der Vorhölle und anderer vergleichbarer Orte bedrückt mich allmählich. Die Kinder [es waren Frühlingsferien] sind gestern vor einer Woche abgereist. Gestern war Fiesta im Dorf, mit herrlicher Musik und all den Landleuten auf ihren Pferden, die auf den Straßen Rennen veranstalteten und mit Lanzen nach Ringen stießen. Viel Feuerwerk und allgemeine Festlichkeiten... Ich war allein und las die Lebensbeschreibung von Nathaniel Bedford Forrest.... Ich sollte mich ans Alleinsein gewöhnen.... Aber ich vermisse Dich so, als hätte man mir das Herz aus dem Leib geschnitten, mit einem dieser Dinger, mit denen man Kerngehäuse aus Äpfeln entfernt.»

Obwohl ich ihm während der ermüdenden Überfahrt drei lange Briefe geschrieben hatte und ihm weiterhin alle zwei bis drei Tage schrieb, begannen Ernests Briefe an mich fast stets mit Klagen. «Heute früh hatte ich mit Sicherheit auf einen Brief gerechnet. Aber nichts.» Wie ein Mann, der nach Atem ringt. Kein Brief, aber irgendwie würde er den Tag schon durchstehen, bis die Abendpost kam. Kein Brief an jenem Abend, aber er würde schwimmen gehen oder sich in Havanna ein Pelota-Spiel ansehen, müde genug werden, um zu schlafen, und am Morgen würde bestimmt ein Brief kommen.

«Blieb gestern abend zu Haus, statt zum Essen auszugehen», schrieb er am 17. April, «denn ich dachte, es würde ein Brief kommen. Aber er kam nicht. Und dann war ich sicher, er würde heute morgen kommen. Er *mußte* kommen. Heute war der 17., und Du mußt meinen Brief am 12. bekommen haben. Und was geschah? Ich bekam keinen Brief.» Ich war geschmeichelt, so heftig vermißt zu werden, aber ich war auch beunruhigt. Diese Eindringlichkeit schien meiner Unabhängigkeit Fesseln anzulegen, und ich konnte einfach nicht begreifen, wie ein Mann in seinem eigenen Haus, umgeben von seinen Büchern, Tieren, Freunden so außer sich geraten konnte.

«Ich weiß nicht, wie ich es noch vierzehn Tage aushalten soll», schrieb er.

«Ich bin nicht ungeduldig. Ich bin nur verzweifelt.» Er warf mir Mangel an Verständnis vor. «Du weißt doch, daß manche Menschen gegen gewisse Dinge allergisch sind. Zu denen kann man doch auch nicht sagen: ‹Sei vernünftig. Hör auf, allergisch zu sein.›»

Während ich bei *Time* noch einiges abzuschließen hatte, nutzte Ernest die kubanischen Vergnügungen zur Linderung seiner Einsamkeit. Er überholte die *Pilar* nach ihrem Einsatz bei der U-Boot-Jagd, ließ das vordere Cockpit neu bauen, ließ die Segeltuchbespannung erneuern, die Kissen und Matratzen auf dem Achterdeck neu beziehen und fuhr von Zeit zu Zeit zum Golfstrom hinaus zum Fischen.

«Im Ozean gehen verdammt interessante Dinge vor. Eine neue Art von Haien ist in großen Mengen in 600 Faden Tiefe aufgetaucht. Sie haben keine Rückenflossen, sind schwarz, haben furchtbar häßliche Mäuler, und ihre Bäuche sind voller Schwertfischschwerter und Marlinflossen, und sie fressen einander auf, wenn man sie nicht schnell genug reinkriegt. Außerdem hat einer der Cojímar-Fischer einen großen weißen Hai erwischt, der 7000 (siebentausend) Pfund wog ... Der größte Hai, den ich je fing, wog 798 Pfund, und selbst ein kleiner Fisch wie er leistete beträchtlichen Widerstand ...»

Er übte sich mit Freunden im Taubenschießen. «Ich schieße jämmerlich. Gewinne ständig Geld, aber nur durch Wunder. Wenn ich einen *ballclub* betriebe, würde ich mich sofort verkaufen; aber wenn ich noch schlauer wäre, würde ich mich zurückhalten, da ich wüßte, daß ich groß rauskomme. Ich werde phantastisch rauskommen für Dich.»

Er ließ das Finca-Gebäude von den Trümmern räumen, die der schwere Hurrikan im Herbst 1944 zurückgelassen hatte, pflanzte Bäume, Eukalyptus rings um das Schwimmbecken herum, um Schatten zu haben, und persische Limonenbäume, «damit ich gegebenenfalls eine Tom Collins-Fabrik eröffnen kann», ließ die Loggia am Ende des Schwimmbeckens mit einem Dach aus Palmblättern versehen. Seine neueste Mannschaft bestand aus vier Gärtnern, einem Koch, einem Butler, einem Zimmermädchen, zwei kleinen Jungen und einem Chauffeur. «Koch sitzt den ganzen Tag in der Küche, schneidet Radieschen und Zwiebeln zu kunstvollen Kompositionen.» Pancho, der Tischler machte ihm hölzerne Ringe für das Schwimmbecken, in die man seine Drinks stellen konnte, damit man sie beim Schwimmen in Reichweite hatte.

Die Hunde ließ er nicht ins Haus, «denn Lem, der Pointer, ist zu verdammt groß und zu zärtlich, und Chickie und Negrita sind zu schnell und kennen keine Mäßigung ... Die Tiere waren ein Jahr lang allein, und jetzt ist alles zum Teufel.»

Und nicht nur für unser Leben in Kuba machte er Pläne. «Mit den Flugzeugen, wie man sie jetzt haben wird, werden wir in weniger als neun Stunden von hier nach Paris fliegen. Wir können in Paris eine Wohnung am Fluß haben, die Finca hier und ein Haus in Kenya, und es wird von nirgendwoher mehr eine Entfernung sein ... Bin gerade dabei, mir etwas auszudenken, wie wir nach Paris, London und Afrika reisen und das Haus hier mit einem Minimum an Leuten und Geld in Gang halten können.»

Sein Gesundheitszustand war ein Fragezeichen. Sein alter Freund, Dr. José Luis Herrera, der leitende Sanitätsoffizier der 12. Internationalen Brigade in Spanien, erklärte ihm, als er mit Ernest am Schwimmbecken zu Mittag aß, daß die erste Hämorrhagie, die er bei einem Autounfall, einer Kollision mit einem Londoner Spritzenwagen, gehabt hatte, damals sofort hätte geöffnet und abgesaugt werden müssen und daß er danach sich drei Monate hätte Ruhe gönnen sollen. Statt dessen war Ernest im August 1944 im Motorradbeiwagen, zusammen mit seinem Freund, dem Fotografen Bob Capa, und dem Fahrer einem deutschen Panzerabwehrgeschütz in den Weg geraten. Die drei Männer waren in den Graben gesprungen, und Ernest war mit seinem gebrochenen Schädel hart auf einen Stein aufgeschlagen. Aber jetzt schrieb er: «Fühle mich so viel besser als irgendwann, seit Du mich kennst, und bitte Dich, mich nicht für einen Hypochonder zu halten.» Endlich wurde es Juni. Ich flog nach Miami, und Ernest buchte für mich einen Platz auf einer Maschine von Miami nach Havanna. Meine dicke, für das nördliche Europa gedachte Army-Uniform war viel zu schwer für diese Breiten; aber ich trug sie auf der Reise nach Havanna, wie Ernest es gewünscht hatte.

Ernest war frisch rasiert und gekämmt und sah knusprig aus in seiner weißen Guayabera, dem plissierten Hemd, das die Herren von Havanna seit langem von den Guajiros, den Landarbeitern, übernommen hatten. Er verstaute mich und mein Gepäck in dem Lincoln-Kabriolett und stellte mir Juan, den Chauffeur, vor – alles formell und höflich, ohne eine Gefühlsregung zu zeigen. Als wir zu dritt auf dem Vordersitz saßen, sagte er: «Ich hoffe, es macht dir nichts aus, neben einem Neger zu sitzen.»

«Sei nicht blöd. Du verwechselst mich mit einer anderen.» Von den Namen, Ortsbezeichnungen und der spanischen Sprache begriff ich nichts. Ich fand es komisch, daß die Kubaner sich mit den Worten *Hasta mañana* voneinander verabschiedeten – ich glaubte, *hasta* müsse mit «Hast» zu tun haben.

Wir fuhren durch das hölzerne Tor der Finca, dann durch einen scharlachroten Blumenbogen, ein Stückchen bergan, und das Rund einer Einfahrt entlang, zu einer herrlichen alten Steintreppe. Aus einer der Stufen wuchs ein riesiger Baum. Das Haus schien aus der Hügelkuppe herausgewachsen zu sein. Das Dach und die große Terrasse waren reich mit Blumen bewachsen, und die Luft duftete nach sprießenden Pflanzen. Ich dachte an Jane Austen und Louisa May Alcott und an alte Pfarrhäuser auf dem Lande und war augenblicklich verliebt.

«Eine Ruine», sagte Ernest.

«Es ist schön. Es ist wunderschön.» Die Nachmittagssonne schien hinein und ließ das Haus, von draußen gesehen, durch die offenen Türen und Fenster noch gastlicher erscheinen. Da macht es gar nichts, wie es drinnen aussieht, sagte ich mir im stillen, während ich die Stufen hinaufging. Und das war, wie sich herausstellte, ein Glück. Das längliche Wohnzimmer mit seiner rosa Decke sah aus wie das Wartezimmer eines Bestattungsinstituts. Das angrenzende Eßzimmer war streng und kahl, abgesehen von einem Refektoriumstisch und den dazugehörenden Stühlen.

Juan und der Butler stellten mein Gepäck ins Wohnzimmer.

«Du kannst im ‹Little House› wohnen, wenn du willst», sagte Ernest. «Da wohnen sonst die Kinder. Aber es ist für dich bereit.» Er war höflich und zurückhaltend.

«Wie du willst.»

Er öffnete die Tür zu einem großen blauen, sonnendurchfluteten Zimmer – ein riesiges Bett, ein riesiger Schreibtisch, riesige Kommode und ein riesiger Frisiertisch. Die frühere Bewohnerin, Martha Gellhorn, hatte nicht viele Spuren hinterlassen. Ich brauchte zwanzig Minuten, um das Nötigste auszupacken, mich meiner wollenen Uniform zu entledigen und mir ein Baumwollkleid und Sandalen anzuziehen. Dann führte mich Ernest herum, begleitet von seiner Lieblingskatze: Boise, schwarz und weiß, lang und dünn, gebürtig aus Cojímar, dem Fischerhafen, wo Ernests *Pilar* lag. Ernest machte die Katze und mich miteinander bekannt, und zu seiner Überraschung mochten wir einander auf den ersten Blick. Boise rieb sich an meinen Beinen, als wir zum Schwimmbecken hintergingen.

«Seltsam», sagte Ernest. «Er haßt nämlich alle Frauchen. Denn ein Frauchen ließ ihm die Eier abschneiden.»

Das Schwimmbecken, groß und tief, sah einladend aus. Mir fiel ein, daß ich das letzte Mal 1940 im Freien gebadet hatte, im Schwimmklub im Bois de Boulogne und in Roehampton bei London.

Ernest klagte über den Hurrikan vom letzten Herbst. «Alles sieht aus wie gerupft. Dürr, durch die Trockenheit. Aber alles wird wieder wachsen. Es wird dir gefallen.» Er redete wie ein Grundstücksmakler, förmlich und steif.

«Ich finde, es sieht üppig aus», sagte ich.

Als wir den Pfad zum Hause hinaufgingen – Boise sprang um uns herum, auf lauernde eingebildete Feinde zu, glücklich wie eine Katze –, deutete Ernest auf einen zerbrechlich aussehenden Baum, zwischen dessen zarten Zweigen die Spitzen grüner Samenhülsen hervorsahen.

«Das ist eine Tamarinde», sagte er, jetzt weniger verkrampft. «Ein exotischer Baum. Romantischer Name, nicht?»

Aber auch ich war angespannt. «Eine kleine Romanze könnten wir allerdings brauchen», sagte ich schroff. Ernests Gesicht verschloß sich, als hätte ich ihm eine Ohrfeige gegeben. Ich hätte mir die Zunge abbeißen mögen.

5
Cuba Bella

Ernest und die Finca Vigía und Cuba Bella stellten mich vor lauter neue Anforderungen: eine neue Sprache, ein ungewohntes Klima, eine Welt blühender Bäume, Reben, Ranken, Büsche und Pflanzen, die mir unbekannt waren, eine große Dienerschaft und ein neuer Lebensstil, neue Beschäftigungen, die gelernt sein wollten, wie das Fischen und Jagen – und ein einziger Herr und Meister statt der vielschichtigen Hierarchie bei Time Inc., ein neuer Mittelpunkt. Kein Büro mehr. Ich mußte mich an eine mir völlig neue Art zu leben gewöhnen und war froh, daß ich Europa mit dem Entschluß verlassen hatte, die Verbindung zu meinen Freunden dort nicht durch regelmäßiges Briefeschreiben künstlich aufrechtzuerhalten. Ein schmerzender, aber klarer Bruch.

Ernest machte mich mit den anderen Dienstboten und Gärtnern, mit dem Zimmermann Pancho und mit den wichtigsten Katzen bekannt:

da war Princesa, die zartgliedrige, elegante graue Perserkatze, die Stammesmutter, schön, aber mir mit ihren persischen Mysterien etwas zu feminin, ferner Onkel Willy, der Liebling der Kinder, ein stämmiger, gestreifter, geschäftiger Kater, der Katzen verachtete, aber die Menschen liebte, dann Bigotes, der große, rauhe, liebenswerte und kampflustige Familienpascha, Onkel Wolfie, langhaarig und silbrig wie seine Mutter, gutmütig und schüchtern, und die ganze Schar der diesjährigen Katzenmütter mit ihren Kindern. Sie sonnten sich jeden Morgen an ihren Lieblingsplätzen auf der Terrasse, spazierten in regelmäßigen Abständen herum, begrüßten uns und boten uns die Ohren zum Kraulen dar. Wie der scharlachrot blühende Flamboyant und der rosa blühende Jasmin gehörten die Katzen zum einheimischen Schmuck der Finca.

Wir suchten eine Spanischlehrerin für mich. Es war Pilar, ein nettes spanisches Mädchen. Sie kam an drei oder vier Vormittagen der Woche zur Finca. Sie sprach das kastilische Spanisch, wie Ernest gewollt hatte. Mit dem Kastilischen, so erklärte er mir, könne ich mich in allen spanischsprechenden Ländern verständlich machen, während das kubanische Spanisch mit seiner Überbetonung der Vokale und dem Verschlucken der Konsonanten in anderen spanischsprechenden Ländern kaum zu verstehen sei. Vorerst kümmerte sich Ernest geduldig um die täglichen Speisefolgen und überwachte die Arbeiten im Haushalt.

Fast jeden Tag kamen Freunde von ihm zum Lunch. Sie sprachen mir zuliebe Englisch oder Französisch. Es war ein ganzes Sortiment spanischer Granden: Peps Merito, der Marqués de Valparaíso, Mayito Menocal und Elicio Argüelles – schweigend billigten sie Ernests nonkonformistischen Lebensstil. Ich interessierte mich für die Politik des für mich neuen Landes. Aber auf meine Fragen erhielt ich nur beschwichtigende Antworten. Ich schloß daraus, daß Frauen sich offenbar nicht für Politik zu interessieren hatten. Als wir am 8. Mai gerade die letzte Flasche unseres Tischweins leerten, hörten wir plötzlich draußen lautes Schreien und Singen. Die jungen Leute aus dem Dorf tanzten auf der Auffahrt. «Der Krieg ist zu Ende», sagte Ernest mit ruhiger Stimme. «Sie haben es gerade im Radio gehört.» Er ging die Stufen hinunter, umarmte die Jungen und ließ sich Geld bringen, für Bier für sie. Ein Gefühl des Fernseins von allem, was mir vertraut war, überkam mich, die Fremde im Sonnenschein unter dem Ceibabaum.

Dr. Cucu Kohly, Ernests Freund und Gefährte beim Fischen, brachte eines Tages seine hübsche amerikanische Frau Joy zum Mittagessen mit. Und, so sehr ich mich freute, sie kennenzulernen, stellte ich dabei dennoch ohne Bedauern fest, daß ich seit meiner Ankunft außer unserem kubanischen Mädchen keine andere Frau gesehen hatte. Aus Rücksicht auf meine Eltern war ich offiziell Gast der Kohlys in ihrem zehn Meilen entfernten Haus auf der anderen Seite von Havanna. Sie waren so freundlich, mir meine an ihre Adresse geschickte Post zukommen zu lassen. Während des freundlichen Geplauders fragte ich mich, ob und wie es mir gelingen könnte, meine Interessen auf die simplen, erstickenden Dinge des Haushalts zu beschränken.

Es kam der Tag, an dem wir in unserem Lincoln-Kabriolett über abgelegene Landstraßen nach Cojímar fuhren, wo Ernest mich – bemüht lässig – mit Gregorio Fuentes, seinem Maat, und mit seiner *Pilar* – schwarzer Rumpf und grünes Deck –, seinem ihm teuersten Besitz, bekanntmachte. Beide gewannen in mir sofort eine neue Verehrerin. Gregorios hübsches, vom Wetter gegerbtes Gesicht strahlte die Freundlichkeit aus, der ich immer wieder bei Menschen, die viel im Freien lebten, begegnet war. Die *Pilar* war blitzblank, und alles Gerät war an seinem Platz. Ich verstand zwar nichts von Fischerbooten, aber dieses fand ich auf Anhieb wunderbar. Die Maße und die Geschichte der *Pilar* würde ich später erfahren. An diesem Tag erkundete ich sie. Ich hockte mich neben das Speigatt ganz vorn am Bug, ließ die Beine über Bord hängen und freute mich an den Perlen und Diamanten, die aufstoben, wenn sie das Wasser durchpflügte. Ich fand einen eigenen Weg vom Achterdeck zur Brücke, wo Ernest am Ruder stand. Er konnte sich vom Angelsitz auf die Brücke schwingen, aber seine Beine waren auch mindestens fünfzehn Zentimeter länger als meine. Eine waagerechte Verstrebung erstreckte sich Backbord von der Hüsung bis zu einer Stange auf dem Achterdeck, und ich fand heraus, daß ich, wenn ich darauf stand, auf die Brücke klettern konnte. Einfach, schnell, lustig.

«Ich habe herausgefunden, wie ich nach *oben* komme – ich weiß nicht mehr, wie man es auf Schiffen nennt», flunkerte ich und umarmte den Skipper.

«Oben, natürlich», sagte er. «Und das da ist vorn. Und dahinten ist hinten. Und unten ist unten.» So alberten wir. Ich kannte nämlich fast alle nautischen Ausdrücke.

«Und wo ist das Zimmer der Dame?»

«Überall. Wo du willst.»

«Du bist immer willkommen», sagte ich.

In jenen Jahren verbrachten wir mehr glückliche und beschwingte Tage an Bord der *Pilar* als irgendwo sonst, außer vielleicht in Ostafrika, wo wir jedoch nur sechs Monate blieben. Ernest hatte die *Pilar* 1934, als er wußte, daß er sich ein eigenes Fischerboot leisten konnte, bei den Wheeler Brothers in Brooklyn in Auftrag gegeben. Er hatte oft genug vor Bimini,

Key West und Havanna gefischt, um genau zu wissen, was er wollte. Sein Boot sollte stärker als die meisten anderen Boote sein, sowohl unter als auch über der Wasserlinie. Die *Pilar* war mit ihren festgefügten, in heißem Dampf gebogenen 1 1/2 Zoll starken und 1 3/4 Zoll breiten weißen Eichenspanten so solide wie der Mount Everest. Die Brücke mußte hoch genug sein, um von dort aus Fische im Umkreis von einer Viertelmeile auszumachen, und um dem unteren Deck eine ausreichende lichte Höhe zu geben. Sie befand sich sieben Fuß über dem Achterdeck. Der Raum oben mußte groß genug für ein halbes Dutzend Freunde sein. Er war so groß wie ein Hollywood-Bett innerhalb seiner Reling, und manchmal war er auch eins, wenn nämlich drei oder vier Leute auf einer großen Luftmatratze auf dem Oberdeck schliefen.

Die *Pilar* war 38 Fuß lang, mit einem 12 Fuß hohen Mast, und sie hatte einen Tiefgang von 3 1/2 Fuß – geräumig und dennoch gut zu manövrieren in den seichten Gewässern, wo der Tarpon lebt. Sie hatte keine Seitenwandung um das Achterdeck – damals, als die meisten Bootskabinen bis zum Heck gingen, eine Neuerung –, und dadurch war es auf ihr auch an den heißesten Tagen in den subtropischen Gewässern kühl, wenn die Segeltuchbespannung hochgerollt war und die Brise durchpustete. Ihre Schraube wurde von einem Chrysler Marine Motor von 110 PS getrieben, der ihr eine Durchschnittsgeschwindigkeit von acht bis neun Knoten ermöglichte – mehr war nicht nötig, da der Golfstrom an der Nordküste Kubas meist nur ein paar hundert Meter vom Strand entfernt vorbeifloß. Ernest brauchte also nicht zehn, fünfzehn Meilen zu seinen Fischgründen zu fahren, wie es die Fischer in vielen Gegenden tun müssen. Die *Pilar* hatte außerdem einen kleinen Universal-Hilfsmotor von 35 PS, der ihr genügend Kraft verlieh, um bei schwerem Seegang den Kurs halten zu können. Sie hatte keine Telefonverbindung zur Küste und auch kein Echolot, keine Mätzchen, aber es gab zwei kleine Kisten, die altmodische Fünfzig-Pfund-Eisbarren faßten, eine in der Kombüse und eine auf dem Achterdeck. Und in einer mit Kork und Zink ausgekleideten Vertiefung unter dem Achterdeck lag eine weitere Kiste, die eine Tonne Eis faßte – wichtig für zweiwöchige Kreuzfahrten. So lebten wir in unserer eigenen isolierten und in sich abgeschlossenen Welt, sobald wir den Hafen verließen.

Die *Pilar* war ein kampferprobtes Schiff, als ich sie kennenlernte. Im Zweiten Weltkrieg hatte sie, mit Funk- und Horchgeräten ausgestattet und mit hochexplosiven Stoffen beladen als *Q-ship* bei der Jagd nach deutschen U-Booten gedient, die vor der kubanischen Küste und an der Ostküste der Vereinigten Staaten alliierte Tanker torpedierten. Sie kreuzte im Gebiet des Golfstroms und der Inseln vor Kubas Nordküste, jeweils einen Monat lang über etwa anderthalb Jahre hin, und war halb als ein der wissenschaftlichen Forschung dienendes Schiff getarnt. Dank Gregorio Fuentes Fürsorge hatte sie den bösen Hurrikan im Herbst 1944 gut überstanden, der die Hälfte der kubanischen Kriegs- und Handelsschiffe sowie die meisten Privatboote in die Straßen Havannas oder im Hafen auf Grund gesetzt hatte. Im Mai 1945 stand sie immer noch «in der Blüte ihres Lebens» und war inzwischen von allem Kriegsgerät befreit.

Bald verstand auch ich die wilde Erregung, die der Anblick der emporragenden geschwungenen Schwanzflosse eines Marlins in uns auslöste, und die Freude, wenn er den Haken im Maul hatte und wir ihn an das Boot manövrierten und ihm dabei gut zuredeten. Obwohl das dann, wie Ernest behauptete, ein recht ungleicher Kampf war.

Bumby kam in den ersten Junitagen direkt aus der Kriegsgefangenschaft zu uns auf die Finca – ein gutaussehender, lustiger Junge, der seine Verwundung und die Gefangenschaft wie durch ein Wunder unbeschadet überstanden zu haben schien. Er gewann sogleich meine Zuneigung durch sein Gelächter über meine bissigen Bemerkungen und seine Wertschätzung unserer Küche, über die ich neuerdings die Aufsicht führte.

Trotz der häufigen Besuche von Ernests Kindern und der Notwendigkeit, ganz neue Fähigkeiten zu erlernen, versank ich manchmal in Depressionen, die freilich nie sehr tief waren. Wahrscheinlich sehnte ich mich zuweilen nach den Begleitumständen meines bisherigen Lebens zurück. Statt meiner Unabhängigkeit und eines eigenen Einkommens war ich jetzt bei allen Entscheidungen über unser Leben wie auch wirtschaftlich von Ernest abhängig. Und ich schätzte es nicht, mein Einkommen in Form von zufälligen Geschenken zu beziehen. Das war für mich ökonomische Sklaverei. Nicht einschneidender als die bei Time Inc., aber persönlicher. Andererseits ergänzte Ernest regelmäßig und ohne Getue oder Geprotze das schmale Einkommen meiner Eltern. Dinge, die ich für lohnend gehalten hatte, so das Materialsammeln und Übersenden neuer Reportagen, hatten für mich auf der Finca Vigía jede Bedeutung verloren. Gespräche über Politik und über die Art und Weise der Genesung Englands und Europas vom Krieg interessierten keinen Menschen in Kuba. Einst war ich selber jemand gewesen, jetzt war ich ein Anhängsel.

Am 7. Juni schrieb ich: «Thrusty ist hier, verkrallt sich in die Bettdecke und verlangt Zärtlichkeiten. [Thrusty war eine der jungen Mutterkatzen.] Thrusty verwechselt mich. Ich gehöre nicht ihr, und sie gehört nicht mir. Der Mann hat sein Haus, seine Schriftstellerei, seine Kinder, seine Katzen. Mir gehört nichts. . . . Ich kann nicht um persönliche Machtpositionen kämpfen. . . . Ich fühle mich sehr einsam, und ich verstehe nichts von der Jagd auf Fische, Tiere Vögel . . . Muskelkraft ist vielleicht kein schlechter Gott, und das gleiche gilt für ihre Verehrung.»

Daß Ernest an meinen Leiden schuld war, daran zweifelte ich nie. Wenn ich zögerte und das Fortgehen immer wieder hinausschob, so deshalb, weil ich mich fragte, wie schwerwiegend meine Anfälle von Niedergeschlagenheit und Auflehnung waren: Waren sie ernst genug, um eine sonst gute Bindung abzubrechen? Bevor ich mich entscheiden konnte, war da immer Ernest, sanft oder nachdenklich und liebevoll – und schon war alles wieder gut.

Die Jungen waren während des Krieges gelegentlich an Bord der *Pilar* gewesen, damals, als sie deutsche U-Boote jagte, und nun beschloß Ernest, daß wir alle eine sentimentale Reise zu der kleinen, von riesigen Korallenriffen umgebenen Insel Megano de Casigua machen sollten, der Ernest den Namen Paraíso gegeben hatte. Er lud seinen baskischen Freund, den Pelota-Spieler Paxtchi Ibarlucia ein, uns mit seiner kleinen Barkasse, der *Winston*, zu begleiten. Auf der *Pilar* waren wir mit Gregorio zu sechst, plus eine Tonne Eis und Mengen von Speisen und Getränken.

Gregorio brachte die *Pilar* am späten Nachmittag in den Hafen von Havanna, aber wir tranken noch einige Daiquiris und aßen in der Floridita zu Abend und feierten einen Abschied, als führen wir ein ganzes Jahr lang fort, so daß wir schließlich erst nach Mitternacht an Bord waren. Dann fuhren wir am Castillo del Morro vorbei aus dem Hafen hinaus und steuerten etwa 270 Grad, Kurs West. Kaum hatten wir abgelegt, da holten sich die Jungen Decken aus der Kleiderkiste und machten sich ihre Betten auf dem unteren Deck. Aber Ernest blieb am Ruder und sah – vielleicht etwas verschwommen – auf das dunkle Meer hinaus. Es war eine schöne, sternenklare Nacht, die See war nur leicht gekräuselt und die Brise kühl und sanft.

Ich holte mir eine Decke, nahm sie mit nach oben, wickelte sie mir um die Beine und lehnte mich an den Skipper, der leise einige der Melodien vor sich hin pfiff, die das *conjunto* von Gitarren und Maracas in der Bar gespielt und gesungen hatte. Einer hatte mir den Text eines Liedes beigebracht, und ich versuchte es:

«*Soy como soy,
Y no como Papa quiere,
Qué culpa tengo yo
De ser así?*»

Ich wußte sogar, was das hieß:

Ich bin wie ich bin
Und nicht, wie Papa will,

> Was kann ich dafür,
> Daß ich so bin?

«Ist wohl das Klagelied einer Hure?» fragte ich.

«Nur die Erfindung des *conjunto*, mein Gürkchen», sagte Papa und legte seinen Arm um mich.

Plötzlich tauchte Gregorio auf der Brücke auf und fragte Papa etwas in seinem schnellen Spanisch. Papa antwortete und übersetzte dann für mich: «Ich habe ihm gesagt, ich sei nicht müde, und er soll sich schlafen legen. Es ist angenehm hier oben, nicht wahr, Gürkchen?»

«Es ist wunderschön», sagte ich und summte das kleine Lied aus der Bar. Aber ich war von den Daiquiris und meiner Müdigkeit wie betäubt. «Entschuldige mich bitte, ich brauche einen Augenblick Schlaf.» Damit legte ich mich auf das Deck und war eine Minute später eingeschlafen.

Die Dämmerung zog bereits am östlichen Himmel herauf, als ich ein Auge öffnete und nach Papas Beinen suchte. Sie waren nicht zu sehen. Er lag auf einem Teil meiner Decke und schlief fest und friedlich. Ich sprang erschrocken auf, denn wir hätten ja mit irgend etwas zusammenstoßen können, aber es war nichts in Sicht – nicht einmal die Küste. Die *Pilar* tuckerte fröhlich dahin. Sie war, soweit ich beurteilen konnte, auf nordwestlichem Kurs. Hier oben hatten wir keinen Kompaß. Ernest hatte nicht einmal das Steuerrad arretiert, ehe er es verließ. Ich stand da und überlegte gerade, ob wir uns nicht etwas mehr westwärts halten sollten – aber vielleicht waren da Korallenriffe, von denen ich nicht wußte –, da wachte Ernest auf.

«Du scheinst ja allerhand Vertrauen in diese Gewässer zu haben», sagte ich ärgerlich.

Ernest schwang das Steuer herum. «Nicht viel Schiffsverkehr in dieser Gegend.»

«Und die Fischer? Wir hätten sie glatt versenkt.»

«Die hätten wir vorher brüllen hören. Wir haben ein bis zwei Stunden verloren. Das ist alles.»

Vom Osten her färbte das Licht die seidigen Wellen lavendelblau und rosa. Der Morgen war zu strahlend und schön für Zank, und so ging ich hinunter, um mir die Säuernis vom Gesicht zu waschen. Ich habe Ernest nie wieder das Ruder der *Pilar* während der Fahrt im Stich lassen sehen.

Hätte ich mir je eine tropische Insel erträumt, mit strohgedeckten *bohíos*, im Schutz üppiger Palmen, mit einer einsamen Bucht und sich im Winde wiegenden gelben Gräsern, so war das plötzlich sich aus dem blauen Meer erhebende Paraíso die Erfüllung dieses Traums. Die Dünung schäumte an den langen Korallenbänken vor der Insel auf, aber dahinter, nachdem wir die schmale Durchfahrt passiert hatten, war die Lagune so still, daß man vier bis fünf Faden tief die Kiesel auf dem sandigen Meeresgrund sehen konnte und Geschöpfe, die ich noch nie erblickt hatte: eine Schule junger Meerbarben, silbrig glitzernd wie in die Luft geworfene Münzen, und zwischen ihnen dünne grünblaue Nadelfische mit schnappenden langen Mäulern.

Als ich durch das seichte Wasser am Strand entlang watete, zog Ernest mich schnell an Land zurück und deutete hinunter ins Wasser. «Stechrochen!» sagte er. «Die mögen es gar nicht, wenn man auf sie tritt.» Ich sah einen eckigen Pfannkuchen mit einem Maul und zwei schwarzen, vorstehenden, landwärts gerichteten Augen und einen faserigen, seewärts deutenden Schwanz, das Ganze mit einer dünnen Sandschicht getarnt. Der Schwanz sei das Gefährliche, erklärte mir Ernest.

«Können sie nicht wenigstens hupen!»

Der Strand bog nordwärts, und zwei Arten von Stelzvögeln tippelten – die eine auf dem nassen Sand, die anderen im Wasser – schnatternd vor uns her. Ernest erklärte: «Wilson's Regenpfeifer. Und Strandläufer. Du findest sie in dem Vogelbuch zu Haus.» Er pfiff einen hohen Crescendo-Flötenton, und einige Strandläufer flatterten auf und flogen landeinwärts, wobei sie ihm mit einem langgezogenen Klageruf antworteten. Paraíso war auch ein Paradies für Vögel. Ein schmaler schilfriger Sumpf trennte die Insel bei Flut fast in zwei Teile und bot Haubentauchern, Brachvögeln, Steißhühnern, Lappentauchern, Ibissen manchmal und Stelzenläufern und anderen Vögeln, die im hohen Norden nisteten, ein schönes Winterrefugium. Wir schwammen an diesem Morgen lange und träge im irisierenden Wasser, und als wir zur *Winston* zurückschwammen, beschloß ich, mir Badeanzüge mit Taschen machen zu lassen, denn von den vielen schönen Muscheln, die ich gern mit auf die *Pilar* mitgenommen hätte, konnte ich nur wenige tragen. Einer der Fischer von der Insel hatte einen kleinen Octopus gefangen, und Gregorio, einer der besten Köche der westlichen Hemisphäre, wie ich entdeckte, bereitete ihn zum Abendessen für uns zu. «*Pulpo en su misma tinta*» (Tintenfisch im eigenen Saft), verkündete er, als er die Schüssel von der Kombüse heraufbrachte, und Ernest und Paxtchi und die Jungen begrüßten das Gericht wie einen alten Freund. Das Fleisch hatte die Textur eines Gummischlauchs und einen undefinierbaren Geschmack, fand ich, aber die schwarze, starke Knoblauchsauce war köstlich.

Meine Freundin Sarah Brown aus den Tagen bei den *Daily News* in Chicago war lange mit dem prominenten Rechtsanwalt William Boyden jr. verheiratet gewesen, und dieser schrieb mir, daß ich trotz achtjähriger

Abwesenheit im Ausland als Einwohnerin Chicagos gern gesehen sei. So beschlossen Ernest und ich, daß ich am besten gleich hinführe, um die ersten Formalitäten einer Scheidung von Noel einzuleiten. Es regnete zum erstenmal seit Monaten am 20. Juni, dem Tag, an dem ich abfliegen wollte, und gleichzeitig traten die Fahrer und Chauffeure von Havanna in Streik. Unser Fahrer Juan erschien zwar pünktlich in seiner grauen Uniform mit Mütze, aber Ernest fand, es sei klüger für Juan, mich nicht zum Flughafen zu fahren. Und so setzte er sich selber ans Steuer. Ich setzte mich neben ihn, und Juan stieg hinten ein.

Am Club de Cazadores bogen wir von der Hauptstraße nach Havanna ab und nahmen die alte holperige Abkürzung nach Rancho Boyeros, dem Flughafen. Lastwagen hatten hier Lehm gefahren, und eine Menge davon war auf die Straße gefallen, und durch den Regen war die Straße eine glitschige Rutschbahn geworden. Als wir eine Anhöhe hinter uns hatten und bergab schlitterten, warnte mich Ernest: «Das sieht schlecht aus, Gürkchen. Wir müssen von der Straße weg...» Er steuerte uns in einen hohen Erdhaufen hinein. Er stieß mit der Stirn gegen den Rückspiegel, mit den Rippen gegen das Steuer und mit dem Knie gegen das Armaturenbrett. Ich sauste mit dem Kopf durch die Windschutzscheibe und spürte erstaunt die feuchte Wärme meines Bluts, das mir den Hals hinunterlief.

Etwa fünfzig Meter vorher waren wir an einer jener Unfallstationen vorbeigekommen, die in Kuba offenbar dem teureren Geschäft des Nivellierens und Ausbesserns der Straßen vorgezogen wurden. Mein Gesicht blutete so stark, daß Ernest trotz seiner zahlreichen Wunden darauf bestand, mich zu dem kleinen Holzhäuschen mit dem Rote-Kreuz-Schild zu tragen.

Drinnen, blutverschmiert, erklärte er, was geschehen war, und dann nahmen sie mich aus seinen Armen, legten mich auf einen Tisch und schlossen die Tür. Eine sehr große schwarze Frau redete freundlich auf mich ein, ohne daß ich auch nur ein Wort verstand. Sie tauchte ein Stück Mull in Alkohol und rieb mir die Glassplitter aus meiner linken Wange. Dann nahm sie das gleiche Tuch, ohne es auszuwringen oder umzudrehen, und wusch mir damit den Staub von der Stirn – und zerkratzte mir die Haut mit den Splittern, die sie mir aus der Wange gewischt hatte. Ich wußte nicht mehr, wie «Aufhören» auf spanisch heißt. Ich wußte nicht mehr das Wort für «schneiden». So schrie ich «No! No! No!» Und wollte mich aufrichten. Aber sie stieß mich zurück.

Cucu Kohly kam sofort aus Havanna angefahren und brachte uns in seinem Auto nach Haus. Der Lincoln fuhr nicht mehr. Cucu legte uns beiden Notverbände an, fand heraus, daß der beste kubanische Spezialist für kosmetische Chirurgie irgendwo achthundert Kilometer von Havanna auf Wachteljagd war und mich erst in ein paar Tagen sehen konnte. «Nicht weinen, nicht lächeln, nicht reden», verordnete Cucu und legte mich in Marthas Schlafzimmer. Da lag ich nun, sah, wie das schwindende Tageslicht sich in den Bäumen draußen lila färbte und hörte die Vögel ihre Abendlieder singen. Ernest kam herein, mit ernstem Gesicht. Seine Rippen und sein Knie mußten schrecklich weh tun, aber er wollte mich aufheitern. Er hatte in den Vereinigten Staaten angerufen, um Bescheid zu sagen, daß ich später käme.

«Wenigstens keine gebrochenen Knochen. Das ist gut.»

«Nur ein zernarbtes Gesicht», murmelte ich.

«Mach dir keine Sorge, meine Schönheit, bitte. Wir werden dafür sorgen, daß du hübsch zusammengenäht wirst.»

Ein paar Tage später brachte Juan mich in eine Klinik in Vedado, einem der vornehmen Wohnviertel Havannas, und am nächsten Morgen lag ich auf dem Operationstisch, die Nerven der einen Gesichtshälfte durch eine Spritze betäubt und riesige, Nadel und Faden schwingende Hände vor meinen Augen. Der Chirurg sprach Englisch.

«Ihre Hände wirken sehr groß», sagte ich. «Aber Sie scheinen ja sehr feine Stiche zu machen!»

«Ich arbeite ja auch an sehr zartem Gewebe», sagte er aufmunternd.

Ernest war mit seinen Schmerzen und der Stirnwunde, die bei jeder Bewegung wieder zu bluten anfing, zu Hause auf der Finca geblieben, aber er schrieb mir ständig – und Juan brachte mir die Briefe und dazu Zeitschriften und große Mengen Obst, das ich verschenkte, weil ich nicht richtig kauen konnte. Ernest schrieb: «Auch ein automobilistisches Unglück kommt nie allein. Du warst so *tapfer* und gut und vernünftig und un-hysterisch unter den allerschlimmsten Bedingungen. ... Ich habe einen leichten Bluterguß im linken Knie. ... Cucu sagte, Deine Schnittwunden seien für einen guten Chirurgen kein Problem. ... Es tut mir so leid, mein liebstes Kätzchen ...» Das unterstrichene «tapfer» war lieb, aber zu theatralisch, fand ich.

Auf mein Drängen brachte man mir einen Spiegel an dem Tag, ehe ich die Klinik verließ. Das bin doch nicht ich, dachte ich. Ausgeschlossen. Ich gab den Spiegel zurück, und die Schwester krächzte mir etwas zu, das nach Teilnahme klang. Aber es hatte keinen Sinn, loszuheulen. Davon wurde ich meine schaurige Maske nicht los.

Die Kinder werden vor mir davonlaufen, dachte ich. Ich kann mich nie mehr in der Öffentlichkeit zeigen. Wie soll ich mich an ein Leben in ständiger Einsamkeit gewöhnen? Niemand wird mich anschauen können, nicht einmal Ernest. Er wird sich nach erfreulicheren Gesichtern umsehen, das ist unvermeidlich. Aber was soll ich ein Leben lang in irgendeiner

Zelle anfangen – allein mit mir selbst? Der Schock beim Anblick meines Gesichts traf weniger meine Eitelkeit – ich habe mich nie für eine Schönheit gehalten – als meine Existenz. Vom erfreulichen Anblick zum Ungeheuer. Wie fand man sich damit ab, ein Ungeheuer zu sein? Ich erinnerte mich an den jungen R.A.F.-Piloten, der mich, nach schweren Verbrennungen zurechtgeflickt, aber trotzdem noch schrecklich aussehend, 1942 in meiner Londoner Wohnung in der Grosvenor Street besucht hatte. Ich lag still da und wartete darauf, daß ich meine Entschlossenheit wiederfand.

Ernest hatte geschrieben: «Noch ein Tag, und dann werden all Deine Freunde Dich gesundpflegen.» Wie konnte ich ihnen mein Unglück zumuten?

Auf der Finca Vigía schloß ich mich ein paar Tage in meinem Zimmer ein und grübelte – ich glaubte Ernest nicht, wenn er traurig hereinkam und sagte: «Bitte, sei nicht traurig. Bitte.»

Eines Morgens wachte ich auf und war wieder ich selbst. Schluß mit dem Selbstmitleid! sagte ich mir. Das nützt dir nichts. Je eher du vergißt, wie scheußlich du aussiehst, um so eher werden sich die anderen daran gewöhnen. Ich hatte eine Menge zu tun, und als erstes sprach ich mit Pancho, der sich in der Garage eine Werkstatt eingerichtet hatte. Ich ging zu ihm und sagte in meinem gebrochenen Spanisch: «Guten Tag, Pancho. Entschuldigen Sie mein Gesicht, aber wir müssen . . .»

Pancho blickte zu Boden, und ein paar Tränen tropften von seinen Wimpern herab. «*Sí, sí, Señora.*» Wir machten uns an die Arbeit. Ich zeigte ihm die von Termiten zerfressenen Türschwellen und Fensterbänke. Eine Woche später kam der Chirurg und entfernte die Fäden. Blutrote Narben blieben zurück. «Sie haben großes Glück gehabt», sagte er, während er mich mit der Pinzette bearbeitete. «Einen Millimeter näher an der Nase – und der Nerv wäre beschädigt worden und Ihr Gesicht gelähmt. Wir können diesen Nerv noch nicht reparieren.» Ich befolgte seine Anweisungen, fettete mir regelmäßig das Gesicht ein und versuchte weiterhin, meine Narben zu ignorieren. Und nach einem Jahr erntete ich den Lohn. Wenn ich neuen Bekannten gegenüber meine Narben erwähnte, fragten sie: «Was für Narben?»

Am 5. Juli veranstaltete Ernest ein großes Taubenschießen mit Lunch für Bumby und seine Freunde, und alle waren in Hochstimmung. Alle, außer mir. Am Abend schrieb ich: «Nach dem Lunch, bei dem es scheußlich chaotisch und barbarisch zuging, setzte ich mich hin und sah mir das Taubenschießen an. Ich bin nicht dazu geeignet, ewig mit diesen glotzenden Kühen auf Clubverandas zu sitzen! Als Papa mich auf einen Drink zur Bar holte und ein kleiner Junge einen Knallfrosch warf, fing ich an zu schreien. Juan fuhr mich nach Hause. Jetzt ist es 9 Uhr 20, und da niemand gekommen ist, um sich nach meinem Befinden zu erkundigen, konnte ich mehrere Stunden nachdenken. Ich kann nur sagen, daß ich verrückt wäre, wenn ich hier bliebe. Ich glaube nicht, daß ich die nötige Begeisterung für diese ewigen Kindereien aufbringen könnte. Für die Ferien schön und gut, aber nicht als tägliche Kost. Eben kam Papa herein und fragte: ‹Was ist das? Dein Schreckenstagebuch?› Ja, es ist besser, ich gehe.»

Langeweile umhüllte mich wie Nebel, wenn ich beim Taubenschießen zusehen mußte, aber auf der *Pilar* überfiel sie mich nie, einerlei ob es ein guter Fischzug war oder nicht. Und das Fischen war herrlich in diesem Sommer. Trotz der Benzinknappheit fuhren wir regelmäßig zu den üppigen Fischgründen des Golfstroms hinaus und ließen die Köder über die besten Strudel und Tiefen gleiten.

Wir fingen sechs oder acht große Marline, und am 8. August 1945 hatte Ernest einen kleinen Riesen am Haken, und er brauchte fünfzig Minuten, bis er ihn an Bord hatte. Auf der Waage in Cojíma wog er knapp sechshundert Pfund, aber er brachte Gregorio nicht viel ein, da andere Fischer an diesem Tag ebenfalls Riesenfische gefangen hatten und die Preise einen Tiefpunkt erreicht hatten.

Als wir ein paar Abende später vor dem Essen unseren Apéritif tranken, kam Justo, der Butler, hereingestürzt und verkündete, daß Japan kapituliert hatte. Er hatte es im Radio in der Pantry gehört. Am nächsten Morgen kam unser Chauffeur Juan mit einem neuen Lied an. Die Kubaner, groß im Improvisieren von Liedern, feierten den Sieg über Japan mit einem ihrer unbekümmerten Reime:

Ping, ping, cayó Berlin
Pong, pong, cayó Japon

Cayó ist, wie ich herausfand, die Vergangenheitsform (3. Person, Singular) von dem Verb *caer*, fallen.

Joy Kohly empfahl mir einen Friseur in Havanna, und Ernest schlug vor, ich sollte mir als Geschenk für ihn mein Haar blondieren lassen. Ich hatte bisher sehr zufrieden mit meiner Haarfarbe gelebt, die Bewunderer von mir Tizianrot nannten und die meiner Ansicht nach die Farbe von Erdnußbutter war. So war ich über das Ansinnen etwas bestürzt, unterzog mich aber der Prozedur, und Ernest war von dem Ergebnis entzückt. Tief in ihm steckte eine geradezu mystische Bewunderung für alles Blonde. Je blonder, um so schöner. Ich habe nie herausgefunden, warum. In einer Welt von Löwenzahnfrauen wäre er ständig in Ekstase gewesen.

Wenn die Finca Vigía Ernests Hauptwohnsitz sein sollte, mußte noch unendlich viel an ihr verändert werden, über die Reparatur der Fensterbänke hinaus. Die Zäune waren verfault und zusammengefallen, besonders an dem Weg zu dem großen schönen Besitz unseres Nachbarn, Frank Steinhart jr., dem die Straßenbahngesellschaft von Havanna gehörte. Die etwa zwanzigköpfige Katzenschar schlief auf den unbezogenen Matratzen eines Doppelbetts in einem Raum neben dem Wohnzimmer und hinterließ, auch wenn man jeden Morgen gründlich saubermachte, ihre Gerüche. In den heißen, trockenen Sommermonaten schütteten wir genug Chlor in das Schwimmbecken, um die Algenbildung zu verhindern, aber uns brannten die Augen, und die Haut trocknete aus. In den Mulden zwischen den drei Hügeln der Finca war genug Weideland für zwei, drei Kühe – statt dessen kauften wir wäßrige Milch von den Steinharts. Der alte Eisschrank in der Pantry, der täglich mit fünfzig Pfund Eis gefüttert werden mußte, reichte nicht aus für Familie und Dienerschaft. Der Rosengarten unterhalb der Garage war nur noch ein Labyrinth von Dornenranken. In dem zwölf Meter langen Wohnzimmer waren nur fünf Sitzgelegenheiten und zwei häßliche Leselampen. Was mein Schlafzimmer betraf, so machte ich einen Vorschlag: «Es könnte ein so schöner, luftiger Raum sein, wenn man ein paar Veränderungen vornähme.»

Ernests Gesicht verfinsterte sich. «Was für Veränderungen?»

«Oh, größere Fenster. Breiter und niedriger. Ein großes Fenster dort am anderen Ende, auf den Bambus hinaus. Und weg mit dem nutzlosen großen Wandschrank.»

«Das Haus wird einstürzen, wenn du soviel Mauerwerk herausnimmst.»

«Man könnte ja feststellen, wo die Stützmauern sind.»

Vorläufig beließen wir es dabei. Aber es begann damit für uns ein Jahrzehnt der Verbesserungen, die die Finca Vigía behaglicher und zweckmäßiger machten, ohne ihr etwas von ihrem ursprünglichen Charme zu nehmen. Wir schafften uns einige Kühe an, legten einen Gemüsegarten und einen Blumengarten an, installierten ein Filter im Schwimmbecken, stellten einen Tiefkühlschrank in den Keller und einen Kühlschrank und einen elektrischen Herd in die Küche, bauten einen Turm – mit Katzenquartier, Abstellraum und einem luftigen, ruhigen Arbeitszimmer für Ernest –, verwandelten ein nie benutztes Schlafzimmer in eine Bibliothek, kauften Möbel für das Wohn- und Speisezimmer und erwarben erfreuliche Nebensächlichkeiten wie Murano-Gläser, von mir entworfen, und Bettwäsche mit Burano-Spitze und venezianischer Stickerei. Jahr für Jahr wurde die Finca für ihre Bewohner behaglicher – sie tröstete und erfreute und entzückte uns.

Am 31. August 1945 flog ich über Miami nach Chicago, wo ich meine Eltern besuchte, und mich mit Bill Boydens Hilfe in einer Zehnminuten-

Gerichtsverhandlung von Mrs. Monks wieder in Miss Welsh zurückverwandelte. Dankbar, daß kein Einspruch erhoben wurde, dankbar für die reibungslose Prozedur. Ich war vor dem Gesetz eine freie Frau.

Mein Cousin Homer Guck und seine Frau Beatrice bestanden darauf, das Ereignis mit einer Fahrt in ihr geliebtes Sommerquartier, ein Blockhaus auf einem Hügel über dem Oberen See in dem Dorf Eagle Harbour, Michigan, zu feiern. Das Eichhörnchen, das an der Hintertür des Hauses herumhüpfte, entlockte mir zwar weniger Begeisterung als die Vögel und Hamster vor meinen Fenstern in Kuba, aber wir verbrachten ein paar herrlich unbeschwerte Tage, und die Narben in meinem Gesicht verheilten mehr und mehr. Ernest schrieb mir wunderbare Briefe, wie immer, wenn wir getrennt waren.

«Es gibt im Grunde keine Zeit außer der Gegenwart», schrieb er. «Wir haben sie wirklich gut genutzt. ... Wir haben großes und herrliches Glück miteinander genossen, und das ist die Garantie für das, was wir haben können. ... Ich hoffe, das klingt jetzt nicht nach einem Zeltgottesdienst mit Dr. Hemingstein und Seiner Inspirierten Prosa. ... Ich werde hart und freudig arbeiten, um Dir mein Leben lang ein guter Ehemann zu sein. ... und werde mich bemühen, ein guter und verantwortungsbewußter Weltbürger zu sein ...

Wenn Du Dich um Deinen alten Mann kümmerst und es ihm ermöglichst, das Rennen zu laufen, statt daß Du ihn zwingst, Wettscheine zu verkaufen, die Wagen mit den anderen Rennpferden zu ziehen etc., oder auch (schlecht) den Hot Dog-Stand zu betreiben, dann können wir mit ihm noch manches Rennen gewinnen. ...

Wir sind beide große Vagabunden, aber wir können arbeiten und uns überarbeiten. ... In meiner Erinnerung hast Du immer nur gearbeitet, und auch ich habe immer gearbeitet. ... Wenn wir so faul sind, daß es STINKT, können wir immer noch etwas dagegen unternehmen.

Ich finde, daß unser eines und einziges Leben das schönste ist, das ich je kennenlernte (was die absolute Herrlichkeit des Glücks betrifft), und daß es die allerbesten Aussichten hat, die je eines hatte. ... Du sagst immer, ich schreibe besser Briefe, als ich rede oder handle, aber das ist so, weil ... mein Verhalten immer hinter meinen Absichten zurückbleibt, oder zwischen zwei Stühle fällt.»

Eine der Unzulänglichkeiten der Finca war die Wasserversorgung, und Ernest schlug vor, sie zu verbessern, indem man die Dachrinnen rings um das Haus vergrößerte und das Regenwasser in einen Brunnen leitete, der in der Nähe des entstehenden Gemüsegartens lag. Er schickte mir täglich detaillierte Berichte über alle begonnenen Arbeiten und über seine Pläne für neue Umbauten.

Am 7. September schrieb er: «War auf dem Dach und hab über das Regenwasserauffangproblem nachgedacht, und als ich die wunderschöne Aussicht sah, dachte ich: Wie wäre es, wenn wir an einer Seite oder Ecke des Hauses einen Turm bauten, mit einem schönen Zimmer für Dich und einem umgitterten Fliesendach, auf das wir einen Tisch und Stühle hinstellen könnten, um abends über das Land hin zu blicken. In das Turmzimmer und auf das Dach würde man über eine äußere Wendeltreppe gelangen. Ich glaube, das könnte herrlich sein.

Außerdem brauchen wir ein bequemes Möbelstück im Wohnzimmer, wenn die Kinder da sind. ... Wir haben den Lincoln wieder, und er sieht besser aus als vor dem Unfall. $ 567,75. Vielleicht kann ich eine verdammt gute Short Story schreiben und sie für einen dicken Batzen Geld verkaufen ...»

Am 11. September hatte er beschlossen, eine neun Zoll tiefe Dachrinne aus Zink zu legen und sie mit einer gekachelten Leitung zu verbinden, die das Wasser direkt in den Brunnen leitete. «Vielleicht kannst Du ein gutes tragbares Batterieradio besorgen. ... Wir brauchen es für das Schiff, und wir können es auch zu Hause gut gebrauchen. ... Ich habe heute abend noch nichts getrunken, und Du bist jetzt schon elf Tage fort.»

Am 12. September mußte er mit Gipsern, Maurern, Malern und mit Pancho verhandeln und ein Vorwort für irgend jemandes Buch schreiben und fühlte sich darum so rauhbeinig «wie ein alter Bär, der einst in der Prärie Rinder getötet hat und von den Abfällen hinter dem Gasthaus ‹Alte Treue› im Park leben muß ... [aber] ich bin nicht ärgerlich über Dich, Kätzchen. ... Muß jetzt schließen und mich den Unerfreulichkeiten widmen.»

Am 13. September hatte er ein Telegramm von Buck Lanham bekommen, der ihm ankündigte, er und seine Frau Pete würden am 22. September die 8-Uhr-Maschine von Miami nach Havanna nehmen, und hatte daraufhin mit den Malern vereinbart, daß sie das große Gästezimmer, das Wohnzimmer und danach die Pantry und die Küche neu streichen – alles vor Bucks Ankunft. Inzwischen war er empört darüber, wie die Alliierten die Deutschen behandelten: «Findest Du es nicht grausam, daß sie Göring von seiner Rauschgiftsucht heilen wollen, ehe sie ihn hängen? Vermutlich werden sie Ribbentrop auch ohne Champagner hängen. Müssen wir Streicher vom Judenhaß kurieren, bevor wir ihn hängen? ... Wir töten 60000 Zivilisten mit einer einzigen Bombe, hängen sechzigjährige Frauen, weil sie Flieger getötet haben. ... Ich will schon gar nichts mehr damit zu tun haben. Der Krieg ist absolut und aufs äußerste barbarisch, ein Verbrechen gegen die Menschen und die Menschheit, und so muß er geführt werden, und die Leute sollten sich nicht plötzlich scheißmenschenfreundlich oder heuchlerisch gebärden. Wer von denen, die je von einem Flugzeug aus auf Zivilisten schossen, hat denn auch nur ein Recht, sich über Mißhandlungen zu beklagen, wenn die Zivilisten sie lynchen?»

Er hatte eine teils russisch, teils deutsch gesungene Schallplattenaufnahme der Oper *Boris Godunow* gekauft und spielte sie am 13. September um 9 Uhr abends auf seinem Capehart-Plattenspieler: «Alle Dienstboten sind fort, und ich habe die Schreibmaschine ins Wohnzimmer gestellt, wo unser Freund Boris Godunow spielt, eine dreizehn Fuß hohe Radau-Oper ... mit all dem Operngefühl, das so eingängig und so schmalzig und so angenehm ist. Es ist so wunderbar, das (angekündigte) Russische zu hören, das ich zwar nicht verstehe, das aber logisch klingt, und die anderen Stimmkastenfanatiker singen in reinem Sauerkrautdeutsch, dem ich gerade noch folgen kann. ... Ich habe einen Graben für das Wasserabflußrohr graben lassen. ... Noch vier Tage, dann ist es fertig und das Rohr gelegt und alles wieder mit Rasen zugedeckt. ... Man kann leider immer noch nicht Blumen von hier per Kabel schicken. So nimm bitte die gute Absicht entgegen.» Er malte eine Tulpe auf den Briefbogen.

Er machte sich Sorgen, weil ich den Journalismus aufgegeben hatte: «Ich fand, alles, was Du hattest, war wunderbar.» Und um mich zu trösten, erinnerte er mich daran, daß es immer schwieriger wird, sich zu überarbeiten, wenn man älter wird. «Es ist schön, und es macht Spaß, und Du schaffst mehr als jeder andere – und dann bist Du eines Tages am Ende. Oder Du bist einfach jeden Tag ein klein wenig mehr fertig. ... Ich weiß, daß ein Teil des Lebens mit mir langweilig für Dich ist. Aber es wird nicht immer so sein. Und wir haben wirklich gute und große und wichtige Arbeiten vor uns in dieser Welt, und wir werden sie gemeinsam tun, als Partner, und außerdem wollen wir glücklich sein.»

Ein großer Hurrikan näherte sich der Nordküste Kubas oder den Keys von Florida, und am 15. September um 8 Uhr 30 vormittags schrieb mir Ernest, er denke, gegen zwei Uhr nachmittags wird er wissen, was der Sturm vorhabe. «Bis zum ersten November-Nordwind sind wir noch nicht über den Berg. Die größte Gefahr besteht zwischen dem 18. Oktober und dem 4. oder 5. November. Ich wünschte, Du brauchtest nicht herunterzukommen, ehe die Sturmmonate vorüber sind. ... Wir sind beide höllisch wetterfühlig, weil wir beide auf Schiffen aufgewachsen sind und das Wasser kennen und im Freien gelebt haben. Aber wenn kein Hurrikan kommt, kann der Oktober ein herrlicher Monat sein. Hohe Wolken, kühl auf dem Wasser, und all die Zugvögel, die vorbeikommen. Gestern abend sah ich viele Entenflüge – wie Rauchfahnen und schnelle, ihre Formen wechselnde dunkle Wolken. Ich sehe ihnen gern zu. Und die armen Grasmücken, die ihren ersten Flug über den Golf machen, sich auf dem Boot niederlassen und ausruhen und dann wieder zur Küste fliegen. Es muß furchtbar sein, so einen Flug zum erstenmal oder zum letztenmal zu machen.

Die Blätter müssen herrlich sein, da wo Du heute bist, sofern die ersten Stürme noch nicht gekommen sind. Falls Du ein Reh oder einen Bären siehst, sag einen schönen Gruß von mir – es kann auch ein hübscher Skunk oder ein Eichhörnchen oder ein Fischotter sein, besonders ein Fischotter.

Diesen Herbst muß ich mir wohl entgehen lassen, wenn wir nicht noch ein paar schöne Herbsttage auf dem Wasser haben. Aber es ist nicht das gleiche hier wie im Norden oder draußen im Westen. ... Ich glaube, dort würde es Dir gefallen [im Westen], weil das Licht und die Luft so wunderbar und die Menschen dort jung sind statt alt.»

Am 17. September schrieb er: «Wir hatten keinerlei Ärger durch den Hurrikan, und das Wetter war klar, mit einer Brise aus Nordwest gestern, und heute wieder klar. ... Am Sonntagmorgen fühlte ich mich ziemlich mies beim Aufwachen ... lechzte nach einem Drink. ... Dann dachte ich, verflucht, jetzt bin ich die ganze Zeit ohne Drink am Morgen ausgekommen, und so trank ich nichts und schrieb statt dessen das verdammte Vorwort. Es ist jetzt fertig. Aber ich muß es abkühlen lassen und dann noch einmal durchgehen, um zu sehen, was nicht gut daran ist ...» Er schickte mir eine Durchschrift mit.*

Am 18. September hatte er einen lärmenden, unerfreulichen Tag «mit all dem Gehämmer, Geschaufel, Gepinsel, Geputze und Gezimmere. ... Dieser Brief jammert wie eine Fliegeralarmsirene. Spiel ihn auf Deinem Pianola, und erschrecke die Hausbewohner damit. ... Ich wollte sagen, ich fühlte mich heute etwas gedämpft, und nun lade ich es auf Dich ab, um es los zu sein.»

Später an diesem Vormittag schrieb er noch einmal, um mir zu berichten, daß er die Bearbeitung des Vorworts beendet habe. «Habe die letzten drei Seiten gestrichen und sieben neue geschrieben. Ich glaube, jetzt ist es gut. Jedenfalls hab ich ein gutes Gefühl. ... Dieses Nicht-Trinken ist eine beschissene Sache, wenn man allein damit zurechtkommen muß, aber es zahlt sich gewaltig aus beim Schreiben.»

Am 19. September waren die Klempner beim Löten, die Rohrleger beendeten ihre Arbeit, der Maler strich die venezianisch rosa Decke des Wohnzimmers neu, Pancho setzte die Fliegenfenster ein, und Ernest war besorgt, daß die Finca Buck und Pete vielleicht nicht gefallen würde. Aber

---

* Es war das Vorwort zu der Anthologie *A Treasury for the Free World*, herausgegeben von Ben Raeburn, New York 1946

am nächsten Tag fühlte er sich «absolut wunderbar und froh und voller Liebe zum Leben und Dir und allem». Er hatte zwei schöne Träume gehabt, schrieb drei engzeilige Seiten über die fortschreitenden Reparaturarbeiten, seine Pläne für weitere Verbesserungen, die Notwendigkeit, den Gemüsegarten im November zu bepflanzen, über die Fische, die wir im Spätherbst fangen würden, und die Aussichten auf die Entenjagd bei Winston Guest auf Gardiners Island.

«Jetzt sind wir mit dem Haus wirklich aus dem elenden Stadium der Probleme und der Plackerei heraus und in dem Stadium, wo es Spaß macht. ... Wenn wir im November in den Norden fahren können. ... Ich werde ein paar Kisten Perrier Jouet besorgen, und wir können dann im Bett trinken. Wir können dort richtig spazierengehen, und es wird wunderbar sein, wieder einmal richtig zu frieren.

Kätzchen, und muß es nicht herrlich sein, wieder einmal Eier und Schinken zum Frühstück zu kriegen, und in unserem eigenen Bett in N.Y., ohne Kater und mit einem herrlichen frischen Tag vor uns? Stell Dir vor, dann sehen wir uns gemeinsam den großen Breughel mit seiner Ernte und Grecos Toledo im Metropolitan an. In New York kann man so viele schöne Dinge unternehmen. Und es ist kein Krieg mehr. ... Einundzwanzig Tage, seit Du fort bist ... lange Zeit. ... Wir werden so lieb und freundlich und fröhlich sein und unseren Spaß haben. Vielleicht bekomme ich heute abend einen Brief.»

In einem anderen dreiseitigen engzeiligen Brief vom 21. September half er meiner Bildung auf. «Enten sind Flüge. Volk oder Kette – das sind die kurzflügligen, schnell flatternden Wildvögel wie Wachteln, Rebhühner oder Moorhühner. ... Keiner außer buchgelehrten Jägern benutzt all diese künstlichen Ausdrücke wie eine Formation von Gänsen. Du sagst einfach, eine Schar Gänse. Oder auch eine verdammt große Hurenschar von mehr Gänsen, als du je im Leben erblickt hast. ... Die einzige Regel ist Volk oder Kette bei Wachteln und Rebhühnern. Bei Moorhühnern sind es Flüge oder Ketten. Bei Enten sind es Flüge, bei Gänsen Scharen, und ihre Bewegung ist ein Flug. Ein alter Bulle kann ein Büffel, ein Elch oder ein Elefant sein. Aber ein alter Bock ist ein Hirsch oder jede Antilopenart außer einem Kudu, einem Elen oder einer der spiralförmig gehörnten Antilopen – die sind Bullen. ...

Möchte jetzt gern ein schönes Häuschen für die Miezis bauen [O Freude!], mit leicht zu säubernder Einrichtung und schönen Nischen zum Schlafen und Plätzen, wo sie ihre Kleinen kriegen und aufziehen können. ... Es sollte fast ein Teil des Hauses sein, damit die Miezis nicht glauben, wir hätten sie nach Sibirien geschickt oder verstoßen. Und es sollte nah genug sein, daß man vom Haus aus sehen kann, ob für alles gesorgt ist und ob die Miezis gesund und glücklich sind. . . . Werde einen großen Kratzpfahl basteln, mit einem Teppich darum, damit sie ihre Krallen gebrauchen können, und einen Kasten mit Katzenminze hineintun und Ping-Pong-Bällen zum Spielen für die Kätzchen. Kann sogar eine Shakespeare-Folioausgabe hineinlegen, auf die Friendless pinkeln darf. Es ist ungerecht, Miezis zu halten, sie nicht anständig zu füttern und ihre natürlichen Impulse und Triebe als Sünde auszulegen.»

Am 25. September war Ernest wehmütig gestimmt und sehnte sich nach alten Freunden. «Wie Charley Sweeny, Evan Shipman, Koltsof, Werner Heilbrun, Jan Flanner, Dawn Powell, Max Perkins, John Bishop. . . . Ich bin so allein ohne Dich, wie ich es noch nie in meinem Leben gewesen bin.» Statt seiner Unterschrift hatte er einen großen Bären gezeichnet.

«Hatte einen reizenden Brief von Deinem Dad», schrieb Ernest, «in dem er mir viel Glück mit Dir wünschte. Klingt nach einem furchtbar netten Mann, und das war immer so, seit Du mir in Paris von ihm erzähltest.»

Er bemühte sich, ein guter Gastgeber zu sein, aber er war unsicher, wo es um das richtige Maß ging, einerseits dazusein und seine Gäste zu unterhalten und sie andererseits sich selbst zu überlassen. «Die Leute in Ruhe zu lassen (was in Kreisen, in denen ich zu verkehren pflegte, als die höchste Form der Höflichkeit gegenüber Gästen betrachtet wurde), könnte als gedankenlos oder unliebenswürdig aufgefaßt werden. Ich hoffe, ich tue das Richtige.»

Am 27. September war Ernest unglücklich, weil er noch nichts von mir über sein Vorwort gehört hatte: «Ich wünschte, Du hättest mir etwas dazu gesagt oder es wenigstens erwähnt. . . . Habe so hart daran gearbeitet und das Trinken aufgegeben, war aber ganz allein und hatte niemanden, mit dem ich darüber reden konnte – und wir sollten doch so etwas wie Partner sein. . . . Wenn es Dreck war, hätte ich gern wenigstens das gehört . . .»

Am Freitag, dem 28. September, konnte Ernest mir berichten, daß er und Buck, der vorher noch nie eine Schrotflinte in der Hand gehabt hatte, sehr gut bei einem Schießen auf lebende Tauben im Club de Cazadores abgeschnitten hatten, und: «Du hast mir einen so lieben Brief geschrieben, und ich bin so glücklich über all die Hauspläne und so glücklich, daß Du den Text [das Vorwort] mochtest. Mir ging es nicht um ein Lob. Wollte nur wissen, was mein Partner davon hält.

Wünschte, ich hätte genug Geld, daß ich schreiben könnte und es nie verkaufen müßte», fuhr er fort. «Ich weiß, daß es das ist, was mich jetzt lähmt: der Gedanke, daß ich eine Story schreiben muß, die auch Geld einbringt. Also werde ich eine schöne und unverkäufliche Story schreiben. Und danach werde ich eine schreiben, die ich verkaufen kann. Die

Denkmaschine läuft ziemlich okay. Jetzt muß ich die Erzähl- und Einfallmaschine in Gang setzen. Habe vor kurzem erst die Ventile in Ordnung gebracht und neue Ringe eingelegt. ... Ich wache immer glücklich auf, weil Du jetzt nicht einmal mehr dem Namen nach mit einem anderen verheiratet bist.»

Am 29. September schrieb er: «Noch ein lieber Brief von Dir heute früh. ... Jetzt lobst Du mich dermaßen [wegen des Vorworts], daß mir ganz unheimlich wird. ... Jetzt, wo Du sagst, es ist gut, bin ich zufrieden und brauche es niemandem sonst zu zeigen. Ich kann selbst beurteilen, ob mir eine Beschreibung oder eine Handlung oder ein Dialog gelungen ist, denn dafür habe ich ein eingebautes Radar, aber wenn es um Ideen oder Meinungen geht ... da mißtraue ich immer dem, was ich denke, wenn ich's nicht bis aufs Mark untersuchen kann. Und wie soll man wissen, ob man beim Mark angelangt ist, wenn man allein mit sich ist? Vielleicht hat einen gerade der Schäferwahn gepackt ...»

Ernest empfing mich mit großen Gesten und gefrorenen Daiquiris, als ich zurückkehrte – in mein «Zuhause», wie ich jetzt zum erstenmal dachte.

Beim Fischen mit Paxtchi und Gregorio am nächsten Tag, «einem wunderbaren, glücklichen, gesunden Tag», hielten wir auch eine Gipfelkonferenz über Programme und Projekte ab. Ernest hatte eine Idee für eine Story – «Ein Mann und seine Schriftstellerin» –, die unterhaltsam, amüsant und humorvoll zu werden versprach, falls er sie so schrieb, wie er sie entwarf und ausspann, während wir im Golfstrom kreuzten. Irgend etwas muß dann dazwischengekommen sein und verhindert haben, daß die Geschichte geschrieben wurde, aber das war bei uns nichts Ungewöhnliches. Wir waren keine Anhänger des Drahtton- oder Tonbandgeräts, und wir hatten längst beschlossen, daß ich keine Simone de Pouvoir (sic) sein sollte, die Ernests Bemerkungen schriftlich festhielt. Unser Prinzip war, daß die Bemerkungen und die Fröhlichkeit eines Tages Selbstzweck waren, und zum Teufel mit der Aufzeichnerei. Der Fundus an Weisheit und Witz war reich genug für die Bedürfnisse des morgigen Tages und des nächsten Jahres.

Bei unserer Projektkonferenz ergaben sich auch einige Aufgaben für mich. Ich sollte alles bis auf die letzten endgültigen Fassungen seiner Werke tippen und die Korrespondenz übernehmen, mit der er sich nicht selber befassen wollte. Während die Diener die Einkäufe für ihr eigenes Essen selbst erledigten und ich nur die Quittungen zu prüfen brauchte, übernahm ich das Verpflegungsamt für uns und war bereit, mit Juan zu den großen Märkten in Havanna zu fahren, um leckere Sachen zu finden. Ich sollte die Aufsicht führen über die Gärtner und über das Pflanzen und

Bewässern und Beschneiden und Ernten. Und das Wichtigste: ich sollte dafür sorgen, daß Ernest «absolut ungestört» blieb, wann immer er jeden Tag arbeiten wollte, und «niemanden zu ihm lassen».

Ich hatte ein paar Familienfotos mitgebracht – meine Eltern in zwei gleichen goldenen Rahmen und Homer und Beatrice Guck – und sie in meinem Zimmer auf Marthas riesigen Schreibtisch gestellt. Aus einem mir unerklärlichen Grund ärgerte sich Ernest darüber und brummte, ich wollte ihm wohl «einen Schlag versetzen».

«Einen Schlag? Mit vier Fotos?» Ich starrte ihn an. «In diesem Zimmer, in dem nichts ist, was mir gehört?»

Ernest hatte in seinem Arbeitszimmer ein hübsches gerahmtes Foto von Martha hängen, das ich mit Interesse und einiger Neugier betrachtet hatte. Er erklärte mir, wie sehr die Kinder an ihr hingen und wie sehr sie sich bemüht habe, ihnen zu gefallen und es ihnen schön zu machen. Ich kam mir wie ein Eindringling vor. Ich ließ meine Fotos an ihrem Platz und schrieb ihm einen Brief: «Du sprichst davon, daß Du Vertrauen zum Schreiben gewinnen mußt. Ich brauche Vertrauen, um hier leben zu können. Ich habe die Bilder in eine, wie ich glaubte, unauffällige Ecke gestellt. . . . Du bist hier überall Herr und Meister. Du hast es bequem. Alles ist mit Deiner Billigung oder auf Deine Anregung hin gemacht worden. . . . Ich wollte nur irgendeine Kleinigkeit, die ein bißchen nach mir aussieht. . . . Und was Dein Bild von Martha betrifft . . . tut mir leid, aber da frage ich mich, ob Du der Kinder wegen auch Bilder von Pauline aufgehängt hast, als Mardy hier war.» Bald darauf kam Ernest mit meiner Unterstützung zu dem Schluß, daß Martha es bestimmt nicht gern sah, wenn ihre Möbel von einer Nachfolgerin benutzt wurden, und erlaubte mir, daß ich Möbel entwarf und sie mir von Pancho tischlern ließ – einen kleineren und, wie ich fand, schöneren und zweckmäßigeren Schreibtisch, Kommoden, eine Sitzbank am Fenster, Bücherregale, Nachttischregale, ein Tischchen aus einem alten emaillierten Metalltablett, einen großen, runden und mit dem gleichen Stoff wie die lange Sitzbank bezogenen Puff und einen niedrigen Sessel, herrlich für Besucher und herumlungernde Katzen. Ernest ließ Marthas Mobiliar nach Havanna in einen Speicher bringen, teilte die Adresse mit und bezahlte die Lagermiete für fünfzehn Jahre.

Eines Nachmittags lud Ernest mich zum Lunch in der Floridita ein, hinter der Palmenwand, die die Bar vom Restaurant trennte, und zwar zusammen mit Leopoldina, der langjährigen Gelegenheitsfreundin vieler Stammgäste der Bar, Ernest eingeschlossen, Leopoldina behauptete, sie stamme von Maximilian ab, dem Kaiser von Mexiko vor achtzig Jahren, und sie hatte den schönen olivfarbenen Teint der Lateinamerikaner und die großen traurigen Augen des Nachkommens eines ermordeten oder entthronten Potentaten. Allerdings fand ich ihre Konversation weniger anregend als ihr Aussehen.

Nachdem Ernest uns an unsere Plätze geführt hatte, driftete er wieder zur Bar, und Leopoldina sagte: «Sie ahnen ja nicht, was für ein wunderbarer Mann er ist. *Simpático, y generoso.*»

«Nein, aber ich will's versuchen.»

«Alle lieben ihn. *Todo el mundo.*»

«Das sind eine Menge Leute.»

«Alle hoffen, daß Sie gut und lieb zu ihm sein werden. Alle.»

«Das ist sehr freundlich.» Ich lernte allmählich, daß spanisch sprechende Leute gern Wörter wiederholen um der Betonung willen. Ich wußte leider nicht, wie man auf spanisch sagte: «Ich werde mir Mühe geben.»

«Leben Sie gern in Havanna?» fragte ich.

«Nein. Es ist eine böse Stadt. *Depravada.*»

«Wie schade. Ich habe das noch nicht bemerkt.»

«Eine böse Stadt. Und zu heiß», erklärte sie.

«Aber nicht so heiß wie Paris.»

«Nein. Nicht so heiß wie Paris», gab sie zu. Dann funkelte sie mich an, Mißtrauen in ihren hübschen Augen, und erzählte mir, ihre Leber mache ihr zu schaffen.

Die im Sommer geborenen Katzen gediehen, und wir hielten feierliche Taufzeremonien ab. Marthas Lieblingskatze Thrusty, zum erstenmal Mutter, hatte zwei lebhafte Söhne geboren, beide schwarz, mit weißer Zeichnung, wie ihr Großvater Boise. Thrusty war nicht gerade die ideale Katze oder Katzenmutter, fand ich; dazu war sie trotz der guten Erziehung, die sie bei ihrer vornehmen eleganten Mutter Princesa genossen hatte, zu egozentrisch und zu sorglos in ihrem Verhalten. Aber die Kleinen waren vielversprechend, und Ernest schlug vor, sie nach Dichtern zu benennen. Wir waren beide der Meinung, daß Katzen gern ein «S» in ihrem Namen haben, und beschlossen, den einen Stephen Spender zu nennen, woraus Spendthrift [Verschwender] wurde, was Ernest sogleich zu Spendy verkürzte. Spendy wurde bald mein Schatten und liebender Gefährte. Shakespeare war, so meinten wir, eine zu große Bürde für eine kubanische Katze. Und so nannten wir Spendys Bruder Barbershop, abgekürzt Shopsky. Und unter den rot blühenden Bougainvilleagirlanden auf der sonnigen Terrasse tauften wir sie mit Katzenminze, die ich aus Miami mitgebracht hatte, und lehrten sie ihre Namen.

Um diese Zeit schrieb ich: «Papa ist freundlich gewesen, aufmerksam und lieb, und er hat mehrere Male gesagt, er sei glücklicher als je zuvor in seinem Leben. . . . Er ist bestimmt liebevoller zu mir gewesen als irgendeiner der Männer, die ich gekannt habe. Er weigert sich, Justo rauszuschmeißen und nörgelt an Julia [dem Mädchen] und Juan herum. Aber er hat mir das Leben angenehm gemacht – nahm mich zu einem Picknick nach Rincón mit, ging mit mir abends im Dorf spazieren, nahm mich zweimal mit ins Kino und schenkte mir zwei Plätze für die vierzehntägigen Montagabendkonzerte und hat mich schon zweimal begleitet. ... Er gibt sich Mühe, nach dem Abendessen wach zu bleiben, und ich versuche zu lernen, früh schlafen zu gehen.

Gestern abend waren wir mit Bumby und Dick und Marjorie Cooper im Konzert und hörten Yehudi Menuhin – wunderbar, herrlich, brillant. Danach in den Internationalen Club, der sich als kleine Eckkneipe entpuppte und wo ich mich glänzend amüsierte, indem ich vom Orchester begleitet sang. Aber als wir gingen, murrte Papa, wir ruinierten seine Arbeit.»

Wir wechselten ein paar kühle Worte darüber am gleichen Abend, und am nächsten Morgen, nachdem ich gerade nach dem Frühstück geklingelt hatte, kam Ernest in mein Zimmer gestapft und händigte mir einen Brief aus.

«Liebstes Kätzchen», schrieb er mit Bleistift in seiner runden, energischen Schrift. «Zum Thema Nachtlokale. Ich mag sie sehr. Ich amüsiere mich dort immer gut, gehe aber nie hin, wenn ich ein Buch schreibe, weil ich nicht lange aufbleiben und trinken und danach gut schreiben kann. ... Mir wird das Schreiben oft zur Hölle, aber es ist meine eigene, persönliche Hölle, und ich versuche gewöhnlich nicht, sie meinem Partner aufzuzwingen. Habe auch viel Himmel, schöne Entschädigungen und versuche sie mit Dir zu teilen. ... Womit ich sagen will, daß es wahrscheinlich nichts *Positives* gibt, das einen mit Sicherheit jeden Tag zum Schreiben bewegt. Aber über eine längere Zeitspanne hin wird ein guter Schriftsteller anständig schreiben, wenn er sein Handwerkzeug pflegt...» Und so ging es sieben Seiten lang.

Ich tippte eine Antwort: «Allmählich habe ich es gelernt, abends zu Hause zu bleiben und es zu genießen. Ich möchte nicht, daß Du verkaterte Prosa schreibst. Ich möchte, daß Du so schreibst, wie Yehudi spielt.»

Vor einigen Läden in Havanna wurden spindeldürre, müde Weihnachtsbäume zum Verkauf angeboten. Man hatte sie per Schiff den weiten Weg vom Staat Washington nach hier gebracht. Ich nahm einen mit nach Hause, pflanzte ihn in einen Kübel und begoß ihn mit Wasser und Vitaminen, um ihn zum Aufleben, wenn nicht gar zum Überleben zu ermuntern. Der Baum reagierte dankbar, wir stellten ihn in eine Ecke des Wohnzimmers, und ich plante rauschende Festlichkeiten. Es war nach sechs Jahren das erste Weihnachtsfest, an dem ich mich nicht um Freunde zu ängstigen und über die Grausamkeiten des Menschen gegen seinesgleichen zu bekümmern brauchte. *Feliz* war das spanische Wort: fröhlich, glücklich. Es sollte ein *feliz* 25. Dezember für uns werden.

Wir luden die Kohlys ein und auch Don Andrés, Ernests «schwarzen Priester», einen reizenden, frommen und unschuldigen Basken, der jedoch auch Wein und Speise nicht verschmähte und mit einer gewissen Regelmäßigkeit von seiner dreißig Meilen ostwärts gelegenen Pfarrgemeinde zum Lunch zu uns kam. Bumby, noch auf Abschlußurlaub von der Army, war bei uns, sprühend vor Energie, und ebenso Roberto Herrera, der Bruder von Ernests Arzt, der Ernest jetzt zeitweilig bei kleinen Reparaturarbeiten half. Mousie und Gigi sollten am nächsten Tag von Key West herüberkommen.

Am Silvesterabend ging ich mit den Jungen den Weg zum Tor und dann an den schlampigen Holzhäusern entlang zur «Hauptstraße» des Dorfes, die zugleich die Carretera Central, die siebenhundert Meilen lange Hauptverbindungsstraße zwischen der Westküste und der Ostküste Kubas war. Die Straßen waren leer. Die Radios, die den ganzen Tag aus fast allen Häusern kreischten, waren verstummt. Die größte und beliebteste *bodega* – Bier, Rum, Essen aus der Dose, belegte Brote, Kaffee – zeigte nur ihre heruntergelassenen eisernen Jalousien. Licht drang aus einer kleinen *bodega* am Ende des Dorfes, und wir traten ein. Ein einziger Gast nippte an seinem Bier und unterhielt sich mit dem *patrón*, der zu uns sagte: «Alles, was Beine hat, ist nach Havanna gegangen.» Wir bestellten ein paar Flaschen von dem guten kubanischen Hatuey-Bier, tranken sie ruhig und friedlich und gingen durch die nächtliche Stille zur Finca zurück. Ich stellte mir London vor und glänzendes Parkett und verlockende Tanzmusik und munteres Geplauder und schöne Kleider, jetzt wieder nach so vielen finsteren Jahren.

Wir begannen das neue Jahr mit einem Dutzend von Projekten, die viel Aufmerksamkeit erforderten. Die Maurer, der Zimmermann und die Maler bauten mein Zimmer um, und danach drangen Sonnenschein und der frische Ostwind, das Singen der Vögel und das Summen der Insekten und die Düfte der Gemüse- und Blumenbeete durch die neuen großen Fenster zu mir herein. Hausgäste kamen und gingen, Ernest arbeitete stetig an einem neuen Roman, der in Südfrankreich spielen sollte, und wir mußten ein Datum für die Formalitäten einer Trauung festsetzen, auch wenn das nicht eilte. Eine Trockenperiode begann, und unsere Wasserversorgung geriet ins Stocken und brach schließlich zusammen. Charlie Ritz kam aus Paris und hatte eine heiße und staubige Fahrt vom Flughafen zur Finca. Ich umarmte ihn auf den Stufen vor dem Haus und fragte: «Welches Pfand der Gastlichkeit dürfen wir Ihnen zuerst anbieten?»

«Ein Bad», antwortete Charlie.

Wir konnten nur mit einem Eimer Wasser dienen.

Als Nancy de Marigny bei uns erschien, gab es neue Ablenkung. Sie war ein anmutiges dunkelhaariges Mädchen. Ihr Vater war auf mysteriöse Weise ermordet worden, und sie war auf dem Weg zu ihrem Elternhaus irgendwo in der Karibik. Sie flirtete gern auf eine schmachtende, kindliche Art, und nach dem Abendessen zeigte sie uns ihre Ballettkünste – die Musik dazu produzierte unser Plattenspieler. Wir waren entzückt – besonders Bumby –, und ich zog mit zu Ernest ins Zimmer, um ihr meines für die Nacht zu überlassen. Ein, zwei Tage später verkündete Bumby, völlig hypnotisiert von unserem jungen Gast, er werde sie nach Miami und von dort auf ihre karibische Insel begleiten. Er werde bald wiederkommen, sagte er. Ernest war wütend, und später ließ er seinen Zorn an seiner Schreibmaschine freien Lauf, wie er es oft tat. Bumby brauchte nie wieder zur Finca zurückkommen, schrieb er unter allerlei Epitheta und weiteren vehementen Sätzen. Er hatte den Umschlag noch nicht zugeklebt, als ich ihn nach Juan rufen hörte, der den Brief in Havanna bei der Post aufgeben sollte. Ich fing ihn ab, bat ihn, den Brief lesen zu dürfen, und wir setzten uns auf die Stufen vorm Haus, während ich ihn las, und zwang mich dann dazu, ihn zu besänftigen: ein Wort des Mitgefühls, zwei Worte des Bedauerns, eine witzige Bemerkung, die ihm ein Lächeln abzwang, ein warnender Hinweis auf Männerstolz, besonders bei Bumby. Schon das Tippen hatte einen Teil von Ernests Wut zerstreut. Als ich meinen Kommentar beendet hatte, nahm Ernest den Brief wieder mit in sein Zimmer und schrieb ihn neu. Die revidierte Fassung ließ keinen Zweifel an der väterlichen Mißbilligung und Enttäuschung über den Sohn zu, aber sie bedeutete keinen Abbruch der diplomatischen Beziehungen. Es war der erste von vielen Briefen, zu deren Änderung ich ihn – durch Zufall – bewegen konnte.

Slim Hawks, die Frau des Filmemachers Howard Hawks, besuchte uns und wohnte im Little House. Sie kam mit uns und unserem kubanischen Freund Elicio Argüelles auf eine drei- oder viertägige Kreuzfahrt westlich von Paraíso, wo wir bei den Korallenriffen fischten, und auf dem Rückweg holte Slim unter viel Gekicher und Protesten einen Marlin ein. Der Golfstrom zeigte sich von seiner besten kobaltblauen, milde gestimmten Seite, Slim war dekorativ und fröhlich, und Elicio, einer der geschicktesten Fischer Kubas, trug seinen trockenen Witz und seine untadeligen Manieren bei. Slim war das Mädchen, wie ich mich erinnerte, das Martha Gellhorn vor über einem Jahr Ernest als ihre Nachfolgerin empfohlen hatte, aber das machte mir nichts aus. Slim war eine seiner bewunderten und bewundernden Freundinnen, einer der wenigen, die mir keine Ratschläge erteilte, wie ich für ihn sorgen sollte.

Ernests männliche Freunde erschienen ebenfalls und verliehen dem Haus die rauhe, rüde kameradschaftliche Atmosphäre eines Jungenschlafsaals. Tommy Shevlin, hager und höflich, ein alter Freund, mit dem Ernest schon vor Zeiten in Bimini fischen gegangen war und der später in der Marineabteilung der amerikanischen Botschaft in Havanna tätig gewesen war. Winston Guest, riesengroß und reizend und gewinnend in seiner Art, den Ernest zuerst 1933 oder '34 in Ostafrika kennengelernt und der wenige Jahre zuvor auf der *Pilar* deutsche U-Boote gejagt hatte. Tommy hatte an den Kämpfen im Pazifik teilgenommen, und Winston war in China gewesen. Beide hatten sich eigens Urlaub genommen und waren nach Kuba heruntergekommen, um mit uns zu feiern. Sie waren so nett, daß ich bei dem Gedanken an eine legale Ehe immer ruhiger wurde, da ich mir sagte, daß ein Mann, der so treue Freunde hatte, es bestimmt wert war, daß man ihn heiratete.

Sie waren eine richtige Jungenbande und brauchten mich nicht. Und da meine Garderobe auf der Finca nur aus Blusen und Shorts und bunten Baumwollkleidern bestand und nichts aufwies, was für die Trauungszeremonien gesetzt genug war, flog ich nach Miami, um mich bei Bill Lyons, der dort das Pan-Am-Büro leitete, und seiner rothaarigen Frau Maruja einzuquartieren, ein geeignetes Kleid auszusuchen und, frei von dem Druck, den Ernest auf mich ausübte, eine endgültige Entscheidung über den Sprung in den Ehestand zu treffen. Als ich dies meinen Gastgebern gegenüber erwähnte, waren sie entsetzt.

«Du kannst Papa jetzt nicht versetzen», protestierte Bill.

Maruja fuhr sich durch ihr kupferrotes Haar und kicherte. «Das gäbe eine Überraschung! Ich wette, es hat ihm noch nie jemand einen Korb gegeben. Nicht auf einen Heiratsantrag hin!» sagte sie sinnend. «Du mußt nur entscheiden, ob du ihn genug liebst oder nicht. Genug um bei ihm zu bleiben. Selbst wenn er ein Ekel ist. . . . Er kann manchmal ein Ekel sein. Jeder kann das.» Maruja war die Tochter Spruille Bradens, der als amerikanischer Botschafter in Havanna gewesen war, und sie kannte Ernest länger als ich.

Seit zwanzig Monaten waren meine ersten Gedanken beim Aufwachen morgens zu ihm geflogen, wie die Brieftaube, die aus der geöffneten Tür ihres Käfigs schießt.

Ernests eingebautes Radar muß die Spuren meiner Zweifel registriert haben. Er schickte mir Blumen, Liebesbriefe, Telegramme.

«Vielen Dank für Deinen lieben Brief mit der Anweisung: nicht vor dem Schlafengehen öffnen. . . . Juan brachte Deine Fotos, und sie sind einfach *herrlich* . . . gut genug für eine Reportage in *Life*» (Ich hatte den

Wind auf der Finca fotografiert und den Nordsturm, wie er über den Malecón fegte, die Straße am Meer entlang in Havanna.) «Du fehlst mir, und damit Du's weißt, ich bin ganz krank nach Dir. Aber ich werde schon damit fertig, mit diesem Alleinsein. . . . Kätzchen, wir brauchen nicht zu warten, bis Mr. Bumby zurückkommt (gestern in zwei Wochen), um zu heiraten . . .»

Keine Fusion von Handelsgesellschaften kann mit aufmerksamerer Berücksichtigung der Eigentumsrechte vereinbart werden als der kubanische Ehevertrag, der direkt dem Code Napoléon entlehnt worden war. Die erforderlichen Aussagen waren so kompliziert, daß sie zwei lange Sitzungen in einer düsteren Anwaltskanzlei voller altmodischer kubanischer Korbmöbel in Anspruch nahmen. Grabesstimmen, ich leise auf meinem Stuhl kippelnd und fast nichts verstehend. Weit entfernt von so miesen Heucheleien wie «ich lasse dir alle meine irdischen Güter», setzte der Vertrag fest, daß alle gegenseitigen Geschenke im Falle eines Vertragsbruchs zurückgegeben werden mußten. Ich hatte mir in Havanna einen kleinen goldenen Ring mit Diamanten ausgesucht, einen alten *novia*-Ring (Verlobungsring), und Ernest hatte ihn mir geschenkt.

«Auch meinen Verlobungsring?» fragte ich, als man mir den Eigentumsparagraphen übersetzte.

«Natürlich», sagte er lachend.

«Und ich kann dir nichts wegnehmen?»

«Alles, was ich je besitzen werde, mein Kätzchen.» Vielleicht lud es zu sehr zu rauhen Scherzen ein, denn als wir mit Winston und den beiden jüngeren Söhnen, die für die Frühlingsferien aus Canterbury nach Kuba gekommen waren, vor der Floridita aus dem Auto stiegen, um zu Mittag zu essen, sagte er: «Laß uns jetzt den Schierlingsbecher trinken.»

«Du Schuft. Der Verurteilte wird sich an einem herzhaften Lunch betrinken.»

«Die Braut trug einen finsteren Blick.»

«Ich fühle mich eher wie ein alternder Sparringspartner als wie eine Braut.»

Winston war entsetzt über den bissigen Ton und manövrierte uns geschickt in etwas freundlichere Bereiche. Später arrangierte er mit Dick und Marjorie Cooper eine kleine Feier anläßlich der endgültigen Unterzeichnung des Vertrages am 14. März. Es gab Champagner und frischen Kaviar in der hochgelegenen Wohnung der Coopers in Vedado. Etwa zwei Dutzend Freunde hatten sich versammelt. Wir tauschten zahlreiche Trinksprüche aus und verbrachten ein paar Stunden in zunehmender Heiterkeit, aber auf dem Heimweg gerieten Ernest und ich über irgendeinen mißverstandenen Satz aneinander – ein plötzliches Hervorbrechen unterirdischer Spannungen, ein kleines, wildes Erdbeben gegenseitiger Beschuldigungen und Beschimpfungen, von dem Ernest sich sichtlich erleichtert in sanftem Schlaf zurückzog. Ich nahm ein paar Koffer aus den Schränken und begann, einige Kleider einzupacken, aber es fiel mir zu schwer, mich zu entscheiden, was ich in New York brauchen und was ich zurücklassen würde, und so verschob ich es auf den nächsten Morgen und ging leise zu Bett.

Als Ernest frisch und munter wie immer aufwachte, sah er die halbgepackten Koffer und sagte: «Wir wollen nie wieder heiraten, Kätzchen.»

«Jedenfalls nicht einander.»

«Jedenfalls niemand anders.» Das Scharmützel war beendet, Waffenstillstand und Friede, wenn auch kein ewiger, waren geschlossen.

Eine Woche später schrieb ich an meine Eltern: «Das Haus ist voller Kinder und Pläne und voller Ereignisse, bei denen ich helfen muß, daß sie den richtigen Lauf nehmen.» Wenn meine Eltern gekränkt waren, daß ich sie nicht eingeladen hatte, zu den Formalitäten zu uns zu kommen, ließen sie es sich in ihrer großzügigen Art nicht anmerken. Ernest war ihnen gegenüber rücksichtsvoller. Er schrieb ihnen einen zwei Seiten langen engzeiligen Brief und erklärte ihnen «die endlose juristische Prozedur ... ein Überbleibsel des spanischen Regimes. Doch sind wir nun richtig und ordentlich verheiratet, ohne Schulden, die Märzrate der Einkommenssteuer bezahlt und für weitere vorgesorgt, und wir beide sind gesund und glücklich. Die Jungen lieben Mary sehr, und sie ist so gut zu ihnen, so aufmerksam, so freundlich und so geschickt. ... Patrick und Gregory, der mittlere und der jüngste, waren beide hier und sind begeistert. ... Ich weiß, ich bin sehr nachlässig mit dem Schreiben gewesen und kann zu meiner Entschuldigung nur anführen, daß ich jeden Tag schreibe, bis ich zu müde bin, um noch mehr zu schreiben. Das macht aus einem Mann einen miserablen Briefeschreiber.»

Seit über einem Jahr hatten Ernest und ich von einem Baby gesprochen. «Ich würde so gern eine Tochter haben», sagte ich. «Und sie sollte deine Beine haben.» Wir saßen allein im Wohnzimmer und tranken einen Martini vor dem Lunch.

«Und deine Brust», sagte Ernest.

«Deine Augen.»

«Nein, deine Augen und dein Haar. Ein Licht inmitten des Dunkels. Aber wir sollten nicht vergessen, was Mr. Shaw Isadora Duncan geantwortet hat.»

«Ja. Aber sie muß deinen Kopf haben.»

«Gott bewahre uns davor. Wenn sie intelligent und außerdem stets lieb

und gut ist, würde sie ja langweilig sein.»
«Kleine Babies sind langweilig. Man muß warten, bis sie zwei sind.»
«Zwei Jahre alt? Ich habe, glaube ich, nie richtige Babies erlebt.»
«Zwei, vielleicht auch drei Jahre alt.»
«Meine Freunde, die '39 oder '40 Babies bekamen, haben sie aus London fortgebracht. Ich habe sie nie gesehen.»
«Du hast nicht viel versäumt.»
«Aber unser Kind – könnten wir nicht ein Kinderzimmer im Little House einrichten? Die Jungen können irgendwoanders schlafen, wenn sie hier sind. Damit wäre es doch so weit wie möglich von dir entfernt.»
«Hmmmmm. Wir könnten uns eine erstklassige Kinderschwester besorgen.»
«Und, Liebling . . . werde nicht ungeduldig. Werd jedenfalls jetzt noch nicht ungeduldig. . . . Ich möchte sie Bridget nennen. Kurz und schlicht.»
«Bridget Hemingway. B. H. Man wird sie Bridie nennen.»
«Das werde ich nicht zulassen.»
«Hast du ein Geheimmittel dagegen?» Aber dann befand Ernest, daß er den Namen mochte, und Bridget wurde Teil unserer Zukunftspläne. Im Juli wurde aus dem Plan ein Programm, ein zusätzlicher Bestandteil unserer geplanten Reise im Lincoln von Miami nach Idaho. Als der Gynäkologe in der zweiten Julihälfte «Bestimmt!» sagte, versäumte ich es, Cucu Kohlys Rat, nicht zuviel zu schwimmen, zu befolgen. Ich fühlte mich so wohl und war so überzeugt, daß ich sportliche Betätigung brauchte. Ich drängte Josefa, meine Dorfschneiderin, mir bald die Kleider fertig zu machen, die ich für die Reise in das lockende neue Land, dem weiten Westen, haben wollte.

Von Miami fuhren wir nördlich nach Palm Beach und bogen dann nach Westen ab. Wir beobachteten junge Wachteln, die mit ihrer Mutter auf einer unbefestigten Landstraße im Sand badeten. Wir fuhren die alte, sturmgeprüfte Gulf Coast Road von Louisiana nach New Orleans. Dort stiegen wir in einem Hotel von verflossener Pracht in der Royal Street ab, verbrachten einen Ruhetag in der Stadt, wanderten durch das französische Viertel, speisten fürstlich im Galatoire's, stöberten in Buchläden und Antiquitätengeschäften. In einem Geschäft fand ich ein paar langstieliger englischer Servierlöffel, bat, daß man mir den einen in eine Gabel umarbeitete und uns nach Hause schickte. Ernest entdeckte einen Ring mit einem viereckig geschliffenen gelben brasilianischen Diamanten, kaufte ihn und steckte ihn mir an den Finger.

«Dieser Ring sei das Unterpfand meiner Treue», sagte er. Umarmung, Küsse – Kichern hinter dem Ladentisch.

Von Baton Rouge aus fuhren wir westwärts über die lange Brücke über den Mississippi, durchquerten dann die waldigen Hügel von Arkansas und kamen ins Flachland von Missouri, wo wir nach Westen abbogen. Eines Nachmittags, bei wildem Südwind und stechender Sonne, als wir zwischen wogenden Kornfeldern nach Kansas City unterwegs waren, stellten wir den Lincoln an den Straßenrand, um wegen der Sonne das Verdeck zu schließen, tranken Wasser, aßen Eis – und doch war ich ganz benommen. Vielleicht protestierte da mein Baby gegen die Hitze, dachte ich glücklich. Als wir an eine südlich der Stadt gelegene Tankstelle kamen, sprang ich aus dem Wagen in den Schatten und murmelte: «Wie himmlisch kühl!» Der Tankwart zeigte auf ein Thermometer, das im Schatten des Daches an den Zapfsäulen hing, und ich sah zweimal hin: es zeigte 120° Fahrenheit.*

Wir fuhren nordwestlich weiter durch Nebraska, und ein oder zwei Abende später suchten wir in ganz Casper, Wyoming, nach einer Unterkunft, denn Ernest haßte die Kleinstadt-Hotels, nicht nur weil sie in den Kriegsjahren heruntergekommen waren, sondern auch weil man das Gepäck selbst die Treppen hinaufschleppen und den Wagen selbst in die Garage stellten mußte. In einer schmutzigen Straße in der Nähe des Bahnhofs fanden wir schließlich das baufällige Mission Motor Court Hotel mit seinen Linoleumfußböden. Es war nicht schlimmer als andere Nachtquartiere, die wir erlebt hatten, aber es verdiente, in einem Buch erwähnt zu werden, das ich einmal schreiben wollte und das *Durch die Slums in Gottes eigenem Land* heißen sollte. Die Stadt Ogallala, Nebraska, bestätigte mir endgültig, daß wir im Wilden Westen waren. Im Frühstücksraum eines Hotels lehnte sich eine Kellnerin mit dem Ellenbogen auf unseren Tisch und fragte: «Was soll's denn sein, Schätzchen?» Wir hatten die Welt der befrackten Kellner hinter uns gelassen.

6
Draußen im Westen

Vor Jahren hatte ich in England von dem indischen Sport des Schweinesteckens gehört: Reiter jagen mit bewimpelten Speeren durch den Wald und stecken die wilden Schweine zu Tode. In der Nacht zum 18. August in Casper träumte ich von einer solchen grausamen Jagd, wurde von einem Reiter mit seinem Speer angegriffen, aufgespießt und lag schreiend

---

* 49° Celsius. (Anm. d. Übers.)

und mich vor Schmerzen krümmend am Boden. Meine Schreie weckten Ernest und auch mich, und wir wußten, daß ich durchbohrt worden war – innerlich. Ernest lief hinaus, um einen Arzt und einen Krankenwagen zu rufen, kam aber mit dem Bescheid zurück, der einzige ordentliche Chirurg der Stadt sei zum Fischen unterwegs und werde frühestens in drei bis vier Stunden zurück sein. Immerhin kam ein Krankenwagen – nach fünf oder zehn Jahren, wie mir schien –, jemand gab mir eine schmerzstillende Spritze, und große Hände hoben mich behutsam auf eine Trage und in den Krankenwagen. In meiner Betäubung schien mir das Ausmaß der Schmerzen in keinem Verhältnis zu meinen Körperausmaßen zu stehen, aber ich kam gar nicht auf den Gedanken, daß ich in Lebensgefahr schwebte. Vielleicht schlug deshalb mein Herz noch weiter, als der Kreislauf kollabiert war und es kaum noch etwas Blut zu pumpen hatte. Etwa zehn Stunden, nachdem ich schreiend aufgewacht war, hörte ich Ernests Stimme neben mir am Operationstisch und sah, wie er mir, die Hände in Gummihandschuhen, Plasma in den linken Arm hineinträufeln ließ.

Eine Woche danach berichtete er Buck Lanham in einem handgeschriebenen Brief: «Eileiterschwangerschaft, Zerreißung des Eileiters, starke innere Blutungen. . . . Während der Doktor eine Spinalnarkose machte (Montagabend, 20 Uhr 30), bekam Mary einen Kreislaufkollaps, hatte keinen Puls mehr, und er kriegte keine Nadel rein, um ihr Plasma zu geben. Der Doktor meinte, es sei hoffnungslos, unmöglich zu operieren, da sie den Schock nicht ertragen würde, und ich solle ihr Adieu sagen (völlig absurd, da sie bewußtlos war). Ich überredete den Assistenzarzt, nach einer Vene zu schneiden, und gab ihr Plasma . . . ich übernahm die Plasmazuführung, bis wir das Plasma in Fluß bekamen, und als sie etwa einen halben Liter drin hatte, war sie soweit, daß ich auf der Operation bestand.

Während der Operation bekam sie vier Flaschen Plasma und danach zwei Bluttransfusionen, und seitdem ist sie unter dem Sauerstoffzelt. Heute fühlt sie sich gut, Blutsenkung in Ordnung, Puls und Temperatur normal. . . .

Aber, Buck, es war weiß Gott nahe dran! Der Doktor hatte sie aufgegeben und sich schon die Handschuhe abgestreift. . . . Aber man sieht, daß man niemals aufgeben darf. . . . Ein Glück, daß es in Casper geschah und nicht oben in den Bergen.»

Als ich am nächsten Morgen erwachte und aus dem kleinen Fenster meines Sauerstoffzeltes sah, saß Ernest bei meinem Bett und las. Ich dankte dem Schicksal, daß er in dieser Zeit der Not bei mir war. Er allein hatte mir das Leben gerettet. Ich wußte es zwar noch nicht, als ich zum erstenmal zu Bewußtsein kam, erfuhr es aber bald von der hübschen Krankenschwester, die bei der Narkose geholfen hatte, und von den Ärzten.

Bumby, Patrick und Gigi erwarteten uns in Idaho, wo wir uns mit ihnen verabredet hatten. Ernest hatte für sie zweiwöchige Angel- und Jagdferien in der Gegend von Sun Valley geplant, bevor sie wieder in den Osten zur Schule mußten. Jetzt zogen sie mit ihrem Vater zu Flüssen, auf Anhöhen und in Prärien, während ich in meinem kleinen Zelt lag, schläfrig und zufrieden wie eine Eidechse in der Sonne. Zwei oder drei meiner Krankenschwestern waren zu so ergebenen Anhängerinnen von Papa geworden, daß sie – jede aus eigenem Antrieb – uns nach Sun Valley begleiten wollten. «Um nach Miss Mary zu sehen», sagten sie. Sie könnten vierzehn Tage unbezahlten Urlaub nehmen, schlugen sie vor und himmelten dabei Ernest an. Mir paßte das sehr gut, und ich sagte es ihnen, denn ich bewunderte ihre Hingabe. Sie hätten mich bestimmt gut gepflegt, auch wenn sie dabei an sich selbst dachten. Aber als der Lincoln drei Wochen nach meinem Zusammenbruch vom Memorial Hospital in Natrona County, Wyoming, abfuhr, saß ich allein neben dem Chauffeur. (Die Jungen waren in Idaho.) Auf der Fahrt nach Cody, die einen Tag dauerte, kamen wir an endlosen Viehweiden vorbei. Hier und da sah man eine Ranch, die Häuser klein und tapfer in der Weite, und dann fuhren wir meilenweit durch ödes, struppiges Prärieland, und ich war froh, daß ich mein Mißgeschick in Casper und nicht «oben in den Bergen» gehabt hatte.

Ernest hatte einem alten Freund geschrieben, Lloyd «Pappy» Arnold, dem Cheffotografen der Union Pacific in Sun Valley, und ihn gebeten, uns in der einst dicht bevölkerten und reichen Minenstadt Ketchum, eine Meile von Sun Valley entfernt, Unterkunft zu besorgen. Pappy hatte für uns eine Anzahl von niedrigen Zimmern in einem Blockhaus neben dem Büro der MacDonald Cabins, an der Nord-Süd-Straße im Süden Ketchums, ausfindig gemacht. Wir hatten eine Küche mit Tisch zum Frühstücken, ein Wohnzimmer mit Eßtisch, zwei, drei kleine Schlafzimmer mit Kajütenbetten für die Jungen und ein weiteres kleines Schlafzimmer, gerade groß genug für mich. Das Sofa im Wohnzimmer war auszuziehen, und dort schlief Ernest.

Es dämmerte eben, als wir in dem Nest ankamen, und mein Sitzfleisch war müde. Wir waren von Cody durch den Yellowstone Park gefahren, hatten hier und da gehalten, um den Feriengästen zuzusehen, hatten Old Faithful und einige farbig brodelnde Gewässer bewundert und die Nacht in einem baufälligen Eisschrank von Motel in West Yellowstone verbracht. Am nächsten Tag ging es weiter nach Blackfoot und dann westlich über eine schmale Straße nach Arco und Carey und dann hinauf über

Picabo und Hailey nach Ketchum. Von den lieblich aneinandergekuschelten goldenen Hügeln Careys bis hinauf in die zerklüfteten, mit Pinien und Buschwerk bewachsenen Berge des Wood River Valley schlug mich die Landschaft so in ihren Bann, daß ich mich fühlte wie die von einer Angelfliege faszinierte Forelle.

Am Freitag, dem 13. September, machten wir kurzen Halt vor der Tür unserer Unterkunft. Ernest stellte unser nötigstes Gepäck hinein und fuhr uns dann über eine alte Holzbrücke zu einem rot angestrichenen Fachwerkhaus, wo Pappy, seine stupsnäsige und kreuzfidele Frau Tillie und seine Eltern uns zu einem herrlichen Abendessen mit gebratenen Tauben erwarteten. Man setzte mich in einen gepolsterten Schaukelstuhl in die Nähe des warmen alten Eisenherdes und bezeigte mir so viel liebevolle Fürsorge, daß ich in meinem Stuhl einschlief, sobald das Essen vorüber war. Am nächsten Morgen brachte Ernest mir Kaffee ans Bett und tat das noch etwa zwei Wochen lang, und ich lag friedlich da und las einmal wieder *Krieg und Frieden*, während die andern den Haushalt besorgten. Dann aber fühlte ich mich kräftig genug, um bei den morgendlichen Vorbereitungen für den Tag dabeizusein, und eines Morgens half ich bei einem Forellenfrühstück mit, das wir der Angelkunst von Ernests liebem Freund Taylor Williams, dem «Colonel» aus Kentucky und Hauptjagdführer von Sun Valley, verdankten. Ernest briet die Forellen in Butter und etwas Zitronensaft, und sie schmeckten wunderbar zart und nach Haselnuß. Die Küche war danach ein wahres Chaos.

Ernest und die Jungen und später Ernest und Taylor Williams und Pappy und noch später Ernest und Pappy und Slim Hawks, die aus Los Angeles gekommen war, und ich gingen regelmäßig auf die Jagd. Wir schossen Enten und Fasanen, Bergwachteln, ungarische Rebhühner und Chukars – Rebhühner, die aus dem Himalayagebiet eingeführt und in verschiedenen Berggegenden der Vereinigten Staaten und im Hochland von Idaho heimisch geworden waren. Wir hängten unsere Jagdbeute in einer wunderschönen verwitterten Scheune hinter dem Blockhaus auf, und bald fügten wir einen großen Rehbock hinzu, den Patrick geschossen hatte. Mit all dem Wild, das von den dunklen Balken hing, sah die alte braune Scheune wie die Vorratskammer eines geizigen, mittelalterlichen Waidmanns aus. Da wir jedoch sehr knapp bei Kasse waren, verschwendeten wir nichts und aßen jeden Flügel und jede Leber. Ich lernte schnell, wie man all das verschiedene Wildbret zubereitete.

Ketchum war immer noch der Traum eines jeden Schwärmers für den alten Westen. Alte Bretterwege führten zur Main Street, die zugleich der U.S. Highway 93 nach Alaska war. Die meisten der einstöckigen Ziegel- oder Fachwerkhäuser hatten zur Straße hin naiv aufschneiderische Fassaden, die ein Stockwerk mehr vortäuschten. Das zugige, ziegelrote Postamt stammte aus der Zeit des Bürgerkrieges. Eine Bank gab es nicht, aber Bars nahmen Schecks in Zahlung. Im einzigen Laden des Ortes, in dessen Schaufenster nicht etwa Waren lagen, sondern eine Reihe von primitiven Spielautomaten aufgebaut waren, bekam man Kondensmilch, bunte Bohnen und frischen Kohl.

Das Alpine Restaurant, wo wir «bruzzelnde Steaks» verschlangen, dicke Lendenschnitten, in der Pfanne serviert, mit Kartoffeln und Kohlsalat als «Zugabe», das Ganze für $ 1.25, war in der Stadt die Zuflucht für hungrige Mägen, während daneben in der Bar und im Kasino, an den Poker- und Roulettetischen, wo Tag und Nacht die Silberdollars rollten, andere Gelüste befriedigt wurden. Ernest bewunderte das Alpine besonders wegen seiner Hausorgel, nach der es Getränke von sechs Uhr morgens bis etwa um halb acht gratis gab, um den mittellosen Trinkern der Stadt den «Start» in den Tag zu erleichtern. Er war aber auch ein treuer Kunde der Tram, einer schlauchförmigen, dunstig riechenden Bar auf der einen Seite des Alpine, und ihres Pendants, der auf der anderen Seite gelegenen Bar The Sawtooth. Gegenüber war das Casino, in dem man ebenfalls Schnaps, Glücksspiele und leichte Konversation genießen konnte. An der Ecke gegenüber lag Bud Hegstroms Drug Store, wo man gute *ice-cream sodas* für zehn Cent und Riesenportionen für fünfzehn Cent bekam, und an einer anderen Ecke war Jack Lanes Warenhaus, das vor allem die Bedarfsartikel für Schafhirten führte, wo aber jeder die schweren Levi's oder Pendleton-Hosen und -Hemden kaufen und sich auf einer der drei Holzbänke vor dem Haus ausruhen und das Treiben auf der Straße beobachten konnte.

Taylor Williams, Pappy und Papa hatten sich vor dem Krieg mit einigen Kartoffelfarmern aus der Gegend östlich von Shoshone, der nächsten Bahnstation an der Ost-West-Linie der Union Pacific, angefreundet. Damals hatten sie für eine dieser Familien Kaninchen geschossen, und nun lud diese – es waren die Freeses, deutscher Abstammung – uns zum Fasanenschießen auf ihren Besitz ein. Wir sollten Mitte Oktober kommen und dort die Jagdsaison eröffnen. Die Bewässerungsgräben und ein Maisfeld hinter der Scheune boten den Vögeln gute Deckung. Eines strahlenden, kühlen Morgens machte sich unsere Wagenkolonne auf, beladen mit Gewehren, Munition, Vogeljägerjacken, Flaschen mit Wasser und mit stärkeren Getränken, warmen Wollsachen, Reservesocken. Wir waren bester Laune. In Shoshone bogen wir in östlicher Richtung ab, fuhren an den paar Häusern und dem Postamt, die das Dorf Dietrich, Idaho, bildeten, vorbei und kamen bei den Freeses noch gut vor Mittag an. Mrs. Freese und ihre Schwiegertöchter hatten uns ein Festmahl für die Jagderöffnung bereitet, gedämpftes Huhn mit Klößen, ein halbes Dutzend verschiedener Gemüse aus dem eigenen Garten und zwei, drei Blätterpasteten. Während wir unsere Sachen auspackten, die Flaschen herumreichten und uns in der Scheune unterhielten, leise, um die Vögel nicht zu verscheuchen, trugen die Freeses schwerbeladene Teller auf, und wir setzten uns in die Sonne und lauschtem dem Wind in den Maisstauden, den Baumwollbüschen und den Espen am Straßenrand. Wir waren noch mit den Hühnern beschäftigt, als ein bunter Fasan kreischend aus den Baumwollbüschen heraus in unsere Richtung flog. Ernest sah auf seine Uhr, stellte seinen Teller hin, ergriff seine Flinte und schoß den Vogel, der ihm genau vor die Füße fiel. Auf unsern Beifall und die Komplimente und Beschwerden antwortete er nur: «Es war eine Minute nach zwölf.» In der Ferne, jenseits der Felder, hörten wir andere Gewehre knallen.

Es war ein herrlicher Nachmittag. Wir stapften durch die Felder, durch das Buschwerk längs der Wassergräben, räusperten uns und stießen Laute aus, um die Vögel aufzuschrecken, streiften durch das Dickicht rings um die Felder und atmeten den stechenden Geruch der herbstlichen Erde, der Gräser. Jeder schoß seine drei bis fünf Fasanen. Als wir heimkehrten, war die Sonne hinter dem Baldy Mountain untergegangen, und die Häuser lagen im Dunkel. Und vom Dollar Mountain her, weit hinter der Scheune, tönte der einsame Ruf der Kojoten, den wir so liebten.

In einer Ecke unserer Scheune hatte eine wilde Tigerkatze Junge zur Welt gebracht, und eine ihrer Töchter gesellte sich zu uns, betrachtete Patrick und Papa als ihre Bettwärmer und mich als Klettergerüst und Versorgerin. Sie war schwarzgrau gestreift, hatte ein lustiges Gesicht, war überzeugt, daß menschliche Wesen eigens für ihre Unterhaltung und zur Entfaltung ihrer athletischen Künste geschaffen seien, und lernte schnell, daß sie nur zu miauen brauchte, um liebevolle Aufmerksamkeit in Form von Zärtlichkeiten und Leckerbissen zu finden. Papa nannte sie Miss Kitty, und keines ihrer wilden Geschwister hatte es so gut wie sie. Eines ihrer Lieblingsspiele war, bei mir von hinten an den Hosenbeinen und am Arm hochzuklettern, sich auf meine Schulter zu setzen und mir Schmeicheleien ins Ohr zu schnurren, während ich Fleisch oder Wild zum Essen zubereitete. Noch den ganzen Herbst über hatte ich die kleinen Kratznarben auf der linken Schulter. Ihren tollsten Streich spielte sie eines Morgens, als ich nicht im Hause war.

Ich hatte einen kleinen Friseursalon, Marinello's, in einer Seitenstraße entdeckt und war hingegangen, um mir das Haar waschen und die Fingernägel pflegen zu lassen. Ernest war friedlich lesend in seinem Bademantel zu Haus geblieben. Plötzlich stürzte Slim Hawks atemlos und rot vor

Aufregung in den Salon. «Kommen Sie schnell. Schnell! Es ist Papa.»
«Was ist los?»
«Miss Kitty hat ihn in den Krallen. Papa kann sie nicht loskriegen.»
Ich konnte mir Papas Pein gut vorstellen, wie Miss Kitty da an ihm hing.
«Lauf schnell zurück, Dummkopf, und hilf Papa, sie loszuwerden. Du siehst doch, daß ich hier nicht weg kann.»
Miss Kittys Krallen müssen sauber gewesen sein. Die Wunden heilten schnell und entzündeten sich nicht.

Seit über einem Jahr hatte ich Ernest vorgeschlagen, meine Eltern kennenzulernen, obgleich ich wußte, daß auf der Finca Vigía noch nicht alles so war, wie es sein mußte, um sie zu uns einladen zu können. Meine Mutter war gegen jedes Trinken und Rauchen und Fluchen, und ein längeres Beisammensein erschien mir schon deshalb nicht ratsam. Aber um ihren Stolz nicht zu verletzen, wollte ich, daß Ernest sie kennenlernte, und so wollten wir uns auf der Rückreise nach Kuba mit ihnen treffen. Außerdem plante Ernest eine Zusammenkunft mit Buck Lanham und hatte mit Winston Guest verabredet, daß dieser uns vier, Patrick, Buck, Ernest und mich, auf ein paar Tage zur Enten- und Fasanenjagd auf Gardiners Island einladen sollte.

Um nicht nach Chicago fahren zu müssen, wo es schwer sein würde, bei so vielen Freunden und Bekannten dort ein ruhiges Familientreffen abzuhalten, luden wir meine Eltern zum Thanksgiving Day nach New Orleans ein – eine Stadt, die sie noch nicht kannten. Wir wollten mit dem Lincoln hinfahren und von dort mit einem anderen Transportmittel nach New York und Gardiners Island, und danach wollten wir den Lincoln, mit oder ohne uns, nach Kuba verschiffen. Auf dem Weg in den Süden wollten wir ein paar Tage auf Didi Allens wildromantischen Besitz in Murray, südlich von Salt Lake City verbringen und Enten schießen. Am Sonntag, dem 10. November, fuhren wir morgens mit Patrick, Bergen von Gepäck auf dem Rücksitz, Miss Kitty auf meinem Schoß und kalter gebratener Krickente und einer Flasche Tequila in einem Eiskasten zu meinen Füßen von den MacDonald Cabins ab. Wir konnten Miss Kitty nicht einfach einsam und verstoßen im ungastlichen Winter von Ketchum zurücklassen. Und Didi hatte sich bereit erklärt, sie aufzunehmen.

Etwa zehn Tage später brachten mich die Männer in einer kleinen Stadt, einem Eisenbahnknotenpunkt, zu einem Zug der Southern Pacific, mit dem ich direkt nach New Orleans fahren konnte, um meine Eltern bei ihrer Ankunft rechtzeitig zu begrüßen. Mein stets wißbegieriger Vater erkundete sofort die Kais und Schiffe und Büros in dem letzten Hafen des

Stroms, dessen Oberlauf er so gut kannte, und richtete begeistert ein neues Schubfach in seinem Kopf ein mit Tatsachen und Zahlen, Tonnagen, Flutzeiten, Frachtschiffen und ihren Bestimmungsorten, Kosten und Einkünften. Wir aßen ausgiebig zu Abend und kosteten alle möglichen Spezialitäten der Gegend.

«Mary, sei nicht so verschwenderisch», sagte meine Mutter immer wieder, wenn ich die Rechnung bezahlte und Trinkgelder hinterließ.

Ernest und Patrick kamen am Mittwoch, dem 17. November, spät abends in New Orleans an und hatten gerade noch Zeit für ein leichtes Nachtessen mit meinen Eltern.

Als wir uns am Donnerstag zum Lunch im Salon meiner Eltern trafen, erschien Ernest frisch gewaschen, mit Krawatte und sauber geputzten Schuhen, und hatte bereits ein Tagesprogramm zusammengestellt. Zuerst wollten wir zum großen volkstümlichen Thanksgiving-Pferderennen. Meine Mutter sah hübsch aus in ihrem blauen Kostüm mit dem üblichen Spitzenhalsband und einem schlichten Hut auf ihrem welk löwenzahnfarbenen Haar. Mein Vater hatte noch einmal Eis für die immer noch ungeöffnete Flasche Champagner bestellt, und sein Gesicht glühte vor freudiger Erregung. Ich hatte dieser Begegnung mit einem Gefühl kindlicher Hilflosigkeit entgegengesehen und erwartete, daß sie mit der Gezwungenheit einer englischen Salonkomödie ablaufen würde, bei der jeder mit gedämpfter Stimme seinen Text aufsagt. Nichts dergleichen. Schon nach wenigen Minuten waren wir in Hochstimmung, und selbst Adeline nippte an ihrem Champagner und runzelte dabei höchstens die Nase.

«Mein Gott, sind Sie groß», sagte sie eher respektvoll als mißbilligend, als sie Ernest erblickte. Er trat an ihren Stuhl, küßte sie auf die Stirn und sagte: «Das kommt Ihnen nur so vor, weil Sie nicht so groß sind. Tom, ich hoffe, Sie haben nichts gegen Pferderennen.» Mein Vater war seit Jahren bei keinem Pferderennen gewesen, erinnerte sich jedoch lebhaft an einige, die er in Chicago gesehen hatte, sogar an die Namen zweier damals berühmter Renner. Nach einem turbulenten Essen und weiterem Champagner, von dem auch meine Mutter noch nippte, machten wir uns zum Rennplatz auf. Tom, Ernest und Patrick unterhielten sich über *Football*.

Ernest hatte von irgend jemandem die Namen zweier Gentlemen erhalten, die sich angeblich besonders gut auskannten, was Ställe und die Pferde dieses Nachmittags betraf, und nachdem wir Platz genommen hatten, ließ er sich von ihnen beraten und schloß an einer der Boxen ein paar Wetten ab. Patrick übernahm die Botenrolle und erschien nach fast jedem Rennen mit einer Handvoll Geld bei uns.

«Gib es Adeline», sagte Ernest zu ihm, und da ihr kleines Portemonnaie die Geldscheine gar nicht alle fassen konnte, hielt sie den Schatz bewundernd im Schoß. Je mehr das Geld sich häufte, um so entzückter und verblüffter war sie.

«Es ist herrlich», sagte sie. «Aber ist es auch wirklich legal?»

«Es ist ganz legal, und es gehört Ihnen», sagte Ernest.

«O nein. Es ist zuviel. Das kann ich nicht annehmen.» Sie sah aus wie ein Kind vorm Weihnachtsbaum.

«Ein Thanksgiving-Geschenk.» Ernest strahlte.

Jetzt wurde Adeline nachdenklich. «Aber wenn Sie an einem Nachmittag so viel Geld gewinnen können, warum machen Sie sich da noch die Mühe zu schreiben?»

«Wir haben heute Glück. Sie haben Glück gebracht.»

«Es ist doch bestimmt einfacher, bei Rennen zu wetten, als zu schreiben», meinte Adeline. «Ich finde, Sie sollten einfach nur auf Rennen gehen.»

«Das würde vielleicht mit der Zeit etwas eintönig.»

Auf dem Heimweg zählte Adeline ihr Geld und verkündete ehrfürchtig, es seien über 400 Dollar. Dann gab sie es meinem Vater und murmelte, sie wolle ihm vertrauen.

Zum Abendessen brachten die Kellner einen ganzen gebratenen Truthahn in den Salon, und wir verlebten einen ruhigen Abend. Tom und Ernest tauschten ihre Erlebnisse bei den Chippewa-Indianern aus, und dann erzählte Ernest eine schamlos erfundene Geschichte von einem Bären, mit dem er seine Hütte geteilt habe, als er eines Winters in Montana als Trapper tätig gewesen war. Adeline erzählte von Gina, einer Hure aus Bemidji, die sie ahnungslos als Dienstmädchen angestellt hatte. Als die Frau des Bankiers eines Tages zu Besuch kam, traf sie Adeline beim Fensterputzen an, während Gina in Adelines rosa Taffetkleid und ihrem besten Hut zur Haustür hinausrauschte. Die Naturfreunde Ernest und Tom verglichen ihre Beobachtungen und ergänzten gegenseitig ihr Wissen – der unheimliche Schrei des Luchses, die seltsame Art des Eichelhähers, sich sein Nest zu bauen, die Schneewälle, die sich die Elche im Norden Minnesotas in kalten Wintern errichten, die lustigen Rutschpartien des Fischotters. Ich fand, daß mein Vater noch nie so gut seine Geschichten erzählt hatte, und Ernest genoß sie und hörte aufmerksam zu – was allerdings bei ihm eine alte Gewohnheit war, ob ihn etwas interessierte oder nicht. Ich war von dem Abend begeistert und sprach davon, als wir in unser Doppelzimmer zurückkamen.

«Glaubst du vielleicht, ich bin aus Asbest?» fragte Ernest.

«Es war ein schönes kleines Thanksgiving-Feuer.»

«Hm. Wie unsere erste Zeit in Paris.» Eng umschlungen schliefen wir die ganze Nacht in seinem Bett.

Wieder in Kuba, verbrachten wir ein sehr stilles Weihnachtsfest, wir beide allein. Wir gingen den schmalen Weg unter den seidigblättrigen Avocadobäumen von der Finca Vigía bis zur Farm der Steinharts, tauschten bei ein paar Martinis Glückwünsche aus und verspeisten anschließend zu Haus einen kleinen zähen kubanischen Truthahn. Am nächsten Tag kamen Patrick und Gregory aus Key West, und ein paar Tage später erschien Papas große blonde Schwester Sunny mit ihrem kleinen Sohn Ernie, Papas Namensvetter. Sunny war schüchtern und besitzerisch zugleich. Jetzt waren wir wieder im alten Trott mit sechs bis acht Gästen bei Tisch, zweimal am Tag. Aber bald war auch das überstanden. Patrick blieb das Semester über bei uns und studierte still im Little House, um sich auf die Aufnahmeprüfung am College in Harvard vorzubereiten. Entspannt und zufrieden fanden wir drei uns in die ruhigen Alltagsgewohnheiten, die doch nie zur eintönigen Routine wurden: Studieren, Schreiben, Lesen, Gartenarbeit, Tennis, Schwimmen und Fischen. Um elf zu Bett, und dann ein neuer Tag, der für Ernest um sieben und für mich um acht begann.

Wochenlang hatte ich Anspielungen auf den Bau unseres Katzenhauses gemacht, das Ernest geplant hatte: Brettergestelle für die Katzenbetten und ein etwas schräger Boden, damit man ihn morgens besser abspritzen und säubern konnte. Papa war besorgt, die Katzen könnten sich verstoßen fühlen, wenn wir sie aus dem Haupthaus fortbrächten, und ich hatte Verständnis dafür. Nie habe ich ihn hart oder unfreundlich mit irgendeinem seiner Tiere gesehen, stets bezeugte er ihnen große Zärtlichkeit. Tiere sind liebebedürftig, das wußten wir, und wir wollten sie nicht darben lassen.

«Weißt du noch, wie du mir einmal von einem Turm schriebst?» sagte ich eines Tages beim Mittagessen.

«Von dem aus wir den Sonnenuntergang besser sehen könnten», erinnerte sich Papa.

«Ich könnte mich auf dem Dach in die Sonne legen, ohne vom Gärtner gesehen zu werden.» Ernest sah es gern, wenn ich braun wie kubanisches Ebenholz war. «Da könnte ich am ganzen Körper braun werden.»

«Vielleicht könnte ich dort arbeiten.»

«Natürlich. Ein Turm mit einem Zimmer ganz oben für dich. Stell dir vor, wie ruhig es dort wäre. Und die Aussicht! Wir könnten ihn in der Nähe des Schwimmbeckens bauen.»

«Zu weit weg.»

So beschlossen wir, den Turm am Ende der rotgekachelten Terrasse hinter dem Haus zu bauen, mit einem Raum für die Katzen in Höhe der Terrasse, einer Tischlerwerkstatt unter dem Katzenquartier – denn das Tischlern würde nie aufhören –, einem Abstellraum über den Katzen für Gepäck und Jagd- und Fischgerät und die Winterkleidung für unsere Ferien im Westen. Darüber ein Zimmer mit vielen Fenstern für Ernest und ganz oben eine Sonnenterrasse. Der Turm sollte nicht so groß oder hoch sein, daß er das Haus zu sehr überragte und es klein erscheinen ließ. Ich nahm Maße, schätzte die Höhe der Königspalmen am Rande der alten Wageneinfahrt ab und kam zu dem Schluß, daß der Turm etwa 4,80 Meter breit und 12 Meter hoch sein müßte. Ich besorgte mir in Havanna ein englisches Architekturbuch für Anfänger, übersetzte einige der technischen Ausdrücke ins Spanische, machte ein paar komische Amateurzeichnungen und bat den ersten Bauunternehmer von San Francisco de Paula, Eduardo Rivero, zu einer Unterredung. Ich erklärte ihm, der Dachvorsprung müsse bei Ernests Zimmer doppelte Länge haben, so daß nur die frühe Morgensonne und die späte Abendsonne durch die großen Fenster dringe, und die Betonplatte müßte doppelt mit Stahlpfosten gestützt sein, um den Wirbelstürmen standzuhalten. Die Treppe sollte am Turm hochführen. Señor Rivero versprach, mir einen Kostenanschlag zu machen. Ich fand, daß der Turm ein nützlicher und glücklicher Einfall war, und wir begannen mit den Arbeiten.

7
Veränderliches Wetter

Wir genossen es, eine Zeitlang ganz für uns zu sein. Aber im April nahm das schöne Leben ein jähes Ende. Mein Vater, der seit Monaten an starken Schmerzen litt, hatte Prostatakrebs und «behandelte» ihn mit Christian Science, bis er eines Tages ohnmächtig in der Wohnung zusammenbrach. Meine zu Tode erschrockene Mutter rief einen Arzt und einen Krankenwagen und telegrafierte mir, ich möchte dringend kommen. Fast zur gleichen Zeit schien Patrick ganz unerwartet den Verstand zu verlieren. Er war nach Key West gefahren, um gemeinsam mit Gregory, der noch auf der Schule in Canterbury war, die Frühlingsferien bei Pauline zu verbringen. Als er zur Finca zurückkam, erzählte er beiläufig, sie hätten einen kleinen Autounfall gehabt, bei dem er mit dem Kopf gegen die Scheibe geschlagen sei. Danach habe er die ganze Nacht auf dem Rasen des Hauses in der Whitehead Street in Key West geschlafen. Seither habe er immer noch Kopfschmerzen. Dann sagte er, er brauche einen extra Schreibtisch im Little House, um seine Papiere einzuordnen, und als ich vorschlug, daß Pancho ihn zimmern könne, brachte er mir ein Blatt, auf das er irgendwann zwischen seinen Arbeiten für die Prüfungen einen Schreibtisch in normaler Größe mit Dutzenden von winzigen Schubfächern über und unter der Tischplatte gezeichnet hatte.

«Aber diese Fächer sind doch viel zu klein für normales Briefpapier», sagte ich.

«Ich weiß. Das Papier tu ich woanders hin.» Im Erdgeschoß des Little House standen schon zwei große Büroschreibtische mit geräumigen Schubladen.

«Was willst du denn in diese Fächer tun? Du weißt doch, Schubladen kosten weit mehr Arbeit als Regale ...»

«Oh, eine Menge Sachen. Und eine Menge Ideen von mir.»

«Sprechen wir später noch einmal drüber.» Ich glaubte, es sei nur ein vorübergehender Spleen, und ließ es auf sich beruhen.

Das Abendessen an diesem Tag war eine Katastrophe. Patrick redete wirr über seine bevorstehenden Examen und stellte sie so dar, als würden sie von Kobolden abgenommen. Ernest ließ sich lang und breit über Gehirnerschütterungen aus, behauptete, sie brauchten einen nicht von der Erfüllung der Pflichten abzuhalten, und erzählte, daß Kampfflieger in solchen Fällen zwar zeitweilig vom Dienst befreit, aber in Notfällen trotzdem wieder eingesetzt wurden. Viel unsinniges Gerede und keine Hilfe für Patrick, fand ich, und beging den törichten Fehler, Ernest zu unterbrechen. Ich sagte zu Patrick: «Bei den Prüfungen geht es ja nur um Tatsachen, Mouse. Hab keine Angst – du weißt doch: Angst lähmt nur das Denkvermögen.»

Ernest wurde wütend, brachte Patrick zu Bett und machte sich die Mühe, mir einen zwei Seiten langen Brief zu schreiben, um mir die Situation zu erklären.

Am 12. April begleitete Ernest Patrick nach Havanna zu den Examen, und ich buchte den neuen Flug der Delta Air Line nach New Orleans und Chicago. Als ich am übernächsten Morgen meine Koffer packte, sah ich Ernest: er trug Patrick ins Little House. Ich lief hinüber und fand die beiden im oberen Schlafzimmer. Ernest war dabei, seinen Sohn mit einem Bettlaken auf einem der Betten festzubinden.

«Hol mir mein Seconal», rief er mir zu, «und rufe José Luis an. Und Cucu Kohly.» Ich brachte das Seconal und rannte zu unserem alten Kastentelefon in der Pantry, von dem aus man mit etwas Glück eine Verbindung über unseren Hauptanschluß bekam. Als die beiden Ärzte erschienen, schlief Patrick unruhig unter den strengen Blicken seines Vaters. Ernest bat René, auf Patrick aufzupassen, und zog sich mit den beiden Männern in das Wohnzimmer zu einer Besprechung zurück. José Luis kannte einen deutschen Psychiater, der in Havanna einen sehr guten Ruf genoß. Sie kamen überein, daß man Patrick in das Zimmer seines Vaters im Haupthaus bringen sollte, weil er dort leichter zu pflegen sei.

Ich empfand es fast als Verrat, die Finca unter diesen Umständen zu verlassen, aber meine Mutter hatte angerufen und berichtet, die Chirurgen im St. Luke's Hospital in Chicago würden meinen Vater am nächsten Morgen operieren, um sich ein Bild zu machen. Meine Eltern brauchten mich mehr als Ernest.

Mein Vater lag mit anderen Patienten in einem Saal und sah grau aus und wie ein zitterndes Gespenst seiner selbst.

«Mary, Mary, hilf mir. Sie haben mich ohne Narkose aufgeschnitten», stöhnte er.

«Daddy, das ist doch unmöglich. Ich werde mich erkundigen. Beruhige dich. Ich werde dir etwas bringen. Du wirst sehen, gleich fühlst du dich besser.» Ich fand eine Krankenschwester, bat sie, ihm ein Beruhigungsmittel zu geben, und versuchte, ihm in dem ständig überfüllten Krankenhaus ein Privatzimmer zu besorgen.

Es war eine Zeit, die von uns allen viel Stärke erforderte. Als ich am Bett meines Vaters saß, zuerst in dem Saal, dann in einem luftigen Einzelzimmer, und ihm Artikel aus der Zeitung oder Gedichte vorlas, erinnerte ich mich, wie ich in Casper, Wyoming, selbst geliebte Stimmen als eine Störung empfunden hatte und wie mir schon die Mühe des Antwortens fast zuviel gewesen war. Für meinen Vater, der sein ganzes Leben lang kräftig und gesund gewesen war, mußten die Schmerzen und Demütigungen der Krankheit beängstigende, neue Erfahrungen sein, und sie schwächten seine Aufmerksamkeit sehr. So saß ich viele Nachmittage einfach da und hielt seine Hand.

Für meine Mutter machte ich die täglichen Besorgungen, kaufte in den Läden der Nachbarschaft ein, kochte ihre Lieblingsspeisen und vermied es sorgfältig, über die Christian Science zu streiten. An manchen Abenden sang ich ihr Choräle aus ihrem Gesangbuch vor. Es war mehr ihrem unerschütterlichen religiösen Glauben als dem meines Vaters zuzuschreiben, daß er so lange gezögert hatte, mit seinem Leiden zu einem Arzt zu gehen, und im Grunde fand ich ihre Haltung unverzeihlich. Ich fragte mich, wie ein praktizierender Angehöriger der Christian Science angesichts der Qualen meines Vaters ihn guten Gewissens mit dem Balsam frommer Worte vertrösten konnte. Aber ich hielt den Mund und machte meiner Enttäuschung nur in meinen Briefen an Ernest Luft. Mit Vernunft konnte man den dreißig Jahren eisernen Glaubens meiner Mutter nicht beikommen, und selbst wenn ich Schuldgefühle in ihr erweckt hätte – es hätte meinem Vater nicht geholfen.

Pauline, Patricks Mutter, und Ernest schrieben mir beide am 18. April. «Ich bin nach Kuba herübergekommen und wohne in Ihrem Haus», hieß es in Paulines Brief. «Hoffentlich macht es Ihnen nichts aus. . . . Patrick hat mir viel Sorge gemacht, als er in Key West war. . . . Es ist das erste Mal, daß ich wirkliche Sorgen hatte. Wir haben jetzt einen guten Arzt, der meint, Patrick könne in etwa zwei Wochen seinen Anfall überstanden haben . . .»

«Gute Nachrichten von hier», schrieb Ernest, eine Beschönigung angesichts der dramatischen Umstände. «Patrick . . . geht es sehr viel besser. . . . Ich schlafe auf einer Matratze vor seiner Tür, René und Sindbad im weißen Zimmer . . . eine vorübergehende Sache . . . ein psychisch bedingter Zustand, ausgelöst durch den Unfall. . . . Hoffentlich bei Dir alles okay.»

Ich schrieb an Pauline, meine Blusen und Shorts lägen in der unteren Schublade der Mahagonikommode in meinem Zimmer, und sie möge sich nehmen, was sie brauche, riet ihr, sich von Ramon keinen Unsinn aufschwatzen zu lassen, und empfahl ihr beruhigende Bücher aus meinem Regal. An Ernest schrieb ich ein paar mitfühlende und liebevolle Zeilen.

Ein paar Tage später schrieb Pauline: «Ernest ist wunderbar, organisiert alles und sorgt für gute Truppenmoral. Sindbad und Roberto sind ständig im Dienst, und Ernest sorgt dafür, daß sie ihren Schlaf kriegen, obwohl er selber kaum schläft . . .»

Während meiner vierwöchigen Abwesenheit schickte Ernest mir fünf oder sechs Telegramme und schrieb mir zwanzig Briefe, von denen einige aus zwei Teilen bestanden, fast alle in seiner runden Bleistiftschrift und meist in der Stille der frühen Morgenstunden geschrieben – 2 Uhr 30, 3 Uhr 20 –, wenn seine Helfer schliefen, Patrick ruhig im Bett lag und er mit ein paar Kissen ans Tischbein gelehnt im Wohnzimmer auf der Grasmatte saß. Die Helfer waren Roberto und «Sinsky»: unser alter Freund Juan Duñabeitia, ein baskischer Kapitän, der auf Handelsschiffen zwischen Kuba und der amerikanischen Küste hin und her gondelte und im Krieg auf der *Pilar* an der U-Boot-Jagd teilgenommen hatte – er hieß bei uns «Sindbad der Seefahrer».

Die Briefe waren fünf bis vierzehn Seiten lange Berichte über Patricks ständig wechselnden Zustand und die Pflege, die er erhielt, über alles, was sonst im Hause vorging, und über das Wetter, und sie enthielten herzliche Bezeugungen von Mitgefühl für meine Probleme und meine Eltern, und immer liebevolle Gedanken.

Am 19. April beruhigte er mich über unsere Finanzen. Speiser, sein Anwalt, hatte ihm geschrieben, Mark Hellinger habe die Filmrechte für vier Short Stories gekauft, für je 75 000 Dollar plus einem Prozentanteil an den Filmeinnahmen. Das Geschäft stehe vor dem Abschluß, und bald würden wir wieder Geld haben. «Inzwischen kann ich Dir von der Bank in Chicago direkt überweisen lassen, was Du für Papas Krankenhaus- und Arztrechnungen brauchst . . .»

Ich setzte mich an meines Vaters Schreibmaschine und schrieb einen langen, besorgten und liebevollen Brief. «Zwei Eilbriefe in zwei Tagen. . . . Ich wollte, unsere Beschwernisse hätten sich nicht gar so gedrängt. . . . Daddys Genesung macht nur langsame Fortschritte, er ißt immer noch nichts, trinkt nur etwas Milch, ist im allgemeinen recht schwierig mit den Ärzten und Schwestern, weigert sich, Tabletten einzunehmen und zu essen. Der Doktor sagt, die Untersuchungen werden in der nächsten Woche zeigen, ob jetzt eine Operation an der Prostata möglich ist.» Zu seiner Beruhigung gab ich ihm einen genauen Bericht über meine Finanzen – ein beruhigendes Guthaben bei meiner New Yorker Bank – und die Einkünfte meiner Eltern.

«Ich sehne den Tag herbei, an dem wir wieder unser schönes Leben aufnehmen werden . . .»

Er schrieb am 22. April: «Nur ein paar Zeilen, um Dir zu sagen, daß der Kampf hier sehr schwierig ist, aber die Ärzte meinen, es sei nur vorübergehend. . . . Sindbad ist wunderbar. Nimmt es hin wie ein guter Kamerad in der Schlacht. . . . René ebenso, und er hat Mouse gut in der Hand. . . . Roberto könnte nicht besser sein, aber er wird schneller müde. . . . Während all dem sind unsere kleinen Orchideen herrlich dunkel aufgeblüht. Etwa zehn sind noch Knospen, so daß Du sie bei Deiner Heimkehr sehen kannst. . . . Allen Miezies geht es gut. . . . Ich halte das Haus so rein wie möglich und die Dienerschaft bei guter Disziplin. . . . Wir verstoßen gegen die Regel, niemals gleichzeitig an zwei Fronten zu kämpfen, aber wir können nicht anders, werden unser bestes an beiden Fronten leisten und dann wieder zusammensein. . . . Mach Dir keine Geldsorgen. . . . Für solche Zeiten sind schließlich die Sparkonten da . . .»

«Jetzt gehe ich zwanzig Züge schwimmen, und dann werde ich etwas Champagner trinken und an mein geliebtes Kätzchen denken», schrieb er am Samstag, dem 26. April. «Unsere Orchideen sind herrlich und sehen wie eine Reihe dunkler Seidenpantoffeln aus. In diesem Unglück habe ich unser wunderschönes Heim erst richtig schätzen gelernt – ich sehe es zu jeder Stunde des Tages – so kühl am Abend – die frische Brise am Tag und all die verschiedenen herrlichen Himmelsfärbungen. . . . Mousie spricht wunderbare Poesie. ... Das ist alles für heute von Deinem einsamen Gefährten.»

Am 2. Mai um vier Uhr früh schrieb er: «Dieser Brief klingt wie ein Rundschreiben aus einem Klagehaus – ich schreibe ihn im Halbdunkel des Schlafzimmers und sitze in Reichweite des Bettes. Es ist schon ganz schön ermüdend, ganz wie am Wahltag in der Zeitungsredaktion – nur schuften wir hier schon achtzehn Tage durch. ... Jetzt ist es sechs Uhr, und alles ist nicht mehr so schlimm bei Tageslicht, und in zwei Stunden kann René mich ablösen. Ein herrlicher Morgen. Der große Orchideenbusch hat immer noch ungeöffnete Knospen, und Du wirst Orchideen haben, wenn Du heimkommst. Du bekommst lange Briefe, allerdings sind sie nicht erfreulich. Aber es ist immer noch besser, als mit Thomas Wolfe verheiratet zu sein ... ich bin froh, gerade eben ein guter Schriftsteller und der Mann meines Kätzchens und kein Genie zu sein.»

Am 5. Mai schrieb er noch einmal über seine Finanzlage. «Da Du nun länger als vorgesehen in Chicago bleiben mußt, kauf Dir *bitte* ein paar Kleider. ... Ich rechne zwar nie mit Geld, solange ich es nicht in der Tasche habe. ... Aber Dein Kater wird gut für Dich sorgen. ... Mein Bedürfnis, Erspartes nicht anzurühren, und mein Unwille, mir etwas auf Bücher hin zu leihen ... sind fast ausschließlich psychisch bedingt. Aber ich brauche psychische Sicherheiten, um schreiben zu können. ... Mein Schreibtisch im Weißen Zimmer ist die ganze Zeit hindurch unangerührt geblieben, so daß ich jederzeit wieder an die Arbeit gehen kann. ... Wenn ich einen Brief von Dir bekomme, ist mir ganz so, als sei Nachschub gekommen, Munition und Proviant, so daß ich weiterkämpfen kann. Diese Nacht habe ich drei Stunden geschlafen, und heute vormittag werde ich noch etwas nachholen. ... Bitte, schreib mir wieder, wenn Du Zeit hast, denn es hilft mir so sehr. ... Habe Pauline gebeten, Ramon das Kuchenbacken beizubringen. ... Ich liebe Dich. Großer Kuß. Kleinere Küsse.»

Am 7./8. Mai schrieb Ernest: «Es war eine böse Nacht ... aber bald ist unsere schöne Liebe wieder da, wir werden eng beieinander sein und füreinander sorgen (wir schulden einander nichts – jede Nacht gleichen wir unsere Konten aus). ... Deine Pflichten in Chicago erfordern Güte, Takt, Geduld und Stärke, und ich weiß, daß Du das alles hast. Du mußt Deinen Vater in seinem großen Schmerz und seiner Not glücklich machen, und ich weiß, daß es Dir gelingen wird. ... Die Finca wird mit jedem Tag lieblicher und schöner.»

Am 8. Mai schrieb er: «Wunderbare Nachrichten heute abend. Ich wollte nicht darüber schreiben – um keine Schreckensgeschichten zu verbreiten. Aber wir hatten eine tödliche Dürre hier, seit Du abfuhrst. Die

Brunnen sind ausgetrocknet. Lebten aus der Zisterne, schöpften in Eimern das Wasser zum Waschen – der Garten verdorrte. ... Aber heute nachmittag um halb sieben begann es zu regnen – zuerst ganz leicht, dann stärker, und dann goß es in Strömen *fünf* Stunden lang. Jetzt ist die Zisterne wieder gefüllt, alle Bäume okay, die Brunnen werden nicht versiegen, und alles wird bei Deiner Rückkehr wunderbar aussehen. ... Pauline fährt am Samstag ab. Sie ist in der letzten Zeit großartig gewesen. ... Ich habe mich in jeder Beziehung so benommen, wie Du es gewünscht hättest, wenn Du hier gewesen wärst und mich hättest anleiten können. ... Es ist jetzt 0 Uhr 15, ein neuer Tag, der 9. Mai. ... Die letzten zwölf Monate waren schlimm für mich, was Krankheiten anbetrifft – zuerst in Casper und jetzt hier. Aber ich glaube wirklich, daß ich daraus viel gelernt habe und ein besserer Kerl geworden bin – ich hoffe es wenigstens. Heute abend bin ich ein müder Kerl, mit dem großen Verlangen, ein ganz schamloser Kerl mit meinem Kätzchen zu sein.»

Am 12. Mai, um 3 Uhr 40 morgens, schrieb er: «Der Regen ist vorüber, das Barometer steigt, und aus Südosten weht eine steife Brise. ... Ich bin allmählich schwach wie eine Vogelscheuche und ergraue zusehends. In Casper bin ich nicht ergraut. Aber wir haben in Casper gewonnen, und wir werden auch hier gewinnen. ... Dem Himmel sei Dank, daß wir in Casper gewonnen haben ... und ich bin wahrhaftig froh, Dir damals im Restaurant White Tower begegnet zu sein und Dir so schnell gesagt zu haben, daß ich Dich liebe. ... Es ist 4 Uhr 25, und Mousie hat eben zu reden angefangen. ... 6 Uhr 35, und es regnet immer noch wie verrückt ... der fünfte Regentag ... seltsamer Regen.»

Mitte Mai hatte ich meinen Vater bequem in seiner Wohnung am Drexel Boulevard untergebracht und eine Haushaltshilfe für meine Mutter angestellt. Ich flog nach Havanna zurück. Im Gepäck hatte ich wie gewöhnlich allen möglichen amerikanischen Kram für die Finca – ein neues batteriebetriebenes Radio für Ernest, das er am Schwimmbecken benutzen konnte, Tischtücher, Leinendeckchen für das Frühstückstablett.

Ich brachte Ernest auch einen vom 16. Mai 1947 datierten Brief meines Vaters mit: «Lieber Ernest, ich wünschte, ich könnte Dir sagen, was es mir bedeutet hat, daß Mary kam und an meinem Bett im Krankenhaus gesessen hat. ... Es war, als hätte sich der Himmel aufgetan und einen Engel gesandt, um mich aufzurichten. ... Gott segne Dich für all die Güte in Deinem liebenden Herzen ...»

Pauline holte mich mit Juan in meinem schicken gelben Kabriolett vom Flughafen ab. Sie war munter, kühl und elegant nach bester subtropischer Art, und ich war sofort von ihr begeistert.

Auf der Finca führte Ernest mich zu Patrick, der in seinem Schlafzimmer lag.

«Mouse, ich bin's – Mary», sagte ich. Er sah unglaublich mager aus in seinem weißen Bettzeug, und seine braunen Augen waren groß wie Rehaugen.

«Mary, Mary, du bist nicht Mary. Du bist das Tin Kid.» (Später tauften wir mein kleines, zwanzig Fuß langes, offenes Fischerboot auf den Namen.)

Pauline war ins Little House gezogen, so daß ich mich wieder in meinem Zimmer einrichten konnte. Zwischen den Wachen an Patricks Bett verbrachten wir nette, gemütliche Stunden im Wohnzimmer. Pauline machte Ernest Komplimente zur Wahl seiner neuen Ehefrau. Und Pauline und ich stellten kichernd fest, daß wir jetzt Schülerinnen derselben Alma Mater seien.

Infolge eines Streiks auf der Insel war das Rindfleisch knapp, und unsere Fischvorräte schwanden dahin. Als Ernest vorschlug, ich solle mit Gregorio auf der *Pilar* hinausfahren und fischen, um den Haushalt zu versorgen, war ich begeistert. Wir waren kaum eine Viertelstunde im Golfstrom vor Cojímar, als wir zwei Delphine sahen, die sich schillernd und sprühend im Wasser tummelten. Bald wippte einer der Ausleger, die Leine lief von der Rolle. Wir hatten einen kleinen achtzigpfündigen, gestreiften Marlin fest am Haken. Er zog und tanzte und tauchte und sprang, und ich schwankte zwischen Jubel und Widerwillen, als wir ihn langsam und unausweichlich ans Boot brachten. Gregorio war entzückt. Wir hatten nun eine ganze Woche zu essen, und Gregorios Familie auch. Der Marlin sollte eigentlich wie Rindfleisch etwa vierzehn Tage in einem kühlen Raum hängen, um zart zu werden. Aber wir hielten uns dieses Mal nicht daran und aßen von meinem kleinen Fisch, zäh wie er war, gleich am ersten Abend und an den folgenden Tagen – und er schmeckte uns.

Mein Vater schrieb über seine Genesung: «Am besten läßt sich die Sache so erklären: Mein Gürtel hat neun Löcher, und als ich mir die Hose kaufte, habe ich ihn im neunten Loch befestigt. Heute bin ich bis zum achten Loch gekommen.» Wie immer hatten wir viel zuviel Post zu lesen. Willkommensgrüße von Freunden und Bittschreiben und Gesuche von Fremden und Leuten mit allen möglichen Plänen und Ideen, die immer wieder versuchten, Ernest für ihre Zwecke einzuspannen. Wir bekamen auch zu viele Zeitschriften, die wir aus Zeitmangel gar nicht lesen konnten. Schätze, dachte ich jedesmal, wenn ich sie auf dem von mir entworfenen und von Pancho gefertigten Zeitschriftenständer sah. Überall luden Stapel von Büchern zum Lesen ein, und ich schaffte es nicht einmal, sie in unsere Bibliothek einzuordnen.

Ich begleitete Pauline zu dem Flugplatz, von wo die kleinen Maschinen nach Key West flogen. Ein paar Tage später erwachte ich morgens, halb erstickt, rang nach Luft und schwitzte. Ich maß meine Temperatur: 40 Grad Fieber. José Luis kam, untersuchte mich und meinte, es sei Maltafieber. Vielleicht war die Milch einer unserer Kühe infiziert. Aber niemand sonst auf der Finca hatte sich angesteckt. So lag ich schwach und nutzlos da und bemühte mich, die schon überlasteten Dienstboten so wenig wie möglich zu beanspruchen. Ich kam mir blöde vor, zumal das Fieber nicht herunterging. Am 4. Juni erwachte ich gegen halb drei Uhr früh und hatte 41,5 Grad Fieber. Da ich kein Testament gemacht hatte, schrieb ich eines im frühen Morgengrauen, vermachte den Töchtern von Freunden einigen Schmuck und alles andere Ernest.

José Luis hatte mir Sulfonamide und Penicillin gegeben und vorgeschlagen, ich solle in eine Klinik in Havanna gehen, wo man genauere Untersuchungen vornehmen könne. Als Ernest am nächsten Morgen mein Testament auf dem Schreibtisch liegen sah, sagte er, ich müsse sofort in die Stadt.

Nach drei, vier Tagen zeigten die Untersuchungsergebnisse, daß mein Fieber kein Maltafieber, aber eine Abart davon war. Hilflos lag ich in meinem hellen, luftigen Zimmer. Wie konnte ich je die verlorene Zeit aufholen? Ich mußte mich dringend um den Gemüsegarten, die Rosen und die Pflanzen am Schwimmbecken kümmern. Ich dachte an die verlassene Küche, das verwahrloste Haus. Wie wenige Väter würden wie Ernest all ihre Lebensgewohnheiten über den Haufen werfen und vierundzwanzig Stunden am Tag ein krankes Kind pflegen, sagte ich mir.

Als mein Fieber etwas gesunken war, rief Pauline an und lud mich nach Key West ein. Vielleicht tue mir das Klima dort gut. Ich flog hin, obwohl ich noch sehr schwach war.

Pauline gab mir das große Zimmer in dem Haus über dem Schwimmbad, das Ernest vor Jahren als Arbeitszimmer benutzt hatte. Es war vom Haupthaus aus über einen Laufsteg zu erreichen. Gigi war da. Seine Stimme war tiefer geworden. Ada, die Köchin, Mädchen für alles, brachte mir das Frühstück ans Bett. Mir gefiel das Haus mit seinen vielen hohen Glastüren, den Tierfellen auf dem blanken Fußboden des Wohnzimmers, dem grünlichen Licht, das durch die Ranken draußen hereinsickerte, und den hohen alten Ziegelmauern zur Straße hin. Pauline hatte die Ziegel erworben, als die Stadtverwaltung eine alte Straße aufgerissen und die Ziegel durch Asphalt ersetzt hatte.

Über eine knisternde und knackende Telefonverbindung sprachen wir fast täglich mit Ernest. Am 30. Juni schrieb er, ein neuer Arzt werde auf der Finca erwartet, um Patrick zu untersuchen. Und am 1. Juli schrieb er: «Patrick schlief die ganze Nacht durch und war völlig klar, als er aufwachte.» Am 2. Juli kam ein einseitiger getippter und am 5. Juli ein dreiseitiger, engzeilig geschriebener Brief, in dem er hauptsächlich den gegenwärtigen Zustand der Finca verteidigte, den ich anscheinend herbe kritisiert hatte. «Auch meine Eltern hielten sehr auf Ordnung und haßten jeden Schmutz. ... Es tut mir furchtbar leid, daß Du den Eindruck hattest, es sei alles schmutzig, unordentlich und verwahrlost. Aber versuche einmal – sagen wir, um nicht zu übertreiben, sechzig Tage lang – auf dem Fußboden zu schlafen, ohne eigenes Zimmer, ohne eigenes Bad oder Waschtisch ... und Dein Waschzeug wird von drei oder vier anderen Leuten mitbenutzt ...» Es war der hitzige Protest eines erschöpften Mannes, der nicht mehr fähig war, die Dinge kühl zu beurteilen. Aber er schloß: «Mit vielen lieben Grüßen an mein liebstes Kätzchen.»

Ich schickte ihm einen ermunternden Brief, und er antwortete am 5. Juli in einem zweiten Brief: «Bitte vergiß, was ich Dir in dem anderen Brief schrieb. Wenn man furchtbar übermüdet ist, wird man leicht verdrießlich und ärgert sich über die kleinste Kritik. ... Habe eine Menge guter neuer Bücher, und nun werden wir uns alle bemühen, guter Dinge zu sein und alles gut zu machen. ... Ganz große Operationen in Sicht.»

Am 8. Juli schrieb er über Patricks Besserung: «Es ist, wie wenn man aus dem dunklen Wald kommt und in eine hohe Lichtung tritt ...»

Bei meiner Rückkehr ein paar Tage später war ich erleichtert, den Haushalt wieder auf dem Weg zur gewohnten Routine vorzufinden. Die Kachelböden wurden gewienert, Bücher und Bücherregale abgestaubt, das Silber war geputzt, das Unkraut im Garten gejätet worden.

Eines Abends saßen wir im Wohnzimmer mit José Luis, der zum Essen gekommen war und nach Patrick gesehen hatte. José Luis erzählte uns von einem Besuch, den er unterwegs zur Finca gemacht hatte. «Sein Hund will mich immer beißen. Er kann weder das Tier noch sich selbst disziplinieren.»

«Was ist denn sein *problema*?» fragte Sinsky.

«Hoher Blutdruck. Viel zu hoch.»

«Ich wette, meiner ist höher», sagte Sinsky grinsend. José Luis ging hinaus und holte seinen Blutdruckmesser aus dem Auto. «*Caramba!*» rief er, nachdem er Sinskys Blutdruck gemessen hatte. «Das ist aber gar nicht komisch!» Ernest, der in seinem Sessel gelesen hatte, klappte sein Buch zu und hörte dem Doktor zu, der Sinsky ermahnte, das Essen, Trinken, Rauchen und die Schürzenjägerei in Havanna einzuschränken und statt dessen zu schwimmen und sich ordentlich auszuruhen, auch wenn es ihn langweile.

«*Puta*, was für ein Ärger, Sinsk», sagte Ernest und hielt seinerseits dem

Arzt seinen Arm hin. «Aber laß dich nicht unterkriegen. Wir kriegen dich wieder in Form.» José Luis pumpte mit seinem kleinen Gummiball, schüttelte den Kopf, band die Manschette los und wickelte sie noch einmal um Ernests Arm. Sinskys Blutdruck war 180 zu 120. Ernests 215 zu 124. Das war allerdings ernst.

Ich bemühte mich, milden Optimismus zu bekunden: «Der Druck ist ja nun von uns genommen. Wir werden für alle die Getränke rationieren, und ich werde aufs Essen aufpassen wie ein Gefängniswärter.» Etwa vierzehn Tage lang ging es auf der Finca zu wie in einem Pfadfinderlager. Die Männer wetteiferten nicht nur mit ihren Krankheitssymptomen, sondern auch in körperlicher Ertüchtigung und in ihrer Enthaltsamkeit.

Sinsky: «Ist dir auch, als ob du ein enges Stahlband um den Kopf hättest?»

Ernest: «Ja. Ziemlich eng. Und hörst du auch den summenden Bienenschwarm über dem Dach?»

Zwanzig Züge im Schwimmbecken vor dem Mittagessen wurden zum festen Bestand des Tagesablaufs.

Sinsky: «Heute vormittag hatte ich zwei Drinks.»

Ernest: «Das ist gemogelt.»

Sinsky: «Es war reine Kokosnußmilch – ohne Gin.»

Ich hatte seit vierzehn Tagen meine Temperatur nicht mehr gemessen, aber an diesem Abend steckte ich mir das Thermometer in den Mund. Die Temperatur war fast normal.

Die Pflegemannschaft löste sich auf. Pauline kam noch einmal, um im Haus zu helfen. Sinsky bekam einen Job als Kapitän auf einem Handelsschiff unter panamesischer Flagge, einem Frachter, der zwischen Havanna und den südlichen Häfen der Vereinigten Staaten, meist Houston, verkehrte. Roberto bekam Nachricht von einem seiner Brüder aus Santiago de Cuba am östlichen Ende der Insel, daß er dort eine gute Stelle haben könne, und so bereitete er sich auf seine Abfahrt vor. Er packte seine Koffer im Weißen Zimmer neben dem Wohnzimmer, und als ich zufällig dort vorbeikam, sah ich Pauline und Patrick dort hocken. Sie warfen mir SOS-Blicke zu. «Er packt Patricks ganze Kleidung ein», flüsterte Pauline.

«Unsinn.» Ich ging hinein und sah nach. Roberto legte gerade eine von Patricks Hosen zusammen und packte sie in seinen Koffer.

«Papa hat mir gesagt, ich soll sie mitnehmen», sagte er mit unterschütterlicher Würde. Ich sah mich um.

«Aber das ist ja Patricks ganze Garderobe.» Roberto packte weiter.

Ernest arbeitete in seinem Zimmer, und Pauline traute sich nicht, ihn zu unterbrechen. Aber ich zögerte nicht, und Patrick bekam seine Kleidungsstücke zurück. Roberto erinnerte mich manchmal an Geschichten von spanischen Granden, die in alten Zeiten mit ihren Gefolgsleuten und deren Familien zusammen gelebt hatten und mit ihnen in einem brüderlichen Verhältnis standen, so daß die Gefolgsleute oft einfach voraussetzten, sie hätten um ihrer Dienste willen ein natürliches Anrecht auf den Besitz ihrer Herren. Robertos Vater war einst Kämmerer am Hofe König Alphons XIII. Vielleicht rührte daher Robertos merkwürdiges Verhältnis zum Eigentum.

Den ganzen Sommer hindurch bei dem Ringen um Patricks Genesung hatte sich Ernest an die Hoffnung geklammert, im Herbst die frische, reine Luft in Idaho bei der Vogeljagd genießen zu können. Er kaufte sich durch Vermittlung seines Freundes Toby Bruce in Key West einen sehr schönen neuen Buick Roadmaster, ein Kabriolett, königsblau und mit roten Ledersitzen, und flog Mitte September nach Miami, um sich mit Toby zu treffen und den Wagen in Empfang zu nehmen. Von dort fuhren sie über einige Stätten seiner Kindheit im nördlichen Michigan nach Sun Valley. Pauline, Patrick (der noch Ruhe und Erholung brauchte) und ich blieben zurück. Wir hatten beschlossen, daß Pauline und Pat für einen Monat nach San Francisco, wo das Wetter kühler war, und anschließend zu Paulines Schwester Jinny nach Los Angeles reisen sollten. Ich sollte nach Sun Valley fliegen, sobald Ernest dort angekommen war, und ein halbes Dutzend Flinten und Jagdgewehre mitbringen, denn Ernest meinte, im Flugzeug seien die Waffen besser vor Diebstahl geschützt als im offenen Wagen auf einer so langen Reise.

Idaho bescherte uns einen seiner wundervollen Herbste, die Luft am Tage flimmernd im reinsten Sonnenschein, die Nächte so kalt, daß Wasser im Schlafzimmer gefror.

Die Entenjagd gefiel uns beiden am besten längs der geschwungenen Ufer des Silver Creek in der Nähe der Siedlung von Picabo. Es war vielleicht nicht der einträglichste Ort, aber es war am schönsten auf dem seidig flimmernden Fluß, in dem sich der Himmel spiegelte und an dessen Ufern die rostbraunen, roten und buntleuchtenden Weidenbüsche uns immer wieder mit ihrer Farbenpracht überraschten. Hier und da flog ein Reiher oder eine Entenfamilie auf, wenn wir uns ihnen näherten, nicht erschreckt, sondern eher aus Vorsicht. Da von uns beiden immer nur der schoß, der vorn saß, waren die Enten kaum in Gefahr, wenn Ernest hinten saß und paddelte. Ich war stets so in ihren Anblick vertieft, daß ich viel zu langsam reagierte, wenn Ernest rief: «Schieß!»

Und wenn ich paddelte und Ernest schoß, ging es auch nicht viel besser, weil dann sein Übergewicht das Heck so weit aus dem Wasser hob, daß ich das Boot nicht manövrieren konnte. So kamen wir stets mit magerer Beute zurück.

Pauline, ihre Schwester Jinny und Patrick hatten sich inzwischen behaglich in einer möblierten Wohnung in San Francisco eingerichtet. Und Bumby, der sich seinen Lebensunterhalt mit der Anfertigung von «Forellenfliegen» verdiente, lebte ganz in der Nähe. Pauline schrieb, ich müsse unbedingt kommen, um dort meine Weihnachtseinkäufe zu machen.

Ernest meinte, San Francisco würde mir bestimmt gefallen. Er hatte mehrere Einladungen zum Thanksgiving Day und entschloß sich, die von Chuck und Flos Atkinson in Picabo anzunehmen. Ich sammelte meine armselige Stadtgarderobe zusammen, packte ein paar gerupfte Enten ein und setzte mich in den Zug. Es war herzerfrischend, Patrick gesund und intelligent wie früher, Pauline mit ihrer angeborenen Fröhlichkeit und Bumby, der sich mit Geduld in das wechselhafte Schicksal seiner Finanzen schickte, wiederzusehen.

Zum Thanksgiving-Dinner waren wir bei einem Onkel und einer Tante Paulines in einem schönen alten Haus oberhalb eines weiten Tales eingeladen. Als wir den Wagen an einer steilen Böschung parkten, erwähnte Pauline, daß unsere Gastgeber praktizierende Katholiken seien.

«Was heißt ‹praktizierende›?» fragte ich. «Nächstenliebe und dergleichen?»

«Weit mehr! Wenn *ich* nicht so eine verdammt blöde praktizierende Katholikin gewesen wäre, hätte ich meinen Mann nicht verloren.» Es klang heftig und sehr überzeugt, und ich hätte das Gespräch gern fortgesetzt, aber es blieb uns keine Zeit dazu. Coitus interruptus? Ich stellte keine Fragen.

Ernest schrieb mir nach San Francisco, er habe seine Arbeit beendet, über achthundert Worte pro Tag, und er sei auf Silver Creek auf Entenjagd gewesen. «Es gibt wirklich Hunderttausende am oberen Creek, im Sumpf und am Hauptcreek und an all den Nebenflüssen.» Er hatte schon unsere Jagdausflüge für den zweiten Teil der Entensaison geplant, die in diesem Jahr durch eine Pause unterbrochen war.

Ernest und ich waren lange nicht mehr allein gewesen, und ich kam mir allmählich wie überflüssiges Zubehör vor. Natürlich wußte ich, daß er mich nicht absichtlich vernachlässigte. Immer, wenn ich nicht in seiner Nähe war, schrieb er mir ausführlich, wie sehr er mich vermißte und wie sehr er mich brauchte. Aber von vielen Freunden umgeben, schien er mich kaum zu bemerken. Ein Brief meines Vaters half mir. Meine Mutter mußte ihm wohl mächtig zugesetzt haben, denn er schrieb: «Manchmal glaube ich, daß die Frau nicht aus der Rippe des schlafenden Adam erschaffen wurde, und neige eher zu der Ansicht Darwins, daß die Frauen aus dem Wasser stammen. Sie sind dem Wasser auf vielerlei Weise verwandt. Sie können so still, so freundlich, so anziehend, so tröstlich anzuschauen sein, doch kaum kommt ein Wind auf, verändern sie sich, und wenn ein Sturm sie aufwühlt, können sie das Herz eines Mannes erschrecken.»

Wenn nach vierzig Jahren Gemeinsamkeit eine Verstimmung solche Überlegungen auslösen konnte, tat ich besser daran, friedlich zu bleiben.

8
Szenenwechsel

Ende Januar und Anfang Februar herrschte im südlichen Idaho herrliches Wetter – klarer Himmel und keine Stürme. Es war so warm, daß Sepp Froehlich seinen Anfänger-Skikurs, dem ich mich angeschlossen hatte, unterbrechen mußte: an den unteren Hängen des Dollar Mountain war der Schnee getaut. Ich übte mit einem Bekannten, Les Outes, am Gipfel des Berges, wo noch etwas Schneematsch lag. Wenn wir aus dem Sessellift stiegen und Les inmitten der Gräser einen kleinen Eishuckel entdeckte, rief er: «Hier geht's toll! Kommen Sie.» Ich folgte ihm zögernd. Wir entfernten uns von den gewöhnlichen Pisten, und Les fand wie durch ein Wunder immer wieder ein paar Schneefleckchen, über die wir schließlich bis ins Tal gelangten. Bis ich eines Morgens erklärte: Es ist amüsant und komisch, aber mit Skifahren hat das nichts zu tun.» Les gab es bedauernd zu. Auf den oberen Hängen des Baldy Mountain lag noch genug Schnee, aber meine untrainierten Knie – an meine Knöchel dachte ich nicht einmal – waren dafür nicht kräftig genug. Ich wollte nach Hause, und wir trafen unsere Vorbereitungen für die Rückkehr nach Kuba. Eine Woche vor unserer Abfahrt schneite es.

Als unser Hund Blackie sah, wie wir das Gepäck aus den Schränken holten und Koffer unter den Betten hervorzogen, spürte er sofort, daß sich hier eine Veränderung anbahnte, lief hinaus, sprang auf den Vordersitz des Buick und weigerte sich, seinen Platz zu verlassen, nicht einmal zum Fressen. So versorgte ich ihn, gab ihm Schmeichelworte und Versicherungen, und Ernest brummte: «Keine Angst, alter Junge. Du kommst ja mit.»

In Key West feierten Pauline und ich fröhliches Wiedersehen, aber Ernest fühlte sich nicht wohl in dem Haus, in dem er so lange als Hausherr gelebt hatte. Und da Patrick nicht mehr krank und die gemeinsame Gefahr

vorüber war, konnte sich Pauline einiger Sticheleien nicht enthalten.
«Ein hübsches Haus habe ich hier, nicht wahr?»
Ernest spürte den bevorstehenden Angriff und schwieg.
«Du weißt natürlich, daß eine alleinstehende Frau ein Haus nicht ordentlich führen kann. Nein, das geht nicht ohne die wundertätige Autorität eines Mannes. Nichts in dieser Welt ist so schön wie die männlichen Vorrechte. Das Recht zu kommen und zu gehen ... besonders zu gehen ...»
Ich ließ ein Buch zu Boden fallen und entschuldigte mich wortreich. Pauline hörte mich gar nicht.
«Die Tiere da auf dem Boden [sie meinte die Felle] waren die Idee meines Partners. Ein schönes Wort – Partner. Ein hübscher Gedanke ... bis er plötzlich zerplatzt.»
Charles und Lorine Thompson kamen zum Dinner, und ich begrüßte sie so überschwenglich, daß sie ganz verlegen wurden. Paulines Offensive brach zusammen, und sie war im Nu wieder die gewinnende, aufmerksame Gastgeberin. Ernest brachte keine Silbe hervor, sein Gesicht war versteinert.
«Mein armes Lamm», murmelte ich, als wir in seinem ehemaligen Arbeitszimmer zu Bett gingen. «Das war schlimm.»
«Mein armes Kätzchen», sagte Ernest.
Zwei tiefeingewurzelte Überzeugungen hielten mich davon ab, Ernest nach den Gründen für das «arme Kätzchen» zu fragen. Erstens hatte ich schon mit vierzehn oder fünfzehn Jahren, als meine Mutter sich wegen einer Kleinigkeit einmal stundenlang beschwerte, den Entschluß gefaßt, niemals zu nörgeln und zu bohren. Und zweitens war ich in den Jahren meiner Arbeit bei der Zeitung mit ihren Aufdringlichkeiten zu der Überzeugung gekommen, daß jeder ein Recht auf Unantastbarkeit seiner innersten Gefühle besaß.

Wieder auf unserer Finca, schrieb Ernest jeden Morgen an irgend etwas, und ich war mit den Arbeiten im Turm beschäftigt. Die Fenster wurden eingesetzt, das Treppengeländer montiert, ich entwarf das spartanische Mobiliar, Bücherregale und ein großer Tisch ohne Schubladen, für Ernests Arbeitszimmer. Für den Tisch wählte ich das schöne, zartgetönte kubanische Majaguaholz mit seiner grauen, olivgrünen und lavendelblauen Maserung, die gut zu den olivgrünen Bodenfliesen passen würde. Für Pancho war es eine Arbeit von kaum zwei Stunden, die Löcher für die wenigen Schrauben zu bohren. Vor allem aber war das Majaguaholz gegen Termiten gefeit, und ich war sicher, daß dieser Tisch uns ein Leben lang dienen und uns wahrscheinlich überdauern würde.

Ernest hatte mehrere Male auf unserer Fahrt von Ketchum nach Key West gesagt, daß er im nächsten Herbst, wenn das Wetter in Kuba feucht und stürmisch sei, die Ferien nicht wieder in Idaho verbringen wolle. Er meinte, Sun Valley sei zu bekannt geworden, es seien zu viele Neulinge unter den altbekannten Besuchern. Als er sich eines Abends einen Cézanne-Band ansah, schlug er vor: «Wir könnten eigentlich im Herbst durch Cézannes Land fahren.»

«Warum nicht? Wir nehmen den Buick mit. Und dort können wir einen Fahrer nehmen, damit du etwas siehst und nicht immer am Steuer sitzen mußt.» In der Provence war es im Herbst wahrscheinlich sehr hübsch. Im Hafen von Havanna lagen ständig Schiffe aus allen Ländern Europas.

Eines Mittags, als ich mit Juan in meinem Kabrio vom Einkaufen in Havanna nach Hause fuhr, sah ich ein hübsch angemaltes Schiff am Kai und hielt. An Bord empfing mich ein freundlicher Mann und zeigte mir die Kabinen der ersten Klasse (klein), den Salon (klein) und den Speisesaal (klein). Das Schiff lief am nächsten Tag nach Genua aus, sollte aber im Juni und dann noch einmal im September in Havanna sein. Auf der Fahrt von Havanna nach Genua sollten Madeira, Lissabon und Cannes angelaufen werden. Auf dem Vorderdeck war Platz genug für einen Wagen. Das Schiff hieß *Jagiello*. Es war vor dem Kriege in Hamburg für die Türken für den Passagier- und Frachtdienst im Schwarzen Meer gebaut worden, war nach dem Krieg den Polen als Kriegsbeute zugesprochen worden und verkehrte jetzt auf dieser Transatlantikroute. Die Offiziere waren in der Mehrzahl Polen, die Mannschaft Italiener. Ich fuhr berstend vor Neuigkeiten nach Hause, und beim Lunch holten wir unsere Karten heraus und machten Pläne. Ernest wollte versuchen, im Sargassomeer zu fischen.

Mit Entzücken und Entsetzen wurde ich am 5. April, meinem Geburtstag, Kapitalistin. Beatrice Guck schickte mir einige Aktien einer wohlfundierten amerikanischen Firma. Es waren die ersten Aktien, die ich besaß. Sinsky war gerade bei uns zu Gast, wie immer, wenn sein Schiff im Hafen lag, und er und Ernest grinsten, als ich ganz aufgeregt im Wohnzimmer umherstolzierte und meine Aktienzertifikate schwenkte.

«Nicht daß ich den Kapitalismus gutheiße», sagte ich nach einer Weile. «Vielleicht zieht diese Firma ihren Profit aus dem Blut und Schweiß ihrer Arbeiter – was meint ihr?»

Sinsky brach in dröhnendes Gelächter aus. «Da würde ich mir keine Sorgen machen.»

«Du schuftest viel härter und für nichts, mein Kätzchen», sagte Ernest.

«Ha. Aber dafür bekomme ich eine besondere Belohnung», sagte ich und stürzte auf ihn zu, um mir einen Kuß zu holen.

Als Ernests neunundvierzigster Geburtstag nahte, beschloß er, diesen

Tag auf der *Pilar* zu feiern und nicht zu Hause am Schwimmbecken wie im Jahr zuvor oder im Club de Cazadores. Mit Gregorios Hilfe schaffte ich Kaviar, Champagner, Essen und eine Geburtstagstorte auf die *Pilar*, ehe wir an Bord gingen, um nach Puerto Escondido zu fahren, sahen wir noch kurz mit Sinsky in die Floridita hinein, um einige von «Papa Dobles» zu kippen (doppelte Daiquiris ohne Zucker). Danach sollte Gregorio uns über die Bucht zum Ankerplatz der *Pilar* bei Casa Blanca bringen. In der Floridita ging es wie gewöhnlich lustig zu. Kubanische Mädchen in hellen, bunten Kleidern und kunstvollen Frisuren schritten strahlend lächelnd, die Hüften und dicken Popos wiegend, am Arm ihrer in Guayaberas gekleideten Kavaliere durch die Bar ins hintere Speisezimmer. Schallendes Gelächter, das Rasseln von Würfeln in Lederbechern, die Gitarren des *conjunto*, das Surren der elektrischen Mixer an der Bar und draußen die Schreie des Lotterieverkäufers. «*Gana un millón de pesos*», brüllte er immer wieder.

Ernest griff in die Tasche seiner grauen Flanelljacke und schickte Sinsky nach draußen, um ein Los zu kaufen. «Kaufen wir Miss Mary eine *millón de pesos*.» Papa war ein treuer Kunde der staatlichen Lotterie, aber er gewann nie. Vielleicht meinte er, ein für mich bestimmtes Los würde mehr Glück bringen. Er gab mir ein dickes Bündel grauer, bedruckter Scheine. «Das ist für dich, du Erbin.»

«Ich bin ja schon eine Erbin. Jedenfalls fühle ich mich so.»

«Eine reiche – oder eine arme?» fragte Papa.

«Beides natürlich. Ich bin so reich, daß ich geizig bin. Ich gebe kaum Trinkgeld und sehe bei mindestens drei Marktständen nach den Preisen, ehe ich eine Tomate kaufe. Ich bin so reich, daß ich nie nach der Rechnung greife, sondern immer meinen Freunden die Ehre lasse, mich zum Essen und Trinken einzuladen. Ich bin so reich, daß ich schmutziges Geld nie bei mir trage. Ich bin so reich, daß ich mich vor Fremden fürchte. Und vor Gaunern. Nicht wie ihr armen Kerle.»

«Die Reichen sind anders als wir», sagte Ernest, einen Satz von Scott Fitzgerald abwandelnd. «Sie glauben, Geld allein verleihe Würde.»

«Arme Tröpfe. So eine Erbin bin ich nicht. Ich bin demokratisch. Ich gehöre nicht zu den zerbrechlichen, unberührbaren Reichen. Du kannst mich jederzeit anfassen, mein Lamm.»

Wir hatten Gregorio über eine Stunde warten lassen. Aber wir amüsierten uns, und es war Ernests Geburtstag, und diesmal waren keine Touristen gekommen, um uns anzuöden. In der nächtlichen Stille schlenderten wir um zwei Uhr früh die Calle Obispo zum Dock hinunter, wo ein Fischgroßhändler im Licht einer Laterne die Fänge der Fischer von Havanna abwog, Riesenkörbe voller Rotbarsche, Meerbarben, Weißfische und Seehechte mit noch von der See glänzenden Augen und süßlichem Geruch. Die Sterne spiegelten sich in der leicht gekräuselten seidigen Oberfläche der Bucht, die Lichter von Regla jenseits des Wassers und von Casa Blanca schimmerten gelb, und der Strahl des Leuchtturms von Morro Castle glitt ruhig im Kreis über das Wasser. Wir sahen eine Zeitlang beim Wiegen zu. Die geduldigen Gesichter der Fischer im Laternenschein erinnerten mich an Goyas Zeichnungen. Aber dann durchschaute ich das System, wie der Grossist wog und bezahlte. Er übervorteilte seine Lieferanten, und ich sagte es. «Das sind aber eher neununddreißig Kilo und nicht achtunddreißig», rief ich.

«Achten Sie nicht auf sie», sagte Sinsky in schnellem Seemannsspanisch. «Sie hat gerade eine große Erbschaft gemacht.» Die Fischer brummten, und der Grossist und sein Helfer beachteten mich nicht. Jetzt wog er eine glitzernde Riesenmakrele von 26 Kilo.

«Die ist aber mehr wert als siebzehn Cent das Pfund», protestierte ich. «Die bringt auf dem Markt bestimmt mehr als die anderen.»

«Achtzehn Cent», sagte der Grossist.

«Ich zahle Ihnen dreißig Cent das Pfund, in bar», sagte ich großzügig.

«Wir brauchen sie nicht», unterbrach mich Gregorio. «Wir haben nicht genug Eis an Bord.» Es war Zeit für mich, den Mund zu halten, ich merkte es selbst. Und keine Minute zu früh. Gregorio ruderte uns in unserem Skiff über die Bucht, faßte Sinsky am Arm, um ihn zu stützen, als wir an Bord der *Pilar* kletterten, und zog sich sofort in seine Backbordkoje zurück. Er hatte drei Stunden am Dock auf uns gewartet. Unsere drei Kojen waren aufgedeckt und warteten, aber Papa und Sinsky fanden, daß sie einen Morgentrunk brauchten, und entkorkten eine Flasche Champagner. Als Gregorio fünf Stunden später den Anker lichtete, den Motor anließ und nach Verlassen des Hafens die knarrenden Ausleger setzte, lag ich noch in tiefem Schlaf. Erst gegen Mittag, vor Bacuranao, mitten im Golfstrom, als Gregorio «Fisch! Fisch!» schrie, erwachte ich. Der Fisch war eine Riesenmakrele, aber kleiner als die, die wir bei den Docks bewundert hatten.

«Ein Geburtstagsgeschenk. Was für ein schönes Geburtstagsgeschenk», rief ich von unten, während Papa den Fisch behutsam an Bord zog.

«Ich nehme es mit Stolz, Freude und Dankbarkeit entgegen», sagte Papa.

«Ich war den ganzen Tag lang einfach stinkglücklich», schrieb er später an Lillian Ross, mit der er einen angeregten Briefwechsel führte.

Als wir Monate später in Italien waren, flüsterte er verschiedenen Bekannten zu, er habe eine reiche Erbin geheiratet. Und eines Tages hörte ich hinter einem Vorhang in einem Frisiersalon, wie eine Kundin einer anderen erzählte, Signor Hemingway habe eine Kindbraut geheiratet, die eine Millionenerbin sei.

«Vergessen Sie nicht, daß er Romane schreibt», flüsterte ich meiner Freundin Isabella Angeloni, der Inhaberin des Salons zu.

Im Juni war ich noch einmal in Key West gewesen, um meinen Gastgeberpflichten zu entfliehen. Jetzt, Ende Juli, vereinbarten wir, daß ich vor unserer Europareise meine Eltern kurz besuchte. Ernest, der auf seiner letzten Fahrt durch Frankreich kaum mehr als eine Taschenflasche, ein Hemd zum Wechseln und einen Feldstecher bei sich gehabt hatte, neigte plötzlich zu der Ansicht, eine solche Expedition könne man nur mit der besten Ausrüstung überleben. Er hatte sich gewissenhaft an seine Diät gehalten, sowohl was das Essen als das Trinken betraf, und sein Gewicht auf 210 Pfund reduziert. Sein Blutdruck war fast normal. In dieser Hinsicht würde Frankreich Probleme bringen. José Luis meinte, die französischen Medikamente seien nicht immer zuverlässig. So beschlossen wir, einen größeren Koffer ausschließlich mit den in Havanna erhältlichen zumeist schweizerischen, deutschen und amerikanischen Vitaminen und Medikamenten vollzupacken. Dann brauchten wir natürlich Bücher für die lange Seereise. Also ein Bücherkoffer. Und da wir Schuhe für die Stadt und für das Land, für den Tag und für den Abend brauchten, mußten wir auch einen Schuhkoffer haben.

Die *Jagiello* sollte am 7. September in Havanna auslaufen. Ich flog einen Monat vorher nach Chicago, um meine Eltern und die Gucks zu besuchen.

Am 3. August schrieb Ernest: «Als ich gestern nacht erwachte und Du nicht da warst, glaubte ich zuerst, ich müsse etwas Furchtbares verbrochen haben, wenn mein Kätzchen mich verlassen hatte und in einem anderen Bett schlief. Und dann wußte ich, daß Du ja nur einen Ausflug machst . . .

Der Kätzchen Stolz ist angekommen. Eine hübsche Kuh [Mayito Menocal hatte uns eine Milchkuh geschenkt], klein und von der Farbe einer Topiantilope. Sie gibt sieben Liter am Morgen und sieben Liter am Abend. . . . Sie hat vor einem Monat gekalbt. . . . Also wird sie uns $ 44.60 im Monat für Milch ersparen und uns doppelt soviel geben, wie wir bisher hatten, plus ein Kalb im Jahr. . . . Habe heute das Schwimmbecken geleert. . . . Du wirst schönes sauberes Wasser zum Schwimmen haben. . . . Gigi läßt herzlich grüßen. . . . Geh bitte ins Art Institute und sieh Dir die Manets und die Winslow Homers für mich an . . .»

Mein Vater suchte Arbeit. Seit seiner Genesung hatte er sich wohl genug gefühlt, um ganztägig im Büro einer Holzhandlung zu arbeiten.

Und das, obwohl er sich weigerte, die ihm verschriebenen Medikamente zu nehmen. Er hatte mir Kopien von guten, knapp gefaßten, seine Erfahrungen schildernden Bewerbungsschreiben geschickt und bemühte sich jetzt um eine Stellung bei der Landkommission in Idaho. Ernest bat mich, ihm zu schreiben: «Ernest ist sehr besorgt und findet, Du solltest Dich ausruhen, lesen und schreiben – falls Dir danach ist – und Dich um Mutter kümmern und Dich nicht in irgendwelche anstrengende Arbeit stürzen. Er bat mich, Dir das mitzuteilen. Du verdienst ein bißchen Muße in Deinem Leben ... warum gönnst Du sie Dir nicht jetzt?»

Es war in der letzten Phase des Packens – Ernest hatte längst herausgefunden, daß wenn er das Packen nur lange genug hinauszögerte, ich es für ihn tat –, als John Dos Passos von Miami aus anrief und sich für einen kurzen Besuch bei uns ansagte. Wir würden in drei Tagen nach Europa abreisen, sagte Ernest, aber Dos kam trotzdem – ein großer, in unserem turbulenten Haus etwas verschreckt wirkender Mann – und plauderte mit Ernest, der dabei Bündel von vordatierten Schecks für die wöchentlichen und monatlichen Ausgaben der Finca ausschrieb. Ich war immer so beeindruckt gewesen von den Recherchen, die in Mr. Dos Passos' Bücher eingegangen waren, und von ihrer kristallklaren Sprache, daß ich ihn selber etwas enttäuschend fand. Aber wenn auch der Geist nicht gerade immer sprühte, so gelang es doch ihm und Ernest, ein paar Risse in ihrer alten Freundschaft zu kitten.

9
Die italienische Reise

Nach einer langen Abschiedsfeier mit viel Champagner in der Schiffsbar verließ die *Jagiello* den Hafen von Havanna, und beim Abendessen redeten sich der polnische Kapitän, Jon Godecki, und Ernest bereits mit ihren Vornamen an. Wir schlossen auch schnell Freundschaft mit Ben Lorini, dem Barmixer, mit Felix, unserem Kabinensteward, einem Genuesen mit Skischanzennase, und mit Rosa, unserer polnischen Stewardess. Ernest hatte mir geraten: «Einer Frau mit Stahlgebiß kannst du stets vertrauen.» Es waren so wenige Passagiere an Bord, daß die *Jagiello* uns fast wie unsere Privatyacht vorkam.

Bis eines Abends der polnische Erste Ingenieur in der Bar auf mich zugetaumelt kam und lallte: «Was sind Sie? Was sind Sie?» Mein Mann stellte sich vor und fragte, wie es den Maschinen gehe. Der Ingenieur wollte wissen, ob das große, festgezurrte blaue Auto auf dem Vorderdeck uns gehöre, und mit welchem Recht wir einen so großen Wagen besäßen. «Kapitalistenschwein, Bourgeois», lallte er und bohrte Ernest seinen Zeigefinger in die Brust. Mit verdächtiger Beherrschtheit schrieb Ernest seinen Namen auf einen Barrechnungszettel, gab ihn dem Mann und sagte: «Ich habe noch nie einen Schiffsingenieur getötet, aber jetzt würde ich es sehr gern tun. Und wenn Sie das noch einmal machen, werde ich Sie mit Sicherheit morgen umbringen.» Er würde innerhalb einer halben Stunde seinen Sekundanten zu ihm schicken, sagte Ernest und suchte Vittorio Maresca, den Zweiten Zahlmeister auf, und beauftragte ihn, dem Ingenieur die Herausforderung zu einem Duell auf dem Bootsdeck um sieben Uhr früh am nächsten Morgen zu überbringen.

Vittorio überbrachte die Botschaft, fand Pistolen im Mannschaftsquartier und brachte Ernest eine italienische Offizierspistole aus dem Zweiten Weltkrieg, mit Munition.

«Ich möchte morgen früh gern mit dir gehen», sagte ich, als wir zu Bett gingen.

«Das geht nicht. Du könntest verletzt werden. Ich werde tief zielen», sagte Ernest glückstrahlend. «Ihm nur ein Bein kaputtschießen.»

Als ich frühstückte, kam Ernest in die Kabine und berichtete, Vittorio und er hätten vierzig Minuten lang auf dem Bootsdeck gewartet, dann sei Vittorio zur Kabine des Ingenieurs gegangen und habe versucht, ihn wach zu kriegen, und einige Leute von der Mannschaft hatten ihn durch die Tür brüllen hören.

Da Ernest vom hinteren Teil des Maschinenraums aus zu fischen versucht hatte, waren die Männer dort seine Freunde, und so präsentierten sich jetzt verstohlen mehrere Abgesandte nacheinander mit Vorschlägen. Sie würden sich ein Vergnügen daraus machen, den Ingenieur über Bord zu stoßen, um dem Señor die Mühe zu ersparen, ihn zu erschießen. Der Schiffsschlosser würde ihn mit Vergnügen mit einem Schlag erledigen, und alle würden schwören, es sei ein Unfall gewesen. Im Maschinenraum gebe es mehrere schlecht gesicherte, sich bewegende Teile, in die der Ingenieur im Suff hineinfallen oder hineingestoßen werden könne. Man würde dem Schiff damit wirklich einen Gefallen tun. Als Ernest keinem dieser todbringenden Vorschläge zustimmte, schmolz der Dichter der Mannschaft sie alle in ein Gedicht von sechsunddreißig Versen um, das Ernest feierlich und mit viel Wein im Maschinenraum überreicht wurde. Ernest antwortete in einer schaurig komischen Mischung aus Italienisch und Spanisch. (Die Inbrunst des Gedichts überstieg bei weitem seine

Qualität, aber Ernest bewahrte es monatelang sorgfältig in seinem Flaschenkoffer auf.)

Als ein Tanzabend für die Passagiere der ersten und zweiten Klasse auf dem ruhigen, warmen Achterdeck auf dem Programm stand, machte ich daraus ein Fest für das gesamte Schiff: ich holte kubanische Jungen aus der dritten Klasse, die Musik machten, herauf, und Priester und Großmütter, die ihnen applaudierten, und reduzierte die Champagnervorräte drastisch. In Funchal auf Madeira zogen wir mit Vittorio, dem Zahlmeister, den Berg hinauf, von tropischen Palmen und Bougainvillen aufwärts bis in die kühlen, von Kiefern bewachsenen Höhen, und fuhren auf Schlitten hinunter, Vittorio und ich schrien zwischen den engen Wällen. Ernest war entzückt.

In Lissabon besuchten wir den Fischmarkt und stürzten uns auf die ersten Zeitungen, die wir seit zwei Wochen zu sehen bekamen. In den wirbelnden Strömungen hinter Gibraltar sahen wir große Schulen von lächelnden Delphinen und fünf wasserspeiende Pottwale. In Cannes, wo wir den Buick für eine Fahrt in die Provence abladen lassen wollten, fanden wir nur einen schmalen, hölzernen, im Sturm schaukelnden Landesteg vor und beschlossen, weiter bis Genua mitzufahren. Dort betörten der freundliche Singsang und die fröhlichen Willkommensgrüße der Genuesen meinen Freund so sehr, daß er fand, wir sollten einstweilen in Italien bleiben und zumindest nach Stresa am Lago Maggiore fahren. Die Menschen, die auf den Feldern arbeiteten und den blauen Wagen mit den hellroten Ledersitzen sahen, winkten uns zu und riefen: «*Che bella màcchina!*»

In Stresa kam uns der Hotelportier entgegen und sagte: «Wie schön, daß Sie wieder da sind, Signor Hemingway.» Nach dreißig Jahren! Papa *très émotionné*. Unser raffinierter, vergnügter Chauffeur, Ricardo, den wir in Genua angeheuert hatten, mußte unsere Ankunft, da war ich mir ganz sicher, telefonisch angekündigt haben. Wir schoben unsere Pläne für eine Fahrt durch die Provence fürs erste auf. Am nächsten Tag erzählte Ernest einer Gruppe von italienischen Presseleuten, daß ich seine «Kindbraut» sei. Sie nahmen den Scherz für bare Münze, und die Geschichte begleitete uns noch monatelang.

Am 18. Oktober 1948 schrieb ich in mein Tagebuch: «Wir sind im alten Palazzo des Conte Gritti, mit einem ausladenden Kronleuchter aus venezianischem Glas, in einem riesigen, unbequemen Zimmer genau gegenüber von Santa Maria della Salute am Canal Grande.»

Am 19. Oktober schrieb ich: «Venedig ist viel schöner und verwirrender, als ich mir vorgestellt hatte. Da ist nicht nur das Café Florian, wo Casanova verkehrte, und das ans Maxim in Paris erinnert. Da sind die byzantinischen Mosaiken aus dem 13. Jahrhundert in San Marco, und daneben Mosaiken nach moderneren Gemälden des 18. Jahrhunderts, die Noahs Geschichte illustrieren, die Arche und die Zeit nach der Sintflut, wie auch die Geschichte von Adam und Eva. Da ist der Palazzo Ducale, dessen eine Mauer aus dem 18. Jahrhundert sehr modern wirkt, während die übrigen drei aus der Zeit vor der Renaissance stammen.

Ich fotografierte Papa neben der Neptun-Statue von Sansovino auf der ‹Himmelstreppe› am Palazzo Ducale. Neptun und er haben die gleiche Gestalt – nur daß Neptun schmalere Schultern und mehr Haar hat. Natürlich war Neptun nackt, und Papa trug seine alte Flanellhose und seine alte Tweedjacke.»

Auf Einladung von Nanyuki Franchetti fuhren wir zum Entenschießen zu seinem großen Besitz an der Lagune im Nordosten von Venedig. Einer seiner Leute ruderte uns in einem Skiff zu unserem Schirm, einem großen, weit draußen in die Lagune gesenkten Faß, und wir warteten dort auf das Hornsignal, das den Beginn des Schießens verkündete. Wir rochen den Sumpf, beobachteten, wie der orangerosa Himmel sich silbern färbte, und wie die schilfigen Ufer aus dem dunklen Violett hervortraten und gelb und grün und rostrot wurden, und wie später die Berge sich zeigten, rauchig blau im Norden. Das Hornsignal hörten wir nie, aber als die ersten Enten über uns hinwegrauschten, in Paaren, in Familien und in Wolken, manche so hoch, daß wir sie so klein wie Fliegen sahen, da schossen wir. Und Ernest holte achtzehn herunter mit der neuen Flinte, die er sich gekauft hatte, und ich schoß schrecklich mit meinem geborgten Gewehr, das mir zu schwer war, und traf nur eine. Er muß sich für mein Schießen geschämt haben, aber er sagte nichts.

In dieser Nacht blieben wir im Landhaus von Federico Kechlers Bruder Titi und dessen Frau, in der Nähe von Latisana, und am nächsten Tag zogen die drei Männer los und schossen fünfzehn Fasane und sechs Hasen.

An Allerseelen plätscherten wir durch die Lagune, kamen an Murano vorbei, der Glasbläserinsel, und Burano, der Klöppelspitzeninsel, um in Torcello zu essen, wo uns das Gasthaus sehr gut gefiel – Cipriani von Harry's Bar war und ist noch der Besitzer –, und nachdem Papa die Zimmer gesehen hatte, einem kleinen Salon mit Kamin, großen Glastüren, durch die man in den Garten und auf die Kathedrale blickte, und ein geräumiges Schlafzimmer mit zwei großen Betten und einem gelben Bad, beschloß er, hier zu bleiben und nicht nach Portofino zu gehen. Zurück im Vaporetto durch die Dunkelheit, und Ernest sang, lautstark und immer etwas daneben, den Gondolieri in den Kanälen etwas vor. Zwei Tage darauf fuhren wir mit einer vollbeladenen Barkasse zur Locanda Cipriani in Torcello. Ich ordnete unsere Bücher ein, rückte Möbel und Leselampen zurecht und legte ein paar köstlich duftende Scheite vor unseren Kamin. Als wir im leeren Speisezimmer am Kaminfeuer zu Mittag aßen, erzählte Ernest mir Geschichten aus seiner Kindheit.

Als er vier war, hatte man ihm gesagt, wenn er einem Vogel Salz auf den Schwanz streue, könne er ihn fangen. Er fand ein Rotkehlchen, ging ihm vorsichtig über den ganzen Rasen nach, und als das Rotkehlchen emsig einen langen Wurm aus der Erde zog, streute er ihm mit der Linken Salz auf den Schwanz und fing es mit der Rechten. Er war ein braves Kind, erzählte er, und er hatte nie an dem, was seine Eltern sagten, gezweifelt. Aber als er älter wurde, verstörten ihn ihre nächtlichen Streitigkeiten, und beide bürdeten ihm Verantwortung auf, die er noch nicht tragen konnte. Morgens waren sie dann wieder ausgesöhnt und sahen ihn, den einzigen Zeugen ihres Streites, mit feindseligen Augen an.

Vom neunten bis zum vierzehnten Lebensjahr half Ernest oft in der Schmiede von Mr. Jim Dilworth. Er blies das Feuer mit dem Blasebalg an, legte das Eisen ins Feuer und hielt es mit der großen Zange. Das war in Horton Bay, Michigan.

Dann erhitzte er das Eisen, bis es silberweiß glühte, nahm es heraus, bog es über der Spitze des Ambosses, tat es wiederum ins Feuer und legte es wieder auf den Amboß und hämmerte mit einem Dorn die Löcher in das heiße Eisen.

In Oak Park gab es, als er ungefähr sieben war, einen Eisenbahnerstreik. Es war 1905 oder 1906, und Marshall Field, das große Kaufhaus, lieferte mit bewaffneten Lastwagen aus. (M. F. war damals nicht sehr beliebt.) Eines Tages hielt ein M. F.-Lieferwagen vor dem Haus. Ein Hut für seine Mutter wurde abgegeben. Ernest mußte den Lieferschein unterschreiben, sah den Preis, $ 135, und war entsetzt über die Verschwendungssucht seiner Mutter. Gleichfalls entsetzt, bezweifelte ich die Höhe des Preises, aber er versicherte, genau soviel sei es gewesen.

Seine glücklichste Zeit in Oak Park war der Herbst, als seine Mutter an Typhus erkrankt war. «Wir wurden von der Hexe nicht mehr gezügelt. Wir holten die Wagenpferde, und die Mädchen setzten sich hinten in die Einspänner.» Ihre Mutter war im Krankenhaus. Sie besuchten sie nie. «Wir hatten die komplette Anarchie im Haus. Wir gingen zu den Zigeunern hinaus, die in Thatcher's Woods ein Lager von zwanzig oder dreißig Wagen hatten.» Als Ernest seinen ersten Fasanen schoß, flatterte der Vogel fast senkrecht auf. Ernest legte einen langen Weg zurück mit seiner einläufigen Schrotflinte, Dann schob er ihn sich ins Hemd. «Er war tot, aber er wollte es nicht wahrhaben.» Das Tier flatterte noch und zerkratzte

Ernest den Bauch. «Ich mußte ihn schnell loswerden, denn man hatte die Fasanen erst kurz vorher ausgesetzt, und wir durften sie gar nicht schießen.»

Bei gemächlichen Mahlzeiten im leeren Speisezimmer in Torcello entwarf mir Ernest einige autobiographische Skizzen, jede so präzise im Detail, daß ich nie feststellen konnte, wann er aus der Wahrheit in die Dichtung hinüberglitt.

Marcelline, seine ältere Schwester, hatte er vergeblich zu lieben versucht. (Sie war hübsch, «hatte eine schöne Indianernase, aber sie war mir stets im Wege». Bei allen gesellschaftlichen Anlässen mußte er immer warten, bis sie eingeladen worden war, und dann war nur noch der Abschaum übrig. «Das würde jeden verbittern.»)

Dann kam Ura, die netteste und beste, die sich nach seiner Rückkehr aus dem Ersten Weltkrieg immer zu ihm auf die Treppe setzte und Krabbensalat aus dem Eisschrank aß, damit er nicht alleine trinken mußte, was sie für besonders böse hielt.

Sunny (Madelaine), seine dritte Schwester, war eine große Baseballspielerin. Außerdem spielte sie Klavier und Harfe.

Carol war die schönste der Familie. «Sie heiratete Jack Gardner. Ich war immer ganz vernarrt in sie. Sie sah als Mädchen ganz genauso aus, wie ich als Junge aussah. Keinen Kompromiß, keine Unbeständigkeit. Wir nannten sie Beefy.» Das war ein Kosename, und er hatte nichts mit «Rindfleisch» zu tun.

Der Baron, sein einziger Bruder, wurde von den Mädchen Dregs genannt. Er kam auf die Welt, als Ernest im letzten High School-Jahr auf Klassenreise war.

Ernest war, wie er behauptete, der Stolz der Baseballmannschaft von Petoskey. In einem Winter damals arbeitete er beim Straßenbau, schaufelte Kies für $ 2.25 am Tag, und später im selben Winter schaufelte er weiter in der Zementfabrik. «Ich hatte meine eigene Theorie. Ich sagte mir, wenn du gut schaufelst, kriegst du keinen Ärger.»

Er arbeitete auch in der Pumpenfabrik – $ 4.65 am Tag –, aber er war eine «großer Fracasso»; dann arbeitete er für George O'Neil, der das Hotel von Petoskey führte, als Rausschmeißer, der betrunkene Holzfäller an die Luft setzen mußte.

Dutch Pailthorp war sein bester Freund. Sein Vater war Staatsanwalt. «Ich dachte, ich sollte vielleicht Anwalt werden, als Zuflucht, etwas, worauf man zurückgreifen konnte, und ich saß den ganzen Winter lang in seinem Büro und las die Gesetzbücher.»

Ernest verlobte sich mit zwei Mädchen gleichzeitig. «Ich war zwanzig oder einundzwanzig. Beide waren einfach fabelhafte Mädchen.» Marjorie

Bump und Grace Edith Quinlan, «die schönsten Mädchen, die ich kennengelernt hab».

Und dann fand er seine große Liebe, ein jüdisches Mädchen, Irene Goldstein. Er hatte sie das Jahr zuvor auf der Fahrt nach Sun Valley gesehen, die am besten aussehende Frau in der Stadt. «Ihr gehört der ehemalige Hart Schaffner and Marx-Laden.»

Zwei Winter lang kehrte er nicht nach Chicago zurück. Er hatte Krach mit der Familie gehabt. Einige Kinder in Petoskey hatten ihn zu einem nächtlichen Picknick eingeladen, und er war als Beschützer mitgegangen. Am nächsten Tag beschwerten sich die Mütter der Kinder, und seine Mutter beschuldigte ihn, die Kinder belästigt zu haben. Ernest verließ Windemere, das Cottage der Familie am Walloon Lake. Zuerst fuhr er zu seinem Freund Bill Smith und erzählte ihm von den Beschuldigungen, dann zu A. B. Nickey, der aus einer Holzhändlerfamilie aus Memphis stammte und der einzige Mann in der Gegend war, der zweimal geheiratet hatte.

Ein besseres Kapitel als das war, als er angeklagt wurde, einen blauen Reiher getötet zu haben. «Es geschah am oberen Ende des Walloon Lake, da wo die Little Traverse Bay in den See mündet.» Eine Familie namens Weyburn hatte Ernest angeheuert. Er sollte sie zur Landspitze des Sees fahren, so daß sie über die Landzunge wandern und sich die Little Traverse Bay ansehen konnten. Ernest hatte ein Motorboot (Zweizylinder), die *Ursula*, das er auch benutzte, um Post auszufahren und Gemüse zu verkaufen. «Wir kamen zur Landspitze, und da flog ein blauer Reiher auf, der größte, den ich je gesehen hatte. Ich griff nach meinem Gewehr, einer Marlin, Kaliber .22, zog durch und dachte bei mir, einfach nur so, aus Spaß. Ich versuchte, seinen Kopf zu treffen, und wenn ich ihn nicht treffe, macht es auch nichts. Einfach nur schießen, weil ich in Hochstimmung war und ein bißchen angeben wollte. Ich traf ihn genau hinterm Auge.

Ich war vierzehn, nicht älter. Der Reiher flog, die langen Beine ausgestreckt, und fiel tot ins Wasser. Ich verstaute ihn unter dem Hecksitz des Bootes, bog den Hals, damit der Reiher bequem lag, Dann fuhr ich zum Ende des Sees, ankerte das Boot, half den Weyburns an Land, führte sie über die Landzunge, zeigte ihnen die Bucht, kam zum Boot zurück – und mein Reiher war weg. Da wußte ich, daß es Ärger geben würde.

Was war geschehen? Der Wildhüter wohnte am oberen Ende des Sees, und sein Sohn hatte mich schießen sehen. Er notierte sich den Namen des Bootes und nahm den Reiher an sich. Ich hatte ein komisches Gefühl im Magen.»

Ruhig und gelassen brachte er seine Passagiere zurück. «Als ich das nächste Mal von der Sache hörte, arbeitete ich auf der Farm in Longfield [am anderen Ufer des Walloon Lake, gegenüber von Windemere], die ich praktisch allein führte und beackerte – Rüben, Karotten, Mangold, Kopfsalat, Kartoffeln, Radieschen, Tomaten, Erbsen, Bohnen, Buschbohnen und Stangenbohnen –, da kommt meine Schwester Ura im Kanu herüber und sagt: ‹Wir müssen sofort hier weg, zwei Wildhüter sind in Windemere und warten auf dich. Sie wollen dich verhaften und in eine Erziehungsanstalt schicken.›» Er ging fort, sagte er, und lebte eine Zeitlang bei den Ojibway-Indianern.

Meine treuen Freunde Alan und Lucy Moorehead hatten mich in ihr herrliches Haus in Fiesole oberhalb Florenz eingeladen. Und am 17. November nahm ich morgens um 8 Uhr 50 den Vaporetto zur Großgarage von Venedig und fuhr mit Ricardo bei regnerischem Wetter in Richtung Ferrara und Bologna.
Lucy Moorehead bereitete mir einen herzlichen Empfang. Sie sah noch genauso frisch und hübsch und munter aus wie in unserer Jugend in London.
An einem der Tage kamen Lionel Fielding und die Priestleys zum Lunch, und danach gingen wir alle zu Bernard Berenson zum Tee.
Wenige Tage nach meiner Rückkehr nach Torcello machte Papa eine kurze Reise zum Monte Grappa und an die Piave, um seine alten Schlachtfelder zu besichtigen. Er kämpfte sich in seinem Buick die alte Militärstraße hinauf, obwohl man ihm gesagt hatte, er werde es nie schaffen. Oben auf dem Gipfel hatte er eine lustige Begegnung mit Mädchen, die einen ausgestopften Fuchs bei sich trugen. Sie schlugen ihm auf die Brust und bettelten, er solle sie mit nach Amerika nehmen.
Während meiner Abwesenheit hatte der venezianische Bildhauer Tony Lucarda Ernest überredet, ihm Modell zu sitzen, und er kam mehrmals heraus und arbeitete am Ton, während Ernest im Garten saß und in die Sonne blickte. Jedesmal, wenn ich die Arbeit gesehen hatte, fand ich den Kopf hervorragend gelungen in seinen großen Linien – Schläfen, Ohren, Hinterkopf, Scheitel, Stirn und Augenbrauen. Aber die Partie von der Nase bis hin zum Kinn war irgendwie zu schmal. Der Mund war nicht groß genug, die Backen zu dicht am Mund. Mit einem so sauren Gesicht hätte er einen Kneifer tragen und ein republikanischer Bankier sein können.
Tony erläuterte mir die einzelnen Etappen zwischen Tonmodell und der fertig gegossenen Bronzebüste. Es waren zu viele, fand ich. Wenn dabei nicht ein wirklich großes Kunstwerk entstand, war es die Mühe nicht wert.

Am 13. Dezember fuhr ich mit Ricardo nach Cortina d'Ampezzo – ich fand die Casa *piccolissimo*, falls Gäste kämen, aber die Heizung funktionierte gut, der Kamin war nicht zu rauchig, die Aussicht herrlich. Mme. Aprile half mir beim Einrichten, und wir stellten eine Liste vom Inventar auf, und sie gab noch ein paar Handtücher heraus und einen Schlitten und Kochtöpfe und räumte ihren geliebten Plunder fort.

Es macht Spaß, sich einzurichten, Mahlzeiten zu planen, sich vorzustellen, wie Ernest sich über das Kaminfeuer, die Aussicht und seine helle Leselampe freuen würde. Aber an den Abenden fühlte ich mich irgendwie leer und merkte, wie rasch – vier Jahre waren kurz dafür – Ernest zum wichtigsten Bestandteil meines Lebens geworden war.

Am Donnerstag, dem 20. Januar, als wir – unsere Freunde Alan und Lucy Moorehead und ich – von Pocol herunterkamen und südwärts durch das Tal hinunterfuhren, um zu Hause zu Mittag zu essen, überschlug ich mich nach einer schnellen, herrlichen Schußfahrt im Neuschnee und brach mir den Knöchel. Ich trug fünfundzwanzig Tage lang einen Gipsverband, humpelte aber fröhlich im Haus herum.

Mitte März fuhren wir kurz nach Venedig und wohnten in unserem alten Zimmer im Gritti – neue weiße Seidenvorhänge, rosenweich gebügelte Bettwäsche, kuschelige Kissen, und der Kronleuchter glänzte.

Ich erwachte lange vor Sonnenaufgang und war einen Augenblick lang verwirrt von all den neuen nächtlichen Geräuschen um mich herum – da war das Eintauchen der Ruder und das Plätschern der sanften Wellen. Dann hörte ich den einsamen, nächtlichen venezianischen Ruf – *Po-Pe*. Der Mann rief dreimal, das dritte Mal laut und lang und traurig. Aber ich hörte keine Gondel antworten. Am Morgen krächzten Möwen statt Krähen, die Kanalmündung schimmerte in goldenem Dunst, und das Orchester der Glocken hallte in neuen Tönen, so klar wie der Morgenhimmel und weniger heiser als die in Cortina. Ernest zählte sie und sagte: «Diese Stadt wurde für Menschen ohne Uhren erbaut.»

Der Portier des Gritti hatte Ernest eine Zeitung nach Cortina nachgeschickt, in der stand, Sinclair Lewis sei im Hotel abgestiegen. Das verdroß Ernest. Er liebte Venedig, so wie es war.

Immerhin gingen wir hinauf und besuchten ihn in seiner luxuriösen Suite am anderen Ende des Hotels, und dort entspann sich eine lebhafte Rosenschlacht – fast ohne Dornen. Lewis reiste mit Mrs. Powers, der Mutter seiner ehemaligen Freundin Marcella, die inzwischen einen anderen geheiratet hatte. «Auch ein netter Kerl», sagte Lewis. Mrs. Powers erschien, ein stumm blindelndes weißhaariges Geschöpf. Sie war zum erstenmal in Europa und glich, wie Lewis sagte, dem Kind, das läuft und ruft: «Aber Vater, der Kaiser hat ja gar keine Kleider an.» Ich fand es kaum möglich, Mr. Lewis anzusehen. Sein Gesicht sah aus wie ein Stück alte Leber, auf das man aus zwanzig Meter Entfernung eine Schrotladung abgefeuert hatte. Seine Hände zitterten, wenn er aß, und an den Mundwinkeln tropften ihm Speisereste herunter. Seine Bewegungen beim Gehen waren so unbeholfen und seine Scharniere so eingerostet wie bei G. B. Shaw, den ich als Siebenundachtzigjährigen in der Dean Street in London gesehen hatte. Aber sein Verstand war noch scharf und gewandt, und ich mochte an ihm, daß er Italien liebte.

Er kam mit uns herunter, um uns beim Dinner Gesellschaft zu leisten, erzählte uns von der Lobrede, die er auf Ernest gehalten habe, als er irgendeinen kleinen Literaturpreis bekam, und daß keiner der Verleger, weder Charlie Scribner noch Bennett Cerf einen Stenografen zum Mitschreiben geschickt hatten. Ich sah Ernest an, wie satt er diese schwülstigen Komplimente und vielleicht auch den Anblick von Lewis hatte, aber wir trennten uns freundschaftlich. Während der drei Stunden hatte ich Lewis immer älter, schwächer und schrumpeliger und Ernest immer jünger werden sehen, fast knabenhaft scheu, kraftvoll, sparsam mit seinem Witz und Wissen.

Mr. Lewis war enttäuscht über die Aufnahme seiner späteren Bücher, die er nach dem Nobelpreis 1930 geschrieben hatte. Und er sagte hoffnungsvoll zu Ernest, das gleiche könne auch ihm gut passieren. Er hatte eine Reihe von Beiträgen für die NANA (North American Newspaper Alliance) über seinen Winteraufenthalt in Italien geschrieben und gab mir die Zeitungsausschnitte zu lesen. Einige enthielten amüsante Reiseerfahrungen. Zwei handelten von der Wichtigkeit, fremde Sprachen zu lernen. Ein gebildeter Mensch, behauptete er etwas willkürlich, müsse mindestens acht Sprachen lesen, sprechen und schreiben können. (Als unser höflicher Maître d'hotel Calsavara mich fragte, ob ich nicht *un tout petit peu de dessert* wünsche, bemerkte Lewis, daß mein Italienisch ausgezeichnet sei.) Mehrere seiner Texte waren Short Stories über Amerikaner in Italien, gekünstelt und gesucht, wie ich fand. Das letzte Stück war eine Verbeugung vor dem amerikanischen Chauvinismus, nur einen Absatz lang, in dem er erklärte, daß er jede Dachpappenhütte in den Vereinigten Staaten allen Schlössern Italiens vorziehe.

Als Ernest mit Nanyuki Franchetti auf die Jagd ging, lud ich Mr. Lewis und Mrs. Powers zum Abendessen ein. Mr. Lewis bekundete mir sein Mitgefühl, daß ich mit einem Genie verheiratet sei. Dann erinnerte er sich bitter an Dorothy Thompson, seine Frau, die jedesmal, wenn sie von auswärtigen Lesungen zurückkam, mit dramatisch ruhiger Stimme sagte:

«Ich finde doch, irgend jemand hätte mich abholen können.» Er litt offenbar darunter, daß er nie Zeit für seine Arbeit gehabt hatte. Ich erläuterte ihm, daß ich ja keine spezielle und mir heilige Arbeit zu verrichten habe. Wir fuhren zum Hotel zurück. Ich wollte mich noch etwas mit den Gondolieri unterhalten, und Lewis kam mit in ihre Hütte, um zuzuhören, ging aber bald wieder. Ich kaufte nacheinander zwei Flaschen Wein und plauderte bis halb zwei. Ernest war von der Jagd zurückgekehrt und schlief wie ein Toter. Er hatte die beste Beute des Tages gemacht – fünfundsechzig Enten – und war erschöpft zu Bett gegangen, ohne ein Bad.

Wieder in Cortina, fanden wir das Dorf ohne Feriengäste vor. Das Heidekraut leuchtete an den Hängen, Krokusse sprossen in der Nähe des Hauses, und ich konnte endlich wieder durch die Stadt gehen, ohne zu hinken.

Eines Morgens sagte Ernest, er hätte ein merkwürdiges Gefühl im linken Auge an der äußeren Ecke, wo ihn bei der Entenjagd ein Ruder gestreift hatte. Und wir bemerkten auch eine Schwellung an seiner linken Wange.

Die Schwellung wurde schlimmer, und er fühlte sich elend. Drei Tage später bildete sich eine Beule hinter dem Ohr, und wir riefen Doktor Giovanni Apostoli an. Er hielt es für Bindehautentzündung, erklärte, die Schwellungen am Nacken hätten keine Bedeutung, verordnete Augenbäder und eine dunkelbraune Salbe für die Schwellungen und ging. Ich blieb skeptisch. Ernest aß im Bett zu Abend – gebratene Ente – und erwachte am nächsten Morgen mit Fieber.

Apostoli kam am nächsten Tag wieder, gab ihm eine Penicillinspritze und ging zufrieden von dannen. Aber das Fieber blieb, und ein leichter Ausschlag erschien in seinem Gesicht. Ernest fühlte sich hundeelend und aß fast nichts. Das Auge war verklebt, und das Licht tat ihm weh. Außerdem fehlte ihm seine Lesebrille – das eine Glas war zersplittert, als das Bett vor unserer Abfahrt nach Venedig zusammengebrochen war.

Am nächsten Tag vor dem Abendessen kam Dr. Apostoli wieder, gestand, daß er sich Sorge um Ernest mache – es könne Wundrose sein – und ging hinauf, um ihn zu überreden, sich in einer Klinik in Padua behandeln zu lassen. Ernest weigerte sich, behauptete, die Reise würde ihn umbringen, das Fieber sei erst leicht zurückgegangen, aber angesichts der Tatsachen und da Apostoli ehrlich besorgt war, fügte er sich schließlich und faßte seinen Entschluß für den nächsten Morgen und half mir, daß ich nichts von dem, was wir mitnehmen mußten, vergaß.

In der Klinik in Padua, der Casa di Cura Morgagni, bemerkte ich als erstes die dünne Staubschicht, die alles außer den allzu sichtbaren Oberflächen bedeckte. Der Chefarzt Dr. Bastai verordnete Penicillinspritzen alle drei Stunden, setzte die Sulfonamide und Kreislaufmittel ab und verbot ihm Alkohol jeder Art. Am folgenden Tag sah Ernest schlechter aus als zuvor, und das Auge war nicht besser geworden. Die Urinuntersuchungen fielen nicht gut aus. Kein Zucker, aber zuviel Eiweiß. Ernest langweilte sich, weil er nicht lesen konnte, und fühlte sich elend. Doch ständig mit Nadeln gequält – wie der heilige Sebastian mit Pfeilen – genas er allmählich. Ich konnte nur wenig zur Linderung seiner Leiden beitragen. Ich las ihm Artikel aus der Zeitschrift *Holiday* und die *Schatzinsel* vor. Wir fanden jetzt, daß Jim ein grauenhafter Junge war, wild und undiszipliniert und dumm. Ernest meinte hinterher: «Ich fand den abenteuerlustigen kleinen Flegel unausstehlich.»

Gelangweilt, der faden Kost und des emsigen Geflatters der Nonnen überdrüssig, erholte Ernest sich von seiner Wundrose. Er weigerte sich strikt, bei einem geselligen Treffen der ortsansässigen Ärzte aufzutreten, und kehrte mit mir nach Cortina zurück. Wir planten, uns am 27. April an Bord der *Jagiello* in Genua einzuschiffen. Das Schiff sollte Algier anlaufen und dann nach Mexiko und Panama und schließlich nach Havanna fahren.

Nach kurzen Aufenthalten in Algier, Gibraltar und Funchal dampften wir behaglich die 2982 Seemeilen nach La Guaíra, Venezuela, genossen den Luxus und die Muße – ich las André Gides Tagebücher – und spielten, sooft wir Lust dazu hatten. Wir genossen die langen Morgenstunden im Bett, sprachen liebevoll von unseren Freunden, fühlten uns unbeschwert, unbekümmert und in zwangloser Harmonie miteinander. Kleine zärtliche Scherze, Gespräche über die Liebe – und Ernest sprudelte über vor Einfällen. Kinsey und seine Leute hätten uns nicht geglaubt. Ernest lehrte mich viele neue Wonnen, und ich lehrte ihn auch einige. Ich erzählte ihm von meinem alten Prinzip, mir nie zu gestatten, zum Zusammenbruch einer Ehe beizutragen, wie wacklig ein Mann sie mir auch beschreiben mochte. Wir sprachen von Teresa, die «alle ihre Karten auf den Tisch gelegt», und ihm angeboten hatte, seine Geliebte zu werden – die schamlose Contessa. Die Zivilisation in Italien war so alt, daß die Italiener das Schamgefühl, das Königin Victoria den Angelsachsen einpflanzte, gar nicht zu kennen schienen.

Am Sonntag, dem 22. Mai 1949, schrieb ich in mein Tagebuch, daß dies die schönsten Ferien meines Lebens gewesen seien. Ich hatte viel gelernt, ich hatte neue Freunde gewonnen, und es war allgemein eine zauberhafte und herrliche Zeit gewesen. Italien war eine große Entdeckung für mich. Und vielleicht das Wichtigste, was ich lernte und wiederlernte, war die Lüge, daß die Politik der Regierungen den Wünschen ihrer Völker entspreche.

Am 24. Mai, morgens um 9 Uhr 15, erblickten wir Paraíso, unseren Lieblingsankerplatz mit seinem Strand, seinen Bäumen und dem Einschnitt in dem gebirgigen Hinterland.

Gregorio und eine *Pilar* voller kubanischer Freunde kamen der *Jagiello* vor dem Hafen von Havanna zur Begrüßung entgegen. Unsere Heimkehr stand unter glücklichen Vorzeichen. Unsere Kiste mit venezianischem Glas, Porzellan, Leinen, Spitzen und Büchern, und der Buick, die *bella màcchina*, erreichten die Finca wohlbehalten. Das Haus kam mir jetzt geräumig und kühl vor, und mein eigenes Zimmer frisch und schön. Die Katzen und Hunde erkannten uns wieder, oder taten doch so. Den Vögeln, die bei uns nisteten, hatten sich drei Trauertaubenfamilien zugesellt, die eine in einem Baum am Rosengarten, die andere in der Nähe des Weges zum Schwimmbecken, die dritte am Tennisplatz. Ihre Flügel sirrten wie Schneebesen. Sie flogen von ihren Nestern auf, wenn wir uns näherten, aber nur für einen Augenblick. Und für unsere wohlgenährten Katzen, die viel zu faul waren, um ihnen die Nester auszuplündern, hatten sie nur Verachtung übrig. Unsere kubanische Zwergeule wohnte immer noch bei der Garage und schrie ungebetenen Eindringlingen ihr «schitti-schitti» entgegen. Die Luft war erfüllt vom Gezwitscher der Rotkehlchen und vom Gegurre der Haustauben in unserem vierstöckigen Taubenschlag im Kolonialstil. Von den Spottdrosseln pflegte Ernest zu sagen: «Du kannst ihnen Bach auf dem Grammophon vorspielen, und sie pfeifen es dir zurück – mitsamt Kadenzen und Arien.»

10
Zurück zur Basis

Während des Winters in Cortina hatte Ernest damit begonnen, eine Story über das Entenschießen im Veneto zu schreiben. Nachdem ich die ersten Seiten gelesen hatte, sagte ich: «Bitte, laß doch nicht nur Enten und Sümpfe darin vorkommen. Laß doch bitte auch Venedig darin vorkommen.»

«Mmmmmm», meinte der Schriftsteller.

Und jetzt auf der Finca Vigía wartete er nicht einmal, bis seine Kleider ausgepackt waren, sondern nahm sich sofort sein Manuskript vor und machte sich wieder an die Arbeit. Währenddessen gingen die noch übriggebliebenen Arbeiten im Haushalt auch ohne ihn zügig voran.

Das spanische Verb *vigilar* stammt von dem mittelfranzösischen Verb *vigilare* ab, und beide bedeuten soviel wie wachen, überwachen, aufpassen oder auch Wache halten, aber in diesem Sommer konzentrierte sich unsere Wachsamkeit weniger auf die uns umgebenden Hügel als vielmehr auf das Innere des Hauses. Mit dem Erwerb einer aus Rohr geflochtenen Chaiselongue für Papas neues Arbeitszimmer hatte ich alles zu seiner Begutachtung und Inbesitznahme bereit. Ich machte ihn darauf aufmerksam, daß das Rohr allen Angriffen durch die Termiten standhalten würde. Da waren die Bücherregale, bereit seine Lieblingsbücher aufzunehmen, der große, einfache Schreibtisch ohne Schubfächer und sein an den Seiten offener Ledersessel, um die Luft hindurchzulassen, der weit überstehende Dachrand, der den Raum vor der Hitze des Tages schützte und nur die Morgen- und Abendsonne einließ, außerdem eine einfache Kommode, in der er sein Schreibpapier und sonstigen Kleinkram aufheben konnte. Nach allen vier Seiten boten die großen Fenster des Zimmers eine Aussicht auf die Hügel, auf Havanna und das Meer. Es sollte ein Zufluchtsort für ihn sein, wo ihn der unvermeidliche Lärm des Haushalts nicht erreichte. Ernest brachte armeweise Bücher, seine Schreibmaschine, Papier und bekritzelte Notizblöcke hinauf. Auf der Kommode stand eine neue Thermosflasche mit Wasser. Und mit einer Klingel zur Pantry konnte René verständigt werden, um fehlende Getränke oder Essen zu bringen. Zum ersten Male war ich von jeder Sorge befreit, wenn das Telefon läutete, und mußte die mit viel Gekreisch geführten Unterhaltungen in der Küche nicht mehr zum Schweigen bringen.

Ungefähr eine Woche später, ich war gerade in ziemlicher Eile mit einem Korb mit frisch gepflücktem Gemüse ins Haus gekommen, fand ich Ernest im Wohnzimmer. Auf der einen Handfläche trug er seine kleine Schreibmaschine, während er in der anderen Hand einen Stoß Papier hielt und dabei einen Gesichtsausdruck machte, als wolle er sich entschuldigen. «Es ist sehr schön dort oben», sagte er, «so ruhig und angenehm, und ich bin dir wirklich sehr dankbar.»

«Aber irgend etwas scheint doch damit nicht in Ordnung zu sein?» Er blickte unsicher und verwirrt drein. «Es ist zu einsam. Ich bin an die Geräusche des Hauses gewöhnt. Vermisse sie – wenn René den Boden fegt und du herumrennst.»

Blieben uninteressante, langweilige Gäste zu lange, so verschwand er jetzt gewöhnlich in seinem Turmzimmer, um zu lesen, ein Schläfchen zu machen oder nachzudenken. Außerdem war es auch ein kühler und angenehmer Ort, von wo aus man beobachten konnte, wie die Sonne hinter Havanna unterging und sich die lila färbende Dämmerung rasch in die Täler zwischen uns und der Stadtsilhouette senkte. Aber als Arbeitszimmer benutzte Ernest es nie wieder.

Nach acht Monaten Abwesenheit sah ich die Finca mit neuen Augen und fand, daß eine ganze Menge von Reparaturen und Verbesserungen nötig waren. Die alten roten Fliesen auf der Terrasse begannen zu zerbröckeln und forderten förmlich dazu heraus, erneuert zu werden. Wir brauchten weitere Bücherregale, und ich stellte fest, daß das Weiße Zimmer, ein gutgeschnittener, hoher, luftiger Raum zwischen dem Wohnzimmer und der hinteren Terrasse als Schlafzimmer für Gäste völlig ungeeignet war, da es kein eigenes Badezimmer hatte und statt einer Tür, die es abschloß, nur einen 2,50 m breiten Torbogen. Der Wandschirm, den wir in diesem Durchgang benutzten, schützte es auch nicht vor Geräuschen aus dem Wohnzimmer. Das ehemalige Katzenzimmer, das gereinigt, frisch gestrichen und neu eingerichtet worden war, bot Gästen eine ausreichende Möglichkeit zum Übernachten, wenn das Little House besetzt war. Ich überzeugte Ernest davon, daß wir aus dem Weißen Zimmer eine wunderbare Bibliothek machen konnten und zeichnete Entwürfe für Bücherregale, einen riesigen Schreibtisch, ein großes, komfortables Sofa, Tische, muschelförmige Wandleuchter und muschelförmige gegossene Bronzegriffe für die Schubladen und Schrankfächer des Unterbaus der bis an die Decke gehenden Bücherwände.

Nach einem heftigen, kurzen Flirt in Sun Valley, wo sie sich zum erstenmal begegnet waren, und nachdem sie sich in San Francisco und New York wiedergetroffen hatten, schlossen John Hadley Hemingway (Bumby) und Byra (Puck) Whitlock am 25. Juni in der amerikanischen Kirche am Quai d'Orsay in Paris in Gegenwart des protestierenden Stiefvaters der Braut, Paul Scott Mowrer («Ich will sie nicht fortgeben.»), und des amerikanischen Gesandten in Paris, Seiner Exzellenz David Bruce, als Trauzeugen den Ehebund. Jack war bei der U.S. Army in Berlin stationiert, und die Kinder richteten sich ihr erstes Heim in den dortigen Armeeunterkünften ein.

Ernest bedankte sich für die Hochzeitsfotos, die sie uns geschickt hatten und schrieb: «Wir haben sie einrahmen lassen, und sie hängen in derselben Ecke, wo auch das alte Bild von Dir, auf dem Du das Croix de Guerre trägst, hing. ... Bisher hatte noch kein Mitglied unserer Familie in Friedenszeiten als Soldat gedient, aber ich nehme an, daß es auch jetzt keine Friedenszeiten gibt. ... Paß gut auf Dich und Puck auf. ... Wir alle senden Euch viele liebe Grüße.»

Als sich sein Geburtstag näherte – er sollte ein halbes Jahrhundert alt werden –, durchstöberte Papa Magazine auf der Suche nach wenig kostspieligen aber amüsanten Geschenken für sich und das Haus. Bei einer Firma in Topeka, Kansas, bestellte er für $ 15.95 einen Satz von vierundzwanzig Marinesignalflaggen. Von Hammacher Schlemmer in New York ließ er sich acht Teller von Currier und Ives für $ 24.75 kommen. Von der amerikanischen Gesandtschaft in Havanna entlieh er sich die hübsche, nette, zur Schwarzarbeit bereite Sekretärin Nita Jensen, die an ihren freien Tagen zum Diktat auf die Finca kam. Sie tippte Briefe an die verschiedensten Versandgeschäfte in den Vereinigten Staaten und bestellte Kisten mit mexikanischen Enchiladagerichten, Bohnen in Chilisoße und Tortillas El Paso. Sie bestellte außerdem einen billigen Sextanten, einen Leitfaden für astronomische Navigation, einen Kanister Pflanzenschutzmittel, Eiskübel aus Schaumgummi, eine amerikanische Schiffsuhr, die wir sofort im Wohnzimmer anbrachten, und eine wasserdichte, schwimmende Sicherheitslaterne für 98 Cent. Unter diesen neuen Spielsachen, die nach und nach bei uns eintrafen, waren zwei ungefähr einen halben Meter lange Kanonen aus schwarzem Eisen, aus denen man richtige Geschosse abfeuern konnte, am eindrucksvollsten. Sie machten einen Höllenlärm und hinterließen eine Wolke von schwarzem Ruß, der noch tagelang in den Augenbrauen, Ohren und Haaren der Artilleristen hängenblieb. Obwohl unsere Katzen jedesmal fürchterlich erschrocken waren, wurde das Abfeuern zu einem unerschütterlichen Ritual beim Empfang geehrter und einigermaßen überraschter Gäste – und manchmal feuerte Papa sie auch ab, wenn er seine Gäste loswerden wollte.

Zu seinem Geburtstag wünschte sich Ernest ein chinesisches Essen, und ich bereitete mit Ficos Hilfe, der zuerst René bei der Pflege der Tiere geholfen hatte und mir nun beim Kochen assistierte, ein kleines Festmahl, das aus Wintermelonensuppe, Huhn mit Mandeln in Champagnersoße und einer kubanischen Eistorte aus Thorvald Sanchez' Kuchenfabrik bestand.

Ernest war durch das Leben an der See gesund und braungebrannt, in seinen Bewegungen sicher und ausgewogen und zuversichtlich gegenüber der Arbeit an seinem neuen Buch, es schien mir, als hätte ihm die Zeit fast überhaupt nicht zugesetzt.

Aus meinem Tagebuch vom 29. Juli auf der Finca Vigía: «Lillian Ross hat an Papa geschrieben, nachdem sie fünf Nächte im Algokin-Nationalpark verbracht hatte: ‹Es ist, wie wenn man mit einer Äthermaske über dem Gesicht auf dem Operationstisch liegt.› Sie meint: ‹Vielleicht sollte ich einfach einen von diesen langweiligen Kerlen heiraten, die sich hier mit ihren Müttern herumtreiben. . . . Aber jedesmal wenn man ihnen gerade

ein bißchen Interesse abgewinnen kann, schleppen sie ihre Mutter an. ...
Was für eine Meinung haben Sie, Mr. Hemingway, über die Zukunft des Karrieremädchens?› Ich sollte ihr ein paar allgemeine Anweisungen für Karrieremädchen über dreißig geben. Es ist lehrreich, amüsant und manchmal auch befriedigend, einfach die Karriere zu wechseln.»

Am 27. August kam Jean-Paul Sartre mit seiner Freundin zum Abendessen. Seine Freundin war überaus lebhaft und aufmerksam, während sich Sartres ganze Intellektualität hinter kaum bewegenden Augen und den kantigen Konturen seines Gesichts zu verbergen suchte. Deshalb wunderte ich mich darüber, was sie füreinander wohl so attraktiv machte, und kam zu dem Schluß, daß das Mädchen sich ihm gegenüber viel weniger oberflächlich zeigte, wenn sie mit ihm allein war, während er wohl dann auf irgendeine Weise sinnlicher war. Sie lobten unser Essen und den Wein, aber der Abend war eine Enttäuschung für mich. Ich hatte gehofft, etwas «aus erster Hand» über den Existentialismus zu erfahren. Aber die beiden Männer, die das eigentliche Gespräch führten, streiften diese Frage nur am Rande. Sartre erwähnte lediglich, daß der Ausdruck eigentlich eine Erfindung seiner Schüler sei, den sie ihm dann aufgezwungen hätten. Sonst redeten sie wie Geschäftsleute miteinander. Die Prozente, die Sartre von seinem Pariser Verleger als Tantiemen bekam, waren zu niedrig. Er erwähnte die einzelnen Verleger, und Ernest schlug ihm eine Reihe von Gegenmaßnahmen vor, und dann redeten sie über die steigenden Prozentanteile bei soundso viel tausend gedruckten Exemplaren und waren sich einig darüber, daß Sartres sicherlich esoterische Leserschaft in Frankreich bestimmt ebenso groß war wie in Amerika. Wahrscheinlich größer, meinte Ernest.

Während des Nachtischs hielt Sartre eine kleine poetische Rede über sein Unvermögen, durch die Möglichkeiten, die die Natur bot, persönliche Befriedigung zu finden, so wie es Ernest durch das Jagen und Fischen gelang. Das sei ein Mangel – *une privation de mon esprit* –, so klagte er. *Esprit*! Mein Gott, dachte ich, es ist viel mehr als bloß *Esprit*. Der weite Horizont, der Himmel, die verdammte See und das Gefühl, wirklich zu leben. Zu meiner Erleichterung machte Ernest Gott sei Dank nicht den Vorschlag, Sartre die See zu zeigen.

Am Donnerstag, dem 1. September 1949, 6 Uhr 25, Finca Vigía, schrieb ich in mein Tagebuch: «Papa über die Tiere auf der Finca Vigía: ‹Die Hunde sind die Trümpfe, aber die Katzen sind unsere längste Kartenfolge.› Papa sagt auch: ‹Du bist die Mary Martin des reichen Mannes.›»

Mein Gepäck hatte Übergewicht – ich hatte große Stücke tiefgefrorenen Fisch eingepackt –, als ich Ende September nach Chicago flog. Wieder einmal nahm unsere übliche Luftpostbriefkette ihren fast täglichen Lauf. Am 22. September schrieb Ernest auf seiner Maschine: «Mein liebstes Kätzchen, es beginnt gerade hell zu werden, und ich schreibe Dir liebevollst. Außerdem auf einer frisch gereinigten Schreibmaschine mit einem neuen Farbband.» [Ich hatte die Maschine gereinigt und das Farbband eingelegt.] «Nachdem wir Dich in dem großen Flugzeug zurückgelassen hatten (mit einem Haufen Krimskrams, von dem ich nicht weiß, wozu er eigentlich gut ist) . . . kehrten wir nach Hause zurück und machten mit dem Löwenbändiger und seinen beiden Hilfslöwenbändigern Bekanntschaft.»

Ein armer, aber mutiger kleiner Reisezirkus hatte sich auf einem leeren Gelände, das direkt an unser Grundstück grenzte, niedergelassen, und Ernest schloß mit den Tierwärtern, den Dompteuren und auch mit den Tieren Freundschaft. Er schrieb mir in allen Einzelheiten über ihre geschäftlichen und finanziellen Probleme und darüber hinaus – was mich furchtbar beunruhigte –, daß der Löwenbändiger, der selbst hungerte, nur um seine beiden Löwen zu ernähren, ihm erlaubt hatte, mit den Tieren im Käfig zu spielen. «Der Löwenbändiger sagt, daß das Publikum sich nur an dem harmlosen Gebrüll des einen Tiers begeistern würde, und sich der tatsächlichen Gefährlichkeit des anderen überhaupt nicht bewußt ist.» Er war im Club de Cazadores zum Taubenschießen gewesen und verfolgte die Entwicklung verschiedener Wirbelstürme, die sich gerade in den Breitengraden Kubas zu bilden begannen oder bereits dort tobten, außerdem legte er dem Brief drei Schecks bei und ermahnte mich: «Bitte, kauf Dir einen schönen Mantel . . .»

Am 24. September schrieb er in seiner nach unten geneigten Handschrift an Bord der *Pilar*: «Es hat sich herausgestellt, daß ich acht kleine Kratzer, groß wie Hühnerscheiße, vom Spielen mit dem Löwen abbekommen habe, als wir noch keine Freundschaft geschlossen hatten. Der Löwe ist schnell. . . . Ich glaube, das Buch wird wunderbar. . . . An den Abenden sehen wir viele Entenformationen, aber sie ziehen alle an die Südküste, wo es den Reis gibt. Die weißen Reiher machen es genauso. . . . Gregorio hat Dich wirklich furchtbar gern. Ich auch. . . . Wir sind mit der *Tin Kid* fast den ganzen Fluß hinaufgefahren und wissen jetzt, wie man sie [die *Pilar*] ohne Probleme hereinbringen kann. Also kein Grund zur Sorge. Schreibe über 4000 Wörter in der Woche [am Buch], und es ist alles fabelhaft. Also Operation Nerzmantel kann beginnen.» Er schrieb an einer Geschichte über einen amerikanischen Offizier im Veneto.

Ich kaufte ein paar kleine Überraschungen für ihn, Katzenminze für die Miezen, Geschenke, die wir auf unserer nächsten Reise für unsere Freunde in Italien mitnehmen konnten – darunter auch eine schicke Jacke für

Teresa, die gewissenlose Gräfin.

Am 29. September schrieb ich: «Ich war jetzt eine ganze Woche fort von Dir. Bin ungeduldig und möchte wieder zu Hause sein.»

Am gleichen Tag schrieb Ernest 705 Wörter an seinem Buch und übertraf damit geringfügig seine durchschnittliche Tagesproduktion. Außerdem schrieb er einen Brief an Teresa. «Ich bin höflich und nett zu allen diesen Damen, aber lieben tue ich nur Dich», versicherte er mir. «Das solltest Du inzwischen herausgefunden haben. Mit den anderen macht es einfach nur Spaß, so wie wenn ich mit den großen Miezen im Käfig bin. Du bist die einzige, die wirklich zählt...»

Ernest schrieb mir warnend: «Dein Kopf [sein eigener] ist voll von Salpetersäure, weil du ständig bei allen versuchst herauszufinden, ob es aus Gold ist ODER NICHT. Du bist genauso nervös wie ein Rennpferd und kommst dir vor wie ein Matador, bei dessen Auftritt das Publikum fehlt. Vielleicht sehe ich das auch alles viel zu romantisch. Aber in letzter Zeit hat es mich doch verdammt beeindruckt, genauso wie ein sportliches Ereignis.» Er deutete an, daß der Hearst-Konzern an seinem neuen Buch interessiert sei und plane, es für eine stattliche Summe im *Cosmopolitan* in Fortsetzungen als Vorabdruck zu veröffentlichen.

Am Montag, dem 24. Oktober 1949, schrieb ich in mein Tagebuch: «Papas Arbeit an *Über den Fluß und in die Wälder* ist in die letzte Phase getreten. Er ist müde und nervös, aber gestern ging es ihm gut, nachdem er vier Tage in Rincón und Puerto Escondido gewesen war. Er schlief gut heute nacht, ging um 7 Uhr 15 an die Arbeit und arbeitet jetzt noch immer (8 Uhr 40). Das Thermometer zeigte 21 Grad, als wir erwachten und eine halbe Flasche Champagner tranken.

Über den mittleren und letzten Teil des Manuskripts, beide hatte ich seit meiner Rückkehr aus Chicago gelesen, war ich ziemlich unglücklich gewesen. Ich hatte nicht versucht herauszufinden, warum das so war und es keiner Menschenseele gegenüber erwähnt, ja, sogar nicht einmal meinem Tagebuch anvertraut. Ich fühlte mich wie eine Abtrünnige, und dennoch fand ich Oberst Cantwells Gespräche mit seiner Geliebten banal und irgendwie unvernünftig, ihre Versessenheit auf das Essen ziemlich seltsam, und die Sache mit den Edelsteinen widersprach eigentlich jedem gesunden Menschenverstand. Aber ich hielt den Mund. Schließlich hatte mich niemand aufgefordert, die Lektorin meines Mannes zu sein und sein Selbstvertrauen zu zerstören. So hoffte ich, daß jemand bei Scribner's dabei behilflich sein würde, diese Passagen abzuändern.

Wir sehnten uns nach Venedig zurück, aber eine Woche, bevor wir abreisen wollten, erhielten wir ein Funktelegramm von Bord eines Havanna anlaufenden Schiffes, in dem uns mitgeteilt wurde, daß Gianfranco

Ivancich an Bord sei, der kein Einreisevisum habe und unsere Hilfe gebrauchen könnte. Ernest setzte sich sofort mit Paco Garay, dem zuständigen Beamten für die Einreiseformalitäten in Verbindung und holte unseren unerwarteten Gast vom Hafen ab. Auf der Finca schleppte Juan einen altmodischen Schiffskoffer aus dem Wagen und brachte ihn in das venezianische Zimmer – das ehemalige Katzenzimmer –, das wir unserem Gast zur Verfügung stellten.

Bei einem gemeinsamen Mittagessen in Venedig im März vorigen Jahres, war Gianfranco von seiner Schwester Adriana und Ernest in den Hintergrund gedrängt worden. Die beiden waren sich an einem Wochenende bei der Entenjagd begegnet und waren vollauf damit beschäftigt, miteinander zu flirten. Aber jetzt hatten wir Gelegenheit, ihn kennenzulernen und fanden ihn bezaubernd. Er war schlank wie eine Zypresse, hatte die gleichen tiefdunklen Augen wie seine Schwester und ein einnehmendes Wesen. Als Angehöriger einer italienischen Kavallerieeinheit – Panzer – war er in Nordafrika verwundet worden, und als er auf seiner Trage mit anderen Verletzten auf seinen Abtransport in die Heimat wartete, wurde das Durchgangslager bombardiert. Nachdem er in Italien aus dem Militärhospital entlassen worden war, kehrte er als Rekonvaleszent in das Landhaus seiner Familie am Tagliamento-Fluß in der Nähe von Latisana zurück. Bei seiner Ankunft flogen gerade Flugzeuge der Alliierten einen Bombenangriff gegen eine in der Nähe liegende Brücke. Sie verfehlten die Brücke, zerstörten aber dabei das Haus der Ivancichs. Gianfranco, der während des Angriffs unter einem Baum auf einer Wiese Schutz gesucht hatte, trug noch einige weitere Verwundungen an den Beinen davon. «*Non tanto. No tanti*», sagte er. Sie hatten lediglich ihr schönes Landhaus mit allem, was sich darin befunden hatte, verloren.

Als die Alliierten die deutschen Streitkräfte zum Rückzug in den Norden zwangen und Mussolinis faschistisches Regime 1945 zusammenbrach, schlossen sich Gianfranco und sein Vater Carlo den mit den Alliierten zusammenarbeitenden Widerstandskräften im Veneto an. Unter großen persönlichen Gefahren verschafften sie sich militärische Informationen und gaben sie an den alliierten Nachrichtendienst weiter. Vater und Sohn gerieten in faschistische Gefangenschaft, es gelang ihnen jedoch zu fliehen, aber im Frühjahr 1945 fiel Carlo Ivancich noch einmal in die Hände der Faschisten und wurde in einer Gasse des Dorfes von San Michele, in unmittelbarer Nähe seines Besitzes ermordet. Gianfranco selbst fand später die Leiche seines Vaters.

Über die spätere Leidensgeschichte seiner Familie erzählte er uns nichts. Er beantwortete kurz einige Fragen, ließ sich aber nicht auf langes Wehklagen ein, schwelgte nicht in Rachegefühlen, war geistreich und witzig, und da niemand ihm seinen Schiffskoffer mit der gleichen Ordnungsliebe auspacken konnte, mit der man ihn gepackt hatte, verstreute er all seine Kleidungsstücke im Zimmer und am Schwimmbecken. Er sei für ein paar Wochen gekommen, verkündete er mit seiner klaren Stimme. Niemand von uns hätte damals daran gedacht, daß dieser Besuch sich mit einigen Unterbrechungen über acht Jahre erstrecken würde.

11
New York – Venedig

Mit bloß vierzehn Stück Gepäck flogen wir am 16. November nach Miami und von dort nach New York, wo wir eine Suite im Sherry-Netherland Hotel bezogen und uns und unsere zahlreichen Gäste in der Hauptsache mit frischem, großkörnigem, grauem Kaviar und erstklassigem Champagner ernährten. Zur Feier meiner Freiheit von Küche und Haushalt bestritt ich damit an einem der Tage alle drei Mahlzeiten: Kaviar auf gebuttertem Toast mit Kaffee und Champagner zum Frühstück, Kaviar mit grünem Salat und Champagner zum Lunch, Kaviar, Blinis und Champagner zum Dinner.

Lillian Ross kam zum Plaudern zu Ernest. Sie wollte eine Story über ihn für den *New Yorker* schreiben. Der liebe und charmante George Brown, der auf der 57. Straße eine Trainingshalle vor allem für Boxer hatte, kam und war wie immer sehr maßvoll im Essen und Trinken. Marlene Dietrich kam vom Plaza herüber. Sie trug ein schlichtes schwarzes Kleid und ein schmales Diamantenhalsband und arrangierte es, daß wir in einer Privatvorführung ihren neusten Film, *Foreign Affair*, sehen konnten. Jigee Viertel, Peters Frau, saß lächelnd und stumm mit ihren langen, gebogenen Wimpern bei uns. Wir hatten sie 1947 in Ketchum kennengelernt. Charles Scribner sen., ein bezaubernder, ehrwürdiger alter Herr, kam zum Lunch und zu gedämpften Scherzen, Winston Guest und Alfred Rice, Ernests Anwalt, kamen, und Patrick, jetzt ganz Harvardstudent, verbrachte ein paar Tage bei uns und diskutierte mit seinem Vater, wenn der sich nicht um andere Gäste zu kümmern hatte, über Kunst und Politik. C. Z. Guest brachte einen Sackvoll rechter Schuhe an, die aus einem Geschäft in der Rue Cambon stammten und nun alle gestreckt werden sollten.

Als wir an Bord der *Ile de France* unsere Senlis-Suite bezogen, fanden wir einen Eimer voller köstlicher Flaschen von Toots Shor und Blumen von Freunden vor. Wir schrieben uns für Gymnastik und Massagen in der großen, luftigen Turnhalle auf dem Oberdeck ein, und Ernest überredete den Zahlmeister, unserer Freundin Jigee Viertel, die auch auf dem Schiff war, einen Passierschein auszustellen, mit dem sie jederzeit von der Touristenklasse herüberkommen und mit uns speisen konnte. Und ich veranstaltete Spaziergänge auf dem durch Glasfenster geschützten, kalten Promenadendeck und vereinbarte Treffen in der Bar mit meinem alten Freund Sam Boal.

Ernest war müde. Die letzten Arbeiten an seinem Buch hatten ihn angestrengt. Ich hatte ihn im Winter 1944/45 in Paris müde und krank erlebt und ebenso vergangenen Winter in Cortina und Padua. Und irgendwie schien mir, daß die Erschöpfung seine Persönlichkeit beeinträchtigte. Er wiederholte sich ständig in seinen philosophischen Betrachtungen, Aperçus und Scherzen und ließ dabei seinen sonst so betörenden Charme, seinen Esprit und das Blitzen seiner Augen vermissen. Ich hatte ihn schon zu oft in feierlichem Ton «in der Tat» oder das zärtlich gemeinte «Tochter» sagen hören oder Sätze wie «Wenn alle Karten auf dem Tisch liegen» und «Wie gefällt Ihnen das, meine Herren?» mit angehört. Und auch seine Kriegsgeschichten langweilten mich. Aber für Jigee war das alles neu, und sie hing an seinen Lippen – sie erinnerte mich an unseren schwarzen Hund –, wenn Ernest in seinen weiten rotweißen Bademantel gehüllt, den ich ihm in Cortina geschneidert hatte, seinem «Königsmantel», von seinem Sessel aus dozierte. So fand ich die beiden jeden Nachmittag in unserem Salon vor, und ich erkannte die Gefahr, tat aber nichts dagegen.

Ernest trank zuviel, und eines Tages erklärte er beim Lunch, er kenne die Weine und Whiskeys der *French Line* so gut, daß er sie mit verbundenen Augen identifizieren könne. Sammy schlug eine Probe-Party in unserer Kabine vor. Unser Stewart brachte acht oder neun in Servietten gehüllte Flaschen. Sie waren entkorkt, und die Hülle ließ die Form der Flaschen nicht erkennen. Da Jigee keinen Alkohol trank, beschränkte sich der Wettbewerb auf uns drei, und die Männer bestanden darauf, daß ich den Anfang machte. Sammy goß mir aus jeder Flasche ein Schlückchen ein und notierte, was ich geraten hatte. Ich verwechselte schottischen Whisky mit kanadischem, Rheinwein mit französischem Rosé und tippte nur beim Claret richtig.

Zu unserer Überraschung machte Ernest es kaum besser. Er riet nur dreimal richtig, und Sam gewann den Wettbewerb mit vier richtigen Antworten. Wir warfen ihm vor, er hätte länger als wir auf dem Toast gekaut, den wir zwischen den einzelnen Proben essen sollten, um unsere Geschmacksknospen zu reinigen.

Aus meinem Tagebuch: «Zimmer 86, mein altes Kriegszeiten-Zimmer im Hôtel Ritz, Paris, 1. Dezember 1949, 23 Uhr 45: Es ist jetzt anderthalb Stunden her, seit ich Jigee Viertels Zimmer, Nr. 94, verließ und Ernest zu mir sagte: ‹Ich komme in einer Minute nach.›»

6. Dezember 1949 «... Nacht – stürmisches Wetter. Ernest sagt: ‹Es ist das Enttäuschendste, was mir je passiert ist in meinem ganzen Leben – die Art, wie du dich in diesem Bett benommen hast – wo ich doch eben ein Buch beendet und dir alle Erträge daraus in einem in New York unterschriebenen und durch Zeugen bestätigten Testament vermacht habe.
Und jetzt verweigert der Zeuge jede weitere Aussage.
Ich habe erlebt, wie du gehst und deine Koffer packst und jedesmal, wenn es Schwierigkeiten gibt, abhaust, so wie eine Ratte das sinkende Schiff verläßt. Ich sage keine Grobheiten, ich stelle nur Dinge fest, die geschehen sind.
Kann man nichts mehr sagen, was nicht gleich zu Protokoll genommen wird? Es macht mir ja nichts aus, solange es ein *exaktes* Protokoll ist.›»
Dann schlief Ernest ein und ich auch, nachdem ich mir seine Rede in mein Notizbuch geschrieben und mich zehn Minuten lang gefragt hatte, was diese Explosion verursacht haben konnte.

Wie die Elritzen im Strudel, so wirbelten wir uns durch die Tage. Ernest schrieb sein Buch um, immer wieder, nahm aber ebenso eifrig an den von ihm einberufenen Komiteesitzungen in der Hotelbar teil, bei denen über die Chancen bei den Steeplechase-Rennen in Auteuil diskutiert wurde. Ed Hotchner kam aus New York herübergeflogen, um das Manuskript für den *Cosmopolitan* in Empfang zu nehmen, und macht sich auf Ernests Rat daran, die Seiten zu redigieren. Jigee half ihm, und beide bewiesen dabei, wie mir schien, eine erstaunliche Unachtsamkeit in stilistischen Fragen.
Eines Tages, als wir zufällig einmal nicht zum Pferderennen gingen, aßen Hotchner und Jigee mit uns im Ritz zu Mittag, und Ernest beschloß plötzlich, Jigee sein persönliches Paris zu zeigen, so wie er es fünf Jahre zuvor mir gezeigt hatte. Ich war mit Charles Sweeny im Louvre verabredet und freute mich darauf. Charles wollte mir seine Lieblinge unter den griechischen Skulpturen zeigen.
«Großartige Idee», sagte Hotchner strahlend, als Ernest von seinem Plan sprach. «Da komme ich mit.»
Ernest kaute nachdenklich ein Stück von seiner gegrillten Leber und sagte dann: «Du bist herzlich willkommen, Hotch, falls ich dich einlade.»
Wir hatten vor, mit unserem Lieblingschauffeur, Georges Mabilat, und seinem Packard am 24. Dezember Paris zu verlassen und zuerst an die

Riviera und dann nach Italien zu fahren. Peter Viertel kam noch gerade rechtzeitig an, um an unserer Weihnachtsfeier im Zimmer 86 am Vorabend unserer Abreise teilzunehmen. Wir prosteten uns mit Champagner zu, sangen laut und fröhlich, packten eine Unzahl kleiner Geschenke aus, und unser Zimmer hallte von so viel freudigem Gelächter, daß die Nachbarn sich telefonisch beim Concierge beschwerten, der uns daraufhin zur Mäßigung zu bewegen versuchte. Mein schönstes Geschenk hatte ich mir selbst gekauft. Es war ein gläserner Briefbeschwerer, der, wenn man ihn schüttelte, ein kleines Schneegestöber auf eine winzige Tanne niedergehen ließ – unseren einzigen Weihnachtsbaum in diesem Jahr. Es erinnerte mich an die Weihnachtsfeste in Bemidji, Minnesota.

Später als wir gehofft, aber früher als wir erwartet hatten, luden wir unser Gepäck in den Packard, nahmen unsere Plätze ein – Ernest vorn neben Georges, dann Peter und Hotchner auf den Klappsitzen und hinten Jigee und ich – und verließen die Place Vendôme in südlicher Richtung.

Wir fuhren durch Villeneuve und Sens nach Auxerre, wo wir die Wärme und das wunderbare Essen im Café Cerf-Volant genossen.

Am Weihnachtstag ratterten wir ostwärts durch das Burgunderland. Hier und da erhaschten wir im Nebel einen Blick auf ein hübsches Dorf oder eine stattliche Villa. Aber am nächsten Tag klärte es sich auf, und mit etwas Blau am Himmel wirkte die Landschaft wilder und zerklüfteter und schöner. Avignon lag weißlichbraun im Sonnenlicht, und die Platanen waren hier höher und knorriger als irgendwo sonst. Wir parkten unterhalb des Palastes der Päpste und kletterten übermütig und vom Wind zerzaust zu den Parkanlagen hinauf, von denen aus man die beiden weiten Arme der Rhône sah. Wir bewunderten die ehrwürdigen Pinien, die Stechpalmen, die Sonnenuhr, machten ein paar Schnappschüsse und ließen uns auf der Bank fotografieren, auf der Ernest, wie er sagte, Teile von *In unserer Zeit* geschrieben hatte, nachdem er mit seinem Fahrrad im Zug von Paris hierher gekommen war.

Von Avignon ging es weiter zum Pont du Gard und nach Nîmes und dann nach Aigues-Mortes, der Stadt, von der das Meer sich zurückgezogen hatte. Papa, Jigee und ich besichtigten die Kirche, in der es nach verfaultem Käse roch, lasen auf einer steinernen Tafel etwas über den heiligen Ludwig und sahen eine Darstellung seines Aufbruchs zum 7. Kreuzzug in einem kleinen Dingi, das genauso überladen war wie unseres, wenn wir Gäste hatten. Wir lasen auch, welche Ausrüstung er von seinen Kreuzfahrern verlangte. Jeder mußte sein eigenes Trinkwasser mitbringen und ebenso seinen eigenen Nachttopf.

Wir besichtigten den Festungsturm. Mit seinen einen halben Meter dicken Mauern konnte er noch heute jedem Angriff standhalten – außer vielleicht einem Volltreffer. Im zweiten Geschoß hatte man einst Gefangene eingesperrt. Sie dürften dort viel frische Luft gehabt haben, sonst aber auch nicht viel anderes, auch keinerlei sanitäre Einrichtungen.

Nach der Aufhebung des Edikts von Nantes im Jahre 1685 waren die meisten Gefangenen Protestanten gewesen. Eine Frau, die dort achtunddreißig Jahre eingekerkert gewesen war, hatte das Wort *«Résistez»* in die Wand geritzt, eine Ermahnung, die heute unter Glas gehalten wird.

Am Nachmittag fuhren wir weiter durch die Landschaft van Goghs, und ich sah im Geiste wogendes Korn und Zypressen, deren Zweige sich in der heißen Sonne zu Spiralen kräuselten. Dann fuhren wir durch Arles und suchten nach Cézannes Landschaften, bis zur Linken eine Bergkette, die Cézanne allerdings nie gemalt hat, sichtbar wurde. Aber viele der Häuser mit ihren rosa Dächern inmitten von Pinien und Zypressen sahen ganz nach Cézanne aus. Wahrscheinlich hatte er nicht viel von den Bergen gesehen, sagte ich mir. Vielleicht war er auf Entfernungen beschränkt, die sein Pferd an einem Vormittag zurücklegen konnte. Schließlich ging es weiter nach Aix und spät am nächsten Tag nach Nizza, wo Peter und Hotchner Billetts für die Rückfahrt nach Paris besorgten.

Ein schneller Abschiedstrunk in der Bar, und dann begleitete ich die drei zum Zug. Am selben Abend schrieb ich in mein Tagebuch: «Von den dreien mag ich Jigee am liebsten.» (Etwa einen Monat später beschrieb mir mein Mann in niederschmetternden Einzelheiten, wie Jigee versucht hatte, ihn sich zu schnappen. «Sie [ich] versteht dich eindeutig nicht. Wir werden in Kalifornien eine Ranch mit Pferden anschaffen, und du brauchst nicht mehr die kubanische Hitze zu ertragen. Ich verstehe natürlich deine wunderbare Feinfühligkeit.») Und Jigee war immer so reizend zu mir gewesen, das Luder!

Über Monaco und Genua juckelten wir nach Nervi, wo wir am Silvesterabend früh und mürrisch speisten und zu Bett gingen. Ernest war unglücklich, ihm fehlte das Gefolge. Ich war heilfroh, fand es aber höflicher, Mitgefühl zu bekunden.

Obwohl wir unserem weitgereisten Pariser Chauffeur Georges Mabilat die Lage Venedigs erklärt hatten, konnte er es nicht glauben, als er die Stadt aus der Lagune emportauchen sah. Auf dem Weg zum Hotel Gritti murmelte er immer wieder: *«C'est un miracle. Incroyable.»* Wir freuten uns über sein Staunen. Im Gritti hatte man uns zum Empfang ein großes knisterndes Kaminfeuer im kleinen Winterspeisesaal angezündet, der Gran Maestro, etwas grauer geworden, strahlte, Renato, unser Zimmerkellner, war liebenswürdig wie eh und je, und die Pagen waren größer geworden. Wir hatten neue Zimmer, 115 und 116, der Salon mit Blick auf die *Traghetto*-Mole und die kleine Hütte der Gondolieri, während die

Fenster des einen Schlafzimmers auf den Canal Grande hinausgingen. Und dazu gehörten zwei Bäder.

In diesem Winter fanden internationale Sportveranstaltungen in Italien statt, mit Skispringen, Bobrennen und anderen Wettbewerben an den Hängen rings um Cortina. Wir fuhren mit Ilerio, unserem reizenden italienischen Chauffeur hin – Adriana Ivancich, die sich zu unserer ständigen Begleiterin entwickelte, ihre Freundin Giovanna und ich hinten im Wagen, während Ernest wie gewöhnlich neben dem Chauffeur saß.

Ich hatte mir vorgenommen, in dieser Woche alle Gespräche über die sich anbahnenden Verwicklungen mit den betroffenen Personen zu vermeiden. Ernest war dabei, aus seinen romantisch verklärten italienischen Erinnerungen, seiner Romanheldin Renata – der Frauengestalt in *Über den Fluß und in die Wälder* – und den Verlockungen der Nähe der neunzehnjährigen Adriana ein Netz zu weben, in dem er sich leicht selber verfangen und Schmerzen zufügen konnte, wie ich glaubte. Aber ich wußte, daß ich die Entwicklung durch warnende Bemerkungen nicht aufhalten konnte. Ich schwieg, auch wenn Ernest in ehrfurchtsvollen Tönen über so banale Jungmädchenambitionen sprach, wie Adrianas Wunsch, gute Taten für ihre Familie zu vollbringen.

Nur einmal, als ich mich an einem eisigen Morgen um sieben Uhr ankleidete, seufzte ich: «Niemand weiß, was ich leide.»

«Niemand weiß es, außer Gellhorn», berichtigte Papa. Martha hatte ein Buch unter diesem Titel veröffentlicht.

Am 18. Februar schrieb ich: «Wir sind jetzt über zwei Wochen hier, und die Berge, die Luft und die Sonne der letzten Tage sind ein reines Entzücken.» Aber Ernest beschloß, nach Venedig zurückzukehren. Da er nicht Ski lief, fand er sein Leben im Haus zu eintönig. Wir hatten die Schreibmaschine in Venedig gelassen, und in unserem Zimmer im Hotel della Posta war es zu kalt, um lange Stunden am Schreibtisch zu sitzen. Adriana wurde von ihrer Mutter in Venedig zurückerwartet, und Ernest konnte sie im Wagen mitnehmen.

Am Sonntag, dem 5. März, fuhr ich mit Ilerio nach Venedig hinunter und fand unsere Suite in häuslicher Unordnung und meinen Ehemann in einem Zustand fröhlicher Rauhbeinigkeit vor. Ich hatte Thornton Wilders *Iden des März* gelesen und dachte an den Satz: «Keine Erinnerung kommt der Erinnerung an nächtliches Geflüster gleich.» Und am nächsten Morgen packte ich die Koffer. Ich hatte vom nächtlichen Geflüster einstweilen genug.

Als Ernest verkündete, er habe vor, Adriana und ihre Mutter nach Kuba zu uns einzuladen, erhob ich Einspruch.

«Lade sie ein, unbedingt. Aber wir sollten es gemeinsam tun – ich auch, als Gastgeberin –, schon wegen der Schicklichkeit.»
«Du hast recht, mein Kätzchen. Dann tu es nur.»
Die Idee, daß die beiden venezianischen Damen uns in Kuba besuchten, kam mir verrückt vor. Adriana hatte noch viel zu lernen, und Reisen war lehrreich. Aber sie hatte ja das ganze Europa vor der Tür. In kultureller Beziehung stand Kuba meiner Meinung nach, abgesehen von einigen anderen lateinamerikanischen Ländern und der Arktis, ganz am Ende der Liste, wie sehr ich auch Land und Leute liebte. Ich lud Dora, Adrianas Mutter, zum Lunch mit uns in Harry's Bar ein und war einverstanden, als sie bat, eine Freundin mitbringen zu dürfen.

Sie war offenbar nicht im geringsten überrascht, als ich sie in aller Form einlud, uns mit ihrer Tochter zu besuchen, schien den Vorschlag aber auch nicht absurd zu finden. Sie wolle es sich überlegen, sagte sie. Darauf sagte ich, es habe keine Eile, sie seien jederzeit willkommen.

Der Frühling kam nach Venedig und färbte die Kanäle hellgrün unter der warmen Sonne und dem wolkenlosen Himmel, ehe wir am Donnerstag, dem 9. März, die Stadt mit einem Berg von Gepäck auf dem Wagendach verließen. Am nächsten Tag, als wir an Cap d'Antibes vorbeifuhren, erinnerte sich Ernest an das Jahr 1926, als er dort *The Sun Also Rises* [*Fiesta*] überarbeitet hatte. Er und Hadley hatten zuerst im Hôtel du Cap und später in einem Chalet gewohnt, wo Pauline sie oft besuchte. Er war damals schon in sie verliebt und pflegte – wie er behauptete – täglich hundert Kilometer auf dem Fahrrad zurückzulegen, um sich seine Leidenschaft auszuschwitzen. Und in demselben Jahr gehörte er auch mit zu der Crew von Gerald Murphys Segeljacht.

«Hundert Kilometer bist du täglich geradelt?» fragte ich.
«So ungefähr.»
«Dazu braucht man einen ganzen Tag. Und wie oft bist du gesegelt?»
«Mehrere Male in der Woche.»
«Da blieb dir dann ja nicht viel Zeit zum Arbeiten.»
«Nein. Was die Arbeit betrifft, war es ein unergiebiges Jahr.»
«In Italien war es diesmal nicht ganz unergiebig, nicht wahr?»
«Sehr ergiebig war es auch nicht.»
«Baby, mein Glaube an dich ist unerschütterlich. Ich weiß, du kannst arbeiten, wenn du willst.»
«Ich werde ein guter Junge sein.» Er schüttelte den Kopf.
«Du hast ein weises Haupt, mit dem du fix jeden Fehler korrigieren kannst.»
«Aber mein Herz läßt sich nicht disziplinieren.»

«Mein armes großes Kätzchen.»
«Es hält der Gelegenheit nicht stand.»
«Mein armes großes Kätzchen mit dem gebrochenen Herzen. Ich wünschte, ich könnte dir helfen.» Ich meinte es nicht ironisch. Er gab sich Mühe, ehrlich zu sein, und er tat mir leid. Aber unter «helfen» verstand ich nicht, ihn einem aufblühenden venezianischen Mädchen auszuliefern.

Wir kamen am Montag, dem 13. März, in Paris im Hôtel Ritz an. Man gab uns Marlene Dietrichs ehemalige Suite, Zimmer 52-53. Wir tranken etwas in der Bar und öffneten vor dem Mittagessen Berge von Post, die sich inzwischen angesammelt hatten. Ernest litt unter einer schmerzenden Bronchitis, so daß wir uns ein paar Tage lang das Essen ins Zimmer bringen ließen. Ernest schrieb Briefe, bezahlte Steuern, studierte die Rennprognosen, schloß mit George in der Bar Wetten ab und machte sich Sorgen wegen des neuen Generalstreiks in Italien – Soldaten hatten auf streikende Arbeiter in Breda geschossen, die von dem kommunistischen Bürgermeister von Venedig unterstützt wurden. Er befürchtete, die Abreise Adrianas und ihrer Mutter könne sich dadurch verzögern. Ich erforschte inzwischen die Kunstgalerien in der Umgebung der Place Vendôme und in Montparnasse auf der Suche nach mir unbekannten Künstlern und kaufte einen Spiegel mit einem reich verzierten, handgeschnitzten Rahmen für die Finca.

Am Samstag erschien Adriana, jugendlich erregt und lebhaft, was Ernests Herz wieder ein wenig mehr in Wallung brachte. Sie hatte ihre Mutter zu Hause gelassen und wohnte hier bei der hochangesehenen Familie de Beaumont, deren wunderschöne Tochter Monique mit ihrer Fülle glänzenden kastanienbraunen Haars Adriana ständig als Ersatz-Anstandsdame begleitete. An diesem Tage aßen wir in dem schönen, inzwischen geschlossenen Restaurant La Rue in der Rue Royale bei der Madeleine – ein halbes Jahrhundert ein Zentrum der Pariser Gourmets, ehe es in eine Cafeteria verwandelt worden war. Wir hörten alle vergnügt Ernests Lobreden auf Adriana zu, die ein paar Entwürfe für den Umschlag für *Über den Fluß und in die Wälder* gezeichnet hatte, und die für ihn jetzt das Wunderkind in der Welt der Kunst war.

Adriana und Monique erwarteten uns am nächsten Morgen um sieben vorm Ritz, um mit uns durch das noch winterliche Land nach Le Havre zu fahren.

Adriana war noch nie an Bord eines Ozeandampfers gewesen, aber sie hatte weder Paß noch Personalausweis bei sich. So machte Ernest es sich zur Aufgabe, sie an Bord der *Ile de France* zu bringen und ihr das ganze Schiff zu zeigen, ehe das Signal «Alle Besucher an Land» ertönte. In unserer vertrauten Senlis-Suite hielten wir Siesta und aßen dann friedlich zu Abend.

Ein wogender, stampfender Nordatlantik und darüber ein kalter grauer Himmel. Wir waren nur selten draußen an Deck und lasen meistens in unserer Kabine und plauderten miteinander oder mit unseren bevorzugten Barmixern.

Ernest unterhielt sich mit Geschichten über seine Anfänge als Reporter beim *Star* in Kansas City, wo die Polizeistation, das städtische Krankenhaus und das Revier um den Bahnhof seine Bereiche gewesen waren. Einmal hatte er auf dem Bahnhof einen zusammengebrochenen Mann gesehen, und die Schaulustigen und auch die Polizisten wichen aus Angst vor Pocken in Panik zurück. Ernest hatte den armen Kerl aufgehoben und in ein Taxi gesetzt und ins Krankenhaus gebracht.

Ernest hatte sich oft Mahlzeiten im Krankenhaus ergaunert, und so hörte er eines Tages, wie der Koch über Nierenschmerzen und wunde Stellen am Rücken klagte. Er holte einen Arzt, der den Koch untersuchte und Pocken diagnostizierte. Im Krankenhaus gab es einen sehr guten Arzt, dem man in Kalifornien die Lizenz entzogen hatte, weil er Leuten wie Wallace Reid und Mary Miles Minter, den Filmstars, Drogen verschrieben hatte. Dieser Arzt ging regelmäßig in das städtische Gefängnis von Kansas City, um den Süchtigen dort ihre täglichen Injektionen zu geben. Ernest begleitete ihn manchmal. Die Süchtigen schrien und bettelten um einen «Schuß» in die «Wampe» – das wirkte länger –, und sie schubsten Ernest, der die Schale mit dem Injektionsmittel hielt, damit er etwas davon verschüttete, und dann warfen sie sich hin und leckten das Zeug vom schmutzigen Boden auf. Er erinnerte sich an ihre entsetzlichen Schreie, wenn der Arzt ihnen die Spritze verweigerte.

12
Stimmungsschwankungen

Als die *Ile de France* am 27. März mittags im Hudson River anlegte, wurden wir dort zu unserer Freude von Charlie Hotchner und anderen Freunden erwartet. Sie alle begleiteten uns in unsere Suite im Sherry-Netherland Hotel, wo wir tranken und Neuigkeiten austauschten. So begann wieder einmal das Karussell: Leute, Pläne, Probleme, Prätentionen, Scherze und Vergnügungen, die jede eheliche Kommunikation bis auf ein erschöpftes «Schlaf gut» oder «Guten Morgen» unterbanden. Ich kam mir vor, wie in einer militärischen Meldesammelstelle. Das Telefon klingelte alle fünf Minuten, und das achtzehn Stunden am Tag. Trotzdem war es anregend.

Patrick kam aus Harvard und eröffnete uns, er wolle Henrietta Broyles aus Baltimore heiraten. Er bat um seines Vaters Zustimmung. Slim Hawks Hayward kam, um Komplimente zu machen und zu empfangen. Winston Guest und Tommy Shevlin kamen: sie wollten vor Florida mit uns fischen und mit uns nach Afrika reisen. Wallace Meyer aus Scribner kam zu einer Besprechung über die Veröffentlichung von *Über den Fluß und in die Wälder*. Harold Ross kam und beschrieb uns brillant in seinem Western-Akzent das literarische Leben New Yorks. Marlene Dietrich kam zum Essen und um eine flammende Rede gegen Ingrid Bergman und ihren letzten in Italien gedrehten Film zu halten.

Ich hoffte, die Produktion eines Babies in Angriff nehmen zu können, und unterzog mich am Nachmittag einer gründlichen Untersuchung bei Dr. Lester Spier und seinen Assistenten an der Upper East Side. Ich hatte alle Untersuchungen glänzend bestanden – Blut, Lunge, Herz, Blutdruck (128/80) –, und nichts deutete auf Krebs hin. Aber eine schmerzhafte Untersuchung ergab, daß der mir verbliebene Eileiter so «verschlossen» war, daß die Chancen für eine normale Schwangerschaft gleich Null waren. Eine komplizierte Operation könne die Lage vielleicht ändern, aber es gäbe keine Garantie. Ich eilte ins Hotel zurück. Ich hatte das Bedürfnis, Ernest die schlimme Nachricht mitzuteilen und so einen Teil der Last abzuwerfen. Aber die Vanderwickens waren gerade da, lebhaft und heiter, und zeigten Farbfotos von ihren Kindern. So behielt ich meinen Kummer für mich. Erst ein paar Tage später erzählte ich es Ernest. Die Fröhlichkeit wich aus seinem Gesicht, aber er faßte sich und sagte: «Das ist unser verdammtes Pech, mein Kätzchen. Aber wir teilen es. Es wird unser lausiges, dunkles Geheimnis sein. Nein. Du wirst dich nicht operieren lassen – bei einer so geringen Chance. Zum Teufel, nein. Ich würde dich auch nicht bitten, mit einem Regenschirm vom Dach zu springen.» Ernest kam nie wieder auf diese meine Unfähigkeit zu sprechen, aber ich selber hatte jahrelang das Gefühl, ein Versager zu sein.

Ich flog nach Chicago, um meine Eltern und Bea Guck zu besuchen – ihr Mann, Homer, war vor einem Jahr gestorben. Sie waren alle wohlauf. Meine Eltern waren zu dem Schluß gekommen, sie würden gern nach Gulfport, Mississippi, ziehen. Ein Freund von der Christian Science hatte es ihnen empfohlen. Nach ein paar Tagen war ich wieder in New York.

Als wir mit Harold Ross und seiner blonden, kicherigen Frau im «21» zu Abend aßen, kam Irwin Shaw, mein lustiger alter Freund, der mich damals mit Ernest bekannt gemacht hatte, an unseren Tisch, und Ernest explodierte. Zu meinem Kummer fiel er mit einer heftigen und verletzenden Kritik über Shaw her – über seinen Charakter, seine Persönlichkeit, seine schriftstellerischen Fähigkeiten. Ross rutschte verlegen auf seinem Stuhl hin und her, und ich wunderte mich nur, daß Shaw einfach so gelassen dastand. Es entstand ein Bruch zwischen Ernest und mir, den Ernest am nächsten Morgen mit einer auf dem damenhaften Briefpapier des Sherry-Netherland geschriebenen Erklärung, die er vor dem Schlafengehen verfaßt hatte, überbrückte.

«Laß uns bitte nicht streiten über das, was ich zu Irwin Shaw gesagt habe. Ich liebe Dich, und ich war so glücklich, daß Du wieder da warst, und ich fand, daß Du die Schönste bist, die ich je gesehen habe, und ich war so stolz, mit Dir gesehen zu werden. . . . Die Sache mit Shaw geht auf einen Zorn zurück, der seit über einem Jahr in mir gekocht hat. . . . Ich fand das, was er über meinen armen, verdammten, unseligen Bruder und Dich und mich geschrieben hat, verachtenswert. . . . Ich hatte ihm geraten, sich von mir fernzuhalten. . . . Wenn Du Shaw sehen willst, weil er ein alter Freund von Dir ist, so ist das völlig in Ordnung, und ich habe Verständnis dafür . . .»

Wegen unseres zweiundzwanzig Teile schweren Gepäcks konnten wir nicht auf dem Luftweg heimkehren. Wir nahmen den Zug nach Miami und taten uns an dem von Lillian Ross gespendeten Kaviar gütlich, fuhren vom Bahnhof zum Hafen und schifften uns auf der *Florida*, der alten Havanna-Fähre, ein. Am nächsten Tag, auf der Finca Vigía, packten wir schnell unsere Koffer aus, verstauten alles, begrüßten die Diener und Katzen und Hunde und richteten uns für den warmen kubanischen Frühling ein, denn am folgenden Tag erwarteten wir Pauline, Patrick und seine hübsche lebhafte Braut Henrietta Broyles.

Mit ihrem für meine Begriffe etwas altmodischen Südstaatler-Charme, ihren Schmeicheleien und Artigkeiten hatte Henny innerhalb von zehn Minuten beim Apéritif ihren zukünftigen Schwiegervater erobert. Ernest spielte den Zögernden, was die Heirat betraf, weniger aus Vernunftgründen als vielmehr aus Spaß an der Rolle des schwer zu überzeugenden Familienoberhaupts. Henny entwaffnete ihn mit seelenvollen Blicken und Sätzen wie: «Ich werde eine glückliche, treue und gehorsame Ehefrau sein.»

Ende April kam Bea Guck, strahlend und mit Geschenken für das ganze Haus beladen. Sie bezauberte Ernest mit ihren sachkundigen Äußerungen über Baseball, insbesondere über die Chicago Cubs, und war begeistert von der Finca, unseren Tieren und unserer Art zu leben. Für mich, die ich so selten andere Frauen als Gäste hatte, war es eine Freude, die Frühstückstabletts in mein Zimmer bringen zu lassen und Pläne für den Tag zu machen. Abgesehen von ein paar Ausflügen nach Havanna blieben wir meist zu Hause, ließen Ernest in Ruhe arbeiten, betrachteten den Gemüsegarten, die Rosen, sonnten uns am Schwimmbecken und schwammen.

Beas Besuch wurde durch zwei Zwischenfälle gestört. Unser Freund, Kapitän Sinsky Duñabeitia, erlitt einen Herzanfall und wurde halbtot zu uns ins Haus gebracht und in Ernests Zimmer einquartiert. Er benutzte Ernests Bad und seine Pyjamas und Pullover, und man mußte ihm besondere Mahlzeiten kochen und ihm sein Essen ans Bett bringen. Und dann kam der Tag, an dem Ernest uns zum Mittagessen auf der *Pilar* einlud, die im kleinen Club Náutico in der Bucht von Havanna vertäut war. Um Bea eine kleine Kostprobe von unserem Leben draußen auf See zu bieten, fuhr ich mit ihr schon frühmorgens zum Boot und tuckerte mit ihr aus dem Hafen hinaus, um vor dem Lunch noch eine Stunde zu fischen. Tatsächlich fing ich zu Beas Entzücken einen *dorado* – einen Delphin.

Dann kehrten wir zum Club zurück und warteten über eine Stunde, ehe der Skipper erschien. Er hatte offensichtlich einige eisgekühlte Daiquiris genossen und brachte seinen treuen Gefolgsmann Roberto Herrera sowie Havannas jüngste und hübscheste Hure mit, die er auf den Spitznamen Xenophobia getauft hatte. Ich nahm es dem schüchternen Mädchen nicht übel, seine Einladung zu unserem guten Essen angenommen zu haben, aber ich kochte innerlich vor Wut über Ernests Unverschämtheit, Bea und mich so lange warten zu lassen und über seine flapsigen Manieren gegenüber Bea. Sie murmelte großzügig, sie fände das Ganze sehr amüsant. Sie habe noch nie eine richtige Hure gesehen, Ernest habe eine ihrer Bildungslücken ausgefüllt. Ich fand es weniger amüsant. Ein paar Tage später, als ich die Fassung einigermaßen wiedergewonnen hatte, schrieb ich ihm: «Damit Du es weißt: ich habe es ernst und ehrlich gemeint, als ich Dir am Morgen nach dem Lunch, den Du mir und Bea gegeben hast, mitteilte, daß ich Dich verlassen wolle ... sobald es mir möglich ist, werde ich gehen.

Vielleicht ist es unnötig, daß ich Dir meine Gründe erkläre. Aber ich tue es, weil Du genau wissen sollst, was ich von dieser Ehe halte.

1944 ... glaubte ich, Du seist ein aufrichtiger und mutiger Mann und daß Du Dich zu mir hingezogen fühltest ... obwohl ich damals schon Bedenken hatte wegen Deines vielen Trinkens. Aber Du sagtest so oft, daß es Dein größter Wunsch sei, *gut* und erwachsen zu sein, und ich glaubte Dir und glaubte an Dich ...

Was Deine Arbeit betrifft – Du machtest Dich über andere lustig, die es nicht schaffen, ein Buch zu Ende zu bringen. Immer wieder hast Du Deinen Satz gesagt: ‹Du hast dich verdingt, um hart zu sein, nicht wahr?› Du hast behauptet, Du wüßtest, wie Du mit Dir fertig wirst bei einem langen, harten Kampf. Und Du hast gesagt, daß Du gern schreibst und nie glücklicher bist als beim Schreiben. Daher finde ich es nicht ganz abwegig, daß ich annahm, Du könntest, wenn Du arbeitest und wenn Du nur willst, ein umgänglicher und rücksichtsvoller Ehemann sein – fröhlich, charmant und beständig, was Du ja auch sein kannst, wenn Du nicht betrunken bist.

Was ich zu unserer Ehe beizutragen hoffte, war Treue zu Dir. Und ich wollte für Deine Pläne da sein ... für Deine Familie, Dein Haus und Deinen Besitz ... mich um alle Dinge und Aufgaben, die Du mir anvertrautest, kümmern und im täglichen Leben möglichst ausgeglichen, aufmerksam und zärtlich zu Dir sein.

Bei solchem Bemühen von beiden Seiten sah es 1944 so aus, als könnten wir das schöne Leben haben, das wir uns beide wünschten, und manchmal haben wir es ja auch gehabt. Aber jetzt, im Mai 1950, bin ich zu der Ansicht gelangt, daß wir beide in unserer Ehe versagt haben ...

Mein Hauptversagen liegt darin, daß ich irgendwie Dein Interesse, Deine Zuneigung und Deine Achtung verloren habe ...

Dein Hauptversagen ist, daß ... Du nachlässig und zunehmend rücksichtslos meinen Gefühlen gegenüber geworden bist ... undiszipliniert in Deinem täglichen Leben. Privat wie in der Öffentlichkeit hast Du mich und meine Menschenwürde verletzt ...

Hättest Du nach solchen Entgleisungen Deinerseits auch nur eine Spur von Reue gezeigt, könnte ich glauben, daß wir es vielleicht noch einmal versuchen und besser machen sollten. Aber schon seit langer Zeit reagierst Du auf die Möglichkeit, daß Du etwas falsch gemacht hast, nur mit mürrischer Gereiztheit. Du läßt nichts an Dein stahlgepanzertes Ich heran und lehnst es ab, daß Deine Rechtschaffenheit und Unfehlbarkeit in Frage gestellt werden könnte. Bitte, beachte, daß ich nicht ‹Entschuldigung›, sondern Reue gesagt habe. Siehe Mr. W. Shakespeare:

Umsonst, daß nun durch Wolken bricht
                                          dein Strahl
Und trocknen will mein sturmgepeitscht
                                          Gesicht;
Ach, keiner solche Salbe je empfahl,
Die mir die Wunde heilt, die Schande nicht.
Auch deine Scham gießt mir nicht Trost ins
                                          Herz,
Trägst du die Reu, ich trage den Verlust,
Des Kränkers Tränen lindern kaum den
                                          Schmerz
Des, der die Kränkung trägt in seiner Brust.

Ich glaube, wir müssen uns beide eingestehen, daß diese Ehe gescheitert ist. Beenden wir sie also. Und wenn es uns nicht gelungen ist, sie mit Würde zu führen, so laß sie uns mit Würde und ohne weitere Gewaltsamkeit beenden ...

Bis ich gehe, werde ich Dir so freundlich wie möglich das Haus führen ...»

Ernest kam in mein Zimmer und verkündete feierlich, er habe meinen Brief gelesen. Dann blätterte er in meiner Anthologie von Sonetten, fand das von mir zitierte und las mir ohne Tränen oder ein Zeichen des Kummers die beiden letzten, alles wiedergutmachenden Zeilen vor:

Doch sie sind Perlen, draus die Liebe strahlt,
Und sie sind reich – die Schuld ist abgezahlt.

«Bleib bei mir, Kätzchen. Ich hoffe, du wirst dich entschließen, bei mir zu bleiben.» Und dann packte er mich bei meinem Ehrgeiz, Haus und Hof zu verbessern, und hielt mich mit so vielen Projekten in Atem, die alle nicht mittendrin abgebrochen werden durften, so daß ich kaum Zeit fand, meinen Eltern zu schreiben, geschweige die Bewerbungen um einen Job hinausschicken konnte.

Ernest plante damals den ersten Sportfischerwettbewerb, woraus dann Kubas jährliches Marlin-Preisfischen mit einem von ihm selbst gestifteten Silberpokal werden sollte. Er zitierte den alten R.A.F.-Spruch: «Ganz große Operation in Sicht!» Und auch ich konnte die Vorfreude auf drei Tage im Golfstrom nicht unterdrücken.

Ich verbrachte sie aber nicht mit Ernest auf der *Pilar*. Taylor Williams, unser Jagdfreund aus Sun Valley, verbrachte seine Ferien bei uns, und ich beschloß, mit meiner kleinen Barkasse, der *Tin Kid*, mit dem Wimpel des Ketchum Rod and Gun Club am Mast an dem Wettfischen teilzunehmen. Als wir eines Abends beim Essen unseren Plan verkündeten, rief Sinsky: «Nein. Nein. Das könnt ihr nicht. Unmöglich. Das haltet ihr nie durch. Ich wette zehn Dollar, daß ihr spätestens mittags flehen werdet, an Bord der *Pilar* kommen zu dürfen.»

«Ich nehme die Wette an», sagte ich.

«Es ist zuviel für eine Frau», sagte Sinsky. «Ich wette fünf zu eins, daß ihr keinen Tag lang durchhaltet.»

«Abgemacht», sagte Ernest.

Im Club Náutico wurden am Abend vor dem Preisfischen von den Sportfischern bis zu $ 300 auf das Glück des einen oder anderen Teilnehmers gesetzt. Niemand gab der *Tin Kid* die geringste Chance – außer Ernest, der immerhin $ 35 auf uns setzte.

Später schrieb ich für das Magazin *Cosmopolitan* einen Bericht, der mit den Worten schloß: «Als unser Fisch gezogen wurde, zeigte die Waage gute 100 Pfund an, und bei Abschluß des Preisfischens stellten wir fest, daß es der größte einzelne Fisch aller Marlin-Arten war, der bei diesem Wettbewerb gefischt worden war.»

Die Kinder waren alle weit fort. Patrick und Henny reisten irgendwo in Italien und Griechenland herum. Bumby, Puck und ihr neues Baby Joan waren in West-Berlin, und Gigi arbeitete in New Jersey an einer Sache, aus der angeblich eine neue psychoanalytische Wissenschaft entstehen sollte. Wir hatten wenig Besuch aus dem Norden, nur Gianfranco Ivancich und Roberto Herrera wohnten bei uns und waren gelegentlich zum Lunch bei uns zu Gast. So hatte ich Zeit, mich um die Haushaltsausgaben zu kümmern. Je genauer wir wußten, wo das Haushaltsgeld blieb, um so besser konnten wir lernen, die Ausgaben einzuschränken. So führte ich, wie ich meinte, sorgfältig Buch über alle Ausgaben.

Die Liste, die drei Seiten umfaßte, enthielt den Betrag von $ 258.90 für Ernests neue Hemden und endete mit dem innerhalb von sechs Wochen für die Verköstigung der Dienstboten aufgewandten Betrag. Sechs von ihnen aßen in der Pantry zu Mittag, drei aßen dort täglich zu Abend. Das waren $ 29 in der Woche, also $ 174.

Natürlich fehlten in dem Gesamtbetrag für die sechs Wochen, der sich auf $ 1706.46 belief, fast ebenso viele Ausgaben, wie er einschloß. Ich wußte nie, wieviel Ernest monatlich in der Floridita ausgab oder wieviel er seiner kleinen Gefolgschaft von Pechvögeln und anderen bedürftigen Freunden zusteckte. Gregorios monatliches Gehalt von $ 155 war das dreifache von dem, was wir den Angestellten auf der Finca zahlten, und mehr, als wir dem Tischler und dem Maurer zahlten, die in den letzten Jahren sechs bis zehn Monate für uns gearbeitet hatten. Aber die Wartung der *Pilar*, die Reparaturen am Motor und an dem Boot selbst, das Benzin und die vierteljährliche Überholung im Trockendock, wenn Seiten und Boden abgekratzt und neu angemalt werden mußten, kosteten ungefähr dreimal soviel wie der Unterhalt der Finca.

Außer an den Tagen, wenn wir fischten, war das Klappern der Schreibmaschinen mir ein ebenso vertrautes Geräusch auf der Finca wie das Rascheln der Palmenblätter im Wind. Im April hatte Ernest einen «offenen Brief an die Schriftsteller der westlichen Welt» von Ilja Ehrenburg erhalten, der einen Appell des Moskauer Weltfriedenskongresses zitierte:

Wir fordern das bedingungslose Verbot der Atomwaffe ...
Wir werden die Regierung, die als erste die Atomwaffe gegen irgendein anderes Land einsetzt, als Kriegsverbrecher betrachten ...

Wir rufen alle Männer und Frauen guten Willens auf ... ihre Unterschrift unter diesen Appell zu setzen ...

Ich rufe besonders die Schriftsteller auf, weil jede ihrer Unterschriften Tausende von Unterschriften ihrer Leser im Gefolge haben werden ...

Ernest Hemingway, ich rufe Sie auf. Sie wissen, wie hoch ich Ihr Talent schätze. ... Fast alle Ihre Bücher sind ins Russische übersetzt worden und den russischen Lesern wohlbekannt ...»

Ernest antwortete im Mai: «... Zu Ihrer Information: ich bin nicht nur gegen alle Atomwaffen, sondern ebenso gegen alle Waffen, die stärker sind als das Sportgewehr vom Kaliber .22 und die Schrotflinte. Ich bin auch gegen alle Armeen und Flotten und gegen alle Formen von Aggression, seien sie kriegerischer, wirtschaftlicher oder religiöser Natur. Ich bin auch gegen alle großen Polizeistreitkräfte, alle Zollschranken, jede Art von Zensur und alle Formen von Propaganda sowie gegen jeden Versuch, die Überzeugungen von Menschen zu kontrollieren.

Ich bin gegen Dürrezeiten, Hungersnöte, Krankheit, Furcht und Verzweiflung.... Ich bin gegen den Krieg, den ich für ein Verbrechen halte. Aber wenn mein Land angegriffen würde ... ich würde es gegen jeden Eindringling verteidigen.»

Er brachte mir den Brief, blickte mir über die Schulter, während ich ihn las, und freute sich über meine Zustimmung. Erst später erfuhr ich, daß er es dabei beließ und den Brief nie abschickte.

Am 1. Juli brachen wir zu Ferien auf See auf. Roberto Herrera steuerte die *Tin Kid*, Papa, Gregorio und ich waren auf der *Pilar*. Gianfranco hatte es vorgezogen, zu Hause zu bleiben. Vom Osten her kamen schwere Seen *un oleaje grande*, so daß alles Fischen vergebens gewesen wäre. Deshalb beschlossen wir, die Nacht über hinter dem Riff bei Rincón zu ankern, ein paar Meilen östlich von Bacuranao, unserem bevorzugtem Picknick-Hafen. Als wir zu drehen begannen, Gregorio und ich oben, und Papa wie gewöhnlich von seinem Angelstuhl achtern auf dem unteren Deck hochsprang, da erwischte uns ein Brecher, rollte uns hart nach Steuerbord, und Papa, mitten im Sprung, schlug mit dem Kopf gegen einen der Haken, mit denen die großen Ausleger auf der Brücke befestigt waren. Er trat einen Schritt zurück in den Angelstuhl, Gregorio bedeutete mir, das Ruder zu übernehmen, und sprang nach unten, und Papa kam wieder nach oben gesprungen mit blutüberströmter Stirn.

Er sagte: «*Estoy bien.*» Und er nahm das Ruder, und Gregorio kam wieder herauf und sagte zu mir: «*Yodo y vendajes*» (Jod und Mullbinden.) Ich fand keine Gazetupfer in unserem Erste-Hilfe-Kasten, nahm statt dessen eine Rolle Toilettenpapier und das Jod mit herauf und hielt ihm Bündel von Papier an die Wunde. In der Minute, die ich unten gewesen und wieder hinaufgeklettert war, wußte er einen Liter Blut verloren haben. Es lief ihm über Brust, Bauch, Arme und Beine und machte die grünen Decksplanken schlüpfrig. Gregorio sagte, ich solle die Geschwindigkeit drosseln, und redete Papa zu, nach unten zu gehen. Es war das einzige Mal, daß er vorsichtig meinen üblichen Weg mit seinen bequemen Griffen und Stützen hinunterging. Gregorio warf den Anker aus. Ich stieß noch einmal hart nach achtern, um dem Anker guten Halt zu geben, und Roberto kam an Bord. Er fand den Verbandsmull, machte eine Aderpresse, um das Blut zu stillen, und bald sickerte es nur noch. Gregorio holte Salzwasser, wusch Papa und die beiden Decks und mich und sich selbst, und dann fuhren wir heim. Unterwegs beobachtete ich Ernests Pupillen – normal. Eine Gehirnerschütterung war also unwahrscheinlich. Ich deckte ihn in seiner Achterdeckkoje mit seiner leichten Kaschmirdecke zu, und er schlummerte ein.

Da wir Juan, dem Chauffeur, andere Anweisungen gegeben hatten, nahmen wir zwei Taxis zur Finca, fanden dort alles in Unordnung vor, riefen die Dienstboten und telefonierten mit Robertos Bruder, dem Chirurgen José Luis. Ernest saß in meinem großen ledernen Schreibtischsessel und nippte zur Betäubung an einem Gin Tonic, während José Luis langsam und geduldig, Haar um Haar, die Wunde säuberte. Dann nähte er sie mit einem Seidenfaden. Drei Stiche genügten. Clara, das Mädchen, hielt eine Schale mit brennendem Alkohol zum Desinfizieren der Nadel und schüttete vor Aufregung etwas auf das Bein des Patienten.

«Nicht nötig, Tochter», sagte er. «Meine Füße sind warm genug.» Aber er bewegte das Bein nicht.

Die letzten Druckfahnen von *Über den Fluß und in die Wälder* waren korrigiert und abgesandt. Vom Druck der Arbeit befreit, wußte Ernest nichts Rechtes mit sich anzufangen und wartete auf die Ankunft von Adriana und ihrer Mutter. Er war von einer brodelnden Unruhe erfüllt. Er lechzte nach Beifall für seinen Roman, den er damals für seinen besten hielt. Er sehnte sich nach einem großen, bedeutenden neuen Projekt, das er jetzt in Angriff nehmen konnte. Er sprach davon, dem Koreakrieg «beizuwohnen». Er war geistig erschöpft und daher oft schlecht gelaunt und rücksichtslos und häßlich zu mir. Er konnte es kaum erwarten, die leuchtenden Augen Adrianas wiederzusehen. Er war alles andere als ein guter Hausgenosse. Als ich ihm Mitte Juli Charlie Scribners Brief vorlas, in dem es hieß: «Der Roman ist im Druck, und wir können Ihnen gegen Ende des Monats die ersten gebundenen Exemplare schicken», war er nur leicht besänftigt.

Eines Abends sagte ich beim Zubettgehen: «Weißt du, mein Lamm, jeder von uns hat irgendwo tief in seinem Innern einen Sackvoll schwelender dunkler Gedanken. Ich weiß, es klingt wie aus einer Operette, aber . . .»

«Hmmm. Die Büchse der Pandora.»

«Als sie die Büchse öffnete, hatte sie immer noch Hoffnung, wenn ich mich recht erinnere.»

«Ich scheiße auf die Hoffnung.»

«O Baby, du solltest Hoffnung haben. Denk an all die Menschen in der Welt, die dich lieben. Und dich bewundern. Du schreibst so herrliche Sachen. Und du kannst noch viel mehr davon schreiben.»

«Ich bin nur ein verzweifelter alter Mann.»

«Du bist nicht alt. Ich wünschte, ich könnte dich von deiner Verzweiflung heilen.»

«Ich wünschte, du könntest es.»

«Vielleicht ist auch ein ganz klein wenig Selbstmitleid dabei.»

«Ich wünschte, es wäre so!»

Und so fuhren wir fischen, um die Verzweiflung zu lindern und auch, weil der Maurer aus dem Dorf gerade größere Reparaturarbeiten am Haus zu verrichten hatte.

Nach Beratungen mit Ernest und einigen Telefongesprächen mit meinen Eltern in Chicago kamen wir alle überein, daß ich nach Gulfport, Mississippi, fahren und dort eine behagliche Wohnung für meine Eltern suchen, dann nach Chicago fliegen und sie von dort in ihr neues Heim begleiten sollte. Die Vorausexemplare von Ernests neuem Buch waren noch rechtzeitig angekommen, so daß ich mir eines nach Gulfport mitnehmen konnte. Ich las die endgültige Fassung im Flugzeug nach New Orleans und im Hotel Markham in Gulfport, und es machte mich traurig, weil mir so vieles darin gekünstelt vorkam. Auch fand ich es irgendwie komisch, daß mir das Buch gewidmet war, das ich am wenigsten bewunderte. Aber in diesem Jahr brauchte mein Mann mehr Freundschaft, mehr Mitgefühl und, wenn ich es aufbringen konnte, mehr Mitleid als je zuvor, seit ich ihn kannte. Und über unsere Brief-Luftbrücke zwischen Havanna und Gulfport, dann Chicago und wieder Gulfport lobte ich überschwenglich seinen Stil, seine Sicherheit bei der Wahl der Details, seine Kenntnisse des militärischen Denkens – auch wenn ich gleichzeitig einige Bereiche erwähnte, in denen er sein Verhalten noch verbessern könne.

Er antwortete mir darauf: «Denk an all meine Sünden, und schreib mir darüber, wenn Du Lust hast. Die Zeiten sind wirklich nicht sehr gut für mich. Dies ist der Augenblick, wo man zusammenrückt und den alten Verteidigungsgürtel bildet.» Er hatte recht, dachte ich, vor allem nachdem ich einige der wildesten Verrisse seines Buches gelesen hatte. Ich bezog Posten im Verteidigungsgürtel.

Meine Mutter hatte aus Chicago geschrieben: «Wenn man erst achtzig ist, erwartet jeder, daß man alt und runzlig und schwach ist und jeden Tag sterben kann, während wir doch gerade zu besserem Verständnis des ewigen Lebens gelangen sollten.» Ich hatte mir vorgenommen, in Gulfport etwas zu finden, wo Tom und Adeline nicht in Versuchung gerieten, ihre Kräfte zu überschätzen. Ich entdeckte ein halbes weißes Fachwerkhaus in einer von Bäumen gesäumten Straße in der Nähe einer Reihe von Ladengeschäften. Ein großer Myrtenbusch blühte draußen vor dem Wohnzimmerfenster, und in dem großen Hinterhof, wo mein Vater vielleicht Blumen und Gemüse pflanzen wollte, standen Birnen- und Pekanußbäume.

In Chicago packten wir Bücher, Töpfe, Großmutters silberne Teelöffel, Tassen, Teller, Gläser, wichtige Gegenstände und Andenken ein. Ein paar Tage später packten wir in Gulfport alles wieder aus, den von der Großmutter für meine Mutter gehäkelten schwarzrosa afghanischen Schal, die Christian Science-Bücher, den Topf für das Lieblingsgericht meines Vaters, gebackene Bohnen, seine geschichtlichen und philosophischen Bücher und die vertraute Tischwäsche. Dann fuhr ich nach Kuba zurück. Ich hatte Ernest mit den Einzelheiten des Umzugs verschont, aber er hatte mir regelmäßig über die Aufnahme seines Buches in den Vereinigten Staaten, über den Ärger mit seinem Bein (in dem Granatsplitter aus dem Ersten Weltkrieg wieder zu schmerzen angefangen hatten), über das Wetter und den Klatsch geschrieben.

9. August: «Dein lustiger Brief kam aus New Orleans. . . . Alle vermissen Dich, und die Zeit verfliegt nicht gerade, wenn Du nicht da bist. . . . Eleanor Welch [von Time Inc.] telegrafierte und entschuldigte sich dafür [für den Verriß in *Time*]. Sie sagt: Viele liebe Grüße an Mary, und sag ihr, ich hoffe, sie kann Dir als alte *Time*-Mitarbeiterin erklären, daß der Gruppenjournalismus manchmal die Dinge versaut. . . . Ein Brief von Lillian [Ross]. Sie mochte das Buch und schreibt: Ein wunderbares und schönes und fast unheimlich zauberhaftes Buch.»

14. August: «Die Gegenreaktionen auf die Kritiken von Leuten, die nicht verstanden haben, worum es in dem Buch geht, kommen jetzt. Später werden natürlich die wohlvorbereiteten Versuche, mich zur Strecke zu bringen, in den Zeitschriften folgen. . . . Du hast einen lieben, getreuen Brief geschrieben, als die erste Attacke kam. Ich war Dir dankbar und antwortete Dir am selben Tag. . . . Erinnerst Du Dich an Charley Curtis, der *The Practical Cogitator* schrieb, das Buch, das Dir gefiel? . . . Er sagt, ich hätte eine magische Kraft, was immer das ist . . .»

11. September: «Bitte mach Dir keine Sorgen wegen der Kritiken... und laß Dich nicht von irgendwelchen Zeitungsleuten überreden, Dich dazu zu äußern.... Charlie [Scribner] schrieb, er habe am Tage des Erscheinens eine weitere Auflage von 25 000 Exemplaren in Auftrag gegeben.... Endlich kam ein Brief aus Venedig. Afdera hat allen Leuten am Lido im letzten Sommer erzählt, ich sei wahnsinnig verliebt in sie.... Im *Europeo* war ein Foto von Adriana und Afdera mit der Unterschrift: ‹Afdera und Adriana gleichen Renata.› Aber der Artikel war okay.... So hat es nichts geschadet. Aber diese Afdera... Kein Mensch in Venedig glaubt ihr, außer den Ausländern.... Solltest Du also hören, sie wäre hier bei mir gewesen und wie schön wir es immer miteinander hätten, lache nur. Ich glaube, sie ist schon zweimal in Kuba gewesen. In ihren Träumen.»

18. September: «José Luis will, daß ich überhaupt keine Medikamente mehr nehme, teils wegen eines Blutergusses im rechten Bein, der die Krämpfe verursacht hat, und hat mir in den letzten Tagen UHF-Diathermie (15 000 Volt) und verschiedene Spritzen gegeben.... Es unterbrach den Kreislauf, so daß meine Füße eiskalt waren.... Behandlung geht weiter bis 27. September. Komm also bitte nicht früher zurück, denn alles ist unter Kontrolle... und ich möchte in so guter Form sein, daß Du sagen kannst, es müsse eine Halluzination gewesen sein. ... Ich ließ unsere Waffenscheine erneuern, unsere beiden *carnets* und brachte Gianfrancos Papiere in Ordnung. Sie waren weit davon entfernt.... Über das Buch: Es muß etwas daran sein, daß es so hysterische Angriffe und Verteidigungen auslöst.... Die schreckliche Kritik, die Du von N. O. schicktest, war von einem hohen Tier einer Büchergilde. Wir haben es ihnen nicht angeboten, und auch keinem anderen Buchklub... deshalb müssen die Kritiker versuchen, es kaputt zu machen...»

22. September: «Mein liebstes Kätzchen, denn Du bist nicht irgendein geringeres Kätzchen. Hoffe, daß Du Deine Familie gut unterbringst.... Meinem Bein und meinen Beinen geht es viel besser.... Werde heute mit dem Boot hinausfahren und tüchtig im Salzwasser schwimmen und *aprovechar* [ausnutzen] das Schönheitswetter.... Hatte einen vier Seiten langen Brief von Buck über das Buch.... Er findet alles daran gut... den militärischen Teil großartig.... Dagegen behauptet *Time*, ich wisse nicht, wie ein Colonel redet.... Ich wünschte, Max Perkins wäre noch nicht tot. Ihm hätte das Buch so gut gefallen.... Nun ja, da er tot ist, waren die einzigen Leute, an deren Meinung mir lag, Du, Buck, Charley Sweeny, Gianfranco und Adriana. Von dreien von den fünf [von Buck, Gianfranco und mir] hab ich schon gehört. Charley Sweeny wird wahrscheinlich

sagen: ‹Junger Freund, aus dir kann einmal ein guter Schriftsteller werden.› Ich höre direkt, wie er das sagt mit seiner lieblichen Stimme. Manche Leute würden sie wahrscheinlich ein bißchen rauh für eine liebliche Stimme finden. [Sie klang für mich wie ein verstimmter Celloton, so gern ich ihn mochte.] Für mich wird es immer eine liebliche Stimme sein und meistens wunderbar vernünftig . . .»

Fleur Cowles hatte mich gebeten, einen Artikel über unser Leben auf der Finca für ihr Magazin *Flair* zu schreiben, und wir stritten uns höflich um den Preis.

Am 26. September schrieb Ernest: «Es geht mich zwar nichts an . . . aber es ist besser, drei Artikel für $ 3000 zu verkaufen als keinen für $ 1500. Wenn ich es mir leisten kann, zwei erstklassige venezianische Geschichten für $ 1000 an *Holiday* zu verkaufen, kannst Du es Dir leisten, etwas über $ 1000 für einen guten, leicht zu schreibenden Artikel zu akzeptieren.» [Zweifellos hatte er recht.]

Eines Sonntagabends in Gulfport, kurz ehe ich nach Kuba zurückflog, hörten wir Louella Parsons am Radio ihre Klatschgeschichten aus Hollywood vortragen und nahmen mit Interesse zur Kenntnis, daß die Ehe der Hemingways im Begriff war zu zerbrechen – wegen der italienischen Contessa, in die Ernest sich leidenschaftlich verliebt hatte und die ihn derzeit in Kuba besuchte.

«Ich möchte nur wissen, ob sie auch über andere Leute solche Unwahrheiten behauptet. Die Armen!» sagte ich.

Meine Mutter war aufgebracht: «Mit welchem Recht kann sie solche Lügen verbreiten?»

Mein Vater nahm es gefaßt hin. «Ich nehme an, so etwas gehört zum Preis des Ruhms. Es geht sicher vielen anderen ähnlich.»

Meine Cousine Bea rief aus Chicago an, um den Unsinn auszukosten. Und dann ertönte Ernests erregte Stimme aus Kuba.

«Mein Kätzchen, mein Kätzchen. Hast du diesen Blödsinn von der Parsons gehört?» Er hörte fast nie Radio, nur auf See.

«Ja. Wir haben es zufällig gehört.»

«Diese Hexe! Sie ist bösartig.»

«Ach, mein Lamm, wen kümmert es?»

«Mich. Du weißt doch, daß es nicht wahr ist.»

«Natürlich. Und wie geht es dir sonst?»

«Gut. Es geht uns allen hier gut. Also, du glaubst dieser Parsons-Hexe doch nicht?»

«Natürlich nicht. Hör mal, Lamm, wir haben uns gar nicht aufgeregt. Reg du dich, bitte, auch nicht auf.»

«Mein gutes Kätzchen. Kann ich mit deinem Vater sprechen?»

Ernest sprach ein paar Minuten mit meinem Vater, der mir dann wieder den Hörer gab.
«Kätzchen? Wir warten alle auf dich. Kommst du am Dienstag?»
«Ich hoffe ja. Ich habe es wenigstens vor.»
«Kätzchen, ärgere dich nicht über diese Lügen.»
«Natürlich nicht.»
«Schlaf gut.»
«Du auch.»
Nach diesem Hochspannungsgespräch goß ich mir einen Whiskey ein, mein Vater brachte meiner Mutter etwas warme Milch und trank einen Schluck aus meinem Glas.
«Worüber habt ihr beide denn so lange geredet?» fragte ich.
«Also, Dearidoo, das war nun wirklich vertraulich.»
«Nun komm schon, Dad. Was könnt ihr schon für Geheimnisse vor mir haben?»
Eine scharfe Brise begann draußen die Zweige des Birnbaums vor dem Fenster zu schütteln. Ich fühlte mich auch ein bißchen durchgeschüttelt.
«Ernest war richtig verlegen», sagte mein Vater. «Er wollte mir versichern, daß er ein verantwortungsbewußter Mann und ein ernsthafter Ehemann sei. Ja, ich glaube, er sagte ‹ernsthaft›. Was für ein lieber Kerl er doch ist.»
Vor dem Einschlafen fragte ich mich, warum Ernest so empfindlich auf das Gerede der Parsons reagiert hatte. Wie weit entsprach es seinen Wunschträumen um Adriana? Anderserseits war ich ihm dankbar, daß er mit seinem Geld meinen Eltern zu diesem neuen behaglichen Nest verholfen hatte. Ernest und ich hatten nie irgendeine formelle finanzielle Abmachung getroffen, weder mündlich noch schriftlich, außer daß er 1944 in Paris versprochen hatte, für das Wohlsein meiner Eltern zu sorgen.
Wie sehr wir auch die schlechten Kritiken über das Buch ignorierten und die guten begrüßten – Ernest war ruhelos und unglücklich in diesem Oktober. Ich hätte ihm gern zugeredet, sich an den Psychiater zu wenden, der Patrick geholfen hatte, kam aber zu dem Schluß, daß das Risiko, damit bei ihm eine wachsende Animosität gegen mich auszulösen, zu groß war. Da das Wetter zu stürmisch war zum Fischen, beschloß er, allein mit dem Auto loszufahren, mit Juan. Wohin genau, wollte er nicht sagen, meinte nur «wahrscheinlich westwärts». Er traf die üblichen Vorbereitungen, packte Bücher, Medikamente, Brillen und ein paar Landratten-*Guayaberas* ein. Ich schrieb ihm so etwas wie ein Gedicht. «Auf den Weg, 13. Oktober 1950»:

>Du, der du mich jetzt gut verstehst
>Mußt wissen, was mir schon seit langem

> In Einsamkeit und Liebe Lehre ward:
> Geheime Plätze birgt das Herz des Mannes
> Und auch der Frau
> In die kein Mensch, hätt' er auch Grund dazu,
> Uneingeladen dringen darf ...
> Zuweilen lieb ich Dich so schlecht,
> Und könnt' ich's, liebte ich Dich besser,
> Was ich vielleicht auch kann.
> Und heut' auf Deinem Weg und allen Deinen Wegen
> Wünsch ich Dir Hoffnung.

Am späten Vormittag winkten wir, die Dienstboten und ich, ihm nach, und dann machte ich mich eifrig an lange vernachlässigte Haushaltsarbeiten und schwamm auch wieder meine übliche halbe Meile, nackt und fröhlich, im Schwimmbecken vor dem Lunch. Am Nachmittag kam Ernest zurück. Er hatte sich mit eisgekühlten Daiquiris vollgetankt, war aber sichtlich nicht weniger unglücklich. Ein paar Tage später bei irgendeinem Streit sagte er: «Du Schlachtenbummlerin und Aasgeier.» Ich hatte keine Ahnung, was ich getan oder gesagt hatte, um diese Charakterisierung zu provozieren, aber ich merkte sie mir. Und wieder ein paar Tage später sagte er: «Du hast ein Gesicht wie Torquemada.» Ich schlug im Lexikon nach. Gewöhnlich reagierte ich auf solche Aussprüche, indem ich in den Rosengarten lief, mich unter den Litschibaum setzte und mich ausweinte.

In den flackernden Schatten des Baumes führte ich Gespräche mit mir selbst.

Wilde Mary: «Und dein Stolz? Hast du gar keinen Stolz? Du bist zu feige.»

Milde Mary: «Mein Stolz? Er ist verletzt, und das tut weh.»

W. M.: «Dein Stolz sollte dir gebieten, dich zu verteidigen.»

M. M.: «Stolz ist Hochmut, und Hochmut kommt vor dem Fall, hat Mama immer gesagt.»

W. M.: «Schlag zurück. Beleidige ihn. Verlasse ihn. Dann wird es ihm leid tun.»

M. M.: «Es wird ihm vielleicht zehn Minuten lang leid tun. Es würde ihm ja nur passen, wenn ich ihn verließe. Oder er bildet es sich ein.»

W. M.: «Du hast allen Mumm verloren.»

M. M.: «Und wenn ich ihn schon verließe ... und meinen Stolz wie einen Schmetterling im Glas mitnähme. Ich könnte sagen: ‹Hier ist mein verletzter Stolz. Besichtigung fünf Cent!› Aber wo sind die Interessenten? Es ist peinlich. Niemand interessiert sich für meinen verletzten Stolz. Ich

wünschte, ich hätte einen großen Bruder.»
 W. M.: «Du hast kein Rückgrat. Du selbst solltest dich für deinen Stolz wert sein.»
 M. M.: «Ich nehme an, mein Stolz ist entbehrlich. Ein Luxus, den ich mir gar nicht leisten kann. Ich habe in anderen Häusern gearbeitet, wo der Chef auf meinem Stolz herumgetanzt, ihn durchlöchert und mit Füßen getreten hat. Siehe Leola Allard bei den *Daily News*, in Chicago.»
 W. M.: «Schlag ihn! Bring ihn um!»
 M. M.: «Zu melodramatisch. Auch das kann ich mir nicht leisten. Ihn töten? Ich brauche ihn. Vergiß nicht, daß ich ihn liebe. Wenn er lieb ist, ist er hinreißend.»
 W. M.: «Du rückgratlose Idiotin!»
 M. M.: «Jedenfalls bin ich da, wo ich sein möchte.»
 Die warme kubanische Erde und das Gras unter dem Litschibaum dufteten gut und freundlich. Und ebenso der Geruch, der von den Rosen ausging.
 Als die Attacken sich sporadisch fortsetzten, manchmal von plötzlichen Gewaltausbrüchen begleitet, merkte ich, daß ich, statt jedesmal schluchzend zusammenzubrechen, wie Ernest es augenscheinlich von mir erwartete, den Albernheiten immer mehr Entschlossenheit und Widerstand entgegensetzte. Mochte er sich mit seinen Stimmungsschwankungen selbst zur Raserei bringen, wenn er unbedingt wollte, mich würde er nicht mitreißen – da war ich fest entschlossen. Zu vieles an unserem Leben war noch zu gut, um zuzulassen, daß es kaputt ging. Noch verbrachten wir zu lange Zeiten in solide fundierter Freundschaft, noch gab es zu viele Augenblicke lebhaft-witziger Wortspielereien, zu viele Stunden süßen, wenn auch nur vorübergehenden Friedens.
 Die jahreszeitbedingten Wirbelstürme verzogen sich, und Luft und Erde wurden trockener. Und die winzigen Rinnsale, die wochenlang an einigen unserer feuchten Innenwände heruntergelaufen waren, verschwanden. Ich gab den Gärtnern Anweisung, unseren großen Gemüsegarten umzugraben und ebenso auch den Rosengarten, wo wir bald ein halbes Hundert kräftige neue Teerosensträucher pflanzten. Mit etwas Glück würden sie schon früh im neuen Jahr zu blühen beginnen, wie die Floribunda-Rosen, die wir auf der hinteren Terrasse pflanzten und die unseren Blick auf Havanna rahmen sollten. Ernests Buch stieg stetig auf den Bestsellerlisten, und er unterstützte mein Programm zur Verschönerung der Finca. «Wir brauchen nichts Zusätzliches», sagte er mit einem Blick auf die Bougainvillea und die anderen Ranken an den gekalkten Mauern des Hauses. «Aber es kann ja nicht schaden.»
 Am 27. Oktober pflückte ich ein paar große bunte Blumensträuße und

stellte sie oben und unten ins Little House und vergewisserte mich, ob die Bettlaken glatt und die Kopfkissen gut aufgeschüttelt, ob leichte Decken, Seife und reichlich Handtücher vorhanden, die Leselampen in Ordnung, die Thermosflaschen mit frischem Eiswasser gefüllt und die Ventilatoren richtig eingestellt waren und ob Kugelschreiber, Bleistifte und Briefpapier bereit lagen. Unser schlichtes, einfaches Gästehaus mit seinen großen Fenstern, die auf die wispernden Wipfel der Lorbeerbäume hinausgingen, sah, wie ich fand, sehr einladend aus. Am nächsten Morgen begaben wir uns mit Gregorio, Roberto und Gianfranco an Bord der *Pilar* und fuhren hinaus, um das ankommende italienische Fracht- und Passagierschiff *Luciano Manara* zu begrüßen, auf dem Dora Ivancich und ihre Tochter zu ihrem einzigen Besuch der westlichen Gestade des Atlantiks eintrafen.

Während der Stunden, die es brauchte, bis das große Schiff festgemacht hatte, fuhren wir im Hafen herum, alle Mann auf dem Oberdeck, machten einen kleinen Abstecher in den Golfstrom, wo wir zur Feier des Tages einen Dorado fingen, und winkten immer wieder den Gestalten auf dem Deck der *Manara* – Adriana in einem lavendelblauen Kleid, Dora wie üblich in Grau. Schließlich vertäuten wir unser Boot im Club Náutico, fuhren mit dem Auto den Quai entlang, gingen an Bord der *Manara*, um unseren Gästen bei den Formalitäten behilflich zu sein, und fuhren anschließend mit ihnen zu dem kleinen Club zurück, wo wir sie mit Morro-Krabben bewirteten, während Gianfranco und Paco Garay, unser Freund vom Zoll, sich um das Gepäck kümmerten. Gianfranco war selig und murmelte immer wieder: «Bene, bene, contento.» Falls Ernests Augen vor Rührung tränenverschleiert waren, so habe ich es zumindest nicht bemerkt. Ich selber freute mich, zur Abwechslung einmal Frauen als Gäste auf der Finca zu haben. Außer Pauline und meiner Cousine Bea hatten wir nie weiblichen Besuch für länger als ein oder zwei Nächte gehabt.

Ich hatte ein kleines Mittagessen auf der Finca vorbereitet, aber da das Ausladen des Gepäcks so lange Zeit in Anspruch nahm, beschlossen wir, das Essen hinauszuschieben. Wir fuhren zur Finca hinaus, um sie unseren Gästen vorzuführen, zeigten ihnen ihre Zimmer, die sie «zauberhaft» fanden, und nachdem Gianfranco und Paco endlich mit dem Gepäck angekommen waren, setzten wir uns zu Tisch. Gianfranco hatte im venezianischen Zimmer im Haupthaus und gelegentlich auch im Little House gewohnt und wollte nun gern in der breiten, bequemen Koje im Erdgeschoß dort schlafen, während seine Mutter und seine Schwester oben nächtigten. Daran und an dem schnellen Austausch italienischer Spötteleien und Koseworte wurde mir klar, wie wenig er sich sein Heimweh nach seiner Familie und seinem Land hatte anmerken lassen. Für uns alle begann eine Kette von Festlichkeiten, wie wir sie nie zuvor und auch später nie wieder erlebt haben.

Ernest hatte natürlich den sehnlichen Wunsch, Adriana all seine Lieblingsansichten von Kuba zu zeigen – die Aussicht vom Turm über die grünen Täler mit ihren graustämmigen Palmen, die sich wie Ausrufezeichen erhoben, die belebten, duftenden, engen Straßen und Gassen der Altstadt, die etwas an Venedig erinnerten, den Club de Cazadores, die Floridita, die Straße nach Westen, an der Nordküste entlang, mit ihren herrlichen Blicken über die großen, einsamen Buchten hin. Zu Hause machten sie viel Aufhebens von ihrer Partnerschaft in ihrer privaten Gesellschaft ohne Kapital, der White Tower, Inc., und Adriana schaffte ihr Zeichenpapier, ihre Stifte und Farben auf das luftige Turmdach und produzierte dort beachtliche Landschaftszeichnungen. Gianfranco wollte seine Schwester mit all den jungen Leuten zusammenbringen, die er in Havanna kannte, und oft kam sie zu mir auf das Turmdach heraus, wo ich in der Sonne lag, und zeigte mir die hübschen Kleider, in denen sie, von Juan chauffiert, zu einem Mittagessen im Country Club auf der anderen Seite der Stadt oder in einer der schönen Villen der guten Gesellschaft von Havanna fahren sollte. Die kleine italienische Kolonie der Stadt, einschließlich der Gesandtschafts-Crew, hatte sie im Nu ins Herz geschlossen.

Jedesmal, wenn ich in die Stadt fuhr, um Türangeln, Ölfarbe, Fliegendraht, Kissenbezüge oder Lebensmittel einzukaufen, kamen Dora und Adriana zum «*shopping*» mit, und eines Morgens verbrachte Dora ziemlich viel Zeit in einer Bank. Kurz vor dem Lunch ließ Juan mir ausrichten, er müsse mich sprechen. In der Pantry sah sein sonst schwarz wie Lackleder glänzendes Gesicht blaßlila aus, und ich dachte schon, er sei krank. Dann brachte er mit großer Mühe auf Spanisch hervor: «Ich muß Ihnen mitteilen, daß ich das hier in der Garage gefunden habe.» Und er übergab mir ein Bündel Geldscheine von der Größe einer Literflasche.

Verwirrt fragte ich: «Wo genau haben Sie das gefunden?»

«Auf dem Fußboden in der Garage, dicht an der Tür.» Allmählich kehrte wieder Farbe in sein Gesicht zurück.

Als wir am Vormittag aus der Stadt kamen, hatte Juan wie gewöhnlich an den breiten Steinstufen vorm Haus gehalten, und wir drei Frauen waren ausgestiegen und davongeeilt, um uns vor dem Essen frisch zu machen. Mir kam der Gedanke, daß vielleicht jemand das Geld gestohlen und es in dem Glauben, ertappt zu sein, in die Garage geworfen hatte, ehe er damit erwischt wurde.

«Wie schade, daß der Finder seinen Fund nicht behalten darf», sagte ich und nahm das Bündel an mich. Der oberste Schein war ein Fünfziger, und ich verstand Juans Qualen. Das Geld hätte für ihn und seine Familie bis an sein Lebensende ausgereicht. Ich legte es auf den Wohnzimmertisch und erzählte Ernest davon. Als Dora und Adriana eintraten, sagte ich es auch ihnen. Dora ging ins Little House zurück, kam wieder und verkündete, es müsse der Betrag sein, der in ihrer Handtasche fehle – $ 27000. Sie hatte das Geld am Morgen bei der Bank abgehoben, um eine Anzahlung auf eine Bananenplantage zu machen, an der Gianfranco interessiert war. Sie gab mir einen $ 20-Schein für Juan. Ich gab ihm dazu noch einen Scheck über $ 50.

Ernests Entzücken über seine Hausgäste erlöste mich offensichtlich nicht von den Sünden, die ich angeblich beging. Seine innere Unruhe entlud sich immer wieder und meist in meine Richtung, unerwartet und aus Gründen, die ich nicht ahnte. Kurz nach der Ankunft der Damen Ivancich nahm er an einem schwarzen Kleid Anstoß, das ich zum häuslichen Abendessen und anschließenden Kinobesuch gewählt hatte. Ich trug es nicht zum erstenmal, und bisher hatte es nie sein Mißfallen erregt. Jetzt betrachtete er es mit Abscheu und bemerkte laut: «Deine Henkersrobe. Dein Scharfrichterkleid.» Und als wir im Wagen Platz nahmen, um zum Kino zu fahren, verkündete er: «Du hast den Abend verdorben.»

Als ich in den Schubfächern unter meiner Sitzbank am Fenster nach irgendwelchen Papieren suchte, stellte ich fest, daß seine Briefe an mich und meine an ihn nicht mehr an ihrer Stelle lagen. Ich fragte ihn, ob er sie weggenommen habe.

«Ich habe sie bei der Bank deponiert», sagte er. Ich nahm an, daß er sie vernichtet hatte.

Jahrelang hatte eine hübsch entworfene Laterne vom Rand der Terrasse aus die Stufen vor dem Haus und den Weg hinunter zum Little House beleuchtet. Eines Abends, als die Ivancichs sich zurückziehen wollten, verschwand Ernest aus dem Wohnzimmer, kam wieder, öffnete die Tür zur vorderen Terrasse und zerschoß die Lampe. Glücklicherweise hatte ich in meinem Zimmer eine Taschenlampe, mit der die Gäste hinüberfinden konnten.

An einem anderen Tag hatte Dr. Herrera mit den Ivancichs und uns zu Abend gegessen. Es war, wie ich fand, ein sehr friedlicher Abend. Beim Essen hatte ich Gianfranco versprochen, ihm ein Formular ausfüllen zu helfen, mit dem er ein Visum für die Vereinigten Staaten beantragen wollte. Er hatte vor, seine Mutter und Schwester, die in ein paar Monaten über die Vereinigten Staaten nach Italien zurückkehren wollten, zu begleiten. Ich holte meine kleine Reiseschreibmaschine und stellte sie auf den Wohnzimmertisch. Da kam Ernest aus seinem Zimmer, nahm Anstoß an dem, was er sah, ergriff meine Schreibmaschine und schleuderte sie zu Boden. Erstaunlicherweise war sie kaum beschädigt. Später am gleichen Abend, als wir alle im Wohnzimmer Wein tranken, brachte ihn irgend etwas – vielleicht ein unbedachtes Wort von mir – so in Wut, daß er mir seinen Wein ins Gesicht schüttete. Was häßliche Flecken auf der weißgetünchten Wand hinterließ.

Bestürzt wollte ich in mein Zimmer gehen, hielt dann aber inne und sagte: «Du willst dich wohl bei deinen Gästen beliebt machen, daß du mit Gegenständen um dich wirfst.» Ich schaute sie an. José Luis, mit verschlossenem Gesicht, zog sich ins Eßzimmer zurück. Aber Dora und Adriana Ivancich saßen auf dem Sofa wie die Affen auf dem Ast und hörten nichts Böses und sahen nichts Böses. Gianfranco stand sichtlich nervös bei ihnen, sagte jedoch nichts.

Mitte November beschloß ich, daß ich in diesem periodisch auftretenden Chaos eine Art Ordnung errichten mußte. Ernest tippte zufrieden auf der Schreibmaschine auf seinem Bücherregal. Ich verstieß gegen die unumstößliche Regel, daß er nie und unter keinen Umständen bei der Arbeit gestört werden dürfte.

«Würdest du bitte in mein Zimmer kommen? Ich habe dir etwas zu sagen.» Ich hatte mir meine Rede wohl überlegt. Sie sollte kurz und bündig sein. Bekümmert, aber folgsam stapfte er durch das Wohnzimmer und stellte sich neben meinen Schreibtisch.

«Ich will mich kurz fassen, aber hör mir gut zu», begann ich und sah ihm in seine traurigen braunen Augen.

«Ich glaube, ich verstehe deine Gefühle für dieses Mädchen.» (Worte wie «blinde Leidenschaft» hatte ich bewußt gestrichen.)

«Und wie ich dir schon vor längerer Zeit sagte, hast du mein Mitgefühl.» (Ich vermied Worte wie «kindisch» und «Narr».)

«Deine Beschimpfungen und Unverschämtheiten mir gegenüber verletzen mich, wie du dir denken kannst. Aber trotz alledem liebe ich dich, und ich liebe dieses Haus, und ich liebe die *Pilar* und unser Leben, wie wir es normalerweise haben. Du kannst also anstellen, was du willst – es wird dir nicht gelingen, mich von hier und von dir fortzugraulen. Hörst du mir zu? Denn ich bin der Meinung, das wäre schlecht und verwirrend für dich wie für mich.» Ernest nickte. Er hörte mir zu.

«Okay. Das wär's. Was du auch sagst oder tust oder läßt – außer wenn du mich ermordest, was nur Scherereien bedeuten würde –, ich werde hier bleiben und dir dein Haus und deine Finca führen, bis zu dem Tag, an dem du morgens völlig nüchtern hier hereinkommst und mir geradeheraus sagst, ich solle fortgehen. Und ich hoffe, du hast mir wirklich gut zugehört.»

Ernest stand einen Augenblick nachdenklich da. Es war ein kühler Morgen.

«Ja, ich habe gehört», sagte er und ging hinaus.

Er hat mich nie aufgefordert, fortzugehen.

Als ich das letzte Mal in Gulfport gewesen war, hatte Ernest mir von zwei jungen Eheleuten geschrieben, die deshalb teils gut miteinander auskamen, weil der Mann seine Frau in den Feinheiten des Lebensstils unterwies. Er hatte dazu bemerkt: «Ich weiß nicht, wie lange der Spaß, eine Schülerin mit begrenztem *plafond* zu unterrichten, anhält. Aber vielleicht bekommt sie ja einen höheren *plafond*.»

Vielleicht war es Trägheit, vielleicht Selbstsucht, die mich in meiner Überzeugung bestärkte, daß ich Ernest die Mühe und das Trauma ersparte, selbst herauszufinden, wie lange das Lehrer-Schüler-Spiel Spaß macht.

Unter Adrianas Bewunderern war ein junger Mann aus guter Familie, Juan Verano, der sie verschiedene Male zum Tanzen ausgeführt hatte und sie nun einlud, am Silvesterabend mit ihm verschiedene Feste in Havanna zu besuchen. Dora hatte sich an diesem Tage nach einem ausgedehnten, späten Lunch für die Nacht zurückgezogen und gesagt, sie wolle nichts weiter mehr essen oder trinken. Die Dienstboten hatten Ausgang in dieser in Kuba groß gefeierten Nacht, und ich bereitete uns ein einfaches Abendessen und trug es mit einer Flasche Wein auf einem Tablett ins Wohnzimmer. «Futter ist fertig», rief ich Ernest zu, der leise auf unserer philippinischen Matte herüberkam.

«Wo ist Dora?»

«Sie will sich ausruhen, hat sie gesagt. Sie will nichts essen.»

«Du Schlampe.»

«Ich habe eben noch einmal bei ihr reingeschaut. Sie liegt im Bett und liest und sagt, sie sei wunschlos glücklich.»

Er ergriff einen Aschenbecher, den ich in Venedig gekauft hatte, und warf ihn durch die offene Tür auf die mit roten Fliesen belegte Terrasse, wo er in tausend Stücke zerbrach.

«Du mußt doch wissen, daß du dich wie ein pickliger Jüngling benimmst und wie ein Lümmel. Sag mir, was, glaubst du, kannst du damit erreichen?»

Keine Antwort.

Es war nicht der erste verpatzte Silvesterabend in meinem Leben, dachte ich mir. Da war der 31. Dezember gewesen, als Philip Slessor, einer meiner Londoner Freunde, mich zu einem prächtigen BBC-Fest eingeladen hatte. Aber Mr. Wilson, der so sanftmütig aussehende, aber teuflische Chef der Stadtredaktion des *Daily Express* hatte mich für irgendeine unwichtige Reportage in die Wildnis von Essex geschickt, von wo ich nur mit einem ungeheizten, klapprigen Bummelzug zurückkehren konnte. Vom Londoner Bahnhof war ich tieftraurig mit einem Taxi nach Chelsea gefahren und hatte in meiner eisigen Wohnung nichts Aufheiternderes zu trinken gefunden als Tee. Doch am nächsten Morgen fühlte ich mich sauwohl.

Vor den Feiertagen und auch nachdem wir ins neue Jahr hinübergerutscht waren, hatten wir keine Zeit, über unseren Kummer zu grübeln.

Nie vorher und nie danach erlaubten wir uns den Luxus so vieler gesellschaftlicher Unternehmungen wie in diesem Jahr. Ernest fand sich geduldig damit ab, und ich bemühte mich, das Beste daraus zu machen. Nach langen Vorbereitungen – Adriana malte Plakate und spanische Fächer für die Lampen, Gianfranco machte Schilder, ich sorgte für Blumen, für Getränke am Schwimmbecken, Speisen, Musik, Aushilfsdiener – luden wir alle neuen kubanischen Freunde Adrianas und unsere alten kubanischen, britischen und amerikanischen Freunde ein, insgesamt sechsunddreißig Personen – aber über achtzig kamen und glaubten sich alle willkommen. Die Nacht war kühl, aber nicht kalt. Autofahrer aus dem Dorf parkten unter Juans Aufsicht die Wagen unserer Gäste, nachdem diese an den Stufen vor unserem Haus ausgestiegen waren. Doppelte Reihen sprühender kleiner Kerzen im Gras wiesen unseren Freunden den Weg hügelabwärts zum Schwimmbecken, wo bunte Lichter zwischen den Blättern der Pappeln schimmerten und das Wasser beleuchteten, zu der Bar unter der Pergola am einen Ende und der Aussicht auf das Lichtermeer von Havanna jenseits der Täler am anderen Ende. Die Maracas und Gitarren des *conjunto* aus der Floridita erklangen, während die Barmixer, ebenfalls aus der Floridita, die Gläser füllten.

Wir servierten ein kaltes Büfett im Haus, wo wir die Möbel an die Wände gerückt und niedrige Tische, Kissen und Fußbänke als Sitzgelegenheiten aufgestellt hatten. Die Bibliothek war ausgeräumt, so daß man dort bei Kerzenlicht tanzen konnte, und die *brisa* war angenehm sanft in dieser Nacht. Der französische Champagner reichte für den Abend, aber um Mitternacht mußten wir noch zusätzlichen Whiskey im Dorf besorgen lassen, da bereits gut dreißig Flaschen ausgetrunken waren.

Der Winter war der kälteste Winter, den wir je in Kuba erlebten, und ich schrieb an meine Eltern, ich hoffte, sie hätten es nicht zu ungemütlich mit ihrer Etagenheizung. «Meine Finger sind so steif, daß ich nicht tippen kann. Die Diener stehen in ihren Sommersachen herum und zittern wie die Hühner. Ernest hat so viel Kleider auf dem Leibe, daß man ihn kaum noch von einem zu dick gepolsterten Sofa unterscheiden kann. Wir haben nicht einmal genügend Decken, um es im Bett warm zu haben. . . . Wie Ihr wißt, haben wir keinerlei Heizung in diesem Haus, außer in der Küche.

Oben: Janet Flanner und Ernest Hemingway an der Bar im Les Deux Magots, Paris. 1944. (Foto: David E. Scherman)

Rechts: Hündchen und Kätzchen im Körbchen – in geflochtenen Pelota-Schlägern. Bei meiner Ankunft in Kuba im Sommer 1945.

Oben: Auch mehrfach verheiratete Neuverheiratete sind nicht frei von Eitelkeiten. Aus dem *Herald-American*, Chicago, vom 15. März 1946.

Unten: Ernest malte mir diese Geburtstagskarte.

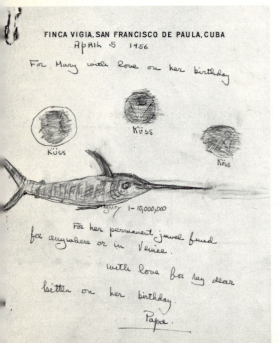

Gegenüber, oben: Ernest nannte das Haus in Kuba «eine charmante Ruine».

Gegenüber, unten: Wenn kein großer bunter Blumenstrauß auf dem Tisch stand, war ich verreist.

Oben: Adriana Ivancich und ihr Bruder Gianfranco an unserem Schwimmbecken in Kuba. 1951.

Unten: In der Bar Floridita. Eines Abends lieh ich mir eine Gitarre. Neben mir, von links nach rechts: Gianfranco Ivancich, Roberto Herrera, Taylor Williams, Ernest Hemingway.

Gegenüber, oben: Faulenzen auf der *Pilar.*

Gegenüber, unten: Die *Pilar* läuft mit Kurs auf den Golfstrom aus dem Hafen von Havanna aus. Im Hintergrund das Castillo del Morro. Im Beiboot Felípe und ich.

Oben links: Bei soviel Kraftanstrengung muß es ein großer Fisch gewesen sein.

Links Mitte: Die *Pilar* war unser zweites Zuhause.

Unten links: Taylor Williams und unser preisgekrönter Marlin.

Oben rechts: Ernest Hemingway und einer der fast tausendpfündigen Marline aus dem Humboldtstrom vor Peru. (Foto Mary Hemingway)

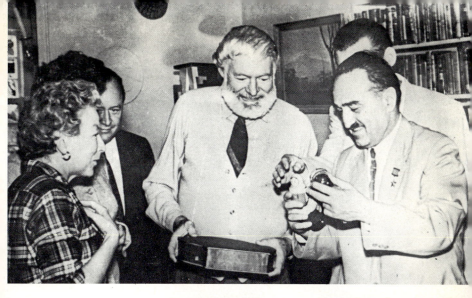

Oben: Als Anastas Mikojan 1960 Fidel Castro in Kuba besuchte, wollte er auch gern Hemingway sehen. Er kam zu uns. Sein Mitbringsel: geschnitzte Puppen in der Puppe. (Foto G. Borovika, S. Sergeeva)

Rechts: Beim «Hemingway-Preisfischen» 1960 gewann Fidel Castro Ernests Preis für den größten Marlin. (Foto UPI)

Neben dem Ceibabaum vor dem Eingang der Finca Vigía, 1958. Einer der seltenen zwanglosen «Schnappschüsse» von Yousuf Karsh.

Ich habe einen kleinen elektrischen Heizkörper hervorgekramt und glücklich im Wohnzimmer aufgestellt. Aber die Wirkung ist rein psychologisch – man merkt überhaupt nichts, außer wenn man direkt darüber steht. Das im spanischen Kolonialstil erbaute Haus mit seinen dicken Mauern ist innen immer um einige Grade kühler als draußen, was wir im Sommer sehr zu schätzen wissen. Aber jetzt leben wir wie in einem Kühlschrank. . . . Das Thermometer in meinem Zimmer ist den ganzen Tag über nicht höher als auf 18 Grad geklettert, nicht einmal mittags, als die Sonne etwas schien . . . in der Zeitung steht heute, es sei der kälteste 19. Dezember in der Geschichte Miamis . . . aber die Luft ist frisch und rein . . . fast alle Fenster sind geöffnet.»

Die Kältewelle hatte Gulfport verschont. Mein Vater saß am Weihnachtstag in Hemdsärmeln auf seinem alten Schaukelstuhl auf der Veranda und las. Ich war froh, daß meine Eltern nicht mit uns auf der Finca Vigía frieren mußten.

Nach den Feiertagen brach Ernest auf zu einem neuen Abenteuer – einer Geschichte über einen alten kubanischen Fischer, die er schon vor Jahren auf dem Tonband in seinem Kopf gespeichert und in einem im April 1936 in *Esquire* veröffentlichten Artikel skizziert hatte. Und diesmal war es eine glückliche Arbeit. Jeden Morgen ließ er ein Stück von dem Band ablaufen, und die Worte fielen widerstandslos auf das Papier in seiner klapprigen Royal-Reiseschreibmaschine. Hier gab es nicht die Probleme, wilde Leidenschaften zu zügeln, Kleinigkeiten neu zu formulieren, Rauhheiten zu glätten, all das, was ihn beim Schreiben von *Über den Fluß und in die Wälder* so gequält hatte. Jeden Abend nach dem Essen, wenn unsere Gäste sich zurückgezogen hatten und es still war im Hause, las ich das Manuskript und fing jedesmal bei der ersten Seite an.

Es waren schöne Stunden. Das Licht unserer Leselampen strahlte warm von unserer zimtrosa Zimmerdecke zurück und tönte den Mahagoniglanz der Tische und Bücherschränke. Nur die Seufzer einer Brise in den Palmen oder das ferne Brummen eines Lastwagens auf der Hauptstraße drang von draußen durch die offenen Fenster herein. Ernest las still in seinem Sessel oder kam, wenn ich unwillkürlich zustimmend murmelte, zu mir herüber, um über meine Schulter zu spähen und mitzulesen. Das war wahre, mit einfachen Linien gezeichnete Schönheit, dachte ich. Es erinnerte mich an Fugen von Bach oder an Zeichnungen von Picasso ohne Durcheinander und ohne Schnörkel. Ich konnte nach jeder dieser Abendlektüren ehrlich sagen, daß ich das Werk wunderbar fand.

Ich schrieb für *Flair*:
Ich bin immer wieder maßlos erstaunt über Ernests Fähigkeit, inmitten unseres ewigen Wochenendes ernsthaft zu arbeiten. Obwohl er eindeutig

kein Feind von Ruhe und Abgeschiedenheit ist, schickt er sich monatelang freundlich in einen Wirrwarr von Zeit, Raum, Bewegung, Lärm, Tieren und Menschen, der oft an völligen Aufruhr grenzt, aber nie wirklich ausartet. Manche Leute würden es Chaos nennen. Wir nennen es Freiheit. Es ist eine Lebensweise, so formell und geregelt wie das Wedeln eines Hundeschwanzes, und Ernest scheint darin aufzublühen. . . . Ich finde es lehrreich, anregend und aufregend . . .

Als es Februar wurde, machten Dora und Adriana Pläne, welche Museen und Kirchen und Broadway-Veranstaltungen sich in ihr Programm für ihren ersten kurzen Besuch in den Vereinigten Staaten auf der Rückreise nach Venedig einbauen ließen. Gianfranco machte, von Ernest und mir voll unterstützt, einige weitere Versuche, aus Washington ein Besuchsvisum zu erhalten, mit dem er seine Mutter und seine Schwester bis zu ihrem Schiff am Hudson River begleiten konnte. Aber es war vergeblich. Irgendwo gab es eine Stockung in der Regierungsbürokratie. Darauf kamen wir alle überein, daß es den venezianischen Damen gewiß Spaß machen würde, auf dem Wege nach Norden ein wenig von Florida und New Orleans zu sehen, und ich erbot mich, sie in unserem Buick, den wir in Key West gelassen hatten, herumzufahren. Bevor wir Kuba verließen, fuhren wir Dora und Adriana zum Hotel Ambos Mundos, wo sie zwei, drei Nächte verbringen sollten, so daß Dora später in Venedig wahrheitsgemäß berichten konnte, sie hätte nicht die *ganze* Zeit bei uns verbracht.

Während wir unterwegs nach Gulfport waren, schrieb mir Ernest: «Konnte am ersten Tag nicht arbeiten und hatte Dünnschiß am zweiten, arbeitete aber trotzdem und schaffte 874 Wörter. [Das war viel für ihn.] Vorgestern schaffte ich 665 und gestern 624 . . . Don Andrés kam Donnerstag zum Lunch und blieb den Nachmittag da, weil er Dünnschiß hatte, und José Luis hatte ihn auch ganz schrecklich letzte Nacht. Also liegt es vielleicht an der Jahreszeit. Ich kann jeden aufmuntern, nur mich selber nicht. Komm lieber zurück, und tu Du das . . .

Bin beim schwierigsten Teil der Geschichte. Er hat jetzt den Fisch und ist auf dem Rückweg, und der erste Hai ist aufgetaucht.

Himmel, wenn Du nur hier wärst und es lesen könntest! Außerdem fehlst du mir aus verschiedenen anderen Gründen. . . . Eines Abends waren wir in der Floridita . . . an dem Tag, an dem der alte Mann in der Geschichte den Fisch fing. Bin die ganze Zeit ein artiger Junge gewesen. Keine Huren, keine Schlägereien, keinerlei Unmäßigkeit. Habe gar kein Geld ausgegeben, außer an dem einen Abend in der Floridita. . . . Vielleicht schreibe ich noch eine Seite mehr. Ich liebe mein süßes Kätzchen. Grüße Deine Eltern . . .»

Adriana schrieb uns gewissenhaft Dankbriefe, sowohl aus New York als auch von ihrem Ozeandampfer. Am 17. Oktober schrieb sie: «Ich habe jetzt N. Y. kennengelernt, und es ist wunderbar und aufregend und neu, aber mein Herz ist immer noch auf meiner lieben Finca und im Little House und bei Ihren Blumen – jeden Morgen frische! – und bei Ihren Torten und dem gelben Buick. . . . Es wird mir erst jetzt wirklich bewußt, wie sehr ich mich zu meiner zweiten Familie hingezogen fühle. . . . Mary, Sie waren so reizend zu uns, die ganze Zeit und auch auf der Fahrt . . .»

Kaum waren unsere Gäste abgereist, kamen schon andere. Es waren meistens kurze Besuche tagsüber, abgesehen von Ernests Lieblingsschwester, Ursula, der Statur, den Augen, der Persönlichkeit und dem Geist nach eine weibliche Ausgabe seiner selbst, so daß wir sofort alte Freunde waren, und von ihrem Mann Jep Jepson. Sie waren auf ihrem zweijährlichen Urlaub – Jep arbeitete bei einer Bank in Honolulu –, und wir verbrachten die meiste Zeit auf der *Pilar*, bei Picknicks in Havanna und bei Hahnenkämpfen. Jep durchforschte selig unsere Bibliothek und sagte: «Zu Hause habe ich dafür nie Zeit.» Eines Tages kamen Charlie und Vera Scribner zum Fischen, und wir verbrachten einen stürmischen Tag auf kabbeliger See, den Vera unerschütterlich und kerzengerade wie eine Königspalme auf unserer harten Köderkiste verbrachte. An einem anderen Tag kamen sie zum Mittagessen und lasen Ernests erste Fassung der Geschichte von dem alten Fischer. Charlies Urteil: «Eine hübsche Geschichte. Interessant.»

Ich hatte nicht die Zeit gefunden, vor der Ankunft der Scribners ein sauberes Exemplar mit Durchschlag von der Geschichte des alten Fischers Santiago zu tippen, aber ich hatte sie – wie vor dem Zwischenspiel in Florida – jeden Abend vom ersten Satz an bis zum letzten von Ernests jeweiligem Tagespensum gelesen. Und jeden Abend machte die schlichte Geschichte mir Gänsehaut, ohne daß ich etwas dagegen tun konnte. Dann berührte Ernest meinen Arm, lächelte und murmelte: «Gut gearbeitet heute, mmmm?» Für ihn war die Gänsehaut ein Beweis für die Güte seiner Arbeit.

Als jedoch die Geschichte ihrem Ende zuging und Santiago auf die Haie eingeschlagen hatte, die seinen großen Fisch zur Hälfte aufgefressen hatten, spürte ich, daß es mehr war als die Tragödie des Fischers.

«Darling, ich ahne Schreckliches. Irgend etwas Schlimmes wird passieren.»

«Vielleicht. Ich weiß es nicht.»

«O Lamm, du wirst doch nicht . . .» sagte ich, von bösen Ahnungen erfüllt. «Du wirst doch nicht den alten Mann sterben lassen? Bitte, tu es nicht.»

«Vielleicht wäre es besser für ihn . . .»
«Wie kannst du das sagen? Er ist alt. Aber er ist an und für sich gesund. Er ist tapfer, und er ist gut. Bitte, laß ihn am Leben.»
Gianfranco kam leise aus der Bibliothek ins Zimmer.
«Gianfranco, findest du nicht auch? Der alte Mann sollte am Leben bleiben und wieder zum Fischen rausfahren.»
«Feiner Kerl», brummte Gianfranco. Er war oft sehr einsilbig, und offensichtlich hatte er das Gefühl, daß ihn dies nichts anginge.
Ich versuchte es auf andere Weise.
«Du weißt, ich bilde mir nicht ein, etwas vom Schreiben zu verstehen. Du bist schließlich der Schriftsteller im Haus, mein Lamm. Aber es scheint mir zu leicht, ihn wegsterben zu lassen. Zu einfach. Und in diesem Buch ist bisher nichts einfach oder trickreich.»
«Ich freue mich, daß du ihn so gern magst.»
«Ich wette, jeder würde glücklicher sein, wenn du ihn am Leben ließest.»
Als ich ein paar Abende später die letzten Zeilen der Geschichte las, bekam ich wieder eine Gänsehaut.
«Der alte Mann in seiner Hütte oben an der Straße schlief wieder. Er schlief immer noch mit dem Gesicht nach unten, und der Junge saß neben ihm und gab auf ihn acht. Der alte Mann schlief und träumte von den Löwen.»

13
Wechselfälle

Beim Marlin-Preisfischen in jenem Jahr – Taylor Williams und ich fuhren wieder auf der *Tin Kid* mit dem starken jungen Felípe als Bootsmann – bekam ich einen kräftigen weißen Marlin an den Haken und brachte ihn ächzend und schnaufend ans Boot. Eine halbe Stunde später fing auch Taylor einen, und wir verfolgten gerade einen dritten, in der Hoffnung auf einen weiteren Preis, als eine schwarze Wolkenmasse, die wir kaum beachtet hatten, plötzlich über die See hereinbrach und sie innerhalb von Minuten aufwühlte zu gewaltigen, drei bis zehn Meter hohen Wellen, mit winzigen Tälern dazwischen und einer Sturzflut kalten Regens, die uns bis auf die Haut durchnäßte. Ich hatte die *Tin Kid* noch nie in so großer Gefahr gesehen, und ich erinnerte mich, daß vor der am nächsten gelegenen Küste scharfe Korallenriffe lagen, die uns zerreißen würden, falls wir schwimmen mußten. Aber Felipe war am Ruder einfach genial, er manövrierte uns in den kleinen Hafen von Cojímar, wo Ernest, der oben auf der *Pilar* stand wie ein Wellenreiter auf seinem Brett, sein Boot hereinbrachte und uns aufnahm. (Als ich an Bord kletterte, lagen seine Gäste noch auf den Knien und beteten.) Ich hangelte mich nach oben.

«Bist du in Ordnung, mein Kätzchen?»

«*Cómo no?* Aber war das nicht toll, wie schnell der Sturm losbrach?»

«Ich habe noch nie eine *turbonada* mit solcher Geschwindigkeit kommen sehen.»

«Oder mit so hohen und dünnen Wellen.»

«Eine irre *turbonada*. Ein regelrechter Zirkus. Aber ich glaube nicht, daß wir Boote verloren haben.»

Ganz allein dort oben hatte er den peitschenden Regen, die Kälte und die Schwierigkeit des Steuerns über sich ergehen lassen. Hinter dem unbekümmerten Lächeln verbarg sich Erschöpfung. Er hatte sich um die Spanten und Planken der *Pilar* Sorgen gemacht und war seiner verschreckten Gäste ein wenig überdrüssig. Ich hatte seit langem herausgefunden, daß für ihn die einzige Antwort auf Gefahr eine neugierige heitere Gelassenheit war. Wenn er sah, daß man es daran fehlen ließ, war er enttäuscht.

Als am nächsten Abend die Turnierpreise verteilt wurden, verlieh Rafael Posso, der Kommodore des Clubs, Taylor und mir einen auf der Liste nicht vorgesehenen Ehrenpreis. «Für Tapferkeit», sagte er.

Im Juli nahm ich mit etwa siebzig ehemaligen Schulkameraden aus Bemidji an einem Treffen zur Feier des fünfundzwanzigsten Jahrestages unserer Abschlußprüfung teil. Ein Festabend mit Tanz und ein Ausflug zum Fischbraten – und ein Geflecht von Erinnerungen. Die Stadt hatte sich mehr verändert als wir. Die von unseren Eltern am Rand der Kiefernwälder gepflanzten Ahornbäume, Fliederbüsche und Efeuranken waren so gewachsen, daß wir sie nicht wiedererkannten, und meiner Eltern altes weißes Zwölf-Zimmer-Schindelhaus sah vernachlässigt aus und bedurfte eines neuen Anstrichs. Jemand sagte, es sei jetzt eine Familienpension. Aber wir alten Klassenkameraden hatten als Erwachsene unsere jugendlichen Charaktereigenschaften bewahrt. Unser geliebter «Prof» Smith stellte es fest. «Jeder von euch hat sich wieder in seine alte Rolle zurückgefunden», sagte er.

Anfang August schrieb meine Mutter, daß es meinem Vater nicht gut gehe. Er hatte gänzlich aufgehört, die ihm von den Ärzten in Chicago verschriebenen Medikamente zu nehmen, die den Prostatakrebs, wie wir hofften, aufhalten, wenn nicht gar heilen sollten. Dann rief meine Mutter an und berichtete, er habe wieder einen Kollaps gehabt und sei ins Krankenhaus eingeliefert worden. Ich fuhr eiligst nach Gulfport, fand meinen Vater verhältnismäßig wohl in seinem Krankenhauszimmer vor, merkte aber, daß er den Ärzten und allen Behandlungsmethoden gegenüber außerordentlich mißtrauisch war. Ich machte für meine Mutter Besorgungen und kochte für sie und ging jeden Tag mit ihr ins Krankenhaus, wo sie meinen Vater für seinen «Unfall» schalt, als habe er ihn verschuldet. Ich schlief auf der hinteren Veranda meiner Eltern und erwachte kurz vor Morgengrauen, wenn die Bäume in den Gärten sich vor dem Himmel abzuzeichnen begannen.

Wie gewöhnlich schrieb Ernest mir fast jeden Tag. Am 14. August: «Mach Dir keine Sorgen und sieh zu, daß Deine Eltern sich keine Sorgen machen wegen der Kosten. Sie belaufen sich in etwa auf das, was ich geschätzt hatte. ... Bekam einen wunderbaren, gütigen, freundschaftlichen und verständnisvollen Brief von Charlie Scribner. Er will mir, persönlich, jede Summe leihen, die wir für diese Sache brauchen. Ich werde ihm schreiben und ihm einen Prozentsatz an den eventuellen Filmrechten als Sicherheit geben. ... Dein armer Vater tut mir so leid. Sage ihm liebe Grüße von mir. ... Bleib, bis die Lage sich geklärt oder beruhigt hat. Er soll nicht denken, er müsse das Krankenhaus verlassen. Wir werden hier gut zurechtkommen, und ich verspreche Dir, ein vernünftiges Leben zu führen und so gut zu arbeiten, wie ich kann.»

Im Krankenhaus sagte ich zu meinem Vater, ich müsse bald nach Kuba zurückkehren, da es ihm jetzt besser ginge und er keine Schmerzen mehr habe. «Fahr nur nach Haus. Dein lieber Mann braucht dich, und wir werden es schon schaffen. Deine Mutter weiß sich schon zu helfen, bis ich zurück bin. Du weißt ja, daß sie nicht ängstlich ist.» Ich fuhr mit dem Zug nach New Orleans und nahm dort die Abendmaschine nach Havanna. Ernest holte mich um Mitternacht mit einem Krug eisgekühlten Daiquiris am Flugplatz Rancho Boyeros ab. Als ich in unser kühles großes Bett schlüpfte, sandte ich einen stummen Dank gen Himmel.

Mein Vater wurde am 28. August aus dem Krankenhaus entlassen, und der Arzt schrieb mir, das Karzinom breite sich zwar örtlich aus, werde aber durch Hormonbehandlung unter Kontrolle gehalten.

Am 7. September schrieb ihm Ernest: «Ich bin voreingenommen, weil mein eigenes Leben mehrmals von Ärzten und Chirurgen gerettet wurde. ... Ich glaube wirklich nicht, daß es ein großes Opfer für Dich sein würde, die von einem gewissenhaften und angesehenen Arzt verordneten Medikamente zu nehmen, um Dir so, wenn möglich, ein elendes Ende zu ersparen. Du fühlst Dich besser, weil Du eine ordentliche Behandlung und die richtigen Medikamente gehabt hast, und dann hörst Du auf, die Medizin zu nehmen, und behauptest, Du seist durch ein Wunder geheilt. ... Wenn man achtzig ist, gibt es keine Wunderheilungen mehr, und niemand sollte zu stolz sein, um die Hilfe der Wissenschaft anzunehmen. ... Wir müssen alle sterben, und es ist besser, mit einem Minimum an Unannehmlichkeiten und wirklichem Schmerz zu sterben ...»

Mein Vater antwortete Ernest, der Arzt habe ihm neue Tabletten verschrieben. «Beide Fläschchen stehen hier auf dem Tisch, und ich werde die Tabletten so lange getreulich einnehmen, wie er meint, daß es gut für mich ist. Ich gehe am nächsten Donnerstag zu ihm und danach so oft, wie er es für richtig hält. ... Ich bin mir bewußt, daß es in der Christian Science einen ebenso großen Prozentsatz an Fanatikern gibt, wie in praktisch allen anderen Religionen ...»

Die Augusthitze war vorüber, und in einer schönen kühlen Nacht, Mitte September, wachte ich plötzlich auf und berührte Ernest sanft und sah, daß auch er wach war.

«Ich habe von H. M. Tomlinson geträumt», flüsterte ich. «Er tünchte gerade die Wände seines Eßzimmers neu und mischte Pfirsichscheiben unter die Tünche. Wegen des Dufts.» (Ich hatte ein paar Tage vorher seine Autobiographie *Gallions Reach* gelesen.)

«Und ich habe von Ford Madox Ford geträumt», sagte Ernest. «Von ihm, vom Krieg.»

«Wir sind ja mächtig literarisch heute nacht.»

«Und Black Dog – der hat bestimmt von Elizabeth Barrett Browning geträumt.»

«Oder von ihrem kleinen Hund. Wie hieß er doch? Ruff? Puff? Fluff?»

Wir dösten eine Weile. Dann sagte Ernest: «Flush.»

Im Zweidrittelschlaf versuchte ich mich an einen berühmten Hollywood-Hund zu erinnern, von dem Negrita vielleicht träumte. Die kleine Negrita schlief sanft und selig auf dem Bett zwischen unseren Füßen. Endlich fiel es mir wieder ein, und ich flüsterte: «Miss Negrita träumt auch. Von Lassie? Negrita hat noch nie einen Lassie-Film gesehen.»

«Nein», brummte Ernest im Schlaf. «Rin-Tin-Tin.»

Bei einem meiner letzten Besuche in Key West war Pauline gerade von anstrengenden Untersuchungen in der Mayo-Klinik zurückgekehrt, aber eine wirkliche Ursache für die schlimmen Kopfschmerzen, die sie seit kurzem quälten, und ihren neuerdings festgestellten zu hohen Blutdruck hatte man nicht gefunden. Sie sprach beiläufig von ihrem Leiden, und ich hatte sie als etwas Vorübergehendes betrachtet. Ihr Laden in der Stadt, das Bahama House, wo Kunsthandwerk und Haushaltsgegenstände verkauft wurden, ging gut und brachte ihr Gewinn ein. Sie hatte ein Kleid gesehen, wie für mich geschaffen, sagte sie und schenkte es mir. Am 2. Oktober 1951 kam ein Telegramm von ihrer Schwester Jinny in Los Angeles. Pauline war gleich nach ihrer Ankunft mit dem Flugzeug aus San Francisco gestorben. Ich lief hinunter in den Rosengarten und versuchte, irgendwie mit diesem unerwarteten Schlag fertig zu werden. Pauline mit ihren wissenden Augen, diese mutige und gescheite Frau, die durch Zufall meine Freundin geworden war, hatte sich mir gegenüber immer großzügig und liebevoll verhalten. Ich würde sie lange Zeit sehr vermissen. Ernest war an den folgenden Tagen sehr still und niedergeschlagen. Sie hatten ein paar Jahre lang zusammen ein glückliches Leben geführt.

Wir lasen, daß Harold Ross vom *New Yorker* gestorben war, und Ernest sagte traurig: «Es sterben Leute, die vorher nie gestorben sind.» Ein Satz, den er noch oft wiederholen sollte.

Die lange Erzählung über Santiago, den Fischer, lag auf dem Tisch in der Bibliothek, ordentlich abgetippt von mir, mit einer Kopie, und schließlich mit dem Titel *Der alte Mann und das Meer* versehen. Da stellte Ernest fest, daß unser Betriebskapital sehr zusammengeschmolzen war, und wir begannen eine Periode der Sparsamkeit. Aber Sparsamkeit war ein Wort, das viele Übersetzungen zuließ. Es wäre uns nie eingefallen, das *Biftec* zu beschneiden – das Lieblingsgericht der Dienstboten und das teuerste, was es im Dorf zu kaufen gab. Und sie selbst schränkten weder ihren Verzehr an *Biftec* ein, wie ich oft feststellte, noch den an leckeren Beigerichten wie dicker Suppe mit Schweinefleisch und Gemüse, schwarzen Bohnen und Reis und gebratenen Bananen.

An unserem eigenen Tisch kamen wir ein paar Wochen lang ohne das amerikanische Rindfleisch zu $ 2 das Pfund aus, das wir in Havannas amerikanisiertem Lebensmittelgeschäft Morro Castle kaufen konnten, und aßen Fisch oder magere kubanische Hühnchen. Wir verminderten auch ostentativ den Verbrach an guten, wenn auch weniger bekannten französischen Clarets, die wir im Keller hatten. Bei Carmelo, der eleganten Bodega mit Bar und Café in Vedado konnten wir frischen iranischen Kaviar für $ 35 pro 40-Gramm-Dose bekommen, verzichteten aber einstweilen darauf. Der Marlinrogen, den wir manchmal im Frühling mitgebracht hatten, wenn die Fische vor der Nordostküste Kubas laichten, war ebenso nahrhaft und köstlich, auch wenn wir ihn aus der Tiefkühltruhe holten und brieten, statt ihn zu salzen und zu räuchern.

Ernest meinte, wir könnten billiger auf dem Boot leben. Allerdings vergaß er die Benzinkosten. Was würden wir dort verzehren? Fisch, Reis, ein paar Eier, weniger Schnaps und Wein, als wir an Land tranken, und zum Abendessen nur einen Teller Suppe. Und wir hätten weniger Gäste zu bewirten.

Obwohl wir mitten in der Touristensaison waren und vielleicht Freunde aus dem Norden verfehlten und obwohl der Golfstrom in dieser Jahreszeit nicht viel zu bieten hatte, brachen wir auf zu einer mehrtägigen Kreuzfahrt Richtung Westen. In der ersten Nacht ankerten wir in dem großen, seichten Hafen von Mariel. Ich hatte das Innere dieser Bucht noch nie gesehen und durchkreuzte sie deshalb mit der *Tin Kid*. Dabei entdeckte ich an einigen geschützten Stellen meilenweite Schwärme von Sardinen. Da hatten die Berufsfischer von Mariel Köder genug für die Sommersaison.

Als Juan uns bei unserer Rückkehr abholte, machte er ein trauriges Gesicht. Clara Paz, das Hausmädchen, hatte ein ganzes Röhrchen Seconal genommen und war gestorben. Aus Rücksicht auf uns hatte sie es außerhalb der Finca getan, damit die Polizei Ernest nicht belästigte. Gregorio, der ihre Familie in Casa Blanca kannte und uns Clara empfohlen hatte, weinte, wie mir schien, Tränen des Zorns und der Fassungslosigkeit. Ernests Gesicht war wie versiegelt. Ich war wie betäubt.

Clara war mir eine Freundin gewesen. Ich hatte immer ihre herbe Art, ihre unpersönlichen Aufmerksamkeiten uns gegenüber geschätzt. Sie hatte es mir nie zugemutet, Mitleid für ihre Nerven aufzubringen, wie es so viele kubanische Frauen wollten, deren Nervenschwäche in direktem Verhältnis zu ihrem Körpergewicht zu stehen schien. Ich hatte die dünne, aber kräftige Clara zwar nie vor Entzücken über irgend etwas eine Pirouette drehen sehen, doch hatte sie auch nie eine Andeutung gemacht, die auf einen ernsten privaten Kummer schließen ließ. Später schrieb mir René, was er über diese unselige kubanische Nacht wußte.

Er hatte die Katzen gefüttert und das Haus verschlossen, für den Fall, daß es regnete, und war dann mit Clara und ihrem pausbäckigen, lustigen Sohn Arturo und mit Fico vom Haus den Hang hinunter und durch die kleine weiße Fußgängertür neben dem Autotor hinausgegangen. Clara hatte erwähnt, sie wolle ihren Sohn nach Casa Blanca bringen. Nach dem Kino beschlossen René und Fico, da es schon etwas spät war, nicht wie sonst zum Schlafen zur Finca zurückzukehren. Fico ging zu seiner Familie, und René wollte in der Bretterhütte seiner Eltern übernachten. Zu seiner Überraschung sah er, daß dort noch Licht brannte. Seine Mutter stand weinend vor der Tür. Sie fragte ihn, ob er Clara gesehen habe.

Dann erzählte Renés Mutter, eine gutaussehende, lebhafte Frau, daß Clara ihren Jungen zu ihrem Bruder in Casa Blanca gebracht habe, dann nach San Francisco de Paula zurückgekehrt und kurz bei ihr gewesen sei und ihr verkündet habe, sie sei *aburrida de la vida*.

Wie so viele spanische Wörter hat *aburrida* mehrere Bedeutungen. Es kann «gelangweilt» oder «überdrüssig» heißen, aber es kann auch «inneres Unbehagen und tiefe Verzagtheit» bezeichnen.

René und sein Bruder suchten das Gelände der Finca und die Umgebung ab, gingen zum Haus, wo Clara eines der Dienstbotenzimmer unter der Küche bewohnte, fanden es verschlossen und gingen um halb drei Uhr früh wieder nach Hause. Bald darauf klopfte einer der Männer, die in der neuen Bäckerei ganz in der Nähe arbeiteten. Man hatte Clara bewußtlos unweit der Bäckerei gefunden, sehr bleich und, wie René auffiel, nicht in ihrem weißen Kittel, in dem sie das Haus verlassen hatte, sondern in einem hellen, geblümten Kleid, das sie sich erst vor kurzem gekauft hatte. Er sprach zu ihr, er schüttelte sie. Keine Regung. Er hielt ihr einen Grashalm an die Nase. Der Halm bewegte sich kaum. Er konnte auch ihr Herz nicht pochen hören. Sie liehen sich den kleinen Lieferwagen der Bäckerei und brachten Clara zur *Casa de Socorro*, der nächsten Erste-Hilfe-Station, acht Kilometer entfernt. Der diensthabende Arzt ließ den Krankenwagen vorfahren und öffnete Claras Handtasche, in der er zwei Röhrchen Seconal – das eine leer, das andere zur Hälfte leer – und zwei unverschlossene Briefe fand. Der eine Brief war an ihre Brüder gerichtet, und in dem anderen schrieb sie, sie habe ihren tragischen Entschluß gefaßt, weil sie «*aburrida de la vida*», lebensmüde, sei. René und sein Bruder begleiteten sie im Krankenwagen zum alten Carlixto García-Hospital. Alle Wiederbelebungsversuche waren vergeblich.

14
Daheim auf See

Im Februar und März gönnten wir uns zwei Fahrten nach Paraíso und verbrachten insgesamt dreißig Tage auf See. Schreibend hielt ich jeden herrlichen Fisch, den wir fingen, und jeden Windwechsel fest. Wir verließen den Club Náutico am 11. Februar um 8 Uhr 55 mit Gregorio, Sinsky und Gianfranco, zwei Kisten Wein, einer großen Tasche voller Bücher und einem Minimum an Kleidung an Bord. Die *Pilar* glänzte wie aus dem Ei gepellt, verjüngt mit neuer Beplankung aus philippinischem Mahagoniholz. Bei gutem Wetter, «nicht mehr als Windstärke 2», kreuzten wir westwärts, und Felípe tuckerte eine halbe Meile hinter uns in der *Tin Kid*. «Ein Mann und sein Boot bringen stets mein Herz in Not.»

Wir verbrachten eine ruhige Nacht (keine Stechmücken) hinter dem Riff am Eingang der großen, tiefen Bucht, der Bahía Honda, fingen unterwegs ein paar Fische, als wir am nächsten Morgen weiter westwärts fuhren, umrundeten den Leuchtturm Gobernadora und beobachteten vom oberen Deck etwas, was ich noch nie gesehen hatte: eine Karettschildkröte, die eine Portugiesische Galeere verschlang, eine irisierende Qualle, die an der Wasseroberfläche treibt, mit langen, an den Spitzen lavendelfarbenen Fäden, die giftig, ja sogar tödlich sind.

Es war ein großer Tag, was Sehenswürdigkeiten betraf. In dem leicht gekräuselten Wasser stießen wir auf eine Familie von Delphinen, ganz wie Papa, Mama und Kind, die dicht nebeneinander auf dem Rücken lagen und sich die Bäuche sonnten, wie es schien, während sie regungslos an der Wasseroberfläche trieben. Aber als wir uns ihnen auf etwa zehn Meter genähert hatten, hörten sie uns, flippten in schönem Einklang herum und tauchten weg.

Die australischen Kiefern auf Paraíso – ein rundes Dutzend – waren seit unserem letzten Besuch ein gutes Stück gewachsen, und ein paar Fischer hatten sich in den *bohíos* (Hütten aus Palmenwedeln) in der Nähe des Süßwasserbrunnens einquartiert. Ohne sie zu stören, ging ich am Strand ein wenig auf die Muschelsuche. Wir aßen unsere abendliche Suppe, beobachteten den Mondaufgang und waren um neun Uhr in den Kojen. Ich schrieb: «Papa ist lieb und glücklich.» Wir waren es alle. Aber Sinsky und Gianfranco mußten am nächsten Morgen nach Havanna zurückkehren. Felípe brachte sie an Land, und wir gingen an Bord der *Pilar* draußen vor dem Riff, um weiter westlich, bei der Landspitze Purgatorio, die am Ende eines gewaltigen, weiten Riffs in den Golfstrom hineinragt, zu fischen.

Wir lebten in einer Welt, wo es zwanzig verschiedene Blaus und Wind aus siebzig verschiedenen Richtungen gab, stetig wechselndes, im Wasser sich spiegelndes Sonnen- und Mondlicht, unterschiedlichste Geräusche vom leisesten Plätschern fingergroßer Wellen, die gegen den Bootsrumpf schwappten, bis zu dem krachenden Donnern schwerer Seen, die gegen die äußeren Riffe schlugen, den fischigen Strandgeruch bei Ebbe und die lungenschrubbende Reinheit des Nordwinds – bis zu den raffinierten Düften des von Gregorio zubereiteten schlichten, aber exquisiten Essens. Wir waren Gefangene in einem Netz von Sinnesbetörungen, aus dem niemand sich zu befreien wünschte.

Ich hatte schon bei anderen Gelegenheiten, wenn wir allein miteinander auf See waren, bemerkt, daß mein Mann mich nicht oft in seine größere Koje einlud, und ich glaubte auch zu wissen, warum das so war. Bei den gemeinsamen Sinneswonnen waren wir wie geschmeidig ineinander greifende Teile eines einzigen Mechanismus, das kleine und das große Zahnrad, und da brauchten wir einander nicht zu beweisen, daß wir zusammengehörten. Vielleicht waren wir Zwitterwesen. Jedenfalls sanken wir nach all den Eindrücken und den körperlichen Anstrengungen beim Fischen bald nach Sonnenuntergang in friedlichen Schlaf.

Aber am 16. Februar brach die Außenwelt wieder über uns ein. Nachdem wir morgens gefischt hatten, ging ich mit Gregorio durch mangrovengesäumte Buchten ins nächste Dorf, La Mulata, und rief von dort aus auf der Finca an. Alles war in Ordnung, sagte René, aber ein Telegramm sei gekommen. Charlie Scribner war am Tage unseres Aufbruchs unerwartet an einem Herzanfall gestorben. Mit 1500 Pfund Eis und Treibstoff für die *Tin Kid* kehrten wir zur *Pilar* zurück und überbrachten die traurige Nachricht. Unsere Lagune mit ihrem erst violetten und schließlich grauen Abendlicht schien ein geeigneter Ort, um eines Freundes zu gedenken und zu trauern. «Wir müssen hier fort», sagte Ernest, und es klang traurig. Radio Miami berichtete von einem Nordsturm, und wir rechneten damit, daß er uns in etwa zwölf Stunden erreichte. So geschah es, und wir kehrten erst am 20. zur Finca zurück. Das Haus war sauber und in guter Ordnung, und wie immer, wenn wir mehrere Tage auf dem engen Raum der *Pilar* zugebracht hatten, kam es uns riesig vor und fast zu groß, um damit fertig zu werden.

Gary Cooper kam für eine Nacht, und wir plauderten bis in die Morgenstunden, hauptsächlich über seine privaten Probleme, und am nächsten Tag sprachen wir wieder darüber. Leland und Slim Hayward erschienen am folgenden Tag und bezogen Quartier in unserer Casita. Wir aßen in der Stadt zu Abend, aßen zu Hause zu Mittag und zu Abend, Ernest fuhr mit ihnen zum Fischen, und eines Abends nahm Leland das Manuskript von *Der alte Mann und das Meer* mit, um es im Bett zu lesen. Als er es am nächsten Mittag zurückbrachte, hatte er bereits darüber entschieden.

«Du *mußt* es veröffentlichen lassen, Papa. Es ist eine unverzeihliche Zeitverschwendung, es hier rumliegen zu lassen.»

Wir standen an der Wohnzimmertür, und Leland klopfte auf das Manuskript, das er auf den langen Mahagonitisch dort gelegt hatte.

«Es ist sehr kurz für ein Buch», murmelte Ernest.

«Was du hier hast, ist Qualität. Auf tausend Seiten könntest du nicht mehr sagen», erwiderte Leland. «Das gehört in ein großes Magazin. *Life* oder *Look*.»

«Bei Scribner würden sie das nicht gern sehen.»

«Scribner kriegt für Millionen Dollar kostenlose Reklame. In einem großen Magazin findet es große Verbreitung. Ich werde mich darum kümmern.»

«Du bist sehr schnell, Mister H.» Ernest war sichtlich überwältigt von Lelands Begeisterung. Seine Stimme war sanft, und er blickte zu Boden. Leland, der Broadway-Produzent – *South Pacific, Mr. Roberts, Call Me Madam* –, war nun ganz der Super-Salesman, und er dachte schnell.

«Wir sorgen dafür, daß der Vorabdruck unmittelbar vor dem Buch erscheint. Oder gleichzeitig mit dem Buch.»

«In einem Magazin mit so hoher Auflage? Scribner wird kein Exemplar mehr verkaufen.»

«Unsinn. Die Leute werden das Magazin lesen und losstürzen, um sich das Buch zu kaufen. Wer ist dein Mann bei Scribner's? Ich werde mit ihm reden. Wir sollten auf ein Erscheinen in diesem Herbst hinarbeiten.»

Als sie ein, zwei Tage später abfuhren, nahm Leland eine Durchschrift des Manuskripts mit.

Wir hatten uns vorgenommen, am Montag, dem 10. März, um 8 Uhr morgens aufzubrechen. Das Gepäck war im Wagen verstaut, und um 7 Uhr 59 nahmen wir auf den vorderen Sitzen Platz. Als wir unsere von Hibiskus gesäumte Einfahrt hinunterfuhren, fragte Juan: *«Ha oído qué pasa en la Habana?»* (Haben Sie gehört, was in Havanna los ist?) Papa stellte das Autoradio an. Radio Relox, der Sender in Havanna, der vierundzwanzig Stunden am Tag Zeitansagen und Nachrichten brachte, war stumm. Die anderen Sender brachten nur Reklame, keine Nachrichten. Juan hatte zu früherer Stunde gehört, daß eine Infanteriekompanie der kubanischen Armee den Präsidentenpalast umstellt habe und daß sich dort große Menschenmengen angesammelt hätten.

«Fahren wir wie üblich zum Club Náutico», sagte Ernest.

Wir kamen nur langsam voran. Große, mit grünen Planen überdachte Armeelastwagen voller schläfrig dreinblickender Soldaten verstopften die Landstraße zur Stadt. Schußwaffen sahen wir nicht. Im Hafen war es leer wie an einem frühen Sonntagmorgen – abgesehen von einem alten, klapprigen Panzer und ein paar Matrosen, die mit *armas largas* (Springfield-Gewehren) lässig an den Einfahrten zu den Piers standen. Im Club erzählte uns ein Polizist, was sich ereignet hatte: General Fulgencio Batista hatte einen erfolgreichen Staatsstreich durchgeführt. Er hatte Präsident Prío abgesetzt, hatte La Cabaña, die Festung in der Innenstadt von Havanna, sowie das Marine- und das Luftwaffenzentrum und das Hauptquartier der Armee, Campo Colombia, besetzt – und es waren nur ein paar Schreckschüsse abgegeben und niemand verletzt worden. Später sollten weitere Nachrichten folgen.

Es war der Abschlußtag der internationalen Segelregatta St. Petersburg-Havanna. Etwa vierzig schnittige Boote hatten am Samstagmittag ihren Heimathafen verlassen, und der Sieger, die *Tinconderoga*, war am Sonntagabend um 7 Uhr 30 – eine Stunde, ehe das Empfangskomitee sich versammelt hatte – im Hafen unseres Clubs eingetroffen. Eine der Jachten war beim Kreuzen der Ziellinie plötzlich umgekehrt und wieder hinausgefahren, da einige Schüsse über ihren Bug knallten. Das war die einzige bekanntgewordene Unhöflichkeit der Revolution Batistas.

Gregorio hatte die *Pilar* in die Bucht gebracht, um den ankommenden Jachten Platz zu machen. Deshalb gingen wir an Bord der *Tin Kid*, verließen den Hafen um 9 Uhr 40 und schlingerten den ganzen Tag lang bei schwerem Südwind (Windstärke 6) herum. Papa fing ein paar Barracudas und bekam dann etwas, das so träge zog, daß wir zuerst nicht wußten, was es war. Ein großer Palmenzweig, wie wir schließlich feststellten. «Ein Seglerfisch – *fracasado* [gescheitert]», sagte unser Fischer. Wir pflügten gegen den Wind in die Bahía Honda, ankerten in der Fahrrinne in der Nähe des ersten Hafenlichts und bekamen Batista in den Empfänger.

Er habe seine alte Generalsuniform über seine Guayabera gezogen, und nun werde er Ordnung schaffen und dem im Lande herrschenden Chaos und Gangstertum ein Ende bereiten. Er habe die Confederación Nacional de Trabajadores, die mächtige Gewerkschaft, die Prío unterstützte, durch ein Dekret aufgelöst und die Verfassungsrechte aufgehoben. Nun herrsche Kriegsrecht. «Es ist mein Schicksal, unblutige Revolutionen zu machen», verkündete er, fügte jedoch belehrend hinzu: «Das einzige vergossene Blut wird das Blut derer sein, die sich uns widersetzen. Wir sind das Gesetz.» Die Worte mochten überzeugend klingen, aber für seine Stimme galt das nicht. Es war die dünne Stimme eines fetten Mannes, der zu schnell zu hoch geklettert ist.

Wir konnten uns nicht vorstellen, daß die neue Militärdiktatur irgendeinen Grund sah, uns auf der Finca zu belästigen. So lichteten wir früh am nächsten Morgen den Anker und fuhren durch die stürmische See in die friedliche Bucht hinter der Insel Paraíso mit ihren hohen Korallenriffen zu beiden Seiten.

Am 29. März kehrten wir durch eine aufgewühlte See zum Club Náutico zurück.

Zu Hause war zwischen Bergen von Post ein Brief von Marjorie Cooper aus Tanganyika, in dem sie berichtete, wie ihr Mann Dick – mit dem sich Ernest 1933 in Afrika angefreundet hatte – beim Flugwildschießen in einem auf ihrem Besitz gelegenen See ertrunken war. Sie hatten ihn im Rosengarten in der Nähe des Hauses begraben. Ernest murmelte wieder seinen Ausspruch über Leute, die plötzlich starben und vorher nie gestorben waren.

Aber auch gute Nachrichten kamen. Bei Scribner's war man begeistert über den *Alten Mann und das Meer*. Bei *Life* war man bereit, mit einer alten Gewohnheit zu brechen und das Ganze in einer Ausgabe zu veröffentlichen. Der Book-of-the-Month Club war interessiert, und Jonathan Cape in London wollte das Buch gleichzeitig mit Scribner's herausbringen. Adriana schickte ein talentiertes, impressionistisches Aquarell von einem kubanischen Fischerdorf für den Schutzumschlag.

In diesem Jahr der amerikanischen Präsidentschaftswahlen schrieb Ernest an Buck Lanham: «... vergiß alle meine politischen Äußerungen, denn ich weiß nichts in der Politik, das sich nicht mit Penicillin heilen ließe. ... Ich hielt Dr. E.* nie für einen sehr guten General. Aber ich fand, daß er ein verdammt guter Politiker war, und für seinen Job war es die meiste Zeit wichtiger, Politiker zu sein. Sollte allerdings Dr. Taft Präsident dieses Landes werden, kämpfen wir in Asien, wo Du nicht gewinnen kannst und Bankrott machen kannst, so daß Du nur an Einfluß verlierst. Die Nachschubwege sind so lang, und sie kämpfen gegen dich mit einheimischen Truppen, die von ihrem selbstgeernteten Reis leben, denen es nichts ausmacht zu sterben, und die sich ihre eigenen Mörser basteln. ... Habe Dinge nie schlechter stehen sehen, und sie standen immer irgendwo schlecht, seit ich lesen und schreiben kann.»

Verschiedene Aspekte der Veröffentlichung von *Der alte Mann und das Meer* nahmen Ernest immer mehr in Anspruch, die nebensächlichen Details – insbesondere das Beantworten von Briefen aus aller Welt – kosteten viel von seiner Arbeitszeit. Am 16. Mai schrieb er an seinen Londoner Verleger Jonathan Cape: «Ich habe keine englische Ausgabe von *Über den Fluß und in die Wälder*, aber man hat mir gesagt, es gebe darin etliche Kürzungen und einige Änderungen. In diesem Buch wünsche ich keinerlei Änderungen. ... Jedes einzelne Wort hängt vom anderen ab. ... Ich verlasse mich auf Sie, daß Sie sehen, daß diese Prosa sich weder verändern noch verbessern läßt. ... Ich bin sehr begierig zu hören, was Sie von dem Buch halten. ... Ich hoffe, es gefällt Ihnen. Habe noch allerlei weiteres in Vorbereitung.»

---

* Dwight D. Eisenhower, Präsident der USA von 1953–1961, wurde 1942 Oberbefehlshaber der amerikanischen Truppen auf dem europäischen Kriegsschauplatz. Als Oberbefehlshaber der Allied Expeditionary Forces leitete er die Invasion im Juni 1944. (Anm. d. Übers.)

Harvey Breit hatte geschrieben und um ein Interview für seine Spalte in der *New York Times Book Review* gebeten. Ernest antwortete ihm: «... mit Cowley, Ross, Sammy Boal hatte ich schon verdammt viel persönliche Publicity. Ich sollte jetzt für eine Weile meinen verdammten Mund halten. Wenn das Buch irgend etwas taugt, werden die Leute einen schon nicht vergessen. Und wenn nicht, was liegt mir dann daran, daß sich die Leute meiner außerberuflichen Aktivitäten wegen an mich erinnern?»

So wie er früher einmal über die psychoanalytische These Philip Youngs verärgert und beunruhigt gewesen war, nach der seine Beinverletzungen im Juli 1918 sein Werk beeinflußt hatten, so störte und irritierte ihn jetzt ein Dozent oder Professor aus Yale, Charles Fenton, der seine Dissertation über die frühen Schriften, die Ernest in Oak Park auf der High School und beim *Kansas City Star* verfaßt hatte, schrieb. Fenton hatte ihm ein Stück daraus geschickt, einen Abschnitt über die Zeit in Kansas City, und Ernest hatte sofort die Ungenauigkeiten in der Darstellung erkannt. In einem zweiseitigen, engzeiligen Brief mit Datum vom 22. Juni versuchte er, es ihm verständlich zu machen. «... Hatte irgendwer in früheren Zeiten das Recht, über die Vergangenheit eines Mannes zu arbeiten und seine Ergebnisse zu Lebzeiten des Mannes zu veröffentlichen, wenn dieser sich nicht gerade um ein öffentliches Amt bewarb oder ein Verbrecher war? ... Meinen Sie nicht, daß es rechtliche Wege gibt, zum Beispiel eine gerichtliche Verfügung, um einem solchen Einbruch in die Privatsphäre entgegenzuwirken? Wenn nicht, dann lassen Sie mich wissen, warum, und nehmen Sie es mir bitte nicht übel ...

Ich weiß nicht, ob Sie selbst in Oak Park waren oder ob Sie da nur abgeschrieben haben. Aber ich weiß, daß Ihre Eindrücke ganz falsch sind.

Ich hatte eine nördliche Prärie und eine südliche Prärie vor mir. Die nördliche Prärie erstreckte sich von der Straße hinter unserem Haus bis zum Des Plaines River, in dem es damals viele junge Hechte gab, und zu der Wildfarm von Wallace Evan, wo wir zu wildern pflegten. Da, wo Sie heute ein Mietshaus sehen, war früher ein großes altes Haus mit Rasen. Da, wo Sie die Parzellen und Reihe um Reihe dergleichen Häuser sehen, schlugen früher Zigeuner im Herbst ihr Lager auf mit ihren Wohnwagen und Pferden.

Oak Park hatte seine eigene artesische Wasserversorgung, und einige von uns Kindern holten manchmal junge Hechte aus dem Fluß und setzten sie in dem Reservoir aus, jahrelang beobachteten wir, wie sie größer wurden und erzählten keinem Menschen davon. Wir fingen Goldfische im Creek und in den Zuchtteichen auf dem Gelände der Wildfarm, schleppten sie in Fischeimern zurück und setzten sie in dem Reservoir aus, als Futter für die Hechte. Im tiefen Wasser wurden all die Goldfische silbern oder silbern und schwarz gesprenkelt. In Oak Park gab es die Christen, mit denen Sie sich in Verbindung gesetzt haben. Und es gab dort auch eine Menge nette Menschen. Jedes Bild, das Sie sich heute von Oak Park machen könnten, würde falsch sein ...

Was ich klarzumachen versuche, mit allem, was ich hier sage, ist dies: wenn Sie fünfunddreißig Jahre später auf irgend etwas stoßen, kriegen Sie nicht die ganze Wahrheit zu fassen. Dann kriegen Sie die Wahrheit der Überlebenden zu fassen. Sie können Statistiken kriegen und schlecht erinnerte Erinnerungen und eine Menge gefärbtes Zeug. Aber es ist ein weiter Weg von da bis zur ganzen Wahrheit, und ich verstehe nicht, was das mit Wissenschaft zu tun haben soll ...

Noch vor fünf Jahren konnte ich von meinem Haus hier sechs Meilen querfeldein gehen und Schnepfen jagen am Creek und Wachteln schießen weiter drinnen im Land. Jetzt sind der Creek und die Sümpfe verschwunden, und weit und breit ist das Gelände parzelliert und erschlossen und bebaut, die ganze Gegend, wo wir einst geschossen haben, weil Havanna sich so ausgedehnt hat. Hätte ich über das Land geschrieben, wie es damals war, könnte jetzt jeder ankommen und es sich ansehen und beweisen, ich müsse verrückt oder ein Schwindler sein.»

Am 23. Juni, als wir friedlich beim Mittagessen saßen, klopfte ein Junge aus dem Dorf an der Tür und brachte ein Telegramm von Harvey Breit, sprühend vor Begeisterung über das neue Buch. Ernest war gerührt, daß er am gleichen Nachmittag zurückschrieb: «Ich hab alles, was ich kann, in dieses Buch gesteckt. ... Findest Du nicht auch, wenn Du das Zeug hast, schaffst Du es so lange, wie Du lebst und lebst so lange, wie Du leben sollst ...

Hier hat jeder mitgearbeitet, wie eine gute Doppelaus-Kombination im Außenfeld. Mary hat alles mit mir durchgestanden, und nichts anderes in der Welt kümmerte sie. Außerdem hat sie getippt und es immer noch einmal getippt. Ich hatte das Ms. unmittelbar vor der Revolution hier am 10. März abgeschickt, und dann sind Mary und ich auf See hinausgefahren. ... Gianfranco, Adrianas Bruder, hat mir die Korrekturfahnen an die Küste heruntergebracht und sie dann korrigiert wieder mitgenommen und an Scribner's geschickt. Ich bekam die unbrauchbaren Schutzumschlagentwürfe von Scribner's und telegrafierte Adriana, die weit im linken Außenfeld in Venedig spielt. Es schien unmöglich, daß sie es schaffen würde. Aber dann kommt dieser großartige Wurf. Wir waren alle glücklich und stolz und zufrieden. ... Jedenfalls wird es schön sein, wieder einmal zu siegen, nach dem Scheiß, den ich beim letzten Buch hinnehmen mußte ...»

Im März hörte mein Vater plötzlich auf, die ihm vom Arzt verschriebenen Medikamente, die den Krebs aufhalten sollten, einzunehmen, und behauptete, er fühle sich ohne sie wesentlich wohler. Doch jetzt war meine Mutter krank – die einzige (von ihr selbst gestellte) Diagnose lautete: Verdauungsstörungen. Sie lag auf dem Feldbett auf der hinteren Veranda und bat meinen Vater, mich kommen zu lassen. «Die Behandlung durch mehrere Anhänger der Chistian Science hat sie nicht geheilt», schrieb er. «Es bekümmert mich, Dir wieder so etwas schreiben zu müssen. ... Ich habe das sichere Gefühl, daß sie bald wieder auf sein wird, aber es ist das erste Mal, daß sie mich darum bittet, Dir zu schreiben...»

Ich rief sofort bei ihnen an, und wir verabredeten, daß ich die beiden, falls nicht eine neue Krise eintrat, zu ihrem fünfzigsten Hochzeitstag am 9. Juli besuchte.

Als ich am 6. Juli, mit Geschenken beladen – Makrelenfleisch und tiefgefrorenen Mangofrüchten –, in Gulfport ankam, hatte sich das Befinden meiner Mutter sehr gebessert, sie war auf und machte ein neu gekauftes lila Kleid kürzer. Aber von meinen verschiedenen Vorschlägen, den Tag zu feiern, wollten sie nichts wissen. Sie wollten statt dessen lieber am Samstag ihre Freunde und Nachbarn zum Tee einladen. Adeline wollte ihre berühmten Ingwerkekse backen, und ich sollte eine Obsttorte machen.

Ihr «Fest» begann in dem Moment, wenn ich am Morgen die Augen aufschlug, und manchmal half meine Mutter mir dabei, indem sie mit flötenzarter Stimme rief: «Mary, es ist schon neun Uhr.» Nach den abendlichen Rundfunknachrichten gab ich ein *a cappella*-Gesangskonzert – ich sang Christian Science-Choräle, französische, italienische, spanische und kubanische Volkslieder, Army- und Navy- und Women's Army Corps-Lieder und eine improvisierte Hymne auf jeden von beiden. Zum festlichen Lunch machte ich dicke gebackene Makrelensteaks mit Lorbeer und Limonen und eine große Himbeertorte, die ich mit brennenden Kerzen auftrug und hielt ihnen eine liebevolle Rede. Der Verschluß meiner Rolleiflex klickte ununterbrochen. Ich hatte mir George Orwells *1984* als Lektüre mitgenommen, und es war eine glückliche Wahl. Ein Dutzend Seiten über diese mechanisierte, entmenschlichte Welt verhalf mir jeweils zu dem notwendigen Gegengift, mit dem ich das Gefühl ertrug, in der kleinen Welt meiner Eltern gefangen zu sein.

Ernest schrieb mir viermal in der Woche, in der ich fort war, zählte auf, was er im Lebensmittelladen in Havanna eingekauft hatte und teilte mir mit, was sie daheim aßen: unter anderem Mais aus dem Garten und frische Mangofrüchte von unseren Bäumen, und eines Tages schickte er mir genaue Ratschläge wegen der Leiden meiner Eltern. «Ich meine, Du solltest soviel, wie Du kannst, über ihren Zustand herausfinden und dann vertraulich mit dem Doktor darüber sprechen, damit er bereits genau informiert ist über alles, was Du weißt, falls Dein Vater ihn ruft, damit er das Leiden lindert. . . . Ich gebe Dir recht, daß bei ihrer Einstellung und bei ihren religiösen Überzeugungen eine medikamentöse Behandlung und eine Einlieferung ins Krankenhaus eher Schaden anrichten als guttun würden, außer wenn es darum geht, Schmerzen zu lindern. . . . So wie ich es sehe, besteht Deine Aufgabe darin, möglichst alles so zu arrangieren, daß Deine Eltern beide nicht unnötig leiden müssen. . . . Mouse und Henny gehen nach Afrika, mit einem Schiff, das am 20. August abfährt und mit dem sie vielleicht gerade eine Woche oder so vor der kleinen Regenzeit ankommen. Ich habe ihnen geschrieben und ihnen das erklärt. Sie mußten Piggott [Arkansas] am 20. Juli verlassen, weil es zu heiß würde für Henny.

Man sagt, ein verheirateter junger Mann ist ein verkrüppelter junger Mann. Aber ich weiß, daß ich viel Zeit vertan habe, solange ich nicht mit meinem Kätzchen verheiratet war. Doch andererseits konnte ich Dich nicht heiraten, als ich in Mouses Alter war – ich glaube, ich wäre sonst wegen Verführung Minderjähriger mit dem Gesetz in Konflikt gekommen.»

Ernest zeichnete gewöhnlich Küsse an den Schluß seiner Briefe. Diesmal bekam ich einen Leeres-Bett-Kuß, einen Apfel (Adam von Eva gegeben)-Kuß und ein von einem Pfeil durchbohrtes Herz.

Ich hatte Ernest geschrieben, er solle mich nicht extra vom Flugplatz abholen, aber als wir um Mitternacht landeten, war er, zusammen mit Gianfranco, da, überredete seine Freunde beim kubanischen Zoll, mich schnell durchzulassen, und dann fuhren wir mit aufgeklapptem Verdeck durch die milde kubanische Nacht. Zu Hause packte ich einige der kleinen lustigen Geschenke aus, die ich in Gulfport gefunden hatte – neue Haarshampoos, Sonnencreme, zwei Hemden in abenteuerlichen Farben. Die meisten Geschenke sollten bis zum 21. Juli ein Geheimnis bleiben. Vor lauter Auspacken und Willkommensfeierlichkeiten kamen wir erst gegen vier Uhr früh ins Bett. Und als Ernest am Morgen aufstand, stellte er fest, daß wir wieder einmal Besuch von Dieben gehabt hatten. Sie waren lautlos durch sein Badezimmerfenster geklettert und hatten in seinem Zimmer $ 12 aus einer grauen Flanellhose und von Gianfranco eine Hose und zwei Paar Schuhe gestohlen. Unsere Bilder hatten sie nicht angerührt, auch, soweit ich feststellen konnte, unsere anderen Wertgegenstände nicht – alte englische und französische Silberkannen, venezianische Figurinen, Erstausgaben und das Silberbesteck in der Pantry. Wir dankten dem Himmel für ihre Unwissenheit, und Ernest stellte ein paar Diebesfallen auf, darunter eine Klingel, eine Mauserpistole und mehrere

Schrotflinten, die Eindringlinge erschrecken und uns alarmieren sollten. Trotzdem hatte ich noch Wochen danach einen leichteren Schlaf als sonst, stand oft mitten in der Nacht auf und lauschte auf Geräusche. Einmal meinte ich, ungewohnte Laute vom Schwimmbecken her zu hören und schlich mich um zwei Uhr morgens die Steintreppe hinunter, als Ernest mich vom Fenster meines Schlafzimmers aus anbrüllte. Er hielt den Revolver von seinem Nachttisch in der Hand.

«Komm sofort zurück.»

«Ich glaubte, etwas gehört zu haben.»

«Komm rein, du verrücktes Kätzchen. Du bist ja nicht einmal bewaffnet.» Ich hatte gemeint, ein kurzes Gespräch sei die einzige Waffe, die ich brauchte. Aber der Boss der Finca war jetzt entschlossen, kurzerhand in jede Richtung zu schießen, aus der er ein Geräusch hörte, das ihm nicht gefiel. Er gab mir den Rat, nicht in seine mögliche Schußlinie zu kommen, und ich hielt mich von nun an daran.

Als Earl Wilson von der *Post* in New York uns schrieb, jemand habe behauptet, Ernest drücke sich vor seinen Pflichten als amerikanischer Staatsbürger, indem er im Ausland lebe, antwortete er Earl: «Ich habe immer Glück gehabt, wenn ich in Kuba arbeitete. . . . Ich bin 1938 von Key West hier herübergezogen und habe diese Farm gemietet und schließlich gekauft, als *Wem die Stunde schlägt* herauskam. . . . Es ist ein Fleck, wo man gut arbeiten kann, außerhalb der Stadt und auf einem Hügel, so daß es nachts kühl ist. Ich wache auf, wenn die Sonne aufgeht, und mache mich an die Arbeit, und wenn ich aufhöre, schwimme ich und trinke etwas und lese die Zeitungen aus New York und Miami. Man kann nach der Arbeit auch fischen oder jagen gehen, und am Abend sitzen Mary und ich zusammen und lesen und hören Musik und gehen zu Bett. Manchmal gehen wir zu einem Hahnenkampf oder sehen uns einen Film an und gehen danach in die Floridita. Im Winter können wir zum Pelotaspiel gehen.

Mary liebt die Gartenarbeit und hat einen schönen Blumen- und Gemüsegarten und herrliche Rosen. . . . Durch den Krieg habe ich etwa fünf Arbeitsjahre meines Lebens verloren, und die versuche ich jetzt nachzuholen. Ich kann nicht arbeiten und in New York herumhängen, weil ich das nie gelernt habe. Wenn ich nach New York komme, ist das, wie wenn jemand in der guten alten Zeit von einem langen Rindertreck nach Dodge City kam. Grad jetzt bin ich beim Rindertreiben, und es ist ein langer, harter Treck. Aber in diesem Herbst, wenn *Der alte Mann und das Meer* herauskommt, wirst Du etwas von dem Ergebnis der letzten fünf Jahre Arbeit sehen.

Finde mir einen Ort in Ohio, wo ich eben auf einem Hügel leben und in fünfzehn Minuten im Golfstrom sein kann und das ganze Jahr hindurch mein eigenes Obst und Gemüse habe und Kampfhähne züchten und kämpfen lassen kann, ohne das Gesetz zu brechen, und ich werde nach Ohio ziehen, falls Miss Mary und meine Katzen und Hunde damit einverstanden sind.»

Ernest tobte seine Wut auf Mr. Fenton in Yale an der Schreibmaschine aus statt im Haushalt, und einige der Briefe erfüllten ihren Zweck, den Verfasser abzukühlen, obwohl sie nicht abgeschickt wurden. In einem lud er Fenton ein, zu kommen und ihm «das Zeug, das Sie in Ihren Briefen schreiben, ins Gesicht zu sagen. Es wäre mir ein Vergnügen, es zu hören und Ihnen von Angesicht zu Angesicht eine Antwort zu erteilen. . . . Ich bitte Sie nochmals, Schluß zu machen und Abstand zu nehmen von diesem Ihrem Projekt, das als Studie über die Lehrjahre eines Schriftstellers zum Nutzen und zur Information von Universitätsstudenten begann und das solche Proportionen angenommen hat, daß Sie, wie Sie mir schrieben, ein Angebot oder Angebote erhielten, über meine Ehefrauen etc. zu schreiben. Ich bezweifle, daß Ihre Universität dergleichen billigen würde . . .»

Zermürbender für unseren Seelenfrieden war der kurze Besuch des Fotografen Alfred Eisenstadt, den *Life* geschickt hatte. Er sollte in Cojímar fotografieren, dem alten Hafenstädtchen der *Pilar*, das dem kleinen Hafen und dem Dorf des alten Mannes glich. Eisie richtete seine Kamera auf den Ort, die Einwohner und die einfachen Skiffs der einheimischen Fischer, die in der Bucht ankerten. Als wir ihm die «Kriegsschiffhäher» zeigten, die Fregattvögel, ganz Segel und kein Ballast, mit der größten Flügelweite im Verhältnis zum Körpergewicht, die schnellsten Flieger unter den Seevögeln, fotografierte Eisie sie in zwanzig bis dreißig verschiedenen Stellungen, in denen man die scharfen V-förmigen Winkel ihrer über zwei Meter weiten Flügel sah. Wie alle Fischer am Golfstrom hatte Santiago sie beobachtet und bewundert. Eisies Fotos dienten dann auch als Vorlage für die Zeichnungen, mit denen Noel Sickles den Abdruck der Geschichte in *Life* illustrierte.

An einem glühendheißen Juninachmittag schleppte der kleine, emsige und flinke Eisie Ernest zwei Stunden lang in Cojímar herum und postierte ihn vor allen möglichen Häusern und Ausblicken auf die Bucht. Ernest brummte protestierend. Er wollte sich nicht widersetzen, da er versprochen hatte, bei dieser Pflichtübung mitzuwirken, wurde jedoch in der drückenden Hitze nervös. Schließlich sagte er leise: «Eisie, Sie haben Kompetenz. Aber es fehlt Ihnen an Compassion.»

Eisie stand auf der glühendheißen Straße oberhalb der Bucht und hörte es. «Ich habe gar nicht darüber nachgedacht.» Damit war die Fotografiererei glücklich beendet. Auf der Heimfahrt, bei geschlossenem Verdeck, erklärte Eisie, der leidenschaftliche Berufsfotograf, er habe die Hitze kaum bemerkt.

Gelegentlich waren unsere Besuche in der Floridita scharf gewürzt. Eines Abends kam eine amerikanische Touristin an der Bar auf uns zu und unterbrach uns, um Ernest daran zu erinnern, was für gute, enge Freunde sie im Jahre 1944 gewesen seien, und wie es denn wäre, ob sie die alte Romanze nicht wieder auffrischen wollten. Ernests Nackenmuskeln zuckten. Und kaum war er die Amerikanerin losgeworden, schob sich ein großer, fetter, vierschrötiger Mann heran, auch ein Tourist, legte den Arm um Ernests Schulter und begann ein schmutziges Lied zu singen. «Hab ich mir ganz allein ausgedacht. Für Sie», sagte er und sang es noch einmal.

Ernest haßte schmutzige Witze und schmutzige Lieder und konnte dergleichen nirgendwo ertragen, einerlei worum es ging. Dieses Lied drehte sich um ihn. Er stieß den Arm des Mannes weg und sagte: «Kommen Sie mal mit nach hinten.» Er ging voran, zur Herrentoilette hinter dem anderen Ende der Bar. Unser Freund Dick Hill, der mit uns in der Floridita war, folgte ihnen und kehrte nach wenigen Minuten selig wie ein triumphierender Engel zurück. Ernest folgte ihm mit bekümmertem Blick. «Zwei schnelle linke Haken, und damit hatte es sich», flüsterte Dick mir beglückt zu. «Und ein kleiner Schwinger mit der Rechten», fügte Ernest um der Genauigkeit willen hinzu. Trotzdem machte er ein trauriges Gesicht. Der schöne Abend war uns verdorben. Wir verließen die Bar und sahen den Mann mit dem schmutzigen Lied nie wieder.

Am Montag, dem 25. August, aßen Gianfranco, Ernest und ich bei Kerzenlicht am großen Tisch zu Abend: es gab amerikanische Steaks, und ebenso wie das seltene, saftige Fleisch feierten wir die Aufnahme, die *Der alte Mann und das Meer* in den Vereinigten Staaten erfuhr, und auch das Erscheinen der ersten Ausgabe von Carlos Bakers Buch *Ernest Hemingway. Der Schriftsteller und sein Werk*. Ernest hatte das Buch rasch durchgeblättert, fand es recht gut und die meisten Textinterpretationen vernünftig, hatte aber eine Anzahl ungenaue Angaben entdeckt. So schrieb Baker, Ernest habe an der Place du Tertre gewohnt (einem unserer Lieblingsplätze in Paris), aber er hatte nie in Montmartre gelebt. Dann sagte Ernest über seine eigene Schriftstellerei: «Niemand weiß es oder versteht es wirklich, und niemand hat je gesagt, was das Geheimnis ist. Das Geheimnis ist, daß es Poesie in Prosa geschrieben ist, und das ist das Schwierigste von allem, was man tun kann.» Später klangen solche Sätze abgedroschen. Aber an diesem Abend schien die Definition neu und zutreffend.

Wir sprachen auch über Santiagos Gebete, die ich in dem Buch sehr gut

gefunden hatte.
«Trotzdem hältst du nichts davon», sagte Ernest.
«Nein. Aber sie können ihm nicht schaden.»
«Mein Kätzchen ist eine Ungläubige.»
Ich sang: «Oh, ich glaub an dich . . .»
«Religion ist Aberglaube», sagte er, «und ich glaube an Aberglauben.»
Er hatte es oft bewiesen: er klopfte auf Holz, sagte «*bread and butter*», wenn wir getrennt um einen Baum oder einen Fels herumgingen, und wenn irgend etwas uns bedrohte, Mensch, Tier oder die Natur, konnte er sagen: «Male nicht den Teufel an die Wand», was mir sehr nach Key West klang und bedeutete, daß man die Kraft des Unheils stärkte, wenn man es beim Namen nannte.
«Ich finde all diese alten volkstümlichen Dinge sehr schön», sagte ich. «Und wenn ich auch nicht daran glaube, halte ich mich doch daran.»
«Stammeserbe», sagte Ernest. Er tat sein möglichstes, um es zu erhalten.
Jeder, den wir in New York kannten, las Fahnenexemplare von *Der alte Mann und das Meer*, entweder von *Life* oder von Scribner's, und das Häufchen Post, das René morgens aus dem Dorf mitbrachte, wurde immer größer. Bei Scribner hatte man als offizielles Erscheinungsdatum den 28. August festgesetzt, und der von Noel Sickles illustrierte Abdruck in *Life* sollte in der Ausgabe vom 1. September erscheinen. Aber die Werbeabteilung von *Life* hatte vor dem Erscheinen sechshundert Exemplare ihrer Korrekturabzüge ins Land geschickt und damit eine Flüsterpropaganda in Gang gesetzt, und eine Woche lang, so hörten wir, galt es in der Branche als schick, die Abzüge gelesen zu haben. Die Buchhandlungen hatte in weiser Voraussicht bereits Tausende von Exemplaren für ihre bevorzugten Kunden gepackt.
Von Jonathan Cape in London erhielten wir einige Vorausexemplare der britischen Ausgabe, über die wir alle entsetzt waren. Die Qualität des Papiers und die geizige Ausnutzung des Raumes für den Satzspiegel – all das hatte sich seit dem Krieg etwas gebessert, aber der Schutzumschlag – eine Gestalt mit einem breitkrempigen mexikanischen Hut in einem Skiff und ein kindisch-alberner Fisch – beleidigten uns und das Buch. Ernest telegrafiert entsetzt: ES MACHT MICH KRANK, WIE MEIN BUCH DURCH DIESE MISERABLE UND LAECHERLICHE PRAESENTATION ZERSTOERT WIRD. Aber es war zu spät. Das Buch wurde schon reißend verkauft in England. Immerhin ließ man bei Cape gewissenhaft den unglücklichen Schutzumschlag fallen und ersetzte ihn durch einen schlichten Umschlag mit lobenden Sätzen englischer Kritiker.
Bisher waren immer über die Hälfte aller Briefe unerfreulich gewesen –

«Hilfe!», «Geben Sie mir ...!», «Lesen Sie und sagen Sie mir ...», «Wir brauchen ...» – Hunderte von Bitten, die wir nicht erfüllen konnten. Jetzt enthielten sie fast alle – dreißig bis fünfzig am Tag – so viel Erfreuliches, daß Ernest oft, wenn ich morgens, während er die Post las, ins Zimmer kam, aufsprang, mich heftig umarmte und mir einen Brief zeigte, den er gerade aus Italien, Frankreich, Montana oder Bimini, von Berenson, Bob Sherwood, Cyril Connolly oder Quent Reynolds bekommen hatte – immer freundlich und voller Anerkennung oder begeistert und voller Zuneigung. Es kamen auch viele Briefe von Soldaten, Schülern, Hausfrauen – und von den Fischern aus Montauk und Norfolk.

In zwei Wochen waren von dem kleinen Buch, das $ 3 kostete, 50000 Exemplare verkauft, und die Nachbestellungen bei Scribner's erreichten die Anzahl von 1500 oder mehr Exemplaren pro Tag, und an einem Tag waren es sogar 2400!

«Wir sollten irgend etwas unternehmen, um das zu feiern», sagte ich eines Abends, als ich auf dem Sofa im Wohnzimmer lag. «Oh, ich habe die Steuerbehörde in Baltimore, Maryland, nicht vergessen. Aber du solltest eine kleine Extrafreude haben, mein Lamm.»

«Im Golfstrom gibt's jetzt viele gute große Fische», sagte Ernest.

«Wir könnten mal wieder nach Paris fahren. In unserer alten Senlis-Suite auf der *Ile de France*.»

Ernest wirkte gelassen, behaglich, nicht bereit, sich auch nur aus seinem Sessel zu erheben. «In Auteuil sind jetzt die Hürdenrennen. Wir könnten auch nach Paraíso fahren. Was macht es uns schon, wenn Sturmsaison ist?»

«Wenn du dort einen großen Fisch fängst, kannst du ihn nicht zum Markt bringen.»

Ich las die Sonntagsausgabe der *New York Times*. Balinesische Tänzer traten am Broadway auf, und *Der König und ich* war ein Riesenerfolg. New York würde bestimmt anregend sein. Die Wahlen standen bevor, der Herbst und die Football-Saison nahten, und am Broadway sprossen die Premieren.

«New York könnte herrlich sein für eine kleine Weile.»

«Warum fährst du nicht hin, Kätzchen?»

«Ohne dich? Nein.»

Am 14. September schrieb Ernest an Malcolm Cowley: «Die Strömung ist immer noch wunderbar im Golfstrom ... aber die großen Fische, die ganz großen Fische müssen große Mengen von Kalmaren tief unten haben, denn sie tauchen auf hinter den Ködern, zwei so groß wie Gondeln, so wahr mir Gott helfe, und entschwinden wieder in die Tiefe. ... Gregorio sagt, sie hätten die Illustrationen in *Life* gesehen und wollten mit uns nichts mehr zu tun haben. ... Aber die Strömung ist bestimmt bei vier Knoten, stärker als ich sie je erlebt habe. Ich bleibe dran, bis sie nachläßt . . .

Mary fährt in die Stadt. Ich bleibe hier und fische noch eine Weile. Außerdem bin ich reizbar, und es ist nicht gut für mich, in die Stadt zu fahren, nachdem ein Buch veröffentlicht ist. Zuviel Publicity etc.»

Neben seiner umfangreichen Korrespondenz mußte Ernest Bündel von Zeitungsausschnitten lesen, Kritiken, die man ihm von Scribner's ständig schickte. Er las sie aufmerksam, obwohl er stets behauptete, er finde das nicht richtig, und schrieb an Berenson: «. . . man interessiert sich nicht für die Rezensionen. Ihre hat mich interessiert. Aber die anderen zu lesen, ist ein Laster. Es ist sehr destruktiv, ein Buch zu veröffentlichen und dann die Kritiken zu lesen. Wenn die Leute es nicht verstehen, ärgert man sich, und wenn sie es verstehen, liest man nur, was man schon weiß, und das ist nicht gut für einen selbst. Nicht so schlimm, wie wenn man sich mit Strega betrinkt, aber ein bißchen in der Art.»

Lee Samuels, der Dutzende von Fotos für die hintere Seite des Schutzumschlags von *Der alte Mann und das Meer* gemacht hatte – Ernest hatte gebrummt: «Du und dein Zauberkasten, auch ihr kriegt es nicht fertig, daß ein Schwein wie ein Poet aussieht» –, erwähnte eines Tages bei Tisch, er müsse wieder nordwärts fahren, Cecile, seiner Frau, beim Einrichten ihrer neuen Wohnung zu helfen.

«Ich möchte gern, daß Mary auch hinauffährt und ein bißchen Ferien macht», sagt Ernest. «*Einer* sollte die gute Aufnahme des Buches *aprovechar.*»

Ich wollte schon sagen: «Du auch, bitte, Lamm.» Aber ich hielt mich zurück. Vor Jahren hatte ich mir gelobt, nie zu bohren und zu nörgeln.

«Sie kann bei uns wohnen», sagte Lee. «Freddys Zimmer ist fertig möbliert, in Ordnung und frei und hat ein eigenes Telefon.»

«Hausgäste gehen auf die Nerven», protestierte ich.

Lee lachte. «Baby, du weißt ja, wie sehr du uns auf die Nerven gehst.» Wir beschlossen, daß ich am 25. September für eine Woche zu ihnen nach New York kommen würde. Ich war seit zweieinhalb Jahren nicht mehr dort gewesen.

Die Zeitungen in Havanna hatten inzwischen auch über den Erfolg von *Der alte Mann und das Meer* berichtet, was wieder einmal Einbrecher ermunterte, unserem Haus einen Besuch abzustatten. (Unsere Hunde schliefen ebenso fest wie wir.) Sie mieden geschickt unsere schönen neuen Diebesfallen, brachen eine unserer sechs Türen auf und verwüsteten das Haus – sie rissen Schreibtisch- und Bücherschrankschubladen heraus, verstreuten Papiere und Kleidung, ließen Zigarettenasche und Streichhölzer auf den Boden fallen und spuckten auf die Möbel. Sie nahmen vier von

Ernests Dolchen mit – Kriegstrophäen – und seine goldenen Manschettenknöpfe, Schlipse, silberne Bilderrahmen und fast die gesamte, exzellente Garderobe von Gianfranco. Und wir stellten am nächsten Morgen fest, daß einer von den Kerlen an meiner Schlafzimmertür Wache gestanden hatte: er hatte seine Zigarettenstummel auf dem Fußboden ausgetreten. Wir alle, Ernest und ich und Blackie und Negrita, hatten während des Einbruchs friedlich geschlafen, was uns nachträglich sehr verblüffte. Wir meldeten den Einbruch bei der Ortspolizei, baten aber, nichts darüber verlauten zu lassen. Wir legten keinen Wert auf eine Postenkette rings um die Finca, zumal die Wachen durchaus mit den Einbrechern im Bunde sein konnten. So schliefen wir weiter mit Pistolen auf den Nachttischen, Ernests geladen, meine leer, mit dem Magazin daneben.

Der Herbst kündigte sich an. Wenn keine Wirbelstürme in der Nähe tobten, war die Luft so klar und rein, daß wir Palmwedel auf eine Meile Entfernung sehen konnten, und der Himmel war von tieferem Blau als im Sommer. Die Federbüsche der hohen Gräser an den Hügelhängen färbten sich silbergrau. Vögel aus Norden nächtigten in unseren Bäumen und begrüßten uns am Morgen mit ihrem Gesang, ehe sie weiterflogen. Die Katzen bekamen allmählich ihr warmes Winterfell.

Patrick hatte sein Studium in Harvard *magna cum laude* abgeschlossen und eine Zeitlang auf der Baumwollplantage von Paulines Vorfahren in Arkansas gearbeitet. Jetzt war er auf dem Weg nach Ostafrika. Er hatte die Idee, Grundbesitz zu erwerben und sich dort niederzulassen. Henrietta, seine schöne Frau aus Baltimore, sollte ihm dann später folgen.

Ernest schrieb einen langen Empfehlungsbrief an seinen alten Freund Philip Percival, den White Hunter bei seiner und Paulines Safari 1933-34 und in *Die grünen Hügel Afrikas*. Und er schrieb über Patricks Tapferkeit als Schütze und über seinen Charakter: «Er ist kein Junge, dem man einen Tritt in den Arsch geben muß, wenn er etwas versaut hat. Wenn er etwas versaut, brauchst Du es ihm nur zu sagen. Er ist tapfer, wie Pauline, und hat auch andere ihrer guten Eigenschaften. Wenn Du glaubst, es sei eine gute Idee, und wenn Patrick nichts dagegen hat, würde ich auch gern kommen. Mary, meine Frau, ist ein ausgezeichneter Gewehrschütze und schießt gern Wild und ist eine wunderbare Reisegefährtin. Wir hatten uns ziemlich aufs Skilaufen verlegt, aber sie bricht sich dabei jedes Jahr ein Bein, und so habe ich sie lieber auf See gehalten. . . . Wir haben in dieser Saison neunundzwanzig schöne Marline gefischt . . .»

So begann er die Vorbereitungen für die aufregendsten, lehrreichsten und längsten Ferien meines, und mindestens die zweitschönsten seines Lebens.

Über tausend Briefe, das Bündel eines jeden Tages von einem Gummiband zusammengehalten, lagen auf Ernests Bettdecke, und wenn es zu viele wurden, wanderten sie auf den großen Tisch in der Bibliothek – eine heillose Unordnung. Ich schrieb Dutzende von Dankschreiben, und Ernest beantwortete einige, aber es war eine unmöglich zu bewältigende Aufgabe, insbesondere da unser Autor, wenn er einen Brief anregend fand, so eingehend darauf antwortete, daß es ihn einen Vormittag kostete. Er nahm sich auch die Zeit für den Versuch, die Schlußfolgerungen von Mr. Fenton aus Yale zu berichtigen. «Auf der ersten Seite oder den ersten Seiten Ihres Ms. fand ich so viele sachliche Fehler, daß ich den Rest des Winters damit verbringen könnte, sie neu zu schreiben und Ihnen die ganze Wahrheit zu vermitteln. ... Sie lassen mich als Hauslehrer der beiden Kinder Connable fungieren. ... Dorothy Connable hat Wellesley absolviert. ... Ich war ganz gewiß nicht als ihr Hauslehrer angestellt.»

Er schrieb an Carlos Baker und erwähnte den Nobelpreis: «Das ist das vierte Mal, daß ich denselben heißen Tip bekam, aber noch habe ich mir keinen Frack gekauft. ... Die kubanische Ehrenmedaille mußte ich annehmen, da ich hier lebe und es unhöflich gewesen wäre, sie auszuschlagen. Außerdem ist sie ein nicht-politischer Orden.» Er schrieb noch eine weitere, engzeilig getippte Seite, um Philip Youngs Theorie von der «traumatischen Neurose» zu widerlegen, nach der sein Werk durch seine Verwundungen im Ersten Weltkrieg beeinflußt worden war.

Er hatte das Originalmanuskript von *Der alte Mann und das Meer* Gianfranco geschenkt, und als Hans Heinrich, ein New Yorker Geschäftsmann, schriftlich anfragte, ob es zu verkaufen sei und für wieviel, erklärte Ernest ihm, wie es dazu kam und was ihn mit Gianfranco und den Ivancichs verband. Dann schrieb er wieder an Carlos Baker und bekundete ihm sein Mitgefühl wegen der schlechten Kritiken, die sein Buch erhielt: «Du mußt nicht vergessen, daß Dein Buch und mein letztes Buch zu einer Zeit herauskamen, als die meisten Kritiker sich auf die Idee festgelegt hatten, ich sei als Schriftsteller erledigt.» Und er fügte hinzu: «Ich kann hier nach dem 1. November abreisen, wenn die Hurrikan-Monate vorüber sind, falls wir genügend Startgeld haben. Möchte das Ende der Hindernisrennen in Paris erwischen und dann zu Patrick, der jetzt in Ostafrika ist. Bin hier zu lange gewesen und brauche Höhenwechsel. Patrick liebt Afrika, und ich bin überzeugt, daß es Mary gefallen wird ...» An George Brown schrieb er einen langen Brief über den Boxer Kid Gavilan und die Technik des Bar-Kampfes: «In der guten alten Zeit konnte ich einen Kerl leicht mit der Linken an seiner linken Schulter berühren und dann mit der Rechten auf diese Distanz zuschlagen. Jetzt habe ich herausgefunden, daß meine Rechte leicht danebengehen kann, weil ich nicht mehr so gut sehe. Deshalb lande ich jetzt zuerst die Rechte innen an seinen Ellbogen, um seine Linke abzuschneiden, und lasse dann zwei linke Haken folgen, einmal oben, einmal unten. . . . Natürlich trete ich ihm zuerst auf die Füße, um sicher zu sein, daß er da ist . . .»

Patrick hatte bezaubernde Briefe über die Teile Ostafrikas, die er erkundete, geschrieben, Beobachtungen über die Menschen und Tiere und über die Freundlichkeit der Percivals. Ernest schrieb Percival einen Dankbrief und fügte hinzu: «Ich hoffe, Mary und ich können bald nach Neujahr hier weg. Wir können uns dann umschauen und sehen, ob es gut sein würde, für immer zu kommen. Ich würde es sehr gern tun. Hier wird es ziemlich unmöglich, und was einmal unsere Farm war, ist jetzt von städtischen und vorstädtischen Neubauvierteln umgeben. Wo ich früher den ganzen Tag lang mit einer Flinte herumlaufen und Schnepfen, Rebhühner, Tauben und Wachteln schießen konnte, stehen jetzt überall Bretterbuden, und nachts muß man seinen Besitz gegen Diebe verteidigen, wo man früher nie eine Tür verschloß. Ich werde Dir beizeiten unsere Pläne mitteilen. Alles hängt davon ab, wieviel die Steuer mir zum Manövrieren läßt.»

Ich hatte Zeit, ein paar Überlegungen zu notieren. «Ich habe nie jemanden deswegen bewundert, weil er einen Titel trug oder gesellschaftlich hochgestellt, reich oder berühmt war», schrieb ich im September. «Nur Geist und Charme verlocken mich, und der gesellschaftliche Status kann mir gestohlen bleiben. Ältere Männer sind am anziehendsten mit ihrem Witz und ihrer Weisheit, und ich kann es ruhig denken, weil ich für die Jungmännerspiele E. im Bett habe. Berenson ist der alleranziehendste Mensch und noch immer sinnlich. Dann sind da Charlie Sweeny, Lloyd George, der für mich nicht tot ist, Taylor Williams und Beaverbrook, der Teufel . . .»

Edmund Wilson schickte Ernest sein neuestes Buch, *The Shores of Light*, mit einer großmütigen Widmung, und Ernest dankte ihm ausführlich und beschrieb seine Eindrücke von den Russen in Spanien, die sehr verschieden waren von Wilsons Beobachtungen in Rußland. «Ich las einen sehr guten Aufsatz von Harvey Breit über Sie in der *Times*. Er schrieb auch etwas von dem Wunsch, Spanisch zu lernen und die spanische Literatur kennenzulernen. Die Sprache ist scheinbar leicht zu lernen. Aber jedes Wort hat so viele Bedeutungen, daß, gesprochen, alles geradezu doppeldeutig ist. Zu den bekannten Bedeutungen eines Wortes kommen noch viele geheime Bedeutungen aus der Sprache der Diebe, Taschendiebe, Zuhälter, Huren etc. Das geschieht in allen Sprachen, und die Geheimsprache ist größtenteils sehr alt.»

Sowohl *Look* als auch *Life* versuchten, Ernest zu überreden, daß wir uns auf unserer geplanten Safari in Ostafrika von einem ihrer Fotografen begleiten ließen. Ernest war dagegen. Er schrieb an Sidney James bei *Life*: «Ich gehe gern allein auf Jagd, und ich würde auch gern Mary mit einer großen Flinte Rückendeckung geben. Aber zu jagen, wie es einem Fotografen paßt, ist eher harte Arbeit als Vergnügen oder Ferien. . . . Und noch ein andrer Haken: Wenn ich für Sie loszöge und so guten Journalismus schriebe, wie ich kann . . . dann würde ich verbrauchen, was ich vielleicht in drei Geschichten schreiben könnte. Das letzte Mal, als ich in Afrika war, schrieb ich nur zwei Short Stories, *Schnee auf dem Kilimandscharo* und *Das kurze glückliche Leben des Francis Macomber*. An *Esquire* kabelte ich einige sehr elementare journalistische Stücke.»

Alfred Rice kam für einen Tag mit dem Flugzeug herunter, um mit Ernest über Auslandsrechte, Fernseh- und Filmrechte und die Vorbehalte und Schutzklauseln, die in den Verträgen über *Der alte Mann und das Meer* einzeln aufgeführt werden sollten, zu verhandeln. Leland und Slim Hayward kamen, um Ernest verschiedene Projekte schmackhaft zu machen, besonders die Idee, vor der kubanischen Küste zu fischen, um den Riesenmarlin des alten Mannes zu fotografieren. Um uns keine Umstände zu machen, wohnten sie im Hotel Nacional in Havanna, und wir saßen in der Floridita zu Abend. Auf der Heimfahrt brummte Ernest, er komme sich vor wie ein Jongleur, dessen eine Hand gelähmt sei, und finster schloß er: «Wir kommen nie nach Afrika vor der langen Regenzeit.»

15
Preise, Überraschungen, Pläne

In der Silvesternacht, als das neue Jahr anbrach, fragte ich mich, ob es an Erfolgen und Freuden das Jahr 1952 noch übertrumpfen konnte. Wir mußten jetzt ernsthaft mit den Vorbereitungen für die Safari in Ostafrika beginnen. Ein spanischer Freund, mit dem Ernest im Bürgerkrieg auf der republikanischen Seite zusammengearbeitet hatte, besuchte uns und berichtete Ernest, alle seine eingekerkerten Freunde seien inzwischen freigelassen worden, die letzten im vergangenen Jahr.

Ernest hatte mir viele Male von den militärischen Aktionen erzählt, die er in den zerklüfteten Bergen der Sierra de Guadarrama nordwestlich von Madrid, in Richtung Segovia, beobachtet hatte, und von den entsetzlichen

Kämpfen in dem wasserarmen Gebiet südlich der Hauptstadt nach Aranjuez hin, wo die Infanterie höchstens hinter kleinen Felsblöcken Deckung fand. Er hatte mir auch von den herrlichen Cafés an der Puerta del Sol in Madrid erzählt, vom Retiro, dem Park, und vor allem von den Schätzen erzählt, die im Prado zu sehen waren – nicht nur Goyas und Grecos, sondern auch Bilder von Velázquez und die wilden Sachen von Bosch und Breughel, die ich nicht kannte, dazu Rubens und Andrea del Sarto, dessen Porträts er am meisten schätzte.

Er hatte sich geschworen, niemals nach Spanien zurückzukehren, solange seine alten Freunde dort noch im Gefängnis saßen. Jetzt bot sich ihm die verlockende Möglichkeit, aufs neue eines seiner bevorzugten Länder zu besuchen, ohne sein Gewissen zu belasten, und ich würde in der Lage sein, die Landessprache zu sprechen und zu verstehen.

«Du solltest Suaheli lernen», sagte Ernest.

«Natürlich», antwortete ich in völliger Unwissenheit. Monate später erfuhr ich, daß es in dieser Sprache allein acht Deklinationsformen gibt.

Mitte Januar wurde zum drittenmal seit Juli nachts bei uns eingebrochen. Beim erstenmal waren sie durch Ernests Badezimmerfenster eingestiegen, das von der Außenterrasse aus mühelos zu erreichen war. Beim zweitenmal hatten sie das Schloß der Terrassentür zum damals nicht bewohnten venezianischen Zimmer aufgebrochen. Diesmal kamen sie wieder durchs Badezimmerfenster, nachdem sie behutsam alle Flaschen auf einer Kommode unter dem Fenster entfernt und das Glas mit einem Handtuch bedeckt hatten. Aber diesmal hatte Ernest sie gehört. Er schlich splitternackt mit seinem .22-Gewehr aus meinem Zimmer und schoß auf den letzten der durchs Fenster flüchtenden Diebe. Wir fanden Blutflecke auf den Terrassenfliesen und verfolgten am nächsten Morgen die Spuren den Hügel hinunter, durch unsere stachlige Agavenhecke und über den Zaun, bis ins Dorf. Sie hatten nur die Chrombeschläge eines ledernen Barschränkchens, das Leland Layward Ernest geschenkt hatte, und einige Kleinigkeiten mitnehmen können. Kein großer Schaden, aber wir waren wieder einmal aus unserer Ruhe aufgeschreckt worden.

Am 31. Januar notierte ich: «Papa fragt jetzt häufig Black Dog: ‹Glaubst du, daß der Mensch überleben wird?› Blackie macht ein ernstes Gesicht. Dann sagt Papa: ‹Er grübelt ständig über diese Frage nach.›»

Als er eines Nachts aufwachte, sagte er, in Erinnerung an all die Einbrüche bei uns: «Ich könnte einen Job als Geräusch-Sortierer kriegen.»

Afrika lockte, aber wir hatten noch ein, zwei harte Wochen vor uns. Leland teilte mit Ernest die Qualen seiner Entscheidungen über die

Auswertung des *Alten Mannes*. Er verhandelte über eine Lese-Tournee durch die Vereinigten Staaten. Nein, Spencer Tracy sei für das Jahr bei Metro Goldwyn unter Vertrag. Er wolle die Filmrechte an dem Buch erwerben und Ernest eine zusätzliche Gage für technische Beratung bei dem Film bezahlen. Sie würden in Kürze kommen, um alles zu besprechen. Nein. Jemand an der Westküste habe eine neue Vorrichtung erfunden, die Filme dreidimensional wirken lassen. Die Filmindustrie stecke in einer Krise. Niemand wolle irgend etwas kaufen. Sie würden also nicht kommen.

Ernests Erbitterung nahm mit jedem Tag zu. Dazu kam die Ungewißheit, wie wir unsere Reise finanzieren sollten. Ernest wollte sie selbst bezahlen, um frei zu sein von allen Verpflichtungen, und er hoffte dazu in der Lage zu sein dank des erfolgreichen Buches und nachdem er fast alle seine Schulden bezahlt hatte. Aber *Life* und besonders *Look* machten verlockende Angebote, sich zu beteiligen, und stellten nur wenige hinderliche Bedingungen.

Ausgerechnet zu dieser unpassenden Zeit bekam ich einen steifen Hals und konnte vor Schmerzen kaum atmen. Das Übel – was immer es auch sein mochte – plagte mich vier, fünf Tage lang, was Ernest höchst ungelegen kam, denn er mußte sich nun auch noch um den Haushalt kümmern. Eines Morgens kam er in mein Zimmer, nachdem er den Gemüsegarten inspiziert hatte.

«Eine Menge von dem Zeug müßte jetzt verwendet werden», sagte er. «Karotten, Zwiebeln, Rüben. Wir sollten jetzt auch den Mangold essen.»
«Warum hast du das Zeug nicht geholt?»
«Wir wissen ja alle, wie sehr du leidest.»
«Das hat nichts mit dem Gemüse zu tun.»
«Du und dein lächerlicher steifer Hals.»
«Hältst du es für unter deiner Würde, Gemüse zu ernten?»
«Feigling.»
«Du verwöhnter Waschlappen. Wenn du das Gemüse nicht selbst ernten willst, dann laß es doch Pichilo tun.»
«Feigling.»
«Du hast doch als kleiner Junge genug Gemüse gepflanzt und geerntet.»
«Feigling. Feigling . . . Feigling!»
«Mach nur so weiter! Verschwende hier deine kostbare Energie, du aufgeblasener Wichtigtuer!»

Ernest stürzte davon – vielleicht, um nicht dem Impuls nachzugeben, mich zu erwürgen. Ich sank zurück, und Tränen kollerten mir aus den Augen. Aber irgendwie schien die Wut meine Halsmuskeln zu lockern, und ich fühlte mich etwas besser. Am nächsten Tag brachte Ernest mir ein kleines Radio, mit dem ich die lokalen Sender hören konnte, und besonders den, der aus einem ein paar Meilen entfernten Nachtlokal Nachahmungen des alten amerikanischen Jazz und kubanische Schlager sendete wie *Soong-Soong-Soong, Soong-Soong, Babai-E.* Die Musik löste meine verspannten Muskeln mehr als alles andere.

Es war höchste Zeit, daß ich wieder gesund wurde, denn in den nächsten Wochen brauchten wir viel Mut und Kraft. Gianfranco hatte sich entschlossen, nach Venedig zurückzukehren, seiner Familie wegen und auch im Interesse der Schiffahrtsgesellschaft, für die er tätig war, und wir empfanden seine Abreise fast wie eine Amputation; so sehr hatte er vier Jahre lang zu uns und unserem Leben auf der Finca gehört. Wir drei hatten die gleichen politischen Überzeugungen, liebten Bücher, Musik und Kunst und die See und schätzten Humor im täglichen Trott. Unser schmaler Freund aus Venedig verstand es, sich still zu verhalten. Ernest pflegte zu sagen: «Wenn du ihn hörst, dann ist es nicht Gianfranco.» Er war für Ernest wie ein jüngerer Bruder, und auch für mich – er war zwölf Jahre jünger als ich. Und wenn es zwischen dem Herrn des Hauses und mir Streit gab, war er in seiner Fähigkeit, neutral zu bleiben, geradezu genial. Er hinterließ eine große Lücke.

Leland Hayward und Spencer Tracy vereinbarten immer wieder Termine für Besprechungen in Kuba und verschoben sie dann, und da wir jedesmal unsere eigenen Pläne wieder darauf abstimmten, kamen wir uns allmählich wie Marionetten vor. Ernest schrieb an Harvey Breit: «Die schweben da jetzt alle in ihrer dreidimensionalen Wolke, und es geschieht nicht viel Vernünftiges.»

Schließlich gaben wir die Hoffnung auf das Gipfeltreffen zwischen Hayward, Tracy und Ernest auf und fuhren nach Paraíso, wie wir es gewöhnlich in der Woche vor Ostern zu tun pflegten. Wir hatten uns gerade wieder an das glückliche Feriendasein gewöhnt, fischten, suchten Muscheln, schwammen und gingen am Strand spazieren, da näherte sich ein Segelboot. Es waren Roberto und Paco Garay, die uns ein Telegramm von Hayward überbrachten, in dem er seine und Tracys Ankunft für den nächsten Sonntag ankündigte.

Drei Tage später kam die unausbleibliche Nachricht, die Haywards und Mr. Tracy würden nunmehr am Freitag, dem 3. April mit der Nachmittagsmaschine aus Miami eintreffen. Am Donnerstag kehrten wir nach Havanna zurück.

Haywards Invasion hatte den Vorteil, daß sie von kurzer Dauer war. Ein weiterer Vorteil war, daß Mr. Tracy und Ernest sich vom ersten Händeschütteln an gut verstanden. Mr. T. hatte am Freitagabend freiwillig auf Alkohol verzichtet und war am Morgen so früh auf wie Ernest. Sie fuhren nach Cojímar, sahen kurz den alten Anselmo, einen der Fischer des Dorfes, der nach seiner nächtlichen Arbeit in seiner Hütte schlief. Anselmo und der Santiago des Buches hatten vieles gemeinsam, und Tracy war von ihm sehr beeindruckt. Er ließ sich von Gregorio und Felípe erklären, wie ein einzelner Mann in einem Skiff fischte und dann sahen sie sich den Ort an.

«Ein feiner Kerl», schrieb Ernest an Gianfranco, «bescheiden und intelligent und sehr taktvoll und *fino*.»

Am 25. April veranstaltete der elegante, snobistische Tennis Club von Vedado ein eintägiges Turnierfischen nur für Frauen. Alle anderen Teilnehmerinnen fuhren auf den Luxusjachten ihrer Männer hinaus – Gregorio und ich auf der *Tin-Kid*. Die Marline foppten uns – sie tauchten auf, musterten die Köder, entschwanden in der Tiefe, tauchten abermals auf und entschwanden wieder. Es war zu früh im Jahr, die große Wanderung des Marlins an Kubas Nordküste entlang hatte noch nicht begonnen, aber es gelang uns immerhin, ein paar junge Fische von dreißig bis fünfundvierzig Pfund zu fangen. Von den dreißig anderen Booten hatten sechs je einen Fisch gefangen. Wir hatten das kleinste Boot und waren die Sieger.

Wieder auf Paraíso, mit der *Pilar* und der *Tin-Kid*, fügten wir uns gehorsam dem Wetter, studierten beflissen den Wind, die Strömung, die Fische und die Sterne, und unsere größte Sorge galt der Schärfe eines Hakens oder der Plazierung des Köders in der Strömung. Am 4. Mai fischten E. und ich mit der *Tin-Kid* draußen vor den Riffs und stießen auf große Schwärme Fliegender Fische im Golfstrom. «Sie fliegen auf wie ein Volk Wachteln», sagte Ernest begeistert. «Und so groß in dieser niedrigen Höhe!» An jenem Abend, als wir auf der *Pilar* die Abendnachrichten aus Miami hörten und auf den Wetterbericht warteten, hörten wir, daß Ernest den Pulitzer-Preis für Literatur bekommen hatte. Unser Abendessen bestand aus Ochsenschwanzsuppe aus der Dose, aber wir feierten den Preis mit einem Extra-Gang, einem Stück Käse für jeden.

In der Nacht weckte mich ein leichter Sprühregen, der mir aufs Gesicht fiel. Ich holte mir ein Bier aus dem Eiskasten direkt hinter Ernests Kopf und ging damit und mit einer Zigarette nach achtern. Ich sah die Kassiopeia, die Zwillinge, den Jäger und den Pegasus und in seiner Nähe ein anderes Sternbild, das ich nicht kannte. Jupiter strahlte im Westen, und ehe ich wieder einschlief, ging Venus wie eine silberne Grapefruit am östlichen Himmel auf. Ernest schlief ruhig weiter, während ich meine astronomischen Beobachtungen machte.

Am 5. Mai schrieb ich: «Er war glücklich, die Nachricht hier erhalten zu haben, ohne all das Getue, die Heucheleien und Anrufe und die übertriebenen Komplimente der Kubaner. . . . Es ist schön, einen Mann zu haben, der seine Ehrung so leichtnimmt.»

Am 12. Mai kamen Bill Lowe, ein Redakteur von *Look*, und seine Frau zum Lunch auf die Finca. Lowe sollte Ernest überreden, daß ein Fotograf von *Look* uns in den ersten zwei oder drei Wochen unserer Safari begleiten durfte, der uns bei der Jagd weder behindern noch stören würde. Ich fand, daß er sehr geschickt vorging. Er hörte sich aufmerksam Ernests Einwände an: zu viele Leute, zuviel Lärm, zuviel beanspruchter Platz in den Jagdwagen und im Camp, zuwenig Licht fürs Fotografieren, wenn die Jagd frühmorgens und spätabends am besten sei. Als alle Einwände ausführlich vorgebracht waren, antwortete Bill Lowe mit schlichter Arithmetik, und um darüber zu diskutieren, schlenderten sie zum Schwimmbecken und ließen uns im Wohnzimmer zurück. *Looks* Beitrag zu den Kosten unserer Safari wie Lowe ihn jetzt vorschlug, war mehr, als Ernest auszuschlagen sich leisten konnte. Für eine Fotoreportage über die Safari mit von Ernest verfaßten Bildunterschriften sollte *Look* $ 15 000 von unseren Ausgaben übernehmen. Für eine Geschichte von 3500 Wörtern oder mehr, für die *Look* die Weltvorabdrucksrechte erhielt, wollte man zusätzlich $ 10 000 bezahlen, erzählte mir Ernest beim Schlafengehen. Der Fotograf, den man für den Job ausersehen hatte, war, wie Lowe sagte, ein erfahrener Freiluftmann, der sich aufs Fischen und Jagen verstand und wußte, wie man leise ging und in der Morgendämmerung fotografierte. Er sei aus Kalifornien und hieß Earl Theisen. Er werde sich bei der Safari ganz nach Ernests Anweisungen richten. Wir könnten mit Philip Percival, Earl Theisen und vielleicht mit Mayito Menocal am oder um den 1. September herum von Nairobi aufbrechen.

Jetzt schlugen unsere Herzen schneller, und wir begannen, Termine für all unsere anderen Projekte, von denen wir im Winter geträumt hatten, festzulegen. Ein paar Tage in New York, um die Verschiffung der Gewehre und der Munition nach Afrika durch Abercrombie's zu kontrollieren. Pamplona, wo wir den Beginn der Fiesta von San Fermín am 7. Juli miterleben wollten, danach Madrid und Valencia. Jagdstiefel und Moskitostiefel wollten wir bei Ernests altem Schumacher in Madrid besorgen, und die Buschjacken und -hosen wollten wir uns von einem der indischen Schneider in Nairobi machen lassen. Als wir lasen, daß das neue Passagierschiff der French Line, die *Flandre*, wegen eines Arbeitskonflikts auf der Jungfernfahrt einige hundert Meilen vor New York hatte stoppen müssen, sympathisierte Ernest mit der Schiffahrtsgesellschaft und dem Kapitän des Schiffes. «So eine Gemeinheit, das arme, schöne

Schiff. Wir sollten auf der *Flandre* rüberfahren, falls sie zu einer für uns passenden Zeit fährt.»

Wir hatten vor, nach Key West zu fliegen, um nach Paulines Besitz zu sehen. Patrick und Gregory kümmerten sich beide nicht darum, und Henny hatte geschrieben, das Haus am Schwimmbecken sei in einem so schlechten Zustand, daß man es nicht vermieten könne. Dann mit dem Zug von Miami nach New York. Und die *Flandre* schließlich fuhr am 24. Juni nach Frankreich.

Am Sonntag, dem 14. Juni, auf der Fahrt zum Flugplatz, machten wir einen Umweg zur Floridita, auf einen letzten Daiquiri. Papa beschloß, seine große Rechnung dort vorerst nicht zu begleichen, gab aber den Jungen an der Bar ansehnliche Trinkgelder. Als Gegengeschenk überreichten sie uns eine Gallone selbstgemixten Daiquiri, den Ernest großzügig auf dem Weg zum Flugplatz und auch noch auf der windigen Piste verteilte. Wir hatten vierundzwanzig Gepäckstücke mit einem Gewicht von insgesamt 593 Pfund, die eingewickelten Abschiedsgeschenke nicht gerechnet. Wir ahnten es an jenem Tag nicht, aber wir sollten Kuba erst dreizehn Monate später wiedersehen.

16
En Voyage

Henny hatte übertrieben. Paulines Haus, das limonenfarbene Schwimmbecken und der blühende Garten – das alles war ein kleines Paradies. Gewiß, im Schlafzimmer neben der Küche waren ein paar Dielen durchgesackt, und durch eine undichte Stelle im Dach hatte es ein wenig hereingeregnet, aber das waren alles Sachen, die sich leicht in Ordnung bringen ließen. Ich brauchte zehn Minuten, um in der Küche die Kotelettknochen, eine zerrissene Sandale und die anderen Abfälle, die ich unter dem Herd entdeckt hatte, hervorzufegen. Ernest freute sich über den Madeirabaum, den er 1928 als kaum einen halben Meter hohen Setzling in einer Konservenbüchse mitgebracht und hier eingepflanzt hatte und der jetzt etwa fünfzehn Meter hoch war, so daß seine Krone das Haus überragte. Nach der Weitläufigkeit der Finca Vigía kam uns dieser Garten mit seinen auf engstem Raum zusammengedrängten Schätzen wie ein Schmuckkästchen vor.

Obwohl die Kinder ihre Lieblingssachen aus Paulines persönlichem

Besitz und das gesamte Tafelsilber bereits mitgenommen hatten, sah das Wohnzimmer mit den kleinen alten Möbeln, den mit rosa Rosen dekorierten Bodenfliesen, die ich mit ihr zusammen in Kuba ausgesucht hatte, den wenigen guten Ölbildern und Drucken, und den ebenso hübschen wie praktischen Lampen noch sehr wohnlich aus. Aber das tägliche Leben spielte sich auf der großen, geschützten Terrasse ab, die von der Eingangstür bis an den Rand des Schwimmbeckens reichte. Im Haupthaus, das an der Whitehead Street lag, hatte Pauline zwei- bis dreitausend Bücher in den Regalen im Treppenhaus hinterlassen. In unserem Gepäck befand sich bereits ein zum Bersten mit Büchern gefüllter Leinensack. Trägheit hinderte mich, einen weiteren Sack zu packen.

Das Schlafzimmer oben neben der schmalen Wendeltreppe war früher einmal Ernests Arbeitszimmer gewesen, hier hatte er die Romane *Tod am Nachmittag*, *Die grünen Hügel Afrikas* sowie *Haben und Nichthaben* geschrieben. Ich selbst hatte dort verschiedene Male als großzügig bewirteter Gast von Pauline gewohnt. Auch dieses Zimmer schien nicht ernsthaft bedroht, obwohl das Bettgestell und der große handgeschnitzte spanische Schreibtisch von Holzwürmern und Trockenfäulnis befallen waren.

Ich notierte in meinem Tagebuch: «Das Haus einfach dem Verfall preiszugeben oder es unter seinem Preis zu verkaufen, nur um damit die Verantwortung los zu sein, wäre eine leichtsinnige Verschwendung.»

Von dem Augenblick an, als wir aus dem Flugzeug stiegen, waren wir umgeben von Freunden, in deren Mitte wir lebten, uns bewegten, atmeten, aßen, tranken, in Erinnerungen schwelgten, diskutierten, philosophierten und scherzten. All die früheren Dienstmädchen kamen, um Ernest zu begrüßen, und er umarmte jede von ihnen, erinnerte sich daran, wie hübsch sie vor zwanzig Jahren gewesen waren, und übersah ihre Falten und fehlenden Zähne.

Schließlich hatten wir alle dreiundzwanzig Gepäckstücke und die vier Gewehre im Wagen verstaut, und zusammen mit Toby Bruce, der am Steuer saß, brachen wir auf, um über die Keys nach Miami zu fahren.

Während wir zwischen Agaven und Cocolobabäumen dahinfuhren, drängten sich Ernest alte Erinnerungen auf, und er erzählte, daß Indian Key vor dem Wirbelsturm von 1935 eine wahre «Metropolis» gewesen sei, voller lärmender Bars und Spielhöllen, und wie er und Mr. Sully nach dem Sturm auf dem ersten Hilfsboot ankamen und keine Überlebenden mehr fanden, nachdem sie Lower Matecumbe Key passiert hatten. Auf Indian Key sahen sie Aale, die in die Spielautomaten krochen. Die für die Veteranen aus dem 1. Weltkrieg zuständige Behörde hatte bei der

Sturmwarnung einen Eisenbahnzug von Miami aus auf die Keys geschickt, der die Veteranen, die eine Straße parallel zur Eisenbahnlinie bauten, abholen und auf das Festland in Sicherheit bringen sollte, «aber der Zug wurde in Homestead buchstäblich von den Schienen geblasen».
Von Miami fuhren wir mit dem Zug weiter nordwärts.
Slim Hayward und ihre Tochter Kitty Hawks waren zur Pennsylvania Station gekommen, um uns abzuholen. In New York zeigten die Thermometer 36 Grad im Schatten. Sie brachten uns in ihr hübsches Haus in Manhasset, wo wir einige Tage lang das gesellschaftliche Leben von Long Island genossen. Als wir uns dann auf der *Flandre* eingeschifft hatten, ließen wir das übliche Abschiedszeremoniell über uns ergehen. Unsere Gäste standen stocksteif herum und waren sichtlich erleichtert, als die Schiffssirene das «Alle-Besucher-von-Bord»-Signal ertönen ließ. Alexander Calder und seine Frau standen inmitten einer Menschenmenge auf dem Vordeck, und Ernest rief ihm zu: «Heh, Sandy, du alter Schuft.» So nahm die glücklichste aller meiner vielen Atlantikreisen ihren Anfang. Als das Schiff Plymouth erreichte, versteckten wir uns vor den Reportern, die an Bord gekommen waren, und später in Le Havre stand Gianfranco winkend und lachend am Kai. Er hatte seinen Freund Adamo de Simon, einen Leichenbestatter aus Udine, der sich angeboten hatte, uns zu chauffieren, mitgebracht. Adamo fiel durch ausdrucksvolle schwarze Augen und ein nie versiegendes Lächeln auf und war immer quicklebendig. Er verschnürte unsere Koffer auf dem Dach des Lancia, bis sie sich zu einem Berg auftürmten, der fast so groß wie das Auto selbst war. So fuhren wir durch die Normandie, die wir seit 1944 nicht mehr gesehen hatten. Der Duft der reifenden Äpfel und des frisch gemähten Grases hatte den widerlichen Pulvergestank verdrängt. Und statt in Staubwolken gehüllte Kolonnen von Militärfahrzeugen, die damals das Bild bestimmten, standen wohlgenährte Rosa Bonheur-Pferde und fette Charolais-Rinder auf den Weiden. Ich notierte: «Artischocken von der Größe eines Kohlkopfes, eine Nonne auf dem Motorrad, das Land Marcel Prousts. Der neue Turm der Kathedrale von Rouen ist aus Stahl. Papa legt sich zu einem kleinen Nickerchen zurück und sagt: ‹Weck mich auf, wenn sie die heilige Johanna verbrennen.›»
Vor dem Ritz schaute der Portier in den Wagen und rief: *«Monsieur Emingway. Bienvenue.»* Wie durch ein Wunder war noch ein Zimmer frei – Nummer 36, mit Blick auf die Place Vendôme. Es gab ein freudiges Händeschütteln und Komplimente mit dem Portier, den Empfangschefs, dem Theaterkartenverkäufer hinter seinem Katheder am Fuß der Treppe, den Gepäckträgern, mit Georges, Bertin und Claude in der Bar und mit Michael im Speisesaal. Charlie Ritz kam und begrüßte uns in der Halle, er

machte einen frischeren Eindruck als je zuvor. Später, zusammen mit Gianfranco, versammelten wir uns alle an unserem alten Ecktisch im Speisesaal, aßen Räucherlachs und Kalbsbraten und tranken dazu einen herrlichen Montrachet, Jahrgang 1943 und einen hervorragenden Haut-Brion 1937.

Einige Tage lang führten wir ein schwelgerisch-luxuriöses Leben in Paris. Am Vormittag des 3. Juli, draußen war es unangenehm nebelig, fuhren wir von der Place Vendôme ab. Ernest saß vorn neben Adamo, und ich hatte mit Gianfranco im Fond zwischen Bündeln und Paketen Platz genommen. Als wir in die Nähe von Chartres kamen, erinnerte sich Ernest daran, wie er und Archie MacLeish früher diese Straße mit dem Fahrrad entlanggefahren waren. Auf der langen, ebenen Strecke hatten sie um die Wette gestrampelt, aber Ernest gewann stets auf dem letzten Kilometer vor der Stadt, wo es bergab ging, weil er schwerer als Archie war. Wir aßen in einem Bistro in der Stadt zu Mittag, wo ich einen Flaschenständer (*porte-bouteilles*) fotografierte, und als ich der *patronne* erklärte, daß es so etwas bei uns in Amerika nicht gäbe, sagte sie nur: «Sie können sie bei Bloomingdale in New York kaufen.» Weiter ging es nach Süden. Ernest hatte sich Sorgen gemacht, ob man in Franco-Spanien seiner Einreise feindlich gegenüberstehen würde. Es stellte sich heraus, daß seine Befürchtungen unnötig gewesen waren.

Am Montagmorgen wälzten sich dunkle Wolken die Berge herab und brachten einen für diese Jahreszeit ungewöhnlich kalten Regen, der unsere Lebensgeister lähmte. Ernest saß schweigend neben Adamo, und Gianfranco und ich hatten uns wie Höhlenbewohner in einen Berg aus Mänteln, Pullovern, Fotoapparaten, Straßenkarten, Reiseführern, Flaschen mit Wasser und Wein und Zeitungen und Zeitschriften in fünf Sprachen eingegraben.

Die Franzosen ließen uns ohne irgendeine Formalität die Brücke über den Bidassoa passieren. In Irun stiegen wir zögernd aus dem Wagen, um uns in dem neuen Zollgebäude, an dem in schwarz gemalten Buchstaben FRANCO-FRANCO-FRANCO stand, den Einreiseformalitäten zu unterziehen. Der Zollbeamte sah sich aufmerksam Ernests Paß an. «Verwandt?» fragte er. Wieder betrachtete er das Paßfoto und sein Gegenüber. «Ist das möglich?» rief er und sprang auf und schüttelte Ernest die Hand.

Wir fuhren mit dem Wagen in die Pyrenäen, wo die Bergspitzen von Wolken verhüllt waren, und folgten auf unserem Weg zur Fiesta von San Fermín derselben Straße, die Ernest schon vor fünfundzwanzig Jahren benutzt hatte. Der Himmel hellte sich allmählich auf, und schon nach kurzer Zeit erinnerte nichts mehr in der Landschaft an Frankreich und die atlantische Küste. Hier gab es Bäume mit langen und spitzen weißen Blüten, wilden Lavendel und dichtes Buschwerk zwischen den Granitfelsen, die mit purpurrotem Heidekraut bedeckt waren. Ernest sagte: «Die Landschaft hat sich nicht verändert – und ist in großer Fülle vorhanden.»

Als wir in die Provinz Navarra kamen, begegneten wir auf den ersten sechs Kilometern lediglich zwei grinsenden Soldaten auf einem Pferdekarren. Weiter entfernt sahen wir eines jener braunen, völlig quadratischen und ganz aus Stein erbauten Bauernhäuser, dessen schmale, hohe Fenster auch aus dem Mittelalter stammen konnten. In dem alten Dorf Cumbilla mit seiner malerischen, von Wein berankten Brücke machten wir Rast. In einem der Häuser bemerkte ich einen blankgescheuerten Holzfußboden aus dunklen Bohlen. Sie machten den Eindruck, als seien sie seit dreihundert Jahren gescheuert worden, hunderttausendmal, Morgen für Morgen.

Wir sprachen darüber, wie sich Wellington von Süden her durch diese undurchdringlich anmutenden Wälder gekämpft hatte, um nach San Sebastián zu gelangen. Später fuhren wir auf dem Weg zum 947 Meter hohen Punto de Velate durch die gleichen Buchenwälder, die Papa in *Fiesta* beschrieben hatte. An den braunen Hängen oberhalb der Baumzone weideten die baskischen Hirten ihre Schafe. Wie in Idaho. Von der Paßhöhe aus blickten wir auf eine kahle blaubraune Bergkette, und Papa sagte freudig: «Das da – das ist Spanien.»

In weiten Schleifen führte die Straße durch einen dichten Wald bergab, der sich weiter unten zu lichten begann und schließlich grünen Feldern und Obstgärten wich. Ernest hatte es in *Fiesta* beschrieben: «Nach einer Weile ließen wir die Berge hinter uns und kamen auf einen Weg, der zu beiden Seiten mit Bäumen bestanden war. Wir kamen an einem Fluß und an reifen Kornfeldern vorbei, und der Weg führte weiter, sehr gerade, sehr weiß, immer geradeaus ... Dann fuhren wir über eine weite Ebene, und auf der rechten Seite floß ein großer Strom, der in der Sonne zwischen den Baumreihen glänzte, und weit in der Ferne erhob sich das Plateau von Pamplona aus der Ebene und die Mauern der Stadt und die große braune Kathedrale, und die durch die anderen Kirchen gebrochene Linie des Horizonts.» Damals war die Straße mit Kies belegt. Inzwischen war sie gepflastert. Aber sonst entsprach noch alles – wenn auch in anderen Farben – Ernests erstem Roman. «Als ich darüber schrieb», sagte Ernest, «war das Korn schon viel reifer. In diesem Jahr hat es zuviel geregnet.» Dann erzählte er: «Es gibt immer noch Bären, europäische Braunbären in den Wäldern hier. Manchmal kommen sie heraus und reißen Schafe. Während des Bürgerkriegs habe ich eine Bärentatze gesehen, die man an eine Kirchentür genagelt hatte. Das war in Barco de Avila in der Sierra de

Gredos. Draußen vor Madrid, in der Nähe der Landschaft von *Wem die Stunde schlägt.*»

Wir erreichten Pamplona gegen ein Uhr. Papa sagte: «Ich würde es nicht wiedererkennen. Diese Mietshäuser.» Aber der große alte Platz in der Stadtmitte und die Fiesta, die offiziell Stunden zuvor begonnen hatte, waren unverändert. In den Straßen leuchteten rotgelbe Fahnen, die jungen Männer aus den umliegenden Dörfern trugen blaue Hemden, und jedermann hatte sich mit einem roten Halstuch geschmückt. Der Hauptplatz war voller Menschen. Es war der *Paseo* vor dem Mittagessen. Die Mädchen waren hübsch anzusehen in ihren einfachen Sommerkleidern, und die Jungen zogen in Gruppen, die Arme einander um die Schultern gelegt, durch die Straßen. Auch einige Grandes Dames waren erschienen. Sie trugen spitze Stöckelschuhe, kunstvolle Frisuren, Handschuhe. Keine Hüte. Alle Gesichter leuchteten vor freudiger Erwartung.

Wir aßen kurz zu Mittag, sagten immer wieder *no* zu den Jungen, die versuchten, uns Füllfederhalter und Uhren zu Schwarzmarktpreisen zu verkaufen, und zu Schuhputzern, die es nicht nur darauf abgesehen hatten, unsere Schuhe zu putzen, sondern die uns liebend gern die Lederabsätze abgerissen hätten, um sie durch einfache Gummiabsätze zu ersetzen. Papa behauptete, daß sie das schon vor fünfundzwanzig Jahren getan hätten. Möglicherweise waren es dieselben Männer – oder ihre Söhne.

In Pamplona gab es kein einziges freies Hotelzimmer mehr, deshalb fuhren wir in das dreißig Kilometer entfernte Städtchen Lecumberri, wo es ein großes, modernes Hotel gab. Ich schrieb am 7. Juli: «Die Fiesta de San Fermín begann verheißungsvoll heute morgen um sieben Uhr mit dem *encierro*, bei dem die jungen Männer vor den Stieren her, die man aus den *corrales* in der Nähe des Bahnhofs freiläßt, durch die Straßen der Altstadt zur Stierkampfarena rennen. Nur ein einziger Junge wurde von einem Stier auf die Hörner genommen, aber nicht ernstlich verletzt.

Wir standen um 4 Uhr 30 auf und erreichten den Platz in der Stadt, als er gerade, wie jeden Morgen, gesprengt wurde. Wir trafen Papas alten Freund Juanito Quintana, der, wie Ernest meint, über die Stiere und alles, was mit dem Stierkampf zusammenhängt, mehr weiß als jeder andere in Spanien. Nachdem wir einen starken schwarzen Kaffee hinuntergestürzt hatten, banden wir uns rote Halstücher um und mischten uns unter die Menge. Rupert Bellville [ein englischer Freund, der perfekte britische Gentleman] rannte als Wegbereiter vor mir her – Papa ermahnte ihn, auf seine Brieftasche aufzupassen. Wir waren gerade rechtzeitig in der Arena, um zu sehen, wie die jungen Leute mit den Stieren zum Tor hereingerannt kamen und sie in ihre dunklen Ställe unterhalb der Tribünen jagten.

Am besten erinnere ich mich an Papas bestürztes Gesicht, als er beim Verlassen der Arena feststellte, daß seine schöne neue Brieftasche, die ich ihm in New York geschenkt hatte, gestohlen worden war. Er brummte traurig: ‹Die besten Taschendiebe aus ganz Spanien kommen zu dieser Fiesta. Sie arbeiten alle nur am ersten Tag und verlassen dann schleunigst die Stadt.› Anderer Erinnerungen: Die leuchtenden Farben der Menge im hellen Morgenlicht. Die spontane und ungekünstelte Freude. Der Mann, der mir auf dem Viktualienmarkt einen Strauß Petersilie zuwarf und dazu sagte: ‹Falls Sie ein Hähnchen braten wollen.› Die Schwalben, die die Arena und die Türme der Kathedrale im schnellen Flug umkreisten und deren Flügel spitzer zu sein schienen, als die der amerikanischen Schwalben. Die harten, grobknochigen, an Goya erinnernden Gesichter unter den *boinas* (Baskenmützen) in der Arbeitertaverne, wo wir Kabeljau und frische Hummersuppe zum Frühstück aßen und Rotwein zu umgerechnet neun US-Cents pro Liter tranken. Gianfranco, der sich sein rotes Halstuch umband und in dieser Hochburg des Antikommunismus aus voller Kehle *Avanti il Popolo* sang. Die vielen Gläubigen bei der Frühmesse in der Kathedrale, darunter viele Uniformierte. Papa brachte mir das Lied bei, das die jungen Männer am letzten Tag der Fiesta nach der Messe singen:

Pobre de mí	Oh, ich Armer
Pobre de mí	Oh, ich Armer
Acabó la fiesta	Zu Ende die Fiesta
De San Fermín.	Von San Fermín.

Nach einem Gang um die Stadt kamen Papa und ich hier ins Hotel zurück, um zu schlafen, bis es Zeit ist, zur *corrida* zu gehen.

Lecumberri, 8. Juli, Mitternacht: «Wir erlebten heute einen großartigen Stierkampf. Es war ein aufregendes, einzigartiges Erlebnis, denn es waren prächtige Stiere, und, was noch wichtiger war, Antonio Ordóñez war einer der Matadore. Er ist der Sohn von Niño de la Palma, dem Stierkämpfer in *Fiesta*. Antonio war so geschickt, tapfer und in seinen Bewegungen so völlig eins mit dem Stier, daß er an diesem Nachmittag den Sport zur Poesie erhob. Er ist ein dunkelhaariger, schlanker Junge mit einem hübschen, glatten Gesicht, seine Haltung in der Arena hat etwas Ernstes, ohne dabei verkrampft zu sein. Er machte brillante *pases*, langsam und sicher, tätschelte dem Stier respektvoll die Stirn und machte die *cuadra*, die den Stier dazu bringt, mit vorgestrecktem Kopf so dazustehen, daß die vier Beine ein vollkommenes Rechteck bilden. Dann blitzte es zwischen den großen Hörnern, und der Stier starb tapfer.

Beim zweiten Stier verletzte Ordóñez sich an der Hand. Das Leder, mit dem der Schwertgriff umgeben ist, hatte sich gelöst, und so war bei dem kräftigen Stoß seine Hand auf die scharfe Klinge geraten. Obwohl seine Hand blutete, versetzte er mit einem anderen Schwert dem Stier den Todesstoß. Papa sagte, die Brillanz eines Matadors hänge davon ab, wie nahe er am Stier arbeite und wie gemessen er die Muleta bewege und wie weit er den Stier beherrsche, ja hypnotisiere.

Da ich weiß, daß die Kampfstiere ein schönes, ungebundenes Leben gehabt haben, vier Jahre lang ohne Arbeit und Zwang, und wenn ich daran denke, welches Glück sie haben, ihre letzten fünfzehn Minuten in einem aufregenden Kampf zu verbringen, dann finde ich es nicht so schlimm, daß sie getötet werden.»

Lecumberri, 9. Juli, Mitternacht: «Wir haben in diesen Tagen den freundlichen Ton in dieser Stadt bewundert. Es wird zwar eine Menge Wein getrunken, aber es kommt zu keinen häßlichen Auftritten und Prügeleien. Die Fiesta ist im wesentlichen für die Heranwachsenden und die jungen Männer da, die während dieser Woche so viel Wein trinken dürfen, wie sie vertragen. Papa sagte: ‹Da siehst du einen Jungen mit seiner Mutter und seiner Schwester gehen, der Junge mit glasigen Augen, kann sich kaum noch aufrecht halten, aber Mutter und Schwester helfen ihm, lächeln gefaßt und nicken grüßend ihren Freunden zu.›»

Lecumberri, 10. Juli, Mitternacht: «Auf dem Weg zur Stadt sahen wir zu beiden Seiten der Straße die sich weit dahinstreckenden Täler mit ihren Feldern – grünen, grüngelben, beigefarbenen, goldenen und rostfarbenen. ‹Ein Jammer, daß man van Gogh nicht dazu gebracht hat, in Navarra zu malen›, sagte Papa.

Unser Hauptquartier in der Stadt wurde die Terrasse vor dem Café Kutz, das an der Ecke des Platzes lag. Unser Leben glich immer mehr einem Marathonlauf: Wiedersehen mit alten Freunden, Drinks, Verabredungen, wieder Drinks, und noch mehr Freunde. Da waren Robert Ruark und seine Frau, Peter Taylor aus New York mit seinen Leuten, Aymar, der Marqués de Agudin, ein netter Kerl, und um ihn herum spanische Kampfstierzüchter, Playboys und Trinker, die Wertenbakers, Bob Trout und seine Frau – und alle in Hochstimmung. Als ich mich laut fragte, wie ein Mensch mit normaler Konstitution ein solches Leben aushalten könne, sagte Juanito Quintana: ‹Wenn Sie sich nicht ganz dem verrückten Treiben der Fiesta anpassen, nicht zu allen möglichen und unmöglichen Tages- und Nachtzeiten essen, trinken und schlafen, dann bringt es sie um.›

Gianfranco rannte heute früh mit den Stieren und sagte, es habe ihn richtig wach gemacht. Als nach dem *encierro* Eddie Ward im Café Kutz auf uns wartete, bemächtigte sich dort der Gummiabsatzspezialist seiner und riß ihm, taub für Eddies Proteste, die Lederabsätze ab, um ihm schäbige Gummiabsätze auf die Schuhe zu nageln. Papa erschien und drohte ihm mit seinen besten spanischen Flüchen. Aber der Schuhputzer griff ungerührt nach Eddies zweitem Schuh. Papa rief nach einem Polizisten. Da kam Gianfranco. Er und der Gummiabsatzmann waren die dicksten Freunde. Sie hatten eine ganze Nacht gemeinsam durchtanzt und sich ein Mädchen geteilt. Der Schuhputzer brach in eine Flut von Entschuldigungen aus, weinte fast und nagelte Eddie schleunigst wieder seine guten Absätze an. Nachdem er ihm die Schuhe auf Hochglanz gebracht hatte, setzte er sich auf ein Bier zu uns an den Tisch. Er erzählte mir, daß er seit dreiundzwanzig Jahren während der Fiesta in Pamplona arbeitete, daß er im Sommer von Fiesta zu Fiesta fuhr und im Winter in Barcelona lebte. Jetzt gehört er zu uns, und da es ziemlich staubig war, putzte er jedem von uns zwei- oder dreimal am Tag die Schuhe.

Gestern widmete der Matador Córdoba Papa seinen ersten Stier und warf seine herrliche *capa* über unsere *barrera*. Es war ein schrecklicher Stier mit weit auseinanderstehenden, aber nach innen gebogenen Hörnern, ein Ungeheuer mit einem Fliegengehirn und unberechenbar. Papa wies darauf hin, daß er überhaupt nicht in der Lage war, wie ein guter Stier schnell und kurz zu wenden. Córdoba gab sich große Mühe mit dem Stier, aber der Stier machte es ihm sehr schwer.

Der Stierkampf heute nachmittag, mit Ordóñez, war der beste, den wir bisher gesehen hatten. Es ist ein Vergnügen, ihm in der Arena zuzuschauen. Seine schlanken jungen Beine sind flink, aber nie macht er eine hastige, überflüssige Bewegung. Bei seinem ersten Stier war er großartig, tötete ihn sicher mit seiner bandagierten Hand und erhielt ein Ohr als Trophäe. Der zweite Stier hatte riesige Hörner, war rasch, sehr lebhaft und wendete gut. Ordóñez begegnete dem ersten Angriff kniend, dicht an der *barrera*. Als der Stier das Pferd des Picadors zu Boden schleuderte, war Ordóñez fast im gleichen Augenblick zur Stelle, geschickt und beherrscht, um den Stier von dem Pferd abzulenken. Er führte mühelos vierzig *pases* mit der Muleta vor, und dann, in der Mitte der Arena, senkte er sein rotes Tuch und den Degen, während der Stier regungslos dastand, ließ sich auf beide Knie nieder und verharrte so wie mir schien, eine volle Minute lang. Während ich diese Szene beobachtete, fühlte ich, daß es in Spanien noch etwas von jener vorgeschichtlichen Übereinstimmung zwischen Mensch und Tier gab, ein Rätsel, das wir noch nicht zu ergründen versucht haben. Dann tötete Ordóñez den Stier elegant, und als man das tote Tier aus der Arena geschleift hatte und sich tosender Beifall erhob, ging er zu der Stelle im Sand, wo der prächtige Stier verendet war, und ehrte ihn durch einen Gruß.»

Am Montag, dem 13. Juli, ging die Fiesta von San Fermín zu Ende, und alles brach auf, zurück zur Arbeit oder zu einer anderen Fiesta. Ernest und ich (mit Adamo am Steuer) brachten Juanito Quintana nach Hause nach San Sebastián, und Rupert Bellville fuhr Gianfranco an die Bahn, wo er seinen Zug nach Venedig verpaßte und deshalb mit Rupert zusammen bis nach Frankreich fuhr. Als wir nach Lecumberri zurückkehrten, sahen wir ein Ochsengespann, das einen zweirädrigen Karren zog, die Räder große, hohe Scheiben aus massivem Holz – Räder, von denen ich glaubte, daß es sie seit der Renaissance nicht mehr gab. Die Leute arbeiteten bis spät auf den Feldern. Überall mähten sie mit ihren Sensen das reife gelbe Korn, und ich erinnerte mich an Vergil:
Schneide das rot gold'ne Korn in der Hitze des Mittags,
In der Hitze des Mittags sei's auf der Tenne gedroschen.
(Georgica)
Hacken und Sensen waren die einzigen landwirtschaftlichen Geräte, die wir bisher gesehen hatten, und die Ochsen die einzigen Arbeitstiere.

Wir näherten uns Burgos, und ich fragte Ernest nach der Stadt, und er sagte: «Eine rauhe Stadt. Kalt im Winter. Wunderbare Kathedrale. Die alte Hauptstadt Altkastiliens. Von dort aus begannen die Spanier unter Führung des Cid im elften Jahrhundert, glaube ich, die Mauren aus Spanien zu vertreiben. Im Bürgerkrieg geschahen dort die schlimmsten Brutalitäten. Es gibt dort ausgezeichneten Käse.» Im Reiseführer las ich, daß der Cid von 1043 bis 1099 gelebt hatte und daß die Kathedrale zwischen 1221 und 1250 erbaut worden war.

Ernest hatte den ganzen Vormittag rechts und links der Straße nach einem Vogel Ausschau gehalten, den er besonders mit Spanien in Verbindung brachte. Es war der Wiedehopf mit seinem langen, gebogenen Schnabel und seinem großen Schopf. «Sie waren zwar selten», sagte er, «aber während des Krieges waren sie noch nicht ausgestorben.» Wir hielten vor einem staatlich betriebenen Restaurant, El Cid, und aßen im Garten zu Mittag. Dort sahen wir etwa acht verschiedene Wiedehopfe herumflattern.

Einer plötzlichen Laune folgend bogen wir von der Hauptstraße ab, und folgten einer sandigen Nebenstraße durch Wiesen und Felder, bis wir zu der kleinen Stadt Sepúlveda gelangten und dort eine gutbesuchte Bar entdeckten. Wir kauften Wein für unsere *bota* und sprachen mit den Gästen, gastfreundlichen, verschmitzten Leuten. Sie erzählten uns von ihrem Stierkampf, der jedes Jahr am 30. August stattfand – eine *capea*, bei der sie ihre kleine Plaza vor dem alten *castillo* verbarrikadierten. Dort wurde dann der eine Stier freigelassen, den die Stadt jedes Jahr kaufte und alle jungen Männer aus der Umgebung, die tapfer waren oder als tapfer gelten wollten, gingen wie in alten Zeiten gemeinsam in die «Arena», um mit dem Stier zu kämpfen. Die Gäste in der Bar zeigten uns das Foto von dem Stierkampf im letzten Jahr und luden uns zu ihrer diesjährigen Fiesta ein.

Später notierte ich: «Unauffällig und beiläufig findet Ernest immer schnell die Leute heraus, die während des Bürgerkriegs auf seiner Seite waren. In Sepúlveda gelang es ihm mit einem kleinen Scherz über Slangausdrücke für Papiergeld. Er macht keine Politik, aber er kennt Leute aus beiden Lagern. Sie alle heißen ihn willkommen.»

An diesem Tage sahen wir Saatkrähen, Stare, Schwalben, Störche, eine Schar von etwa vierzig Rebhühnern, die aus einem abgemähten Kornfeld aufflogen, einen Habicht und zwei wunderschöne große silbergraue Tauben. Dann begegneten wir einem jungen Wolf, der gemächlich von der Straße feldeinwärts trottete. Er hatte die Ohren gespitzt, und sein Kiefer wirkte kräftiger als der eines Hundes. Vor lauter Aufregung fuhr uns Adamo um Haaresbreite in den Straßengraben.

Ich schrieb: «Papa erzählte von Rafael Hernández, seinem alten Freund, dem Stierkampfkritiker, den wir in Pamplona trafen. Über Madrid, das auf einer fast wasserlosen Hochebene im Zentrum liegt, habe Hernández einmal zu Ernest gesagt: ‹Das einzige, was Madrid fehlt, ist das Meer.› Als Papa ihn fragte, welches sein liebster Wintersport sei, antwortete er: ‹Der Ofen.›»

Der Lancia erklomm eine weitere Bergkette, und wir fuhren durch wild zerklüftetes Land mit Granitfelsen, dichten Pinien- und Laubwäldern, Unterholz und hohem Farnkraut, hinter dem sich unerwartete Höhlen verbargen. Unterhalb der Straße, rechts von uns, floß ein reißender Fluß, der Río Eresma, unter einer kleinen Steinbrücke hindurch. Es war der in *Wem die Stunde schlägt* beschriebene Wald. Durch die Baumkronen hindurch sahen wir die Silhouette einer Bergspitze. Hier hatte El Sordo gekämpft. Man konnte außerdem sehen, daß die Spitze des Brückenbogens ausgebessert worden war. Ernest brummte zufrieden: «Da bin ich ja froh, daß alles so ist, wie ich es beschrieben habe. Wir hielten damals all die Höhen hier oben. Die anderen waren da unten, etwas oberhalb der Straße, die du rechts siehst. An manchen Stellen waren die Linien keine zehn Meter voneinander entfernt.»

Als wir die Guadarrama hinunterfuhren, kamen wir durch kahles graues Hügelland, mit vereinzelten Tupfen von Ginster, und Ernest meinte entschuldigend: «Karg aussehende Berge, aber es gibt Mengen von Rebhühnern hier.» Dann sahen wir zur Rechten den Escorial und, hinter einem Streifen dunkelgrünen Waldes, Madrid leuchtend in der Ferne. Als wir auf die Stadt zufuhren, erinnerte sich Ernest: «Die Nationalisten hielten diese Straße während des Krieges besetzt. Die Republikaner mußten deshalb einen weiten Bogen machen, um von Norden her in die Stadt zu gelangen. Wie schon in Pamplona war Ernest auch hier bestürzt über die vielen Neubauten in den Außenbezirken von Madrid. «Die Stadt ist zweimal so schnell gewachsen wie Paris.»

Wir fuhren durch einen blumenübersäten Park, fanden die Gran Vía und richteten uns im Zimmer 109 des Hotels Florida ein, einem großen, kühl wirkenden Raum mit einem abgeteilten kleinen Salon. Ernest schaltete sein Kofferradio an und wir hörten Tony Martin, der *Begin the Beguine* sang.

An diesem Abend machten Ernest und ich einen Entdeckungsgang zur Puerta del Sol, Madrids Times Square. Ernests Lieblingskneipe war abgerissen worden, aber der Schuhmacher, zu dem er immer gegangen war, hatte seinen Laden noch am gleichen Platz. Dann gingen wir durch die Gran Vía zurück. Ich fand sie nicht halb so schön wie die Champs-Élysées oder die Piazza San Marco, die Regent Street oder die Fifth Avenue. Aber Ernest sagte, er fände, Madrid sei «die schönste Stadt der Welt».

Zwei Kriegsjahre lang hatte Ernest im Hotel Florida gewohnt. Während dieser Zeit war das Gebäude 156mal von feindlichen Granaten oder Granatsplittern getroffen worden. Als wir 1953 dort wohnten, wurde es zwar nicht beschossen, dafür hörten wir aber die ganze Nacht hindurch die Straßenbahnen fahren.

Als Ernest dort lebte, in den Zimmern 112 und 113, auf der von der Front abgewandten Seite des Hotels – die Front war nur 1000 Meter entfernt –, kamen morgens, wie er erzählte, einmal die Zimmermädchen zu ihm herein, mit nicht explodierten 155-mm-Granaten in der Hand, und riefen: «Sehen Sie mal, was wir gefunden haben.»

Am 17. Juli schrieb ich: «Als wir heute aus dem Hotel gingen, kam der Portier auf uns zu und sagte: ‹Bitte entschuldigen Sie tausendmal, Don Ernesto. Ich habe Sie gestern nicht erkannt.› (Der Bart.) Es war der Portier, der von einem Maschinengewehrgeschoß in die Hüfte getroffen worden war, als er vor dem Hotel John Dos Passos die Wagentür aufhielt. Ernest hatte ihn ins Haus getragen.»

An diesem Morgen machten wir unseren Antrittsbesuch im Prado. Ernest freute sich, all seine Lieblingsbilder an ihren alten Plätzen vorzufinden – außer den Goyas, die vorübergehend in einem anderen Saal hingen. Bei seinen Aufenthalten in Madrid vor dem Bürgerkrieg war er jeden Vormittag in den Prado gegangen.

Danach gingen wir zur Plaza Santa Ana und setzten uns in eine kleine dunkle Kneipe, die bei den Stierzüchtern, den Veranstaltern von Stierkämpfen und den Stierkämpfern besonders beliebt war. Dort fühlte sich Ernest wie zu Hause, und wir tranken Absinth und aßen kalte, gekochte Krabben. Später fand er seinen ehemaligen Schnapsladen, dessen alte Besitzerin sich noch an ihn erinnerte und aus Freundlichkeit so lange suchte, bis sie eine Flasche echten Gordon Gin und ein paar Flaschen anständigen schottischen Whisky gefunden hatte. Der spanische Whisky sah zwar wie Whisky aus, war aber meistens mit Kognak verschnitten.

Auch an den folgenden Tagen gingen wir jeden Morgen eine Stunde in den Prado. Dabei stellte ich fest, daß, gleichgültig, was ich mir ansah, meine Augen nach einer Stunde übersättigt waren. Ich schrieb: «Obwohl ich die bequemsten Schuhe trage und mir die Füße überhaupt nicht wehtun, kann ich nach einer Stunde zwar noch hinsehen, aber nichts mehr aufnehmen.»

Bei unserem letzten Besuch im Prado, ehe wir mit unserem Lancia nach Valencia aufbrachen, zu der jährlich dort stattfindenden Festwoche, entdeckte Ernest einen Wiedehopf auf Hieronymus Boschs Gemälde vom Garten Eden. Keine Entdeckung in Madrid machte ihm mehr Freude.

Am Sonntag, dem 26. Juli, in Valencia schrieb ich: «Papa kommt strahlend mit den Morgenzeitungen herein. In Korea ist der Waffenstillstand unterzeichnet worden. Batista hat eine kleine Militärrevolte niedergeschlagen, und spanische Banditen haben ein englisches Ehepaar in ihrem Wagen ermordet. ‹Das ist schlecht für den Tourismus›, sagt Ernest. Er ist im Umgang mit der spanischen Presse sehr geschickt gewesen. Mit Geduld und Diplomatie hat er Fragen pariert und Diskussionen eine andere Richtung gegeben, wenn das Thema Mißbilligung (das ist die offizielle Position) seines Romans *Wem die Stunde schlägt* und seiner anderen Schriften über den Bürgerkrieg zur Sprache kam. Er verleugnet nie seine ursprüngliche und immer noch bestehende Sympathie für die spanische Republik, aber er versteht es, seine Rechtschaffenheit und Würde zu wahren, ohne jemanden vor den Kopf zu stoßen. Er sagt, es falle ihm schwer, aber das Wiedersehen mit Spanien sei es wert.»

Nachdem wir uns am gleichen Tag den Stierkampf angesehen hatten, stiegen wir in den Lancia und rasten auf der wenig befahrenen Straße wieder nach Madrid. Wir mußten innerhalb knapp einer Woche in Paris unser Gepäck für Afrika abholen und dann nach Marseille fahren, um das Schiff nach Mombasa zu erreichen. Juanito, traurig über unsere Abreise, begleitete uns über San Sebastián nach Irun, bis an die französische

Grenze, wo er uns Lebewohl sagte.

Beim üblichen Mittags-Rendezvous in der Bar des Ritz sagte Charlie Ritz, er wolle uns zu dem staatlichen medizinischen Institut fahren, wo wir gegen Geldfieber geimpft werden sollten, und anschließend mit uns in einem seiner Lieblingsrestaurants, dem Relais de Porquerolles, zu Mittag essen. Es war ein wahrhaft fürstliches Mahl. Anschließend bewunderten wir Talleyrands Haus in der Rue Férou, besorgten Gin und Whiskey, Kriminalromane für Charlie und, mein letzter Einkauf in Europa, zwei große schwarze Buchhaltungshauptbücher, die beide mit Aufzeichnungen gefüllt waren, als wir Afrika verließen. In der darauffolgenden Nacht waren mein mir angetrauter Mann und ich so lange vergnüglich im Bett beschäftigt, daß ich am nächsten Morgen erst gegen zehn Uhr aufwachte.

Wir aßen am nächsten Tag mit Charlie Ritz zu Abend. Er unterhielt uns köstlich mit allerlei saftigen Geschichten über die Überspanntheiten der distinguiertesten Gäste seines Hotels – wie ein Hohenlohe Feuerwerkskörper in den Garten geworfen hatte oder wie es zwischen dem Maharadscha von Karpathula und dem argentinischen Botschafter zu einer Schlägerei bekommen war, weil jeder von ihnen den Vorrang für seine Flagge über dem Haupteingang des Hotels beanspruchte. Er erzählte uns, wie er sich einst als Kind in den Schoß der großen Sarah Bernhardt gekuschelt hatte – die erste, aber nicht die letzte der Schauspielerinnen, die sich seiner Wertschätzung erfreuten.

Am 4. August um 12 Uhr mittags fuhren wir – Ernest und Adamo im Lancia, mein Freund Georges Mabilat und ich in einem mit Gepäck vollgestopften Packard des Hôtel Ritz von der Place Vendôme aus nach Süden. Als wir zwei Tage später in Marseille ankamen, machte unser lavendelfarbenes Schiff gerade am Kai fest. Einige Stewards und Adamo halfen uns, unsere sechsundvierzig Gepäckstücke, unter denen zwei Büchersäcke, drei Gewehre und eine Schreibmaschine waren, in die Kabine 34 zu bringen, einen barackenhaft möblierten Raum mit Linoleumfußboden. Dort ließen wir alles auf einem Haufen in der Mitte der Kabine liegen und nahmen einen letzten Drink mit Adamo. Seine großen schwarzen Augen standen voller Tränen, als wir ihm zum Abschied die Hand schüttelten und *arrivederci* sagten. «Diese Reise», sagte ich mir, «wird meine Theorie, daß die Briten unnötige Unbequemlichkeiten – oh, welche Tapferkeit – als höchste Frömmigkeit betrachten, entweder bestätigen oder widerlegen.» Und während der dreizehn Tage, die wir auf dem Mittelmeer, dem Roten Meer und dem Indischen Ozean verbrachten, erwies sich meine Theorie mit jeder Seemeile als richtiger.

Ernest genoß die Reise, schloß keine übereilten Freundschaften und nahm sich viel Zeit zum Lesen. Ich war damit beschäftigt, meine Notizen über Spanien abzutippen, Suaheli zu lernen und schriftliche Übungen zu machen. Eines Morgens sagte Ernest, dem der Schweiß vom Gesicht tropfte: «Wenn ich nur eine eiskalte Dose Budweiser Bier hätte!» Denn das gekühlte, aber nicht kalte Bier, das die Barkellner in die heißen Biergläser gossen, konnte nicht einmal von Briten als kalt bezeichnet werden. «Das Eis auf diesem Schiff hat die seltsame Eigenschaft, einen Drink zu wärmen und ihn gleichzeitig zu verwässern», klagte ich.

Der Kapitän hatte Ernest ein amerikanisches Militärhandbuch für französische Redewendungen mit Angabe der Aussprache geliehen, und als wir nach dem Mittagessen in unserer Kabine auf dem Bett lagen, gab er mir Unterricht.

«Ihre Feldflasche, Madame, ist Ihr *bie-dong*.»
«Nein, *meine* nicht. Nie.»
«Doch. *Bie-dong*.»
«Meinst du vielleicht *bidon*?»
«Das sagte ich dir ja die ganze Zeit. Weißt du noch, wieviel du dafür bezahlt hast? *Kohan-b-yieng*?»
«Was haben die Chinesen damit zu tun?»
«Einiges, vielleicht. Wieviel?»
«Arme G.I.s, wenn *kohan-b-yieng combien* heißen soll!»
«Es ist Französisch mit südchinesischem Akzent», meinte er.

Wie der Kapitän vorausgesagt hatte, kamen wir in den Südwestmonsun, sobald wir im Indischen Ozean waren. Es war Mittwoch, der 19. August, und ein heftiger Wind kam auf. Alle weniger sportlichen Passagiere auf den sich hebenden und senkenden Decks machten schlapp. «Ein sanftes, beruhigendes Schaukeln», sagte der Kapitän. «Wie in der Wiege.» Er rechnete nicht damit, Mombasa vor 4 Uhr nachmittags am Sonnabend zu erreichen, und wollte unter diesen Umständen gar nicht anlegen. «Die Leute vom Zoll und von der Einwanderungsbehörde sind staatliche Beamte und arbeiten nie nach sechs Uhr.»

Am Freitag, dem 21. August, überquerten wir den Äquator. Und am Samstagabend stiegen wir in dem alten, zauberhaften Manor Hotel ab, willkommen geheißen von vertrauten tropischen Bäumen und Sträuchern. In den Straßen beobachtete ich voller Bewunderung die schwarzen Mädchen, die Fünf-Gallonen-Benzinfässer auf den Köpfen trugen.

Philip Percival, stämmig, meerblaue Augen, sonnenverbranntes Gesicht, erwartete uns am Kai mit einem Jagdwagen, der wie durch ein Wunder geräumig genug war, um unser ganzes Gepäck aufzunehmen. Ein paar lächelnde Schwarze verstauten es. Philip und Ernest feierten freudig Wiedersehen, schlugen einander auf die Schulter, tauschten liebevolle

Beleidigungen aus. Philip war im Herbst und Winter 1933/34 Ernests und Paulines White Hunter gewesen. Vergnügt aßen wir gemeinsam zu Abend und gingen schlafen. Wir schliefen unter Moskitonetzen, die unsere Betten von allen Seiten umgaben – das war mir neu. Am nächsten Tag wollten wir im Jagdwagen aufbrechen.

17
Ostafrika

Während wir von Mombasa landeinwärts und aufwärts ratterten, dem 1600 Meter hohen zentralen Hochland von Kenia entgegen, begann für uns ein mir völlig neues Leben. Beim Anblick der Herden von Wildtieren, denen wir auf den mit gelblichem Gras bewachsenen Ebenen begegneten, wurden in Ernest frohe Erinnerungen wach: Hier hatte er vor zwanzig Jahren gejagt. Nach zweitägiger Fahrt im offenen Jagdwagen über rotsandige, staubige Straßen kamen wir in unserem Ausgangslager an einem Hügel im Bereich von Percivals Farm Kitanga an. Nie zuvor und nie danach wurden wir so herzlich empfangen.

Neun Zelte waren bereits zu einem dreieckigen Dorf angeordnet, zwei Feuer brannten hell, das Kochfeuer und unser Lagerfeuer, und wir schüttelten die Hände der zweiundzwanzig «Boys», die uns auf die Safari begleiten sollten. Das war nicht etwa das schlaffe europäische Händeschütteln, sondern der viel herzlichere afrikanische Händedruck, bei dem man sich fest die Rechte gibt und mit der Linken das Handgelenk umfaßt.

Mr. Percival war der Doyen unter den White Hunters Kenias. Er hatte 1909 und 1910 mit Teddy Roosevelt gejagt, noch ehe es den Beruf des White Hunter überhaupt gab, er hatte den Herzog von Windsor, als er noch Prinz Edward hieß, und seinen Bruder, den Herzog von Gloucester, und zahlreiche amerikanische und europäische Großwildjäger begleitet. Obwohl er im Ruhestand lebte – er züchtete Rinder und Pferde –, hatte er sich bereit erklärt, mit uns im Herbst und Winter 1953/54 auf die Jagd zu gehen. Seine blauen Augen unter dem breiten, eckigen Filzhut leuchteten im Schein des Feuers, als er uns seine Boys vorstellte. Es würde eine herrliche Zeit für uns werden, und die Safaricrew war auch davon überzeugt. Sie gehörten alle dem Stamm der Wakamba an, der hier lebte, und sie waren begeistert, wieder einmal für Mr. Percival arbeiten zu können. Auch wenn es Unfälle oder Schwierigkeiten geben sollte – sie alle waren zuversichtlich, daß Bwana Percival schon für alles eine Lösung finden würde.

Es fing mit einem lustigen Zufall an. Die erste Kiste, die von unserem Jagdwagen abgeladen wurde, enthielt Schnaps, und zum erstenmal, solange wir denken konnten, tranken wir Martini ohne Eis. Jemand ging zu Philips Haus, das auf einer nahen Anhöhe stand, und holte Mary Percival, die im Umkreis von Meilen als «Mama» bekannt war. Zuerst flößte sie mir Respekt ein. Sie hatte ein gut geschnittenes, knochiges Gesicht und besaß eine lebhafte Intelligenz und einen unerschütterlichen Charakter – beides hatte ihr geholfen, vierundzwanzig Jahre lang das harte Pionier- und Farmerleben im rauhen, ungastlichen Klima Kenias zu führen, meist auf sich selbst gestellt, da Philip so oft auf Safari war.

Philip war im September 1905 aus Schottland nach Kenia gekommen, als er gerade siebzehn war. Drei Jahre später fuhr er nach England zurück, heiratete seine erste Liebe und kehrte mit ihr in das damals kaum erforschte ostafrikanische Land zurück, wo er anfangs in einer Lehmhütte lebte. Mary erzählte mir an unserem ersten Abend von ihrer ersten Safari – zu Fuß – im Jahre 1909. Der Koch hatte vor dem morgendlichen Aufbruch den Brotteig gerührt und geknetet und ihn tagsüber im Trog auf dem Kopf getragen, so daß die heiße Sonne Afrikas ihn zum Gären brachte, und er ihn am Abend in heißer Asche backen konnte.

In Mombasa und auf der Fahrt zur Kitanga-Farm hatten wir Percivals alten Freund Keiti kennengelernt – die beiden kannten sich schon seit der Zeit vor dem Ersten Weltkrieg. Er war einer der Stammesältesten und jetzt der stellvertretende Leiter und Chef der Safaricrew. Keiti gefiel uns nicht nur wegen seines schiefen Mundes und seiner Stupsnase – er sah immer belustigt aus –, sondern auch weil er sich nie als Boss gebärdete, sondern leise sprach und sich leichthin bewegte. Nie hörten oder sahen wir ihn kommandieren, aber seine Männer folgten ihm. Philip sagte einmal zu mir: «Keiti hat ein ausgezeichnetes System. Keiner hat eine Spezialaufgabe. Jeder tut das, was ihm aufgetragen wird.» Philip bezog sich dabei besonders auf die Tage, an denen das Lager verlegt wurde, wenn alle miteinander die Pfähle aus dem Boden zogen, die Zeltbahnen zusammenlegten und alles Gerät und Gepäck auf den großen, wackligen Lastwagen luden.

Kaum war das Lager wieder aufgeschlagen, übernahm jeder wieder seine übliche Arbeit. (Man nannte sie alle «Boys», einerlei wie alt sie waren – ich fand den Ausdruck etwas gönnerhaft.) Wir waren bald gute Freunde. Der lange, drahtige N'bebia war der Küchenchef. Er hatte, obwohl Vater von mindestens einem Dutzend Kindern, eine mädchenhafte Stimme – uns immer willkommen, wenn sie abends von seinem großen Kochfeuer zu unserem kleinen Lagerfeuer herüberdrang.

Beide bewunderten wir M'kao, den Tierhäuter, der wie wir später beobachteten, so rasch wie ein Traberpferd pirschte und Schweiß oder eine Fährte auf zwanzig Meter Entferung entdeckte. Wir beide liebten unseren persönlichen Boy, den knochigen alten M'windi mit seinem togaähnlichen grünen Kanzagewand, das um seine hagere Gestalt herumschlotterte, seinem scharf geschnittenen Pokergesicht, seiner leisen Stimme und seiner geduldigen Haltung, die seinem eigentlich recht unruhigen Temperament gar nicht entsprach. Er wusch und bügelte unsere Kleidung, machte unsere Betten, hielt das Zelt sauber und brachte uns abends heißes *bathi*-Wasser. Schon nach kurzem machte Ernest ihn zum Schatzmeister der Safari und gab ihm ein riesiges Bündel kenianischer Banknoten in Verwahrung.

Ernest faßte auch sofort Zuneigung zu seinem Gewehrträger, N'gui, der kaum größer als ich und stets feierlich lächelnd, der Sohn jenes M'cola war, mit dem er 1933 gejagt hatte.

M'thoka, einer von Keitis Söhnen, war der Fahrer unseres Jagdwagens. Wir wunderten uns lange über seine Schweigsamkeit, bis wir herausfanden, daß er taub war. Er zeichnete sich durch äußerst kunstvolle Schnittnarben aus, die man ihm vor Jahren ins Gesicht gekerbt hatte.

«Wie kann ich mir bloß den Namen des Fahrers merken?» fragte Ernest eines Morgens.

«Er heißt M'thoka», sagte ich.

«Mathematik und Okra», sagte er und ging zu dem Fahrer hinüber, um ihm in seinem komischen Kauderwelsch aus Spanisch, Italienisch und Suaheli zu erklären, daß seine (M'thokas) Stammesnarben denen des Stammes seiner Memsa'ab in Amerika sehr ähnlich seien (die Memsa'ab war ich). Er erwähnte nicht, daß mein Stamm der Stamm Autounfallopfer war.

Die beiden für das Eßzelt zuständigen Boys, M'sembi und N'guli, waren große, junge, hübsche und fröhliche Männer, die uns mit der Höflichkeit guter europäischer Kellner bedienten und in ihrer Freizeit überall die Mädchen umwarben, ganze Nächte hindurch tanzten und sich, wenn es nichts Aufregenderes zu unternehmen gab, in einer Art Damespiel übten, bei dem sie kleine Steine und eine Kiste benutzten, auf die sie mit angerußtem Stock die Quadrate gezeichnet hatten.

Wir mochten auch meine beiden Gewehrträger, zuerst N'zia mit seinem munteren Lächeln und später den alten, unermüdlichen Charo mit einem Kopf, so rund und fast so groß wie ein Basketball, auf einem Körper, der nicht einmal meine 158 Zentimeter erreichte.

Anfangs waren noch andere da, Hilfstierhäuter, Zeltboys und Gewehrträger, die Freunden zugeteilt waren, die uns auf dem ersten Teil der Safari begleiten sollten, aber die hier genannten und einige wenige andere sollten fast sechs Monate lang unsere ständigen Gefährten sein, und wir hatten das Gefühl, wir hätten keine besseren finden können. Wir kauften ihnen Schnupftabak und Zucker und die besten Messer, die wir auftreiben konnten, und schenkten schließlich jedem von ihnen eine Armbanduhr. Und als wir sie nach sechs Monaten verließen, drückten unsere feierlichen Mienen aus, wie schwer uns der Abschied fiel.

Unser kubanischer Freund Mayito Menocal, ein ausgezeichneter Schütze und unersättlicher Leser, hatte sich für die ersten sechs Jagdwochen unserer Safari angeschlossen und ebenso Earl Theisen, der Fotograf von *Look*, der Aufnahmen machen sollte und ein neuer Freund von uns wurde. Am Tag nach ihrer Ankunft hatten wir einen Besuch, aus dem sich ebenfalls eine lange und enge Freundschaft entwickelte. Denis Zaphiro, der Wildhüter des Kajiado-Distrikts, in dem sich das erste und das zweite von Philip Percival für uns vorbereitete Lager befand, kam nach Kitanga, um uns Geländekarten und handgezeichnete Wegekarten des sich über viele Meilen erstreckenden nationalen Wildreservats zu geben, das die Regierung Kenias großzügig einen Monat lang uns allein geöffnet hatte.

Wir prüften unsere groß-, mittel- und kleinkalibrigen Gewehre, machten Schießübungen, prägten uns ein, wo unsere Munition im Jagdwagen zu finden war, und brachen pünktlich am 1. September mit unserem frühmorgens verpackten und verladenen Zeltdorf von der Kitanga-Farm auf zu unserem Lagerplatz am Ufer des breiten gelben und fast trockenen Salengai River. Es war keine lange, aber eine langsame Fahrt auf den schmalen Straßen im Hinterland. Der Lastwagen mit unseren Zelten, Lebensmitteln und Getränken für einen Monat schnaufte bei der leisesten Steigung, und wir hielten oft an, um mit unseren Gläsern das Land zu betrachten.

Wir waren gerade von der Straße abgebogen und folgten einem vage erkennbaren Pfad zu unserem Lagerplatz, als wir auf Denis Zaphiro stießen, der in seinem Land-Rover mit einigen seiner eingeborenen Helfer auf uns wartete.

«Wollen Sie ein Rhino schießen?» fragte er Ernest. «Irgendein Scheißkerl hat es verletzt. Es lahmt. Ich habe es drei Stunden lang verfolgt. Es ist jetzt gleich hier an der Straße. Weiter hinten.» Ernest nahm sein großes Gewehr, die Westley Richards .577, aus dem Futteral und legte einige Patronen ein. Mayito Menocal, Earl Theisen, Ernest und ich zwängten uns in Denis' Land-Rover, der Lili hieß, und rasten die Straße hinunter, während Philip Percival unseren Jagdwagen und den Laster zum Fluß brachte. Wir sahen das Rhino an einem Dornenbusch stehen, ich hielt mich, wie befohlen, hinter den Männern, und sie gingen in der herabsinkenden Dämmerung direkt auf das Rhino zu, bis Ernest, etwa zwölf Schritte von ihm entfernt, einen Schuß abgab. Ich stand auf einer leichten Erhöhung und konnte alles deutlich sehen. Das Rhinozeros drehte sich um sich selbst und wirbelte eine Staubwolke auf. Ernest schoß noch einmal in die Wolke, und dann sahen wir das Tier nach links ausbrechen. Wir hasteten hinterher, fanden eine Schweißfährte, aber kein Rhino. Die Dunkelheit erfüllte schnell den Wald, der aus hohen Dornbäumen und dichtem Unterholz bestand, und Denis blies die Suche ab. Wir gingen zum Lager, Ernest munter, aber insgeheim machte er sich, wie ich merkte, Sorgen, weil er geschossen hatte. (Am nächsten Morgen zogen er und Denis in aller Frühe los und fanden das Rhino tot, etwa sechs Meter näher am Schußort liegen, als wir vermutet hatten. Ein verheißungsvoller Beginn für eine Safari.)

Als wir das Lager erreichten, waren die Schlafzelte schon aufgebaut. Ernests und meines öffnete sich auf die Wurzeln einer Akazie mit einem Stamm von viereinhalb Meter Durchmesser. Die Bar und die Eßtische standen an ihrem Platz am Lagerfeuer. Unter dem weiten Geäst der Akazie hatte ich das Gefühl, daß wir den Tieren näher waren, als man es irgendwo außerhalb eines afrikanischen Nationalparks sein konnte. Fast in jeder Nacht, wenn wir von irgendwelchen Geräuschen aufwachten und lauschend dalagen, hörten wir den weichen Gang der Elefanten, die sich wie Fischer in Wasserstiefeln zwischen unseren Zelten zu ihrer Wasserstelle bewegten, die vierzig Meter von uns entfernt war. Sie mußten uns gewittert haben, aber solange es dunkel war, störten sie uns nicht. Eines Nachts stieß die Rhinozeroskuh Suzie, ein Schützling von Denis Zaphiro, offenbar unerwartet auf die glühende Asche unseres Feuers, die sie in Wut versetzte. Sie fuhr mit den Hörnern hindurch und stampfte darauf herum und trottete beleidigt davon. Denis und seine Helfer erkannten ihre Fährte am nächsten Morgen. Unser viereckiges Toilettenzelt, in dem ein Stuhl über einem Erdloch stand, war hinter den Schlafzelten nahe am Ufer aufgebaut und öffnete sich zum Fluß hin. Als ich eines Tages bei Morgengrauen dort herauskam, sah ich zu meinem Entzücken eine Nashornmutter und ihr Kind direkt auf mich zukommen. Sie waren etwa vierzig Meter von mir entfernt. Ich stand da, schnallte mir den Gürtel zu und dachte, daß sie wahrscheinlich beim Erklimmen des Ufers ihr Tempo genügend verlangsamen würden, um mir Zeit zu lassen, mich in Sicherheit des Lagerfeuers zu retten. Dann bemerkte mich die Mutter, sagte etwas zu ihrem Kind, und sie bewegten sich langsamer. Vielleicht war diese

Rhinomutter ausnahmsweise nicht schlecht gelaunt von Geburt. Während ich regungslos dastand, machten die beiden Tiere halt, drehten sich langsam um und trotteten zurück durch das ausgetrocknete Flußbett und in den Wald am anderen Ufer. Es war das erste, wenn auch nicht das letzte Mal, daß ich ein Rhino in meinem Badezimmer hatte.

Eines unserer Sehvergnügen am Salengai war das Beobachten von Elefanten, die in der Morgendämmerung oder bei Mondlicht im Gänsemarsch durch das helle Flußbett wanderten, und fast jeden Morgen fanden wir Elefanten- und Löwenfährten im Lager. Manchmal hielten sie uns auf, wenn wir am frühen Morgen unsere festgesetzten Runden machten. Diese Runden begannen mit einer Fahrt einen Waldpfad hinunter bis zu einem Baum, an dem wir als Löwenköder den Kadaver eines Zebras oder Gnus aufgehängt hatten, immer in der Hoffnung einen Löwen beim Frühstück vorzufinden. Einige Massai, die in der näheren Umgebung lebten, hatten sich nämlich bei Denis beklagt, daß Löwen ihre Rinder rissen – und nebenbei gesagt, gebe es hier Hyänen «dicht wie Gras». Deshalb also das Löwen-Kontroll-Programm, und jeden Morgen, ehe es Tag wurde, zwängten wir uns in Lili, den Land-Rover, und fuhren zum Löwen-Platz. Ein paar hundert Meter vor dem Ziel stiegen wir aus, ließen leise Patronen aus den Magazinen in die Kammern unserer Gewehre gleiten und versuchten, nicht auf trockene Zweige zu treten, wenn wir wie die Indianer zum Köder schlichen.

Eines Morgens hörten wir das scharfe, kurze Knacken eines Zweiges. Theisen flüsterte: «Da ist etwas Großes.» Dann sahen wir die Elefanten im fahlen Licht der Morgenröte etwa dreißig Meter zu unserer Linken und weiter oben am Pfad. Die Herde, ein halbes Dutzend, bewegte sich langsam und äsend vorwärts, voraus ein großer Bulle. Da der Wind gegen uns stand – der schwache Elefantengeruch, dem von Mäusen ähnlich, kam uns entgegen –, gingen wir leise an ihnen vorbei und erreichten den Köderplatz. Der Köder war verschwunden. Der Löwe hatte nicht einen Fetzen Haut zurückgelassen. Wir suchten noch ein wenig herum, fanden schließlich ein Stück von einer Rippe und sahen dann, keine sechs Meter vor uns, drei weitere Elefanten, noch auf der anderen Seite des Pfads.

«Wir dürfen uns nicht bewegen, bis sie vorbei sind», sagte Denis. So warteten wir im Schatten der Bäume. Ein junger Bulle erblickte Denis, und dann setzte sich die ganze Herde in Bewegung und kreuzte den Pfad in einem schnellen, stampfenden Trott, die Schwänze erhoben, mit Riesenschritten, bei denen jeweils ein Hinterbein fast den Bauch berührte – große, rötlich gefärbte Schatten vor der Erde und dem rosigen Himmel –, und wir sahen, daß viele Kühe mit kleineren Kindern dabei waren. Ernest zählte zweiundfünfzig Tiere, und ein paar Minuten später folgten weitere drei. Bei seiner letzten Zählung, ehe wir kamen, hatte Denis in diesem Gebiet etwa vierhundert Elefanten gezählt. Der Bestand sollte durch uns nicht vermindert werden. Ernest hatte nicht die Absicht, einen Elefanten zu schießen. «Zu groß, zu wichtig, zu edel», sagte er.

An dem Tag, an dem wir das Lager abbrechen und vom Salengai River zum Kimana Swamp ziehen wollten, fuhren wir wie gewöhnlich zum Köderplatz, und die Aufregung stieg wie das Wasser bei Flut, als Denis weit unten am Pfad anhielt. Erregung erfaßte uns wie ein Strudel, als wir bei schwachem Nieselregen losgingen, Denis voran, Ernest hinter ihm, dann Ernests Gewehrträger N'gui, Memsa'ab und Ty (Theisen). Aus der Deckung sah Denis zwei Löwen, die an dem Köder fraßen. Wir pirschten näher heran. Etwa zweihundert Meter vor den Tieren schlich Ernest um einen Baum herum und schoß. Wir hörten das *wwockk* der aufprallenden Kugel, und dann waren beide Löwen verschwunden, aber der getroffene brüllte nicht, wie es verwundete Löwen angeblich tun. Während ich hinten im Wagen wartete, das Gewehr schußbereit, durchsuchten die Männer das Dickicht. Nach einer halben Stunde hatten sie ihn gefunden, gaben ihm den Fangschuß, luden ihn in den Wagen und brachten ihn zum Lager, wo die Prozedur des Häutens begann, während die Zelte abgebrochen und auf den Laster geladen wurden.

Philip Percival hatte über das Aufspüren eines verwundeten Löwen im Wald gesprochen und bemerkte: «Ein kleines Risiko ist immer dabei.» Ich erinnerte mich an das, was ich darüber gehört und gelesen hatte – wie viele erfahrene Jäger, darunter der große Frederick Selous, von Löwen verletzt und getötet worden waren.

Ernests Löwe war ein junges, vier bis fünf Jahre altes Tier, in der Blüte seines Lebens. Er hatte gewaltige Muskeln in den Läufen und mächtige Tatzen. Ernest, der beim Häuten zusah, beugte sich hinunter, schnitt mit dem Taschenmesser ein Stückchen aus der Lende nahe dem Rückgrat, kaute daran und ließ mich davon probieren. Wir fanden beide, daß das saubere rosige Fleisch köstlich schmeckte – wie Tatar ohne Kapern. Denis spottete, uns würde schlecht davon werden, und Philip lehnte höflich ab, als wir ihm eine Kostprobe anboten. In Kenia essen weder die Eingeborenen noch die Weißen Löwenfleisch: irgendwie ist es für sie tabu, was sie mir jedoch nie näher erklären konnten. Danach ließen Ernest und ich uns den Löwen in Sherry und Kräutern marinieren und über N'bebias Feuer grillen. Das Fleisch war fester als italienisches Kalbfleisch, aber nicht zäh, und es schmeckte milde und gar nicht nach Wild. Später richteten wir es mit Knoblauch und Zwiebeln und verschiedenen Tomaten- und Käsesaucen an, wie wir es in Italien mit *vitello* gemacht hatten.

«Sumpf» ist nicht das richtige Wort für das Gebiet, in dem wir exklusiv das Jagdrecht hatten. Es war ein 1600 Meter hohes Hochland, das im Süden, zum Kilimandscharo hin, durch einen klaren, seichten Fluß begrenzt wurde, der zwischen einer Eskorte von dreißig Meter hohen «Fieberbäumen» (*Acacia xantophloea*) hindurchfloß, deren glatte grüne Stämme im Morgen- und Abendlicht wie vergoldet aussahen. «Wir haben einen Obstgarten», sagte Ernest, als er zum erstenmal die flache, mit Dornbüschen übersäte Ebene sah, die sich meilenweit nordwestlich vom Fluß erstreckte. Wir mußten vom Lager aus drei oder vier Meilen nach Norden fahren, dann uns nach links, westwärts, wenden, bis wir zu dem eigentlichen Sumpfgebiet kamen, in dem die Wasservögel lebten. (Die Hippos, die Nilpferde, hatten ihren eigenen, kleineren Sumpf hinter dem Lager in der Nähe des Flusses.) Dort gab es ägyptische Wildgänse und elegante Kraniche (*Balearica gibbericeps Reichenow*), braune, gelbbehoste Adler und Fischadler. Es gab auch hottentottische Krickenten, schwarzgeflügelte Stelzenläufer, Schwarzhalsregenpfeifer, Schnepfen, Uferschnepfen und Blatthühnchen. Der Sumpf mit seinem Schilf und anderen Gräsern bot all diesen Vögeln reiche Nahrung an Körnern und Insekten, und uns ständige Beschäftigung.

Weit im Nordosten stieg unser «Obstgarten» zu Kopjes, kleinen runden Anhöhen, und Hügeln aus Lavagestein an, und in der Ferne erhoben sich die hohen blauen und unzugänglichen, von schützenden Sümpfen umgebenen Chyulu-Berge. Im Osten und Südosten war das Land flach, mit Lava und Dornbüschen bedeckt, und überall, wo wir herumstreiften, jeden Tag, umgab uns Wild jeglicher Art – Halbaffen, Wüstenfüchse, alle Antilopenarten, Löwen, Büffel, Rhinos und Elefanten. In den sechsundsechzig Tagen, die wir dort in zwei Etappen verbrachten, hatten wir das Glück, drei Jahreszeiten zu erleben, den trockenen Winter, die kurze Regenzeit Ende November und gleich darauf den Frühling.

Rostrote Staubwogen wirbelten über die Ebene, und der feine Sand hatte sich längst in den Augenwinkeln, den Ohren und unten in unseren Hemden festgesetzt, als wir am 10. September 1953 am Kimana Swamp ankamen. Es schien die Herden von Grant- und Thomson-Gazellen, von Gnus und Zebras nicht zu stören. Sie ästen weiter im kurzen goldenen Gras, fünfzig Meter von der Stelle entfernt, wo unser Jagdwagen hielt, und in alle Richtungen, so weit das Auge reichte. Und Keiti und seine Crew ließen sich durch sie nicht davon abhalten, unsere fünf Schlafzelte in einer geraden Reihe ordentlich nebeneinander aufzubauen – die hintere Seite dem Fluß und dem Kilimandscharo zugekehrt, die dreieckige Eingangsöffnung dem Panorama der silber- und goldfarbenen Ebene mit ihren Ausrufungszeichen von Dornenbäumen und den Tausenden von äsenden Tieren zugewandt. Den Schlafzelten gegenüber wurde das große Eßzelt errichtet: der Tisch, groß genug für acht bis zehn Leute, mit Segeltuch bespannte Camp-Stühle, in den Ecken die großen grünen Proviantkisten und an der Rückwand unsere aus ehemaligen Weinkisten improvisierte Bibliothek. Ernest las in diesem Herbst viel von Simenon auf französisch. Ich las Vergils *Georgica*, Polly Adler und *Jock of the Bushveld* – es gab ein allumfassendes Sortiment von Büchern. Fünfzig Meter hinter den Schlafzelten installierte die Safaricrew unser Toilettenzelt. Es lag zum Fluß und zu den stattlichen Fieberbäumen hin, in denen Scharen schwarzgesichtiger Gibbonaffen hausten.

Denis Zaphiro war zu dem Schluß gekommen, daß wir Neulinge im Busch, trotz Philip Percivals aufmerksamer Betreuung, seines Schutzes bedurften, und so siedelte er mit uns vom Salengai nach Kimana über, zusammen mit fünf oder sechs seiner eingeborenen Scouts und seinem jungen Schäferhund Kibo. Ernest war entzückt: er hatte Denis als jüngeren Bruder adoptiert. Ich war entzückt: ich betete Denis an und konnte Fluten von Zärtlichkeiten an Kibo auslassen, der unermüdlich herumtollte und Appetit auf alles hatte, sogar auf hölzerne Zeltstangen. Und ich verehrte Kyungu, Denis' afrikanischen Freund und Chief-Scout. Ich bewunderte, wie er nach zehn oder zwanzig Meilen wilder Herumkurverei, bei der wir Tiere beobachteten, jeden Hügel und jeden Baum, an dem wir vorbeigekommen waren, wiedererkannte und wußte, wo es zum Lager zurückging, und ich schätzte seine guten Manieren – wie er, wenn wir eine Fährte im dichten Busch verfolgten, einen Dornenzweig zurückhielt, damit er mir nicht ins Gesicht schnellte –, seinen festen, kühlen Händedruck, sein Selbstbewußtsein, das so tief in ihm wurzelte, daß er es nie zur Schau zu stellen brauchte, sein freundliches Lächeln unter dem schmalen Schnurrbart, der bei einem anderen Mann in einem anderen Land affig gewirkt hätte, seinen anmutigen, lässig federnden Gang, wenn er sich durch hohen, dichten Busch bewegte, wo Rhinos, Löwen und Elefanten hausten, und dabei an seinem Grashalm kaute, unbekümmert wie ein Franzose, der, sein Stöckchen schwingend, die Champs-Élysées hinunterspaziert. (Wie ich hörte, hat er inzwischen zwei Frauen und eine Schar von Kindern. Ich hoffe, daß sie ihn alle lieben.)

Unser Tagesablauf war einfach: heißer Tee, wenn wir uns vor Morgengrauen bei Laternenlicht anzogen, dann Verlassen des Lagers, zu Fuß oder in Lili oder im Jagdwagen, sobald es hell genug war, daß man ein Tier erkennen konnte, einen Apfel oder eine Sardinenbüchse irgendwo verstaut für den Fall, daß wir uns zu weit entfernten, um zum Frühstück zurück zu sein, Lunch im Eßzelt und eine Siesta im Lager, während die

Tiere draußen irgendwo im Schatten das gleiche taten, am späten Nachmittag erneuter Aufbruch und bei Einbruch der Dunkelheit Rückkehr zum Lagerfeuer, wo ein Tisch mit Flaschen und Gläsern auf uns wartete. Trotz aller Routine brachte uns jeder Tag irgendeine besondere Überraschung, und bald notierte ich in meinem Tagebuch, wir hätten so viel zu tun, daß ich vergessen hätte, mir die Zähne zu putzen. «Ich habe noch kein System gefunden», schrieb ich. «Das Tagebuch führen hier, besser schießen lernen, Bäume und Vögel und Nachtfalter und Libellen und Fliegen bestimmen, Suaheli lernen, lernen, Tiere zu beobachten und den besten Kopf in einer Herde zu erkennen, die Geologie und Geschichte des Landes studieren, etwas über die verschiedenen Stämme in Erfahrung bringen. Ein Achtundvierzigstundentag mit der entsprechenden Energie würde gerade ausreichen.»

Die Erregungen des Tages setzten sich in den Nächten fort. Ernest und ich hatten stets und von allen Betten die wir je hatten, glücklichen Gebrauch gemacht, darunter auch von dem Doppelbett, das Marlene Dietrich uns 1944 im Hôtel Ritz in Paris zu Weihnachten geschenkt hatte, und von unserem großen Lieblingsbett zu Hause in Kuba. Jetzt, da wir alle Arbeit und gesellschaftliche Verpflichtungen hinter uns gelassen hatten, feierten wir kleine private Karnevalsfeste im einen oder anderen unserer engen Feldbetten, vergnügten uns sorglos und mit einer gewissen Unschuld wie junge Hunde, die im Gras spielen. Wir erfanden Spiele und Geheimnamen und fröhliche Scherze, wie es nur glückliche Menschen tun, die gute Freunde sind.

Mein Suaheli machte Fortschritte, ich lernte die Flora und Fauna immer besser kennen, und ich wanderte jetzt mühelos zehn bis fünfzehn Meilen am Tag, aber aus irgendeinem unerfindlichen Grund konnte ich meine Schießkünste nicht verbessern. Ich übte täglich, aber es war vergebens, Kyungu versuchte mir beizubringen, im Sitzen, den Arm auf das Knie gestützt, zu schießen. Die Methode versagte. Gelegentlich brachte ich ein Tier mit einem einzigen Schuß zur Strecke, aber gewöhnlich schoß ich nur Löcher in die Luft. Nachdem Mayito einen Löwen gekriegt hatte und die Reihe an mir war, wurde meine Unfähigkeit, zielsicher zu schießen, zum allgemeinen Schreckgespenst, denn jeder wünschte mir Erfolg oder tat so als ob.

Dann kam der Tag, an dem einige Massai aus der Gegend im Lager erschienen, um zu verkünden, sie wüßten, wo sich ein großer Löwe aufhalte, ein Rinder-Killer. (Sie behaupteten das von jedem Löwen.) Ich prüfte meine Munition, wir zwängten uns in den Jagdwagen und fuhren ostwärts. Nach ein paar Meilen schlug Philip Percival vor, wir sollten zu Fuß weitergehen, was wir auch taten – bei sengender Sonne, die durch unsere Filzhüte drang. Der Schweiß strömte mir über das Gesicht und den Rücken herunter, obwohl die Luft in der Höhe dort ganz trocken war, und ich bemühte mich, mit M'kao, dem Häuter, und Kyungu, Schritt zu halten, die wie durch ein Wunder eine Fährte auf dem trockenen, nackten Erdboden fanden und, so schien es mir, wie Rennpferde vorwärtseilten. Ernest war bei ihnen, und Philip und ich taten unser Äußerstes, um ihnen auf den Fersen zu bleiben. Nach etwa einer Stunde in der Ofenhitze kamen wir an ein Wäldchen von Dornenbäumen, und alle blieben davor stehen, regungslos, die Nasen vorgestreckt. Es hat sicher dreißig Sekunden gedauert, bis ich den Löwen endlich sah. Er lag zwanzig Meter vor uns im tarnenden Dornendickicht. In der Hoffnung, ihn nicht ins Gesicht zu treffen, schoß ich auf seine Schulter. Er kam hoch, eher nachdenklich als hastig, entschwand im Dornengehölz. Niemand lachte. Ich hatte in die Erde geschossen, etwa einen Meter vor ihm. Es war so ein gigantischer Fehler nach all der Mühe, die sich so viele Leute gemacht hatten, daß das Desaster fast schon wieder komisch wirkte.

All unsere anderen Tage am Kimana Swamp während unseres ersten Aufenthalts dort waren zwar anstrengend, aber weniger enttäuschend und lustiger. Wir fanden heraus, daß die in unserer Nähe lebende Büffelherde am frühen Morgen den Schutz des dichten Waldes südlich des oberen Sumpfgebiets verließ und quer über die Ebene zu den gezackten, mit Dornen und Ranken bedeckten Kopjes im Norden der Ebene zog. Wir fanden heraus, daß die großen Herden – Gnus, Impalas, Grant- und Thomson-Gazellen, Kamas, Zebras und andere Tiere – jeden Tag äsend ziemlich weit wanderten, daß die Elenantilopen und Spießböcke das weiter ostwärts, in Richtung der Chyulu-Berge gelegene Weideland bevorzugten, während die anderen das Gebiet des Kimana Swamp mit seinem immer vorhandenen Wasser als Hauptquartier betrachteten. Wir sahen und bewunderten eine kleine Familie von Wasserböcken, einen heldenhaften und strahlend schönen Bock mit etwa zehn Geißen und Kitzen, die in einem Dickicht von Dornenbäumen nahe der Ecke lebten, wo wir abbogen, um zu dem Sumpf zu gelangen. Der Bock war ein großes, schlankbeiniges braunes Tier mit herrlich geschwungenen lyraförmigen Hörnern, und jeden Morgen stand er im schattengetüpfelten Sonnenlicht des Dickichts da und beobachtete uns, während seine Familie lautlos unseren Blicken entschwand. Wir fotografierten ihn in seiner Pose, die ruhige Wachsamkeit und Würde ausdrückte, und schwuren, ihn nie zu belästigen.

Wir besuchten auch gelegentlich die Hippos. Sie hatten mit ihrem Teich unterhalb der Fieberbäume ein bezauberndes Reich, wohlgeschützt durch hohes, mit Pompons geschmücktes Papyrusgras, durch das die golden glänzenden Webervögel schossen, die mit ihren roten Bartfedern wie leuchtende Blumen aussahen. Die Hippos waren offenbar nicht sehr gastfreundlich. Sie zogen sich schnaubend hinter ihr Ried zurück, wohin wir ihnen nicht folgen konnten – vielleicht waren sie kamerascheu. Dagegen hatten sich die Antilopen im Grasland und die Affen in den Fieberbäumen bald an uns und das Geräusch unseres Motors gewöhnt und hielten inne, um uns vorbeifahren zu sehen, statt in wilder Flucht davonzulaufen. Eines Morgens saß ein Äffchen auf einem Camp-Stuhl am Lagerfeuer, zitternd und pochenden Herzens, aber einen Bonbon lutschend. Einer von den Boys hatte es zum Spaß von einem Baum geholt. Earl Theisen brachte es wieder zurück.

Als wir eines Nachmittags durch das eigenartig bewaldete Wüstenland östlich des Lagers streiften, sahen wir eine Giraffengazelle. Es war ein Bock. Er flüchtete und versteckte sich in einem Dornenbusch. Aber Ernest sah noch seinen Kopf und schoß. Wir fanden ihn tot. Das Gehörn war ein schönes Exemplar, aber das arme alte Tier war von einer Hautkrankheit befallen und hatte irgend etwas, was seine Augen trübte, so daß wir keine Gewissensbisse hatten, es getötet zu haben.

Wir wanderten weiter und stießen auf ein halbes Dutzend der kleinen, immerfort mit den Schwanz wedelnden Gazellen, die man Tommy-Böcke nennt. Ernest gab mir seine alte Springfield, das Gewehr, mit dem er bei seiner ersten Safari vor zwanzig Jahren einen Büffel, drei Löwen und siebenundzwanzig andere Tiere – jedes mit nur einem Schuß – erlegt hatte. «Schieß damit», sagte er. Ich zielte zwischen die Augen und streckte den Büffel mit einem Schuß nieder. Aber als wir ihn erreichten, 142 Schritt von der Stelle, von der ich geschossen hatte, entfernt, lebte er noch. Ich tötete ihn schnell mit dem kleinen .22-Gewehr und war traurig und beschämt, aber auch erfreut, endlich einmal etwas getroffen zu haben.

Am späten Nachmittag dieses Tages fuhren wir nach Laitokitok, um das Ereignis zu feiern, und ich fotografierte die Scharen von Massai, die im Dorf herumstanden. Einige kamen protestierend auf uns zu und sagten, wir hätten kein Recht, sie zu fotografieren, ohne sie vorher um Erlaubnis gebeten zu haben. *«If you want pictures, we will come properly to pose for you»*, sagte einer mit bestem Cambridge-Akzent. Während sie so redeten, betrachtete ich sie bewundernd, ihre großen, glühenden Augen, ihre aristokratischen hohen Wangenknochen, die geraden dünnen Nasen, die schmalen Lippen, die langen Hälse, die schmalen Hüften. Die jungen *morani* (Krieger) mit ihren Speeren und ihrem kunstvoll zu Zöpfen geflochtenen Haar waren von Kopf bis Fuß, einschließlich der Haare und ihrer Gewänder, mit der rötlichen Ockerfarbe eingerieben, die sie aus der roten Erde Kenias und Fett herstellen. Die Mädchen mit ihren hübschen, kahlgeschorenen Köpfen waren mit der gleichen Farbe geschminkt und trugen – wie die jungen Männer – je zwölf bis zwanzig bunte Perlenhalsketten und schwere, große, lederne Ohrgehänge.

Wir kannten einige der Legenden der Massai, die berichteten, daß sie von Königen abstammten und daß einst ein großer König seinem Volk befohlen hatte, nach Süden zu ziehen, und daß sie nach langer Wanderung und vielen wilden Schlachten mit ihren Rindern und ihren Familien hierhergekommen waren – und nun waren wir begierig darauf, ihren Mut als Krieger und Speerwerfer zu bewundern.

Aber schon gleich am nächsten Tag kamen uns Zweifel. Sie erschienen bei uns im Lager, stellten sich in einer Reihe unter einem Dornenbaum auf, erzählten uns, sie wüßten, wo vier Löwen seien, die sie jagen wollten (die Löwen hatten zwei ihrer Esel getötet), und baten uns um Hilfe. Wir brachen nach dem Mittagessen auf. Ernest und Denis gingen zu Fuß mit den wild brüllenden *morani*, Philip und ich deckten die rechte Flanke im Jagdwagen und brüllten ebenfalls wie die Hyänen. Wir sahen einen Löwen und eine Löwin, sahen Ernest schießen, sahen die Löwin flüchten, bis nur noch Denis und zwei *morani* der Löwin auf der Spur waren. Später erzählte uns Denis betrübt, er habe, als sie sich nahe genug an die Löwin herangepirscht hatten, gesagt: «So, da ist sie. Tötet sie mit dem Speer!» Aber die Krieger hätten sich ins Gebüsch zurückgezogen und gesagt: «Schieß du, Bwana.» Worauf Denis verärgert und enttäuscht geschossen hatte. Als die Löwin tot war, kamen die Massai wieder aus ihren Verstecken hervor, brachten ihre Jagdbeute triumphierend zu uns ins Lager und vollführten für ihren Häuptling und für uns einen langen, geräuschvollen Siegestanz. «*Bubblegum Masai*», brummte Ernest.

Es war ein lärmender, staubiger Tag gewesen, aber er hatte herrlich begonnen. Ich schrieb in mein Tagebuch: «Wir erwachten im buntschimmernden Morgenlicht, das durch das weite, offene Dreieck in unser Zelt hineinschien. Vor dem blassen gelbrosa Morgenhimmel hoben sich unsere Dornenbäume (*Acacia lahai*) wie eine Sepiazeichnung ab, und das schräge Dach des weißen Eßzelts leuchtete beige. Es ist ein Erwachen, wie ich es nie zuvor erlebt habe, und nie kam mit dem wiederkehrenden Bewußtsein eine solche Woge von Vorfreude auf mich zu.» (Ungerecht, ungerecht gegenüber der *Pilar* und dem Entzücken, auf ihr zu erwachen.)

Während Mayito Menocal und Denis in der Nähe des oberen Sumpfs Büffel jagten, hielten Philip, Ernest und ich Ausschau nach Elenantilopen, der größten aller Antilopen, deren Böcke ein Gewicht von 750 Kilo erreichen und köstliches Fleisch liefern. Wir stießen im Laufe dieses einen Nachmittags auf zwei verschiedene Herden, und als wir uns der ersten näherten und ihr ein paar Meilen weit folgten, stellten wir fest, daß es lauter Elenkühe mit Kälbern waren – was nicht ganz leicht zu erkennen ist, da die Hörner der weiblichen Elenantilopen ebenso groß und eindrucksvoll sind wie die der Böcke. Als wir eine zweite Herde entdeckten, war es schon so dämmerig, daß wir nicht sicher sein konnten, ob wir einen Bullen in der Herde erkennen würden. Aber dann stießen wir auf eine kleinere Trappe, einen rotbraun und grau gefleckten Vogel, zwei Fuß hoch im Gras, und ich schoß ihn mit dem kleinen Gewehr. Dann gerieten wir in eine Schar gefleckter grauer Perlhühner, und ich schoß eines. Sie stoben davon, wir folgten ihnen, und ich schoß noch eines. Wieder stoben sie davon, und ich schoß auf eines und erlegte zwei. Endlich einmal lieferte ich das Essen für den nächsten Tag.

Obwohl des Abends, wenn wir am Lagerfeuer saßen, viel gefachsimpelt wurde, erzählte am Ende immer wieder einer Geschichten, wie sie seit einem halben Jahrhundert an den Lagerfeuern Ostafrikas erzählt wurden.

Denis erzählte uns Tierlegenden der Eingeborenen. Eine handelte von einem Elefanten, der auf einem Wildwechsel auf einen riesigen Kothaufen stößt. Sagt sich der Elefant: «Ich bin das einzige Tier, das so einen großen Haufen machen kann.» Ein Stück weiter begegnet er einem Rhino und fragt es, ob es wisse, wer den großen Haufen gemacht hat. Das Rhino gibt mit falscher Bescheidenheit zu, daß der Haufen von ihm stamme. Das ärgert den Elefanten, und er sagt: «Kein Tier kann so große Haufen machen wie ich, und ich verbiete dir, den Pfad auf solche Weise zu beschmutzen. Geh sofort zurück, und verstreu den Kot und sage allen Rhinos, so sollen sie es von jetzt an immer machen.» Damit stampft der Elefant davon und walzt ein paar große Bäume nieder, um seinen Worten Nachdruck zu verleihen. Und seither verstreut oder bedeckt das Rhinozeros seinen Kot.

Unser Koch N'bebia hatte früher einmal im Haus des Gouverneurs gearbeitet, und wenn er jetzt bei uns inmitten seiner zerbeulten Töpfe an seinem großen Feuer hockte, bereitete er uns Mahlzeiten zu, die eines Gouverneurs oder eines Feinschmeckers durchaus würdig waren. Zu Mittag gab es meist kalten Braten von Wild, das wir geschossen hatten, mit heißen, gebackenen Kartoffeln und Salat und danach Obst und Käse. Das Abendessen begann mit einer gehaltvollen, passierten und mit Zwiebeln oder Graupen angerichteten Suppe, der Hauptgerichte folgten wie Ochsenschwanzragout, Gazellenbraten, Elenantilopenbraten oder Wildvögel in Currysauce und Beilagen wie geraspelte Kokosnuß oder Bananen, Chutney und Bombay Duck, Safranreis mit sautiertem Perlhuhn oder Pastete mit Elenfleisch, die dünne Kruste mit einer Weinflasche auf einer Weinkiste ausgerollt. Nach den Aufregungen des Tages und den Wanderungen in der frischen Luft hatten wir stets guten Appetit und aßen allesamt viel zuviel, so daß meine Hosen immer enger wurden.

Felipo, einer von Denis Zaphiros Scouts, hatte seine Gitarre mitgebracht, und an manchen Abenden luden die Scouts mich zu einem nach afrikanischer Tradition veranstalteten Gesangsfest in ihr Lager ein. Felipo sang lange, Geschichten erzählende Lieder, und nach jeder Strophe sangen die anderen einen kurzen Refrain im Chor. Es waren Kriegslieder, Lieder, die von der Stammesgeschichte handelten oder vom Werben der Jungen um die Mädchen, und die Melodien waren alle in Moll, mit vielen Septimen und für mich schwer zu behalten, aber wunderschön. Meine Beiträge zu den Festen bestanden aus ein paar *a capella* vorgetragenen Liedern auf italienisch und spanisch und dem einzigen Lied auf baskisch, das ich kannte. Die Scouts hatten alle schon europäische und indische Musik gehört. Trotzdem zuckte es in ihren Gesichtern, wenn sie höflich bemüht waren, bei meinen Darbietungen nicht zu lachen.

Am 19. September brachen wir das Lager ab und kamen auf unserem Weg weiter gen Süden noch einmal am Salengai vorbei. Es war schön, die vertrauten Hügel wiederzusehen, den großen Baumstumpf, bei dem wir immer Lili hatten stehenlassen, wenn wir morgens auf Löwenjagd gingen, die Stelle, wo der Löwenköder gehangen hatte, die Biegung zum Fluß, wo Suzie, das schlechtgelaunte Rhino lebte und die Perlhühner sich zum Trinken einfanden.

Wir fuhren weiter, blieben nachts im Olorgasalie Camp am östlichen Rand des Great River Valley, das zur Zeit des frühen Pleistozän, vor einer Million Jahren, eine wahre Waffen- und Werkzeugfabrik gewesen war: hier hatte man Steinäxte und Pfeile in großen Mengen gefunden, Werkzeuge zur Steinbearbeitung und die Knochen und auch den gespaltenen Oberschenkelknochen eines Elefanten. Die Afrikaner von damals schätzten offenbar den Geschmack von Elefantenmark.

Weiter durch die häßliche, baumlose Stadt Magadi, wo die *Imperial Chemical Industries Company* eine Sodafabrik betrieb, zu unserem neuen Lagerplatz, der im Schatten hoher Feigenbäume lag und sich durch die Abwesenheit von Fliegen, Staub und Moskitos erfreulich auszeichnete. Denis hatte dort schon häufig sein Lager aufgeschlagen und hatte den hoch an einem Uferhang über einem plätschernden kleinen Bach liegenden Platz Fig Tree Camp getauft.

Fig Tree Camp war für Denis ein mit Abenteuern verbundenes Lager. Eines Nachts, als er dort fest schlief, bei offener Zeltklappe, um die nächtliche Kühle hereinzulassen, weckte ihn ein besonderer Geruch. Es war ein Leopard, der geradewegs an sein Feldbett gekommen war und offenbar Hunger verspürte. Denis griff nach seinem Gewehr unter dem Bett und

verabschiedete den Leoparden mit einem knallenden Schuß. Einmal schwamm er allein nackt im warmen kaffeefarbenen Wasser des Uaso Nyiro River, als ein Büffel zum Fluß herunterkam, um zu trinken.
Er störte sich an Denis' Anwesenheit im Wasser, schnaubte und stürzte sich in den Fluß, ihm nach. Denis schwamm so schnell er konnte ans andere Ufer und versteckte sich hinter einem Baum, und der Büffel, der ihn jetzt nicht mehr sah, kehrte um und trottete in den Wald zurück. Auch diesmal, während wir alle unter den Feigenbäumen und wilden Verwandten von rotem Jasmin, Oleander und Tamarinden lebten, wurde Denis zweimal bei seinem morgendlichen Bad im Fluß von einem oder mehreren Rhinos gestört. Beide Male stürzten sie keuchend zu ihm hinunter, und alle im Lager schrien ihm Warnungen und Anweisungen zu – und er sprang barfuß über Steine und Treibholz, bis er außer Sicht der Rhinos war. Ich nahm mein Morgenbad vorsichtshalber direkt vor unserem Zelt.

Das Lager war ein Paradies für Naturfreunde, aber nicht für Möchtegern-Löwenjäger wie mich. Es gab hier zwar ebenso viele Löwen wie irgendwo sonst in Afrika, wir sahen es an den Fährten an den Wasserstellen, und am zweiten oder dritten Jagdmorgen hörten wir sogar zwei von ihnen sich im dichten Busch unterhalten, bekamen aber kein lohfarbenes Fell zu sehen. So suchten wir uns wie am Salengai und am Kimana Swamp einen Köderbaum aus, legten immer wieder ganze Viertel von Zebras, Gnus oder Impalas an den Stamm und gingen jeden Morgen voller Hoffnung hin.

Am 1. Oktober stiegen Mayito Menocal, Ernest, ich und unsere Gewehrträger den letzten Hügel vor dem Köderbaum hinauf, als Mayito, der zwei Schritte vor mir ging, sich nach rechts wandte und schoß. Ernest schoß auch, und N'zia, mein Gewehrträger, grinste «*Chui, Chui*». Zwanzig Schritt weiter lag ein toter Leopard.

Es war für Earl Theisen ein Gottesgeschenk: schon seit langem hatte er auf eine Chance gehofft, Ernest mit gefährlichen Raubtieren für *Look* zu fotografieren. Ich protestierte: «Wir wissen doch gar nicht, wer ihn getroffen hat.... Es kann doch Mayitos Leopard sein, seiner ganz allein.... Ich glaube, du hast moralisch nicht das Recht dazu, mein Lamm.» Doch Ernest ließ sich von Ty überreden und setzte sich auf den Boden und ließ sich mit dem Leoparden fotografieren.

Falls Mayito wußte, wer den Leoparden erlegt hatte, sagte er doch nichts und legte offensichtlich keinen Wert auf eine Diskussion darüber. Aber aus der Geschichte entwickelte sich einer der wenigen Dispute zwischen Ernest und mir, die wir in diesen Monaten hatten. Ich machte ihm Vorwürfe: «Es ist nicht recht. Das ist moralischer Verfall, das gehört sich nicht», rief ich pathetisch. Ernest hörte mir kaum zu. «Ich werde einen Leoparden schießen, damit du deine Ruhe hast», sagte er.

«Bevor *Look* die Bilder veröffentlicht?»

«Sicher!»

Ende Dezember 1953 schoß Ernest ganz allein seinen Leoparden. *Look* brachte das Bild des Leoparden, auf den er und Mayito Menocal beide geschossen hatten, in der Ausgabe vom 26. Januar 1954.

Auch am nächsten Morgen war kein Löwe am Köderplatz zu sehen, und so holperten wir über das Lavagestein zum Lager zurück. Plötzlich blieb Ernests Gewehrträger stehen und sagte: «Kudu.» Er zeigte auf einen etwa eine halbe Meile entfernten Kopje. Oben auf dem Hügel standen, wie Silhouetten, ein hübscher junger Kudubock und zwei Geißen. Ernest sagte zu mir: «Schieß du ihn.» Ich schob eine Patrone in die Kammer meiner Mannlicher-Schoenauer, und wir pirschten rasch durch das dünne blaßgoldene Gras und über die rote Lava weiter voran, bemüht, in Deckung zu bleiben, ich keuchend und schwitzend, als wir den Hügel hinaufstiegen, während N'zia leichtfüßig hinaufsprang. Auf der Kuppe des Hügels fanden wir einen Termitenhaufen von meiner Größe – eine ausgezeichnete Stütze für mein Gewehr. Ich sah den weißen Fleck auf dem Hals des Kudus, hielt den Atem an und drückte ab. Der junge Bock verschwand. Wir fanden ihn zehn Meter von dem Platz entfernt, wo er mit seinen Gefährtinnen gestanden hatte. Die Kugel hatte die Schlagader getroffen. Ernest maß die Distanz und stellte fest, daß sie 200 Meter betrug. Alle Gewehrträger und Mayito und Earl Theisen überhäuften mich mit Komplimenten, und als wir zum Lager zurückkehrten, brach die ganze Safaricrew in Jubelgeschrei aus. Alle tanzten, schlugen auf die Kochtöpfe und schüttelten mir die Hand. Aber mir war insgeheim elend zumute. Der hübsche junge Bock war zu hübsch und zu unschuldig gewesen, um durch einen Glückstreffer einer Touristin zu sterben. Und ich kam zu dem Schluß, daß ich so oft schlecht geschossen und das Ziel verfehlt hatte, weil ich es tief in meinem Innern nicht über mich gebracht hatte, die Tiere zu töten.

Am nächsten Morgen war wieder kein Löwe zu sehen, aber wir fanden Fährten und suchten in allen Richtungen von der Wasserstelle aus – unter den hohen Bäumen, im dichten Buschwerk, im Buschwerk, das zu dicht und gefährlich war und dann in dünnem Unterholz. Wir hörten ein Grunzen, Husten, Brummen, und da, keine zwölf Meter entfernt, trat der größte Löwe, den wir je gesehen hatten, aus einem Busch und hinter ihm ein jüngerer – und in Sekundenschnelle waren beide verschwunden. Ernest und ich schossen hinter ihnen Löcher in die Luft.

Wir dachten uns, die beiden seien vielleicht nur ein Stück weiter in ein anderes Buschdickicht geflüchtet, und wir suchten herum und warfen Steine ins Dornengetrüpp. Dann fanden die Boys die Fährte des größeren Tiers, ermahnten uns, wir müßten leise gehen und langsam und liefen selber schnell und laut die Westwand des Rift Valley hinauf, krabbelten über Lavafelsen, trockenes Getrüpp und Steppengras wie eine Meute von Bluthunden. Mayito hatte in weiser Einsicht beschlossen, an dieser Jagd nicht teilzunehmen, und ruhte sich im Schatten eines Baumes am Fuß der Grabenwand aus. Nachdem ich fünf- oder sechsmal mein kleines Gewehr niedergelegt hatte, um mich mit beiden Händen über einen Fels zu hieven, mehrmals stehengeblieben war, um mir den Schweiß aus den Augen zu wischen, blies ich die Klettertour ab. Ernest konnte es zuerst nicht glauben und war enttäuscht, und die Gewehrträger waren es auch, aber ich hatte das sichere Gefühl, daß wir den großen Löwen an diesem Tage nie finden würden, und selbst wenn wir ihn gefunden hätten, wäre ich nach der heißen, atemlosen Kletterei nicht imstande gewesen, ihn sauber zu treffen. Wir nannten ihn «Old Imperial», und wir sahen ihn nie wieder. Aber in jener Nacht träumte ich von ihm, sah ihn mit seiner langen, dichten schwarzen Mähne, seinem schönen Körper und seinen straffen Muskeln und seiner Fähigkeit, sich lautlos durch dichten Busch zu bewegen. Ich träumte, daß wir ihn ganz nahe, jenseits eines kleinen Einschnitts im Lavagestein, das mit niedrigem Gestrüpp und grünen Ranken bedeckt war, erblickten. Da stand er, riesig im hellen Sonnenlicht, und beobachtete uns, und ehe wir schießen konnten, sagte er mit dem kultiviertesten Oxfordakzent: *«How do you do?»* Ernest und ich ließen verblüfft die Gewehre sinken. Und dann begannen wir über die kleine, sechs Schritt breite Wasserrinne hinweg mit ihm zu plaudern.

«Old Imperial» erzählte uns, er habe gerade in seiner Dornenlaube geschlafen, als wir gestern kamen, und einen Augenblick lang sei er richtig nervös gewesen. Doch als er uns den felsigen Hang raufklettern sah, ihm nach, und dabei so viel Lärm machten, daß er immer genau wußte, wo wir waren, auch wenn er uns nicht sehen konnte, sei er beruhigt gewesen. «Das liegt natürlich daran, daß Sie Schuhe tragen», sagte er.

Wir sprachen über sein Leben in der Gegend hier. «Ein angenehmes Land», erklärte er, «obwohl es hier nicht den Überfluß an Nahrung gibt, den ich aus anderen Gebieten kenne, in denen ich gelebt habe.» Hier müsse er arbeiten, um sich zu ernähren, dafür sei er aber auch immer in guter Kondition. Eine der Annehmlichkeiten des Lebens hier – sehr wenige Leute.

Ich fragte ihn, wo er so gut Englisch gelernt habe. Er sagte: «Oh, das habe ich mir so aufgeschnappt.»

Er beschrieb uns das Vergnügen, im Dunkeln zu speisen – «wie Kerzenlicht, wenn Sie bei Tische sitzen».

Unmerklich waren er und wir einander näher gekommen, und da sprang er uns plötzlich an und warf uns zu Boden. Ich hörte Ernest protestieren – «das ist nicht fair, nicht sportlich» –, und dann fraß er mich. Aber es tat nicht weh. Das letzte, was er sagte, ehe ich erwachte, war: «Nein, wirklich, Sie sind ja mächtig salzig.»

Beim Jagen vom Fig Tree Camp aus fanden wir nie einen Löwen, den ich ordentlich ins Visier bekommen konnte, aber vieles entschädigte uns dafür. Eines Morgens – wir hatten wie üblich nach dem Löwenköder gesehen – fuhren wir südlich durch das flache Tal, bogen dann nach Osten ab und folgten einem nur undeutlich erkennbaren Wildpfad durch das hohe gelbe Gras, das wie ein großes reifes Weizenfeld aussah und zu unserer Rechten eine halbe Meile entfernt, von Wald begrenzt wurde und eine Meile vor uns in dichtem, dunklem Wald endete, in den gerade die ersten Sonnenstrahlen sickerten. Außer Vogelrufen und dem Schnaufen unseres Motors war kein Laut zu hören unter dem hohen, wie Perlen schimmernden Himmel.

N'gui zeigte in das Feld, und da lag, fünfzig Meter entfernt, ein Gepard auf der Kuppe eines großen, runden Felsblocks und beobachtete uns. Geparde waren königliches Wild und standen unter Schutz, doch Ernest ließ den Wagen halten, stieg aus, ging auf den Gepard zu und feuerte einen Schuß ab, hoch über seinen Kopf hinweg, nur um ihn sich bewegen zu sehen.

Der Gepard flitzte wie ein Pfeil über den Wildpfad und entschwand links im Unterholz, aber gleichzeitig begann es in dem goldenen Feld zu unserer Rechten zu wogen. Ich starrte erstaunt. «Pferde», sagte ich. Die Felle vergoldet vom frühen Sonnenlicht, kamen vier Löwinnen, ein junger Löwe und fünf Löwenbabies aus dem Gras hervor und liefen geschmeidig und geräuschlos auf den schützenden Wald im Osten zu. Diese Fünf-Minuten-Schau war eine unserer beiden größten Überraschungen im Rift Valley. Wir waren so dankbar, daß wir später am Tag, als wir die Löwinnen noch einmal sahen, wie sie mit ihren Kindern am Waldrand ruhten, ihnen ein großes Stück Fleisch von einem Büffel zuwarfen, den Ernest inzwischen geschossen hatte.

Im Fig Tree Camp nahm Mayito Menocal Abschied von uns. Er ging nach Tanganjika, um dort zu jagen. Und Earl Theisen machte sich mit seinen Kameras und Hunderten von belichteten Filmen nach Nairobi auf, um von dort nach New York zurückzukehren. Philip Percival verließ uns für einen kurzen Erholungsurlaub auf seiner Kitanga-Farm. Ernest und ich und die Lagercrew blieben allein und ohne Transportmittel im dichten Wald zurück, inmitten von Büffeln, Elefanten, Leoparden und Hyänen. Wir genossen die Freiheit, gingen zu Fuß auf Jagd, entfernten uns nie mehr als acht oder neun Meilen vom Lager, lernten, wieviel Spaß es machte, die Flüsse in Stiefeln zu durchqueren, lernten besser als vorher die Vögel und Wildtiere in den Lichtungen und Gehölzen um uns herum kennen. Philip hatte uns gewarnt: «Verdammt gefährliche Ecke. Ich habe nie ein heikleres Lager gesehen.» Nachts konnten wir die durchs Lager streifenden Hyänen riechen, und fast jeden Morgen fanden wir Leopardenfährten. Aber uns geschah nichts Böses.

Als Philip mit dem Jagdwagen und dem klapprigen alten Laster zurückkam, erklärten wir den ersten Teil unserer Safari für beendet. Aber wir hatten noch nicht genug vom Jagen und vom Leben draußen und von Afrika – und ich hatte noch keinen Löwen. Wir brachen das Lager ab, fuhren über Nairobi zur Kitanga-Farm, wo Mama Percival uns gastfreundlich einlud, unser Lager vor ihrem Anwesen aufzuschlagen. Jetzt stellte sich die Frage, wohin es als nächstes gehen sollte, und Ernests Sohn Patrick half uns die Antwort finden. Er und seine Frau Henrietta lebten in Tanganjika, südlich von Iringa in der Nähe der Straßenkreuzung «Johns Corner» auf einer Farm, wo sie Chrysanthemen züchteten, inmitten des herrlichen, hügeligen Hochlands, wo hauptsächlich Tee angebaut wird. Sie telegrafierten, sie hätten gehört, daß es südlich von ihnen, an einem Arm des Great Ruaha River im Distrikt Usangu gute Jagdmöglichkeiten gebe. Ernest flog nach Iringa, bekam einen Wagen und fuhr los und mußte feststellen, daß Patrick plötzlich erkrankt und ins Hospital gebracht worden war. Das Haus war verschlossen. Er stieg durch ein Fenster ein, fand im Dunkeln ein Bett und legte sich schlafen. Nachts schreckte er auf. Etwas Weiches war vom offenen Fenster auf seinen Bauch gefallen. «Schlange», dachte er und lag regungslos da, ohne mit einem Muskel zu zucken. Er hatte keine Lust auf einen Schlangenkampf im Dunkeln. Bald spürte er eine angenehme Wärme von der Schlange ausgehen, und dann begann sie zu schnurren.

Ein paar Tage später telegrafierte Ernest an Philip: BRINGE SAFARI SO BALD WIE MOEGLICH. Wieder begannen wir Kochgerät, Munition und unsere persönlichen Sachen zusammenzupacken. Ich brauchte noch einiges und so nahm mich Mama Percival mit zum Einkaufen nach Machakos. Wir besichtigten auch den Ort, und ich war sehr stolz, die Suaheli-Inschrift über der Kanzel der Kirche entziffern zu können. Sie lautete: «Der Herr ist mein Hirte. Mir wird nichts mangeln.»

Auf unserer zweieinhalbtägigen Fahrt im offenen Jagdwagen kamen Philip und ich durch die verschiedensten Landschaften, vom dichten grünen Wald bis zur nackten Wüste. Zweimal kampierten wir nachts am

Rande der Straße. Die Landschaft südlich von Dodoma war, wie ich notierte, «ein ausgedörrtes, totes Fegefeuer, die Temperatur im Wagen mindestens 49 Grad [wie ich riet] und der Wind von einer Geschwindigkeit von 40 Meilen. Meine Augen brannten trotz Sonnenbrille im grellen Licht. Wenn ich ein Brotlaib wäre, würde ich inzwischen nicht nur gebacken, sondern verbrannt sein.» Aber als Philip hörte, wie die Boys die Zeltpfosten in den Boden schlugen, sagte er: «Ein liebliches Geräusch!» Und ich stimmte zu.

Nach ein paar Tagen des Wiedersehens mit Patrick, der von seiner Malaria genesen war, und Henrietta, fuhren wir, eine Drei-Wagen-Karawane – Patrick in seinem Land-Rover –, in das unwirkliche, sepiafarbene Land der Bahora-Ebene am Ruaha River. Ein Himmel von grauem Flanell hing tief über uns im prasselnden Regen, und Philip Percivals verschmitztes Cherubsgesicht verriet Sorge, als wir uns unserem nassen Lagerplatz näherten. Auch Keiti machte beim Aufbau der Zelte ein bedenkliches Gesicht. Die kurze Winterregenzeit nahte, und wenn wir nicht aufpaßten, konnten wir mit unseren Fahrzeugen irgendwo im Schlamm steckenbleiben. Patrick und ich fuhren weiter südwärts durch den Dschungel eines wahren Regenwaldes nach M'beya, der Provinzhauptstadt, um uns für ein paar hundert Shilling die Schießgenehmigungen zu besorgen. Aber abgesehen von Krokodilen in den Flüssen, ein paar Topi-Antilopen und Gazellen war der Tierbestand in dem Gebiet in diesem Jahr gering. So waren Philip, Keiti und die ganze Safaricrew erleichtert, als Ernest nach wenigen Jagdtagen beschloß, wieder nach Norden zu ziehen, solange die Wege noch befahrbar waren.

Wir verbrachten eine Woche bei Denis Zaphiro, der in Kajiado ein hübsches Junggesellenhaus bewohnte, und fuhren dann selig zum Kimana Swamp – die Regierung von Kenia hatte uns freundlicherweise einen weiteren Aufenthalt dort erlaubt. Wir stellten fest, daß die kurze Regenzeit für die Tierwelt unserer Hochebene einen ganz neuen Lebenszyklus in Gang setzte. In den fünfzig Tagen unseres zweiten Aufenthalts dort sahen wir den Winter einem herrlich blühenden Frühling weichen. Das vorher versengte, staubige Plateau bedeckte sich innerhalb einer Woche mit kniehohem grünem Gras.

An den Schlammstellen bei den Sümpfen beobachteten wir Ameisen, die aus winzigen Löchern am Boden krochen. Sie ruhten einen Augenblick auf einem Grashalm aus, ließen ihre durchsichtigen Flügel in der Sonne trocknen, und dann schwirrten sie, jubilierend, wie es schien, zu ihrem ersten Flug ins Sonnenlicht empor. In der Luft boten sie ein paar Wochen lang den Vögeln reiche Nahrung, aber die meisten von ihnen kehrten zur Erde zurück, verloren ihre Flügel und machten sich emsig an die Arbeit, bauten neue unterirdische Schlupfwinkel und legten sie mit Gras aus.

Wir sahen Dutzende anderer Insektenarten ihr neues Jahr beginnen, für ihre Nahrung, Unterkunft und Nachkommenschaft sorgen, und unter ihnen gefiel uns besonders die leuchtend rote, flaumige Cochenille, die immer erst lange auf dem warmen Erdboden umherstolzierte, ehe sie sich an die Arbeit machte. Ernest sagte: «Diese Biester geben sogar noch im Sitzen an.»

Auch die Mistkäfer faszinierten uns. Aus Büffeldung, der überall herumlag, formten sie runde Kugeln, so groß wie Weintrauben, und dann machten sie sich feierlich daran, die Kugeln mit den Hinterbeinen weiterzustoßen, wobei sie rückwärts über den Boden krabbelten. Eine Variante des Skarabäus, rollten sie die Kugeln dann in ein Loch, in dem das Weibchen seine Eier gelegt hatte. Die Larven ernährten sich später von dem Dung.

Im vergangenen September hatten wir eines Morgens bei unserer Runde am Kimana Swamp einen riesigen schwarzmähnigen Löwen und seine Freundin im Schattenfiligran eines Dornbuschs liegen sehen. Ich hatte gebettelt, ihn schießen zu dürfen, aber Denis hatte Einspruch erhoben. Er war der Meinung, der Löwe wirke so zahm, er müsse einer von den Fotomodellöwen von Amboseli, dem in der Nähe liegenden Wildschutzgebiet, sein.

Jetzt, Ende November, kam man jedoch zu dem Schluß, daß ich den Burschen schießen sollte, der, wie die Massai behaupteten, ihre Rinder riß. Er lebte jetzt mit zwei freundlichen Löwinnen in einem Gewirr von Lava, dichten Dorngestrüpp und Ranken, vier oder fünf Meilen nördlich vom Lager.

Unsere Taktik bestand darin, große Fleischbrocken nicht weit von diesem Löwenlager auszulegen und sie an einen Baum zu ketten, so daß die Löwinnen sie ungehindert fressen, sie aber nicht ihrem Boss ins Dickicht schleppen konnten. Da die größere Löwin trächtig war und sich ihre Mahlzeiten nicht erjagen konnte, kamen die beiden Damen täglich zum Frühstück und schienen sich nichts daraus zu machen, daß ihr Herr und Meister abmagerte und vermutlich schlecht gelaunt war. Zehn Tage lang versuchten wir ihn mit List und Tücke aus seiner Höhle zu locken, und schließlich erschien er tatsächlich zum Fressen. Am späten Nachmittag des 5. Dezember fanden wir ihn am Köder und warteten darauf, daß er flüchtete. Denis verstellte ihm den Weg zu seinem Lager mit seinem Land-Rover, der alte Bursche preschte auf eine Gruppe von Dornenbäumen, ein paar hundert Meter westlich zu, und wir setzten ihm nach. Als Denis den Wagen stoppte, stand der Löwe zwanzig bis dreißig Meter vor uns und beobachtete uns. Ernest sprang heraus und rannte nach links. Ich stieg aus, lehnte mich an den vorderen Kotflügel und bekam die linke Schulter ins Visier. Aber Denis hüpfte nach rechts und brüllte: «Warte! Warte!» Ich begriff nicht, wartete aber und betete, daß ich ihn mit einem Schuß treffen würde, wenn er mich anging.

Statt dessen wandte er sich ab und zog in südlicher Richtung davon. Ich lief nach rechts, bekam seine wiegende Flanke ins Visier, holte tief Atem, drückte ab, hörte Ernest schießen, hörte Denis schießen. Wir fanden ihn 350 Meter entfernt, tot, mit dem kleinen Loch meiner Kugel in der rechten Flanke und dem größeren von Denis' 470er Büchse. (Beim Häuten und Nachprüfen am nächsten Tag stellten wir fest, daß das kleine Geschoß meiner Mannlicher-Schoenauer das rechte Hinterbein und Denis' großes Geschoß das Rückgrat und den Rückenwirbel gebrochen hatten.) Er maß 2,70 Meter von der Nase bis zum Schwanzende, und nach weiteren genauen Messungen verkündeten der Häuter und die Gewehrträger, daß er 384 Pfund wog.

Im Lager hatte man unser Triumphgeschrei gehört. Der Lastwagen kam uns vollbesetzt mit brüllenden, singenden und auf Kochtöpfen trommelnden Menschen entgegen. Die Safaricrew hatte lange auf diesen Löwen gewartet, und nun waren die Boys nicht mehr zu halten. Wir schüttelten Hände, machten Fotos in der Abenddämmerung und fuhren zurück, während die Boys einen neuen Triumphgesang über die kleine Memsa'ab sangen, die den großen gefährlichen Löwen getötet hatte. Das ganze Lager und Denis' Scouts kamen zu uns ans Lagerfeuer, sangen und schlugen auf Töpfe und Kannen, setzten mich auf einen Stuhl und trugen mich hoch über ihren Köpfen herum, brüllten und jubelten und jauchzten und tanzten und sangen. Ich war gerührt, aber auch verlegen, denn ich wußte in diesem Augenblick nicht, ob meine Kugel überhaupt getroffen hatte. Ich erinnerte mich nur, daß Charo, mein alter Gewehrträger, nach meinem Schuß *«Piga»* (getroffen) gemurmelt hatte.

«Eine solche Feier habe ich seit zwanzig Jahren nicht erlebt», sagte Philip Percival bei unserem verspäteten Abendessen. Danach gingen wir ins Scout-Lager hinüber, wo alle herrlich wild um ihr Feuer herumtanzten. Eine Stimme sang ein neues, improvisiertes Lied über den Simba und die Memsa'ab, die Khakishorts leuchteten rot im hellen Feuerschein, der die schmalen braunen Rücken und die langen, muskulösen Beine, die weißen Straußenfedern auf den Köpfen und das Weiß der Augen erglänzen ließ. Am nächsten Tag aßen Ernest und ich das in Sherry eingelegte und dann gegrillte Lendenstück. Obwohl er ein alter Löwe war, war die Lende zart und köstlich. Aber danach, nach dieser Kampagne, fühlten wir uns ein, zwei Tage lang leer und lustlos.

Am 10. Dezember schrieb ich nach einem arbeitsreichen Tag: «Die ganze Nacht Regen, und gegen zwei Uhr früh kamen die Hyänen und gaben ein großes Konzert. Sie waren sehr nahe, und ich hörte ihre schrillen Arpeggios, die wie die Sirene eines Feuerschiffs klangen, und auch ihr mädchenhaftes Gelächter, das leise Gurren, das Stakkatogekicher und das hysterische ‹Laß das!› Sie weckten auch Papa, und wir lagen im Dunkeln und lachten mit ihnen.

Dann war da ein Kratzen an meinem Bett, und Papa sagte: ‹Wenn es eine Kobra ist, spuck sie nicht an! Sie spuckt nicht, wenn du es nicht tust.› Papa hatte seinerseits ein ‹Darf ich kommen?›-Tier bei sich. Der Regen prasselte aufs Zeltdach, ein beruhigendes Geräusch, und wir schliefen wieder ein. Am Morgen sagte Papa: ‹Vergiß nicht die Vögel, die in den Bäumen die Flügel spreizen, um sich zu trocknen – für dein Tagebuch.› Manchmal sind sechs bis zehn Stück in einem Baum.

Als ich beim Morgengrauen vom *Cho* (Toilettenzelt) kam, war ich überrascht, eine neue Felsformation auf dem Rasen zu sehen, große, eckige Blöcke, wo vorher keine Felsblöcke gewesen waren. Es war eine Gruppe von Zebras, die mich neugierig beobachteten. Sie standen vor dem Eßzelt und der schwelenden Asche des Lagerfeuers, keine vierzig Meter entfernt. Ausgezeichnete Tarnung. Papas Gewehrträger N'gui kam mit der Nachricht, daß die trächtige Löwin direkt hinter dem Lager ein Gnu gerissen hatte. Sie war zwischen Denis' und unserem Zelt hindurchgegangen. Ich nehme an, daß die heulenden Hyänen über ihre Beute herfielen, nachdem sie davon abgelassen hatte.»

Ein paar Wochen vorher hatten wir Roy Marsh kennengelernt, einen munteren, geschniegelten jungen Mann, der von Nairobi aus Charterflüge mit kleinen Maschinen veranstaltete, und mit Roy hatten wir einen neuen Luxus entdeckt, das Beobachten der Tiere Kenias vom Flugzeug aus. 1953 lebten noch große Mengen von Tieren zehn Flugminuten von der kleinen Piste entfernt, die wir angelegt hatten, indem wir mit einem Wagen auf dem flachen Vorplatz vor den Zelten hin und her fuhren. Am 12. Dezember kam Roy aus Nairobi mit seinem N'dege (Vogel), und wir machten einen einstündigen Rundflug, zuerst über den Swamp und dann zu den Chyulu-Bergen und zurück.

Eines Tages sah Ernest die alte trächtige Löwin, die sich träge dahinschleppte, und einige Tage später, als wir Gnus jagten, die wie ein Sturzbach an uns vorüberschossen, sahen wir sie und ihre jüngere Gefährtin wieder: sie lagerten im Unterholz am Rand der oberen Ebene, und mit dem Glas sahen wir, daß zwei winzige, wollige Löwenbabies bei ihnen waren. Wir schossen ein Gnu, schleppten es in die Nähe der Löwenmutter und ihrer Begleiterin und beobachteten, wie sie es ins

Unterholz zerrten. Die jüngere Löwin packte es mit den Zähnen beim Genick und zog es etwa zwanzig Meter weit. Dann kam die alte Löwin heraus, und gemeinsam zogen sie das Gnu in den tarnenden Schatten unter den Dornenbäumen.

Wir besuchten die Löwinnen fast jeden Tag, fanden sie nicht immer daheim vor, wußten jedoch, daß sie nicht weit sein konnten, denn die Babies waren noch recht wackelig auf den Beinen, wie wir an ihren Fährten sehen konnten. Doch dann, als über Weihnachten und Neujahr Gäste bei uns waren und wildes Jagdgetümmel herrschte, überließen wir die Löwenfamilie sich selbst. Am 5. Januar 1954, als wir zum oberen Sumpf hinaufgingen, um nach ihnen zu sehen, fanden wir die Fährten der alten Löwin, die offenbar erst das eine und dann das andere Junge in ihrem Maul zu ihrer alten Behausung getragen hatte. Und ein Stück weiter entdeckten wir ein Waldzimmer aus Dornenbäumen, und dort fanden wir einen Schädel, den wir betrübt als den Kopf des heldenhaften, schönen alten Wasserbocks identifizierten, mit dem wir so lange befreundet gewesen waren.

«Immer hat er Wache gestanden, um den Rückzug seiner Geißen in den Wald zu sichern», schrieb ich. «Nichts ist von ihm geblieben als seine Schädelknochen und seine Hörner. Er muß vor zwei oder drei Tagen getötet worden sein. Die Löwin hat seine Tapferkeit ausgenützt und ihn gemordet – greifbare Nahrung. Fünf Geißen leben noch in der Nähe, ohne Beschützer.»

Das Schlafen am Kimana Swamp war wie Kino – so lebhaft waren unsere Träume. Ich träumte von einem Warzenschwein, dem keine Kugel etwas anhaben konnte. Ich träumte, wie ich es die Stufen der Kathedrale von Brügge hinaufjagte und wie es in Frack und Zylinder Reden über den Frieden auf Erden hielt.

Ernest träumte von einer Löwin, die sich in ihn verliebt hatte und darauf bestand, ihm seine Mahlzeiten zuzubereiten. Sie kochte ihm sein Fleisch und erklärte, gekochtes Fleisch sei besser für seinen Verdauungstrakt als das rohe Fleisch, das sie zu essen pflegte. Er traute sich nicht, nach einer Gemüsebeilage zu fragen, weil er sie nicht kränken wollte.

In den Mondnächten am Kimana Swamp machte Ernest Spaziergänge unter den Tieren auf unserer Wiese und interviewte sie, nur mit einem Speer bewaffnet, den die Massai ihm geschenkt hatten. Einmal nach einem solchen Spaziergang träumte er, daß er am Fluß an den Fieberbäumen entlangschlenderte und plötzlich zu seiner großen Freude seinen geliebten Black Dog, den wir in Kuba gelassen hatten, an seiner Seite fand. Er erklärte Blackie all die verlockenden neuen Gerüche Afrikas, und Blackie, der sonst nie die Rolle des tapferen, heroischen Superhunds gespielt hatte, ließ ein wildes Knurren vernehmen. «Klingt wirklich bedrohlich», sagte Ernest stolz. Ein junger Impala trat aus dem Schatten der Bäume und sprang über die Ebene davon. Ernest erzählte Blackie von den Impalas, sie seien freundlich und fröhlich und ungefährlich, solange man sie nicht angriff, aber Black Dog knurrte immer wütender in Richtung der Bäume. Mit seinem vergifteten Speer stocherte Ernest in den Schatten herum – und da trat plötzlich Senator Joe McCarthy ins Mondlicht hinaus.

«Oh, Senator, wie sonderbar, Sie hier zu sehen», sagte Ernest verdutzt. Der Senator wirkte verlegen und mitgenommen. «Was machen Sie hier?»

«Ich führe eine Untersuchung durch», sagte McCarthy.

«Bei den Tieren?»

«Ich habe es aus sicherer Quelle, daß schwerwiegende subversive Tätigkeiten hier im Gange sind», sagte der Senator. «Und es ist möglich, daß Sie daran beteiligt sind.»

«Wir haben recht guten Kontakt zu den Tieren der Gegend», sagte Ernest. «Aber wir sprechen nicht oft über Politik.»

«Ich habe Beweise, daß sie von den Massai kommunistisch indoktriniert werden», sagte der Senator.

«Wie seltsam», sagte Ernest. «Denn die Massai sind konservativer als die alten Republikaner bei uns oder die Tories in England. Und die Tiere sind – ausgenommen vielleicht die langohrigen Wüstenfüchse – anarchische Gewerkschaftler. Theoretisch. Sie sind es noch nicht in der Praxis.»

Just da hörte Ernest lautes Hufegetrappel, das lauter wurde und ihnen immer näher kam. Er dachte: «Büffel!» Er sah nach Black Dog und lief los, um bei den Fieberbäumen Schutz zu suchen. Aber es waren keine Büffel, sondern Impalas. McCarthy rannte über die Ebene davon. Da wachte Ernest auf.

«Ich möchte nur wissen, wie weit er kam, bevor sie ihn erwischten», sagte Ernest, als er mir den Traum erzählt hatte.

Roy Marsh flog mich nach Nairobi, wo ich Weihnachtseinkäufe machen wollte, und als ich nach Kimana Swamp zurückkam, gab es dort ein paar Veränderungen, ein paar gute Nachrichten, und das willkommene Gleichmaß. Neu war Ernests kahlgeschorener Kopf – er sah damit wie ein Massaimädchen aus –, glänzend und voller Narben.

Er hatte einen Leoparden geschossen. Er war mit den Boys im Jagdwagen unterwegs gewesen, als sein Gewehrträger N'gui ihn beim Arm packte und auf etwas zeigte. Ein Leopard schlief auf dem Ast eines Dornenbaumes, halb verdeckt durch viele kleine Zweige und Ranken – kein guter Schuß. Ernest stieg aus dem Wagen, ging auf den Leoparden zu, schoß auf seinen Kopf und verfehlte ihn. Der Leopard hatte den Kopf an den Ast geschmiegt, wie eine Schlange. Ernest schoß auf seine Schulter. Der Leopard fiel herab wie ein Mehlsack, mit erhobenem Schwanz. Er fiel auf den Rücken, er war offenbar tot. Großer Jubel, Glückwünsche, Umarmungen. Dann gingen sie, um das tote Tier zu holen. Kein Leopard im Unterholz.

Sie nahmen vorsichtig die Fährte auf und entdeckten fünfzehn Meter von der Stelle, wo der Leopard herabgestürzt war, ein paar Blutstropfen. Drei Meter weiter stießen sie auf eine große Blutlache und ein Stück Schulterblatt. Ernest erinnerte sich daran, daß Charo, mein Gewehrträger, der an diesem Tag mit dabei war, dreimal von einem verwundeten Leoparden schwer verletzt worden war.

Sie pirschten sich weitere hundert Meter durch dichtes Dornengestrüpp voran, bis die Schweißfährte an einem mit Ranken bewachsenen Buschdickicht aufhörte. Die Boys wollten schon die Zweige auseinanderreißen, aber Ernest warnte sie besorgt in gemixten Zungen: «*Chui molto periculoso. Yo responsable. Tu queda para atras. Dejame solo*». Er feuerte sieben Schrotladungen in den Busch. Nichts.

Sie gingen um den Busch herum, fanden keine Fährten, und auch kein Blut, und alle, außer Charo, waren der Meinung, daß der Leopard tot im Busch liegen mußte. Ernest robbte ins Unterholz, schoß wieder – und der Leopard antwortete mit heiserem Gebrüll. Ernest schoß auf das Gebrüll, und als der Leopard abermals brüllte, schoß er wieder, und nun war kein Gebrüll mehr zu hören. Sie gingen wieder um den Busch herum und fanden das tote Tier. «Das Gelände war schwierig», schloß Ernest.

Darauf hatten sie gefeiert, und Ernest hatte Bier ausgeschenkt, was die meisten White Hunters ablehnten. Die Festlichkeiten wurden fortgesetzt, als sie zum Lager zurückkehrten, und die einheimischen Wakamba-Mädchen, darunter Debba, Ernests Favoritin, die er zu seiner Braut ernannt hatte, kamen herüber, um mitzufeiern. Ernest fuhr einen Wagen voller Mädchen ins nächste Dorf, Laitokitok, und kaufte ihnen Kleider zu Weihnachten. Als sie ins Lager zurückkamen, brachte er sie mit in unser Zelt, wo so stürmisch weitergefeiert wurde, daß der Holzrahmen meines Feldbetts zusammenbrach. Keiti erklärte schließlich, es werde Ärger geben, wenn man die Mädchen nicht nach Hause schickte. Als ich am nächsten Tag ankam, hatte man taktvollerweise das beschädigte Bett fortgeschafft und ein neues hingestellt (Keiti war sich wohl nicht ganz sicher gewesen, ob Ernest mir die Geschichte erzählen würde).

Weder die Leopardenjagd noch die Feier danach schien Ernest ermüdet zu haben. Er hieß mich mit herzlicher Begeisterung willkommen, und wir hatten eine unserer glücklichen Nächte.

Am Samstag, dem 19. Dezember, schrieb ich in mein Tagebuch: «*Tschai* heute früh um sechs, bald brachen wir auf ins Dornendickicht, ins Reich der Löwen und Rhinos, auf der Suche nach Giraffengazellen. . . . Keine Trophäen heute, nur ein Impala zum Essen . . .

Papa alberte vor dem Mittagessen herum und gab einem imaginären Reporter einer imaginären Zeitschrift ein Interview.

Reporter: ‹Mister Hemingway, ist es wahr, daß Ihre Frau Lesbierin ist?›
Papa: ‹Natürlich nicht. Mrs. Hemingway ist ein Knabe.›
Reporter: ‹Was sind Ihre Lieblingssportarten?›
Papa: ‹Jagen, Fischen, Lesen und Sodomie.›
Reporter: ‹Nimmt Mrs. Hemingway an diesen sportlichen Betätigungen teil?›
Papa: ‹Ja. An allen.›
Reporter: ‹Sir, könnten Sie vielleicht einen Vergleich zwischen Fischen, Jagen und Cricket und den anderen Sportarten, die Sie ausüben, ziehen?›
Papa: ‹Junger Mann, Sie müssen zwischen Tagessport und nächtlichem Sport unterscheiden. Innerhalb der letzteren Kategorie ist die Sodomie entschieden dem Fischen vorzuziehen.›
Reporter: ‹Sir, ich habe viel über diesen Sport gehört.›
Papa: ‹Dann sprechen wir nicht weiter darüber.› Dann fiel ihm noch etwas ein. ‹Und was sagen Sie zu Gomorrha?›
‹Sie meinen, was wir einander am Morgen sagen?› fragte ich. ‹Ende des Interviews.›

Heute nacht ein strahlender Jupiter hell neben dem Mond», schrieb ich weiter, «Orion mit Betageuze und den andern und Sirius, funkelnd ein wenig weiter im Süden, und in der Nachtluft der süße Duft weißblühender Kräuter.»

Ernest schrieb an diesem Abend hinzu: «Bestätigt und unterschrieben: glücklich über die letzte Nacht und jede Nacht.»

Am Sonntag, dem 20. Dezember, schrieb Ernest die Tagebucheintragung für mich – weit abweichend von meinen Aufzeichnungen: «Wir beschlossen gestern abend, heute alles Jagen und Schießen zu unterbrechen, da Fleisch im Lager seit gestern abend 18 Uhr [1 Impala, geschossen von Papa], und den Tag der Ruhe und Miss Marys Weihnachtsfrisur zu widmen, damit sie für all unsere Gäste besonders schön aussieht. Ihr Haar ist von Natur aus blond, ein rötlich goldenes Blond, das in Aschblond übergeht. Papa mochte es, wie es von Natur aus war, aber Miss Mary hatte ihm ein Geschenk gemacht, als sie vor zwei Wochen sagte, sie wolle ihr Haar jetzt ganz blond färben, und das hatte ihn bewogen, sie sich als Platinblonde zu wünschen, so wie sie es in Torcello war, wo wir einen Herbst und einen Teil des Winters verlebten, große Buchenscheite ins

Kaminfeuer legten und uns mindestens jeden Morgen, jeden Mittag und jeden Abend liebten und die schönste Zeit hatten, die Papa je erlebt hat. Besser als irgendeine andere, obwohl viele sehr gut waren. Aber Mary lieben – das ist so eine komplizierte und wunderbare Sache gewesen über neun Jahre lang (manchmal Kämpfe und gegenseitige Boshaftigkeit – meine Schuld – und manchmal auch ihre Schuld, aber immer wiedergutgemacht, immer einander Geschenke gemacht). Mary ist eine espèce (Sorte) Teufelsprinzessin ... und fast überall, wo du sie berührst, kann es dich und sie umbringen. Sie hat immer ein Junge sein wollen und denkt wie ein Junge, ohne je dabei etwas von ihrer Weiblichkeit einzubüßen. Wenn dich das irritieren sollte, dann solltest du dich pensionieren lassen. Sie liebt es, mich als ihr Mädchen zu sehen, was ich nur zu gern bin, denn ich bin nicht ganz dumm. ... Dafür belohnt sie mich, und nachts tun wir alles mögliche, was ihr und mir gefällt. ... Mary hat nie lesbische Neigungen gehabt, aber sie hat immer ein Junge sein wollen. Da ich mir nie etwas aus irgendeinem Mann gemacht habe und jeden physischen Kontakt mit Männern verabscheue, außer dem üblichen spanischen *abrazo*, der Umarmung beim Abschied und Wiedersehen nach einer Reise oder einer mehr oder weniger gefährlichen Mission oder Attacke, liebte ich Marys Umarmung, die ich als etwas gänzlich Neues und außerhalb aller Stammesgesetze Liegendes empfand. In der Nacht, die auf den 19. Dezember folgte, haben wir all das ausgearbeitet, und ich bin nie glücklicher gewesen. EH 20/12/53.»

Am Montag, dem 21. Dezember, sah ich zum erstenmal ein Rudel der Wildhunde Kenias, ruppig aussehende gelblich gefleckte rostfarbene und braune Tiere, so groß wie Schäferhunde, aber mit längeren Beinen und größeren Ohren, und Ernest, der mich mit schußbereitem Gewehr deckte, barst schier vor Sorge, daß sie mich und Charo anfallen und zerfleischen könnten.

Wir waren langsam im Wagen auf den Sumpf zugefahren, in der Hoffnung, Büffel fotografieren zu können. Charo, der mein mit Vollmantelgeschossen geladenes Gewehr trug, und ich stiegen aus und krochen durch den Busch zu einem umgestürzten Baum am Rand des Sumpfes, nur ungefähr hundertfünfzig Meter von dem Büffel entfernt, der uns am nächsten war und zu einer sechsundachtzigköpfigen Herde gehörte. Ich balancierte meine Kamera auf dem Baumstamm, als ich, direkt vor meinen Füßen, ein Rascheln und Winseln hörte. Verärgert gab ich dem Tier einen Tritt. Ein scharfes Bellen, und plötzlich standen etwa ein Dutzend Hunde kaum einen Meter vor uns im Gras. Einer von ihnen beobachtete uns einen Augenblick unschlüssig und hob den Schwanz, der eine weiße Spitze hatte. Dann bellte er den anderen zu. Sie wirbelten herum, bellten im Tenor, und da erinnerte ich mich an alles, was ich über sie gelesen hatte, und beschloß für den Fall, daß sie uns angriffen, dem ersten einen kräftigen Tritt zu geben und dann zur Seite zu springen, damit Ernest schießen konnte. (Ich hatte Berichte über Rudel von Wildhunden gelesen, die Menschen verfolgt, sie gemeinsam angegriffen und ihre Opfer in wenigen Minuten getötet hatten.)

Die Hunde, die wahrscheinlich ein Büffelkalb von seiner Mutter hatten trennen wollen, um es zum Frühstück zu verspeisen, entschieden sich gegen Charo und mich und liefen in östlicher Richtung davon. Ich machte Aufnahmen von dem Büffel, einen ganzen Schwarzweißfilm, und ging zum Wagen, um mir einen Farbfilm zu holen – und erst da bemerkte ich, daß Ernest vor Sorge wegen der Wildhunde völlig außer sich war. Er wäre am liebsten losgestürzt, um Charo und mich zu beschützen, hatte aber Angst, daß sein plötzliches Auftauchen den Büffel aufstörte.

Am Abend hielten wir noch einmal nach dem Hunderudel Ausschau. Vergeblich. So fuhren wir kurz in das Wakamba-Dorf, wo Ernests Braut lebte. Sie war indisponiert und nicht zu sehen, aber wir plauderten mit einem alten Mann, Abdullah, der Englisch sprach – er hatte zu Lord Delameres Gefolge gehört. Er erinnerte Ernest: «Vergessen Sie mein Weihnachtsgeschenk nicht!» Es handelt sich um eine Art von Verjüngungsmedizin, die Ernest für ihn erfunden hatte, und deren wunderbare Wirkkraft Ernest ihm gepriesen hatte. Ernest erwähnte, er würde gern ein, zwei Wochen in dem Wakamba-Dorf leben, und ich war einverstanden: es gab keine bessere Gelegenheit, die Wakamba kennenzulernen. Aber ich riet ihm, Bücher mitzunehmen, da es ihm vielleicht langweilig werden könnte, unter Menschen zu sein, deren Sprache er nicht verstand.

Am Abend des 22. Dezember zitierte ich Ernest: «Diese Woche ist die glücklichste meines Lebens gewesen.» In Afrika und an Bord der *Pilar* neigte er oft zu Superlativen.

William Hale, damals Leiter des Game Department von Kenia, und unser Freund Denis Zaphiro ließen uns ausrichten, daß sie uns um die Weihnachtszeit gern ein paar Tage besuchen würden, und wir trafen lustige Vorbereitungen zum Fest. Zweimal ging ich mit Keiti und einigen der Boys zum oberen Sumpf, wo wir einen Dornenbaum (*Acacia drepanolobium*) ausgruben, mit Dornen so lang und so weiß, daß es aussah, als hätte er sich selber mit Lametta geschmückt. Aus seiner Rinde brauten die Massai ein Getränk, das ihnen angeblich Mut verlieh, sie in meinen Augen jedoch nur sorglos und betrunken machte. Aber jedesmal ließ unser Baum seine kleinen grünen Blätter hängen und ging ein. Als auch der zweite das tat, obwohl er reichlich begossen wurde, beschloß ich, ihn trotz allem als Weihnachtsbaum zu verwenden, und pflanzte ihn vor dem Eßzelt auf. N'gui half mir, ihn mit allerlei Firlefanz zu schmücken, den ich in Nairobi eingekauft hatte.

Am Heiligen Abend fuhren wir – Mr. Hale, Denis, Ernest und ich – spazieren und hofften, dabei einen Weihnachtsbraten für das Lager zu erjagen. Wir sahen viele Tiere und schließlich eine große Zebraherde. Ernest stieg aus, ging darauf zu, hockte sich hin und schoß. Ein hundertfünfzig Meter entfernt äsender Zebrahengst fiel wie ein Stein zu Boden und rollte auf den Rücken. Der Schuß war in die Schulter gegangen, ziemlich tief, und das Tier war tot, als wir bei ihm ankamen.

Wir kehrten ins Lager zurück, badeten und zogen uns um. N'gui und M'sembi zündeten die Kerzen am Baum an. Wir legten – wie in Amerika üblich – unsere eingepackten Weihnachtsgeschenke darunter und versammelten sämtliche Boys, Denis Zaphiros Crew und unsere dreizehn Mann. Ich hielt eine kleine Rede, die Mr. Hale übersetzte. Ich sagte, wir feierten hier ein christliches Fest, und wenn wir auch nicht die Absicht hätten, sie zu irgendeiner Religion zu bekehren, wünschten wir doch, daß sie an den Freuden des Festes, den Geschenken und dem Feiern teilhätten.

Wir hatten Keiti vorher schon fünfundsiebzig Pfund Zucker zum Verteilen gegeben, und pro Mann je ein Pfund Speck, Tee, Reis und Trockenmilch. Außerdem hatten wir Häutungsmesser, Klappmesser, Taschenlampen mit Batterien und Briefumschläge mit Geld unter den Baum gelegt. Ernest bekam einen besonders gefertigten Behälter zum Transportieren von Vögeln, ferner Pullover, Socken und neue Hemden. Die Hemden schenkte er prompt N'gui, seinem Gewehrträger.

«Unser Dornenbaum mit seinen Kerzen sah unter dem Sternenhimmel weiß, lieblich und geheimnisvoll aus – Teil eines uralten heidnischen Ritus», notierte ich. «Unser Abendessen bestand aus Spaghetti und Kirschtorte, und wir sprachen nicht über Weihnachten, sondern über Tiere und Menschen.»

Mein Hauptweihnachtsgeschenk sollte eine Flugreise mit Ernest und Roy Marsh über die Serengeti und den Victoria-See und hinunter zum Congo River nach Stanleyville sein – eine Flugsafari, die wir im Januar machen wollten.

Mr. Hale, der die Jagd im gesamten Nyrokgebiet bereits geschlossen hatte, forderte uns vor seiner Abreise am 30. Dezember auf, daß wir keine weiteren Thomson- oder Grant-Gazellen und auch keine Impalas, Elenantilopen, Giraffenantilopen und Gnus mehr schießen sollten. Gleichzeitig jedoch ernannte er Ernest zum Wildhüter ehrenhalber – eine hohe Auszeichnung. Ich dachte zuerst, Ernest würde sich über das Verbot ärgern, aber er sagte: «Stell dir vor, wir könnten uns im Westen Leoparden, Hyänen, Schakale, Wildhunde, Warzenschweine und Paviane schießen!» Gleich am nächsten Tag hatten wir ein Problem mit Elefanten.

Neun von den großen Biestern hatten die Dornenumzäunung einer Farm am Fuß des Kilimandscharo durchbrochen und drei oder vier Acres reifes Korn niedergetrampelt. Wir fuhren zu der Farm hin, sahen uns den Schaden an und diskutierten über Mittel und Wege, weitere Invasionen zu verhindern.

«Sie sollten eine höhere und dichtere *boma* bauen», sagte ich töricht. Die Frau lachte und sagte: «Wenn ein Elefant durch eine *boma* will, reißt er sie einfach mit seinem Rüssel auseinander.» Natürlich. Ich hatte sie große Bäume niederreißen sehen.

Einer von unseren Boys meinte, eine gute Schutzmaßnahme sei es, irgendeinen ungewöhnlichen Gegenstand, zum Beispiel eine Kiste mit locker daran befestigten, im Winde klappernden Blechstreifen in einen Baum zu hängen. Die Frau lachte wieder und erzählte, die Elefanten hätten ganz in der Nähe solche Gegenstände einfach von den Bäumen gezerrt. Ich fragte, ob die Elefanten jedes Jahr kämen, wenn das Getreide hoch stehe, und die Frau sagte: «Ja, meistens.» Wir hatten gehört, daß der Wildinspektor der Gegend vor einigen Jahren einen Elefanten getötet und seinen Kadaver allen Eindringlingen zur Warnung liegengelassen hatte. Und so schlugen die Frau und die Boys vor, den Leitelefanten der Herde zu töten, ihn abzuhäuten und die Haut in der Nähe des Getreidefeldes zu verbrennen. Ein Boy sagte: «Die Elefanten riechen die verbrannte Haut. Dann sagen sie sich: ‹Oh, ein toter Elefant, hier ist es schlecht für Elefanten.› Und dann kommen sie nicht mehr.» Aber Ernest hatte nie den Wunsch gehabt, einen Elefanten zu töten, und sich darum auch nie eine Lizenz besorgt. Er gab der Frau Geld, um sie für den Verlust ihres Korns zu entschädigen, zehnmal so viel wie es wert war.

Aus meinem Tagebuch. Freitag, 1. Januar 1954, Kimana Swamp: «Das neue Jahr begann hier mit einem herrlichen Morgen, der Berg leuchtete majestätisch rosa, der Himmel hoch, hoch und wolkenlos. Wir fuhren zum oberen Sumpf, und auf dem Rückweg sahen wir mindestens hundert Zebras. ... Abdullah, der alte, Englisch sprechende Wakamba, schenkte Ernest einen wunderschönen Königsstock, das Holz eine Mischung aus gelb und schwarz, als ob jemand etwas Malzbier in Honig gerührt hätte. Es ist (wie es die Massai nennen) Altiasigaholz. Abdullah hatte einen Massai in die Chyulu-Berge geschickt, es zu holen. Die Ältesten der hiesigen Stämme tragen solche Stöcke als Zeichen ihrer Autorität. Abdullah sagte, da Papa der Führer unseres Stammes sei, sollte auch er seinen Stock haben.»

2. Januar 1954: «Wir sitzen um das Feuer, sind glücklich und denken

zurück, welch ein herrliches Jahr wir hatten, wie lehrreich es war – besonders für mich. Papa sagt: ‹Ich bin nicht unaufrichtig, aber ich bin ein furchtbarer Angeber.› Nein, kein wirklicher Angeber. Nur voller Freude. Er hat beim Flughuhnschießen Doppeltreffer erzielt, kein fauler Trick, und er kann sich zu Recht darüber freuen. Er sagt: ‹Was waren wir doch für schlaue Kätzchen, daß wir nach Afrika gekommen sind.›»

3. Januar: «Papa hat mir lauter nette Sachen gesagt. ‹Mein Kätzchen-Bruder ist das -est, -est, allerbeste Kätzchen.› . . . Dann: ‹Ein langsamer Schütze, neigt dazu, ungeduldig zu sein und unduldsam gegen Narren und Betrunkene [stimmt], aber die beste Gefährtin draußen, wenn es Schwierigkeiten gibt, die beste, die ich kennengelernt habe. Von allen.› Eine bescheidene Frau würde das nicht aufschreiben. Ich tue es, um es schwarz auf weiß vor mir zu haben, wenn es mir mal dreckiggeht.»

Mit Roy Marsh arbeiteten wir unseren Zeitplan für die nächsten Wochen aus. Wir gingen davon aus, daß wir nach der Rückkehr aus Belgisch-Kongo zwischen dem 26. Januar und dem 1. Februar, nach meinem *n'dege*-Weihnachtsgeschenk-Trip, mit all unseren Safari-Boys an die Küste ziehen wollten, um unterhalb von Mombasa zu fischen. Die Boys hätten bis dahin zehn bezahlte Ferientage gehabt – die ersten Tage bei ihren Familien seit August. Es war traurig, daß unser schönes Safarileben – freier, aufregender, fröhlicher, herrlicher und genußreicher, als ich es mir je erträumt hatte – nun bald zu Ende gehen sollte.

Freitag, 8. Januar, Kimana Swamp: «*Campi* 6 Uhr 15 abends. Papa und ich sitzen behaglich am Feuer. Er liest, ich lausche. N'guli und M'sembi plaudern mit ihren sanften, hellen Stimmen zum Silber- und Tellergeklapper im Eßzelt . . .

Beim Kochfeuer gibt es Gelächter: Die Stimmen von M'windi (sachlich nüchtern) und von N'bebia (jung, leichsinnig; er ist und bleibt ein Spaßvogel). Keiti spricht hell und sanft, aber nüchtern und bestimmt. Und da ist das tiefe, weiche Gegrummel von Charos kehliger Stimme und das laute, volltönende und ehrerbietige Gemurmel des Küchenhelfers. Schweigen im Zelt von M'thoka und den Gewehrträgern. Es sind, glaube ich, zwei Gründe, warum wir so sehr an diesen Menschen hängen: bevor wir nach Kenia kamen, hatten wir nicht damit gerechnet – ich jedenfalls nicht –, daß sie so lebhaft, intelligent, witzig und freundlich sein würden. Und die Abgeschiedenheit, in der wir mit ihnen lebten, und die gemeinsam bestandenen Gefahren haben ein Band zwischen uns geknüpft – sie zeigen, daß sie es spüren –, so wie gemeinsame Erlebnisse im Krieg oft aus Fremden Freunde machen.

Papa sitzt in seiner roten Massai-Jacke seitlich am Feuer und streicht sich den kahlgeschorenen Schädel. Auf dem Bartisch stehen die üblichen Flaschen. Der Lion Mountain hebt sich in der Abendsonne rötlich vor dem Blaugrau der Chyulu-Berge ab, der Waldrand zeigt sein saftiges Grün, und die Ebene davor ist noch golden. Unser Feuer brennt gemächlich und mit langen Flammen über der weißen Asche. Der Rauch weht nach Westen, von uns fort. Der Himmel hat die blasse, rauchige Farbe von Mondstein, die abendliche Stille wird von acht oder neun verschiedenen Vogelrufen unterbrochen, und ein großer schwarzweißer Vogel mit einem hohen, dünnen Schopf stört die Tauben, die in unserem Dornenbaum nisten . . .

Gestern abend hörten wir einen Wagen kommen und seufzten schon resigniert über die Störung unserer Einsamkeit. Aber es war der uns stets willkommene Denis, der vorbeikam, um Papa für das Geburtstagsgeschenk zu danken – das Flugzeug, das Papa dem Game Department geschenkt hatte. Er sagte, es werde ihm eine riesige Hilfe sein beim Überwachen der Tiere in dem großen Gebiet, dessen Wildhüter er sei, und auch beim Entdecken und Ergreifen der Wilderer, der schlimmsten Feinde der Tiere. Wir tranken Champagner, und nach dem Essen nahm Denis Papa mit auf eine letzte Jagd im Land-Rover, bei der Papa eine Hyäne schoß und wieder einmal aus dem Wagen geschleudert wurde.

Papa ist fasziniert von dem Gemisch von Rassen und Religionen, das man sogar in einem kleinen Ort wie Laitokitok findet. Der Mann, dem das Adams Hotel mit seinem Lehmfußboden gehört, ist, obwohl Inder, ein Christ. Singh, der Besitzer der Bar und der Sägemühle, ist Hindu, und sein Gott, dessen Bild an der Wand hängt, greift einen Löwen beim Genick und stützt den einen Fuß auf eine Löwin. G. H. Bhanji, der Besitzer des Kramladens, ist Mohammedaner und hat neben entsprechenden Bildern ein Porträt von Aga Khan an der Wand hängen. Einige Massai, die ihre Speere bei Bhanji kaufen, haben die Missionsschule besucht und geben sich als Christen aus, aber fast alle Massai und die meisten der Wakamba in unserer nächsten *shamba* leben immer noch nach ihren jeweiligen Stammesgesetzen. So ist es auch bei vielen unserer Boys. Keiti allerdings und M'windi und Charo und einige der anderen sind Mohammedaner und essen nur Fleisch, das ausgeblutet ist, also von einem Tier stammt, dem die Kehle durchgeschnitten wurde, solange es noch lebte.»

Freitag, 15. Januar: «Während die anderen Boys unser Zelt und das Eßzelt abbauten und auf den Lastwagen luden, fuhr unsere gesamte Jagdmannschaft mit dem Wagen zur oberen Ebene hinauf, und dort machte uns der Kimana ein Abschiedsgeschenk – wir bekamen gute Nahaufnahmen von drei Löwinnen, die am Rand des Dornenwaldes im Gras lagen. Zwei Löwenbabies spielten in der Nähe ihrer Mutter, einer riesigen, dunklen Löwin, und ihrer jüngeren mattgoldenen Gefährtin. Sie regten sich und gingen ein wenig umher, aber wir konnten nahe genug heran, um sie zu fotografieren, und hinterher sagte Papa: ‹Verdammt, diese Löwenmutter war gespannt wie ein Flintenhahn! Wie sie die Ohren zurückgelegt und mit dem Schwanz auf den Boden geklopft hat! Noch nie hab ich was Gefährlicheres gesehen als das hier heute morgen.›»

An diesem Vormittag fuhren wir vom Kimana Swamp ab. Ernest steuerte den Land-Rover, den Patrick uns nach der Tanganjikafahrt überlassen hatte. Ich fuhr mit M'thoka im Jagdwagen. Wir kamen an ein Cottage, *Ol Tukai Lodge*, im Nationalpark von Amboseli, und entdeckten zu unserer Überraschung, daß wir dort Elektrizität hatten, eine funktionierende Toilette und ein Bad. Vor dem Abendessen auf der Veranda nahmen wir beide ein ausgiebiges heißes Bad.

Am nächsten Morgen besahen wir uns im silbrigen Licht der Frühdämmerung die Gegend, mit ungeladenen Gewehren, wie es im Nationalpark Vorschrift ist. Wir sahen Löwen und Antilopen, die uns allerdings nicht eindrucksvoller erschienen als die in Kimana. An einer Biegung entdeckte ich etwas, das mir auf den ersten Blick aussah, wie ein Rhinozeros mit zwei säugenden Kälbern. Ich stand auf dem Rücksitz des Jagdwagens, hatte Kopf, Schultern und Kamera durch die offene Klappe im Verdeck geschoben und machte Fotos in dem schwachen Licht. Als wir näher kamen, sahen wir das Rhinozeros langsam davonhinken. Und die beiden anderen Tiere waren keine Rhinobabies, sondern Hyänen, die dem armen Tier bei lebendigem Leib das Fleisch aus einer blutigen Wunde am Hinterteil herausfraßen. Sie verschlangen auch die Geschlechtsteile des Rhinos. (Ich hatte nicht daran gedacht, daß Rhinos immer nur *ein* Kalb haben.)

Ernest war starr und bleich. Wie gern hätte er mit einem gutgezielten Schuß dem Rhino weitere Leiden erspart! Aber den Besuchern des Amboseli-Parks ist es strengstens untersagt zu schießen. Während wir zusahen und ich fotografierte, sank das Rhino in die Knie. Es stöhnte und muhte wie eine zahme Kuh. Die Hyänen ließen sich durch unsere Nähe nicht stören. Sie wandten sich einmal kurz nach uns um, und ihre Fänge troffen von Blut. Dann rissen sie wieder Fleisch aus der immer größeren Wunde, und das Rhino fiel vollends zu Boden.

Da wir nichts tun konnten, fuhren wir zurück, suchten Major Taberer, den Leiter des Nationalparks, in seinem Büro auf und berichteten von dem langsamen Gemetzel. Der Major, der gerade Gäste hatte, ließ sich Zeit. Ihm schien seltsam wenig daran gelegen, den Qualen des Rhinos ein schnelles Ende zu bereiten.

Wir warteten nicht auf ihn und fuhren zurück. Diesmal zogen die Hyänen bei unserer Ankunft ab. Ihre vollgefressenen Bäuche berührten fast den Boden. Das Rhino lag regungslos in seinem Blut, atmete aber noch. Ernest und die Gewehrträger machten sich auf die Fährtensuche. Nach einer Viertelstunde hatte er die ganze Geschichte rekonstruiert. Das Rhino war, ohne zu lahmen und offenbar gesund und munter, zu einer Wasserstelle am Rand eines nahen Sumpfes getrottet. Im hohen Gras stieß es auf eine Elefantenkuh mit einem kleinen Jungtier, die auch dort tranken, und erschreckte sie vielleicht. Die Elefantenmutter hatte das Rhino angegriffen und ihm mit den Stoßzähnen das Rückgrat verletzt, wenn nicht gar gebrochen. Darauf hatte es sich auf trockenen Boden geschleppt, und da witterten die Hyänen das Blut und fielen das Rhino an. Als Major Taberer endlich mit seinen Gästen erschien, war das Rhino tot, und Tausende schillernder Zecken bohrten sich in den Kadaver.

Von Amboseli fuhren wir, wie vorgesehen, nach Kajiado zu Denis Zaphiro. Unterwegs kamen wir durch eine weite gelbe Sandwüste und sahen dort die überzeugendste Fata Morgana unseres Lebens. Die Sonne stand im Zenit, und zu unserer Linken, ungefähr eine Meile entfernt, erstreckte sich ein stiller blaßblauer See. Das Wasser schimmerte im Sonnenlicht. Vom linken Ufer her schob sich eine Halbinsel mit Bäumen und zartgrünen Büschen in den See, und weiter rechts dehnten sich sanfte Hügel hinter dem schilfbewachsenen Ufer. Und alles spiegelte sich klar und deutlich in dem blauen Wasser. Wir hielten an, und ich wollte gerade fotografieren, da bildete sich eine große Staubwolke und wirbelte vom «See» her aus auf uns zu.

In Nairobi verbrachten wir drei Tage, packten um, aßen und tranken viel zuviel und trafen viel zu viele Menschen. Dann starteten wir mit Roy Marsh in der Cessna 180 zur ersten Etappe meiner Weihnachtsgeschenk-Reise. Unsere Station für die erste Nacht war Bukavu am Kivu-See, und am nächsten Tag, dem 22. Januar, einem Freitag, flogen wir von Bukavu Airport nordwärts, den Kivu-See hinauf. Wir strichen an den Kraterrändern Schwefeldampf speiender Vulkane entlang, sahen den einer schwarzen Wolkenbank gleichenden Ruwenzori zu unserer Linken, flogen im Tiefflug über den Edward-See und stießen fast mit den am Ufer badenden und trinkenden Nilpferden, Büffeln und Elefanten zusammen. Wir folgten dem versumpften Wasserlauf zwischen dem Edward-See und dem kleinen George-See, zählten sechs große Büffelherden, unter denen Elefanten lebten, Mengen von Warzenschweinen und Wasserböcken, und Flußpferde – Familien, Gemeinschaften und Völkerschaften. Weiße Reiher hockten auf den Hipponüstern, die aus dem Wasser ragten.

Nach einer Nacht in Entebbe, flogen wir westwärts über versengtes Land, schlitterten über einen hohen Bergkamm, der die Niederungen am Südende des Albert-Sees begrenzt, tuckerten das Westufer des Sees hinauf, vorbei an hübschen Fischerdörfern mit Strohdachhütten, wo die Männer, Frauen und Kinder im Wasser rings um ihre Einbaumkanus an der Arbeit waren. Weiter im Norden verdrängten die Berge nach und nach das Uferland, sie fielen steil in den See ab, ohne Strand. Wir sahen, einen Fischer in seinem Einbaum mit einem Nilbarsch, der unserer Schätzung nach mindestens einhundert Pfund wog. Und wir sahen, wie die Berge am Nordende des Sees wieder langsam zurückwichen: wir hatten Sumpfland unter uns und den Anfang des Weißen Nils, der sich gemächlich nach Norden schlängelte. Wir bogen nach Osten ab, und jetzt lag ein anderer träger Fluß unter uns, der Victoria-Nil, mit vielen Elefanten, Flußpferden und Büffeln an beiden Ufern.

Nach und nach zeichneten sich die Ufer deutlicher ab, und wir flogen über niedriges Buschland, das zu Hügeln mit dünnen bis mäßig starken Bäumen anstieg, und so gelangten wir zu den Murchison-Fällen, über denen wir kreisten, während ich Aufnahmen machte, wieder kreisten, wobei Roy Marsh die Maschine kippte, so daß ich die Wasserfälle besser fotografieren konnte, ein drittes Mal kreisten – und die Überreste einer alten Telegrafenleitung streiften, die unsere Antenne und das Seitenruder abrasierten. Roy zog und zerrte an der Steuerung und manövrierte die Cessna von den scharfen Klippen dicht an den Wasserfällen weg. Aber die Cessna verlor weiter an Höhe, und Roy sagte: »Wir werden runter müssen.«

Er zog die Maschine über ein paar niedrige Bäume, dann zwischen ein paar höheren hindurch und sagte: «Sorry, wir gehn jetzt runter! Achtung! Achtung! Achtung!» Ich drehte mein Gesicht von der Windschutzscheibe weg und bedeckte meine Augen mit den Armen. Ein Reißen, Krachen, Splittern, und wir kamen zwischen niedrigen Bäumen und Büschen zum Stehen. Was ich in diesem letzten Augenblick empfand, war Ärger – *Scheiße!* –, so plötzlich und unerwartet tot zu sein oder kaputt, zerbrochen. Ernest sagte später, er habe genau das gleiche empfunden und das gleiche Wort gedacht.

Roy sagte: «Jetzt schnell hier raus!» Und wir stiegen aus. Aber die Cessna legte einen rühmlichen Anstand an den Tag und bezähmte jede Neigung, zu explodieren oder Feuer zu fangen. Roy lief um sie herum, um den Schaden an der Maschine abzuschätzen, nachdem er sich vergewissert hatte, daß offenbar keiner von uns ernsthaft verletzt war. Ich begann, die durcheinandergeworfenen Sachen in der Kabine aufzulesen. Die eine Kamera war dick verstaubt und ganz verformt, die andere, die auf meinem Schoß gelegen hatte, fast unversehrt. Die Linsen beider Apparate waren ganz geblieben, und die Tasche mit dem Belichtungsmesser, den Objektiven, Filtern war intakt. Aber der Inhalt meiner Strohhandtasche –

Pässe, Brieftaschen und dergleichen – lag überall verstreut herum. Es war inzwischen ein Uhr mittags, wir befanden uns etwa zwei Grad über dem Äquator, und die Sonne stampfte wie eine Ramme auf unsere unbedeckten Körper.

Ernest und Roy setzten sich in den Schatten der linken Tragfläche und studierten die Karte. Sie zeigte deutlich das Stück Telegrafenleitung über den Fluß. (Die Eingeborenen hatten den Rest der Leitung abgeschnitten und für ihre Zwecke verwendet – unter anderen hatten sie große Ohrringe daraus verfertigt.) Die Karte zeigte weiter, daß es bis zum nächsten Dorf etwa 40 Meilen waren, bot jedoch keinen Hinweis, ob es dort Telefon gab oder nicht. Und es konnte durchaus sein, daß es zu Fuß, über Wild- und Eingeborenenpfade bis zu 60 Meilen waren. Ich besah mir meine Schuhe mit ihren dünnen, weichen Ziegenledersohlen.

In der Aufregung über den Crash und der Freude, daß wir ihn überlebt hatten und nicht einmal bluteten, hatte keiner von uns an seinen körperlichen Zustand gedacht. Aber nun sah ich, daß Ernest die Hand auf seinen Rücken hielt und daß mein Herz ungewöhnlich schnell pochte und daß ich einen stechenden Schmerz in der linken Brusthälfte hatte. Mir war von Kopf bis Fuß hundeelend. Roy riet, ich sollte mich im Schatten der Tragfläche niederlegen, und Ernest kam, mir den Puls zu fühlen, und sein Mund wurde schmal. «Ich fühle keinen Puls bei ihr», sagte er zu Roy. Aber ich fühlte mich etwas besser, seit ich lag, und beobachtete in einem Nebel des Rückzugs aus der Wirklichkeit, wie Ernest, der gar nicht gut aussah, und Roy sich an der Antenne zu schaffen machten, um sie geradezurichten. Dann kletterte Roy auf seinen Sitz in der Maschine und sprach in sein Mikrofon: «*M'aidez, m'aidez, m'aidez. Victor Love Item* [die Initialen der Cessna] Absturz etwa drei Meilen südsüdöstlich Murchison-Fälle. Niemand verletzt, niemand verletzt [sic], erwarten Hilfe auf dem Landweg.» Dann wieder dasselbe. Und wieder. Keine Antwort.

Die Büsche rings um uns herum sahen zwar dünn aus, standen aber so dicht beieinander, daß wir in keiner Richtung mehr als ein paar Meter weit sehen konnten. Wir hörten Bewegungen und Geräusche von Tieren, und Ernest hielt es für ratsam, hügelaufwärts zu gehen, fort von dem Fluß, zu einem Kamm, über dem sich Telegrafenmasten abzeichneten. So nahmen wir einige unserer Sachen und stiegen langsam den Berg hinauf. Ernest trug eine Kiste mit Flaschen und Lebensmittelkonserven, und ich schleppte die Kameras mitsamt dem Zubehör. Bei einer kurzen Rast öffneten wir eine unserer jetzt kostbaren Flaschen Bier. Als Ernest sie mir gab, ließ ich sie fallen und verschüttete die Hälfte. Es war schrecklich, die Flasche mit dem kostbaren Bier auslaufen zu sehen und in meiner Umnebelung nicht imstande zu sein, mich schnell zu bücken und sie aufzuheben. Ernest unterdrückte einen Zornausbruch, aber ich konnte mir denken, wie erbittert er war.

Eine Viertelmeile oberhalb des kleinen Flugzeugwracks kamen wir an eine ebene Stelle mit festem Sandboden, die aussah wie herausgegraben aus dem unteren Teil einer mit einem einzigen Dornenbaum bestandenen Kuppe. Ein guter Platz für ein Lager, fanden wir. Die Krokodile und Flußpferde würden sich nicht so weit vom Wasser entfernen, wenn sie Nahrung suchten. Ernest hörte mein Herz ab, versuchte wieder, mir den Puls zu fühlen, fand ihn nicht und sagte, ich solle mich hinlegen, was ich auch tat – auf meinen Regenmantel, auf den harten Sand. Wir waren, wie wir uns gestanden, maßlos durstig, teils durch die Aufregung, teils vom Steigen in der Hitze und der Sonne, und teils, mit Sicherheit, weil uns bewußt war, daß wir nur wenig Trinkwasser hatten. Wir ließen Roys verbeulte alte italienische Armeefeldflasche kreisen und netzten unsere Zungen.

Roy bahnte sich ein dutzendmal seinen Weg zwischen Felsen und Dornenbäumen und unseren Elefantennachbarn zum Flugzeug und zurück. Ernest stand dabei auf der Kuppe und rief ihm zu, wo die Elefanten sich befanden. Jedesmal, wenn er beim Flugzeug ankam, hörten wir leise seine Stimme rufen: «*M'aidez, m'aidez, m'aidez*! Maschine notgelandet, erwarten Ankunft Suchtrupp.» Und jedesmal, wenn er zurückkam, brachte er uns etwas mit, damit wir es bequemer hätten, den Kanister mit Wasser, das nach Benzin schmeckte und roch und ölig schillerte, aber willkommen war. (Wir hatten das Flußwasser, aber das müßte aus Sicherheitsgründen gekocht werden. Morgen konnten wir uns nach etwas umsehen, worin wir Wasser kochen konnten.) Roy brachte Whiskey rauf, den wir schon ganz vergessen hatten, Brennholz und schließlich auch die Plastikbezüge von den Sitzen der Cessna.

Jedesmal wenn ich mich bewegte, um beim Holzsammeln zu helfen, pochte mein Herz so heftig, daß ich mich, ängstlich, in die Horizontale zurücksinken ließ. Ernest suchte das Gelände nach Brennholz ab – wir würden eine Menge brauchen, um die ganze Nacht hier auszuharren –, aber ich hatte ihn sich noch nie so langsam niederbücken sehen, einen Holzstapel, den er aufhäufte, so langsam wachsen sehen. Und wir waren nicht etwa niedergeschlagen.

«Ganz unvorhergesehen, diese Chance, einmal im Freien zu schlafen», sagte Ernest lachend.

«Wie blöd wir waren, immer nur in Zelten zu übernachten», sagte ich.

«Wir machen uns ein richtiges Indianerfeuer, wie in Michigan», sagte Ernest.

«Und im nördlichen Minnesota», sagte ich.

Als ich darüber klagte, keine Reinigungscreme für mein Gesicht zu haben, erbot sich Roy, zurückzugehen und mir aus dem Flugzeug etwas Schmieröl zu holen. «Eine schöne, saubere Maschine», sagte er.

Ernest war entzückt von unserer Aussicht auf die Hippos und die Elefanten, die am Abend am gegenüberliegenden Flußufer badeten, und es verlangte ihn nach einem Fernglas. Wir hörten auch Tiere auf unserer Seite, aber Bäume und Büsche verbargen sie uns.

«Ich erinnere mich», schrieb ich ein paar Tage später, «wie der Fluß die Farbe wechselte, als die Hippos sich prustend darin wälzten, von einem leuchtend-tiefen Blau zu einem hellen Blau und wie er silbern wurde, als der Himmel sich nach Sonnenuntergang perlmuttweiß färbte, und dann stahlgrau. Das letzte Tageslicht streifte das gelbe Gras auf dem Kamm zu unserer Rechten. Der Jupiter ging auf. Dann der Orion, funkelnd in der hohen, klaren Nachtluft.»

Roy sammelte Arme voll langer Gräser – unsere Matratzen – und kratzte und schabte mit Ernests Messer ein Bett für ihn im harten Sand, gleich neben mir. Wir tranken Whiskey mit dem leicht benzinierten Wasser, und dann servierte Roy das Dinner, Corned Beef auf Sandwichresten, und ich aß im Bett.

«Ich erinnere mich, daß ich beim Wegdriften in den Schlaf Ernest und Roy wie Silhouetten vor unserem Indianerfeuer sah», schrieb ich. «Ich war behaglich zugedeckt und warm mit meinem blauen Wollpullover und lag auf meinem Regenmantel, dankbar, daß meine belgischen Schuhe, weich und leicht genug, mir Extrawärme spendeten, aber ich war besorgt um Roy, der nur Shorts und Hemd, nichts Warmes hatte, denn die Nacht wurde kalt und kälter. Und wie hart und kalt mein Bett wurde! Trotz der dicken Grasschicht unter mir.

Papa klopfte mir mit der flachen Hand auf den Bauch und sagte: ‹Versuche, bitte, nicht zu schnarchen. Es lockt die Elefanten an.› Ich glaubte es ihm nicht und sank wieder in einen schweren Schlaf und hörte noch, wie Papa flüsternd sagte, die Elefanten seien auf der einen Seite nur zwölf und auf der anderen zwanzig Schritt weit entfernt.»

Kälte und Schmerz weckten mich gegen fünf Uhr morgens, und ich sah Roy, der noch mehr Brennholz suchte, und Ernest, der ihm zögernd-träge half und mit Roy flüsterte und das Feuer neu in Gang brachte. Ich hatte genau in nördlicher Richtung geschlafen, denn am Morgenhimmel sah ich den Großen Bären direkt über meinen Füßen. Ich trank einen Schluck Wasser, rauchte eine Zigarette und schlief wieder ein, glücklich, daß mein Herz nicht mehr so wild pochte, wenn ich mich bewegte.

Als ich wieder aufwachte, ging Roy gerade fort. Vorsichtig trug er die in Streifen gerissenen Sitzüberzüge, aus denen er an den Murchison-Fällen einen Pfeil machen wollte, der auf unser Lager deutete. Ernest gab mir ein Stückchen Käse und zwei kleine Bananen zum Frühstück, und ich trank zwei Thermosbecher säuerlichen, aber an diesem Morgen sehr willkommenen Milchkaffee aus einer der Flaschen aus der Cessna. Der eine Becher war für mich gedacht gewesen und der andere für Ernest, aber Ernest hatte mir seine Ration geschenkt.

Während ich im Bett frühstückte, suchte Ernest Holz in der Nähe des Lagers, und offensichtlich hatte er Schmerzen, besondern im rechten Arm und in der Schulter. Als er mit ein paar Zweigen zum Feuer kam, sagte er: «Da ist ein Schiff, es kommt den Fluß herauf!» Unmöglich. Wir wußten, daß es am Albert-See keinen regulären Schiffsverkehr gab. Zehn Minuten später sah ich es auch, weiß und unfaßlich. Aber real. Wir winkten. Dann winkte Ernest mit seinem Regenmantel. Ich mit meinem. Vom Schiff kein Zeichen, daß man uns gesehen hatte. Wir sagten uns, daß wir doch sicher nicht beide ein Trugbild sahen.

Ich wollte hinlaufen, zum Landungssteg, ein paar alten Planken am Fuß der Wasserfälle, wo das Schiff festgemacht hatte. Ernest lief los, kam aber wieder zurück und sagte, daß die Elefanten zwischen uns und dem Fluß uns wittern könnten. Ohne Gewehr oder eine andere Waffe fühle er sich zu unsicher unter den Tieren. Ich war nahe am Verzweifeln, als ich Leute, kleine Punkte, von Bord gehen und unter den Bäumen entschwinden sah, und ich überlegte nur, wie wir es schaffen könnten, hinunterzugelangen, ohne mit den Elefanten zu kollidieren, ehe die Leute zurückkamen und das Schiff wieder abdampfte. Aber Ernest hatte zu Roy gesagt, er werde hier im Lager warten, bis Roy vom Auslegen des Signals zurück sei, und er beschwor mich, nicht auf eigene Faust zum Schiff zu gehen.

Dann sahen wir einige Afrikaner langsam auf uns zukommen, von Norden her, und jenseits einer tief eingeschnittenen Schlucht. Wir winkten ihnen, und es gelang ihnen, die Schlucht zu durchqueren. Sie glaubten uns die Story von dem abgestürzten *n'dege* nicht recht, und ich war dankbar wie nie zuvor für meine unvollkommenen Suaheli-Kenntnisse. Ich erbot mich, ihnen das Flugzeug zu zeigen, und sie erboten sich freundlich, mich zum Schiff zu begleiten, wobei sie Ernest versicherten, daß sie mich vor den Elefanten beschützen würden.

Ernest blieb am Lager und hielt Ausschau, damit er uns bei unserem Abstieg vor Elefanten warnen konnte, und ich ging langsam mit den vier oder fünf Afrikanern, die zur Bootsmannschaft gehörten und aus Neugier zu uns heraufgestiegen waren, zum Fluß hinunter. Tiere sahen wir nicht. Ich erfuhr, daß das Schiff von einem Mr. Ian McAdam, einem Chirugen aus Kampala, gleich bei Entebbe gechartert war, der mit seiner Frau und seinem Sohn und den Eltern seiner Frau, die ihre goldene Hochzeit feierten, eine Fahrt zu den Murchison-Fällen machte. Mr. und Mrs. McAdam und ihr Sohn waren auf einem Spaziergang, um die Wasserfälle von oben zu betrachten, und so erläuterte ich unsere mißliche Lage dem indischen Schiffskapitän. Er äußerte ernste Zweifel, ob wir an Bord kommen könnten. Es verstoße gegen die Vorschriften. Es handle sich um eine private Charterfahrt. Und wir hätten keine Fahrkarten. Die könne man nur im Büro der Gesellschaft in Butiaba kaufen, dem Heimathafen des Schiffs in halber Höhe am östlichen Ufer des Albert-Sees. Er hatte auf unser Winken nicht reagiert, da er uns für betrunkene Campingtouristen gehalten hatte. Er sei nicht ermächtigt, Passagiere an Bord zu lassen, die nicht ordnungsgemäß gebucht hätten. Er könne in Butiaba Unannehmlichkeiten bekommen, vielleicht sogar seine Arbeit verlieren, wenn er uns an Bord lasse. Mich verlangte nach meiner Schrotflinte oder nach einer Hutnadel.

Mrs. McAdams Eltern waren sehr zuvorkommend. Sie hofften, es lasse sich eine Lösung finden, sagten sie. Die alte Dame malte Landschaftsaquarelle in blassen englischen Wasserfarben, die ich wortreich bewunderte, nachdem ich mich für meine Aufdringlichkeit entschuldigt hatte.

Der Arzt und seine Frau wurden frühestens in einer halben Stunde zurückerwartet. Deshalb ging ich, um Fotos von dem Flugzeug mit seinem verbogenen Propeller und dem abgebrochenen Seitenruder zu machen. Einige Männer von der Bootsmannschaft begleiteten mich, und ich setzte fünf Shilling Belohnung aus, für den, der meine braune, lederne Brieftasche in dem Wrack finde. Einer der Jungen griff unter die Cessna, zog meine Brieftasche hervor und sagte: «M'ungu [Gott] hat Ihr Leben gerettet, und jetzt schenkt er mir noch fünf Shilling.»

Roy kam mit den McAdams zum Schiff herunter, und wir schickten einige Boys zum Hügel, damit sie Ernest holten. Es stellte sich heraus, daß mein Abstieg die Elefanten zum Aufstieg zu Ernest bewogen hatte. Sie waren gerade dabei, ihm die Hügelkuppe streitig zu machen, als die Boys dazukamen und sie vertrieben. Elefanten erkennen den Geruch von Afrikanern, hatte man uns gesagt, und fühlen sich durch ihn weniger irritiert als durch den Geruch von Weißen. Der indische Schiffskapitän kassierte gewissenhaft unsere Passage von Ernest, ehe er uns an Bord ließ. Mrs. McAdam zeigte mir das Bad und lieh mir etwas Gesichtspuder. Ich duschte, und vor dem Mittagessen untersuchte mich Dr. McAdam und fand nur zwei gebrochene Rippen. Das Herzklopfen, meinte er, sei nichts weiter als eine Folge des Schocks gewesen. Ernest bat nicht darum, untersucht zu werden, er saß nur still und zusammengekauert in einem Sessel, und der Chirurg bot ihm keine Hilfe an.

Ich fand die Fahrt flußabwärts faszinierend, da wir auf gleicher Höhe waren wie die Familien, Gemeinschaften und Kolonien von Elefanten, Krokodilen und Flußpferden, die uns angähnten und ihre Schiaparellirosa Mäuler aufrissen. Das Schiff – die *Murchison* – störte die Tier nicht weiter. Es war das Schiff, das John Huston und sein Filmteam benutzt hatten, als sie *The African Queen* drehten. Die Filmleute lebten auf einem anderen Schiff, einem Raddampfer, aber die *Murchison* diente ihnen als Verbindungsboot zwischen den Aufnahmeplätzen am Fluß und Butiaba. Die *Murchison* war für 500 Shilling ($ 71) pro Tag zu haben und konnte für alle Arten von Exkursionen gechartert werden – es müßte Spaß machen, sie zum Fischen zu chartern. Achtern war genug Platz zum Fischen mit der Schleppangel.

Das Wetter war ruhig gewesen an diesem Januartag und das Wasser des Albert-Sees war kaum bewegt. Als wir uns am späten Nachmittag Butiaba näherten, flog ein Flugzeug über uns hinweg. Wir winkten ihm vom Oberdeck aus, und die Maschine kreiste mehrmals über uns. Im Hafen von Butiaba erwarteten uns der Pilot der Maschine, Reggie Cartwright, und Mr. Williams, der Polizeioffizier von Masindi, einer an der Eisenbahnlinie gelegenen Stadt, die das Verwaltungszentrum des Gebietes war. Mr. Cartwright wollte unbedingt, daß wir sofort an Bord seines Flugzeugs gingen und mit ihm nach Entebbe flogen. Er versicherte uns, der Flugplatz dort sei gut beleuchtet und geeignet, nach Einbruch der Dunkelheit zu landen. Ich dachte noch, wie angenehm es wäre, jetzt in irgendeinem Bett gleich hier im kleinen Butiaba zu schlafen und die Rückkehr in die Zivilisation auf morgen zu verschieben. Aber Mr. Cartwright brannte darauf, uns den wartenden Presseleuten in Entebbe auszuliefern. Mr. Williams erwähnte, in Butiaba gäbe es kein Hotel.

Mr. Williams fuhr uns zu einem Feld hinter dem Ort, das während der Dreharbeiten für *The African Queen* als Landepiste gedient hatte. Später war es umgepflügt und dann aufgegeben worden. Wir konnten im Dämmerlicht noch Spuren der Furchen erkennen. Ein altmodischer Doppeldecker, eine de Havilland Rapide, ein Holzgerippe, mit Leinwand bespannt, stand am Rande des Feldes. Die alten Rapides wurden in Ostafrika noch viel benutzt, weil sie wenig Platz für Start und Landung brauchten.

Im Polizeiwagen fuhr Mr. Cartwright das Feld ab. Dann kam er zurück und versicherte, wir könnten hier gut starten, trotz der Dunkelheit, die jetzt schnell hereinbrach. Wir luden unsere Sachen ein, während eine Gruppe von Dorfbewohnern zusah und Ratschläge erteilte. Roy setzte sich vorn an die Steuerbordseite, und ich setzte mich hinter ihn. Ernest saß jenseits des Ganges, und unser Gepäck landete auf drei leeren Sitzen im Heck. Mr. Cartwright ließ den Motor an, machte sich aber nicht die

Mühe, ihn auf Hochtouren zu bringen, und wir rollten los, wobei das Heck über die Furchen holperte. Wir hoben ab, setzten wieder auf, hoben wieder ab, wie ein Grashüpfer, setzten wieder auf, hoppelten weiter, mit aufschlagendem Heck. Ich kaute lustlos an einem trockenen Schinkensandwich. Dann ein Reißen, Quietschen, Krachen, Bersten, und wir standen, und Flammen schossen draußen an meinem Fenster hoch. Es kam mir vor wie eine Ewigkeit, bis ich meinen ungewohnten Sitzgurt gelöst hatte.

Ernest rief: «Mach die Tür auf!» Und ich fand sie im Feuerschein auf der Backbordseite, kriegte sie aber nicht auf. Die Tür war aus solidem Metall, aber der Rahmen hatte sich verzogen. Ich warf mich mit meinem ganzen Gewicht gegen sie, trotz meiner protestierenden Rippen, ich trat mit meinen weichen Schuhen dagegen. Nichts.

Roy hatte vorn eine Scheibe eingeschlagen und rief, ich solle schnell kommen. Und Ernest, der jetzt selber an der Tür rüttelte, brüllte: «Geh mit Roy!» Ich zögerte. Roy rief wieder, und ich rannte den Gang hinauf und schob Roy, mit dem Kopf zuerst, durch das offene Fenster. Cartwright saß noch auf seinem Sitz, und Flammen züngelten bereits hinten an der Innenwand der Kabine. Ich hievte mich durch das Fenster, die Füße voraus, und bemerkte, daß die Öffnung für Ernest viel zu schmal war. Roy half mir hinunter auf den Boden und zog mich rasch gegen den Wind von der Maschine fort. Ich dachte nur: sie explodiert.

Zwanzig Schritte entfernt, blickten wir uns um, sahen Ernest auf der unteren linken Tragfläche und entfernten uns noch weitere dreißig Meter von dem «Freudenfeuer», aus dem Cartwright jetzt hervorkam, während Ernest rechts von uns im Feuerschein am Rand des Feldes stand. Da er die Tür mit seinen schon lädierten Knochen und Muskeln nicht hatte aufbringen können, hatte er schließlich seinen Kopf als Rammbock benutzt und die Tür aufgestoßen. Er hatte sich zwar eine Gehirnerschütterung zugezogen, war aber dem sicheren Flammentod entronnen. Jetzt kam er auf mich zu und küßte mich ernst auf die Stirn.

Die Einheimischen, die uns vor dem Start umdrängt hatten, brachen in Freudengeschrei aus, schickten einen jubelnden Gesang empor und kamen dann über das Feld gelaufen, riefen, schrien und umringten uns, bestanden darauf, uns die Hände zu schütteln, und brüllten: «M'ungo, M'ungo, M'kono.» (Gott, Gott, in Gottes Hand.) Im flackernden Feuerschein führte mich Roy von der Menge fort und brachte mich zu dem Polizeiwagen, der inzwischen vorgefahren war. Als Ernest zu uns stieß, fuhren wir zum Ausgangspunkt unseres Starts zurück, wo Mr. Williams Wagen wartete und die hübsche Mrs. Williams uns starken Kaffee gab. Ernest wollte später unsere Gin- und Bierflaschen im

Flugzeug explodiert haben hören, aber es gab keine Explosion, zumindest keine, die zu hören war. Wir stiegen hinten in den Wagen der Williams' und fuhren los, nach Masindi. Ernest und ich hielten uns fest bei der Hand. Ich fühlte mich sehr matt. Ernest unterhielt sich mit Mrs. Williams über Politik und Stammesangelegenheiten und die Ernte, als säßen wir beim Tee. Was wir beide uns am meisten wünschten, war ein Drink, ein kräftiger Schluck Alkohol. Aber es gab keinen Drink.

In der schmuddeligen Bar des Bahnhofshotels in Masindi wurden wir geräuschvoll von den Piloten empfangen, die den ganzen Tag nach uns gesucht hatten, und ebenso von den Stammgästen der Bar und von Mr. McAdam, der eine Runde spendierte und mir ein Päckchen Zigaretten schenkte. Keiner von Roys Notrufen nach unserem ersten Crash war aufgefangen worden, wie wir jetzt erfuhren, aber der Pilot einer BOAC-Argonaut, die auf dem Flug von Entebbe nach Rom war, hatte die Cessna gesichtet und ihre Position gemeldet. Mr. McAdam besah sich das Loch in Ernests Kopf und meinte nach einem flüchtigen Blick: «Nichts Ernstes, *old boy*. Gießen wir ein bißchen Gin rein.» Und das tat er.

Der Speisesaal im Hotel war schon geschlossen, wir bekamen kein Abendessen mehr und aßen Sandwiches in Roys Zimmer und erörterten die Lage. (Cartwright hatte sich verzogen.) Alle Papiere von Roy, darunter auch seine Fluglizenz und die Bordpapiere der Cessna, waren verbrannt. Ebenso alle Papiere von uns, darunter Pässe, Geld und Bankschecks, und die beiden Kameras. Wir waren zu erschöpft, um uns gründlich zu waschen, und wischten uns nur das Blut und den dicksten Schmutz ab, ehe wir uns gequält schlafen legten. Ernest hustete oft. Als ich nachts einmal aufstehen wollte, durchzuckte mich ein unerwarteter Schmerz im Knie, und ich schrie laut auf und weckte Ernest. Draußen, direkt vor unserem Fenster, heulten Hyänen. Vielleicht hatten sie unser Blut gewittert. Am Morgen sahen wir, daß Ernests Kopfkissen naß war von verkrusteter Gehirnflüssigkeit.

Später am Morgen kam der afrikanische Doktor von Masindi mit einer Krankenschwester und säuberte uns ein bißchen, verband die sottende Stelle über Ernests rechtem Ohr und reinigte flüchtig die Wunden an seinen Knien und Beinen und an meinem Knie, das ich mir aufgeschlagen haben mußte, als die Rapide ihren letzten großen Hopser machte und plötzlich stehenblieb. Der Telegrafist der Stadt hatte sein Büro im Bahnhof am Abend zuvor, einem Sonntag, dem 24. Januar, nicht öffnen wollen. Vorschriften. Aber am Montagmorgen nahm er ein Telegramm an meine Eltern an, in dem ich sie beruhigte.

Der indische Geschäftsführer des Bahnhofshotels gab mir Geld auf einen Scheck, und Roy, der im Begriff war nach Entebbe zurückzufliegen, besorgte uns bei der Eisenbahngesellschaft einen Wagen mit Chauffeur, der uns ebenfalls dorthin bringen sollte. Wir fuhren verhältnismäßig bequem durch das Land, vorbei an kleinen Farmen, wo Baumwolle und Yucca angebaut wurden, und bewunderten die natürliche Eleganz und Würde, mit der sich die schönen, hochgewachsenen Eingeborenen bewegten. Einmal riß der Fahrer unerwartet das Steuer herum, um einem Karren, der aus einem Seitenweg kam, auszuweichen, und Ernest brummte: «Ich hab es satt, das Zerfetzen von Metall zu hören.»

Männer von der Zivilluftfahrtbehörde Kenias und eine Horde von Zeitungsleuten warteten in dem Hotel in Entebbe darauf, mit Ernest zu sprechen. Und während ich hinaufging und mich hinlegte, sprach er präzise und bedacht, zuerst mit den Behördenleuten und dann mit den Journalisten. Um Roy zu schützen, erklärte er, ein Zug Reiher sei in die Cessna geflogen und habe sie manövrierunfähig gemacht. Ebenso erläuterte er die Komplikationen beim *Take off* der Rapide. Als er schließlich nach oben in unser Zimmer kam, sah er erschöpft aus und sagte, er sei durstig. Ein paar Drinks frischten uns wieder etwas auf, und wir gingen hinunter zum Essen.

Entebbe, Dienstag, 26. Januar 1954: «Ich blieb den ganzen Vormittag im Bett, aber Papa war auf und ganz damit beschäftigt, die Massen von Telegrammen aus aller Welt zu öffnen. ... Es kamen auch viele Bitten um Artikel, eine Londoner Redaktion teilte mit, man habe 300 Pfund bei der Verwaltungsbehörde von Entebbe deponiert. Gouverneur Cohn schickte ein paar freundliche Zeilen und ließ uns wissen, wir sollten uns nicht verpflichtet fühlen, wie verabredet, im Gouverneurshaus bei ihm zu Abend zu essen.

Patrick, der sich in Daressalam ein Flugzeug gemietet hat, traf gegen Mittag mit dicken Bündeln Geld ein – wie Papa sagte: ‹Die allerschickste Art für einen Sohn, bei seinem Vater anzukommen.›

Am Nachmittag haben wir uns beide ausgeruht, fühlten uns aber unbehaglich, weil wir nichts zu lesen haben außer meinem Buch über Belgisch-Kongo, das ich zurückgelassen hatte. Papa ist in keiner guten Verfassung. Er war lange wach und ging die halbe Nacht leise umher.»

Zwei Tage nach dem zweiten Crash waren wir beide, einfach dadurch, daß wir noch am Leben waren, immer noch so euphorisiert, daß wir gar nicht in der Lage waren, vernünftig festzustellen, was uns fehlte, und etwas dagegen zu unternehmen. Ich hatte nicht die leiseste Ahnung, wie schwer Ernests innere Verletzungen waren, und er, der auch sonst nie klagte, sagte so gut wie nichts über sein Befinden. Trotz mancherlei Anzeichen erfuhren wir doch erst Monate später in Venedig das ganze

Ausmaß seiner Verletzungen: zwei angeknackste und verrenkte Wirbel, Leberriß, Nierenriß, Schließmuskellähmung, der rechte Arm und die Schulter verrenkt, Schädelbruch.

Roy Marsh flog mit einer Linienmaschine der East African Airways von Entebbe nach Nairobi, um ein neues Flugzeug für uns zu holen, Ernest ruhte und las Telegramme, und ich kaufte mit Patrick (und mit seinem Geld) in den indischen *dukkas* zwischen Entebbe und Kampala ein – einen blauen Pullover für Ernest und einen Korb, der mir als Handtasche dienen konnte. Ernests Zustand schien sich in keiner Weise gebessert zu haben.

Um sein Vertrauen zu Roys Verläßlichkeit als Pilot zu bekunden, flog Ernest mit ihm am 28. Januar in einer neuen Cessna von Entebbe nach Nairobi zurück. Es war noch genügend Platz im Flugzeug für mich und Patrick, und ich gab mir alle Mühe, brachte aber nicht den nötigen Mut auf, mich der Freundschaftsgeste anzuschließen. Roy hatte nach wie vor mein Vertrauen und meine Zuneigung, dennoch wäre ich an diesem Tag lieber die dreihundert Meilen nach Nairobi zu Fuß gegangen, als mich wieder in ein Flugzeug zu setzen. Am nächsten Tag war ich jedoch so weit wiederhergestellt, daß ich mit Patrick die Linienmaschine der East African Airways nahm. Nur selten habe ich solche Ängste ausgestanden. Ich sagte mir zwar immer wieder: «Sei nicht dumm, mit deiner Angst kannst du dieses Flugzeug nicht vorm Absturz bewahren.» Ich tat so, als läse ich Osbert Sitwell. Aber ich war keine Touristin in einem Flugzeug über Afrika. Ich war ein Bündel Angst. Danach ergab sich lange keine Notwendigkeit für mich zu fliegen – bis Mitte April, als ich einen Flug von Paris nach London buchte. Während ich mich am Morgen im Hôtel Ritz ankleidete, überkam mich plötzlich eine solche Panik, daß ich im Badezimmer herumsprang und schrie: «Ich kann nicht! Ich kann nicht!» Dann sah ich mich im Spiegel und kam mir so lächerlich vor, daß ich lachen mußte.

Denis Zaphiro und seine von dem lächelnden Kyungu angeführten Wild-Scouts in ihren frisch gestärkten Khakiuniformen kamen extra von Kaliado heraus, um Patrick und mich am Flugplatz in Nairobi zu begrüßen, und die Wiedersehensfestlichkeiten dauerten bis in die späte Nacht.

Vor dem Abflug aus Entebbe hatte ich eine Liste unserer Verluste aufgestellt.

Pässe und Impfbescheinigungen
Ernests Rolex-Uhr mit goldenem Armband
Hasselblad-Kamera
Rolleiflex-Kamera
Belichtungsmesser

30 belichtete Schwarzweiß- und Farbfilme, einige mit Aufnahmen vom Natron-See, magentarot, silbern und blau, mit seinen unermeßlichen Scharen von Flamingos, andere mit Aufnahmen von den Tieren im Ngorongoro-Krater und in der Serengeti-Ebene, von Büffel- und Elefantenherden, die friedlich beieinander im Sumpfland zwischen dem Edward-See und dem George-See ästen, von Elefanten und Flußpferden, von Wasserböcken und Warzenschweinen, von Flußpferdfamilien im Wasser und außerhalb des Wassers. 22 unbelichtete Farbfilme, 10 unbelichtete Schwarzweißfilme.
Jagdgenehmigungen, Waffenscheine, Quittungen
Zwei Brillen von Ernest,
seine Tweedjacke und ein Regenmantel
Alle Kofferschlüssel
Meine goldene Zigarettenspitze, die französische Puderdose, Perlenohrringe, Feuerzeug, venezianische Brieftasche, Regenmantel und Kaschmir-Wolljacke.
Ernest hatte für über ein Jahr seine Gesundheit, die Freiheit von Schmerzen, verloren. Aber jedenfalls hatten wir einander nicht verloren.

Im New Stanley Hotel in Nairobi las Ernest die Telegramme aus aller Welt und gab Empfänge in unserem Zimmer, von dem man auf Lord Delameres Statue blickte, in dem Zimmer herrschte eine heillose Unordnung: ausgetretene Zigarettenstummel auf dem Fußboden, überquellende Aschenbecher, leere Flaschen, schmutzige Gläser, herumliegende Kleidungsstücke. Ein Arzt war gekommen, um Ernest zu untersuchen, und hatte ihm empfohlen, sich röntgen zu lassen, was Ernest ablehnte. Der Arzt hatte seine Leber abgetastet und eine drastische Einschränkung des Alkoholkonsums, absolute Ruhe und striktes Besuchsverbot verordnet. Aber Ernest trank weiter und empfing weiter Besucher und unterbrach seine Empfänge nur, um zu einem Augenarzt zu gehen und sich eine neue Brille verschreiben zu lassen.

Das erste Telegramm, das in Nairobi eintraf, rührte mich. Es war von Noel Monks. Dann kamen die Nachrufe. Zuerst aus London und allen Ländern Europas, dann aus Amerika, Indien und Hongkong, viele darunter große Artikel von zwei oder drei Spalten, biographische Skizzen, Würdigungen seines Werkes. Entzückt las er sie wieder und immer wieder und nahm es kaum zur Kenntnis, als ich ihm vorwarf, das ewige Lesen lasse auf einen häßlichen Egoismus schließen. Wenn unsere Tages- und Abendgäste sich verabschiedet hatten, las er im Bett. Als ich klagte, ich könne bei Licht nicht schlafen, las er im Badezimmer. Einer der Gründe, warum er nachts so lange las, war, daß die Lektüre ihn von seinen Schmerzen ablenkte.

Manchmal kamen die Besucher und Gratulanten schon, ehe ich am Morgen aufgewacht war. Eines Abends kam S. J. Perelman in strahlender Laune. Er hatte gerade an einer sogenannten «All-Girl Safari» teilgenommen und war froh, es hinter sich zu haben. Ein junger Mann, Hal Oliver, brachte uns Mangofrüchte aus dem Garten seiner Mutter, und die Frau eines ehemaligen R.A.F.-Piloten, Mrs. Figgis, saß stundenlang stumm bei uns und wartete darauf, daß Ernest ihr seine Geschichte von unserem kürzlich bestandenen Abenteuer für einen Artikel in *Look* diktierte. «Seine Nieren sind ernsthaft geschädigt», schrieb ich am Sonntag, dem 7. Februar. «Die Urinproben, die er in Gläsern im Badezimmer hat, sind hell, dunkelrot, mit einem Inch Sediment. Die Beinwunde sieht nicht gut aus, er hört schlecht mit dem verbrannten Ohr, er sieht schlecht, und die neue Brille tut ihm weh, weil sein Nasenbein gebrochen oder gequetscht ist.»

Da meine gebrochenen Rippen ohnehin noch schmerzten, fand ich, daß ich auch noch ein wenig mehr aushalten könnte, und ließ mir die Ohrläppchen durchstechen, um die hübschen Ohrringe, die ich in Nairobi entdeckt hatte, tragen zu können. Außerdem besorgte ich uns neue Pässe, Visa, Impfscheine und Bankpapiere und kaufte etwas für abendliche Imbisse in unserem Zimmer ein – Ernest weigerte sich, das im Hotel servierte Essen anzurühren. Es war eine scheußliche, chaotische Woche – ich fühlte mich elend, aber Ernest hatte Schmerzen, die ihn an den Rand der Verzweiflung trieben. (Jahre später machte ich die Erfahrung, daß starke, ungelinderte Schmerzen alle Selbstdisziplin zerstören, das Denkvermögen beeinträchtigen und sogar die Persönlichkeit zerbrechen können.)

Nach fünf Tagen hatte ich den Eindruck, daß seine inneren und äußeren Verletzungen viel langsamer heilten, als wir angenommen hatten. In der rechten Schulter und im Ellenbogen hatte er nach wie vor bei der geringsten Bewegung stechende Schmerzen, und die Wunden an seinem linken Bein vernarbten nur sehr langsam. Allerdings diktierte er jetzt jeden Morgen Mrs. Figgis, und er verkürzte auch seine nächtlichen Lesestunden im Bad und schrieb nachts weniger am Tisch im Zimmer.

Um ihn beim Diktieren nicht zu irritieren und vielleicht auch, um der zermürbenden Monotonie endloser Gespräche zu entrinnen, schlich ich davon und sah mich in der Buchhandlung des *East African Standard* um oder schlenderte einfach durch die Stadt. Oder ich fuhr zum Coryndon-Museum hinaus, um die spektakulären Tierköpfe, die in der reichen Sammlung zu sehen waren, oder die bezaubernden Blumenzeichnungen Joy Adamsons im Untergeschoß zu bewundern.

Patrick und Henny kamen mit dem Wagen von John's Corner in

Tanganjika heraus, und am 13. Februar machten wir uns auf den Weg zur Küste, um wie seit langem geplant im Indischen Ozean zu fischen. Als Ausgangspunkt hatte Philip Percival uns einen Ort empfohlen, der aus ein paar Fischerhütten und einigen Ferienhäusern am Strand bestand und Shimoni (Loch im Grund) hieß. Das beste an Shimoni war eine Fischkonservenfabrik, wo wir Eis kaufen konnten.

Wochen vorher hatten wir in Mobasa ein Charterboot gefunden, auf dem wir angeblich unser aus Kuba mitgebrachtes Angelgeschirr anbringen konnten. Jetzt inspizierten Philip Percival und ich das Boot, ich unterschrieb die Charterpapiere, und Patrick und Henny gingen an Bord, um das Boot nach Shimoni zu bringen, während die Percivals, ein angeheuerter Fahrer in Patricks Land-Rover und unser Jagdwagen mit unserer wiederversammelten Safaricrew im Konvoi zu unserem neuen Lager, einer an einem warmen Sandstrand gelegenen *banda*, fuhren.

Eine *banda* war mir etwas Neues: ein Zementfußboden mit Säulen, die ein Strohdach trugen, und ein paar Wände, etwa 1,20 m hoch, die das Haus in so etwas wie Räume unterteilten. Außenwände gab es nicht. Die Seebrisen durchströmten das Innere von allen Seiten. Als Philip es mir zeigte, meinte er: «Fünf Pfund die Woche. Aber das ist es wert – außer es regnet. Das Dach ist ziemlich durchlöchert. Aber es wird nicht regnen. Es regnet nie vor März.»

Der reizende, schlitzäugige M'windi, unser ehemaliger Zeltboy, hatte mein Bett in einer Ecke der halbhohen Wände aufgestellt, mir meinen haifischledernen Flaschenkoffer und meine grüne, blecherne Kleiderkiste gebracht, und ich wollte gerade auspacken, als ein jäher Sturm von See her aufkam und schwere Regenböen unter das Strohdach wehte. Innerhalb von fünf Minuten ergossen sich ein halbes Dutzend kleine Sturzbäche um mein Bett und auf das Gepäck. Bald stand das Wasser fünf Zentimeter hoch, und es schien nirgendwo abfließen zu können. Also hievte ich mich auf eine der Wände und las ein Buch von Bemelmans, bis Philip mich «rettete» und zum Abendbrot in ein durchnäßtes Zelt brachte, das sehr viel kleiner war als unser Eßzelt in den Hochländern Kenias.

Patrick und Henny brachten unser Boot, die *Lady Faye*, von Mombasa herunter. Athmani, der arabische Steuermann, steuerte es geschickt durch den unwahrscheinlichen Sturm. Sie fanden einen sicheren Ankerplatz in der Nähe der *banda*. Als ich zu einer zweiten Inspektion an Bord ging, um es mir anzusehen, fand ich weder Halterungen für Angelruten noch Ausleger, dafür aber ein von zahlreichen Chromstangen getragenes Segeltuchdach über dem Achterdeck, das es absolut unmöglich machte, Ruten zu schwingen und die Angel auszuwerfen. Athmani und sein junger arabischer Helfer montierten das Verdeck ab.

Am Mittwoch, dem 17. Februar, machte ich mit Philip und Mama Percival, Patrick, Henny und einigen von den Boys eine Probefahrt mit der *Lady Faye* über die Hundertfadentiefe hinaus nach Osten, wo es zum Pemba-Kanal und zum – eine Tagesreise entfernten – sagenumwobenen Sansibar ging. Wir angelten mit der Schleppangel, aber der einzige Fang des Tages war ein kleiner Dorado, den M'kao, unser Tierhäuter bei der Safari, mit einer Handleine erwischte. Ich wunderte mich nicht, daß Mrs. Percival am nächsten Tag meine Einladung, mit auf Fischfang zu kommen, dankend ablehnte.

Denis Zaphiro kam mit seinem Chief Scout, meinem Liebling Kyungu, um mit uns zu fischen, aber auch sie brachten uns kein Glück. Beim allmorgendlichen Fischen sowohl über den Riffen als auch im tiefen, klaren marineblauen Wasser stellten wir fest, daß die Strömung dort um diese Jahreszeit mit etwa drei Knoten Geschwindigkeit von Süden nach Norden verlief. Aber wir fanden keine Seglerfische, die hier angeblich so dicht standen wie Sardinen, und auch keine Sardinenschwärme. Wir brachten ein halbes Dutzend verschiedener Fische von prächtigen Formen und Farben mit, die für mich wie Verwandte der Makrelen aussahen, die wir aber nicht bestimmen konnten, auch nicht mit Hilfe des amtlichen Fischverzeichnisses. Denis fing einen zwölf Pfund schweren Königsfisch und Patrick einen stattlichen Bonito. Aber Athmanis Seekarten verrieten uns nicht, wo die reichen Fischgründe lagen. Die wenigen einheimischen Fischer, die täglich Berge von glitzernden Grundfischen in ihren Einbaumkanus an Land brachten, um sie in Mombasa zu verkaufen, behaupteten, sie wüßten auch nicht genau, wo sich die guten Gebiete befänden. So war es eine recht langweilige Woche auf dem Wasser, und es war hauptsächlich, wie ich mir eingestand, meine Schuld, weil ich mich vorher nicht genügend informiert hatte.

Am 21. Februar fuhren Denis, Patrick, Henny und ich die Küstenstraße hinauf nach Jardinia Beach, um dort am herrlich weiten weißen Strand die Ankunft eines kleinen Flugzeugs abzuwarten, das ein paarmal über uns kreiste und dann leicht wie ein Spatz aufsetzte. Es war Roy Marsh, der Ernest brachte. Ich war bestürzt – nichts von der Überschwenglichkeit, mit der er mich sonst begrüßte, schweigend saß er neben Denis, als wir wieder gen Süden fuhren: offensichtlich ging es ihm immer noch sehr schlecht. Doch in der *banda*, als er sich in seinem Feldbett und im Sessel draußen auf der Veranda eingerichtet hatte, zog er wieder jeden, der in der Nähe war, in lange Gespräche, erzählte die gleichen alten Witze, sprach immer wieder, stolz und bescheiden zugleich, über seine Heldentaten und über seine privaten philosophischen Anschauungen. Wie schon in Nairobi schien das Deklamieren ihn von den Schmerzen abzulenken, die sein Rücken, seine Niere und seine Leber, sein Schädel, die Schulter und das Bein ihm bereiteten – «fast unerträgliche Leiden», hatte er in mein Tagebuch geschrieben. Er kam nur einmal oder zweimal mit zum Fischen.

Am Sonntag, dem 28. Februar, verabschiedeten wir betrübt die Percivals, die zu ihrer Farm zurückkehren wollten, und mit diesem Tage brach so etwas wie die Pest über uns herein, ein übler Gifthauch, der sich über uns senkte. Denis fühlte sich schlecht und fürchtete, seine alte Malaria würde ihn wieder heimsuchen. Der heiße Wind bis neun Uhr abends wurde zur Qual. Am 2. März – wir hatten geschwommen – überkam Ernest plötzlich ein so unsinniger Zorn auf das Einbaumkanu eines Einheimischen, daß er mit einem Stück Treibholz darauf einschlug und einen Sitz und ein Paddel zertrümmerte. Ich schickte dem Mann eine Entschuldigung und Geld zum Ausgleich für den Schaden.

Am Mittwoch, dem 3. März, als wir mit Patrick und Henny beim Frühstück saßen und beschlossen, zum Fischen hinauszufahren, wollte Ernest genau wissen, welche Art Köder wir hätten. Patrick antwortete, künstliche Köder, «mehr oder weniger in Ordnung» – eine Floskel, die er sich wohl in Harvard angewöhnt hatte.

«Ich dulde kein ‹mehr oder weniger in Ordnung›», brüllte Ernest.

Und dann hielt er eine lange Rede über Verantwortung und Genauigkeit – und den Mangel an beiden, eine Tirade, so ungerecht und unverdient, daß ich bebte. Hennys Augen füllten sich mit Tränen. Patrick machte kurzen Prozeß. «Ich reise ab», sagte er, stand vom Tisch auf und gab Anweisung, daß man seine und Hennys Sachen packte und in seinen Land-Rover lud. Ich begleitete sie im Jagdwagen nach Mombasa, wo ich Besorgungen machen und Lebensmittel für das Lager kaufen wollte. Henny saß auf der Fahrt nach Norden neben mir, und wir waren uns darüber einig, daß Ernest sich von seiner Gehirnerschütterung noch nicht merklich erholt hatte. Tagelang hatte er davon gesprochen, er wolle «Blutsbruder» seiner Wakamba-Freunde unter unseren Safari-Boys werden. An diesem Abend schrieb ich «dunkle» Worte in mein Tagebuch: «Wir waren vor sechs zurück. Papa hatte schon mit Zeremonien fürs Gesicht-Schneiden und Ohr-Durchbohren begonnen.»

Ein paar Tage später, als ich mit Denis vom Fischen kam, fanden wir Ernest auf der Veranda: Er saß in seinem Lieblingssessel, ein Häufchen rohen, verbrannten und verbrannt riechenden Fleisches. Ich hatte nie einen Erste-Hilfe-Kurs mitgemacht und tat, was er mir sagte, las die Gebrauchsanweisungen auf den Flaschen und Schachteln, die Mittel gegen Brandwunden enthielten, und mit Keitis und M'windis Hilfe verband ich ihn, soweit das möglich war. Ein Buschfeuer war südlich der *banda* ausgebrochen, und der starke Wind hatte es auf unser Lager und die

Hütten unserer einheimischen Nachbarn zugetrieben. Alle unsere Boys waren losgezogen, um das Feuer auszuschlagen, und Ernest, der sich trotz Keitis Warnungen angeschlossen hatte, war gestürzt und brannte selber lichterloh, ehe die Boys ihn retten konnten. Beide Beine, der Bauch und die Brust und das Kinn sahen wie rohes Steak aus, seine Hände und Arme wie *Hamburger*.

Denis half mir bei allem, besonders bei der Förderung der Moral. Ich brachte Flüssigkeiten, eingefettete Mullbinden, brachte Schnaps und Seconal, brachte Essen und Anteilnahme. Ernest weigerte sich, von seinem Safaristuhl aufzustehen, und saß dort, bis zwei Tage später die Boys unsere Lagereinrichtung auf den Laster luden. Ich mußte Athmani damit betrauen, die *Lady Faye* sicher nach Mombasa zurückzubringen. Denis und Ernest zogen es vor, die Reise an Bord der *Lady Faye* zu machen. Ich fuhr im Jagdwagen auf dieser letzten Fahrt unserer Safari. Und Kyungu fuhr Lili, Denis' Land-Rover.

Ernest übernachtete an Bord der *Lady Faye*, während ich, mühsam nach Atem ringend, in der erstickenden Hitze unserer Kabine Nr. 63 an Bord der schönen weißen *Africa* schlief, die, ein Schiff der Lloyd Triestino Line, im Hafen von Kilindini lag, während Ernest am folgenden Mittag mit der Schiffsbesatzung Freundschaft schloß, schüttelte ich M'thoka, unserem Jagdwagenfahrer die Hand und gab ihm, zu M'windis Verblüffung einen Abschiedskuß auf seine ledrige, narbige Wange. Sobald das Schiff ausgelaufen war, legt sich Ernest in seine Schlafkoje unter den Bullaugen und verließ sie nur noch selten während der zehntägigen Reise. Der Schiffsarzt, ein munterer, witziger, sympathischer und sehr vorsichtiger italienischer Arzt, besuchte uns zwei- oder dreimal am Tag und brachte alles, was er finden konnte, um Ernests Schmerzen zu lindern. Aber sein Operationsraum auf dem Schiff sei für größere Eingriffe nicht ausgerüstet, sagte er und auch sein Röntgenapparat sei nicht geeignet. Warten Sie lieber bis Venedig, riet er.

Aber wie viele schmerzstillende Mittel Ernest auch nahm, sie konnten ihn immer nur vorrübergehend von seinen Beschwerden und der damit verbundenen nervlichen Erregung befreien. Oft ließ er seine Verzweiflung an mir aus. Es tat mir weh, ihn leiden zu sehen, aber ich richtete es so ein, daß ich bald nach dem Frühstück an Deck entschwinden konnte, zum Schwimmbecken, wo die Kinder fröhlich ins Wasser rutschten, oder ich ging in die klimatisierten Aufenthaltsräume und in die Bars, die überall zu finden waren, wo einen Passagier der große Durst überkommen konnte.

Evan Shipman, ein guter Freund von Ernest aus den frühen Pariser Tagen, ein Poet wie auch ein Anhänger der Trabrennen, über die er für die Zeitung schrieb, hatte Fahnenabzüge seines neuen Gedichtbandes geschickt, der in Kürze erscheinen sollte. Ernest las die Abzüge eines Tages, als ich im Bett ihm gegenüber Siesta hielt. Als ich aufwachte, sah ich, wie eine der langen Fahnen zum offenen Bullauge hinausflatterte, war aber zu verschlafen, um rasch genug aus dem Bett zu springen, um die Fahne noch zu erwischen, ehe sie entschwand. Ernest warf mir tagelang Unfähigkeit vor. Ich tröstete mich mit dem Gedanken an all die lieben Worte, die Ernest in Afrika, vor den beiden Flugzeugabstürzen und dem Brand, zu mir gesagt hatte.

Als die *Africa* in Suez, am südlichen Ende des Kanals, anlegte, blieb Ernest im Bett, aber viele der Passagiere, darunter ich, stiegen aus und fuhren in einer Karawane amerikanischer Autos durch die Wüste nach Kairo, das rosa, weiß und bläulich in der flimmernden Hitze vor uns lag. Dort führte man uns in eine koptische Kirche, in eine Synagoge, in die Mohammed-Ali-Pascha-Moschee und nach dem Mittagessen ins Nationalmuseum, wo ich die herrlichen Alabastergefäße, die Statuen aus Luxor und die zierlichen goldenen Sandalen und Halsbänder und hauchdünnen goldenen Handschuhe der Pharaonen bewunderte. Und wie Tausende von Tagesbesuchern vor uns fuhren wir zum Mena-House, bestiegen Kamele und ritten zu den Pyramiden, ich auf einem bockigen Tier, das «Zuckerhonig» hieß, aber nicht weniger übelgelaunt war als seine Brüder und Schwestern. Der Kameltreiber rief immer wieder: «*I hope you're enjying yurself*». Es klang wie bei einem Iren aus Dublin.

«Haben Sie mal für einen Iren gearbeitet?» rief ich.

«Für was? Ich hoffe, es macht Ihnen Spaß.»

«Schon gut. Lassen Sie nur.»

Die Pyramiden von Giseh und die Sphinx boten mir nicht mehr und nicht weniger, als ich erwartet hatte, aber der Muslimbasar in Kairo lockte mit Versuchungen, denen ich teilweise nicht widerstehen konnte. Ich kaufte einen Kamelsattel und einen handgearbeiteten, ledernen Puff, der uns später als Sitzgelegenheit in der Bibliothek auf der Finca Vigía gute Dienste leisten sollte. Nach dem Abendessen fuhren wir bei hellem Mondschein durch das Nildelta und am Kanal entlang zu unserem Schiff, das inzwischen in Port Said festgemacht hatte.

18
Frühling in Europa

Bei unserer Ankunft in Venedig am 23. März wurden wir von den Männern der Paßkontrolle und des Zolls so herzlich willkommen geheißen, daß sie darüber ganz vergaßen, ihre Etiketten auf unsere siebenundachtzig Gepäckstücke zu kleben. Ernest mimte vor den Behördenvertretern im Hafen und den Zeitungsleuten den kerngesunden Mann, aber sobald wir in unsere Suite im Gritti Palace Hotel kamen, legte er sich zu Bett. Carlo Kechler und sein Bruder Federico – unser erster Freund in Veneto – und Maria Luisa, seine reizend lebhafte Frau, machten uns einen Besuch und bestanden darauf, daß wir zu ihnen in ihr geräumiges, herrliches Landhaus Percotto zogen. Man konnte sich keine aufmerksameren Gastgeber wünschen. In unserem großen Zimmer hatten wir Bettdecken zum Aussuchen, je nach Temperatur, gute Lampen, um bequem auf dem Rücken liegend lesen zu können, fürsorglich geöffnete und wieder verkorkte Champagnerflaschen im Eiskübel und andere Getränke, und im Bad gedämpfte, unaufdringliche Beleuchtung. Trotz allem wachte ich am frühen Morgen mit übermäßigem Herzklopfen auf, und da Ernest wach lag sagte ich es ihm. «Es pocht so, daß ich denke, es erschüttert das ganze Haus.»

«Atme tief», sagte er. «Trink einen Schluck Champagner.»

Ich befolgte beide Ratschläge und fühlte mich bald besser. Schon vor Jahren hatte ich herausgefunden, daß ich Ernest nur von meinen Ängsten und Wehwehchen zu erzählen brauchte, und schon waren sie wie durch ein Wunder zur Hälfte behoben.

«Du fühlst dich sicher ziemlich elend, nicht wahr, Baby?» sagte ich.

«Ja.»

«Kann ich denn nichts, gar nichts für dich tun?»

«Nein. Nichts.»

Federico hatte inzwischen die Dinge in die Hand genommen, und die besten Internisten und Gehirn- und Wirbelsäulenspezialisten kamen, um Ernest, der wieder im Gritti Palace war, zu untersuchen. Röntgenaufnahmen und neue Sortiments von Schmerzlinderungsmitteln wurden verordnet.

Inzwischen war Ernest zu dem Schluß gekommen, daß ich mich ein wenig erholen müsse von meinem Job als wichtigtuerische Krankenschwester und als Prügelknabe. Er rief in Paris, in London und in Madrid an und arrangierte für mich einen kurzen Urlaub von dem Stuhl an seinem Bett. Über Ostern wollte ich meine Londoner Freunde besuchen, mich dann mit Rupert Bellville in Paris treffen und mit ihm in den Süden fahren, zu den *ferias* in Sevilla und Ronda, und anschließend nach Madrid, wo wir uns dann mit ihm treffen würden. Auf dem Weg zu einem Abschiedslunch in Harry's Bar, sah Ernest etwas Besonderes im Schaufenster eines von ihm sehr geschätzten Juweliergeschäfts, ein altes Halsband und das dazugehörende Armband, beides aus schwarzem und weißem und goldenem Email und Granat, zart angedeutete Mohrenköpfe, und er kaufte mir den Schmuck.

Nach meiner Reise kreuz und quer durch Europa und einem stürmischen Wiedersehen mit Ernest im Palace Hotel in Madrid gingen wir am 6. Juni in Genua bei strömendem Regen und unter dem Klicken der Kameras einer Handvoll Reporter an Bord der *Francesco Morosini*. Wir hatten diesmal zwei getrennte Kabinen – Ernest hatte immer noch die Gewohnheit, die halbe Nacht hindurch zu lesen, und die besten Kabinen waren sehr klein. Es wurde für mich die erste und einzige Überfahrt über den Atlantik, die eher langweilig als glanzvoll war. In Neapel faulenzte Ernest an einem Tisch in der Galleria und unterhielt sich mit Reportern, während ich nach Pompeji sauste, um das raffinierte Wasserversorgungssystem zu bewundern und den Speiseraum im Hause der Brüder Vetti mit seinem schrägen Fußboden, der extra so angelegt war, daß sie von ihren Liegen aus beim Essen den Patio und die Blumen sehen konnten. Ich sah auch das «verbotene» Zimmer mit seinen Skulpturen, Männergestalten mit riesigen Penissen. Die Wanddekorationen in dem Raum, die drei verschiedene Stellungen beim Geschlechtsakt zeigten, waren enttäuschend. Die Frauengesichter sahen freundlich aus, drückten aber weder Lust noch Erregung, noch Verzweiflung, noch Sehnsucht oder auch nur stille Befriedigung aus.

Erst als wir die ruhige See durchpflügten und uns Funchal auf Maduira näherten, sah ich mir unser Schiff etwas näher an. In der ersten Klasse reisten fünfzehn Passagiere, alle freundlich, aber keinesfalls anregend. Kapitän Ruggiero tat sein Bestes, um uns den Aufenthalt an Bord angenehm zu machen. Er konnte sehr interessant über Gezeiten, Strömungen und Navigation reden. Sein einziges anderes Thema waren die Freuden der Kopulation und seine diesbezüglichen Triumphe. Ein Italiener und seine brasilianische Frau, die jahrelang in Indien gelebt hatten, spielten jeden Abend mit dem Zahlmeister und einem jungen Römer Bridge. Ein junger Mexikaner verliebte sich in ein pummeliges Mädchen aus Venezuela, dessen Eltern von früh bis spät wie die

Wachhunde auf ihre Tochter aufpaßten. Im Speisesaal wurde fast jeden Abend ein alter italienischer Film gezeigt.

Vielleicht war es die Langeweile, daß Ernest eines Tages beim Lunch an mir herumnörgelte, weil ich es versäumt hatte, sein mir eigens dazu anvertrautes Taschenmesser in Paris reparieren zu lassen. Wegen des langen Osterwochenendes hatte man die Reparatur nicht ausführen können und mir das Messer zurückgegeben, und ich hatte es weggepackt, wußte aber nicht mehr, in welches unserer siebenundachtzig Gepäckstücke. Ernest bekam einen Wutanfall, als ich mich nicht erinnern konnte, und er brüllte mich an: «Du Diebin!» Allgemeines Schweigen in dem kleinen Speisesaal. Vielleicht hätte ich aufstehen und der versammelten Gesellschaft erklären sollen, daß ich sein Taschenmesser nicht gestohlen, sondern nur verlegt hatte. Statt dessen trank ich ruhig meinen Kaffee zu Ende. Am Nachmittag schrieb ich ihm: «Liebes großes Kätzchen, Deine Bücher *Die grünen Hügel* und *Tod am Nachmittag* beweisen, daß Dir Gerechtigkeit etwas bedeutet und daß Dir bewußt war, daß auch andere Menschen Gefühle hatten und aufrichtig sein konnten. ... Ich hoffe, besonders um Deinetwillen und für uns alle, die wir Deine Freunde sind und Dich lieben, daß Du diese Eigenschaften nicht ganz verloren hast.»

Am Kai im Hafen von Havanna wurden wir von alten Freunden herzlich willkommen geheißen. Jemand hatte den guten Einfall gehabt, einen kleinen Lieferwagen zu mieten, so daß wir den größten Teil unseres Gepäcks mit nach Hause nehmen konnten. Evelio (Kid Tunero) Mustelier, Kubas berühmter Boxer und Mittelgewichtsmeister, und seine Frau Yolette, hatten das Haus, das wir ihnen vermietet hatten, blitzsauber und ordenlich hinterlassen, und René Villarreal, unser lieber Freund und Butler, begrüßte uns auf den Stufen vor dem Eingang mit seinem Lächeln und mit einem Banner: «Willkommen.» Nachdem wir dreizehn Monate aus Koffern gelebt hatten, war ich dem Himmel dankbar, wieder daheim zu sein, und dankbar für Schränke, in denen man Kleider lassen konnte, ohne daß sie störten. Aber kaum hatten René und ich ausgepackt, kamen schlechte Nachrichten aus Gulfport von meinen Eltern. Meinem Vater ging es sehr schlecht, und meine Mutter war zu erschöpft, zu mutlos und zu schwach, um ihn zu versorgen und das Haus in Ordnung zu halten. Ich müsse sofort kommen.

19
Probleme und der Nobelpreis

Ernest fühlte sich ein wenig besser, seit wir ein Brett unter unserer Matratze und ein dickes Buch unter das Kissen seines Stuhls gelegt hatten, und sein Humor lebte wieder auf. Am Sonntag, dem 11. Juli, schrieb ich in mein Tagebuch: «Papa erwacht von einem Mittagsschläfchen: ‹Oh, ich bin ausgebeutetes, ausgelaugtes Gebiet. ... Ich bin ein ungesundes Unternehmen. Da sagen die Leute, mir fehlten die Worte. Ich bin ein Gute-Laune-Mann. Paß auf, sonst holt dich der Gute-Laune-Mann. Meine Devise ist: Mein Hund war mein Garten. Ich bin für die Rückkehr der Ureinwohner.› Ich wünschte mir mehr von solchem fröhlichen Unsinn!»

Aber ich mußte wieder Koffer packen. Ich nahm ein Flugzeug nach New Orleans und fuhr von dort mit dem Autobus nach Gulfport.

Inmitten einer Hitzewelle von spektakulärer Intensität kämpften meine Eltern um ihr Leben in ihrem einst glücklichen kleinen Heim. Sie hatten es mir nicht gesagt, aber schon vor unserer Ankunft in Kuba war mein Vater wieder in das Krankenhaus von Gulfport eingeliefert worden. Er litt an schwerer Urämie. Da er sich weigerte, sich mit Streptomyzin, Penicillin und anderen von den Ärzten verschriebenen Medikamenten behandeln zu lassen, hatte man ihm im Krankenhaus eine Kanüle eingesetzt und ihn wieder nach Hause geschickt. Er war gerade erst vor ein paar Stunden angekommen, als ich in Gulfport eintraf, und lag, wie ich Ernest schrieb, auf dem Sofa im Wohnzimmer, ein wahres Modell für El Greco, «die langen, knochigen Finger auf der Bettdecke ausgestreckt, die hellen Augen starr in die Ferne gerichtet, gleichgültig allem unmittelbar Notwendigen gegenüber, und wie ein Heiliger nimmt er alle unsere Dienste hin.

Er liegt flach auf dem Rücken, die schöne Stirn und die lange keltische Nase heben sich über den Kissen ab wie die liegenden Bronzefiguren toter Ritter in der Kathedrale von Salisbury oder im Escorial oder in Burgos. Und unter der Decke, an einem Bein befestigt, ein Gummisack, wie ihn die R.A.F.-Piloten trugen, in den eine Kanüle aus seinem Unterleib hineinführt. Er muß oft geleert werden. ... Er sagt, er habe keine Schmerzen. ... Er hat sein Vertrauen auf eine andere praktizierende Christian Science-Anhängerin gesetzt. ‹Sie wird mich retten.› ... Heute nacht leerte ich um elf die Gummiblase. Um 12 Uhr 30 rief er, wollte

Wasser. Um 4 Uhr morgens rief er, wollte die Ersatzblase geleert haben, und um 5 Uhr 30 rief er, wollte eine Decke und Fruchtsaft und mehr Licht. Mutter, die wunderbar gewesen ist und fast unerschrocken, hat mich am Morgen abgelöst, und ich schlief von sechs bis neun im stickigen Schlafzimmer, aber für heute abend habe ich mir ein Feldbett auf die Veranda gestellt.»

Ernest antwortete mit liebevoller Anteilnahme: «Ehrlich, Kätzchen, er sollte ins Krankenhaus. Kosten spielen keine Rolle. Er kann haben, was ich habe. Aber er wird sterben, und er sollte mit etwas Würde und Rücksicht auf andere Menschen sterben.»

Wir beschlossen am Telefon, daß ich mich auf die Suche nach einem Pflegeheim für meine Eltern machen sollte, und ich fand auch schnell ein gutes Heim, ein großes, helles altes Haus, das etwas zurückgelegen auf einem großen Rasen stand und von dem man auf die Golfküstenstraße blickte – in der Ferne schimmernd der Golf von Mexiko. Das Pflegeheim und seine Einrichtungen waren blitzsauber, das abwechslungsreiche Essen wurde entweder auf hübschen Tabletts im Zimmer serviert oder am Tisch im Speisezimmer, an dem zwölf Gäste Platz hatten. Die Kosten waren allerdings höher, als ich gerechnet hatte. Als ich es Ernest am Telefon sagte, zögerte er nicht einen Augenblick.

«Nur zu, melde sie an», sagte er. «Mach mit ihren Sachen, was du willst, und bleibe so lange, wie du bleiben mußt. Nicht zu lange. All unsere Miezis vermissen dich.»

Am nächsten Morgen – es war der 15. Juli – schrieb er: «Dein armer Vater tut mir so leid, und das Sterben ist so ein unwürdiges Geschäft. ... Wie traurig, daß er nicht einmal seine Bücher haben wollte. ... Mein armes Kätzchen. Bitte, glaube mir, ich versteh Dich, und Du tust mir so leid in der Hitze und in der Einsamkeit. ... Im Gegensatz zu den anderen empfehle ich Dir, soviel zu trinken, wie Du willst und Dich damit zu betäuben, so gut es geht. Wir können den Alkohol später ausschwitzen, und Du wirst wieder herrlich in Form sein, dank Schwimmbecken und Meer. Vom Meer haben wir noch gar nichts gehabt. Das Wasser im Schwimmbecken ist klar wie Gordons Gin und immer kühl ...

Kätzchen, wir hatten so eine herrliche Zeit in Afrika, und erinnerst Du Dich an die Tiergeräusche in der Nacht, und wie wir so behaglich schliefen in dem kleinen Feldbett und einander wirklich liebten ... und an die herrlichen Tage, und wie schön wir zusammen jagten, und was für ein Spaß es war, wenn wir gemeinsam losgingen und Tiere jagten, die wir essen konnten? Erinnerst Du Dich an den Berg im Mondlicht und die frühen Morgenstunden und an unser herrliches Leben und die schönen Zeiten, die wir hatten. Mit dem Geld von der Akademie [Die American

Academy of Arts and Letters hatte ihm im Mai ihren *Award of Merit* verliehen, der mit einer Geldsumme verbunden war] kaufen wir Dir ein schönes Gewehr, das gut in der Hand liegt und das Ziel nicht verfehlt. Ich habe immer vermutet, daß die Exzentrizitäten Deiner 6.5 [der Mannlicher-Schoenauer von Philip Percival] vom langen Schaft herrührten. Außerdem wurde er von Klebeband zusammengehalten. Aber ich schoß einen Löwen damit und Du auch. Jeden Abend sehe ich mir das Bild von Dir und Deiner Oryxantilope an, und ich bin so glücklich und stolz auf Dich...»

Vom Augenblick meiner Ankunft an behauptete mein Vater zu meinem Kummer, er fühle sich besser, habe weniger Schmerzen, bessere Nerven, besseren Appetit, und meine Mutter sagte das gleiche und lächelte. Ob zu Recht oder nicht, alle diese lieben Worte verstärkten noch die Schuldgefühle, die ich meinen Eltern gegenüber empfand. Ich spürte, daß sie sich, ohne es je auszusprechen, von mir vernachlässigt gefühlt hatten: vielleicht hätte ich sie in unserer Nähe oder bei uns in Kuba unterbringen und öfter oder ständig zur Stelle sein sollen als Hilfe, Stubenmädchen, Haushälterin, Köchin und Gesellschafterin. Seit Ernest 1944 in Paris versprochen hatte, meine Eltern finanziell zu unterstützen, hatte er nie die geringsten Einwände gegen ihre im allgemeinen bescheidenen Ansprüche erhoben. Jahr um Jahr hatte ich die Möglichkeit, sie nach Kuba zu holen, erwogen, und jedesmal hatte ich den Gedanken verworfen. Es hätte bedeutet, sie der grausamen Einsamkeit eines Lebens unter Fremden preiszugeben, deren Sprache sie nie erlernen würden, oder ihnen unseren Lebensstil auf der Finca Vigía aufzuzwingen, dem sie sich nie ohne unzumutbare Zugeständnisse ihrerseits und unsererseits hätten anpassen können. Ich war – wie ich es sah – im allgemeinen glücklich und zufrieden damit, für Ernest da zu sein, und ich konnte nicht auch ständig noch für sie sorgen.

Trotzdem, die Schuldgefühle bedrückten mich. Erst Jahre später erfuhr ich von Freunden, daß sie unter den gleichen Zweifeln, Qualen und Schuldgefühlen gelitten hatten.

Im Pflegeheim wurden meine Eltern freundlich willkommen geheißen, und ich half ihnen, sich einzurichten, packte die frisch gewaschenen Baumwollkleider und Morgenröcke meiner Mutter und die wenigen Anzüge meines Vaters und seine Schreibmaschine aus. Beide freuten sich über den Blumenstrauß, den ich hatte schicken lassen. Die anderen Hausgäste, lauter alte Damen, bis auf einen Witwer, guckten freundlich und neugierig. Wäre es meinem Vater besser gegangen, hätte er sicherlich mit ihnen geflirtet. Ganz diskret, natürlich.

Ich schenkte die Bücher meines Vaters der städtischen Bücherei, verkaufte einige der Möbel und verschenkte vieles, und kehrte dann nach Kuba zurück, wo Ernest, einen Daiquiri in der Hand, mich am Flugplatz erwartete. Am nächsten Tag, dem 21. Juli, hatte Ernest Geburtstag, und wir fuhren frühmorgens in die Stadt, damit er ein ganz besonderes Geburtstagsgeschenk in Empfang nehmen konnte, die schöne goldene und emaillierte Medaille des Carlos Manuel de Céspedes-Ordens, die höchste zivile Auszeichnung in Kuba.

Die Batista-Regierung hatte die Verleihungszeremonie im Präsidentenpalast abhalten wollen, aber Ernest, der nicht in den Geruch kommen wollte, die Diktatur Batistas zu unterstützen, hatte höfliche Bedenken erhoben. Daraufhin hatte man sich für unseren kleinen Yachtclub an der Bucht entschieden. Ein Staatssekretär hielt eine kleine Ansprache. Ein Dutzend unserer besten Freunde hatten sich in dem Raum versammelt. In seinen kurzen Dankesworten sprach Ernest von seiner Bewunderung für das kubanische *pueblo*, das einfache Volk, und wünschte ihm alles Gute. Danach feierten wir mit einem ausgelassenen Lunch in der Floridita.

Um mich für die schlimmsten Tage und Nächte in Gulfport zu entschädigen, brach Ernest mit seinem Grundsatz, die Festlichkeiten der anglo-amerikanischen Kolonie Havannas zu meiden, und wir gingen, in großer Gala, zu einer Abendgesellschaft beim kanadischen Gesandten Harry Scott und seiner Frau Greta. Es wurde ein angeregter Abend, bei dem wir Freunde wiedertrafen, die wir seit über einem Jahr nicht mehr gesehen hatten.

Ein paar Abende später ging ich, diesmal allein, zu einer Gesellschaft, die von dem britischen Gesandten Adrian Holman und seiner Frau Betty in ihrem geräumigen alten Haus am Golfplatz von Biltmore gegeben wurde. Juan fuhr mich hin. Wieder feierte ich freudiges Wiedersehen mit alten Freunden aus Havanna, aber meine Erzählfreudigkeit löste den dummsten Eklat des Jahres aus. Bei einem Gespräch über Afrika mit einem Mr. Scott, einem Neuseeländer, der bei der *Post*, der englischsprachigen Zeitung Havannas tätig war, erzählte ich, daß wir die Lendenstücke der von uns erlegten Löwen gegessen hatten, und wie gut das Fleisch gewesen sei. Mr. Scott war entsetzt.

«Barbarisch. Das ist ja barbarisch.»
«Es ist sehr sauberes Fleisch.»
«Barbarisch. Wie kann ein zivilisierter Mensch Löwenfleisch essen.»
«Es schmeckt wie Kalbfleisch. Es ist fast weiß, wenn es gekocht ist.»
«Ich kann mir keinen Briten vorstellen, der Löwenfleisch ißt.»
«In Großbritannien gibt es keine Löwen, wie Sie wissen.»
«Ich spreche von Angehörigen des British Commonwealth.»
«Unsere Freunde in Kenia haben es gegessen. Aber das sind natürlich Kolonisten.» (Ich hatte gerade ein soziologisches Buch gelesen, wahr-

scheinlich von meinem «Helden» Marston Bates.) «Sie wissen doch, was die Soziologen sagen: Kolonien importieren materielle Dinge aus den Mutterländern und physische Gewohnheiten, aber nur die rüderen Sitten und die niedrigeren Anschauungen.»

Es sollte ein Scherz sein, aber Mr. Scott sah aus, als würde er gleich platzen. Ich entfernte mich.

Ein paar Tage später bekundete Mr. Scott in einem Artikel der *Post* Bestürzung, Mißbilligung und Enttäuschung über mein Löwenfleischessen oder über meine anmaßende Einstellung den Kolonisten gegenüber – oder vielleicht über beides zugleich. Ernest war verärgert, bis ich ihn beruhigte, die ganze Sache sei «kindisch», «Sturm im Wasserglas».

Später jedoch kam Mr. Scott auf seine Ernüchterung zurück und diskreditierte mich in einem Artikel. Erneut bekundete er sein Mißfallen und seinen Abscheu und machte Ernest für mein schlechtes Betragen verantwortlich. Er empfahl ihm, meine Ehre mit dem Schwert zu verteidigen, wenn er nicht seinen guten Namen verlieren wolle. Und dergleichen mehr.

Nach dem ersten Artikel schrieb Ernest Mr. Scott eine lehrreiche kleine Abhandlung über die Eßbarkeit wilder Tiere in Afrika und Nordamerika und fügte hinzu: «Ihre Versuche, meiner Frau abschätzige Bemerkungen über unsere Freunde in Kenia und anderen Kolonien in den Mund zu legen, weil Sie sich in Ihren Gefühlen verletzt fühlen, haben mir nicht sehr gefallen. ... Ich fühle mich verpflichtet, Ihnen zu sagen, daß Ihr Artikel mir etwas verschroben vorkommt. Erstens schlage ich mich nicht auf Diplomatenparties, einerlei welcher Art die Herausforderung ist. Es mißfällt mir sehr, in eine Kontroverse hineingezogen zu werden, bei der ich nicht anwesend war. Aber schreiben Sie gefälligst keine Artikel über das, was Sie getan hätten, wenn ich anwesend gewesen wäre, und wenn ich etwas gesagt hätte, was ich nicht gesagt habe. Das sind mir zu viele ‹wenns›.»

Später schrieb er: «Zum zweitenmal in einem Monat haben Sie gemein, falsch und beleidigend über meine Frau geschrieben. ... Falls Sie sich einen Namen machen wollen und nicht nur immer wieder Ihre vergilbten Zeitungsausschnitte hervorkramen möchten, ist dies die beste Gelegenheit in Ihrem Leben, zu einer Entscheidung zu gelangen. Sie werden überall leicht eine Stellung finden. Alle meine guten Freunde im Zeitungsgeschäft werden über Sie schreiben, wie Sie es verdienen. ... Ich habe zur Zeit einen gebrochenen Rückenwirbel. ... Zwei andere sind zusammengequetscht und hindern mich in meinen Bewegungen ...

Wenn Sie unbedingt Leute in die Fresse schlagen wollen, wie Sie es jetzt zweimal geschrieben haben, schlage ich Ihnen vor, sich einen Kinder-Baseballschläger zu kaufen und ihn abzusägen ...»

Nachdem Ernest in weiser Zurückhaltung einen Boxkampf abgelehnt hatte, zog Mr. Scott den Mann von Mrs. Clara Park Pessino, der Besitzerin der *Post* zu Hilfe. So erschien der Radiologe Dr. Pedro Pessino in seiner Eigenschaft als Sekundant für Mr. Scott auf unserer Finca, um Ernest in aller Form die Herausforderung zu einem Duell zu überbringen. Er war ein kleiner, ernster Mann, und er hörte aufmerksam zu, als Ernest ihm erklärte, er denke nicht daran, sich in meinem Namen zu entschuldigen und er betrachte Mr. Scott nicht als einen satisfaktionsfähigen Gegner.

In einem Brief an Dr. Pessino erläuterte er: «Ich suche nicht Publicity, und ich lasse mich nicht zu etwas provozieren, was nur zur schlimmsten Form von Publicity führen kann. Neben anderen Erwägungen betrachte ich es zur Zeit als meine erste Pflicht, meine schriftstellerische Tätigkeit fortzusetzen und meine Gesundheit wiederzuerlangen. ... Falls irgendwelche Freunde von Mr. Scott das als Feigheit ansehen, steht es ihnen frei, so zu denken ...»

Ernest begann wieder, morgens zu schreiben, aufrecht stehend, an der kleinen Reiseschreibmaschine oben auf dem Bücherschrank an seinem Bett. Er ließ sich durch den Ärger mit Scott weder von seiner Arbeit noch von seiner Genesung abhalten. Als wir das erste Mal wieder zum Fischen hinausfuhren, schnürte es mir die Kehle zu, während Ernest langsam und entschlossen über die Bordwand der *Pilar* ins Cockpit stieg. Es war ein warmer Tag, trotzdem trug er in der Golfstrombrise eine Safarijacke, statt wie sonst mit nacktem Oberkörper herumzulaufen. Was wir an diesem Tag fingen, war unbedeutend, aber es war auch keine Anstrengung. Und ich war dankbar für den kleinen Erfolg. Am Abend saß Ernest friedlich in seinem Sessel und las. Es war ein Tag des Triumphs gewesen.

Das Leben auf der Finca bekam allmählich wieder den alten Schwung. Ava Gardner kam nach Havanna, war bei uns zum Essen und fuhr mit uns zum Fischen – ein glücklicher Tag. Ernest bewegte sich merklich behender auf dem Boot, und Gregorio schüttete eimerweise Meerwasser auf unsere Nymphe, und seine Augen strahlten. Zum Abendessen gingen wir mit Ava in die Floridita, wo all die reichen, fetten Zuckerplantagenbesitzer, Politiker und Geschäftsleute, die Ernest gewöhnlich nur mit einem Kopfnicken gegrüßt hatten, plötzlich intime Freunde wurden, hoch erfreut waren, die Señorita kennenzulernen. Ungebeten setzten sie sich sogar zum Kaffee oder Cognac an unseren Tisch. Ava zeigte sich höflich und auf pittoreske Weise uninteressiert an ihnen.

Unser Freund Willie Hale, der Leiter des Game Department in Kenia, schrieb, er habe Ernests Gewehre in der Bank deponiert, wo sie vor

Dieben sicher seien. Er bat uns, die noch zu zahlenden Gebühren für die Tiere zu überweisen, die wir in den Gebieten der Massai, zu denen auch die Gegend am Kimana Swamp gehörte, erlegt hatten, und Ernest schickte ihm eine Liste:

  2 Löwen zu je 20 Shilling
  2 Oryx beisa callotis zu je 15 Shilling
  1 Leopard zu 20 Shilling
  1 Büffel zu 15 Shilling
  2 Grant-Gazellen zu 20 Shilling
  1 Kleiner Kudu zu 10 Shilling
  6 Wildebeest [Weißschwanzgnus] zu 5 Shilling
  8 Gewöhnliche (Grant-) Zebras zu je 5 Shilling
 11 Thomson-Gazellen zu 5 Shilling
  2 Gerenuk [Giraffengazellen] zu 10 Shilling
  7 Impalas zu 5 Shilling
  3 Coke's Hartebeest [Kuhantilopen] zu 5 Shilling

«Es tut mir sehr leid, daß die beiden Crashes mich daran hinderten, die Angelegenheit zum Schluß ordnungsgemäß zu regeln», schrieb Ernest. «Es stellte sich heraus, als die Röntgenleute sich ans Werk machten, daß die Schädelverletzung eine ziemlich schlimme war. ... Aber all das kommt jetzt sehr gut in Ordnung, und ich hoffe, irgendwann 1955 zurück und zu Ihren Diensten zu sein, falls ich Ihnen von irgendwelchem Nutzen sein kann.»

In weiser Voraussicht hatte ich mein Konto bei der Bank in Nairobi nicht aufgelöst und schickte einen Scheck über 410 Schilling. Das waren damals umgerechnet $ 58.57, die wir für einundfünfzig Tiere bezahlten, darunter einige, die Patrick und Bill Lowe von *Look* geschossen hatten. Ihr Leben wurde nicht sehr hoch bewertet, dachte ich bei mir, als ich den Scheck ausschrieb – aber wir hatten die Tiere nicht gefragt.

Die Briefe meiner Eltern klangen gut gelaunt. Mein Vater schrieb: «Ich brauche Dir die Wunder dieses Heims nicht zu beschreiben. ... Mutter braucht und genießt es so wie ich.»

«Tom ist wieder interessierter an allem», schrieb meine Mutter. «Er spaziert überall im Hause herum.»

Ernest arbeitete morgens zufrieden an seinen Afrika-Erinnerungen, und die Nachmittage verbrachten wir mit Nichtigkeiten. Unter den Tausenden von Muscheln, die ich gesammelt hatte, suchte ich zwei Dutzend der schönsten und glänzendsten zweischaligen Exemplare aus und brachte sie zu einem modernen Juwelier in Havanna, der mir ein goldenes Halsband in Form eines Fischnetzes machte, das die Muscheln hielt.

Meine Eltern wurden wieder unruhig und gingen die Besitzer des Pflegeheims an, ihnen den Pensionspreis zu ermäßigen, in der irrigen Annahme, sie könnten Ernest damit einen Gefallen tun. Ich erfuhr es durch einen kurzen zurückhaltenden Brief von Mr. Schustedt und schrieb sofort an meine Eltern mit ungewohnter Strenge: «... Ernest wünscht auf keinen Fall, daß Ihr irgendwelche Bemühungen um eine Reduzierung der Gebühren unternehmt. Er möchte nicht, daß es zwischen Euch und den Schustedts zu Mißhelligkeiten kommt. ... Der Preis, den wir bezahlen, ist nicht übertrieben für das, was Ihr bekommt – ein großes, behagliches Zimmer, ein eigenes Bad, gutes Essen, Strom, Telefon, Wäsche und komplette Bedienung. ... Da Ernest gewillt ist, für all das zu bezahlen, solltet Ihr ihn gewähren lassen und jetzt keine Schwierigkeiten machen. ... Wenn Ernest denken muß, Ihr hättet vor, dort auszuziehen oder Schwierigkeiten zu verursachen, macht Ihr es mir hier nur schwerer ...»

Ich hatte William Nichols von der Zeitschrift *This Week* den zweiten von zwei kurzen «erbaulichen» Artikeln geschickt, die ich ihm für seine Serie «Worte, von denen man leben kann» versprochen hatte. Den ersten hatte ich schnell fertig. Ich hatte mich an Ole Helgerson erinnert, den Freund meines Vaters und meiner Kindheit, der Ingenieur auf meines Vaters Heckraddampfer, der *Northland* gewesen war. «Mach dir niemals Sorgen. Wenn es etwas ist, das du beheben kannst, so behebe es. Wenn es aber nicht zu beheben ist, dann hilft dir auch alles Sorgen nichts.»

Die kleine Bibel, die meine Eltern mir vor etwa dreißig Jahren in Bemidji, Minnesota, geschenkt hatten, verhalf mir zu einer Idee für die zweite Miniaturpredigt. Auf ihrem Vorsatzpapier hatte ich mir einmal eine Stelle aus dem Ersten Brief an die Korinther, Kapitel 13, notiert: «Die Liebe ist langmütig und freundlich, die Liebe eifert nicht, die Liebe treibt nicht Mutwillen, sie blähet sich nicht.» Darauf gründete ich jetzt meinen Predigttext, wobei ich mir nur allzu sehr bewußt war, daß ich selbst oft gegen das, was ich empfahl, verstoßen hatte.

Diese winzigen Aktivposten waren nichts im Vergleich zu der großen illustren Genugtuung, die Ernest dem Geraune einiger unserer Freunde nach zuteil werden sollte. Zuerst kamen außergewöhnliche Anfragen von seinem schwedischen Verlag. Dann schrieb Harvey Breit aus New York eine Voraussage, die Ernest mir zeigte. Ich sagte: «Warten wir's ab.» Lee Samuels, der wieder einmal zur Finca herauskam mit Armen voller Bücher, die Ernest signieren sollte, erzählte von Gerüchten, die er in New York gehört hatte. «Sie müssen sich wohl sagen, jetzt oder nie», meinte Ernest, und seine Stimme klang kalt. Ich konnte mich nicht erinnern, daß ihm die Verleihung des Preises an William Faulkner fünf Jahre zuvor etwas ausgemacht hatte. Aber jetzt schien er uninteressiert.

Am späten Vormittag des 28. Oktober, ich schlief noch, kam Ernest, der bei Morgengrauen hinausgeschlichen war, leise in mein Zimmer und tippte auf meinen Arm. «Mein Kätzchen, mein Kätzchen, ich hab das Ding bekommen. Vielleicht solltest du lieber aufstehen.» Eine leise, glückliche Stimme. Ein zögerndes Lächeln.

«Was?»

«Du weißt doch. Das schwedische Ding.»

«Zum Donnerwetter, du meinst den Preis, den Nobelpreis?» Ich fiel ihm um den Hals, umarmte ihn und streichelte und küßte ihn.

«Die U.P. [United Press] hat angerufen.»

«Oh, Lamm. Hurra! Darf ich als erste gratulieren?» Noch mehr Küsse. Dann fielen mir Gastgeberpflichten ein.

«Die Leute von U.P. waren die ersten.»

«Verdammt und bedankt sollen sie sein. Jetzt aber ran.»

«Wahrscheinlich werden Leute rauskommen.»

«Gewiß, gewiß, gewiß. Erst einmal Kaffee. Ich werde Mengen Zeug auffahren lassen.» Ich zog mir Shorts an und ein Hemd. Irgendwie war ich auf die Möglichkeit einer Blitzparty gar nicht gekommen. Aber meine Küchencrew arbeitete schnell und reibungslos. Sonia, von René vorgewarnt, kochte bereits zwei große Kannen Kaffee. Fico, Renés Helfer, polierte die Silbertabletts in der Pantry und erzählte, die Nachricht sei eben gerade wieder im Radio durchgegeben worden. Das altmodische Wandtelefon in der Pantry klingelte. Vertreter der drei amerikanischen Nachrichtenagenturen, Korrespondenten der Stockholmer Zeitungen in New York und mehrere Journalisten aus Havanna wollten zu Interviews mit Ernest kommen, Fotoreporter und Leute vom amerikanischen und kubanischen Fernsehen (und allerlei nette Schmarotzer) sagten sich an.

Man erzählte uns, die Schwedische Akademie habe Ernest in einem ziemlich langen Text «einen Pionier» genannt, «der eine neue Erzähltechnik ins Leben gerufen» habe, und *Der alte Mann und das Meer* sei ein «wahres Meisterwerk». Später brachte uns jemand den vollständigen Text.

Das übliche kubanische Frühstück war damals eine Tasse starker schwarzer Kaffee mit heißer Milch und vielleicht einem Stück kubanischen Brotes, das hauptsächlich aus Luft und einer dünnen, knusprigen Kruste bestand. Aber an einem solchen Tag wollten wir nicht so knauserig sein! So bereiteten wir Platten mit *bocaditos* – Häppchen – vor. Schinken, spanischer und englischer, Käse, frische Ananasscheiben und Zwiebeln. Dann öffneten wir ein paar Flaschen spanischen Rotwein, den leichten, vollmundigen Marqués de Riscal. Noch nie hatten wir so schlechtes Oktoberwetter gehabt wie in diesem Jahr. Hurrikanes mit ihren harschen Winden hatten wochenlang herumgelungert, waren vom Golf von Mexiko ostwärts oder über die Karibische See westwärts gezogen, hatten Havanna überschwemmt und die Saaten in unserem Gemüsegarten weggespült. Der schreckliche Hurrikan «Hazel» hatte große Teile von Haiti, von Nord- und Südkarolina und von Toronto verwüstet. Aber an diesem Tage war es windstill und trocken, und die Sonne schien durch die offenen Fenster herein.

Überall im Haus, auf den breiten Stufen vor dem Haus und auf der Terrasse sprach Ernest stundenlang mit Presseleuten, wir hatten ein Dutzend Gäste zum Lunch, und um drei Uhr nachmittags stand er im überfüllten Wohnzimmer vor einem Mikrofon und hielt eine schnurrige kleine Rede für den Lokalgebrauch, die er am Morgen rasch und ohne große Rücksicht auf Grammatik mit Bleistift hingekritzelt hatte. So hatte er geschrieben: «*Señoras y Señores . . .*» Ein Dank. Und dann, in meiner Übersetzung: «Wie Sie wissen, gibt es viele Kubas. Aber wie Gallien läßt es sich in drei Teile teilen. Diejenigen, die hungern, diejenigen, die ausharren, und diejenigen, die zuviel essen. Und nach diesem *suburbio*-Frühstück gehören wir alle der dritten Kategorie an – wenigstens für den Augenblick.

Ich bin ein Mann ohne Politik. Das ist ein großer Fehler, aber immer noch besser als Arteriosklerose. Wer mit dem Fehler des Unpolitischseins behaftet ist, kann die Probleme des Palmolivero [jemand, der Gas einatmet] und die Triumphe meines Freundes Alfonsito Gomez Mena verstehen. Ich war ein Freund von Manolo Guas, dem Onkel von Felo Guas, und auch der Freund von Manolo Castro [sie waren Spieler].

Ich mag [Kampf-]Hähne und das Philharmonische Orchester. Ich war mit Emilio Lorents befreundet, was meiner Freundschaft mit Mayito Menocal und Elicio Argüelles, die meine besten Freunde sind in diesem Land, keinen Abbruch tat. Gebe Gott, daß es keine Todsünde ist, Antonio Maceo für einen besseren General als Bernard Law Montgomery zu halten und auf den Tod Trujillos zu hoffen – möge er in seinem Bett sterben, natürlich. Er ist der einzige Mensch, dessen Ende ich gern vor meinem Ende erleben würde.

Und jetzt entschuldigen Sie die Scherze und eine berechtigte Ermahnung, die nun folgt und die man jeden Morgen im Spiegel sieht. Es fehlt an jenen Typen, die einen das Gute an der Menschheit erkennen lassen, und an jenen, die imstande sind, ihre Fehler zu schlucken.

So, das sind viele Worte. Ich möchte nicht das Wort mißbrauchen, und nun wollen wir zu Taten schreiten. Ich möchte diese schwedische

Medaille Unserer lieben Señora der Virgen de Cobre geben . . .»

Er fügte noch ein paar spöttische Bemerkungen hinzu, die mit dem Preis verbundene Geldsumme ($ 35 000) sei noch nicht eingetroffen, also lohne es sich nicht, ins Haus einzubrechen und danach zu suchen, er wünschte, er könnte es mit seinen Freunden (den Bettlern) in den Straßen von Havanna teilen, vor allem draußen vor der Floridita, aber leider müsse er damit seine Schulden bezahlen. Es sei schon oft bei uns eingebrochen worden, oft genug für ein einzelnes Haus. In jedem Fall werde das Geld nicht im Hause, sondern in der Bank zu finden sein.

Vertretern der lokalen Presse sagte er an diesem Tag, er zweifle, ob er nach Stockholm reisen könne, um persönlich den Preis entgegenzunehmen. Er glaube nicht, daß sein verletztes Rückgrat den Strapazen einer solchen Reise gewachsen sei. Auch nannte er drei andere Autoren, die, wie er fände, in falscher Bescheidenheit vielleicht, den Preis so sehr wie er verdienten, oder mehr als er – Carl Sandburg für seine sechsbändige Lincoln-Biographie, Isak Dinesen und Bernard Berenson. Gegen sechs Uhr konnte ich den Trubel nicht länger mit Grazie ertragen, ich schlich davon und ging zum Schwimmbecken hinunter, um meine dreißig Runden zu schwimmen – herrlich die Stille, die nur vom Gezwitscher der Vögel und dem fernen Brummen der den Hügel hinankeuchenden Lastwagen unterbrochen wurde.

Irgend jemand machte ein recht ungalantes Foto von mir, als ich, in meinen verknautschten Frotteemantel gehüllt, ins Haus zurückschlich, und verteilte es später an die Presse. Aber die zahlreichen Gäste brachen jetzt auf, und als ich, wieder angekleidet, ins Wohnzimmer kam, saß Ernest ruhig in seinem Sessel, las Telegramme und trank einen Gin mit Kokosmilch, während René leise im Eßzimmer aufräumte.

«Ich werde dir jetzt eine Zweiminutenvorstellung geben», sagte ich, küßte meinen erschöpften Mann auf die Nase und begann, den alten Gershwin-Song *Somebody loves me, I wonder who . . .* zu singen. Gleitend, swingend tanzte ich eine Parodie und sang . . .

> Sommebody loves you
> I wonder who,
> I wonder who it can be;
> Somebody loves you
> I wonder who . . .
> The Swede Academy

Dann sank ich ihm in den Schoß. Es war ein anstrengender Tag gewesen.

«Hoffentlich war's nicht zu kitschig, was ich Harvey gesagt hab.» Harvey Breit hatte angerufen und Ernest für die *New York Times*

interviewt. Ich hatte neben Ernest in der Pantry gestanden und seine Antworten gehört – «So wahrhaftig schreiben, wie man kann. ... Erfinden aus dem heraus, was man kennt ... etwas, was gänzlich neu sein wird ... etwas, was Teil der Erfahrung derer wird, die es lesen ...»
«Ich habe zugehört», sagte ich. «Es war sehr gut, sehr aufrichtig.»
«Ich hasse dieses Zeug. Es klingt wie Bibelsprüche.»
«Schatz, bei dieser Sache konntest du nicht herumwitzeln. Das Verfahren ist schlimm. Schamlos.»
«Ein ganzer Tag meines Lebens ist hin.»
«Oh, hör auf zu meckern. Du kannst dich nicht beklagen. Der Tag deiner Verkündigung, mit U.P. als Engel Gabriels.»

Wir waren beide erschöpft und reizbar. Wir waren es nicht gewöhnt, so viele Stunden mit so vielen Menschen zu verbringen, schon gar nicht auf der Finca.

«Ich fühle mich nicht schwanger», sagte Ernest.

Am nächsten Tag kam der schwedische Konsul in Havanna, Per Gunnar Vilhelm Aurell, mit seiner hübschen Frau zum Lunch. Sie brachten ein paar aus New York gekommene schwedische Journalisten mit. Wir standen in der Bibliothek, während Mr. Aurell eine kleine, schlichte Ansprache hielt, um uns die Nachricht, die wir ja schon kannten, offiziell zu übermitteln.

Danach gingen wir ins Wohnzimmer, tranken Martini-Cocktails vor dem Essen, und dabei meinte Ernest in seiner Offenheit, die Schwedische Akademie hätte sich vielleicht entschlossen, ihm jetzt den Preis zu geben, nach unseren beiden Flugzeugpannen, ehe er in weitere Unglücksfälle gerate und es vielleicht zu spät sei. Fröhliches Gelächter. Dann sprach man über seine Einstellung als Schriftsteller zur Gewalt, die in der offiziellen Erklärung der Schwedischen Akademie erwähnt wurde. Ich holte sein Vorwort zu *Men at War* hervor und las einige Sätze daraus vor, und man einigte sich darauf, daß Ernests Bücher, wenn auch nur auf indirekte Weise, eine Verurteilung des Krieges mitenthielten.

Da Kuba ein katholisches Land war, gab es freitags immer nur Fisch. Unser Mittagessen an diesem Tag begann mit Krabben nach hawaiischer Art mit einer würzigen Soße, deren Rezept ich von Ernests Schwester Ura hatte, dann gab es gerösteten Schwertfisch mit Gemüse und als Nachtisch Kuchen, frische Ananas und schwedische Bergpreiselbeeren. Wir tranken Champagner zum Essen, und es herrschte eine herzliche Atmosphäre. Nachdem wir unseren Gästen auf den Stufen vor dem Haus *Adiós* gesagt hatten, zählte ich die leeren Flaschen in der Pantry. Es waren acht – wir waren acht Personen bei Tisch gewesen, und das Essen hatte von halb drei bis sechs Uhr gedauert. Über eine Woche lang tippten wir fleißig

Dankesbriefe an Freunde in aller Welt, die Ernest gratuliert hatten. Aber wir bewältigten nur die Hälfte der Glückwünsche.

Naiv, wie wir waren, hatten wir uns eingebildet, nach den ersten turbulenten Tagen würden die Aufmerksamkeit und das Interesse Außenstehender wieder nachlassen. Wir hatten zwar extra am Eingangstor der Finca ein Schild angebracht, auf dem in klarem Spanisch stand: «Ungeladene Gäste werden nicht empfangen», aber die Chauffeure des Nacional, des damals besten Hotels in Havanna, machten Renés Mutter irgendwie weis, ihre Wagenladungen voller Touristen seien Freunde von uns, und sie hatte das Tor geöffnet. Wenn ich in meinem Zimmer arbeitete, konnte ich, wenn ich Fremde kommen sah, schnell die Treppe hinunterlaufen und sie zur Umkehr auffordern, ehe sie Ernest störten. Aber oft waren sie schon ausgestiegen und läuteten die große alte Glocke an der Haustür, bevor ich sie abfangen konnte.

Ein Journalist und ein Fotograf, beide eigens aus Stockholm gekommen, glaubten sich allein deswegen berechtigt, Ernests Zeit in Anspruch zu nehmen. Und Zeit – jede Stunde, jeder Tag – war nach den beiden Flugzeugabstürzen in Afrika ein kostbares Geschenk, mit dem wir so behutsam wie möglich umgehen wollten. Aber Ernest schenkte den schwedischen Journalisten acht Stunden seiner Zeit.

Um vor weiteren Invasionen zu fliehen, wollten wir ein, zwei Wochen an Bord der *Pilar* bei Paraíso verbringen. Ernest schickte Gregorio mit der *Pilar* voraus, und da Felipe anderweitig beschäftigt war, begleitete ihn Oscar, ein neuer junger Angestellter, auf der *Tin Kid*. In meinem kleinen gelben Plymouth-Kabriolett fuhren wir auf der Steilküstenstraße nach La Mulata und picknickten unter einem Baum, von wo aus man einen herrlichen Blick auf die weite tiefblaue Bahía Honda hatte. Gregorio erwartete uns in dem Fischerdorf, und vor Einbruch der Dunkelheit waren unsere Sachen ausgepackt. Um halb neun schlief Ernest bereits. Über diese Ferien schrieb er in einem Brief an Bob Manning von *Time*: «... ein schwerer Nordwest folgte dem anderen. Aber wir lagen an einem wohlgeschützten Ankerplatz, gingen zu Bett, wenn es dunkel wurde, und lauschten der Brandung am Riff. Es war kalt genug für eine Extradecke und einen Pullover. Gregorio kochte wunderbar, und wir fingen junge Suppenschildkröten und afrikanische Pompano und brachten eine Menge davon mit nach Hause, so ist der Tiefkühlschrank voll.»

Am Donnerstag, dem 9. Dezember, schrieb ich: «Papa und Gregorio fuhren nach La Mulata, um sich mit Juan zu treffen, der Lebensmittel, Post und Zeitungen brachte, darunter die *Time*-Ausgabe mit Papa auf dem Cover. ... Bob Mannings Artikel ist sehr freundlich, angenehm und genau, und Papa leistete in dem Interview Ezra Pound einen guten Dienst mit der Anregung, dies sei ein gutes Jahr, um Dichter freizulassen, und man solle Ezra nach Italien zurückgehen lassen, wo er geachtet und geschätzt werde. Manning erwähnt, daß ich 46 bin, und so habe ich beschlossen, mein Alter nicht mehr zu verheimlichen. Noch eine Eitelkeit über Bord. ... Gute Nachrichten von Scribner's. Sie haben Papas verlorene Warner Company-Aktien, die ungefähr $ 10000 wert sind, wiedergefunden.»

Am Samstag, dem 11. Dezember, schrieb ich: «Gestern abend hörten wir Berichte über die Nobelpreis-Verleihung in Stockholm, der Empfang war schlecht und schwankend, aber einige Sätze konnten wir verstehen.» Der amerikanische Botschafter in Stockholm hatte die kurze Rede verlesen, die Ernest für die Zeremonie geschrieben hatte. «... Ich möchte den Verwaltern der großzügigen Stiftung Alfred Nobels für diesen Preis danken. Kein Schriftsteller, der die großen Schriftsteller kennt, die diesen Preis nicht erhielten, kann ihn anders als in Demut annehmen. ... Der Schriftsteller... sollte sich immer um etwas bemühen, was noch nie geschrieben worden ist oder was andere versucht und nicht erreicht haben. Dann wird er, mit etwas Glück, manchmal Erfolg haben.»

20
Schlechte Nachrichten

Am 30. Januar, einem Sonntag, rief mittags Mr. Schustedt an. Mein Vater habe einen «kleinen Schlaganfall» erlitten, und ob ich einwilligte, daß man ihn ins Krankenhaus brächte. Ja, gewiß, sagte ich und bat, er möge für gute Pflege sorgen. Ich bekam keinen Platz mehr für die Delta-Maschine nach New Orleans an diesem Nachmittag, bemühte mich vergeblich um eine Verbindung über Tampa und schrieb deshalb einen Brief an meinen Vater – in der Hoffnung, er würde ihn verstehen, wenn meine Mutter ihn ihm vorlas.

Zwei Tage später flog ich nach New Orleans, fuhr direkt zum Krankenhaus. Mein Vater schlief – zufrieden, wie es schien –, und die Schwestern berichteten, er könne seinen rechten Arm wieder bewegen, sei aber noch nicht wieder klar im Kopf.

Am nächsten Tag schrieb ich an Ernest: «Bericht aus dem Krankenhaus heute morgen: Tom hatte eine ruhige Nacht, aß Haferbrei zum Frühstück und ein Ei, ist weniger unruhig heute morgen und ein wenig klarer. ...

Keine Anzeichen von Schmerzen und keine Lähmungen mehr. Ein noch lebender Organismus, ‹Atem strömt ein und aus› . . . eine schwache, traurige Ähnlichkeit mit meinem Vater . . .»

Ernest schrieb mir am gleichen Tag: «Ich finde es schrecklich, hier zu sein, an einem so perfekten Tag zum Sonnenbaden für mein Kätzchen; hell und klar, eine ganz leichte SO-Brise. Alles hier ist wunderschön. . . . Die Rosen lieblich, mit 97 guten Knospen in der oberen Reihe. . . . Ständig versuchen Leute, hier einzudringen.»

Meine Mutter zog sich ihre schönsten Kleider an und setzte ihre besten Hüte auf, wenn ich mit ihr meinen Vater im Krankenhaus besuchte, wo sie ihm, der kein Wort verstand, aus Mary Baker-Eddys *Science and Health* vorlas. Oder ich saß an seinem Bett und machte mich hin und wieder bemerkbar – ich hoffte, er würde meine Stimme erkennen. Er sprach von den Frachtkosten nach Duluth und schätzte den Holzbestand unbekannter Kiefernwälder.

Am Telefon gab Ernest mir einen der hilfreichsten Ratschläge. «Nimm es so hin, als müßtest du darüber als Reporter schreiben. Sei objektiv, was das betrifft, und schone deine Nerven.» Am 8. Februar schrieb ich ihm: «Dein Rat ist ganz genau die Therapie, die ich hier brauche. Hör Dir an, was sich vor ein paar Minuten am Telefon abspielte:

‹So, Mary, wenn Du jetzt ins Krankenhaus gehst, nimm bitte *Science and Health* mit.›

‹Wozu?›

‹Die Krankenschwester soll es ihm vorlesen. Du weißt, Mrs. Eddy hat es gesagt. Wenn man ärztlich behandelt wird, muß man *Science and Health* lesen.›

‹Aber er versteht doch nichts.›

‹Das macht nichts. Sie soll es ihm vorlesen›, sagte meine Mutter.

Denk nicht, daß ich bereits verrückt geworden bin, aber es wäre vielleicht für alle Beteiligten besser, wenn ich nach Hause käme, und sei es nur für eine Woche, statt hier zu bleiben.»

Am nächsten Morgen flog ich zurück nach Kuba. Ernest schickte mit Juan einen Willkommensgruß. «Ich fühlte mich miserabel, als ich aufwachte, und dachte, ich sollte vielleicht lieber nicht das Risiko eingehen, Dir einen weiteren Kranken zu präsentieren. Du hast bestimmt die Nase voll von Kranken. . . . Hier ein Vorauskuß . . . sieht wie eine Riesenblattlaus aus, ist aber keine.»

Am 17. Februar rief Mr. Schustedt an, um mir zu sagen, daß es mit meinem Vater rasch bergab gehe. Ich buchte einen Platz auf der Freitagsmaschine, und am gleichen Abend rief Mr. Schustedt wieder an und berichtete mir, daß mein Vater gestorben war, friedlich und ohne

Schmerzen, und auch ohne sein klares Bewußtsein wiedererlangt zu haben. Er war fünfundachtzig Jahre alt geworden. Mein Vater hatte den Schustedts einmal gesagt, er wolle gern eingeäschert werden. Wir vereinbarten, daß die Trauerfeier am Samstag stattfinden sollte.

Die Schustedts waren so freundlich, mich in New Orleans am Flugplatz abzuholen und brachten mich am nächsten Morgen in Gulfport zum Bestattungsinstitut. Bei der Trauerfeier dort am Nachmittag, die zwanzig Minuten dauerte, blieb meine Mutter ruhig und gefaßt. Aber ich zitterte wie Espenlaub und kam nicht dagegen an. Hinterher notierte ich: «Ich kann ihr nicht verständlich machen, was mein Vater mir bedeutete ... so muß ich für mich allein trauern. Unsere Gespräche erschöpfen sich in Christian Science-Platitüden.»

Wenn ich allein war, erinnerte ich mich, wie Tom Welsh und seine Tochter über die schmalen Schotterstraßen Nord-Minnesotas gefahren waren, fröhlich singend in seinem einsitzigen Ford Model-T, mit dem Benzintank unter dem Sitz, wie sie im holpernden und platschenden Ruderboot mit Außenbordmotor über den Leech Lake glitten, wie sie im Tannenwald vor einer plötzlich auftauchenden Gruppe weißer Birken stehenblieben und beide die gleiche Freude empfanden. Aus unseren gemeinsam verbrachten Tagen besaß ich ein kostbares Geschenk von ihm: die Gewißheit, daß Männer und Frauen Freunde sein konnten, frei von geschlechtlich bedingten unversöhnlichen Gegensätzen. Mein Vater war ein unschuldiger Mann, der daran glaubte, daß die Menschheit zu ihrem ursprünglichen, ungebundenen Leben zurückfinden könne, ein unternehmungslustiger und zuversichtlicher Mann, fleißig und gütig, ein froher und großmütiger Gefährte. Ich hatte ihn über vierzig Jahre lang herzlich geliebt.

Ernest und ich verbrachten noch einmal zwei Wochen auf der *Pilar* und auf Paraíso. Wir fischten, lasen und schwammen, erkundeten den Strand, der jeden Tag eine neue Fülle von Muscheln, Krabben, Seesternen und phantastischen Sandmustern bot. Wie immer arbeitete Gregorio von Sonnenaufgang bis zum Einbruch der Dunkelheit und oft darüber hinaus, hielt die *Pilar* und ihren Motor und unser Angelzeug in Ordnung, ölte die Schnurrollen, wusch nach jedem Angeltag die Leinen in Süßwasser, wechselte den Ankerplatz, wie die wechselnden Winde es erforderten, fischte mit uns oder manövrierte die *Tin Kid* über Riffe hin, indes wir fischten, kaufte ein und kochte unsere Lieblingsgerichte, sorgte für unser Wohlbefinden, gut gelaunt, schlagfertig, unermüdlich. Auf dieser Fahrt wurde mir klar, wie gute Freunde wir drei waren und wie wenig ich doch von Gregorio und seinem Leben wußte. Eines Abends, während er in der Kombüse das Essen vorbereitete, erzählte er mir seine Geschichte.

Sein Vater, ein Fischer in Las Palmas auf den Kanarischen Inseln, der seinen Sohn schon als er erst vier war als Schiffsjungen auf einem Fischerboot mit auf See genommen hatte, war früh gestorben. Gregorio, der von da an seine Mutter und seine Geschwister miternähren mußte, hatte auf einem spanischen und später auf einem portugiesischen Schiff angeheuert. Mit elf Jahren kam er nach Havanna und beschloß zu bleiben und von hier aus zur See zu fahren.

Irgendwann vor dem Zweiten Weltkrieg lag das kubanische Fischerboot, dessen Kapitän er war, einmal bei einem Sturm bei Dry Tortugas vor Anker. Auf der *Pilar*, die ebenfalls dort lag, war das Salz ausgegangen, und Ernest ging an Bord des Fischerbootes, um sich ein wenig auszubitten. Die beiden Kapitäne plauderten, und Ernest sah sich das Boot an. Es war so sauber und so gut gehalten wie kein anderes der Fischerboote, die Ernest je gesehen hatte, und noch am gleichen Tag schlug er Gregorio Fuentes vor, Maat der *Pilar* zu werden.

Auf der Heimfahrt von diesen Ferien hatten wir schweren Wind von Norden, und die *Pilar* schlingerte die ganzen neunzig Meilen, aber dafür war das Fischen besonders ergiebig. Ernest erwähnte es in einem Brief an Bob Manning: «Mary geht es ausgezeichnet. . . . Ich fühle mich so viel besser, daß es fast komisch ist. Nahm zwölf Pfund ab und habe schon drei Wochen mein Gewicht gehalten. In einem Monat werde ich wieder herunter auf meinem Optimalgewicht sein. Bin auch wieder gut auf den Beinen. Blutdruck 140/68 (vor einem Jahr war er 180/100). Saß 7 Stunden 50 Minuten am Ruder auf dem Peildeck . . . und sechs am Ruder unten, bei herrlichem, schwerem Seegang, und Mary und ich fingen 24 Delphine, eine Menge Barrakudas, und ich erwischte einen schönen Marlin. Wir hatten zwei Wochen lang unten an der Küste geankert, und ich lief jeden Tag am Strand und schwamm, und das hat das Gewicht runtergebracht.»

Unser Haus war voller Menschen: Sinsky war für eine Woche von der See zurückgekehrt und benutzte Ernests Badezimmer mit. Roberto Herrera ordnete mit wichtiger Miene Akten und aß riesige Mengen. Alfred Rice, Ernests Anwalt, kam für ein paar Tage zu Besprechungen, bei denen es um Hayward und den Vertrag über die Verfilmung von *Der alte Mann und das Meer* ging, bei der Ernest für Hilfe als technischer Berater eine zusätzliche Vergütung erhalten sollte. Taylor Williams, unser alter Freund aus Sun Valley, kam ein paar Wochen zum Fischen, wie jedes Jahr, wenn es im Frühling junge weiße Marline gab. Er, der mit sechsundsechzig Jahren die Berge Idahos erklettert hatte, um Rotwild zu jagen, war in Miami an einem Bordstein ausgeglitten und hatte sich den Knöchel gebrochen. Munter, ohne zu klagen, kam er in Kuba an, lachte sein trockenes Lachen und handhabte geschickt seine Krücken, sowohl auf der Finca als auch an Bord der *Pilar*.

Ernest hatte für Harvey Breit eine kleine Abhandlung über Männer und Frauen (*Homo sapiens*) geschrieben und zeigte sie mir, ehe er sie abschickte. Später sandte Harvey mir eine Kopie. Hier ist ein Auszug: «Gewiß ist der Mann nicht dazu erschaffen, allein zu leben, und die Frau oder die Frauen auch nicht... ich ganz gewiß nicht. Aber ich weiß, daß eine Frau ihrem Mann nahezu alles verzeiht, wenn er ein Mann ist (nicht *he-man*; einfach nur Mann) oder wenn sie vielleicht so etwas wie Achtung vor ihm hat. Vielleicht – das ist das stärkste Wort für Sicherheit, das wir heutzutage besitzen.... In Afrika ist es einfacher, vielleicht.... Ich finde es gar nicht so dumm, fünf Frauen zu haben, wenn man es sich leisten kann... statt immer nur eine zu haben und ihr Unterhalt zahlen zu müssen, wenn man eine neue Frau braucht.... Ich bin sehr treu. Aber ich kann leichter vier guten Ehefrauen treu sein als einer.... Der einzige Rat, den ich geben kann, ist der: Sie können eine furchtbar gute Ehefrau für vierzig Ziegen bekommen, wenn sie Sie liebt. Wenn Sie erst verheiratet sind, können Sie sich Champagner und Brandy nicht mehr leisten, und früher oder später macht der Champagner Ihnen sowieso den Magen sauer, und der Brandy macht Sie böse. Halten wir es also mit Jesus Sirach...

Ich bin nicht gegen amerikanische Frauen, denn Miss Mary und ich waren gerade auf einer schönen langen Reise, und wir gingen jeden Abend um zehn Uhr spätestens zu Bett und schliefen ausgezeichnet jede Nacht und tranken guten Gin und Kokosmilch... und waren glücklich wie bevor wir je verheiratet waren und tranken Champagner und Brandy... und so geht es nun seit elf Jahren, und es war so herrlich wie immer...!»

Mitte Mai schickte meine Mutter mir einen Brief von unserer gemeinsamen langjährigen Freundin Rose Winter, einer Klavierlehrerin, die vor vierzig Jahren in Bemidji in unserem Block gewohnt hatte. Sie schrieb von einem «zur Familie gehörenden» Heim, das von einer Christian Science-Anhängerin in Minneapolis geleitet wurde. Und meine Mutter wollte sofort dorthin übersiedeln. Ich bat sie, geduldig zu sein und vorläufig nicht umzuziehen. «Wir sollten ernsthaft in Betracht ziehen, daß die Winter dort lang und kalt sind, so daß Du vielleicht Monate lang nicht aus dem Zimmer kommst, und auch, daß es sehr weit weg ist von hier.... Du hast zur Zeit keine Wintergarderobe und würdest neue Wollkleider, Schuhe und einen Pelzmantel brauchen – denk daran, wie kalt die Fußböden überall sind, wenn es 30 Grad unter Null ist...»

Aber meine Mutter, fest entschlossen, nach Minneapolis zu ziehen, kündigte schon allen ihren alten Freunden und Bekannten dort ihre bald bevorstehende Ankunft an und führte sich unterdessen in Gulfport so auf, daß die Schustedts glücklich sein mußten, wenn sie abreiste. Ernest willigte geduldig ein, daß ich sie in den Norden begleitete und bei der Gelegenheit einer Einladung von Bea Guck folgte und mich ein paar Tage an den kühlen Gestaden des Lake Superior in ihrem Häuschen in Eagle Harbor erholte. Bei Abercrombie & Fitch hatte ich für $ 512.88 Geburtstagsgeschenke für Ernest bestellt, darunter ein Miniradio, ein Windgeschwindigkeitsmesser, Hosen, Shorts, T-Shirts, Pullover, Jachtmützen, Polohemden und karierte Aertex-Hemden in allen lieferbaren Farben – und einige Hemden für mich. Ich hatte alles nach Key West schicken lassen, und wir fanden die Pakete dort vor, als wir für ein paar Tage hinüberfuhren, um nach Paulines Besitz zu sehen.

Mit Willie Walton, der für ein paar Tage gekommen war, Gianfranco Ivancich, Paco Garay und anderen Freunden, die aus Havanna gekommen waren, feierten wir Ernests Geburtstag mit einem Lunch am Schwimmbecken, wo René einen Kübel eisgekühlten Champagner im Schatten der rebenberankten Loggia aufgestellt hatte. Wir aßen – die meisten von uns mit Stäbchen – die süßsauren Krabben und andere chinesische Lieblingsgerichte des Geburtstagskindes. Es war ein gelungenes Fest, gelöster als sonst. Ein paar Tage später reiste ich ab nach Gulfport.

Ernest schrieb mir, Alfred Rice und Hayward hätten endlich den Vertrag über den Film *Der alte Mann und das Meer* ausgearbeitet und unterschrieben. «Leland ist zwar voller guten Willens, aber sehr gerissen, und er hält seinen Geldbeutel fester zu als ein Schwein seinen Arsch zur Fliegenzeit. Und nachdem Leland versprochen hatte, Ernest zwischen dem 15. Juni und dem 1. September nicht bei der Arbeit zu stören, bedränge er ihn jetzt mit Briefen und Telefongesprächen in seinen Arbeitsstunden und schicke einen besonderen Super-Fotografen, der die Möglichkeiten prüfen solle, das Fischen von einem im Wasser versenkten Floß aus zu filmen. Und: «Mach Dir keinerlei Sorgen! Brauchst Du irgendwelche Gelder? Was Geld betrifft, sind wir o. k. ...!»

Wieder einmal ordnete ich die Habe meiner Mutter. Den größten Teil des alten Krams – Handtücher, Tischdecken, Stoffe, die einst zu ihren Vorhängen gepaßt hatten, eine alte Kochplatte – Zeug, das sie vierzig Jahre mit sich herumgeschleppt hatte, schenkte ich ihren beutegierigen Freundinnen. Am 28. Juli mittags stiegen wir in einen *«bedroom»* im Zug nach Chicago, und am nächsten Morgen nahmen wir von dort einen Zug nach Minneapolis. Mutter meinte, es sei ihr zu anstrengend, noch weiter nordwärts nach Eagle Harbor zu reisen, und so brachte ich sie gleich in das Heim von Mrs. Kerr, der Christian Science-Anhängerin, die so gern für meine Mutter sorgen wollte. Nachdem ich Wintersachen für meine Mutter gekauft hatte, allerlei Kleinigkeiten, die sie vermutlich irgendwann brauchte, flog ich nach Ober-Michigan. Vom ersten Tag an, den sie bei Mrs. Kerr verbrachte, erklärte meine Mutter, sie fühle sich wesentlich besser. Viele ihrer alten Freundinnen, lauter Witwen, riefen an und versprachen, sie zu besuchen, und das Haus an der Groveland Terrace in der Nähe des Zentrums war leichter erreichbar als das außerhalb gelegene Heim in Gulfport. Trotz der Hitzewelle (38 Grad im Schatten) lächelte die kleine Adeline wieder und wir nahmen beide zuversichtlich voneinander Abschied. Einige Tage nach meiner Rückkehr nach Kuba erhielt ich einen Brief von Mrs. Kerr: «Ich beginne zu verstehen, daß die Pflege Ihrer Mutter schwieriger ist, als ich mir vorgestellt hatte, und daß mein ursprünglicher Preis meine Unkosten nicht decken wird.» Bei $ 75.00 mehr im Monat könne sie eine zusätzliche Hilfe nehmen und einen elektrischen Heizofen ins Zimmer meiner Mutter stellen.

Am 1. September um fünf Uhr früh verließen acht der besten Berufsfischer aus Cojímar in vier altmodischen, seetüchtigen Skiffs – Booten, wie sie viele Generationen hindurch benutzt worden waren, auch von dem alten Santiago – die Bucht. In den letzten Jahren hatten die meisten Fischer ihre Boote mit Außenbord- oder Innenbordmotoren ausgerüstet, aber an diesem Morgen *ruderten* sie ostwärts, mit dem Golfstrom, wie der alte Santiago es getan hatte. Um sechs fuhren Ernest und Gregorio mit der *Pilar* hinaus, ein fünfköpfiges Aufnahmeteam aus Hollywood an Bord – Kameraleute, Assistenten und Handlanger –, um die Fischerboote zu beobachten und jede Aktion zu filmen. Auch das Fischerboot unseres Freundes Mayito Menocal, die *Tensi*, lief aus, unter dem Kommando von Mayitos Cousin Elicio Argüelles und mit einem vierköpfigen Kamerateam an Bord. Um zehn Uhr fuhr Juan mich zum Restaurant La Terraza in Cojímar, wo ich mit Felípe, meinem Bootsmann, warmes Essen in fest verschlossenen Kochgeschirren abholte, siebenundzwanzig Portionen jeden Tag, die wir mit der *Tin Kid* zu den sechs Booten unserer Flotte hinausbrachten, die sich um diese Zeit gewöhnlich acht bis zwölf Meilen vor der Küste befanden.

Aber das Wetter war gegen uns. Hurrikanes tobten in der Nähe, heftige Winde peitschten die Boote, erschöpften jeden, vor allem die Männer in den Skiffs. Bei bewölktem Himmel und häufigen Regenschauern war oft das Licht zum Filmen zu schlecht. In zwei Wochen mühseliger Arbeit konnten nur zwei von den kleinen Booten gefangene Marline am Haken gefilmt werden, und beide waren zu klein, um als Santiagos Riesenfisch herzuhalten. Bei einer Besprechung im Hafen von Cojímar kamen die

Männer überein, daß es vernünftiger sei, das Unternehmen aufzugeben, jedenfalls einstweilen, und das Hollywoodteam reiste ab. Es war alles so aufregend gewesen jeden Tag auf See, daß mir die zwei Wochen wie im Fluge vergangen waren.

Als ich am folgenden Nachmittag an meinem Schreibtisch saß, kam Ernest barfuß ins Zimmer getappt und brummte: «Du wirst dich doch um die Kinder kümmern, nicht?»

«Klar. Aber was meinst du?»

«Ich mache ein neues Testament.»

Er hatte schon mehrmals sein Testament gemacht. Ich wußte davon und war deshalb nicht weiter überrascht.

«Ich werde tun, was immer ich kann», sagte ich und dachte bald nicht mehr daran.

Sechs Jahre später erfuhr ich, daß die Urkunde, die er an diesem Nachmittag verfaßte, mir seine gesamte Habe übermachte und mich zur Testamentsvollstreckerin bestimmte und ernannte. George Brown, René Villarreal und Lola Richards, unser Mädchen, waren die Zeugen.

Beim allmorgendlichen Schreiben über Afrika und seine afrikanischen Freunde war Ernest das Verlangen nach einem äußeren Zeichen für seine Verwandtschaft mit den Wakamba gekommen. Er wollte sich die Ohrläppchen durchstechen lassen und goldene Ohrringe tragen, wie ich. Ob ich ihm nicht mit einer sterilisierten Nadel die Ohrläppchen durchbohren könne. Ein paar Tage lang hielt ich ihn hin. Dann schrieb ich ihm einen Zettel, den er früh am Morgen lesen sollte, wenn sein Geist noch frisch und sein Kopf kühl und klar war:

«Um unser beider Wohlergehen bitte ich Dich, daß Du Dir noch einmal überlegst, ob Du Dir die Ohrläppchen durchstechen läßt. . . . Es wäre eine Verhöhnung der Gebräuche westlicher Zivilisation. Ich verteidige hier nicht die Vorstellung, daß Männer, außer gewissen Seeleuten, wüsten Burschen, keine Ohrringe tragen dürfen – aber ich finde, wir sollten uns darüber im klaren sein, daß diese Vorstellung existiert.

Alles was Du tust, kommt früher oder später an die Öffentlichkeit . . . und wenn Du Ohrringe trägst, wird das eine nachteilige Wirkung haben auf Deinen Ruf, Wirklichkeit und Wahrheit zu erkennen. . . . Die Idee, daß durchbohrte Ohrläppchen Dich zu einem Wakamba machen, ist eine Flucht vor der Realität. . . . und der Versuch, Phantasie in die Wirklichkeit umzusetzen, kann, meine ich, nur zu Verzerrungen und Mißerfolg führen. Es gibt andere Wege, die Bruderschaft zwischen Dir und den Wakambas zu beweisen. Ich hoffe, Du wirst sie finden, mein Großer Schatz.»

Die Ohrringkrise schien damit beendet und wurde vergessen über der Ankunft Bumbys, des ältesten Sohns. Bumby kam diesmal ohne Frau und Kinder, um seinen Vater aufzumuntern. Er erzählte von seinen Geschäften, schoß vom Turm aus auf Bussarde, lobte unsere Küche und machte unsere Tage froher. Ein weiterer Lichtblick während dieses Herbstes war die Geburt zweier Kätzchen im venezianischen Zimmer, die, als sie einen Monat alt waren, zu uns ins Wohnzimmer durften. Sie lagen aneinandergekuschelt in Ernests Sessel oder schliefen in seinen Mokassins wie in Doppelbetten. Sie rannten und sprangen furchtlos um gefährliche, lederbeschuhte Füße herum, tanzten, rangen und tollten. Ihres Abenteuergeistes wegen nannten wir sie «Cristóbal Colón» (Christoph Kolumbus) und «Isabella la Católica» (Isabella die Katholische), was Ernest zu «Izzy the Cat» verkürzte.

Die Regierung Batistas wollte Ernests wachsenden Ruhm für sich ausnutzen und verlieh ihm noch einen Orden, den Orden von San Cristóbal. Freunde überredeten ihn, an der langen, wortreichen Feier im Sportpalast in Havanna teilzunehmen. Ich flog inzwischen nach Key West, um dort die Reparaturarbeiten an Paulines Haus zu überwachen. Außerdem mußten neue Wasserrohre und elektrische Leitungen gelegt und zerbrochene Fensterläden repariert werden. Bei meiner Rückkehr am folgenden Sonntag fand ich Ernest mit einer Niereninfektion in meinem Bett vor. Er hatte sie sich wahrscheinlich auf der zugigen Heimfahrt nach der Feier im überhitzten Sportpalast zugezogen. Er fühlte sich sehr elend. Er hatte Fieber, geschwollene Drüsen, und seine Leber war nicht in Ordnung. José Luis sagte: «Hepatitis.»

Ich hatte es mir zum Prinzip gemacht, Ernest, wenn er krank war, nie mit meinen Sorgen zu behelligen. Aber eines Nachts, als wir beide, in leichte Decken gehüllt, wie Zigarren im Bett lagen, platzte es aus mir heraus: «Es ist wirklich eine ziemlich böse Zeit – böse für dich. Du warst doch sonst immer so widerstandsfähig.»

Pause. Dann nachdenklich: «Ich habe meinem Körper nie Pardon gegeben.»

«Nein, nie, solange ich dich kenne.»

«Keinen Pardon. Nie.»

«Vielleicht ist es an der Zeit, das Programm zu ändern. Schone dich doch etwas.»

Nicht weil sein Bett bequemer gewesen wäre, sondern um mich von der Unordnung, die er um sich verbreitete, zu befreien, zog er wieder in sein Zimmer. Er nahm Berge von Zeitungen, Zeitschriften und Büchern mit. An seinem Bett lagen jeden Tag mehrere kubanische Zeitungen in spanischer Sprache, die *New York Times,* die *New York Herald Tribune* und die beiden Tageszeitungen aus Miami. Und das war nur seine Morgenlektüre. In dem Berg von Zeitschriften entdeckte ich *Time* und *Newsweek, Collier's* und die *Saturday Evening Post,* außerdem die *Saturday Review, U. S. News and World Report* und mehrere Wochenzeitungen aus London, Paris und Italien. Ein halbes Dutzend Bücher lagen über seine Bettdecke verstreut. Wenn seine Augen überanstrengt waren, schaltete er das neue Radio, das ich ihm zum Geburtstag geschenkt hatte, ein oder sah sich ein kubanisches Baseballspiel in seinem neuen Fernsehgerät an. Ich kaufte eine Leselampe, die ich an den Stuhl neben seinem Bett stellte, und las ihm abends oft vor: Shakespeares Sonette, T. E. Lawrence, Jim Corbett, Anne Morrow Lindbergh oder Gedichte aus dem *Oxford Book of English Verse.*

21
Neue Unternehmungen

In den folgenden Monaten hatten wir wieder viele Gäste, die bewirtet werden mußten und uns viel Abwechslung brachten. Mike Burke, unser Freund aus der Kriegszeit, und seine hübsche Frau Timmy, Fred Zinnemann, den Leland Hayward als Regisseur für *Der alte Mann und das Meer* ausersehen hatte und der sich nach Plätzen für die Außenaufnahmen umsah. Alle bekamen ihren vom Hausherrn zubereiteten Drink, einen Martini, extra dry, oder Gin mit eisgekühlter Kokosmilch, während ich die interessantesten Gerichte, die ich mir ausdenken konnte, zusammen mit spanischem und italienischem Wein servierte.

Anfang März 1956 nahm uns dann wieder der Film in Anspruch – und brachte wieder eine Flut von Gästen. Spencer Tracy lag noch in New York mit einer Erkältung zu Bett, während Leland Hayward, die Zinnemanns und der ganze Apparat der Filmgesellschaft aus Hollywood die Außenaufnahmen machen wollten – Santiago in seiner Hütte, das erwachende Dorf im Morgengrauen, die hinausrudernden Fischer und Santiago bei der Heimkehr nach seinem Kampf.

Am nächsten Tag sahen wir in einem kleinen Vorführraum im Büro von Warner Brothers in Havanna hundertzwanzig Meter von den im September im Golfstrom gedrehten Streifen – und sie waren nicht gut. Wir sahen auch den von einem texanischen Fischer aufgenommenen Film von einem Riesenfisch, den er vor Peru gefangen hatte. Der Streifen hatte den

Nachteil, daß die dünne Sportfischerleine zu deutlich sichtbar war, während Santiagos Handleinen dick und schwer sein sollten. Ich wollte schon vorschlagen, die ganze Fischsequenz bei den Walt Disney Studios in Auftrag zu geben, die schon viel gutgemachte Tierfilme produziert hatten, aber ich hielt den Mund. Ernest schlug vor, er wolle versuchen, einen wirklich großen Fisch vor Cabo Blanco, Peru, zu fangen und zu filmen. Leland und die anderen waren einverstanden, daß er, wenn nötig, einen ganzen Monat dort verbringen sollte – mit Fischern und einem Kamerateam.

Der Sportfischerklub in Cabo Blanco war so teuer – etwa $ 100 am Tag für jeden Gast –, daß ich zögerte, Ernests Einladung zu der Expedition anzunehmen. Beim Essen sagte er: «Komm lieber mit, Kätzchen. Ich werde dich bestimmt brauchen.»

«Wenn ich mir zu überflüssig vorkomme, fliege ich nach Hause», sagte ich.

Mit Elicio Argüelles und Gregorio flogen wir nach Miami und von dort nach Panama und Talara und fuhren dann im Wagen durch die Äquatorialwüste bis zum Klubhaus, das auf einem sandigen Riff lag, nur etwa hundert Meter von der donnernden Brandung des Pazifik entfernt. Es stellte sich heraus, daß ich mich als Übersetzerin und Dolmetscherin nützlich machen konnte. Leland hatte die einzigen drei Fischerboote des Klubs gechartert. Das eine war die *Miss Texas*, mit der Elicio und Ernest fischen wollten, während Gregorio sich um das Angelzeug und die Köder kümmerte. Ein kleineres Boot, die *Petrel*, sollte, nur mit ihrer einheimischen Mannschaft an Bord, nach großen Fischen suchen und sofort Signal geben, wenn ein Marlin gesichtet wurde. Auf dem dritten Boot, der *Pescador Dos*, sollten Lou Jennings mit seiner großen Cunningham-Kamera und seine Assistenten, Stew Higgs und Bill Classen, folgen, zusammen mit der dreiköpfigen Schiffsmannschaft. Die Kameraleute aus Hollywood sprachen kein Wort Spanisch, und die indianischen Bootsleute, die, wie sie mir später erzählten, dem Stamm der Sachura angehörten, sprachen kein Englisch. So spielte ich auf der *Pescador Dos* die Dolmetscherin.

Der Plan war einfach. Wir wollten im Humboldtstrom, im kalten Südwind und bei hohem Seegang mit sechs Meter hohen Wellen, kreuzen, bis einer von uns einen Marlin sichtete. Dann sollten sich die zwei beziehungsweise drei Boote einander so nähern, daß die *Pescador Dos* ihn filmen konnte, ohne jedoch mit dem Fisch und den Leinen zu kollidieren.

Der Monat verging ohne besonderen Erfolg. Der größte der achtzehn Fische, die wir sahen – es war der vierte, den wir fingen –, wog auf der sicher falsch eingestellten Waage im Hafen rund 400 Pfund. Seinen

Ausmaßen nach mußte er, so schätzten wir, mindestens 1000 Pfund wiegen. Aber wir kriegten keine guten Bilder von ihm in die Kamera – das faule Biest wollte absolut nicht springen.

Schließlich macht das Filmbudget unserer Seejagd ein Ende. Als wir nach Hause kamen, hörten wir mit großem Kummer, daß Boise, Ernests Lieblingskatze, gestorben war – «friedlich», wie René tröstend sagte.

Im Juni rief unser Freund Earl Theisen, der *Look*-Fotograf, der uns in Afrika begleitet hatte, an. Die Redaktion sei interessiert an einem Bericht über unser Ergehen dreißig Monate nach den beiden Flugzeugabstürzen. Ernest unterbrach ungern die Arbeit an seinem Manuskript, aber wir mochten Ty und wußten, daß er sehr unaufdringlich war mit seinen Kameras. Außerdem kamen uns die $ 5000, die *Look* für einen kurzen Artikel und für Bildunterschriften bezahlen wollte, für unsere geplante Spanienreise sehr gelegen.

Zur gleichen Zeit kam Alan Moorehead für ein paar Tage zu Besuch. Beim Fischen bejubelten wir einen kleinen gestreiften Marlin, den Ernest an den Haken bekam. Der tapfere Fisch sprang und sprang immer wieder, siebenunddreißigmal, solange zählte ich. Nachdem Gregorio ihn an Bord gezogen hatte, tat er uns leid. Er hätte es verdient, in sein Element zurückzukehren.

Als der nächste Fisch anbiß, war Alan an der Reihe, die Angel zu übernehmen. Er protestierte, behauptete, keine Ahnung zu haben, folgte aber meinen Anweisungen: er setzte sich achtern auf den Dynamokasten, die Füße gegen das Dollbord gestemmt, senkte die Rute und begann zu spulen. «Jetzt – *steady* – nicht reißen, langsam anheben.»

Er versuchte, die Angel anzuheben, und seine Armmuskeln traten hervor. «Entweder habe ich den Meeresgrund am Haken oder ein gesunkenes Schiff.»

«Halt die Spitze nach oben, und jetzt zieh! Ziehen!»

Keiner von uns ahnte, was für ein Ungeheuer er da an der Leine haben mochte. Gregorio prüfte die Rute, befand, daß sie das Gewicht halten würde. Alan stöhnte und lachte und fluchte und entschuldigte sich.

«Das kann kein Marlin sein», sagte Ernest.

«Aber es muß etwas Wunderbares sein», sagte ich. «Vielleicht eine riesige Makrele. Gib nicht zuviel Leine.»

Alan zog und schwitzte. Seine Hand wurde ihm lahm, aber seine blauen Augen strahlten. Er spulte und spulte, und endlich erschien, dicht unter der Wasseroberfläche, ein geflecktes, silbriges Viereck. Gregorio harpunierte es.

«Was ist es?» fragte Alan müde.

«Ein Pferdekopffisch», riefen wir bestürzt.

«Na ja, er zog auch wie ein Pferd.»
«Aber er ist wirklich sehr groß», sagte Ernest tröstend.
«Ein Trostpreis, nehme ich an?»
«Na ja, so ungefähr. Du kannst ihn essen, wenn du mal eine Woche lang gehungert hast. Aber es war eine prächtige Show. Und er *ist* sehr groß», sagte Ernest.
«Wenn ihr das Tiefseefischen nennt, macht nur weiter», sagte Alan. «Ich für mein Teil ziehe mich hiermit zurück.»
«Willst du behaupten, du hättest es nicht jede Minute genossen?» fragte ich.
Im Juli kamen Ernests Schwester Ursula und ihr Mann Jasper Jepson wieder von Honolulu herüber, um vor ihrer Südamerikareise bei uns Station zu machen – Ernest hätte sich nichts Schöneres zu seinem siebenundfünfzigsten Geburtstag wünschen können. Am Vormittag des Festes fischten wir und fingen um ein Haar einen stattlichen Marlin, der jedoch den Haken im letzten Moment abwarf, ehe Gregorio ihn einholen konnte.
«Das bedeutet Glück fürs nächste Mal», sagte Ura.
«Ich hatte immerhin den Spaß, ihn ans Boot zu bringen», sagte Ernest. «Wir brauchten ihn sowieso nicht.»

Ich schwamm viel, um mich zu erfrischen, und mehrere Bluttransfusionen linderten vorübergehend meine hartnäckige Anämie. Aber auch die frische *brisa* vom Atlantik machte uns die unerträglich feuchte Hitze dieses Sommers nicht erträglich. Ernest kam zu dem Schluß, daß wir hinaus mußten. Wir dachten an die Ruhe in den Bergen Spaniens im Herbst. Ernest schrieb Harvey Breit von unseren Plänen. Harvey lud uns ein, in seinem Haus in New York zu wohnen. Er und Patricia wollten aufs Land fahren, aber die Köchin und das Mädchen konnten uns versorgen. Wir nahmen erfreut an, und Ernest buchte Plätze für die Atlantiküberfahrt auf unserer lieben alten *Ile de France*.
Ehe wir die Vereinigten Staaten verließen, mußte ich meiner Mutter gut zureden, der guten Mrs. Kerr, die sich in Minnesota um sie kümmerte, etwas mehr Ruhe und Schlaf zu gönnen. Sie rief oft mitten in der Nacht die Christian Science-Praktikerin an und bat sie, sofort zu kommen und sie zu behandeln, oder sie weckte Mrs. Kerr auf und bat sie, sich an ihr Bett zu setzen. Ich schrieb einen strengen Brief an meine eigensinnige Mutter und forderte sie auf, mit ihren Mitmenschen rücksichtsvoller umzugehen, und ein Schlafmittel zu nehmen. Ich berichtete ihr auch von unseren Plänen, nach Europa zu reisen, und schrieb, ich würde sie auf der Rückreise besuchen. «Jetzt habe ich nicht die Kraft dazu.»

In New York versuchte ich von Ernest zu lernen, freundlich zu sein zu Leuten, die uns spontan auf der Straße überfielen. Eines Tages, als ich mittags allein unterwegs war, hielt ein Auto quietschend neben mir. Ein paar Mädchen sprangen heraus und riefen: «Miss Mary, Miss Mary.» Wahrscheinlich hatten sie Ernests Artikel in *Look* gelesen und hatten mich von den Fotos her wiedererkannt. Ich lächelte höflich, dümmlich wie ein Bauernmädchen. Mit der schönen Anonymität in den Straßen von New York war es aus.

Auf der *Ile de France* bewohnten wir wieder unsere vertraute Senlis-Suite. Wir hatten Zeit zum Lesen und zum Ausruhen nach der Morgengymnastik an Bord, bei der Ernest sehr viel eifriger war als ich. Die Namen auf der Passagierliste verlockten uns nicht, an Cocktailparties teilzunehmen, aber wir hatten witzige Wortgefechte mit Irving Stone und seiner Frau Jean, die nach den Mahlzeiten zum Kaffee an unseren kleinen Tisch im Speisesaal kamen. Ich staunte, als Mr. Stone uns erzählte, daß er Modelle von den in seinen Büchern beschriebenen Räumen anfertigte, «so daß eine Gestalt nie von der falschen Seite das Zimmer betreten kann». Ein pedantischer Handwerker, fand ich, und dachte an meinen Mann, der solche Modellzimmer nicht brauchte – die meisten seiner Gestalten lebten ihr Leben im Freien. Bestimmt eines der schönsten Geschenke, die ich ihm verdankte, die Möglichkeit, viel unter freiem Himmel zu leben nach den vielen Jahren in engen Redaktionsstuben.

Sein *Lagebericht* in *Look*, der in jenem Herbst erschien, enthielt so viele Schmeicheleien, daß ich beim Abtippen protestiert hatte: «Das ist wirklich zuviel, Lamm. Die Leute werden noch denken, ich wäre eine Millionenerbin oder so ein Zeug.»

«Kannst du es nicht trotzdem so abtippen, wie es da steht?»

«Ich will nicht wie eine verdammte Heilige aussehen.»

«Tust du auch nicht.»

In diesem Artikel, in dem Ernest sich zu Anfang über den Journalismus, das Schreiben für den Tag, beklagt, heißt es dann: «Miss Mary hatte da unten in Peru, vierhundertzwanzig Meilen unterhalb des Äquators, auf dem Kamera-Boot den Dolmetscher gespielt. Der Schiffer, der ein Mestize war, und seine ganze Crew sprachen Spanisch, und die Kameramänner verstanden nur United States, so daß sie ihren vollen Arbeitstag hatte und unter harten Bedingungen stand. Eines Abends erklärte sie, das erste, was ihr Mann von einer Frau verlange, sei Ausdauer. Miss Mary ist ausdauernd.»

Nach ein paar weiteren überschwenglichen Komplimenten fährt er fort: «Miss Mary kann auch baskische Lieder singen und ist ein brillanter und unberechenbarer Gewehrschütze. Sie ist als reizbar bekannt und kann in ihrem perfekten Suaheli sagen: ‹*Tupa ile chupa tupa!*›, was ‹nimm die leere Flasche weg› bedeutet. Glücklicherweise leidet sie nicht unter Dummköpfen. Sie leidet überhaupt nicht darunter.»

Er schreibt auch über einen Abend in der Floridita. Ein paar Einheiten der U.S.-Flotte lagen im Hafen von Havanna, und einige Fähnriche waren zu einem Besuch herausgekommen. Ernest erzählte ihnen, Ezra Pound müsse aus dem St. Elizabeth's Hospital entlassen werden. Und man solle ihm erlauben, seine Gedichte zu schreiben.

«Grad da sah eine Gruppe Unteroffiziere von der Navy herein, alle mit vielen Dienstjahren, und sie kamen, um Old Ernie zu besuchen. Sie duldeten die Fähnriche, hatten aber den Verdacht, daß sie mit ihrem Gerede über Pound und andere Gegenstände, die ihnen nicht viel sagten, Old Ernie bloß von der Arbeit abhalten könnten, eine Sache, die sie sich selber nie gewagt hätten.

‹Ein Wort von Ihnen›, sagte ein Obermaschinist, ‹und sie sind draußen, ehe sie es ahnen. So lange ich noch da bin, fällt Ihnen gottverdammich keiner auf den Zeiger.›»

Ich schlug vor, wir sollten alle zur Floridita fahren. Miss Mary habe etwas gegen Scherben hier im Haus.

«‹Ernie›, sagte der Chief zu mir, ‹Sie müßten einen haben, der Ihnen dieses ganze Volk vom Leibe hält. Sie brauchen Ihre Zeit zum Denken. Was sie jetzt brauchen, ist ein Adjutant, und ich mache das jetzt mal. Ich bind mir jetzt die Affenschaukel um, und jetzt geht alles über meine Leiche.›

Ich sagte: ‹Chief, okay. Sie sind jetzt meine rechte Hand und übernehmen alle öffentlichen Angelegenheiten. Sie sind mein Mann.›

‹Sir›, sagte er, ‹es kann passieren, daß ich mich genötigt sehe, mitunter von Mann zu Mann zu sprechen, aber Vertraulichkeiten gibt es nicht bei mir. Ich habe mich auf diesen Job seit langen Jahren vorbereitet.›

‹Zur Floridita›, sagte ich.» . . .

«In der Floridita war es ziemlich voll, aber mein Impresario scheuchte einige Figuren von dem Stühlen in der Ecke auf, wo wir gewöhnlich saßen.

Wir setzten uns und bestellten, einige Leute kamen an den Tisch und wollten guten Tag sagen, andere wollten Autogramme.

‹Kennen Sie Ernie?› fragte mein Adjutant. ‹Nein? Sie kommen nicht aus seiner Heimat oder was? Verschwinden. Er muß nachdenken.›

Wir führten ein ernsthaftes literarisches Gespräch. Als wir grad richtig drin waren und sehr tiefe Dinge sagten, kam noch ein anderer Obermaschinist an unseren Tisch und sagte: ‹Zwei Bücher von Ihnen waren die besten, die mochte ich. . . . nein, drei. Das waren: *Als der Regen kam, Silbermond* und *Kupfermünze* und der *Sturm von Babel.*›

‹Mac›, sagte ich, ‹die sind gar nicht von mir.›

‹Wahrscheinlich meint er *Sturmfluten des Frühlings*›, sagte einer von den Chiefs. ‹Ich mochte besonders die Stelle, wo der armlose Indianer so wunderbar Pool spielt.›» . . .

«Als ich mich einmal umsah, fing ich den Blick des Marineattachés auf, der mit dem Admiral und einigen anderen Leuten am Tisch saß. Alle trugen Zivil.

Ich guckte erst weg, aber dann sah er mich noch einmal an, und ich sagte: ‹Entschuldigung, Gentlemen, ich muß mal an den andern Tisch gehen und mit jemandem reden, den ich gut kenne. Ich muß ihm guten Tag sagen, wie es sich gehört.›» . . .

«Ich ging hinüber und setzte mich zu meinem Freund. Der Admiral, der nur ein paar Tage hier war, war sehr herzlich, sehr intelligent, und man konnte sich gut mit ihm unterhalten.

Wir hatten eine Weile geredet, als eine Stimme an meiner Schulter sagte: ‹Ernie, das ist doch nichts für Sie. Vertun Sie Ihre Zeit doch nicht mit diesem Haufen Zivilisten.› Es war mein Adjutant, der meine öffentlichen Angelegenheiten übernommen hatte.

Der Admiral stand auf und sagte: ‹Tut mir leid, mein Sohn, ich bin Ihr Admiral.›

‹Admiral, Sir, Entschuldigung, Sir. Ich habe Sie nie gesehen, Sir, so daß ich Sie in Zivil auch nicht erkannt habe.›

‹Das verstehe ich vollkommen›, sagte der Admiral.

‹Admiral, Sir, ich hätte eine Bitte, Sir. Kann Ernie jetzt zu uns zurückkommen?›

‹Sie brauchen nicht zu bitten›, sagte der Admiral. ‹Mr. Hemingway hat schon gesagt, es sei höchste Zeit, und er müsse an seinen Tisch zurück.›

‹Danke, Sir.›

Es war ein sehr schöner Abend und als er vorbei war, sagte der Chief: ‹Ernie, ich geb den Job nicht gerne auf. Ich hab schwer gearbeitet, und es ist gut gegangen, all die Jahre.›

Ich sagte: ‹Mir ist auch mies, Chief, und ich will nie mehr einen anderen Adjutanten haben. Sie sind mein Mann.›

‹Zurücktreten, Kerls, Stillgestanden!› rief der Chief. ‹Laßt Ernie jetzt ins Auto. Er muß nach Hause. Er muß schlafen, damit er morgen richtig denken kann. Das Buch muß gut werden.›»

Seit das Hupen in Paris verboten war, hörte man das Glockengeläut der Kirchen, und Paris war herrlich im September 1956 – blaßgolden schimmerte das Sonnenlicht in den Platanen. Die französische Regierung veranstaltete in der Orangerie eine Ausstellung selten gesehener Gemälde von Impressionisten: Bilder von Monet, Manet, Seurat und anderen, die aus Privatsammlungen stammten, viele darunter so schön und eindrucksvoll, daß ich ein zweites Mal hinging. Ich sah mir auch die neue Modekollektion bei Balenciaga an. Am Montag, dem 17. September, reisten wir weiter. Diesmal war unser Fahrer Mario Casamassima, ein dunkler, dämonisch aussehender Freund von Gianfranco aus Udine.

Am 21. September überquerten wir bei Beobia die spanische Grenze, fuhren durch bergige Pinienwälder, purpurne Heide und Pappelhaine, sahen noch Schafe an den höheren Hängen grasen und kamen hinunter nach Pamplona, wo gerade Zeit für ein kurzes Mittagessen war, rasten dann weiter nach Logroño, stellten unser Gepäck im Gran Hotel ab und mischten uns unter die zur Plaza de Toros strömende Menge.

Unser Freund Antonio Ordóñez war einer der Matadore des Nachmittags. Er tötete seinen ersten Stier – ein als Kampfstier wertloses Tier – zu unserer Erleichterung und zum Mißfallen des Publikums sehr schnell, führte jedoch bei seinem zweiten Stier, der ausgezeichnet war, sein ganzes Können vor – ernst, anmutig, poetisch. Ein anderer Matador, Giron, widmete Ernest seinen zweiten Stier, und es war ein langer, herrlicher Stierkampf. Erschöpft kehrten wir ins Hotel zurück, wo man die Teppiche in der Halle entfernt hatte, um sie vor den Tritten der Menschenmenge zu schützen. Ernest schenkte Giron seine neue Brieftasche zur Erinnerung. Am nächsten Tag widmete der junge, noch nicht sehr bekannte mexikanische Matator Joselito Huerta Ernest einen Stier und führte eine Reihe virtuoser, erstaunlicher *pases* vor – *reboleras*, zwei *pases* kniend, herrliche *cambios* mit der *capa*, eine vollendete *veronica*, vier *pases en el estribo*, *naturales*, *redondos*, bei denen der Stier ihn umkreiste und fast mit den Hörnern streifte. Beim Töten ging er direkt zwischen die Hörner und stieß den Degen bis zum Schaft hinein. Er wurde mit beiden Ohren, dem Schwanz und einem Bein des Stiers belohnt, und Ernest sah später in seinem Hotelzimmer das Stierbein unter dem Waschbecken liegen. Ernest fand noch eine Brieftasche, die er ihm schenken konnte, und Huerta kam zu uns in die Hotelbar, ganz wie ein munterer Basketballspieler einer High-School-Mannschaft. Am nächsten Tag sollte er in Arles kämpfen – Ernest gab ihm gute Ratschläge.

Die *feria* von Logroño wurde bis in die Morgenstunden gefeiert, und einmal in der Nacht, als ich von dem Lärm halb wach wurde, fragte ich Ernest, ich weiß nicht warum: «Wo ist der Knopf – wie heißt er doch? –, auf den man drückt, damit die Mädchen kommen?» Ernest überlegte. Dann sagte er: «Er heißt Klitoris.»

Um an der am 13. Oktober beginnenden *feria* von Zaragoza teilzunehmen, hatten wir uns mit Freunden, *aficionados* wie wir, in der Provinzhauptstadt verabredet. Rupert Bellville und Polly Peabody, und Ralph und Baby Henderson kamen aus London, Hotchner kam mit dem Flugzeug aus Rom, Peter Buckley kam mit dem Zug aus Madrid. An den Vormittagen gingen wir zum *apartado*, der Auswahl der Stiere für die *corrida* des Nachmittags. Die Stiere waren allesamt schlecht. Ernest meinte, es seien dekadente Stiere. Peter Buckley hielt sie eher für gedopt. Sie sahen temperamentvoll aus, kampflustig. Aber sie sackten ständig ohne Grund in die Knie und waren nicht so wendig, wie es gesunde spanische Kampfstiere sind. Unsere Matadorenfreunde, Antonio, Jaime Ostos, Joselito Huerta, Giron und Litri, taten ihr Bestes, aber alle Nachmittage waren ein einziges Fiasko. Bhaiya, der Maharadscha von Kusch Bihar, war aus London gekommen, und Ernest lud ihn zum Abendessen mit uns und unseren Freunden ein. Aus Enttäuschung über die Stierkämpfe und wegen einer Magenverstimmung entschuldigte ich mich. An diesem Abend lud der Maharadscha Ernest, Antonio und uns «Schlachtenbummler» zur Tigerjagd in Indien ein, ein Plan, der nun wochenlang Gesprächsstoff lieferte.

Ernest trank viel, und sein Blutdruck und seine Leber rebellierten. In Madrid gingen wir beide zu seinem alten Freund aus der Zeit des Bürgerkriegs, dem Arzt Dr. Juan Manuel Madinaveitia, der mich Barium-Tests unterzog und Ernest auf eine Diät von eineinhalb Deziliter Whiskey pro Tag und nicht mehr als zwei Glas Wein setzte. Ernest befolgte strikt diese Anweisungen. Und da ich eine schwere Erkältung hatte, machten wir beide eine Phase der Passivität, wenn nicht gar der Niedergeschlagenheit durch. Aber wir waren einander gute Leidensgefährten und sahen fast täglich unsere Freunde.

In unserer Geborgenheit erschien es mir unnatürlich, so weit weg zu sein von den Unruheherden der Welt – von Polen und Ungarn und von der Halbinsel Sinai. Anfang November war Ernests Blutdruck fast wieder normal. Durch eiserne Disziplin hatte er ihn innerhalb von drei Wochen von 200/100 auf 120/80 gebracht, und allmählich konnten wir wieder an Fiestas und dem herbstlichen Flugwildschießen teilnehmen.

Am 17. November fuhren wir mit Mario am Steuer vom Escorial durch die Kiefernwälder der Sierra de Guadarrama, vorbei an schneebedeckten Bergkuppen, nordwärts. Wir übernachteten im Plaza Hôtel in Biarritz und fuhren von dort gemächlich durch leuchtende Herbsttage zu uns vertrauten Städten – Bayonne, Dax, Cadillac und Mont-de-Marsan, wo noch die alten roten Eichen vor der Stierkampfarena standen, die herrlichsten Bäume, die ich je irgendwo erblickte. Wir übernachteten in Angoulême, in Chartres und waren dann wieder im Ritz, diesmal in den für uns neuen Zimmern 56 und 57, einer Suite mit einem kleinen Salon, der, wie Charlie Ritz sich gedacht hatte, Ernest als Arbeitszimmer dienen sollte, aber dann nur ein Abstellraum für unser Gepäck war. Beide Räume gingen auf den kleinen Hotelgarten hinaus, und Charlie sagte: «Genau wie im *Barbiere di Seviglia.*»

Als unsere alten Freunde, die *bagagistes*, den letzten Koffer in den Salon gestellt hatten, erklärten sie Ernest in feierlichem Ton und in vermutlich einstudierten Worten, Monsieur habe ihnen vor über dreißig Jahren zwei Koffer anvertraut, einen großen und einen kleinen und sie gebeten, gut darauf achtzugeben, da sie wichtige Papiere enthielten. Nun sei es an der Zeit, daß er sie ihrer Verantwortung entbinde. ... Ernest bat sie, die beiden Koffer zu bringen. Sie sahen wirklich sehr altmodisch aus, der größere innen mit bunter Seide gefüttert, ganz im Stil der zwanziger Jahre. Ihr Inhalt, ein Dutzend oder mehr blauer und gelber, mit Bleistift vollgeschriebener Notizbücher und Hunderte von getippten Manuskriptseiten – Short Stories und Skizzen – sowie ein paar alte Kleidungsstücke und Krimskrams, verlockte Ernest immer wieder zu Reisen in die Vergangenheit, in seine frühen Jahre in Paris. Er saß oft stundenlang auf dem Fußboden, las, was er damals geschrieben hatte, und stellte erleichtert fest, daß das Schreiben ihm damals ebenso schwergefallen war wie in der vergangenen Zeit.

Aus Minneapolis kamen beunruhigende Nachrichten. Mrs. Kerr hatte ihre Pension verkauft, und nun klagte meine Mutter, das Essen in der neuen Pension sei ungenießbar. Außerdem hatte sie sich mit der Wirtin so angelegt, daß diese ihr kündigte. Meine Mutter wollte sich daraufhin in ein Krankenhaus einweisen lassen, und ihre Freundinnen Bee Burris und Rose Winter, die ehemalige Klavierlehrerin, hatten sie schließlich in ein Krankenhaus und später in ein Heim der Christian Science, The Star of Bethlehem, gebracht. Am 27. November schrieb mir die Heimleiterin, sie wisse nicht, wie lange sie meine Mutter behalten könne. Am 28. November schrieb Rose Winter, die Heimleiterin habe sie angerufen und ihr gesagt, sie könne meine Mutter nur noch bis zum Monatsende dabehalten. Ich schrieb einen strengen Brief an meine Mutter und einen besänftigenden an die Heimleiterin. Mitte Dezember gelang es Rose Winter, meine Mutter in einem Privatsanatorium in St. Croixdale, Wisconsin, unterzubringen. Ich klagte Ernest mein Leid. Seine Reaktion war bestimmt und überzeugend.

«Wenn du nicht guten Gewissens abwarten kannst, bis wir beide zurückreisen, dann fahre jetzt zu ihr», sagte er. «Aber sie wird sowieso nur so lange vernünftig sein, wie du bei ihr bist. Danach fängt alles wieder von vorn an. Das weißt du doch.»

«Ich will aber nicht fahren.»

«Dann denk nicht weiter daran.»

Dann kam eine traurige Nachricht aus Kuba. Ernests treuer Black Dog war gestorben.

Trotz der Freuden und Vergnügungen in Paris und trotz der vielen Freunde hatte Ernest wenig Grund zur Heiterkeit. Da der Suezkanal geschlossen war, hatten wir unsere Schiffsplätze nach Afrika abbestellen müssen. Und der Arzt hatte Ernest auf eine so strenge Diät gesetzt, daß ihm fast alles, was ihm schmeckte, verboten war. Durch die Diät sollte der wieder zu hohe Blutdruck und der ebenfalls zu hohe Cholesterinspiegel gesenkt werden. Es war eine Plage: 150 Gramm mageres Fleisch am Tag, keine Eier, keinen oder doch fast keinen Alkohol und Wein.

Freunde in London drängten uns, sie zu besuchen.

«Fahr du hin, Kätzchen. Du hast so viele Freunde in London», sagte Ernest.

«Ohne dich? Ohne dich wird mich niemand wollen.»

«Sei doch nicht so bescheiden. Fahr nur! Ich bleibe hier und vegetiere.»

Am 2. Dezember brachte Ernest mich zum Nachtzug nach London. Am nächsten Abend schrieb ich ihm aus dem Claridge's Hotel: «Wenn man die Reise in den letzten sechzehn Jahren immer nur im Flugzeug gemacht hat, kann man sich gar nicht vorstellen, wie weit es von Paris nach London ist!»

Eine Woche lang sauste ich in London herum, traf mich mit alten Freunden zum Essen und machte Weihnachtseinkäufe.

Wieder zurück in Paris, schlenderten Ernest und ich durch unsere alten Lieblingsstraßen, den Boulevard Saint-Michel, Saint-Germain, die Rue de Seine, die Rue Bonaparte und hinter dem Panthéon hinauf zur Place de la Contrescarpe, wo einst Ernest und Hadley gelebt hatten, als sie jung und arm waren. Eines Tages verkündete Ernest, er habe vor, mit dem hübschen Mädchen, das wir auf der Überfahrt von New York kennengelernt hatten, im Berkeley Restaurant essen zu gehen. Ich hatte sie auf dem Schiff bei der Gymnastik bemerkt und meinen Mann auf sie aufmerksam gemacht. Sie war angeblich die Geliebte eines bedeutenden Industriellen oder Weingutbesitzers.

Ich tippte gerade einen Brief, als er heimkam.

«Nun, wie war's Lamm?»

«*On s'ennuyait à mourir*, sterbenslangweilig», sagte Ernest. Es klang sehr resigniert.

«Hast du sie denn nicht nach Hause gebracht?»
«Ich habe sie bis zur Tür gebracht. Zur Haustür.»
«Armes Lamm. Wo du bei deiner Diät doch so bedürftig bist. Oder sein solltest.»
«Wie 1944 hier im Hotel.»

Am 22. Januar verließen wir mit Georges Mabilat und unseren dreiunddreißig Gepäckstücken im Cadillac Paris, um am nächsten Tag an Bord der *Ile de France* zu gehen. Gegen starke Winde ankämpfend, stöhnte und ächzte das alte Schiff in allen Fugen. In den Bars, wo wir von unseren Freunden Gaston und Adolf bedient wurden, und im Speisesaal sah man immer nur wenig Gäste. Aber uns gefiel es. Während der sechstägigen Überfahrt trank Ernest nur wenig, schlief besser, und sein Blutdruck fiel auf 140/80 – seit Wochen der niedrigste Stand.

Von New York aus sollte die *Ile* eine Kreuzfahrt durch die Karibische See machen – Martinique, Trinidad, Grenada und dann Matanzas in Kuba –, und Ernest beschloß, mit unserem Gepäck an Bord zu bleiben, während ich nach Minnesota zu meiner Mutter eilte. Die *Ile de France* war mit Ausnahme einiger kleiner Innenkabinen ausgebucht, aber Jean Monnier, der Schiffsarzt, bot Ernest die Räume für *femmes isolées* in der Krankenstation des Schiffes an. Ernest buchte eine kleine Kabine für das Gepäck und überredete seinen Freund George Brown über Schiffstelefon, ihn auf der Kreuzfahrt zu begleiten.

Am Sonntag, dem 3. Februar, saß ich im Zug und sah die altvertrauten Städte des mittleren Westens an mir vorüberfliegen – Albany, Chicago, Milwaukee waren hoffnungslos schmutzig und düster, aber die kleinen Städte mit ihren Lebkuchenhäuschen in säuberlichen Parzellen mit langweiligen Vorgärten sahen wie im Bilderbuch aus. Hinter den Häusern lagen unter einer leichten Schneedecke die Requisiten sommerlichen Lebens, Holzkohlengrills, Kanus, Schubkarren und vieles andere. Nirgendwo in Europa hatte ich je eine solche Vielfalt an Freizeitgerät in den Gärten der Häuser gesehen. Der mittlere Westen mußte ein reiches Land sein.

Ein Freund fuhr mich von Minneapolis nach Prescott, Wisconsin, und zu dem Sanatorium in St. Croixdale, wo die kleine Adeline uns in ihrem hellen, sauberen Zimmer, dessen Fenster auf Wiesen und Bäume hinausgingen, mit einer Förmlichkeit empfing, als seien wir ganz neue Bekannte. Dann erzählte sie mir stundenlang von den «lästigen» Umständen, unter denen sie lebte. Ich kaufte ihr bequeme, hübsche neue Kleider. Zusammen mit den Schwestern bemühte ich mich in den paar Tagen, die ich bei ihr war, sie in der Einsamkeit ihres Alters zu trösten. Aber sie blieb unzufrieden und jammerte weiter. Vielleicht brauchte sie

Abwechslung. Ich las ihr Geschichten vor und Artikel aus dem *New Yorker*, die sie amüsierten. Als ich nach einer Woche von ihr Abschied nahm, sagte ich: «Ich will versuchen, im Juni oder Juli wiederzukommen, *Mummy dear*, dann lese ich dir wieder Geschichten vor.»

«Du wirst nicht wiederkommen», sagte sie. «Du kümmerst dich ja doch nicht um mich.»

22
Sweet Home

Nach der Ankunft von Ernest, George Brown und Dr. Jean Monnier in Kuba – Jean blieb noch ein paar Tage bei uns – begann für uns eine ruhige Zeit. Es kamen weniger Besucher aus Amerika, wir hatten selten Gäste zum Essen. Es regnete und stürmte ununterbrochen. An der *Pilar* mußten einige große Reparaturarbeiten vorgenommen und sie mußte angemalt werden – so beschäftigten wir uns zu Hause.

Um nichts zu riskieren, hatte Ernest für seine glücklich wiedergefundenen alten Notizen und Manuskripte in Paris bei Louis Vuitton eine ganze Batterie von Koffern eingekauft. Jetzt verbrachte er seine Vormittage mit dem Sortieren der Papiere aus seinen frühen Pariser Jahren, stapelte sie auf dem Fußboden der Bibliothek und ordnete im Geiste die Erinnerungen, die sie bei ihm auslösten. Ihm fehlte sein treuer Hund, Black Dog, aber der kleine Kobold Cristóbal war ständig um ihn. Das ganze Frühjahr hindurch war das Wetter launisch und stürmisch, aber unsere Wiesen, Bäume, Ranken und Blumen blühten. Der Verzicht auf Alkohol – außer ein paar Gläschen Wein am Tag – bedeutete eine schwere Belastung für Ernests Nerven (ich machte nicht einmal den Versuch, seinem Beispiel zu folgen), aber die Pariser Notizen regten ihn an.

Ein junges Mädchen mit einem koketten großen roten Strohhut kam zu Besuch: Miss Phoebe Adams von der Zeitschrift *Atlantic Monthly*. Ernest sollte einen Beitrag für die Ausgabe zum hundertjährigen Bestehen der Zeitschrift schreiben. Sie erinnerte ihn daran, daß die Zeitschrift als eine der ersten in den Vereinigten Staaten Sachen von ihm gedruckt hatte. Doch das wäre nicht nötig gewesen – ihr Hut und ihr Charme bewogen Ernest, ihr zwei Stories zu versprechen, die er rechtzeitig vor Redaktionsschluß nach Boston schicken werde. Beide Erzählungen hatten die Blindheit zum Thema. Die eine hieß: *Get*

Yourself a Seeing-Eyed Dog und handelte von einem Amerikaner, der sein Augenlicht verliert und großmutig, vielleicht allzu großmutig, seine Frau in die Ferien schickt, die andere, *A Man of the World*, handelte von einem widerwärtigen alten Blinden, der draußen vor einer Dorfkneipe im Wilden Westen randaliert. Als ich sie abtippte, war ich verwirrt über die Diskrepanz zwischen der heiter-vergnügten Stimmung meines Gefährten in diesen Tagen und dem Aufruhr, den er in seinem Kopf entfachen konnte.

Denis Zaphiro kam aus Kenia und brachte all den Charme mit, den wir in Afrika so sehr an ihm geschätzt hatten. Sein scharfer Verstand, seine herzliche Zuneigung, sein unbestechliches Urteil, seine Freude an ernsten Gedanken wie an Frivolitäten – all das machte ihn zu einem angenehmen Gast auf unserer Finca. Jeden Tag ging er mit einem von uns oder allein mit Gregorio fischen, aber auch nach einem Monat hatte er noch immer keinen Marlin erwischt. Nie war der Golfstrom so unzuverlässig gewesen. Und nach allem, was wir in Afrika erzählt hatten, kamen wir uns nun beinahe wie Lügner und Aufschneider vor.

Fidel Castros Untergrundanhänger kämpften mit Bombenanschlägen in der Gegend um Havanna gegen die Diktatur Batista. Ein Attentat fand in unserem Dorf statt. Es richtete wenig Schaden an, nahm uns aber das Gefühl der Sicherheit. Jack (Bumby) und Puck und ihre beiden hübschen Töchter zogen nach Havanna, wo Jack eine Stelle bei einer Maklerfirma angenommen hatte. Leider konnten wir ihnen nur wenig helfen. Jack erkrankte plötzlich an Hepatitis und lag hilflos in seiner kleinen Wohnung, und in der Zeit, als ich hin und wieder nach den lebhaften Kindern der beiden sah und mich ja gleichzeitig um unsere Tiere und unseren Garten kümmern mußte, gelangte ich zu neuen Einsichten über menschliches Verhalten. Die eine war, daß man die Liebe zu Menschen und Tieren lernen kann, indem man für sie sorgt, daß man also nicht zuerst lieben muß, um für jemanden sorgen zu können. Und während Ernest bequem in seinem Zimmer an der Schreibmaschine arbeitete und ich mich bei der Arbeit in Haus, Garten und Küche durch drei oder vier Hemden hindurchschwitzte, dachte ich, daß die Männer vielleicht deshalb so gute Musiker, Maler, Bildhauer, Ingenieure, Schiffsbauer, Manager und Schriftsteller sind, weil sie nie die Bedeutung ihrer Tätigkeit gegenüber den alltäglichen Pflichten des Saubermachens und Kochens in Frage stellen. Ich teilte diese Überlegungen meinen geliebten Männern mit, und Ernests Reaktion war kurz und bündig. Da er sich selten mit philosophischen Thesen herumschlug, hatte er für solche Fälle sonst immer die gleiche Antwort parat: «Wenn du eine dringende Mitteilung hast, ruf die Western Union an.»

Diesmal aber sagte er: «Es ist ein verhexter Sommer. Der Golfstrom taugt nichts. Alle schwitzen zuviel. Wir sollten verreisen.»

Es tat mir so leid, daß Denis Zaphiros Ferienaufenthalt bei uns weniger abwechslungsreich war, als ich gehofft hatte. Wir gingen, da Ernest außer seinen beiden Gläsern Wein beim Abendessen nichts mehr trank, nur selten in die Floridita, und unter den wenigen nicht gebundenen Mädchen, mit denen wir Denis bekannt machen konnten, war keine, die ihm besonders gefiel, und keine, die gern fischte.

Als Ernest in der Zeitung las, daß der Mittelgewichtsboxer Sugar Ray Robinson in New York gegen Carmen Basilio kämpfen sollte, fanden wir, daß dies ein guter Vorwand für eine Reise war. Wir flogen mit Denis dorthin und richteten uns im Westbury Hotel ein. Toots Shor brachte uns in einem großen, protzigen Cadillac zum Boxkampf, und ich genoß es, daß wir ganz dicht am Ring saßen und die schwitzenden Kämpfer so nahe vor uns sahen. Und obwohl die Fans vielleicht enttäuscht waren, daß der Kampf nicht mit Mord und Totschlag endete, fand ich es wunderbar.

Während Ernest zu Besprechungen bei Scribner's und Alfred Rice war, zeigte ich Denis meine Lieblingssäle im Metropolitan und im Modern Art Museum. Und als Ernest und die von Kopf bis Fuß in Nerz gehüllte Marlene Dietrich bei einem Abendessen im «21» ihr Wiedersehen feierten, speisten Denis und ich fröhlich mit Dr. Jean Monnier an Bord der *Ile de France*. Ernest und seine Freunde gingen zu den großen Baseball-Meisterschaftsspielen, und wir sahen uns einige harmlose Theaterstücke am Broadway an. Um Denis auch Washington zu zeigen, sagten wir uns bei Bill Walton an, der uns auch für die Nacht einlud. Wir nahmen den Zug am Donnerstag, dem 3. Oktober. Ernest sollte am nächsten Tag nachkommen. In Washington erfuhren wir, daß die Russen den ersten Satelliten in den Weltraum geschickt hatten. Jim Hagerty, der Pressesekretär des Präsidenten, kommentierte, im Weißen Haus habe man die Meldung «mit Interesse, aber ohne Beunruhigung» zur Kenntnis genommen. Aber wir waren bestürzt. Bill meinte, es sei ein so bedeutendes Ereignis wie der erste Flug der Gebrüder Wright.

Ernest reagierte gelassen auf die Nachricht, als wir ihn vom Bahnhof abholten. Die Regierung werde jetzt mehr Geld für die Raumfahrt zur Verfügung stellen. «Schlaue Füchse, diese Russkis», sagte er.

Wieder daheim auf der Finca, zogen wir die Bilanz. Wir hatten an Gewicht und sicher auch an Cholesterin zugenommen, aber wir hatten die Unterbrechung genossen, und inzwischen war es auch kühler geworden. Ich bedauerte nur, daß Denis kein Mädchen kennengelernt hatte.

«Pah», sagte er. «Mach dir keine Sorgen um mich. In Kenia sehe ich oft monatelang kein Mädchen.»
«Aber mönchische Enthaltsamkeit tut nicht gut.»
«Ich weiß, es soll die Urteilskraft beeinträchtigen.»
«Du siehst aber immer noch ganz normal aus», sagte Ernest.
Als Denis nach fast vier Monaten abreiste, konnte nichts die Lücke ausfüllen, die er im Haus hinterließ.
«Leer wie ein verlassenes Schneckenhaus», murmelte Ernest.
«Wie eine Patronenhülse», sagte ich.
Am Thanksgiving Day schrieb ich in mein Tagebuch: «Wir haben guten Grund, dankbar zu sein an diesem Tag, vor allem dafür, daß Papas Leber und Nieren sich erholt haben, daß das Cholesterin im Blut weniger geworden ist und daß meine Anämie sich gebessert hat. Wir blieben von Wirbelstürmen verschont, und wir lebten glücklich und in Harmonie und waren einander gute Gefährten ...
Es war nicht alles rosig. ... Da ist die unglückliche Situation meiner Mutter, Gigi ist krank in Miami, Bumby hat finanzielle Probleme, keine Fische im Golfstrom und Bomben und neue Armut in Kuba, und irgend jemand hat eines Nachts unseren Hund Machakos erschossen. Trotzdem überwiegen für mich die guten Dinge.»
Wie üblich blieben wir am Silvesterabend zu Hause, und ich backte gerade eine Limonentorte für den nächsten Tag, als das Western Union-Büro anrief und den Text eines Telegramms aus St. Croixdale durchgab: IHRE MUTTER VERSTARB 14.35 NACH 24STUENDIGER KRANKHEIT. ERWARTEN ANWEISUNGEN.
Ich rief im Sanatorium an, bestellte Blumen, einen Sänger und einen Vorleser von Christian Science, buchte den Flug nach Minneapolis, verließ Havanna am folgenden Abend, legte mich 5 Uhr früh im Curtis Hotel in Minneapolis schlafen, war um halb neun Uhr bereits wieder auf und führte weitere Telefongespräche. Bei der Trauerfeier im «Temple» von Prescott, Wisconsin, ruhte meine Mutter zwischen Blumen in ihrem rosaroten Lieblingskleid, die Hände gefaltet. Sie war diskret geschminkt worden, aber nichts konnte den gequälten Zug in ihrem Gesicht verwischen. Unter den Trauergästen waren die hübschen Krankenschwestern vom Sanatorium und die alten Freundinnen meiner Mutter, die aus Minneapolis gekommen waren. Wir sangen *Oh, Heiliger Geist* und *Herr, bleibe bei mir.*
Auf der Rückfahrt im Zug nach Chicago freute ich mich an der pastellfarbenen Winterlandschaft, an den kleinen Häusern und den bunten Weihnachtskränzen an den Türen, an den Weihnachtsbäumen hinter den Fenstern, an dem hellen Sonnenschein, der nicht eine

Schneeflocke auf den Dächern zum Schmelzen brachte, und an dem weißen Atem der Leute draußen. Zu Hause hatte ein Zweig unseres Ceibabaumes das Dach über meinem Zimmer zerschlagen und es hatte durchgeregnet.

23
Kuba in der Krise

Nach dem Sommer 1957 – dem heißesten und feuchtesten seit Menschengedenken – mußten die Kubaner nicht nur die schwersten und kältesten Nordstürme seit eh und je erdulden, sondern auch Gewalt und Terror. Zwischen dem 1. Oktober und dem 1. Mai tobten nicht weniger als fünfundzwanzig Nordstürme über die Insel hin, und an einem Februarabend zeigten die beiden Thermometer in unserem Haus eine Temperatur von 8 Grad an. Nie war es in meinem Zimmer kälter als 15 Grad gewesen.

Gerüchte, halbbestätigte Berichte und Nachrichten bekamen wir jeden Mittag beim Essen zu hören, und jeden Morgen wußten die Angestellten der Finca Neues zu berichten. Fidel Castros Untergrundtruppen bekämpften immer heftiger Batistas Geheimpolizei, die S. I. M., und die Armee. Und Batistas Streitkräfte schlugen zurück. Unsere kubanischen Freunde hatten solche Grausamkeiten seit fünfundzwanzig Jahren, seit den Tagen des Diktators Gerardo Machado, nicht mehr erlebt.

Einige junge Leute aus unserem Dorf wurden von der Polizei oder Armee Batistas verhaftet und gefoltert, und einen jungen Mann fand man tot im Straßengraben. Mitte März führte Batista die Zensur wieder ein, und in den Zeitungen stand wenig mehr als Ernteberichte, Nachrichten aus der Schiffahrt, Wetterprognosen. Die Zeitungen aus Miami waren in Fetzen gerissen, bevor sie die Zeitungsstände erreichten. Den Gerüchten nach hatte man verstümmelte Leichen mit bis zur Unkenntlichkeit entstellten Gesichtern, den Kopf in Brunnen, aufgefunden, andere hatte man gehängt, Frauen geschlagen und gefoltert. Man hatte Zuckerrohrfelder und Schuppen voller trocknender Tabakblätter verbrannt, Phosphorbomben in vollbesetzte Autobusse geworfen, so in einen auf der Hauptstraße 7, die durch unser Dorf nach Cotorro führte, weil der Fahrer angeblich die Dorfbewohner, die Fidel unterstützten, denunziert hatte.

Kardinal Arteaga, das Oberhaupt der Diözese von Havanna, setzte eine Kommission ein, die die streitenden Parteien an den Verhandlungstisch bringen sollte, aber Fidel lehnte die Einladung ab und drohte mit einem Generalstreik, der wirkungsvollsten Waffe der Arbeiter gegen Batista. Beim Einkaufen spürte ich die gespannte Atmosphäre überall in den Straßen Havannas, begegnete ich mißtrauischen Blicken und traf im elegantesten Geschäft Havannas für Damenkleidung, El Encanto, kaum ein Dutzend Kundinnen. Und sogar bei Woolworth war es fast leer.

Unser Steuerprüfer in Baltimore, Maryland, verlangte gewaltige Einkommensteuerbeträge von uns, ungefähr $ 20000 im Vierteljahr. Deshalb versuchte ich wieder einmal herauszufinden, wo unser Geld eigentlich blieb: Ich notierte jede Ausgabe und stellte dann eine Übersicht zusammen, nach der wir und unsere Gäste im März 1957 Alkohol für $ 250.64 verbraucht hatten – mehr als die Hälfte unserer Gesamtausgaben, ohne die Gehälter der Dienstboten. Im April beliefen sich die Rechnungen für Chianti, Gin, Tonic, Campari, Dimple Scotch, Marqués de Riscal, La Ina, White Horse, Tio Pepe, Wodka und Wermut auf insgesamt $ 240.94 – wieder mehr als die Hälfte unserer Ausgaben, denn unser ertragreicher Garten brachte uns mehr Gemüse, als wir und die Dienstboten essen und der Tiefkühlschrank fassen konnte.

«Wir haben viermal *filete* gegessen», las ich aus meiner Aufstellung ab, «zusammen $ 26.62. Und dreimal Huhn, zusammen $ 6.97.»

«Ich esse dein Huhn à la Tarragona am liebsten», sagte mein Mann. «Und vielleicht sollten wir den Verbrauch von Papierservietten einschränken.»

Ein neuer Ausdruck, *treinta-tres* (dreiunddreißig), erweckte unsere Aufmerksamkeit. Es war eine Anspielung auf Spitzel, die angeblich einen Monatslohn von $ 33.33 erhielten, und Fidels Revolutionsrat verkündete, man werde alle Spitzel «liquidieren». Der Rat propagierte weiterhin einen Generalstreik, und Batista ermächtigte offiziell alle Arbeiter, ihre Arbeitgeber oder jeden, der sie zum Streik aufforderte, zu erschießen.

Eines Morgens sagte Ernest: «Es ist sehr gut möglich, daß Plünderer herkommen, wenn es kein Gesetz mehr gibt. Wir werden versuchen, sie zu erschießen.» Trotz allem fuhren wir ein paar Tage zum Fischen hinaus.

Obwohl die Strömung vor der Küste gut war, fuhr Ernest immer weiter hinaus. «Wir haben noch etwas zu erledigen», sagte er. Etwa zehn Meilen vor der Küste – weit und breit war kein Boot in Sicht, drosselte er den Motor, gab mir das Ruder mit der Anweisung, Kurs zu halten, bei etwa 45 Grad, und ging hinunter. Unten war Gregorio bereits dabei, Schubladen zu öffnen und Kojen auseinanderzunehmen und schwere Gewehre, Flinten mit abgesägtem Lauf, Handgranaten und Kanister und Patronengürtel für Maschinengewehre hervorzuholen. Ich hatte nie geahnt, daß es so etwas an Bord der *Pilar* überhaupt gab. Und jetzt warfen sie das ganze

Zeug ins Meer. Sie brauchten über eine halbe Stunde, um das Waffenarsenal zu versenken.

«Zeug, noch aus den alten Tagen», sagte Ernest, als er nach oben kam. «Jetzt kann es keiner mehr benutzen.»

«So viele Waffen! Die müssen glatt zwei Tausender wert sein!» Ich hatte ihnen von oben aus zugesehen.

«Das ist mein Beitrag zur Revolution. Vielleicht haben wir damit ein paar Menschenleben gerettet. Und bitte, Kätzchen, vergiß nicht, du hast nichts gesehen und nichts gehört.»

«Ich werde es nicht vergessen. Ich habe nicht gesehen.» Damit war die Sache erledigt.

René kam vom Einkaufen zurück und erzählte, zum erstenmal, solange er denken könne, kauften die Frauen im Dorf Konserven ein und hamsterten für den Fall eines Generalstreiks. Gewöhnlich kaufte man nur das ein, was man am Tage brauchte. Lili de la Fuentes, die einmal in der Woche aus Havanna kam, um mir das Haar zu waschen und meine Nägel zu maniküren, berichtete, die Polizei sei am Abend vorher in ihr Haus gekommen und habe einen Mann, der unter ihr wohnte, abgeholt.

Am Karfreitag gab der Revolutionsrat bekannt, um Mitternacht werde der Generalstreik beginnen. Aber wir hörten den üblichen Verkehr auf der Hauptstraße. Ein Amerikaner, der Leiter eines Kartographenteams, das mit Jeeps durchs Land fuhr, um eine neue Höhenlinienkarte Kubas zu zeichnen, rief an und fragte Ernest, was er für die Sicherheit seiner Leute tun könne. Ernest riet ihm, sie aus der Provinz von Camagüey, wo sie jetzt arbeiteten, nach Havanna zu holen, sie im Hotel Nacional einzuquartieren, sie mit Kofferradios auszustatten, mit denen sie die Nachrichtensendungen von Radio Miami empfangen konnten, und sie vorerst in der Provinz von Havanna arbeiten zu lassen, die für Ausländer noch verhältnismäßig sicher sei.

Am nächsten Morgen kam Ernest fröhlich mit selbstgebastelten Geschenken zu meinem 50. Geburtstag und einem dicken Scheck ins Zimmer. Ich wollte mein Alter nicht wahrhaben und protestierte, und nach dem Mittagessen schossen wir vergnügt auf Flaschen, die wir auf die Stufen unserer Kuhstallruine gestellt hatten. Aber gegen fünf Uhr erschienen drei schlimme Typen. Sie stellten sich als Wall Street-Bosse vor, machten es sich in unserem Wohnzimmer bequem, saßen wie Klötze da und tranken unseren Whiskey und wieherten bei allem, was Ernest sagte. Sie hatten unser Schild am Tor gesehen, aber das KEIN ZUTRITT nicht auf sich bezogen. Ich hätte sie gern ausgepeitscht, einen nach dem andern. Als ich den Chauffeur vom Hotel Nacional sah, der sie gebracht hatte, entschuldigte er sich. Und ich versprach ihm hoch und heilig, ich würde ihn, wenn er noch einmal Neugierige anschleppte, auf der Stelle erschießen.

Am 7. April war der Generalstreik noch immer nicht in Kraft getreten, und niemand schien zu wissen, wann er beginnen würde. Von unseren Leuten war niemand für den Streik und niemand für Gewalt. Arnoldo nicht, der Klempner aus dem Dorf, der etwas im Badezimmer der Dienstboten reparierte, Cecilio nicht, der Tischler, der ein großes neues Fenster für die Küche machte. «*Son los políticos*», seufzte er. «*Quieren poder y dinero.*» (Es sind die Politiker. Sie wollen Macht und Geld.) Auch Pichilo nicht, der Obergärtner, der sich für Politik nicht interessierte und nur besorgt war um drei Hunde, die von einem anderen, tollwütigen Hund gebissen worden waren. Auch nicht unsere dicke jugoslawische Wäscherin Ana, obwohl sie sich gern über Politik erregte. Nicht unser lieber René, der sich nur Frieden und allen Leuten Glück wünschte. Und Sonia nicht, die Köchin, in deren Denken es keinen Platz für Dinge gab, außer für ihre eigenen Angelegenheiten, und auch ihre Schwester Lola nicht, das Mädchen, die viel zu bequem war, um sich durch vage Bedrohungen stören zu lassen.

Am Morgen des 10. April hörten wir, daß der Wachtmeister von der in unserer Straße gelegenen Polizeistation, derselbe, der angeblich unseren Hund Machakos erschossen hatte, in der Nacht mit anderen ermordet worden war. Roberto Herrera, der am Nachmittag zu uns herauskam, berichtete, er habe in Havanna die ganze Nacht hindurch Schüsse gehört, in allen Richtungen. Er blieb nicht bis zum Abendessen, um vor der Dunkelheit wieder zu Hause zu sein. Eine Überprüfung unseres häuslichen Waffenarsenals ergab, daß wir zu unserem Schutz nichts anderes hatten als Ernests kleine *Wehrmacht*-Pistole und das Gewehr, mit dem wir auf die Flaschen geschossen hatten. Immerhin hielten uns die Gerüchte und Alarmmeldungen nicht davon ab, an der Eröffnung des neuen Trader Vic's-Restaurants im Havanna Hilton teilzunehmen.

Ein paar Tage später hörten wir, Fidel habe die Führer seiner revolutionären Gruppen überall im Land in die Sierra Maestra befohlen, wo sie sich für das Fehlschlagen des Generalstreiks verantworten und bestraft oder hingerichtet werden sollten. Die Exekutionen sollten, den Gerüchten nach, von den untergeordneten Führern ausgeführt werden. Ich konnte mir nicht vorstellen, daß eine solche Strategie ihm oder seiner Sache viel Sympathie einbrachte.

Abgesehen von meiner anhaltenden Anämie ging es uns beiden großartig. Ernest, dessen Blutdruck (136/66) einigermaßen in Ordnung war, arbeitete zufrieden jeden Morgen von 8 Uhr 30 bis mittags, wenn wir vor dem Essen unsere siebenundzwanzig Runden (eine halbe Meile) schwammen, und nachmittags und abends tippte ich seine essayistischen Erinnerungen an seine frühen Tage in Paris und seine Freunde dort, Ford Madox Ford, Gertrude Stein, Scott Fitzgerald, Sylvia Beach und Ezra Pound, der an diesem 19. April aus dem St. Elizabeth's Hospital in Washington entlassen wurde – ein froher Tag für uns. Ernest hatte an den Justizminister geschrieben, er wolle Pound gern $ 1500 schicken, damit er nach Italien zurückkehren könne, und an diesem Tag telegrafierte er nach Washington und fragte nach einer Adresse, an die er den Scheck senden könne. Jahre später erzählte mir Olga Rudge, die treue Freundin Mr. Pounds, sie hätten den Scheck nie eingelöst, sondern ihn in Glas fassen lassen und als Briefbeschwerer benutzt. Aber zu viele Besucher, besonders Fremde, spielten damit herum, und so versteckten sie ihn schließlich.

Die Bevölkerung des Golfstroms war anscheinend in ferne, unbekannte Gewässer abgewandert, und so gönnten wir der *Pilar* in diesem Sommer lange Ferien und plantschten dafür um so mehr in unserem Schwimmbekken herum und hörten mit unserem Kofferradio die Nachrichtensendungen aus Miami. Eines Abends, als Ernest fünfundvierzig Runden geschwommen war, schwamm ich zweiundfünfzigmal hin und diagonal wieder zurück, was eine volle Meile ergab, und fuhr damit fort, nach diesem hübschen Muster zu schwimmen, bis ich in zwanzig Tagen zwanzig Meilen zurückgelegt hatte.

Ernest hatte – zumindest vorläufig – seine Pariser Erinnerungen beendet, ich hatte sie dreizeilig getippt, und es waren annähernd dreihundert Seiten. Danach beschäftigte Ernest sich mit einem Roman, den er vor zehn Jahren begonnen und an dem er immer wieder einmal gearbeitet hatte. Das Buch begann mit einer Short Story, die zuerst in dem hübschen französischen Fischerdorf Le-Grau-du-Roi spielte, wo wir vor Jahren einmal auf einem Umweg nach Nizza zu Mittag gegessen hatten, und später in Aigues-Mortes, der etwas landeinwärts gelegenen kleinen Stadt nordwestlich von Marseille. Zeit der Handlung waren die goldenen zwanziger Jahre. Er forderte mich nicht auf, dieses neue Werk jeweils am Abend zu lesen, wie ich es bei anderen Büchern getan hatte, und ich drängte ihn nicht. Schließlich wurde das Buch, das den Titel *The Garden of Eden* trug sehr lang, und als ich es dann tippte, schien es mir Wiederholungen und einige arrogante Stellen, aber auch Passagen ausgezeichneter Prosa zu enthalten.

Als in den Kinos von Havanna ein neuer Film mit Spencer Tracy anlief, *Bad Day at Black Rock*, sah ich ihn mir an und war bezaubert, nicht so sehr von der Handlung oder den Schauspielern, sondern vielmehr von der

Landschaft in der er spielte: weite Steppen, violette Berge in der Ferne, in der Sonne schimmernde und sich im Wind biegende Silberpappeln, und ein hoher blauer Himmel. Am nächsten Tag erzählte ich Ernest beim Mittagessen davon.

«Montana vielleicht, oder Wyoming, oder Idaho. Das wunderbare weite Land dort. Es hat dir dort gefallen, nicht wahr?»

«Ich habe dort immer gut arbeiten können.»

Eine Woche oder so später sprachen wir über Reisepläne für den Herbst. «Laß uns nach Ketchum fahren, zum Flugwildschießen», sagte Ernest.

«Das ist eine lange, anstrengende Fahrt.»

«Die Finca ist jetzt wohl sicher genug, daß wir fort können. Wir hatten keine nächtlichen Eindringlinge mehr.»

«Ich werde mich mit Toby in Verbindung setzen.»

Aus dem Telefongespräch ergaben sich Reisepläne für Ende September. Betty Bruce und ich wollten auf getrennten Wegen nach Chicago fliegen und uns am 4. Oktober mit unseren Männern treffen, und dann wollten wir zu viert in Bruces bequemem Kombiwagen westwärts fahren.

24
Freuden in Idaho

Wie geplant verließen die Bruces und wir am Morgen des 4. Oktober Chicago. Toby Bruce saß am Steuer, Ernest neben ihm mit der Karte in der Hand, Vögel beobachtend, kommentierend. Betty verteilte leckere Sachen und Getränke im Wagen. Und um sechs begann die Cocktailstunde. Toby trank einen Rum auf Eis, Ernest Dimple Scotch mit frischem Limonensaft, Betty und ich einen Martini. Bei Casper verlangsamten wir das Tempo, um teils äsende, teils träge im Gras ruhende Antilopen – nur etwa hundert Meter vom Straßenrand entfernt – zu beobachten. Ernest sagte: «Und jetzt sollten wir bald Fasanen sehen.» Fünf Minuten später erblickten wir einen stattlichen Fasanenhahn im Straßengraben. In Yellowstone hielten wir, um mit einem Schwarzbär zu plaudern, der aussah wie aus Gummi, und später sahen wir einen Braunbär, der sich aufrecht hinsetzte, als Ernest ihn ansprach. Die Bärensprache war eine von Ernests Spezialitäten.

«Wie geht's dir, Junge? Wirst du gut behandelt?»

Der Bär, sechs oder sieben Meter vor uns, blickte weg.

«Das ewige Posieren für Fotos – man kriegt es satt, nicht wahr, mein Junge?»

Der Bär sah uns an, die Augen schläfrig im hellen Sonnenlicht.

«Und ohne Lohn! Das ist hart. Ihr Bären solltet euch zusammentun, wie die Massai. Und Geld verlangen: zehn Shilling für den Schnappschuß. Oder eine Ziegenkeule.»

Der Bär trottete davon.

«Ein sehr ungesprächiger Bär», sagte Ernest. «Die Bären in Montana sind gesprächiger.» Er spielte auf eine Geschichte an, die er gern erzählte, daß nämlich ein Bär mit in seiner Hütte gehaust habe, als er sich einst einen Winter lang seinen Lebensunterhalt als Trapper von Pelztieren verdiente.

In der Abenddämmerung erreichten wir die kurze Hauptstraße von Ketchum und fuhren direkt zu Pappy und Tillie Arnolds Haus, wo wir von den beiden und ihrem ständigen Tischgast Taylor Williams so herzhaft begrüßt wurden, daß mir die Knochen schmerzten. Das ganze Haus duftete köstlich nach Brathühnern. Ich rannte schräg über die Straße zu Clara Spiegels neuem Haus und rief: «Jambo Memsa'ab!» Im Halbdunkel des Eingangs begrüßten mich die überraschte Clara und Don Anderson, der vor zehn Jahren mit Taylor und mir auf Rotwildjagd gewesen war. Ernest hatte Pappy Arnold gebeten, nichts über unsere Ankunft verlauten zu lassen und auch niemandem zu sagen, daß wir Clark Heiss' Haus, eine Blockhütte in der Nähe der Christiania Bar gemietet hatten. Jeden Tag fuhren wir die U.S. Route 93 in einem alten Kombiwagen hinunter, um im Weideland befreundeter Rinderzüchter Feldhühner, Rebhühner, Steppenhühner, Fasanen oder Enten aufzustöbern. Die Luft war herrlich frisch und würzig. Ich hatte meine Schrotflinte, eine Winchester Modell-21, kaum noch benutzt, außer bei einem gelegentlichen Wachtelschießen in Kuba, und war darauf gefaßt, mittelmäßig bis schlecht zu schießen. Und so geschah es auch. Als wir sehr früh in der Saison Bud Purdys großes Areal bei Picabo durchpirschten, dreißig Meilen von Ketchum entfernt, verhalf Ernest mir ganz allein zu einem wunderbaren Schuß – er hatte Wildenten ausgemacht in einem Sumpfloch auf einer von Buds nördlichen Weiden. Wir krochen leise durch das trockene Gras auf eine Anhöhe, die oberhalb des Sumpflochs lag. Als wir uns aufrichteten, flatterten vier hübsche Erpel mit knatternden Flügeln auf. Ich schoß und erwischte nicht einmal eine Feder. «Zu kurz und zu tief», murmelte ich, bevor Ernest es sagen konnte. Es gab keine Entschuldigung für so schlampiges Schießen. Ich hatte mein Gewehr rechtzeitig, ehe ich oben war, entsichert. Ich hatte festen Boden unter den Füßen gehabt. Ich hatte einfach nicht sorgfältig gezielt. Ernest war so großmutig, den anderen nichts von meinem Fehlschuß zu erzählen. Und allmählich schoß ich wieder etwas besser und hatte deshalb mehr Spaß daran – und schoß deshalb noch besser.

Eines Tages ging Bud Purdy mit uns auf Entenjagd an den Drainagegräben seines Weidelands. Er war leicht und schmal, nur Kraft und Intelligenz, und als er an einen Zaun kam, stützte er sich mit der einen Hand auf den Pfahl und setzte behende über den anderthalb Meter hohen, engmaschigen Draht. Ernest, der sich nie gern übertrumpfen ließ, versuchte das gleiche Manöver, obwohl er sehr viel schwerer war als Bud, und verstauchte sich dabei den Fuß. Als wir abends in unser Blockhaus zurückkehrten, rief Pappy Arnold den jungen Dr. George Saviers vom Sun Valley Hospital an, der sofort herauskam, Ernest einen Verband anlegte, Ruhe empfahl – und in der Folge ein geschätzter Freund und Jagdgefährte wurde.

Bei der Eröffnung der Fasanenjagd am 15. Oktober schwärmten wir aus im warmen Sonnenschein rings um ein Stoppelfeld, eine ganze Armee von Flugwildschützen, warteten, schlichen weiter, und warteten wieder. Im hohen Gras an einem Graben vor uns sollten Fasanen sein – wir durften sie nicht vor zwölf Uhr mittags aufscheuchen. Aber Punkt zwölf Uhr rückten wir vor. Drei bis vier Hähne und ein paar Hennen flogen auf, und wir feuerten eine Salve – es klang wie ein Salutschuß zu Ehren der Königin. Eine meiner Kugeln traf einen Vogel schräg rechts vor mir. Wir stapften in unseren Jagdstiefeln über sechs weitere Felder im Hagerman Valley, schossen noch einige Vögel mehr, picknickten vor der offenen Ladeklappe unseres Kombiwagens und versammelten uns am späten Nachmittag auf Tom Goodings Hinterhof, um von dort aus die lange Rückfahrt anzutreten.

Während der ganzen Hinfahrt am Morgen hatte Ernest uns mit Clownerien amüsiert, er hatte die Sprechweise eines britischen Admirals, einer Hure, eines Generals und einer Herzogin nachgeahmt. Auf dem Rückweg war es weniger amüsant. Unser Anführer war von der fixen Idee besessen, daß Autoheizungen tödliche Waffen seien, die die Lungen vergifteten, und daß selbst bei ausgeschalteter Heizung das Fahren bei geschlossenen Fenstern gesundheitsschädlich war. Ernest hatte sein Fenster vorn heruntergekurbelt, und als wir in die Berge kamen und ein eiskalter Wind von draußen hereinwehte, ignorierte er unsere Proteste. Die drei Männer vorn tranken aus der Whiskeyflasche und gaben sie dann Taylor, der hinten saß. Ich durchstöberte unsere Sachen und fand eine Plastikflasche, die ich mit hochprozentigem Wodka gefüllt hatte, trank einen Schluck – es schmeckte nur nach Plastik, wirkte aber wie Wodka – und gab Pappy die Flasche: «Auch wenn's nicht schmeckt – es ist

Zentralheizung.» Die Flasche war fast leer, als wir ankamen. Ich gab sie Ernest. «Sieh, was du uns angetan hast.» Er trank einen Schluck und schleuderte die Flasche in die Dunkelheit.

Mit Pappy Arnold als Strohmann, damit wir nicht übervorteilt wurden, hatten wir vier aneinandergrenzende Parzellen an einem Hang gegenüber von dem Haus der Arnolds gekauft, und ich hatte Entwürfe für ein, wie mir schien, vollendetes Haus gezeichnet – mit großen Fenstern und Türen nach Südsüdwest hinaus, um jeden Sonnenstrahl im Winter einzufangen. Ernest sollte am Ostende hausen, wo er Morgenlicht hatte, ich am Westende, wo keine Morgensonne mich erreichen konnte. Außerdem waren ein oder zwei Gästezimmer und eine Garage im Kellergeschoß vorgesehen. Aber Ernest hatte es nicht eilig, die Bauprobleme anzupakken, und als Mr. und Mrs. Heiss uns daran erinnerten, daß sie ihr Haus für ihr übliches weihnachtliches Familientreffen brauchten, sahen wir uns im Dorf nach Schildern ZU VERMIETEN um. Nach Reparatur der widerspenstigen Heizungsanlage und nachdem wir einige zusätzliche Möbel gekauft hatten, zogen wir zu Big Boy Peterson und seiner Schwester ins Whicher-Haus. Unsere herbstliche Jagdbeute ließen wir einstweilen noch bei den Heiss', ebenso Owlny, eine kleine braune Eule, der Ernest früher die Flügel gestutzt hatte, um sie beim Schwarzdrosselschießen als Lockvogel zu benutzen; und die er dann doch gerettet und in einem Pappkarton in der Garage der Heiss' untergebracht hatte. Ein durch den Karton gesteckter Spazierstock diente ihr als Stange, und Ernest brachte seinem langsam genesenden Patienten täglich saftige Mäuse oder andere Leckerbissen.

Der Herbst hatte uns gelegentlich ein kleines Schneegestöber gebracht, aber die Sonne hatte den Schnee außer auf den höchsten Bergkuppen immer wieder geschmolzen. Da jedoch die Bevölkerung der Gegend weitgehend vom Fremdenverkehr lebte, herrschte höchste Spannung, als der Dezember kam und es nicht scheien wollte. Wir beobachteten den Himmel, begrüßten jede verirrte Schneeflocke, waren froh, daß wenigstens die Hotelreservierungen im Valley nicht abbestellt wurden – und übten Weihnachtslieder. Erst am Heiligen Abend begann ein richtiges Schneetreiben vor unseren Fenstern. Um Mitternacht stellten wir fest, daß bereits eine sechs bis acht Zentimeter hohe Schneedecke auf dem Wagen draußen lag. Und am 27. Dezember konnte die Forstverwaltung zwölf Zentimeter Schnee im Valley verzeichnen.

Ringsum herrschte in den Tälern frohe Gastlichkeit. Ich hatte die Trail Creek Cabin im Sun Valley, ein einfaches Blockhaus mit prasselnden Kaminfeuern, für ein Dinner mit Tanz am Samstagabend, dem 27. Dezember, gemietet und das Innere in eine herrlich duftende Tannenhöhle verwandelt – Wände und Decken waren mit Tannenzweigen geschmückt. Wir aßen an Tischen, die zu einem großen Viereck aufgestellt waren, und in der Mitte spielte Herman Primus österreichische Lieder auf seiner Zither. Später tanzten wir.

Am Silvesterabend gingen wir früh zu Bett, aber Ernest erwachte fröhlich um Mitternacht, küßte mich, aß Weintrauben und gedachte mit guten Wünschen seiner Freunde überall in der Welt.

Aus Kuba kam die Nachricht, Batista sei aus Havanna geflohen und Fidel Castro und seine Kohorten hätten die Hauptstadt eingenommen. Die Nachrichtenagenturen riefen Ernest an und baten um einen Kommentar, und er schrieb hinten auf eine Ansichtskarte: «Ich glaube an die historische Notwendigkeit der kubanischen Revolution, und ich glaube an ihre langfristigen Ziele. Ich möchte mich nicht in eine Diskussion über Persönlichkeiten oder Tagesprobleme einlassen.»

Wir hatten gerade ein ausgiebiges Neujahrsmittagessen beendet und sahen uns ein Baseballspiel im Fernsehen an, als die *New York Times* wegen der Ereignisse in Kuba anrief. Diesmal sagte Ernest, er sei «erfreut» über die Nachricht, und ich hatte sofort ein ungutes Gefühl bei dem Wort.

«Das ist zu stark. Du weißt nicht, was für Ausschreitungen sie vielleicht noch begehen.»

«Kein Mensch interessiert sich für das, was ich denke.»

«Sie haben dich immerhin angerufen. Bitte, ruf zurück und ändere das Wort.»

«Die Zeitungen hassen Leute, die Rückzieher machen.»

«Du willst doch nicht, daß das gedruckt wird. Das paßt doch gar nicht zu dir. Es war übereilt. Du bist für so etwas viel zu verantwortungsvoll.»

«Oh, zur Hölle! Du willst mich doch nur ins Unrecht setzen.»

«Eben nicht. Ich will, daß du Recht hast.»

Nach ein paar Minuten sagte ich: «Wenn du eine Berichtigung vorhast, solltest du bald anrufen. Sie werden sicher bald drucken. Inzwischen läßt Castro vielleicht schon seine Hinrichtungskommandos antreten.»

«Ein einziges verdammtes Wort!»

«Du bist ein Mann des Wortes. Du kennst die Macht des Wortes.»

Schließlich ging Ernest ans Telefon. Sein berichtigter Kommentar erreichte die Redaktion, kurz bevor der Text für die erste Ausgabe in den Satz ging. Das berichtigte Wort war «hoffnungsvoll».

Nach Monaten ruhiger Arbeit und geräuschvollen Wintersports kam A. E. Hotchner, um uns abzuholen und ein Stück heimwärts zu chauffieren. Wir verließen Ketchum am 16. März.

In Phoenix, in einem Motel, sahen wir uns die zweite Hälfte der von

Hotchner fürs Fernsehen bearbeiteten Fassung von *Wem die Stunde schlägt* an. Ich fand Jason Robards jr. und Maria Schell gut in ihren Rollen und Maureen Stapleton ausgezeichnet. Ernest war zurückhaltender in seinem Urteil. Ihm mißfiel die angedeutete ungleiche Verteilung der Schuld – er hatte in seinem Buch zeigen wollen, daß es auf beiden Seiten Korruption und Grausamkeiten gegeben hatte. Besonders enttäuscht war er, daß Jordans Gesicht sich nicht aufhellte, als er verwundet wurde und der Feind sich näherte.

Wir fuhren weiter nach Südosten und kamen nach Tucson, wo wir Ernests Freund, den Künstler Waldo Peirce, anriefen. Sie kannten sich seit dreißig Jahren. Waldo war, so schien es, ein ewig sprudelnder Quell der Heiterkeit. Er, der überall seine Zigarrenasche fallen ließ, hatte ein kindliches Vergnügen an Ideen, Scherzen, Wortspielen. Er war von aufrichtiger Bescheidenheit seinen eigenen ausgezeichneten Arbeiten gegenüber und von überwältigender Großzügigkeit. Ein bezaubernder Mann.

Die meisten seiner Bilder waren damals gerade in New York ausgestellt, aber einige zeigte er uns: *The Silver Slipper* – ein Nachtlokal in Key West, ein Bild voller schwindelerregender Bewegung, mit Ernest im Hintergrund. Ein anderes vom *encierro* in Pamplona mit Stieren, die im fahlen Morgenlicht über gestürzte junge Burschen hinwegstampften. Ein zartes, liebliches Porträt seiner Tochter Karen, wie sie frisch und unschuldig in ihrem Ballettkostüm dasteht. Eine wunderbare unvollendete Gemäldeskizze: Mönche, die mit tänzerischen Bewegungen den Fußboden der Kathedrale von Pamplona fegten.

Später schickte er uns das Gemälde von den fegenden Mönchen – es hängt noch heute bei mir an der Wand. Und erfreut meine Augen.

Den Palmsonntag – es war der 22. März – feierten wir mit einer Taxifahrt von El Paso über den Rio Grande nach Juárez, wo Städter in Scharen von der Messe und der feierlichen Prozession zu den Ständen auf dem Marktplatz drängten, um Keramik und Korbwaren und die typischen gefurchten blauen Glassachen zu kaufen. Nachdem Ernest in der Kathedrale ein Gebet gesprochen hatte, kauften wir uns ein Stück Schinken, das wir 150 Meilen später zum Picknick aßen, eine willkommene Stärkung für die Fahrt durch ein ermüdendes, welliges, baumloses, dürres Stück von Texas. Die Ranchhäuser in der Ferne sahen so verloren aus, daß ich mich fragte, was wohl Männer und Frauen dazu bewegte, sich in einer solchen Einöde niederzulassen, und was sie aufrecht hielt.

Weiter im Südosten in Texas blühte es zu beiden Seiten der Straße wie auf einem mittelalterlichen Wandteppich, und selbst die ganz gewöhnlichen niedrigen Kakteen prunkten mit riesigen perlenweißen Blüten, und hinter Corpus Christi sahen wir viele Vögel – Brachvögel, Enten, Stärlinge, Wasserhühner und in den Marschen an der alten Küstenstraße Kraniche, die Nahrung für ihre Jungen suchten.

Nachdem wir uns in New Orleans von Hotchner verabschiedet hatten, setzte sich Ernest ans Steuer. Wir fuhren weiter die Küstenstraße hinunter, vorbei an zahllosen Häusern und ihren Vorgärten, Kompositionen in Rosa und Rot – die Azaleen blühten, und an Teichen, an denen weiße Ibisse standen und fischten. Als wir uns Fort Myers näherten, erinnerte sich Ernest, daß seine Großeltern Hemingway oft ihre Winterferien auf der dort vor der Küste liegenden Insel Sanibel verbracht hatten, als er ein kleiner Junge war, und einmal, als sie erwogen, ihn mitzunehmen, luden sie ihn zum Mittagessen ein, um zu sehen, ob er gute Manieren habe – und er bestand die Prüfung nicht.

«Aber niemand hatte mich gewarnt», sagte er. «Niemand sagte mir, daß es eine Prüfung war.»

Am Samstag, dem 28. März, kamen wir in Key West an.

Am folgenden Nachmittag flogen wir nach Havanna, sahen Juan uns freundlich willkommenheißendes Gesicht hinter der Zollschranke, machten an der Floridita halt, um unsere Freunde hinter der Bar zu begrüßen, und umarmten René und Lola und Ana, die gewaltige jugoslawische Wäscherin auf den Stufen vor unserem Haus unter dem Ceibabaum.

25
Ein beunruhigender Sommer

Ernest hatte im Winter in Ketchum erwogen, sein Buch *Der Tod am Nachmittag* auf den neusten Stand zu bringen, und er hatte mit einem alten Freund korrespondiert, den er mir gegenüber vorher nie erwähnt hatte, einem Mann, der Taxichauffeur in Mexico City gewesen sei, sagte er, ein gewisser Bill Davis. Mr. Davis hatte uns eingeladen, ihn und seine Frau in ihrem Haus, La Consula, in der Nähe von Málaga zu besuchen. Ernest könne dann die Stierkämpfe der Saison besuchen, und vielleicht könne er eine Reihe von *mano a mano*-Kämpfen – bei denen nur zwei Matadores sich die sechs Stiere eines Nachmittags teilen – zwischen seinem Lieblingsstierkämpfer, Antonio Ordóñez, und Antonios Schwager, dem kühlen, kraftvollen und intelligenten Luis Miguel Dominguín, sehen. Ernest hatte die Einladung angenommen – er sagte es mir, kurz nachdem wir zu Hause angekommen waren. Ich war skeptisch. Wir waren nie irgendwo länger als ein Wochenende zu Gast gewesen. Im Hotel konnten wir etwas zu essen und zu trinken bestellen und Dienstleistungen in Anspruch nehmen, wann wir nur wollten, ohne vorher jemanden konsultieren zu müssen. Als Hausgäste waren wir den Lebensgewohnheiten unserer Gastgeber ausgeliefert, fürchtete ich, und ich sagte es.

«Können wir es uns nicht leisten, in einem Hotel zu wohnen?»
«Wir werden ständig im ganzen Land herumreisen.»
«Aber könnten wir nicht ein Zimmer in Madrid nehmen? Es liegt fast in der Mitte des Landes.»
«Vielleicht gefällt dir die Gegend um Málaga.»
«Vielleicht auch nicht. Ich kenne diese Leute nicht einmal. Und du hast seine Frau auch noch nie gesehen?»
«Nein.»
«Der Plan gefällt mir nicht, Lamm», sagte ich. «Ich finde, wir drängen uns den Leuten auf. Ich mag nicht, daß wir uns in eine Geschichte einlassen, von der wir nichts wissen.»
«Sei kein Spielverderber. Wir haben eine sehr nette Einladung.»

Mr. Davis hatte Ernest sehr gastfreundlich geschrieben und ihm versichert, sein Haus sei groß genug und es sei genug Personal da, um für uns zu sorgen. Er hatte nicht erwähnt, was seine Frau von diesem Arrangement hielt, und ich fragte mich, ob sie genauso skeptisch war wie ich. Und dann kam ich zu dem Schluß, daß mein Nörgeln zu nichts führte.

Der Zustand der Finca hatte sich diesmal während unserer Abwesenheit nicht verschlechtert. Unsere Leute waren reizend und vergnügt, das Schwimmbecken war sauber und kühl, das Haus luftig und frisch geputzt, die Tiere gesund, die Büsche, Blumen und Bäume gediehen. Die Meeresfische aus dem Tiefkühlschrank schmeckten uns besonders gut nach dem fischlosen Winter in Idaho. Mayito Menocal und Elicio Argüelles und andere Freunde besuchten uns auf der Finca, und jeder hatte seine eigene Meinung über Castros Revolution – Mayito und die meisten anderen waren voller Hoffnung. Aber in dem Monat, den wir daheim verbrachten, bemerkten wir an zu vielen Dingen, daß es mit der Wirtschaft bergab ging. Private Bauprojekte wurden gestoppt, was darauf hindeutete, daß diejenigen, die investieren konnten, zögerten oder Angst hatten. Aber die neue Polizei legte in jeder Beziehung eine neue Höflichkeit an den Tag, und es gab, wie die Leute stolz wiederholten, in der neuen Regierung bisher keinerlei Anzeichen von Korruption.

Als wir am 22. April, einem Mittwoch, in New York eintrafen, begann sofort der übliche Wirbel: Besucher, geschäftliche Besprechungen, Einladungen und letzte Einkäufe bis zu dem Augenblick, als wir uns in der Luxuskabine U 143 der *Constitution* nach Algeciras einschifften. Wir waren beide noch nie auf einem amerikanischen Schiff gereist, und vieles an den hier herrschenden modernen Hotelmethoden war uns neu. Man klingelte nicht nach einem Steward oder einer Stewardess. Bellboys machten die Besorgungen. Die Bullaugen waren fest versiegelt, aber die Klimaanlage funktionierte geräuschlos. Ich war entsetzt über die vielen mit Orchideen geschmückten Busen, als wir ablegten, aber bald fanden wir heraus, daß es für viele der Passagiere die erste Überfahrt über den Atlantik war.

«Nette, aber ziemlich gewöhnliche Leute», sagte ich zu Ernest, als wir am nächsten Morgen beim Frühstück saßen.

«Ich werde die Gymnastik vermissen», sagte Ernest und dachte an die *Ile de France*. Auf der *Constitution* gab es ein kleines Schwimmbad achtern, aber nur einige warmblütige kreischende Kinder benutzten es in der kalten Aprilluft, und wir bewunderten ihren Mut von einer kleinen Bar in der Nähe aus. Hinter dem Hauptsalon lag eine größere Bar, und Ernest befreundete sich mit den Barmixern.

Im Hafen von Algeciras wurden wir von Mr. Davis erwartet, einem großen, ernsten Mann mit beginnender Glatze. Er half uns, unsere einundzwanzig Gepäckstücke zu einer rosa Ford-Limousine zu schaffen, die er in Gibraltar gemietet hatte. Mrs. Davis hatte Putenfleischsandwiches mitgeschickt, eine kleine Stärkung für unterwegs, und wir aßen sie genüßlich und tranken Wein, während wir im Dämmerlicht zwischen Feldern in allen Grüntönen zu dem Dorf Churriana und von dort über die Privatstraße zu dem eisernen Tor des Anwesens der Davis' fuhren.

Wie in den anderen um 1830 erbauten spanischen Herrenhäusern waren die schweren Türen aus Eichenholz fast fünf Meter hoch. Die Wände und die Möbelüberzüge waren von ursprünglichem Weiß, das Mobilar einfach und gradlinig, und überall standen Vasen mit Blumen. Wir fühlten uns heimisch mit der Vegetation draußen. Pinien, Palmen, Akazien, Alpinias, die *Russelia equisetiformis*, Lilien und Weinstöcke – wie bei uns in Kuba. Irgendwie hatten die Davis erfahren, daß Ernest beim Schreiben gern stand, und ihm ein hohes Schreibpult mit schräger Arbeitsfläche besorgt.

Während wir unsere Sachen auspackten und uns mit Hilfe freundlich lächelnder Dienstboten, die mich mit «Doña Maria» anredeten, einrichteten, plauderten wir mit den Davis über gemeinsame Bekannte, Malerei, Preisboxer, Bücher, Stiere, Essen, Blumen, Trinken, Diätkuren, Gesundheit und Krankheiten, Arbeit und Pläne für den Sommer. Annie Davis war offenbar eine großzügige Gastgeberin. Sie war Amerikanerin, hatte aber so lange Zeit im Ausland gelebt, daß sie uns wie eine Europäerin vorkam.

Am 13. Mai fuhren wir mit dem rosa Ford durch Granada, durchquerten eine Ecke der Mancha mit ihren Windmühlen und kamen am nächsten Tag nach Madrid, das wieder ein Stück gewachsen war. Wir wollten an der Fiesta von San Isidro teilnehmen.

Elf Tage lang wurde unser Aufenthalt in Madrid vom Stierkampf beherrscht. Wir erlebten aufregende Stunden an der *barrera*, festliche Essen und Abendgesellschaften, die bis zwei Uhr früh dauerten und mich sehr erschöpften.

Auf der Plaza de Toros schmeichelten die Stierkämpfer Ernest. Am 16. Mai widmete Antonio seinen zweiten riesigen, schweren Pablo Romero-Stier seinem Freund «Ernesto». Er brachte das gutwillige, aber in den Knien schwache Tier durch die Runden und tötete es vor unseren Plätzen. Am 24. Mai widmete Segura Ernest einen Stier, und trotz des unsicheren, schwierigen Tiers war es eine wunderbare *faena* mit langen, sorgfältigen und graziösen *pases*, und Segura erhielt dafür beide Ohren.

Ich war halbtot vor Erschöpfung – ich konnte mich an die verrückte Zeiteinteilung der *madrileños* nicht gewöhnen: Mittagessen um 4 Uhr, Abendessen um Mitternacht. Aber es gelang mir, ein paar friedliche Morgenstunden im Prado-Museum zu verbringen, wo ich die Bekanntschaft mit Bildern von Patinir, den Breughel, Hieronymus Bosch, Tizian, Tintoretto und Veronese erneuerte.

Am Dienstag, dem 26. Mai, waren wir in Córdoba und besuchten die hübsche kleine Arena mit ihren ungewöhnlichen eisernen Balkonen und den verschnörkelten, bemalten Holzverkleidungen. Pepe Luis Vázquez, der seine Angst verriet, und der wilde, unbekümmerte, tapfere Jaime Ostos traten zusammen mit Antonio auf, der etwas tat, was ich noch nie gesehen hatte. Sein zweiter Stier war ein Baby mit winzigen Hörnern. Die Menge brüllte protestierend, stampfte mit den Füßen, tobte. Durch Zeichen gab Antonio dem Präsidenten in seiner Loge zu verstehen, er werde dieses Baby töten und selber für die Kosten eines weiteren, größeren Stiers aufkommen. Die Picadores hatten den kleinen Stier «gepiekt», die Banderilleros schickte Antonio fort. Er machte einige *pases* mit der *muleta* und tötete den Stier, schnell und präzise. Dann kam Antonios neuer Stier in die Arena gestürmt – er hatte die größten Hörner, die ich je bei einem Stier gesehen hatte, und einen massigen, starken Körper. Zu Anfang sah er schwierig aus – er rannte gegen die *burladeros*, die Schutzwände der Arena, und versuchte, mit einem Horn über die *barrera* hinweg zu stoßen. Aber seine Blicke folgten brav der *capa*, und Antonio machte eine Serie majestätischer *pases*. Ein Film, in Zeitlupe vorgeführt, hätte gut dreißig Phasen erkennen lassen, in denen der Stier den Mann fast streifte, während die *capa* langsam, elegant und sanft herumschwang. Der Stier bekam nur einen Lanzenstoß von dem berittenen Picador und dann die *banderillas*. Und jetzt begann die *faena* – das kleine rote Tuch führte das riesige Tier an der Hüfte Antonios vorbei, dann an der anderen, worauf einige hohe *pases de pecho* folgten, bei denen der Stier den Kopf dicht an Antonios Brustkasten vorbeibewegte, und dann die *naturales*, die Kreisbewegungen, langsam und sicher, um den Mann herum – der Stier wie hypnotisiert oder bezaubert von dem Spiel. Etwa zehn Minuten manövrierte Antonio dieses gefährliche Riesenspielzeug um sich herum, erst dann brachte er den Stier in die Stellung für den Todesstoß – ein Rechteck, die Beine senkrecht auf dem Arenaboden – und stieß ihm die *espada* zwischen den Hörnern hindurch bis zum Schaft ins Kreuz. Nach einer Minute war der Stier tot, und Antonio wurde mit beiden Ohren ausgezeichnet und – eine hohe Ehrung nach altem Brauch – von anderen Stierkämpfern auf den Schultern um die Arena getragen.

Nach seinem Triumph und einer Dusche kam Antonio auf ein paar Minuten zu uns in die Bar des Hotel Palace. Er berichtete, er habe 40000 Pesetas, damals ungefähr $727, für seinen Extra-Stier bezahlt. Er trank ein Bier, trat seine Zigarette auf dem Boden aus uns verabschiedete sich.

Am Donnerstag, dem 28. Mai, fuhren wir nach Sevilla, stiegen im Hotel Alfonso XIII ab und sahen eine langweilige *corrida* mit dumpfen, unbeweglichen Stieren. Auf Bills Frage nach den Stieren meinte Ernest nur: «Ihr Fleisch ist zart.» Slim Hayward hatte an Ernest geschrieben und ihn gebeten, am 30. Mai mit ihr zum Stierkampf in Aranjuez zu gehen, und die Männer brachen am 29. Mai morgens in Sevilla auf, um am Abend in Madrid anzukommen, wo sie sich mit Slim treffen wollten. Annie und ich fuhren südwärts zurück.

Da die Davis in ihrem Haus La Consula weder Telefon noch Radio duldeten, waren Briefe und Telegramme die einzige Verbindung zur Außenwelt. Am 30. Mai kam spät abends der Telegrammbote und brachte die Nachricht, daß Antonio in Aranjuez schwer, wenn auch nicht lebensgefährlich verletzt worden war. Es war ein harter Schlag für Antonio – und eine schlimme Nachricht für die Stierkampfveranstalter überall im Land, die alle damit gerechnet hatten, ihre Arenen mit Antonios vielen *aficionados* oder Fans zu füllen, und es war eine traurige Botschaft für Tausende von Spaniern, unter denen sich auch unser Schuhputzer in Málaga befand, der ein großer Stierkämpferexperte und stets über alles aus dem Bereich der *tauroma quia* auf dem laufenden war.

Später berichtete mir Ernest, wie es geschehen war: «Antonio kämpfte in dem Teil der Arena, wo die Picadores gearbeitet hatten, und der Stier

Oben links: Unsere Cessna nach der Bruchlandung bei den Murchison-Fällen. (Foto Mary Hemingway)

Oben rechts: Bei der Ankunft in Entebbe nach den beiden Abstürzen. Wir wußten damals nicht, wie schwer Ernests innere Verletzungen waren. (Foto Cifra Grafica)

Unten: Ernest und N'gui in Kenia. Im Hintergrund der Kilimandscharo. (Foto Earl Theisen)

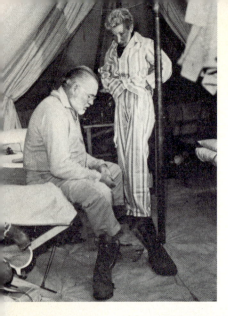

Gegenüber, oben links: Trotz der Nähe des Äquators waren die Nächte in den Bergen Kenias kühl. (Foto Earl Theisen)

Gegenüber, oben rechts: Wegen des feinen roten Staubs gehörte das Haarewaschen zum täglichen Ritus – bis Ernest sich den Kopf kahlschor. (Foto Earl Theisen)

Gegenüber, unten: Baden unter dem Zeltdach.

Oben rechts: Auch das Safari-Leben gibt Probleme auf. (Foto Earl Theisen)

Unten rechts: Baa, zehn Tage alt und schon ein Charakter. (Foto Earl Theisen)

Oben: Auf Wunsch des Fotografen: Ernest Hemingway in Aktion. Winter 1958/59. (Foto John Bryson)

Unten: In unserem gemieteten Haus in Ketchum, Idaho, 1959. Mit Bill Boy Peterson. (Foto John Bryson)

Oben: Den ersten Schnee-Engel machte ich für Ernest 1945 in den Tuilerien in Paris – diesen hier vierzehn Jahre später in Sun Valley.

Links: Ein Hirsch steht auf einer Insel im Big Wood River unterhalb von meinem Schlafzimmerfenster in Ketchum, und Lem, der Hund unseres Gärtners, zeigt sich nicht sehr gastfreundlich. (Foto Mary Hemingway)

Cesar Giron, ein junger Matador aus Venezuela, hängte seine reich bestickte *capa* über unsere *barrera* und widmete Ernest einen Stier. In Logroño, Spanien, September 1956. (Foto Peter Buckley)

Unten links: Unerschrockene Jäger: Clara Spiegel und ich, glücklich, wenn auch ziemlich zerknittert, zusammen mit unserem Safari-Guide, meinem Stiefsohn Patrick, in Tansania. Juni 1962.

Oben: Nobelpreisträger zu Gast bei Präsident Kennedy, 1962 im Weißen Haus. Vorn links Pearl S. Buck. Zur Linken des Präsidenten Mrs. George Marshall, zur Rechten ich.

Unten rechts: Ein Leopard hatte in dieser Gegend ein Baby gefressen, deshalb schoß ich ohne Skrupel auf dieses Raubtier. Tansania 1962.
(Foto Clara Spiegel)

Oben: Ein Herbstnachmittag in Idaho. Die Tauben oder Enten oder Fasanen, auf die ich aus war, brauchten mich nicht zu fürchten – ich traf selten. (Foto Jack Ward)

Links: Triumph! Ein hundertdreißigpfündiger Schwertfisch! Der einzige, den ich je gefangen habe. Mr. William Shakespeare war der Kapitän des Bootes. In Cabo San Lucas, Baja California. (Foto Rogelio Covarrubias Wilkes)

rutschte in dem von den Pferden aufgewühlten Sand aus. . . . Normalerweise hätte man die Arena nach dem dritten Stier geglättet und gesprengt – und damit vor diesem, Antonios zweitem Stier des Nachmittags. Aber in der uralten kleinen Arena dort gab es keine Vorrichtungen zum Sprengen.»

Wäre die Wunde nur einen Zentimeter höher oder weiter rechts gewesen, hätte sie ihn für immer zum Krüppel machen oder sogar töten können. Anders als Schuß- oder Messerstichwunden sind Hornwunden, wie Ernest mir erklärte, zwar beim Eindringen spitz, weiten sich aber zur Größe eines Baseballschlägers und zerreißen und zerstören viele Muskeln. Der Chirurg muß alles aufschneiden und säubern. Das Mißgeschick werde Antonio mindestens fünfundzwanzig Tage von der Arena fernhalten und bedeute eine hohe Einbuße an Einnahmen, jetzt in der Hochsaison.

Nachdem Ernest und Bill noch ein paar Tage in Madrid geblieben waren, um sich um Antonio zu kümmern, obwohl er nach spanischem Brauch von viel zu vielen Menschen umgeben war, kehrten sie mit ihren Berichten aus der Klinik nach Málaga zurück. Ein Telegramm aus Granada verkündete Ernest, daß Slim Hayward und Laureen Bacall von Ernest eine Einladung zum Lunch, zum Abendessen oder zu irgend etwas anderem erwarteten, und ein, zwei Tage später kamen sie zum Mittagessen. Beide begrüßten Ernest wie einen alten, lange entbehrten Freund, ignorierten Annie und mich und zogen für Bill und Ernest ihre Männer-Eroberungs-Schau ab.

Von den ersten Tagen unseres Aufenthalts bei den Davis an hatte Ernest, wenn er nicht unterwegs war, an einem Vorwort zu einer Neuausgabe seiner Short Stories gearbeitet, einem Essay, der sehr viel länger wurde als seine Einleitungen sonst und der mich, als er ihn mir zum Abtippen gab, bestürzt machte. Er kam mir tendenziös, grob und blasiert vor. Er enthielt brutale, irrelevante Auslassungen über einen Freund von uns. Und er endete prahlerisch.

Ich schrieb meinem Mann einen kurzen Brief, gab die einzelnen Absätze an, die meiner Meinung nach gestrichen oder neu geschrieben werden sollten, und führte meine Gründe dafür an: «Das paßt gar nicht zu Dir.» Ernest strich die boshaften Sätze über unseren Freund und schwächte einige Formulierungen ab, aber dann gab er mir das Manuskript mit steinerner Miene, ohne Bereitschaft zu einem weiteren Gespräch zu bekunden, und bat mich, das Manuskript in der geänderten Fassung abzutippen. Ich tat es – hustend und schniefend, da ich an einer hartnäckigen Erkältung litt.

Später bekam Ernest einen Brief von Charles Scribner jr., dessen Ansichten über das Vorwort mit den meinen übereinstimmten. Mr. Scribner schrieb über eine Revision des Inhaltsverzeichnisses des Buches und fuhr fort: «Sie möchten nicht hochtrabend klingen und schlagen einen spaßig-zwanglosen Ton an. Ich fürchte jedoch, daß die Leser, weil sie darauf nicht gefaßt sind, es als herablassend mißverstehen könnten, und das wäre sicher auch nicht recht . . .»

Am 25. Juni brachen die Männer beim «ersten Tageslicht», wie Ernest gern sagte, aber in Wirklichkeit nach acht Uhr morgens zu einer anstrengenden Rundreise auf, um Antonios neue, in Zaragoza beginnende Stierkampfserie zu sehen. Annie und ich winkten ihnen nach, und dann setzte ich mich an den Schreibtisch, um einen Artikel für *Sports Illustrated* zu schreiben, der dann im August unter dem Titel *Holiday for a Wounded Torero* erschien. Ich war froh, Annie wenigstens für ein paar Tage von ihren Aufgaben, mich zu unterhalten, befreien zu können. Mir ging in dieser Zeit auf, wie verschieden wir im Wesen waren, sie eine kultivierte Frau, freundlich, passiv und unpünktlich, ich aggressiv, ungeduldig und ohne Verständnis für all die kleinen «weiblichen» Dinge. Wie gern wäre ich geflohen. Wie gern hätte ich ein eigenes Zimmer gehabt, wo ich niemandem verpflichtet war. Ich machte mir auch klar, daß Ernest zum erstenmal in unserem gemeinsamen Leben auf die Reise gegangen war, ohne mich einzuladen, mit ihm zu kommen. Ich konnte es ihm nicht verübeln angesichts meiner Erkältung und meiner Wehwehchen. Trotzdem war es eine seltsame Abweichung von unseren Gewohnheiten.

Wir hatten beschlossen, Ernests Geburtstag und den Carmens (Antonios Frau) am 21. Juli in La Consula zu feiern, und da ich die etwas lethargische Haltung der Südspanier bereits kennengelernt hatte, begann ich jetzt schon mit den Verhandlungen mit Elektrikern, die für die Gartenbeleuchtung sorgen sollten, mit Tischlern, die eine Schießbude – wie auf Jahrmarktsplätzen – errichten sollten, und mit dem grauen kleinen Impresario von Málaga, der für die Musiker am Ort zuständig war. Ich wollte eine Sechs-Mann-Kapelle. Er wollte ein Klavier herausschicken – das dann nachts im Tau auf dem Rasen gestanden hätte. Wir einigten uns darauf, auf das Klavier zu verzichten. Ich schrieb gut dreißig Einladungen auf spanisch, italienisch und englisch und brachte sie zur Post. Die ersten, die zusagten, waren David und Evangeline Bruce von der amerikanischen Botschaft in Bonn. Carmen wollte sich um die Einladung ihrer und Antonios Freunde kümmern.

Am 2. Juli fuhren Annie und ich nach Madrid – die ganze Strecke an einem Tag –, wo wir unsere Männer trafen. Zu Ernests Verdruß nahm ich nicht an all den stundenlangen Mittag- und Abendessen unserer Gruppe teil, sondern entschuldigte mich, da ich meinen Artikel über Antonio fertigschreiben mußte. Wir waren immer in einer Horde unterwegs, die nun noch um ein irisches Mädchen vermehrt war, Valerie Danby-Smith, die ins Hotel Suecia gekommen war und vorgegeben hatte, Ernest für die irische Presse interviewen zu wollen. Die endlosen Mahlzeiten ermüdeten mich, und das gleiche galt für Ernests Darbietungen als Spaßmacher und Raconteur.

Weiter ging es in einer Kavalkade nach Burgos, zu einem Sonntagnachmittags-Stierkampf, bei dem die Miura-Stiere besser waren als die Toreros, und am nächsten Tag nach Pamplona. Valerie Danby-Smith war uns irgendwie gefolgt. Ernest erfüllte ergeben Autogrammwünsche. Am nächsten Morgen, beim *encierro*, dem stürmischen Lauf der Stiere durch die Straßen zur Arena, wo wir ihre Ankunft erwarteten, und den anschließenden Plänkeleien zwischen den Tieren und den jungen Burschen der Stadt, machte Antonio ein paar Kapriolen unter ihnen und zog sich dabei eine Hornverletzung an der Wade zu. Ernest war besorgt. Antonio meinte: «Das ist nichts weiter. Ein Verband genügt.» Aber Ernest bat Dr. George Saviers, der sich unserer Gruppe angeschlossen hatte, die Wunde mit einem Antiseptikum zu reinigen.

Eines Mittags fuhren wir in einer Wagenkolonne zu dem Dorf Aoiz und an den Irati, um dort zu schwimmen und zu picknicken. Valerie saß jetzt vorne zwischen Bill und Ernest. Als ich über die Steine kletterte, um zum tieferen Wasser zu gelangen, trat ich auf einen Stein, der kippte – und hörte zweimal Knochen knacken. Ein dummer Unfall: ich hatte mir die dritte Zehe meines rechten Fußes an zwei Stellen gebrochen. Da war nichts zu machen – wir hatten nichts zum Schienen und Verbinden – ich konnte nur den Fuß in einen festen Schuh tun. Ich schwamm trotzdem – und hatte mit dem wackligen Zeh das Gefühl, eine lange, wedelnde Feder hinter mir durchs Wasser zu ziehen. Ernest saß unter einem Busch am Ufer und sagte, als ich an ihm vorbeikam, höflich: «Tut mir leid, daß du dir deinen Zeh gebrochen hast.»

Ganz abgesehen von meiner durch den schmerzenden Zeh eingeschränkten Mobilität und Ernests erhöhtem Wodka- und Weinkonsum, ging irgendeine Änderung in ihm oder mir oder in uns beiden vor. Er schlief durchschnittlich nur drei oder vier Stunden am Tag, verließ unser kleines Haus in Pamplona morgens vor sieben Uhr, spazierte durch die Stadt, plauderte und trank vier oder fünf Stunden ohne Unterbrechung an seinem langen Tisch auf der Plaza del Castillo und ging erst gegen drei Uhr nachts zu Bett. Ich fühlte mich zunehmend angewidert von den schmutzigen Tischen, dem säuerlichen Geruch verschütteten Weins, dem stupiden Geplauder mit Fremden, die Autogramme wollten oder einen

Drink, den sich endlos wiederholenden Aphorismen, und ich hielt die vier Stunden dort vor dem mitternächtlichen Abendessen einfach nicht aus. So ging ich allein in das Haus in der Calle de San Fermín und las und ruhte mich aus und aß zum Abendbrot Obst.

Nach unserer Rückkehr in das Haus der Davis nahmen die Vorbereitungen für das Geburtstagsfest mich ganz in Anspruch. Was Ernest eine kleine ländliche *fiesta* nannte, sollte von vielen bunten Lampions im Garten, am Schwimmbecken und auf der oberen Terrasse – wo die meisten Gäste an einem langen Tisch sitzen würden – beleuchtet werden. Es sollte einen *burro* auf der *fiesta* geben, einen Esel, auf dem man reiten konnte, und einen Stapel lächerlicher Hüte, mit denen man sich fotografieren lassen konnte, eine Schießbude für die schießfreudigen Gäste, eine Gruppe von Flamenco-Tänzern, die zu den Klängen von Gitarren auf einem matt beleuchteten Rasen tanzten und gegen Ende des Festes, ehe der Morgen graute, ein riesiges Feuerwerk. Ich hatte chinesisches Gemüse aus London bestellt, Champagner aus Frankreich, und das Hauptgericht sollte chinesisches süß-saures Putenfleisch sein, die Sauce von mir selbst gemacht, dazu eines von Ernests Lieblingsgerichten, Dorsch-Stew und Garbanzos, sowie geräucherter Schinken und Salate. Und danach sollte es einen Geburtstagskuchen mit Ice Cream geben. Annie Davis war ganz mit der Betreuung der Gäste beschäftigt, während es mir oblag, dafür zu sorgen, daß alles rechtzeitig zur Stelle war – bis zum Lohndiener, den Salzstreuern und einem Eimer Wasser für den Esel.

Schon ein paar Tage vorher trafen die ersten Gäste ein – sie wohnten in einem der protzigen, im Las Vegas-Stil erbauten neuen Hotels an der Küste, wo Ernest sie mit vorfestlichen Mahlzeiten bewirtete. General Buck Lanham kam eigens von Washington herüber, und er gewann meine Zuneigung – er war der einzige Gast bei der Party, der mir Komplimente zu den Dekorationen und Attraktionen machte. Gianfranco Ivancich und seine Frau kamen aus Venedig und brachten einen Lancia, den Ernest gekauft hatte, um den rosa Ford zu ersetzen. Harris Williams, Ricardo Sícre und der Fotograf Cano kamen aus Madrid, ebenso Peter und Connie Buckley und Bhaiya Kusch Bihar und seine englische Freundin Gina Egan und sein Schwager, der Maharadscha von Dschaipur, und seine Frau Ayescha und ihrer beider Sohn. Im Pamplona hatten unsere Männer zwei hübsche junge Amerikanerinnen kennengelernt, die mit einem kleinen französischen Auto eine Europatour machten, und auch sie, Teddy Jo Paulson aus North Dakota und Mary Schoonmaker, kamen dazu, und ebenso Beverly Bentley, die einen Film in Spanien drehte, und Hugh und Suzy Millais, zwei reisende Briten und Troubadoure, denen wir irgendwo begegnet waren, und Valerie Danby-Smith, die inzwischen

Ernests Sekretärin und Hausmädchen und vorübergehend ein Anhängsel unserer Gruppe war. Unter den vierunddreißig Gästen waren nur vier persönliche Freunde von Carmen und Antonio.

Beim Abendessen brachte David Bruce einen sehr hübschen Toast auf Ernest aus – «Wärme, Männlichkeit und Großmut» –, und Ernest erhob sein Glas auf Carmens Tapferkeit und Schönheit. Dann stellte das Geburtstagskind Ernest seine Virtuosität als zielsicherer Schütze zur Schau und schoß Kusch Bihar und Antonio die glimmenden Enden von Zigaretten, die sie im Munde hielten, ab. Die Frauen sahen reizend aus in ihren langen sommerlichen Kleidern, und fast alle tanzten mit den jungen Flamencotänzern, und dann zog man en masse in die Küche, wo Pepa, die Köchin, zu wildem Händeklatschen feurig auf dem großen Holztisch tanzte. Das Feuerwerk war prächtig, und als ein Funke in eine vom Sommer ausgedörrte Palme nahe dem Haus fiel, begann ein großes Gerenne nach Leitern – zu kurz – und Schläuchen – zu schwach –, bis die Feuerwehr aus dem Ort mit Sirenengeheul angerast kam und die rotbehelmten Männer die Flammen innerhalb weniger Minuten löschten. Wir brachten Getränke herbei und liehen uns die roten Operettenhelme aus und tanzten den neuen Feuerlöschtanz. Ich hätte nichts Passenderes planen können, um das Fest zu beschließen, aber als die Feuerwehr wegfuhr, wurde weitergefeiert. Ich ging frühmorgens um halb sieben zu Bett, die Gitarrenspieler, die Tänzer und das Schießbudenpersonal waren längst aufgebrochen, aber noch immer saßen ein paar Leute am Haus und um das Schwimmbecken herum, und sie waren auch noch da, als ich ganz erschöpft um halb zehn aufwachte. Annies Leute servierten ihnen Eier und schwarzen Kaffee. Mit Champagner prostete Ernest den Bruces zu, als sie ihr Flugzeug bestiegen.

Ein paar Tage später brachen die übrigen Gäste mehr oder weniger in einer Kavalkade ostwärts auf, über die wilde, leere Küstenstraße, steil zum blauen Meer hin abfallenden Hängen entlang und Halbmondbuchten mit Stränden vorbei, durch Almería und Murcia nach Alicante, der hübschen Hafenstadt an Spaniens Ostküste. Bill Davis fuhr den rosa Ford, mit Valerie und Ernest vorn und Hotchner und General Lanham im Fond. Buck Lanham schien mir während der ganzen Expedition ziemlich ratlos über den nicht enden wollenden Zirkus, den wir mehr oder weniger gezwungenermaßen veranstalteten. George und Pat Saviers fuhren mit Juanito Quintana als Gast in ihrem Mietwagen, und Annie und ich saßen in Rupert Bellvilles Volkswagen.

Der 30. Juli in Valencia war der erste Tag, an dem die beiden Schwager, die Starmatadore Spaniens, in einem *mano a mano* auftreten wollten, bei dem jeder drei statt der üblichen zwei Stiere zu bewältigen hatte. Das

Wetter war trübe und bedrohlich an diesem Tag, die Wolken tief und grau, und der Wind wehte kleine Staubwolken in der Arena auf. Die Stiere, die von einer Stierfarm in der Nähe Salamancas stammten, gefielen uns nicht. Sie waren schwerfällig und träge und reagierten nicht. Beim Kampf mit seinem dritten Stier des Nachmittags lockte Luis Miguel das unberechenbare Tier in die Arenamitte, wo der Stier ihn anrempelte, die *muleta* zu Boden riß, und dann die Hörner senkte und ihm die rechte Lende durchbohrte. Sein älterer Bruder Domingo war im Nu in der Arena – ohne *capa*, ohne Schutz, Antonio folgte ihm, um den Stier fortzulocken. Man trug Luis Miguel hinaus. Mit seiner schmalen Hand bedeckte er die Wunde, die Hose war weit aufgeschlitzt, und sein Gesicht war bleich, doch nicht verzerrt. Innerhalb von wenigen Minuten hatte Antonio mit steinerner Miene den Stier an den Rand der Arena und in die richtige Stellung manövriert und ihn mit einem gutgezielten Degenstoß getötet. Beim Kampf mit seinem eigenen letzten Stier zeigte er – bei kläglicher elektrischer Beleuchtung – das gesamte Repertoire von *pases* mit der *capa* und mit der *muleta* und tötete ihn «nehmend», als der Stier auf ihn losging. Donnernde *Olés* – und beide Ohren als Trophäe. Am Abend hörten wir, daß Luis Miguels Wunde tief und hoch war – die Hornspitze war um ein Haar ins Bauchfell eingedrungen, und ich verstand jetzt besser Carmens Haß auf Stiere und deren Herrschaft über ihr Familienglück.

Von Valencia aus zerstreute sich die Menge der Geburtstagsgäste in alle Himmelsrichtungen.

Ernest war diesmal mit dem Gedanken nach Spanien gekommen, neues Material über die *tauromachia*, die Stierfechtkunst, zu sammeln und sein 1932 veröffentlichtes Buch *Der Tod am Nachmittag* mit einem Vorwort oder Nachwort auf den neuesten Stand zu bringen. Die Kunde von seinem Vorhaben hatte sich schnell verbreitet, und Will Lang vom Pariser *Life*-Büro kam herunter und überredete Ernest, *Life* das Recht des Vorabdrucks im voraus zu gewähren. Ernest hatte noch kein Wort zu Papier gebracht, aber er stimmte dem Vorschlag unseres alten Freundes Will zu und fühlte sich um so mehr verpflichtet, sein für den Sommer vorgesehenes Stierkampfprogramm bis zum Schluß einzuhalten.

Während Luis Miguel noch in Valencia mit seiner Wunde lag, wurde Antonio in der Arena von Palma de Mallorca von einem Stier verletzt, und als die beiden Schwager sich gemeinsam im Sanatorium Ruber in Madrid erholten, beschlossen sie, ihre *mano a mano*-Auftritte, wenn sie bis dahin wieder auf den Beinen waren, am 14. August bei dem geplanten Stierkampf in Málaga fortzusetzen.

Antonio war ein paar Tage früher aus dem Sanatorium geflohen und kam, um sich bei uns ein wenig auszuruhen. Die Wunde am rechten Schenkel war noch nicht vernarbt, aber er schenkte ihr keine Beachtung mehr. Die Männer spielten Baseball mit einem Tennisball, und Antonio vollführte einen Meisterschlag, bei dem er ins Schwimmbecken stürzte und den Ball in die äußerste Ecke des Rosengartens schickte. Worauf beschlossen wurde, daß Antonio, dem Hotchner den Umgang mit einem Baseball-Schläger beigebracht hatte, Hotchner in seine *cuadrilla* aufnahm – als *sobresaliente* (Ersatzmann), und ein paar Tage später nahm Antonio Hotchner tatsächlich in die Arena mit, verlangte aber nichts anderes von ihm, als daß er die Sachen, die nach Antonios Triumph vom Publikum in die Arena geworfen wurden, auflas und hinaustrug.

Am 14. August nahmen Luis Miguel und Antonio, beide noch nicht gänzlich wiederhergestellt, ihren *mano a mano*-Wettstreit in der kleinen Arena in Málaga bei einer wahren Backofenhitze wieder auf. Diesmal waren es sechs der geachteten Stiere von Pedro Domecq, und es wurde eine *corrida* von solcher Tapferkeit, Geschicklichkeit und Anmut, wie es keine andere in diesem Jahr oder gar in den letzten Jahren gegeben hatte. Luis Miguel, schmal und erschöpft, gewann mit seinen drei Stieren vier Ohren, zwei Schwänze und einen Fuß, Antonio sechs Ohren, zwei Schwänze und zwei Füße.

Sie eilten weiter, die zwei Champions, und Ernest begleitete sie nach Biarritz zu einem Stierkampf in Bayonne. Bei einem weiteren *mano a mano* ein paar Tage später in Bilbao, der aus dem Bürgerkrieg für dort geschehene Grausamkeiten bekannten Stadt, wurde Luis Miguel so schwer von einem Stier verletzt, daß der Kampf abgebrochen werden mußte. Noch später, in Dax, trat ein Stier Antonio auf den Fuß, und Antonio wurde ins Krankenhaus in San Sebastián eingeliefert. Als Bill und Ernest, von Valerie begleitet, nach Madrid fuhren – Bill am Steuer –, platzte einer der Vorderreifen des Lancia, und der Wagen raste gegen eine Betonmauer am Straßenrand. Irgendwie gelangten die drei nach Madrid und flogen von dort nach Málaga. Annie und ich hatten zehn Tage lang ein häusliches Leben geführt. Ich litt immer noch unter einer verstopften Nase und unter Heiserkeit und inhalierte Mentholdämpfe.

Ernest hatte mir von unterwegs ein paar süße Briefe geschrieben, aber in den Tagen nach seiner Rückkehr und bei einer Fahrt nach Linares zu einem weiteren Stierkampf mit Antonio, hatte ich das Gefühl, daß er mir gar nicht mehr zuhörte. Nach dem Stierkampf fuhren wir nach Córdoba und übernachteten in einem pompösen Hotel.

Am Sonntag, dem 30. August, wollten wir möglichst früh vom Haus der Davis aufbrechen, um die Stadt Calahorra, weit nördlich von Logroño, rechtzeitig zu Antonios *corrida* dort am Montag zu erreichen.

Ich entschuldigte mich. Ich wollte ein oder zwei Tage in Madrid verbringen und Möbel kaufen für das Haus in Ketchum in Idaho, das Ernest – statt auf unseren Parzellen zu bauen – von Bob Topping erworben hatte. Und so bestellte ich mir einen Platz im Schlafwagen in dem alten, wackligen Nachtzug von Málaga nach Madrid.

In den frühen Morgenstunden zwei Nächte später kamen Bill, Annie und Ernest im Hotel Suecia an und schliefen ein paar kurze Stunden, ehe wir alle in dem rosa Ford nach Cuenca fuhren, wo Antonio kämpfte. Nach der *corrida* übernachteten wir in einem neuen staatlichen *parador* bei Motilla del Palancar, dann ging es weiter nach Almansa, wo wir zu Mittag aßen und nach Alicante, wo wir die Nacht verbrachten. Als wir zu Bett gingen, bat ich um etwas mehr Wasser – Ernest hatte mir nur ein paar Tropfen in das Glas gegossen – und löste damit, völlig ahnungslos, eine Flut von Vorwürfen aus. Ich hätte mich geweigert, ihm Listerin zur Wundbehandlung in Madrid zu kaufen. (Ich hatte es besorgt und ihm gegeben.) Mein ewiges Verlangen nach Wasser sei exzessiv. Ich sei genau wie meine Mutter, oder wie seine Mutter, die seinen Vater in den Selbstmord trieb. Und so ging es bis vier Uhr morgens weiter.

Und wieder jagten wir zwei Wochen durch das Land, besuchten die Stierkämpfe, und Ernest gab ohne Ende Autogramme. Von Murcia, bei starkem Wind in der Arena, dann südwärts über enge Gebirgsstraßen nach Ronda, wo Antonio herrlich kämpfte und vier Ohren und zwei Schwänze erhielt, weiter am nächsten Morgen früh um acht und ohne Frühstück nach Sevilla, dann nordwärts nach Mérida und nach Béjar, westlich von Madrid. In Salamanca erwartete uns eine Nachricht von Carmen. Antonio und seine Picadores waren in Albacete wegen einer geringfügigen, wahrscheinlich sogar erfundenen Übertretung der Stierkampfregeln ins Gefängnis gesperrt worden. Ob Ernest schnell nach Madrid kommen könne? Wir fuhren sofort los und waren am gleichen Abend in der Wohnung der Ordóñez. Freunde der Dominguíns und Fans palaverten, ohne etwas zu unternehmen, bis zwei Uhr morgens, als wir zum Hotel Suecia fuhren. Gegen Mittag am nächsten Tag hörten wir, daß Antonio aus der Haft entlassen und von der Polizei bis an die Grenze der Provinz Albacete geleitet worden sei. Wir blieben ein paar Tage in Madrid, ehe wir wieder südwärts fuhren, wo uns herrlicher Sonnenschein, ein kühles Schwimmbecken im Garten der Davis und interessante Mahlzeiten erwarteten. Doch jetzt entdeckte ich, daß mein Mann mir nicht nur nicht mehr zuhörte, sondern mich auch nicht mehr zu sehen schien.

Ernest verkündete, er habe Antonio und Carmen eingeladen, uns in Kuba und Idaho zu besuchen, und da ich ihm in Spanien nicht mehr von

Nutzen war, beschloß ich, nach Kuba zu reisen und die Finca Vigía für ihre Ankunft instandzusetzen. Ich sah in einer Rolle als unsichtbare Ehefrau keine Zukunft für mich, aber ich wollte mich nicht aus verletztem Stolz zu hastigen, hysterischen Entschlüssen hinreißen lassen, zumal ich Ernest trotz allem liebte und unser Leben in Kuba und Idaho ebenso. Ich nahm, während die anderen lieber mit dem Auto nach Paris fuhren, den Zug, und nach ein paar Tagen im Ritz – Ernest begleitete mich pflichtbewußt zu einer Ausstellung im Jeu de Paume – verabschiedete er mich am 4. Oktober an einem der neuen Düsenflugzeuge in Orly. Es war mein erster Flug in einem Jet, und es gefiel mir gut.

Die Toppings hatten aus dem Haus in Ketchum alles außer dem Mobilar entfernt, das in einem uns von Chuck Atkinson gesandten Inventar aufgeführt war, und ich berichtete Ernest, was ich an Bettwäsche, Küchengeräten, Geschirr und dergleichen zu kaufen vorhatte. Und: «Den Brief zu schreiben, um den Du mich batest, über unsere persönlichen Beziehungen, fällt mir sehr schwer. Zuviel hat sich angestaut an Kummer und Einsamkeit und Herzeleid. Die Essenz all dessen ist, daß so, wie ich die Dinge sehe, Du allem Anschein nach in Deinem Leben keine Verwendung mehr für mich hast. Und deshalb werde ich beginnen, meine Entfernung daraus vorzubereiten, und hoffe, mir selbst ein neues Leben aufzubauen. . . . In Liebe und Treue, der gleichen wie immer, und mit guten Wünschen für Dich und alle anderen in La Consula.»

Um uns nicht zu beunruhigen, hatten die Dienstboten immer wieder geschrieben, daß auf der Finca alles zum besten stehe. Aber am ersten Morgen schon fand ich heraus – und schrieb es auch an Ernest –, daß außer meiner Schreibmaschine nichts richtig funktionierte.

Im Gegensatz zu meinen Erwartungen nach der Lektüre spanischer, französischer und amerikanischer Zeitungen, war die Stimmung in Kuba glücklich. Die Menschen waren stolz auf die Ehrlichkeit der neuen Regierung, stolz auf ihr neues Haus-Bau-Programm, stolz auf Fidels Baum-Pflanz-Aktion, deren Ergebnisse überall zu sehen waren. Ich schrieb: «Die Leute scheinen mir Zutrauen und Hoffnung auszustrahlen.»

Da Ernest mich darum gebeten hatte, schrieb ich ihm auch, was ich von seinem Verhalten mir gegenüber während des Sommers hielt, dreieinhalb engzeilig beschriebene Seiten, in denen ich Beispiele seiner Vernachlässigung, Grobheit, Gedankenlosigkeit, seiner Schmähungen, ungerechten Kritiken, falschen Beschuldigungen, Unhöflichkeiten und Unfreundlichkeiten aufführte. Ich würde mir, schrieb ich, eine kleine Wohnung in New York mieten und mich, sobald ich das Haus in Ketchum eingerichtet hätte, in der großen Stadt niederlassen.

Ernest telegrafierte mir die Antwort aus Paris:

DANK FUER BRIEFE UND ALLE GETANE ARBEIT, KANN LEIDER NICHT ZUSTIM-
MEN PUNKTEN UND SCHLUSSFOLGERUNGEN PERSOENLICHER BRIEF, ABER
RESPEKTIERE DEINE ANSICHTEN, OBWOHL GANZ DAGEGEN ... FROH UEBER
GUTE NACHRICHTEN AUS KUBA. BEDAURE SO VIEL ARBEIT UND AERGER ...
LIEBE DICH NOCH IMMER.

Beim Lesen dachte ich, dann laß auch einmal kleine Beweise sehen. Fidel hielt große Versammlungen in Havanna ab, rief die Menschen aus allen Gegenden der Insel herbei und redete zu ihnen. Mehrmals gab ich unseren Leuten halbe Tage frei, so daß sie mit einem überfüllten Bus nach Havanna fahren und sich den Massen anschließen konnten. Am 26. Oktober ging ich hinunter zu den Steinharts auf einen Drink, und unter ihren Gästen waren auch zwei von Fidels bärtigen Soldaten. Als Olga Steinhart erwähnte, die Revolution sei kommunistisch inspiriert, lachte einer der bärtigen Soldaten und sagte: «Besser so als mit dem Kapitalismus belastet.»

Ich hatte in der Pantry unseres Hauses ein Fernsehgerät aufgestellt, damit die Dienstboten und Gärtner die Nachrichtensendungen sehen konnten. Eines Abends saß ich auch dort auf einem Küchenschemel und hörte Che Guevara, der die Menge aufrief, das neue Regime zu unterstützen. Dann erschien Fidels Bruder hinter den Mikrofonen, ein überzeugter Revolutionär, aber kein guter Redner. Zum Schluß hörten wir Fidel. Er klagte die Vereinigten Staaten und ihre Regierung und die kapitalistische Wirtschaft an, in blumigen Phrasen, die er wiederholte, wenn er sie für anfeuernd hielt, verliebt in seine Stimme und in die Mikrofone: er, der so lange geschwiegen hatte, während er seine Revolution in den östlichen Bergen der Insel vorbereitete – jetzt faszinierte und hypnotisierte er das Volk. Lola, das Hausmädchen, war zu der Versammlung hingefahren, kam aber früh zurück, als ich noch immer in der Pantry saß und Fidel hörte. «Zu viele Leute», sagte sie. «Zu anstrengend.»

Am 4. November schickte ich Juan mit dem wieder reparierten Chrysler zum Flugplatz, Ernest, Antonio und Carmen abzuholen. Ob eine Absicht dahinterstand oder nicht, jedenfalls wurde Ernest bei seiner Ankunft von einer großen Menschenmenge mit Hochrufen und den traditionellen Umarmungen begrüßt. Auch Pressefotografen waren da. Die Finca «funktionierte» endlich wieder richtig, ich hatte Blumen im *Little House* für Carmen aufgestellt und ein zusätzliches Mädchen aus dem Dorf genommen, das sich um unsere Gäste und ihre Garderobe kümmern sollte. Antonio war alles andere als begeistert von der Idee, an

Bord der *Pilar* hinauszufahren auf die rauhe See. Die beiden faulenzten lieber auf der Farm, schwammen und sonnten sich und gingen abends in die Nachtlokale von Havanna, die damals allerdings nicht florierten, da noch niemand darüber entschieden hatte, ob sie der Revolution förderlich waren oder nicht.

Um das Haus in Ketchum in Ordnung zu bringen, flog ich mit Lola zuerst nach Chicago, kaufte dort ein und sandte das Geschirr, die Gläser, Töpfe, Pfannen in Expreßpaketen nach Idaho. Chuck Atkinson hatte inzwischen mit den Arbeiten zur Verbesserung des Hauses begonnen, die ich ihm übertragen hatte. Lola und ich aßen von unseren Picknick-Papptellern, rückten Möbel im Wohnzimmer herum, damit es nicht wie ein Ausstellungsraum aussah, putzten Fenster, säuberten das Haus, packten die Pakete aus Chicago aus, die zum Glück gerade eingetroffen waren, als plötzlich Ernest mit Antonio, Carmen und Roberto Herrera, dem alten Freund und Sekretär – er und Antonio hatten sich am Steuer des neuen Kombiwagens abgelöst –, aufkreuzten. Sie waren an diesem Tag die ganze Strecke von der Südseite des Grand Canyons bis nach Ketchum gefahren.

Die Fasanen-Saison war fast zu Ende, aber die Entenjagd war noch offen, und gleich am nächsten Tag rief Ernest seinen Freund Bud Purdy in Picabo an, um zu hören, wie es mit seinen geflügelten Durchreisegästen stehe. Bud antwortete: «Wir haben ein paar da.» Dann würden wir morgen also auf Entenjagd gehen an Bud Purdys Gräben entlang, Antonio mit einer von Ernests Schrotflinten, Carmen mit meiner Winchester Modell-21.

Ein Anruf aus Mexiko machte unsere Pläne zunichte. Eine von Antonios Schwestern, die dort lebte, wollte ihren Mann verlassen, und Antonio mußte zu ihr fahren, um ihr bei ihrem Aufbruch beizustehen. Ernest verbrachte zwei Tage am Telefon, sprach mit Behörden in Washington und mit dem mexikanischen Konsulat in Los Angeles, um Visa und Flugtickets für Antonio und Carmen zu besorgen.

In Spanien hatte Ernest hin und wieder einmal an dem Erinnerungsbuch über seine frühen Zeiten in Paris gearbeitet und es dann wieder zeitweilig aufgegeben, um die Stierkampf-Fotoreportage für *Life* vorzubereiten. Jetzt wandte er sich wieder dem Parisbuch zu – die Entenjagd war unergiebig in jenem Jahr –, während ich mein Programm zur «Zivilisierung» des Hauses weiterverfogte. So kaufte ich ein paar akzeptable Leselampen und Möbelüberzüge und legte die Schrankfächer mit Papier aus.

26
Lähmende Tage

Eines Nachmittags gingen wir mit George Saviers und seinem Bruder auf die Entenjagd an einem von Georges Lieblingsplätzen – einem zugefrorenen Sumpf mit einem Plankenweg, der zu einem Stück offenen Wassers führte. Der Boden war so hart, daß wir auch bei noch so vorsichtigem Gehen in unseren weichen Stiefeln knirschende Geräusche machten und einige Enten vom Wasser aufschreckten. Eine von ihnen, eine hoch aufflatternde Spießente, brachte ich mit einem Schuß herunter. Sie schlug direkt hinter mir auf, und ich gab sie Ernest zum Tragen. Ein paar Schritte weiter auf dem Weg zum Wasser bekam ich einen Stock zwischen meine Stiefel und wußte, daß ich fallen würde. George und Ernest waren etwa zwanzig Schritt direkt vor mir. Wie gewöhnlich trug ich mein geladenes Gewehr mit vorgeschobenem Riegel in der rechten Hand. Ich bemühte mich, die Läufe nach oben zu halten, und es löste sich kein Schuß, als ich mit dem linken Ellbogen hart auf dem gefrorenen Boden aufschlug und mich verletzte. Erst Minuten später, als wir uns in den Wagen setzten, um nach Sun Valley, zum Krankenhaus zu fahren, überwältigte mich plötzlich ein stechender Schmerz, so daß ich gegen meinen Willen leise stöhnte. Ernest, der vorn saß, tadelte mich: «Du könntest wenigstens still sein.»

«Ich gebe mir ja alle Mühe.»

«Soldaten tun so etwas nicht.»

«Ich bin kein Soldat.» Ein langes, anhaltendes Stöhnen, das ich nicht unterdrücken konnte.

«Du machst es uns ganz schön ungemütlich.»

«Ich bedaure, und im übrigen kannst du mich mal ...»

Im Krankenhaus gab mir George schnell ein schmerzstillendes Mittel, rief einen Kollegen und legte mich auf den Operationstisch. Ein Anästhesist unterbrach mit Erfolg die Schmerzbotschaften aus meinem Arm an mein Gehirn.

Man spannte eine kleine weiße Leinenabschirmung quer über meiner Brust aus, so daß ich nicht sehen konnte, was man an meinem Ellbogen tat – Speiche und Elle waren gebrochen, und das Ganze sah aus, so sagte George später, wie die Schale eines mit einem Hammer zerschmetterten Puteneis. Sehr zum Mißfallen meines Mannes befanden die Ärzte, daß ich noch ein, zwei Nächte im Krankenhaus bleiben sollte, wo ich nach Hilfe läuten konnte, wenn die Schmerzen unerträglich wurden. Ich hatte schon einige Knochenbrüche hinter mir, und alle waren schmerzhaft gewesen, aber diesmal war es ein wilder Schmerz, der mich so überwältigte, daß ich tagelang nicht einmal lesen konnte. Ernest machte ein paar Versuche, mir Mitgefühl zu bezeigen, aber in den darauffolgenden Wochen verhielt er sich so, als hätte ich mir den Ellbogen absichtlich gebrochen, mit der Absicht, ihn bei der Arbeit an seinem Parisbuch und an dem *Life* versprochenen Text über die *mano a mano*-Stierkämpfe im vergangenen Sommer zu unterbrechen. Er murrte, weil er die Einkäufe machen mußte. Er beklagte sich über meine einhändig gekochten Mahlzeiten. Als ich ihn eines Abends bat, mir beim Ausziehen meiner Hose zu helfen, murmelte er etwas von Dienstbotenarbeit.

Etwa eine Woche vor Weihnachten fuhr Ernest mich eines Abends zum Krankenhaus, und früh am nächsten Morgen lag ich wieder auf dem Operationstisch, wo die Ärzte mir den Ellenbogen, der geradlinig angeheilt war, noch einmal brachen und den Arm in einen Winkel von 90° beugten und mir vom Oberarm bis zur Hand eingipsten. Die Schmerzen danach waren so unerträglich wie beim erstenmal. George Saviers gab mir ein Fläschchen Morphium-Tabletten für den Notfall. Er sagte: «Nehmen Sie so wenige wie möglich, und hören Sie so rasch wie möglich damit auf.» Ein paar Tage später gab ich ihm das Fläschchen zurück. Es war noch halb voll.

Da Ernest keine Begleiter für die Entenjagd im Schnee fand, veranstaltete er jetzt hin und wieder ein Tontaubenschießen auf unserem Parkplatz, und das Geknalle dauerte bis in die winterliche Dämmerung hinein, bis die Ziele schließlich nicht mehr sichtbar waren und man das rote Mündungsfeuer der Gewehre sah. Dann kamen alle auf einen schnellen Whiskey in die warme Küche und standen um den Küchentisch herum, bevor sie heimwärts fuhren.

Nach Neujahr luden Pappy und Tillie Arnold uns zu einem Roastbeef-Essen ein, und da Ernest nicht gern nachts auf den vereisten Straßen fuhr, holten sie uns. Große Schneeflocken sanken herab, es war fast windstill, und draußen vor ihrem Wohnzimmerfenster sah es wie ein Märchen aus. Aber Ernest, der auch hinaussah, bemerkte Licht in unserer Bankfiliale, die weiter unten am Hügel lag.

«Die prüfen unsere Konten», sagte Ernest.

«Das ist doch Unsinn. Wer denn?» sagte ich.

«R. G. arbeitet manchmal bis in die Nacht hinein», sagte Lloyd. R. G. Price war der Geschäftsführer der Bankfiliale und ein Freund seiner Kunden.

«Das ist die Putzfrau, wie jeden Abend», sagte Tillie.

«Die wollen uns schnappen», sagte Ernest. «Die wollen uns etwas anhängen.»
«Wer?» fragte ich.
«Das FBI», sagte Ernest tonlos.
«Du bist wahrscheinlich übermüdet, Schatz.» Ich hatte meinen Mann noch nie so verstört gesehen wegen einer eingebildeten, nicht existierenden Bedrohung. Ich versuchte mich zu erinnern, wann ich ihn je ängstlich erlebt hatte, und konnte mich an kein einziges Beispiel erinnern. Als die Lichter in der Bankfiliale schließlich erloschen, äußerte er besorgt, daß der Schneesturm uns an der Heimfahrt hindern werde, und er starrte so unglücklich in die tanzenden Flocken hinaus, daß Lloyd die Schneeketten über seine Winterreifen zog. In weniger als fünf Minuten fuhr er uns nach Hause.

Es folgten ein paar wolkenlose, kalte, doch strahlend heitere Tage, die Ernests Sorgen zu vertreiben schienen. Aber irgendwie war er ruhelos im Haus und fand, daß er besser an seinem vertrauten Platz, am Bücherschrank in seinem Schlafzimmer auf der Finca, arbeiten konnte. Er wollte sich nicht die Zeit für eine gemächliche Autofahrt quer durchs Land nehmen wie in den anderen Jahren, und er wollte auch nicht die möglichen Schwierigkeiten in Kauf nehmen, für unsere schwarze Lola in den Motels in den Südstaaten Quartier zu bekommen. Wir würden mit dem Zug fahren, sagte er.

Wieder auf der Finca Vigía, genoß ich unseren blühenden Garten, aber mehrere schwere Nordstürme mit kaltem Regen verwandelten das Haus mit seinem einen winzigen elektrischen Heizgerät in einen Riesenkühlschrank, und die Schmerzen in meinem Ellbogen kamen wieder. José Luis Herrera empfahl Massagen und Gymnastik, und Ernest massierte mir jeden Tag eine halbe Stunde lang mit einem elektrischen Gerät den Arm, obwohl er inzwischen beständiger und länger arbeitete als je zuvor.

Noch nie hatten wir auf der Finca eine so stille Zeit erlebt wie diesen Winter. Ernest, ganz mit seiner Arbeit beschäftigt, machte sich Sorgen wegen seines schwindenden Augenlichts, wie er sagte, weigerte sich aber, sich von einem Augenarzt untersuchen zu lassen. Ich konnte wegen meines Arms meine Schreibmaschine nicht benutzen, und zum Schwimmen war es zu kalt. Als Ernest meinte, wir sollten Valerie einladen, sie könne ihm bei seinem Manuskript helfen, stimmte ich sofort zu. Sicher würde sie ihm bei der Arbeit keine oder keine große Hilfe sein – das Manuskript hatte längst den von *Life* gewünschten Umfang von 10000 Wörtern überschritten –, aber vielleicht konnte sie mit ihrem irischen Witz und ihrer Fröhlichkeit Ernest in seinen Mußestunden etwas aufheitern. Ernest schickte ihr nach Monkstown bei Dublin, wo sie die

Weihnachtstage bei ihrer Mutter verbracht hatte, das Geld für das Flugticket. Sie kam Ende Januar in Havanna an, und wir quartierten sie im *Little House* ein.

Bei seinen früheren Arbeiten, soweit sie zu meiner Zeit entstanden waren, hatte ich immer das Vorrecht der ersten Lektüre gehabt. Jetzt bot er mir nicht mehr an, zu lesen, was er geschrieben hatte. Als er mir eines Nachmittags im Wohnzimmer den Ellbogen massierte, fragte ich: «Wie geht es vorwärts?»

«Es ist die Hölle. Ich kann es gar nicht alles unterbringen.»

«Könntest du es nicht irgendwie zusammenfassen, raffen?»

«Ich sehe nicht wie.»

Ernest brachte mir ein kleines Bündel seiner typischen, mit unregelmäßigen Zeilen beschriebenen Manuskriptblätter, die ich mit Bestürzung las. Die fünfzehn oder zwanzig Seiten enthielten anmutige oder treffende Passagen über die spanische Landschaft, die überschwenglichen Massen, den Geist der *fiesta* in ihren verschiedenen Phasen und in den verschiedenen Provinzen. Aber seine Berichte über die Stierkämpfe, über die *pases* mit der *capa* und der *muleta* lasen sich wie ein Katalog und waren, wie ich fand, voller Wiederholungen.

«Vielleicht könntest du einige von den *pases* bei den *corridas* streichen», meinte ich, als ich ihm das Manuskript zurückgab.

«Aber so sind sie gewesen. Es gehört alles dazu», sagte Ernest.

«Aber Schatz, die *Life*-Leser, meist Amerikaner, interessieren sich doch gar nicht so sehr für ein paar Gesten in einer spanischen Stierkampfarena.»

«‹Gesten›? Du schmälerst den Stierkampf, eine Kunst. Und ganz zu schweigen von dem Mut.»

«Es tut mir leid. Ich habe da wohl etwas kommerziell gedacht und mehr erwogen, was die Leute bei *Life* für publizierbar halten würden.» Er gab mir keine weiteren Manuskriptteile mehr zu lesen.

In Mußestunden lasen wir. Und um der Gymnastik willen erklommen wir drei jeden Tag den Hügel hinter der Kuhstallruine und betrachteten den Sonnenuntergang hinter der Silhouette von Havanna. Manchmal fuhren wir Samstagabends in die Stadt und gingen in die Floridita auf einen Drink. Wir gaben nur eine einzige Party, und die war gar nicht geplant. Die russische Delegation, die zu Gesprächen mit der neuen kubanischen Regierung kam, hatte angerufen: Anastas Mikojan, in Havanna, um die Beziehungen zwischen beiden Ländern zu verbessern, wollte gern zu uns herauskommen. Wir vereinbarten eine Stunde am folgenden Nachmittag, und ich war entsetzt, als ein halbes Dutzend Autos voller Leute vor unseren Eingangsstufen hielt: der Imbiß, den ich vorbereitet hatte, würde nie und nimmer reichen. Ich lief zum Kühlschrank, fand eine große Schüssel Dorsch-Stew, ein Rest vom Mittagessen – und alles wurde schnell verspeist. Man trat hinaus auf die Terrasse, ging hinauf zum Turm, dann in die Bibliothek und wieder ins Wohnzimmer, und alle, der Hausherr eingeschlossen, waren angeregt und bester Stimmung.

Ernest lebte auf, als im April George Saviers auf ein paar Tage zu unserem vielgerühmten Fischfang kam, der dann doch sehr viel magerer ausfiel, als wir erwartet hatten – das Wetter war zu schlecht, der Fisch zu rar.

Die meiste Zeit über arbeitete Ernest an seiner Stierkampfgeschichte, und ganz im Gegensatz zu seinem früheren Gleichmut klagte er jetzt oft. So sagte er zum Beispiel: «Achtundsechzigtausenddreihundert Wörter. Es macht mich völlig fertig.»

Gäbe es doch nur eine Möglichkeit, dachte ich, ihn etwas Distanz zu der Geschichte gewinnen zu lassen – er hätte sicher eingesehen, daß sie überladen war. Aber auch unsere sorgenfreien Tage im Golfstrom hatten ihm zu keiner neuen Perspektive verholfen, und ich konnte ihm keine Gehilfin sein, da ich nicht wußte, wie man ihm helfen konnte.

Ende Mai gab es eine willkommene Unterbrechung unserer Arbeit und unserer Sorgen. Ernest nahm mit der *Pilar* am jährlichen Hemingway-Marlin-Preisfischen teil. Etliche unserer Freunde waren bereits aus Kuba abgereist und hatten ihre Boote zurückgelassen. Die neue Regierung stellte die Boote Repräsentanten von Arbeitergruppen zur Verfügung, und eines nahm Fidel für sich und ein paar Freunde in Anspruch. Diejenigen von uns, die noch da waren, blieben dem Festabend vor dem Turnier im Club Náutico fern. Das Sybaritische, das sonst in der Luft gelegen hatte, die ausgelassene Freude wohlhabender Männer an ihren teuren Spielzeugen, fehlte irgendwie. Wegen meines immer noch behinderten Arms hatte ich beschlossen, nicht mit der *Tin Kid* an dem Wettbewerb teilzunehmen. Aber an Bord der *Pilar* waren wir ein fröhliches Team: Toby und Betty Bruce waren von Key West herübergekommen, und Gregorio hatte die besten Köder vorbereitet, die man sich nur wünschen konnte.

Aber der Golfstrom, launisch schon das ganze Frühjahr, blieb es auch während der zwei Tage des Turniers. Da genügend Augenpaare da waren, um die Köder zu beobachten, hielt immer der eine oder andere von uns unser großes altes Navy-Fernglas auf Fidels Boot gerichtet. Er hatte schon zwei Marline! Er war kein Tiefseefischer, soweit wir wußten. Aber er hielt sich genau an die Regeln. Am zweiten Tag fing er einen weiteren Marlin, und das Gesamtgewicht seiner Fische brachte ihm Ernests Silberpokal ein, den er ihm am Abend im Hafen überreichte. Auf der Heimfahrt im Wagen sagte Ernest: «Er hat gesagt, er habe *Wem die Stunde schlägt* auf spanisch gelesen und die Ideen in der Sierra Maestra angewandt.»

Fidel hatte in seinen Marathon-Reden bei den vom Fernsehen übertragenen politischen Versammlungen wiederholt gesagt, daß die Bürger der Vereinigten Staaten, die das kubanische Volk nicht ausgebeutet hätten, keine Schwierigkeiten zu befürchten hätten. Trotzdem drangen Trupps seiner bärtigen Revolutionssoldaten ohne Ankündigung in die Häuser und Geschäfte von Nordamerikanern, reichen Spaniern und Kubanern ein und beschlagnahmten alles.

Die alten Schnorrer, die Ernest seit langem freigebig bedachte, winkten mir noch zu, wenn Juan mich in meinem gelben Kabriolett in Havanna zum Einkaufen fuhr, und in unserem Dorf riefen mir die Leute immer noch «Mismary» zu. Aber überall sah man an Häuserwänden die Parole: CUBA SÍ! YANCUI NO!

Bis Ende Mai hatte Ernests Manuskript etwa das Zwölffache des mit *Life* vereinbarten Umfangs erreicht, und er sah nun die Notwendigkeit, den Text drastisch zu kürzen, fühlte sich aber nicht in der Lage, es selbst zu tun. Außerdem hatte die Sache keinen rechten Schluß – und jetzt zeichnete sich die Möglichkeit ab, daß Luis Miguel und Antonio ihren *mano a mano*-Wettstreit wieder aufnahmen. Im Juni wurde es drückend heiß und schwül nach schweren Regenfällen, und die ganze Zeit beschäftigte uns die Frage, ob wir als Ausländer in Kuba bleiben konnten. Ernest wehrte sich gegen den Gedanken, die Finca und unsere Leute dort für immer zu verlassen und mit unserer leicht beweglichen Habe abzureisen. (Glücklicherweise war sein bestes Gemälde, Miros *Die Farm*, bereits fort. Nach monatelangem Briefwechsel hatte das Museum of Modern Art ihn überreden können, es für eine Sonderausstellung in New York zur Verfügung zu stellen.) Sieben Monate lang hatte ich überlegt, wie ich mich – so wenig verletzend für beide wie möglich – zurückziehen konnte aus dem, was ich für seinen neuen Lebensstil hielt. Aber ich gab den Gedanken auf. So viele schwierige Probleme schienen ihn zu bedrängen, daß ich sie nicht noch vermehren wollte. Er nannte mich wieder «mein liebes Kätzchen».

Ende Juni war er mit dem Kürzen des Manuskripts immer noch nicht recht vorangekommen und schließlich rief er Ed Hotchner zu Hilfe. Innerhalb weniger Tage hatten sie etwa ein Viertel des Zuviels am Text gestrichen, und Hotchner nahm das Manuskript, das nun den Titel *The Dangerous Summer* trug, mit nach New York. Mit Hilfe New Yorker Freunde von uns hatte Hotchner eine bescheidene, halb möblierte Wohnung in der East Sixty-second Street Nr. 1 gefunden und für uns gemietet.

Aber obwohl er das Manuskript nun weggegeben hatte, grübelte Ernest immer noch über die Stierkampfgeschichte nach und kam zu dem Schluß, er müsse in diesem Sommer wieder nach Spanien fahren, um die neueste Entwicklung zu erkunden. Da so viele unserer Freunde Kuba verließen, fand ich es zu traurig, allein dort zu bleiben, und entschied mich für New York.

Ernest wünschte in diesem Jahr keine Geburtstagsfeierlichkeiten. «Kann jetzt keinen Geburtstag brauchen», sagte er. «Und auch keine Party.»

Am 25. Juli gingen Ernest, Valerie und ich an Bord des Fährschiffs von Havanna nach Key West. Wir behielten das gesamte Personal der Finca, da wir im Herbst oder Winter zurückkehren wollten. Wir ließen alle unsere Silbersachen, venezianischen Glasarbeiten, achttausend Bücher, darunter eine Anzahl signierter Erstausgaben, und Ernests kleine Gemäldesammlung auf der Finca zurück – einen Paul Klee, zwei Juan Gris, fünf Arbeiten von André Masson, einen Braque und mehrere gute, sehr lebendige Stierbilder von Roberto Domingo. In meiner Bank in Havanna hatten wir unveröffentlichte Manuskripte hinterlegt.

In Key West wurde Valerie bei der Paßkontrolle darauf aufmerksam gemacht, daß ihr Besuchsvisum für die Vereinigten Staaten abgelaufen und nicht erneuert worden sei, was Ernest in übermäßige Aufregung versetzte. Er sprach von den schrecklichen Folgen einer Gesetzesübertretung – unsere Freunde auf Key West, die Bruces und die Thompsons, beachteten es nicht weiter. Toby half uns, Kartons mit Papieren und Hunderten von Stierkampffotos nach Ketchum zu schicken. Ernest flog nach New York, und ich bestellte drei Schlafwagenabteile im Zug von Miami nach Norden, eines für Valerie, eines für mich und eines für unser Gepäck.

27
Wiederauflebende Hoffnung

Die Wohnung in der 62. Straße überstieg meine Erwartungen. Sie lag in einem hübschen, einst eleganten Stadthaus mit einer Marmorhalle und einer grandiosen, in schönem Schwung nach oben führenden Marmortreppe. Wieder einmal erwachten meine Nestbauinstinkte. Mit einem Minimum an Aufwand könne ich diese Wohnung sehr behaglich einrichten, versicherte ich Ernest. Valerie zog ins Barbizon-Hotel für Frauen – nicht gerade ihr Ideal einer glanzvollen Unterkunft, aber sie ertrug es.

Am 4. August flog Ernest per Jet nach Lissabon und Madrid, und am nächsten Tag erhielt ich ein Telegramm mit den Worten: GUT GEREIST. SCHREIBE SUECIA. ALLES LIEBE. Nach der heftigen, erschöpfenden Hitze und Feuchtigkeit auf Kuba fand ich die New Yorker Temperaturen geradezu erfrischend. Alte Freunde luden mich ein oder kamen auf einen Abendimbiß zu mir. Das Zwischenspiel meines Alleinlebens ließ sich vielversprechend an.

Bis zum Montag, dem 8. August. Eine auf Long Island lebende Freundin von Valerie hatte uns beide zu einem Mittagessen unter Frauen eingeladen, mit dem eine Wohltätigkeitskampagne begonnen werden sollte, und ich hatte ahnungslos zugesagt. Wir saßen bei Tisch, zwischen all den reizenden, reichen, harmlosen Damen, als Greta anrief, das Mädchen in meiner Wohnung, und berichtete, Hotchner habe aus Maine, wo er Ferien machte, angerufen, um mitzuteilen, daß Ernest in der Stierkampfarena von Málaga zusammengebrochen und schwer krank sei. Er hatte es im Radio gehört und hatte Greta angewiesen, telegrafisch aus Málaga Einzelheiten zu erbitten. Sie hatte das Telegramm schon abgeschickt. Ich sagte ihr, ich würde so schnell wie möglich nach New York zurückkommen, beschloß aber, den bei Tisch sitzenden Damen, die ich alle nicht kannte und unter denen auch die Reporterin einer Zeitung von Long Island war, die für die Kampagne Publicity machen sollte, nichts zu sagen. Ich erwähnte nur, ich müsse gegen halb fünf in New York zurück sein, da ich ein Telefongespräch aus Spanien erwarte. «Es ist gar kein Problem», sagte ich. «Ich nehme dann ein Taxi.»

«Nein, nein. Wir fahren Sie in die Stadt. Der Cadillac hat eine Klimaanlage.»

«Ich möchte Ihnen keine Ungelegenheiten machen. Und Sie nicht zur Eile drängen.»

«Oh, es hat keine Eile. Wir haben noch viel Zeit.»

Ich beherrschte meine Unruhe. Ich wollte das Flugzeug, das um sieben Uhr abends nach Madrid ging, nehmen. Das Essen zog sich endlos hin. Der Fotograf erschien, die Damen tranken ihren Kaffe und er diskret ein Gläschen Ginger Ale, und dann begannen die Aufnahmen, bei denen alle wie Schulmädchen kicherten. Ich zog Valerie beiseite und erzählte ihr von Hotchners Anruf. Sie half mir loszukommen, und eine endlose Weile später stiegen wir in den klimatisierten Cadillac ein, der dann gemächlich zur 62. Straße rollte.

Ich rief bei Associated Press an. Ja, sie hätten die Meldung gehört. Aber ihre beiden Leute in Málaga hätten die Nachricht noch nicht bestätigen können. Es sei jetzt dort spät abends. Ich erinnerte mich, daß Ernest sich vor seiner Abreise aus New York schlecht, ja elend gefühlt hatte.

Ich rief Alfred Rice, Ernests Rechtsanwalt und unser beider Freund an. Ja, er habe die Meldung gehört. Er gab mir die Telefonnummer eines Reisebüros, das auch nachts geöffnet war. Und erbot sich, mir das Reisegeld zu beschaffen.

Die Davis hatten kein Telefon, und auch Gerald Brenan nicht, ihr einziger mir bekannter Nachbar im nahen Churriana.

Ich rief bei United Press International an. Ja, sie hätten gehört. Die Meldung sei zuerst aus Stockholm gekommen. Bis 22 Uhr 23 spanischer Zeit habe man noch keine Bestätigung erhalten können. Es sei nicht gelungen, Ernest ausfindig zu machen. Sie hätten aber gehört, daß er den Stierkampf an diesem Tage nicht besucht habe.

Ich rief im Reisebüro an. Man werde mir einen Platz auf der Maschine um 8 Uhr abends nach Paris und einen auf der Maschine um 22 Uhr nach Lissabon und Barcelona reservieren.

Toby Bruce rief an. Er hatte die Rundfunknachrichten gehört. Ob er helfen könne.

Greta hatte in der Wohnung die Nachricht hinterlassen, daß Hotchner wieder anrufen werde. Und ihre Telefonnummer. Ich rief Greta an. Ob Hotchner es nur im Radio gehört oder ob er auch eine Nachricht aus Spanien erhalten habe? Greta wußte es nicht.

Ich rief in Hotchners Haus in Connecticut an. Seine Mutter meldete sich. Er habe keine Nachsendeadresse und keine Telefonnummer hinterlassen. «Er ist irgendwo weit weg.»

Greta rief an, um zu fragen, ob schon eine Antwort auf ihr Telegramm eingetroffen sei. Nein, sie habe es nicht als dringendes Telegramm gesandt, sondern normal.

Der Mann vom Reisebüro rief an, ob ich die 20-Uhr-Maschine nehmen wolle? Ich bestellte ab, ließ aber die Reservierung für die Maschine um 22 Uhr aufrechterhalten.

Während ich auf Hotchners Anruf wartete, packte ich meinen Flaschenkoffer. Ich zitterte und rauchte. Valerie ging im Zimmer auf und ab.

Ich rief die CBS-Nachrichtenabteilung an. Alle Leitungen waren besetzt.

Ich setzte drei Telegramme auf und telefonierte sie durch, eines an Apartado 67, Málaga, das Postfach der Davis, eines an das Hotel Félipe II in Escorial und eines an das Hotel Suecia in Madrid.

Ich rief wieder bei CBS an. Dort war eine Kurznachricht von Cifra, der spanischen Nachrichtenagentur, eingegangen. Wortlaut: «Hemingway

Schlaganfall.» Bisher kein Dementi. Man werde noch einmal prüfen. Ich riefe wieder an, sagte ich. Inzwischen war es 20 Uhr 45. Ich wollte gerade den Hörer auflegen, als Ned Calmer an den Apparat kam. «Ich werde alles nur Mögliche nachprüfen, Mary. Ich rufe dich dann gleich an.»

Valerie und ich fragten uns, ob Ernest wohl Bill Davis unsere New Yorker Telefonnummer gegeben hatte. Bill hatte bisher nicht angerufen. Vielleicht ein gutes Zeichen. Vielleicht aber auch nicht.

Der Mann vom Reisebüro rief an. Ja, bitte die Reservierung aufrechterhalten.

Ich rief wieder bei U.P.I. an. Dort lag eine Meldung vor, nach der Ernest von Málaga nach Madrid abgereist war. Ja, sie hielten die Quelle für zuverlässig. Ich machte mir einen Drink. Vor dem Mittagessen hatte man uns Sherry, Marke La Ina, serviert.

Hotchner rief aus Maine an. Nein, er habe keine besondere Nachricht erhalten, er habe es nur im Radio gehört.

Das Büro der Western Union rief an. «Ihr Telegramm an Ernest Hemingway wurde nach Málaga übermittelt.»

Ned Calmer rief an. Ein neuer A.P.-Bericht aus Churriana sei eingetroffen. «Ernest Hemingway hat dementiert», etc. Ich weinte, Val tanzte im Zimmer herum. Ich rief den Mann vom Reisebüro an, ließ die Reservierung annullieren. Goß mir noch etwas ein, machte einen Drink für Valerie. Rief Alfred an. Ich brauchte das Geld nicht. Rief Toby Bruce an. Rief Greta an. Rief Hotchner in Maine an. Dann kam ein RCA-Telegramm aus Granada: BERICHTE FALSCH. UNTERWEGS NACH MADRID. ALLES LIEBE, PAPA.

Valerie und ich fanden, daß wir etwas unternehmen müßten. Sie hatte Lust, in den Stork Club zu gehen und dort zu feiern, aber wir hatten keine Begleiter. Statt dessen riefen Charlie Sweeny und Dorothy Allen in Salt Lake an. Sie hatten die Nachricht gehört und hatten Verständnis für unsere verrückte Ausgelassenheit.

Ich hatte vorgehabt, kurz nach Kuba zu reisen und auf der Finca nach dem Rechten zu sehen, sobald ich das Nest in der 62. Straße eingerichtet hatte. Aber die New Yorker Zeitungen vom Samstag, dem 13. August, berichteten, daß die kubanische Regierung neue Reisebeschränkungen eingeführt hätte, nach denen alle Kubaner und alle in Kuba ansässigen «Ausländer jeglicher Nationalität» sich für jede Ausreise eine Genehmigung beschaffen mußten. Die Korrespondenten berichteten, vor der zentralen Polizeistation in Havanna stünden lange Schlangen. Die Russen richteten eine Botschaft in Havanna ein, ein erster Trupp von zweiundzwanzig Mitarbeitern sei eingetroffen. Ich schrieb an Ernest, ich wolle mir die Sache mit der Reise noch einmal überlegen.

Ohne eine richtige Aufgabe fühlte sich Valerie in New York etwas verloren, und Ende August reiste sie nach Paris ab. Sie versprach, Ernest ihre Pariser Adresse nach Spanien mitzuteilen. Wenige Tage nach ihrer Ankunft in Paris bat er sie, nach Südspanien zu kommen und ihm bei der Lösung anscheinend komplizierter Probleme bei der Auswahl der Fotos für seinen *Life*-Artikel zu helfen.

Vor der Abreise aus Kuba hatte ich mit René vereinbart, daß ich ihn einmal in der Woche anrufen würde, um mich nach Neuigkeiten auf der Finca zu erkundigen. Was ich erfuhr, berichtete ich Ernest. Ende August waren Diebe in den Geräteschuppen des Gärtners eingebrochen und hatten Macheten, Gartenschläuche, Harken und anderes Werkzeug gestohlen. Das Schwimmbecken mußte instand gesetzt werden, und Cecilio, der Zimmermann, hatte die Reparaturarbeiten im Hause eingestellt, da er kein Geld hatte, um das benötigte Material zu kaufen. Alle Briefe, die für uns eintrafen, wurden geöffnet und wieder zugeklebt. Als ich René nach seiner Meinung über meinen Plan, für ein, zwei Wochen nach Kuba zu fliegen, fragte, sagte er: «Nein, nein, Miss Mary. Viel besser, Sie bleiben da. Viel besser.»

Vom Tag seiner Ankunft in Spanien an sandte Ernest mir einmal in der Woche oder öfter lange, handschriftliche Briefe. Am 15. August schrieb er: «Du hattest furchtbar guten Grund, Spanien im Staub zu hassen. Ich schrieb Dir, wie er in kompakten Wolken in Escorial blies – ruck-zuck rauf in Deine Stirnhöhlen, so daß Du Schlamm niest, und ich nieste unterwegs die ganze Strecke hinunter wie eine dieser Klick-Klick-Kameras. ... Ich konnte weder in dem wunderbaren Motel noch hier [in La Consula] schlafen, hatte Krämpfe und Alpträume, aber hatte letzte Nacht den ersten guten Schlaf seit langer Zeit, schwamm eine Menge, um mich müde zu machen, nicht nur den Kopf. ... Kätzchen, ich weiß nicht, wie ich diesen Sommer durchstehen kann. Bin so verdammt einsam, und das ganze Stierkampfgeschäft ist jetzt so korrupt und scheint so unwichtig, und ich hab so viel zu tun, so viel gute Arbeit. ... Gäbe es irgendeine Möglichkeit, würde ich das nächste Flugzeug nehmen. Aber jedesmal, wenn mir so elend zumute war, habe ich mich da rausgezogen in eine *belle epoque*, und ich will das wieder versuchen. ... Hier bin ich endlos jeden Tag mit dem Durchgehen der Bilder beschäftigt (immer fehlt das gesuchte). Wir kamen vorgestern abend an, aber der gestrige Tag schien 72 Stunden lang – Deine 2 Briefe kamen – der eine über die Geisterkrankheit und die Todesmeldung (gefälscht, um eine Geschichte zu verkaufen, von einem Schweden in Torremolinos). Wenn ich mich hinlege und versuche auszuruhen, sagt mich jemand tot, und der Tag hatte nicht genug Stunden, um die Sachen zu bewältigen, die *Life* von mir verlangt. Du hast einen so lieben und süßen Brief geschrieben. . . . Das einzige, was ich befürchte, nein, nicht das einzige, ist ein vollständiger physischer und nervlicher Zusammenbruch durch tödliche Überarbeitung. . . . Der heutige Tag ist wieder . . . bitte entschuldige diese Art von Brief. Aber ich bin nicht in guter Form, mein Liebes. Fühle mich viel schlimmer als in N. Y., obwohl ich versucht habe, bei jeder Gelegenheit auszuruhen. Habe keine scharfen Sachen getrunken. Selbst guter Wein scheint mir nicht zu bekommen, obwohl er mich fröhlicher macht und ich ohne ihn furchtbar nervös werde. . . . Hätte alles darum gegeben, hier rauszukommen, sobald ich sah, wie die Dinge standen. Schatz, ich vermisse Dich so und unser altes herrliches Leben. Du hast mir Heimweh nach Afrika gemacht. Ich verabscheue dieses ganze verdammte Stiergeschäft, und ich will nur schnell klarkommen mit meiner Arbeit und dann weg von hier. Würde aber *nicht* nach Kuba wollen im Sept. . . .»

Ich las den siebenseitigen Brief mehrere Male, schloß nur daraus, daß mein Mann übermüdet war, nahm an, daß er sich schnell erholen würde, wenn die Sache für *Life* beendet war, und schrieb ihm, drängte ihn, sich auszuruhen, zu entspannen. Am 24. August prallte ein Stier Antonio auf den Kopf, was offenbar eine Gehirnerschütterung verursachte, und Ernest schrieb, er sei die ganze Nacht hindurch aufgewesen, im Krankenhaus, um sich um seinen jungen Helden zu kümmern und das Resultat der Röntgenaufnahmen am nächsten Morgen abzuwarten. «War nicht der Blinde, der den Blinden führt», schrieb Ernest am 3. September, «aber das verwirrte Gehirn, das über das erschütterte wacht.»

Am Freitag, dem 2. September, telegrafierte ich Ernest, daß alle in New York begeistert und entzückt seien über die erste Folge seines *Life*-Berichts *The Dangerous Summer*. Ich war an diesem Tag zufällig in Scribner's Bookstore gewesen, um einen Atlas zu kaufen, und in dem Buchladen war man voller Zustimmung. Man hatte eines der Schaufenster mit der *Life*-Ausgabe dekoriert und um einige Vergrößerungen von Bildern aus *Life* die verschiedenen Ausgaben von Ernests Werken gestellt. Miss Grace Johnson, seit langem Verkäuferin in der Buchhandlung, sagte: «Oh, sagen Sie ihm bitte, daß wir das Buch so gern fürs Weihnachtsgeschäft hätten. Ob er es nicht rechtzeitig fertig haben könnte? Hunderte von Leuten fragen schon, wann sie das Buch kaufen können.»

«Hunderte?» fragte ich. «In so kurzer Zeit?»

«Oh, ja, Hunderte», sagte sie. «Jedenfalls sehr viele. Und es ist ein Jammer, ihnen sagen zu müssen, daß sie noch so lange warten müssen – 1961. Liegt ihm denn gar nicht am Geld?»

«Tut mir leid. Ich werde es ihm sagen. Er hat nichts gegen Geld, denke ich. Aber er liebt es nicht.»

Am 7. September schrieb Ernest aus Málaga, mein Brief über die erste Folge in *Life* mache ihn froh, aber das Heft «hat mich angeekelt ... das grauenhafte Gesicht auf dem Umschlag ... das Vergleichen von Journalisten mit *Der alte Mann*. ... Ich schäme mich, und es ist mir gräßlich, so eine Sache gemacht zu haben. ... Fühle mich sehr viel besser als bei meiner Ankunft hier. Habe geschlafen und bin bis zu dreißig Runden geschwommen – immer noch nicht gut im Kopf, aber ich bemühe mich, das wegzubekommen.»

Am 8. September schrieb ich an Ernest: «Ich wünschte, ich könnte Dir etwas Wunderbares und Erfrischendes und Belebendes schenken – 3 Wochen unserer Ferien im alten Stil auf Paraíso in einer per Luftpost geschickten Kapsel –, sie müßte aber alles enthalten – die wechselnden Winde, den weiten Blick über das lila-seidige Wasser bei Sonnenuntergang, das fröhliche, lustige Fischen am Morgen und dann den willkommenen Schatten der *Pilar* um die Mittagszeit und die langen, sternklaren Nächte, wir Kätzchen sanft schlafend wie Cristóbal.»

Am 23. September schrieb Ernest aus Madrid lang und breit über Antonios Arm, der nach einem Zusammenprall mit einem Stier geschwollen war. Und: «Ich wollte, Du wärst hier und könntest nach mir sehen und mir raushelfen und mich davor bewahren, durchzudrehen. Fühle mich schrecklich und werde mich jetzt gleich hinlegen und versuchen, mich auszuruhen. ...»

Ich habe die Bedeutung dieser aufeinanderfolgenden Warnsignale nicht richtig erkannt. Ernest hatte sich bisher von körperlichen Verletzungen und geistiger Erschöpfung immer wieder erholt. Und wenn sein kränkendes Verhalten im letzten Sommer unnormal gewesen war, so hatte sich das doch im Laufe des Winters wieder gegeben. Seine Briefe klangen vernünftig. Seine Ängste und Alpträume und die Übermüdung würden nach Abschluß der Arbeit für *Life* wieder verschwinden. So glaubte ich wenigstens.

«Ich muß hier raus und zu Dir und dem gesunden Leben in Ketchum zurückkehren, meinen Kopf wieder in Ordnung bringen, so daß ich gut schreiben kann», schrieb Ernest am 25. September. Er war ins Prado-Museum gegangen (das war ermutigend) und hatte viele Bilder nicht an ihren gewohnten Plätzen gefunden. «Aber sie sind so herrlich wie je. Die Beleuchtung ist vollkommen. ... Sobald ich weiß, wann ich im Oktober (früh) hier fort kann, werde ich telegrafieren. Eine Menge Probleme, aber wir werden sie alle lösen.»

George Brown fuhr mit mir nach Idlewild, ihn abzuholen, und Ernest winkte fröhlich, als wir ihm von der Terrasse des Ankunftsgebäudes aus zuriefen. Nach den Begrüßungsumarmungen hielt er inne, zog seine silberne Taschenflasche aus der Jacke und trank mit lässiger Gebärde einen Schluck. Meine Hoffnung sank. Die Geste war ein Anachronismus – eine Rückkehr in seine frühen Pariser Tage, als die Reise mit einem einmotorigen Flugzeug noch ein ruhmreiches Abenteuer gewesen war. Ich fragte mich besorgt, wie er auf alles andere reagieren würde. In den folgenden Wochen sollte ich es erfahren.

28
Schwindende Hoffnung

In der kleinen Wohnung in der 62. Straße benahm sich Ernest, als sei er ein Fremder. Er war freundlich, doch die Räume waren ihm ungewohnt, er war still, interessierte sich nicht für die Nachrichtensendungen im Rundfunk und beschäftigte sich mit Problemen, über die er anscheinend nicht sprechen wollte. Er stand an der Tür der kleinen Küche, sah mir zu, wie ich das Essen zubereitete, und murmelte: «Wie geschickt du mit diesen Dingen umgehst» – so als hätte er mich vorher noch nie beim Kochen gesehen. Ich versuchte, ihn aus dem Haus zu locken – vielleicht könnten ihn die Tiere im Zoo des Central Park aufheitern, sagte ich. Aber er zögerte, die Wohnung zu verlassen. «Da draußen wartet jemand», sagte er dann, und wenn ich die Geduld verlor und ihn bat, er solle doch endlich aufhören, sich wie ein Verbrecher auf der Flucht zu benehmen, zog er sich in sein Schweigen zurück.

George Brown brachte uns zum Nachmittagszug nach Chicago, und am nächsten Tag holte uns Bea Guck am Bahnhof ab, um Ernest zum Mittagessen mit in ihre Wohnung zu nehmen, während ich unser Gepäck für die Reise in den Westen zur Union Station brachte. Eineinhalb Tage später half uns George Saviers, das Gepäck vom Bahnhof von Shoshone zu seinem Wagen zu tragen, den er auf der gegenüberliegenden Seite geparkt hatte. Wir stiegen gerade in das Auto ein, als ein paar Männer in Sommermänteln – nicht im üblichen Westerndress mit Parkas oder Ranchermänteln – aus einem nahegelegenen Restaurant kamen und in ein Auto stiegen. «Sie sind mir schon bis hierher gefolgt», sagte Ernest.

«Sei nicht albern, Papa», sagte George. «Das sind Handelsreisende.» Unterwegs berichtete Ernest unserem Arzt von seiner Nierenentzündung und außerdem von seinem Eindruck, daß sein Blutdruck gefährlich angestiegen sei. George versprach, im Krankenhaus von Sun Valley die notwendigen Untersuchungen vorzunehmen.

Als Ernest wieder am Stehpult stand, am großen Feuer, von wo aus man auf das Big Wood River-Tal blickte, schienen seine Lebensgeister wieder zu erwachen. Er dachte immer häufiger an die Tage in Paris zurück, als er ein stürmischer junger Mann gewesen war, und brachte fließend die Wörter aufs Papier. Unsere Freundin und tüchtige Sekretärin kam regelmäßig, um die Manuskriptseiten zum Abschreiben abzuholen und Briefe zu schreiben, die er ihr gelegentlich diktierte. Aber Zweifel, Argwohn und unbegründete Ängste quälten ihn weiter. Ein heftiger Sturm hatte eine große Balsampappel entwurzelt, die nun quer über dem Big Wood River unterhalb des Hauses lag, und bei Ernest ganz unbegründete Ängste hervorrief. Er sagte: «Jeder kann jetzt von dort hier herüberkommen.»

«Das braucht niemand zu tun», sagte ich. «Man kann ja einfach von der Straße her zu uns kommen. Aber Schatz, wir sind doch nur von Freunden umgeben.» Er hörte nicht zu.

Ihn quälten Schuldgefühle, weil er sich nicht darum gekümmert hatte, daß Valerie sich nicht ihr Besuchsvisum für die Vereinigten Staaten hatte erneuern lassen. Mehr noch aber quälte ihn der Gedanke an seine finanzielle Lage, die seiner Überzeugung nach verzweifelt war. Ich versuchte, ihn von diesen Ängsten zu befreien, und rief eines Tages Joseph Lord, einen Vizepräsidenten der Morgan Guaranty Trust Company in New York, an, den Ernest kannte, und bat ihn, uns zurückzurufen und uns den Stand von Ernests Konten – eines für Steuern, ein Sparkonto und ein Scheckkonto – mitzuteilen. Wir hatten ein Telefon in der Küche und ein anderes nicht weit entfernt davon im Wohnzimmer, und ich schlug vor, daß Ernest mit Papier und Bleistift im Wohnzimmer zuhörte, während ich genau das gleiche in der Küche tat. Als Mr. Lord nach einer halben Stunde wieder anrief, notierte ich mir den Stand unserer verschiedenen Konten. Insgesamt war mehr Geld vorhanden, als wir nächstes und übernächstes Jahr brauchen würden. Ich dankte Mr. Lord. Ernest hatte sich mit keiner Silbe dazu geäußert.

«Nun, Lamm, siehst du», sagte ich erleichtert, «du bist gar nicht so schlecht dran.» Ich hatte nie über seine finanziellen Angelegenheiten Bescheid gewußt oder mich dafür interessiert, sondern mich immer nur mit den bescheidenen Beträgen befaßt, die er mir für den Haushalt anvertraute.

In Ernests Gesicht spiegelte sich keine Erleichterung. «Er versucht uns zu verwirren», sagte er. «Irgend etwas versucht er uns zu verheimlichen ...»

«Warum sollte er? Du bist ein angesehener Kunde seiner Bank. Er hat keinen Grund, dich zu hintergehen.»
«Doch. Das hat er. Das hat er.»
«Und welchen Grund soll er haben?»
«Was weiß ich», sagte Ernest. «Aber ich weiß es.»

Ernests Sorgen über seine Armut, seine Gesundheit – sein Blutdruck schwankte ohne jeden ersichtlichen Grund – und seine Schuldgefühle wegen Valeries Besuchsvisum – besonders seit sie nach New York zurückgekehrt war und sich überlegte, ob sie nicht Kurse an einer Schauspielschule nehmen sollte – schienen ihn zu quälen. Ed Hotchner besuchte uns ein paar Tage und schlug vor, ob er nicht in New York einen Psychiater aufsuchen solle, um mit ihm über Ernests Probleme zu sprechen. Ich war mit allem einverstanden, was seine Ängste und Verzweiflungen lindern konnte. Langsam und sehr behutsam überredete George Ernest, seinen Patienten, daß ein Arzt, der sich auf die Behandlung von seelischen Problemen spezialisiert habe, ihn heilen könne. Aber Ernest konnte den Gedanken, in die Menninger-Klinik in Topeka zu gehen, nicht ertragen. «Die werden sagen, bei mir sei eine Schraube locker», sagte er. George rief in der Mayo-Klinik in Rochester, Minnesota, an und erreichte, daß Ernest dort aufgenommen wurde – offiziell zur Behandlung seines hohen Blutdrucks, inoffiziell zur Behandlung durch einen Psychiater. In Rochester wurde Ernest unter dem Namen «Mr. Saviers» in einem hellen Eckzimmer der internistischen Abteilung des St. Mary's Hospital untergebracht, und Dr. Hugh Butt, ein guter Arzt und guter Mensch, befaßte sich mit Ernests Blutdruck, während Dr. Howard Rome von der Mayo-Klinik die psychotherapeutische Behandlung übernahm.

Einige Tage später flog ich nach Minnesota, fuhr von dort mit dem Bus nach Rochester und nahm als Mrs. Saviers ein Zimmer im Kahler Hotel, wo fast nur Patienten der Mayo-Klinik und deren Angehörige wohnten. Ich besuchte Ernest zwei- bis dreimal am Tag. Und wenn es nicht zu kalt war, ging ich zu Fuß. Das Mittag- und Abendessen nahm ich allein ein, im Hotel.

Ernest war es gelungen, die Nonnen im St. Mary's zu bezaubern und ebenso die Krankenschwestern – alle wetteiferten nun darum, ihm einen besonderen Gefallen zu tun, ihm zum Beispiel Naschereien aus der Küche zu bringen oder etwas Amüsantes vorzulesen. Dr. Butt vom Laboratorium der Mayo-Klinik wußte bereits alles, soweit es meßbar war, über den Zustand der inneren Organe seines Patienten. Man hatte lediglich eine leichte Form Diabetes diagnostiziert. Unerklärlicherweise stieg der Blutdruck an manchen Tagen noch bis auf 220/150, und Dr. Rome konnte während seiner Sitzungen mit Ernest keine Minderung seiner Schuldgefühle, seines Verfolgungswahns und seiner Angst vor Armut feststellen. Da man vermutete, daß die Tabletten, die er gegen seinen zu hohen Blutdruck nahm, möglicherweise seine Depressionen auch noch verschlimmern könnten, wurden sie abgesetzt, und Dr. Rome verordnete Elektroschocks. Man hoffte durch diese Behandlung eine partielle Amnesie zu erzielen, die gleichzeitig Ernests Verfolgungswahn mildern sollte.

Dr. Rome hatte von dieser Schocktherapie sicherlich eine größere Wirkung erwartet, als sie dann eintrat. Am 4. Dezember 1960 schrieb Ernest auf ein Krankenhausformular zur Anforderung von Diätessen folgende Erklärung: «An alle, die es angehen mag: Meine Frau Mary hat zu keinem Zeitpunkt geglaubt oder vermutet, daß ich jemals in irgendeiner Weise gegen die Gesetze verstoßen habe. Sie hatte keinerlei schuldhafte Kenntnisse über meine finanzielle Lage oder über meine Beziehungen zu Außenstehenden, und Dr. George Saviers hat ihr versichert, daß ich an gefährlich hohem Blutdruck leide und daß man für sie nur deshalb unter seinem Namen ein Hotelzimmer reserviert habe, um zu verhindern, daß sie von der Presse belästigt wird. Sie wußte nichts von irgendwelchen Verbrechen oder illegalen Handlungen, war nur oberflächlich über meine Finanzen informiert und half mir nur beim Vorbereiten meiner Steuererklärung an Hand der Unterlagen, die ich ihr überließ. Die Gepäckstücke, die ich bei mir hatte, waren mit ihren Namensschildern versehen, aber sie glaubte immer, von der Zeit an, als ich sie in New York traf, daß ich nur reise, um die Presse zu meiden, wie ich es jahrelang getan hatte.

Sie war niemals meine Komplizin oder in irgendeinem Sinne auf der Flucht, sie folgte dem Rat eines befreundeten Arztes, dem sie vertraute.» Er hatte dieses Papier mit seiner offiziellen Unterschrift Ernest M. Hemingway versehen. Ich fand das Schriftstück später.

Wir hatten sechs Wochen lang unerkannt unter dem Namen Saviers gelebt, aber die Reporter der Lokalpresse schnüffelten im Krankenhaus und im Hotel herum, und eines Tages, 1961, als ich in der Cafeteria des Hotels zu Mittag aß, sah ich ein bekanntes Gesicht. Es war Dorothy Kjerner, eine alte Schulkameradin aus Bemidji, die jetzt mit einem Mann, der in der Verwaltung der Mayo-Klinik arbeitete, verheiratet war. Wir erinnerten uns gemeinsamer Klassenkameradinnen und an die lang zurückliegenden Abenteuer, die wir gemeinsam erlebt hatten. Kurze Zeit darauf verbreitete die Presse die Nachricht, daß Ernest als Patient in der Mayo-Klinik liege, im ganzen Land. Dutzende von Briefen mit Genesungswünschen kamen täglich im Krankenhaus an, und von seinem Bett aus diktierte Ernest einer Sekretärin, die ihm seine so anhänglichen Krankenschwestern besorgt hatten, muntere Antwortschreiben. Dr. Rome hielt das für eine gute Therapie.

Einen großen Aufschwung erhielt Ernests Selbstvertrauen, als eine Einladung zu den Amtsantrittsfeierlichkeiten des neugewählten Präsidenten John F. Kennedy kam. Ich vermutete, daß Willie Walton dahintersteckte, der für Kennedy als Wahlhelfer in Wisconsin und New York gearbeitet hatte. Ernest schickte eine Entschuldigung, die nach meinem Geschmack ein bißchen zu übertrieben war, und die Übertragung der Feierlichkeiten im Fernsehen bewogen ihn, einen weiteren Brief zu schreiben: «Als ich die Inauguration im Fernsehen sah, empfand ich Glück, Hoffnung und Stolz ... es ist gut, in Zeiten wie diesen einen mutigen Mann als Präsidenten zu haben ...» Ernest zeigte sich auch Dr. Rome gegenüber so guter Stimmung und so hoffnungsvoll, daß der Psychiater die Behandlung für abgeschlossen betrachtete. Ich ließ Larry Johnson kommen, und am 22. Januar, an einem hellen, sonnigen Tag, flogen wir ab, machten eine Zwischenlandung zum Auftanken in Rapid City und stiegen dann auf über den leuchtenden Gipfeln der Tetons, wo wir eine Herde Rehe im Schnee unter uns entdeckten.

Endlich wieder zu Hause, half mir Kate Brown im Haushalt und fuhr mich in ihrem uralten, klapprigen Auto zum Einkaufen oder zur Erledigung anderer Dinge. Ernest war so gelöst, daß er wieder an sein Parisbuch gehen konnte. Ich selbst saß auch, allerdings nur unregelmäßig, an meiner Schreibmaschine und arbeitete an einer etwas ungewöhnlichen Erzählung.

Ernest wollte den Frieden und die Ruhe, die seiner Arbeit gut bekamen, nicht gefährden, und so schlugen wir alle Einladungen aus und luden selbst nur ein paar Freunde dann und wann zum Dinner ein. Weil Ernest fand, daß er ein wenig Bewegung im Freien brauchte, kaufte ich Schneeschuhe, und eine Zeitlang stapften wir nach dem Mittagessen über die nördlich von unserem Haus liegenden Hügel, fanden unterwegs Hamsterlöcher oder Fuchsfährten und freuten uns darüber. Aber die kahlen weißen Hügel waren ihm bald zu einsam und abgelegen. Er wollte irgendwelche Anzeichen menschlichen Lebens um sich sehen. Die Dorfstraßen, die meistens keinen Fußweg hatten, waren wegen des starken Autoverkehrs nicht zum Spazierengehen geeignet, und so schlug ich vor, die wenig befahrene Route 93 zu benutzen, die irgendwo in Alaska endete. So fuhr Ernest Tag für Tag bis zu einem bestimmten Meilenstein, wo wir gut verpackt in Parkas und wollene Pullover ausstiegen. Dann liefen wir im Armeetempo von vier Meilen in der Stunde zwei Meilen die Straße rauf und wieder zurück. Jeden Tag fuhren wir zwei

Meilen weiter nach Norden, bevor wir den Wagen parkten, und nach ein paar Wochen hatten wir fast den Fuß des etwa 25 Meilen entfernt liegenden Galena-Summit erreicht.

Eine Frau in Washington hatte damit begonnen, ein Buch mit handgeschriebenen persönlichen Widmungen für die Kennedys zusammenzustellen, und bat auch Ernest um einen Beitrag. Gleichzeitig sandte sie ihm eine Probe des gewünschten Papiers und die Angabe der Maße. Ich fand das Papier im Dorf und ließ mir einige Bögen nach den gegebenen Maßen zurechtschneiden. Nach dem Mittagessen setzte sich Ernest an den Tisch in der Ecke des Wohnzimmers, um die Widmung zu schreiben. Ich war in der Küche nebenan, wusch das Geschirr vom Mittagessen und machte ein paar kleine Vorbereitungen für das Abendessen, immer im Glauben, daß Ernest jeden Augenblick mit seiner Widmung fertig sein werde. Aber Ernest saß nach wie vor am Tisch, angespannt über seinen Bogen Papier gebeugt. Ich machte es mir auf dem Sofa bequem, um zu lesen. Ungefähr eine Stunde später fragte ich: «Kann ich dir irgendwie helfen, Lamm?»

«Nein, nein. Ich muß das selber schaffen.»

«Es brauchen aber doch nur ein paar Sätze zu sein, das weißt du doch.»

«Ich weiß. Ich weiß.» Etwas Beklemmendes ging von ihm aus, das Gefühl der Vergeblichkeit, Verzweiflung, und das ganze Zimmer war davon erfüllt. Schließlich ertrug ich die sich ausbreitende Spannung nicht mehr, entschuldigte mich und verließ das Haus, um einen langen Spaziergang zu machen.

Als ich dann später zurückkam, saß Ernest immer noch im Wohnzimmer über den Tisch gebeugt. Erst eine Woche später hatte er die drei oder vier einfachen Sätze seiner Widmung geschrieben.

Im Lauf des März wurde er immer stiller und stiller, und sein Blick spiegelte immer mehr seine Geistesabwesenheit. Seine Sorge galt jetzt der Frage, ob wir durch einen längeren Aufenthalt in Idaho dort auch steuerpflichtig würden. Nach einer spät am Abend geführten nutzlosen Diskussion über seinen Blutdruck und etwaige andere Krankheiten fand ich am Sonntagmorgen, als ich aufstand um neun Uhr und in die Küche hinunterkam, einen Zettel auf dem Tisch: «8 Uhr 45. Bin fortgegangen, um Milch und Fruchtsaft zu besorgen ... bemühte mich, Dich nicht zu stören ... aber der Tag ist verdorben.» Eines Abends gab es im Fernsehen eine bemerkenswert gute Aufführung von *Macbeth*. Während ich mir die Sendung anschaute, spürte ich Ernest hinter mir und merkte, wie seine Hände zuckten.

«Es ist schrecklich, schrecklich. Grausam», stammelte er.

«Es ist ein hervorragendes Stück.»

«Es ist schrecklich», sagte Ernest. «Es ist entsetzlich. Ich kann es nicht ertragen.»
Ich schaltete den Fernseher aus.

Der einzige Lichtblick in jenen Tagen war für Ernest jetzt der Besuch von George Saviers, der immer nach dem Mittagessen auf dem Weg zum Krankenhaus bei uns hereinschaute. Er saß mit Ernest auf dem Sofa im Wohnzimmer, maß seinen Blutdruck, war ihm Beichtvater und Tröster und erteilte seinem Patienten alle möglichen Ratschläge. Ernest wollte außer George keine Besucher mehr sehen. Er verbrachte seine Vormittage stumm vor sich hin brütend am Schreibpult und seine Nachmittage, indem er ziellos im Haus herumirrte oder sich in seinem Zimmer ausruhte, ohne jedoch zu lesen. Kate Brown versuchte in ihrer lustigen, gutherzigen Art, ihn mit Dorfklatsch und Witzen aufzumuntern, wenn sie morgens ankam und er beim Frühstück saß. Ich las ihm alle Artikel aus Zeitungen oder Zeitschriften vor, die ich amüsant fand. Aber unser Leben glich mehr einem Dahinvegetieren, und unsere Lebensgeister schienen immer mehr zu verkümmern.

Es gab nur einen Zeitpunkt am Tag, zu dem Ernest gesprächig wurde, und zwar wenn ich abends mein Licht ausgemacht hatte, um zu schlafen. Dann stand er an der offenen Tür meines Zimmers und machte mir lange Vorhaltungen. Ich würde nicht begreifen, wie gefährlich es sei, in Idaho zu leben, wo wir steuerpflichtig würden, wenn wir länger als hundert Tage blieben. Ich würde ihm nicht bei der Suche nach einem Zufluchtsort helfen, wo er vor der Steuerbehörde sicher sei. Ich gäbe zuviel Geld für Lebensmittel aus. Während seines ganzen Aufenthalts im St. Mary's Hospital hätte ich mich nicht um ihn gekümmert. Wieso könne ich an diesem Abend fernsehen, wo wir doch in so großer Gefahr seien? Ich würde unser Wohlergehen aufs Spiel setzen.

Ich machte nur geringe Anstrengungen, mich zu verteidigen, und morgens schien es dann oft so, als hätte Ernest seinen abendlichen Auftritt vergessen. Einmal nach einer solchen nächtlichen Tirade, schlief ich unruhig und erwachte plötzlich im Dunkeln. Von Angst erfüllt tastete ich mich in Ernests Zimmer – er schlief friedlich –, ging zur Treppe, verfehlte eine Stufe und fiel kopfüber hinunter. Ich schlug mir den Kopf an einer Stufe auf, und nachdem Ernest und ich vergeblich versucht hatten, das Blut zu stoppen, rief ich George Saviers an, der fast augenblicklich da war, mich ins Krankenhaus brachte, wo er die Wunde vernähte, und mich dann wieder nach Hause zurückfuhr. Ich hatte mir auch den rechten Fuß verstaucht und humpelte ein paar Wochen lang am Stock.

Zu unserer gemeinsamen Freude dachte Ernest an meinen Geburtstag und kaufte mir im Drugstore von Sun Valley ein paar Flaschen kostbares

Eau de Toilette – brachte es allerdings nicht über sich, ein Parfum mit dem Namen «My Sin» zu erstehen. Mit der Hilfe von Kate Brown verpackte er die Schachteln in hübsches Papier, schrieb dann, ohne ihre Hilfe, zärtliche Glückwünsche, die jedem der Pakete beigefügt waren.

Am Freitag, dem 21. April, humpelte ich die Treppe hinunter und sah Ernest – er stand in seinem karierten italienischen Bademantel im Flur vor dem Wohnzimmer und hielt eine seiner Schrotflinten in der Hand. Zwei Patronen standen aufrecht vor ihm auf dem Fensterbrett.

«Ich dachte gerade daran, daß wir vielleicht nach Mexiko fahren könnten», sagte ich sanft zu ihm. «Gregorio könnte sicher die *Pilar* dort hinbringen.» Ernest wandte sich um und sah mich an, aber ich drang nicht zu ihm durch. «Ich habe irgendwo gelesen, daß es an der Küste der Yucatán-Halbinsel herrliche Möglichkeiten zum Fischen gibt. Und wir haben auch überhaupt noch nicht richtig über Paris gesprochen. Wir könnten uns dort eine kleine Wohnung mieten. In Paris sind wir so schrecklich glücklich gewesen, Lamm.» Ernest verließ den Flur, um aus dem großen Südfenster zu schauen, von wo aus er die Straße, die vom Tor zum Haus führt, überblicken konnte. Um diese Zeit kam George Saviers immer vorbei. Doch George kam nicht. Immer noch mit seiner Schrotflinte in der Hand kam Ernest in den Flur zurück. Ich setzte mich auf das in der Nähe stehende kleine Sofa, dachte, daß es sinnlos sei, wenn ich versuchen würde, ihm das Gewehr wegzunehmen, dachte, daß er mich erschießen könnte, aus dieser kurzen Entfernung, und redete die ganze Zeit ruhig auf ihn ein. «Schatz, du würdest doch mir oder dir selbst nicht etwas Böses antun», und dann redete ich über Mut und seine Tapferkeit im Krieg und auf See und in Afrika, und erinnerte ihn daran, wie viele Menschen ihn liebten und seine Kraft, seine Weisheit und seinen Rat brauchten. Etwa fünfzig Minuten später als gewöhnlich stapfte George durch die Hintertür in die Küche, trat auf meine Handbewegung hin auf Ernest zu und sagte: «Moment, Papa, ich möchte mit dir reden.» Und rief dann Dr. John Moritz an, der nach kurzer Zeit bei uns eintraf. Gemeinsam überredeten sie Ernest, daß er Ruhe brauche, und nahmen ihn mit ins Krankenhaus. Dort gaben sie ihm Beruhigungsmittel, und er schlief fast den ganzen Nachmittag und die Nacht hindurch. Als ich ihn aber am folgenden Morgen besuchte, war er hellwach und wollte wieder nach Hause. Er sagte: «Ich habe einige Dinge zu Hause zu erledigen.» Ob ich sie nicht für ihn erledigen könne. «Nein.»

Jahre später, als ich alles einmal überdachte, fragte ich mich, ob wir nicht eher grausam statt hilfreich waren, als wir ihn von seinem Selbstmord abhielten.

In der jetzigen Situation hinderte nur das schlechte Wetter George daran, mit Ernest wieder nach Rochester zu fliegen. Einige Tage später, als Ernest unbedingt nach Hause wollte, um einige Sachen zu holen, verlangte George, daß unser Freund, der große, kräftige Don Anderson, und Joan Higgons, eine der Krankenschwestern, ihn im Wagen begleiteten. An der Hintertür war Ernest im Nu aus dem Wagen, rannte durch die Küche, wo Kate gerade arbeitete, und hatte eine Patrone in der Schrotflinte, bevor Don bei ihm war. Es gelang Don, das Gewehrschloß zu öffnen, und Joan entfernte die Patrone, bevor sie Ernest gemeinsam das Gewehr wegnahmen und ihn auf das kleine Sofa drängten. Ich war im oberen Stockwerk und hörte kaum etwas von dem fast lautlos geführten Kampf, und als ich herunterkam, wo alle drei nach Luft rangen, war schon alles vorbei. Wieder zurück im Krankenhaus schlossen sie seine Kleider ein. Am nächsten Tag, dem 25. April, klärte sich das Wetter auf, und George und Don flogen mit Ernest nach Rochester. Larry Johnson flog die Maschine. Ich schrieb Ernests Lieblingsschwester Ursula einen langen Bericht über die Ereignisse und sandte ihn ihr nach Honolulu. «Er ist unumstößlich davon überzeugt, daß er nicht gesund werden kann», schrieb ich an Ura. Jack und Patrick hatte ich die schlimmen Neuigkeiten bereits mitgeteilt. Im St. Mary's Hospital legte Dr. Rome Ernest in ein Zimmer in der geschlossenen Abteilung, deren Eingangstür doppelt verschlossen und ständig bewacht wurde. Die Türen der Krankenzimmer hatten kein Schloß, und die Fenster waren vergittert.

Sowohl durch Rundfunksendungen wie durch das Fernsehen hörten wir von der Invasion in der Schweinebucht, die von einer in den USA ausgerüsteten Truppe durchgeführt wurde. Wir waren über die Wahl des Landungsplatzes entsetzt. Viele unserer kubanischen Freunde hatten in dieser Gegend Enten geschossen und wären in der Lage gewesen, den Planern dieser Invasion zu sagen, daß die hinter dem Strand liegenden Sümpfe keinen Raum für das Manövrieren mit Fahrzeugen ließen. Aber unsere privaten Sorgen verdrängten das ferne Debakel aus unserem Blickfeld.

An dem Tag, als Ernest abflog, schrieb ich ihm, daß ich seine beiden Mitteilungen aus Hailey, eine an Mr. Lord von der Morgan Bank und eine an Charlie Scribner weitergeleitet hätte, und schickte ihm «Flüsse von Liebe von hier nach dort». Ernests Briefe waren voller Sorge über unsere Finanzen und seine Einsamkeit. Ich berichtete ihm vom täglichen Kleinkram. Ich hätte sein Manuskript in einem Schließfach der Bank in Hailey deponiert, Rocky Cooper habe angerufen, um für meinen Brief an Gary zu danken, der sehr leide – er hatte Krebs. Und: «Ich hoffe, Du bleibst dort, bis es absolut feststeht, daß Du gesund bist. Bitte, Lamm, überrede die Ärzte nicht, Dich nach Hause zu schicken, ehe sie wirklich überzeugt sind, daß Du gesund bist.» Aber genau das tat er fünf Wochen später.

Ende Mai flog ich nach Minneapolis, und im St. Mary's Hospital verschafften uns die Nonnen und Krankenschwestern großzügig die Möglichkeit, zu zweit außerhalb der geschlossenen Abteilung zu Abend zu essen. Während des Essens wurde Ernest unruhig und böse. «Du hast es da oben doch alles so eingefädelt, daß ich hier ins Gefängnis mußte... du denkst, ich bin fröhlich, solange du erreichen kannst, daß man mir hier Elektroschocks gibt.» Ich flog weiter nach New York. Aus Kuba hatte ich einen großen Koffer voller Quittungen mitgebracht, aus denen ich alle die heraussuchen wollte, die als Aufwendungen möglicherweise von der Steuer absetzbar waren, um Ernest die Vorbereitung seiner Einkommensteuererklärung zu erleichtern. Man hatte mir gesagt, daß für Ernest die Klärung seiner finanziellen Situation zugleich auch ein Beitrag zu seiner Genesung sei. Ich selbst glaubte allerdings nicht daran. Man hatte ihm seine finanzielle Lage kristallklar ein halbes dutzendmal erklärt, aber all die Erklärungen hatten seine Sorgen nicht vermindert.

Schon vor vielen Monaten hatte Ed Hotchner einen bekannten New Yorker Psychiater, Dr. James Cottell, aufgesucht und ihm von Ernests Problem berichtet. Der Psychiater hatte damals seine Kollegen an der Mayo-Klinik empfohlen, da Ernest sich weigerte, in das Menninger-Krankenhaus zu gehen. Jetzt hatte ich mich um ein Gespräch bemüht. Dr. Cottell konnte mir nur sehr allgemein gehaltene Ratschläge geben, aber er schlug vor, daß Ernest, das Einverständnis von Dr. Rome vorausgesetzt, in ein Sanatorium in der Nähe von Hartford, Connecticut, zur Erholung gehen solle, und riet mir, mich dort einmal umzusehen. Ich flog hin, wurde freundlich herumgeführt, sah Leute friedlich in einer Bibliothek lesen und andere im Freien Ball spielen und kam zu dem Schluß, daß es nur ein Problem gab: Ernest würde sich weigern. Es war ein psychiatrisches Rehabilitationszentrum, und er würde immer abstreiten, daß er so etwas brauchte.

In New York erreichte mich ein dringender Anruf von Dr. Rome. Ernest fühle sich so gut, daß seine sexuellen Bedürfnisse wieder aufzuleben begännen. Ein kleines intimes Intermezzo mit mir könnte ihm möglicherweise außerordentlich gut tun. Etwas aus der Fassung gebracht, flog ich nach Minneapolis und nahm wie gewöhnlich von dort den Autobus nach Rochester. Unser intimes Intermezzo sollte, wie ich zuerst annahm, in meinem Zimmer im Kahler Hotel, wo ich schon so gut wie dazugehörte, stattfinden. Nein, nein, sagte Dr. Rome. Es ginge nur in der geschlossenen Abteilung des Krankenhauses. Ich war niemals zuvor in einer solchen Abteilung gewesen und war traurig über die erbärmlich kleine Sammlung von privaten Dingen, die Ernest um sich hatte – einige Bücher, Zeitschriften und ein paar Briefe. Keine Schreibmaschine, kein Telefon, keine Bilder, keine Blumen.

Als wir, einander gegenseitig tröstend, liebevoll zusammen in seinem Einzelbett lagen – «wie in Afrika», sagte ich –, drängten andere Insassen durch die Tür ins Zimmer herein. Es waren hohläugige Männer, die nach irgend etwas Ausschau hielten, was wir ihnen nicht geben konnten. Es schien, als ob Ernest es als einen Teil seiner Gefangenschaft hinnahm, aber mich zermürbten diese Leute. Unser «intimes Intermezzo» war für keinen von uns wirklich zufriedenstellend, und ich war, wahrscheinlich aus Feigheit, erleichtert, als ich die geschlossene Abteilung wieder verlassen konnte. Ich wußte jetzt, es war nicht der richtige Ort für meinen Mann. Aber ich wußte keine Lösung für seine Probleme.

Einen oder zwei Abende später rief mich Dr. Rome im Hotel an. Ob ich am nächsten Morgen um halb neun zu ihm ins Büro kommen könne? Er hätte gute Nachrichten für mich.

Dr. Romes Büro im St. Mary's war ein kleines Rechteck mit nur einem Fenster. Ich kam pünktlich dort an, und war verblüfft, als ich Ernest dort sah – in einem Straßenanzug, und über das ganze Gesicht grinsend. «Ernest ist bereit, nach Hause zurückzukehren», sagte Dr. Rome. Ich wußte, daß Ernest nicht geheilt war. Er litt noch immer unter genau den gleichen Einbildungen und Ängsten, mit denen er die Klinik betreten hatte, und ich stellte voller Verzweiflung fest, daß Ernest Dr. Rome so lange bezaubert und hinters Licht geführt hatte, bis er ihm glaubte, er sei gesund. In Ernests Gegenwart konnte ich weder protestieren oder irgendwelche Einwendungen machen. Vielleicht gab es doch noch irgendeine Therapie, die meinem Mann helfen konnte. Aber hier war weder die Zeit noch der Ort, um so etwas zu besprechen.

Ich telefonierte vom Hotel aus mit unserem alten Freund George Brown in New York und fragte ihn, ob er nach Rochester fliegen und uns im Wagen nach Ketchum fahren könne. Er sagte zu. Ernest verbrachte noch ein oder zwei Nächte im Krankenhaus. Mit einem zweitürigen, gemieteten Buick-Coupé fuhren wir am frühen Morgen des 26. Juni vom St. Mary's Hospital ab und folgten der Route 63 in westlicher Richtung. Ich notierte mir alle Einzelheiten der Reise, die täglich zurückgelegten Meilen, die vorübergleitenden Landschaften und die Temperaturen. Auf den flachen Feldern im Südwesten Minnesotas stand das Getreide jetzt kniehoch. Ein Thermometer in Mitchell, Süd-Dakota, zeigte 33 Grad, als ich mit George das Mittagessen für den nächsten Tag einkaufte, aber unser Motel war klimatisiert, und wir schliefen gut. Es war ein angenehmer Tag, und wir waren alle in guter Stimmung.

Am Donnerstag, dem 29. Juni, erblickten wir eine Antilopenfamilie, einen großen und einen noch nicht ausgewachsenen Bock, und fünf Geißen, die am Canyon Ferry Reservoir ästen, und George, der Stadtmensch, fragte: «Wo können die Tiere sich unterstellen, wenn es regnet?» Wir bogen nach Süden ab auf unsere wohlbekannte, kurvenreiche Route 93 und hielten um 5 Uhr 45 nachmittags, spät für uns, beim Herndon New Courts in Salmon City, Idaho. Nach einem Picknick am Ufer des Salmon River am folgenden Nachmittag erreichten wir unser Haus in Ketchum. George hatte uns sicher und liebevoll von Rochester nach Ketchum gefahren. Die ganze Fahrt über hatte ich jeden Abend die Siebensachen meines Mannes ausgepackt und morgens wieder eingepackt, mich während der Reise nach vorn gelehnt, um ihm all die spanischen, französischen und italienischen Volkslieder, die wir so liebten und den amerikanischen Schlager *Love makes the world go round* ins Ohr zu singen. Jetzt packten wir gemächlich unsere Sachen aus, und ich bereitete rasch ein Abendessen aus Vorräten in der Tiefkühltruhe vor. Bevor ich Ketchum verließ, hatte ich alle Gewehre in den Abstellraum im Keller eingeschlossen und die Schlüssel zu den anderen auf den Fenstersims in der Küche gelegt. Ich hatte daran gedacht, die Schlüssel zu verstecken, fand dann aber, daß niemand das Recht hatte, einem Mann den Zugang zu versperren zu dem, was ihm gehörte, und ich nahm auch an, daß Ernest sich nicht an den Abstellraum erinnern würde.

Am Samstag, dem 1. Juli, schleppte Ernest unseren Freund George Brown zu einem Spaziergang in die Hügel nördlich unseres Hauses. Später fuhren sie dann zum Krankenhaus zu George Saviers. Don Anderson, den sie auch besuchen wollten, trafen sie nicht an. Chuck Atkinson kam auf einen Schwatz herüber, und wir saßen in der Abendsonne beisammen, und dann lud Ernest George Brown und mich zum Abendessen in das Christiania Restaurant gegenüber von Chucks Motel und dem Krämerladen ein.

Als wir uns an den kleinen Tisch, hinten in der Ecke, zwängten, bemerkte Ernest zwei Männer, die sich an einen kleinen Tisch, der weiter im Raum stand, setzten und fragte Suzie, unsere Kellnerin, in die Sinsky Duñabeitias früher einmal verliebt gewesen war, wer diese Männer seien.

«Ach, ich glaube, das sind zwei Vertreter aus Twin Falls», sagte Suzie. Die Stadt war randvoll mit Touristen.

«Nicht an einem Samstagabend», sagte Ernest. «Da würden sie zu Hause sein.»

Suzie zuckte mit den Schultern.

«Die sind vom FBI», murmelte Ernest.
«Ach was», sagte ich. «Sie zeigen sich doch überhaupt nicht an uns interessiert. Wie wär's mit einer Flasche Wein?»
George, der keinen Wein trank, fuhr uns behutsam nach Hause. Während ich mich dann oben im großen vorderen Zimmer auszog, sang ich das alte italienische Volkslied *Tutti mi chiamano bionda. Ma bionda io non sone.* Ernest sang aus seinem Zimmer die nächste Strophe mit: *Porto capelli neri.* Und dann kuschelte ich mich in mein großes, bequemes Bett.
«Gute Nacht, mein Lamm», rief ich. «Schlaf gut.»
«Gute Nacht, mein Kätzchen», sagte er. Seine Stimme war warm und freundlich.

Am nächsten Morgen weckte mich das Geräusch von zwei Schubladen, die zugestoßen wurden, und schlaftrunken ging ich hinunter und sah etwas, sah einen Bademantel und Blut, und die Schrotflinte im zerrissenen Fleisch, im Vorraum vor dem Wohnzimmer.

Ich rannte, um George zu holen. Während er die Ärzte anrief, ging ich hinaus und rief unsere Freunde, die Atkinsons an, und fragte sie, ob ich den Tag über bei ihnen bleiben könnte. Sie kamen und holten mich, und später, in ihrer Wohnung über dem Lebensmittelladen, gaben sie mir ein Beruhigungsmittel und brachten mich wieder ins Bett. Eine Stunde lang zitterte ich am ganzen Leibe und konnte nichts dagegen tun. Dann, in einem Anflug von gesundem Egoismus, sagte ich mir, daß ich mich nicht zerstören lassen durfte durch den Schlag, den ich unbewußt doch schon lange erwartet hatte. Vielleicht war der Schock auch teilweise eine Reaktion auf Ernests Täuschung, dachte ich – und verwarf den Gedanken. Er wußte, daß er sich mir nicht hätte anvertrauen können.

Da bei den Atkinsons ununterbrochen das Telefon klingelte, beschlossen wir, daß ich lieber in das Sun Valley Hospital gehen sollte, wo die Krankenschwestern mir bis zum nächsten Nachmittag Ruhe ließen. Oberst Charles Sweeny, der mit dem Flugzeug aus Salt Lake City kam, besuchte mich und gab mir Mut, in die Welt der Lebenden zurückzukehren. Patrick kam aus Ostafrika, Ernests Bruder Leicester aus Miami, und es kamen seine anderen Söhne, Schwestern und Freunde aus allen Himmelsrichtungen.

Nach der Trauerfeier auf dem hübschen stillen Friedhof von Ketchum las Alfred Rice, Ernests Anwalt, den Söhnen und mir in unserem Wohnzimmer das Testament vor. Es war das eigenhändig geschriebene Dokument aus dem September 1955, in dem er mir seinen gesamten Besitz vermachte. Dann schlug Alfred Rice vor, ein Treuhandkonto einzurichten. Die Tantiemen aller im Ausland veröffentlichten Bücher Ernests sollten darauf eingezahlt und dann zu gleichen Teilen zwischen Ernests drei Söhnen und mir aufgeteilt werden.

Es war keine bewußte Lüge, als ich der Presse gegenüber erklärte, daß der Schuß ein Unfall gewesen sei. Erst Monate später war ich in der Lage, mich der Wirklichkeit zu stellen.

29
Wiederaufbau

Valerie Danby-Smith hatte den irischen Dichter Brendan Behan und seine Frau auf einer Tournee quer durch die Vereinigten Staaten, wo er Gedichte las, begleitet. Die Tournee war beendet, aber Val brannte nicht darauf, mit dem Studium an der Schauspielakademie – für das Ernest ihr Geld geschickt hatte – zu beginnen. Sie würde sich freuen, für eine Weile zu mir nach Ketchum zu kommen, um mir bei meinen noch immer ganz unklaren Plänen, wie ich Ernests Papiere ordnen sollte, zu helfen und mir ein wenig Gesellschaft im Haus zu leisten.

Nur ein paar Tage nach der Beerdigung rief mich der kubanische Außenminister an, und teilte mir mit, daß die kubanische Regierung die Finca erwerben wolle, um daraus ein *monumento* für Ernest zu machen, und er fragte, mit wem man zu verhandeln habe.

«Mit mir. Ich bin die Erbin meines Mannes», antwortete ich auf spanisch.

Ob man mir einen Vertrag zur Unterschrift schicken könne, durch den der Besitz auf die kubanische Regierung übertragen werde.

«Einen Moment», sagte ich. «Es ist Ihnen doch sicher bekannt, daß mein Mann und ich immer vorhatten, zurückzukehren und in dem Haus zu leben. Es befinden sich dort noch unzählige Papiere und persönliche Sachen, die für die kubanische Regierung oder das Volk von keinerlei Bedeutung, für mich aber außerordentlich wichtig sind. In einem Schließfach meiner Bank liegen auch noch Manuskripte meines Mannes... Ich bin mir nicht sicher, ob ich Ihnen die Finca überlassen will. (Sie konnten sie natürlich beschlagnahmen, so wie sie es fast mit dem gesamten amerikanischen Besitz getan hatten.) Vielleicht könnte Ihre Regierung mir gestatten, nach Kuba zu kommen, um unsere persönlichen Papiere abzuholen. Würden Sie bitte versuchen, das zu klären, und mich morgen wieder anrufen? Zur gleichen Zeit? *Muy bien.*» Telefonisch holte ich mir Rat bei Alfred Rice und Lee Samuels, und beide rieten mir, die

Chance wahrzunehmen, um wenigstens Ernests Manuskripte zu retten.

Zu diesem Zeitpunkt war es den Bürgern der Vereinigten Staaten bereits verboten, nach Kuba zu reisen. So rief ich Willie Walton an und fragte ihn, ob er seinen Freund, den Präsidenten, oder sonst irgend jemanden aus dessen Stab bitten könne, mir und Valerie eine Genehmigung für eine Reise nach Havanna zu erteilen. Wenige Stunden später berichtete Willie, daß die amerikanische Einwanderungsbehörde in Miami mir die Aus- und Wiedereinreiseerlaubnis aushändigen würde. Valerie mit ihrem irischen Paß brauchte sie nicht.

Juan holte uns in Rancho Boyeros, dem Flughafen von Havanna ab. Auf den Stufen vor dem Haus umarmte mich unser Butler René mit Tränen in den Augen, und am nächsten Tag kam Roberto Herrera, der über lange Zeit gelegentlich als Sekretär für Ernest gearbeitet hatte und brachte den Schlüssel zu unserem mehrfach gesicherten Safe im Bibliothekszimmer. Er enthielt außer allen möglichen Briefen und einigen Aufzeichnungen in Ernests Handschrift zu geplanten Erzählungen, einen Umschlag, auf dem mit Schreibmaschine geschrieben stand: «WICHTIG Im Falle meines Todes zu öffnen. Ernest Hemingway, 24. Mai 1958.» Der Umschlag enthielt einen vom 20. Mai 1958 datierten, mit der Maschine geschriebenen Zettel. «An meine Nachlaß-Verwalter: Es ist mein Wunsch, daß keiner der von mir irgendwann zu meinen Lebzeiten geschriebenen Briefe veröffentlicht wird. Ich bitte Sie und fordere Sie hiermit auf, weder solche Briefe zu veröffentlichen noch der Veröffentlichung solcher Briefe durch andere zuzustimmen. Hochachtungsvoll, Ernest M. Hemingway.» Der Unterschied von vier Tagen zwischen dem Datum des Zettels und dem des Umschlags fiel mir auf, und ich fragte mich, ob Ernest diese Anweisungen beiseite gelegt hatte, um sich die Sache noch einmal zu überlegen, oder ob er einfach nur unterbrochen worden war und den Zettel zwischen dem Stoß von Papieren, die ständig oben auf dem Bücherregal herumlagen, auf dem auch seine Schreibmaschine stand, vergessen hatte.

Außer ein paar Löchern im weißen Verputz des Hauses, die entstanden waren, als sich verschiedene Abteilungen der Castro-Miliz irrtümlicherweise für Feinde hielten und aufeinander das Feuer eröffneten, war die Finca für mich immer noch der Inbegriff von Frieden, gutem Leben, Gastlichkeit.

Einige Monate zuvor hatte die kubanische Regierung die Schließfächer aller Banken auf der Insel öffnen lassen und sämtliche darin befindlichen Wertsachen beschlagnahmt. Aber die Zweigstelle der First National Bank of Boston in Havanna, bei der ich Kundin war, versicherte mir, daß

Ernests Manuskripte wohlbehalten auf der Banco Nacional de Cuba lägen, und Juan fuhr mich dorthin, sie abzuholen. Die Regierungsbeamten hatten die dreißig oder vierzig Pfund schweren Manuskripte Ernests sorgfältig verpackt und mit rotem Wachs versiegelt. Nachdem ich einige Papiere unterschrieben hatte, wurden sie mir ausgehändigt. Ich bewahrte sie in meinem Schlafzimmer in einem abschließbaren Koffer auf.

Einer unserer Schätze fehlte. In seiner frühen Zeit in Paris hatte Ernest ein Stilleben von Braque gekauft, das aus einer Serie von Bildern stammte, die fast alle in braungelben, braunen und schwarzen Farbtönen gehalten waren. Das besagte Bild zeigte einen gedeckten Tisch, ein Stück Zeitungspapier, einige Würfel und einen Weinkrug. Als ich dabei war, Papiere in Ernests Arbeitszimmer zu ordnen, fiel mir plötzlich die leere Stelle an der Wand auf. Das Bild hatte immer ungerahmt oben auf dem Bücherregal hinter seinem Schreibtisch gestanden. Ich fragte René, ob er irgend etwas darüber wußte. Er konnte sich nicht an das Bild erinnern, bis ich es ihm ganz genau beschrieb. Einige Zeit zuvor hatte Roberto Herrera zwölf unserer Gemälde mit in seine Wohnung in Vedado genommen, weil er glaubte, daß sie dort besser aufgehoben seien. Später, als die Castro-Revolution vorüber war, habe er alle zwölf Bilder wiedergebracht. Roberto und René hatten die Bilder an ihre gewohnten Plätze gehängt und den Braque auf das Bücherregal gestellt. Während unserer Abwesenheit war in das Haus nicht eingebrochen worden. Nichts anderes fehlte.

Dann erinnerte sich René, daß vor einigen Wochen zwei Männer gekommen waren, die vorgaben, Kunstsachverständige der neuen Regierung zu sein, und ihm sagten, sie müßten ein Inventar unserer Gemälde aufnehmen. Sie hatten auch irgendeine Legitimation vorgelegt. René hatte sie durch das Haus begleitet, und als einer von den beiden um ein Glas Wasser bat, war er durch das Wohnzimmer und Eßzimmer in die Pantry gegangen, hatte im Eisschrank etwas Eis abgehackt und das Glas mit Leitungswasser gefüllt. Es hatte nicht mehr als drei oder vier Minuten gedauert, bis er mit dem Glas Wasser auf einem Tablett zurückkam und die Besucher dort vorfand, wo er sie verlassen hatte. Aber die beiden hätten in dieser Zeit sehr gut den Braque durch die Terrassentür hinausbringen und in einem Blumenbeet verstecken können. Ich erstattete keine Anzeige bei der kubanischen Polizei oder bei dem neu ins Leben gerufenen Kulturrat. Die Verbindungen zwischen Kuba und den Vereinigten Staaten wurden täglich spärlicher, und ich hatte eine ziemlich große Anzahl von Kisten zu befördern, falls ich überhaupt noch ein Schiff bekam. Georges Braque wurde von der Galerie Maeght in Paris vertreten.

Als ich mir ein Jahr später dort den Gesamtkatalog anschaute, fand ich kein Foto von Ernests Bild.

Ernest, der niemals etwas wegwarf, hatte mit Korrespondenz und Druckschriften, die sich in zweiundzwanzig Jahren angesammelt hatten, alle Schubladen auf der Finca bis an den Rand vollgestopft. Die beiden großen Schreibtische im Erdgeschoß des *Little House* waren voller Papiere, Einkaufslisten und Seekarten vom Golfstrom. Viele dieser Karten stammten noch aus der Zeit, als die *Pilar* vor der Nordküste Kubas auf Jagd nach deutschen U-Booten gewesen war. Zwölf große Schubfächer unterhalb der Bücherregale im Bibliothekszimmer enthielten alte, meist unbeantwortete Briefe und Tausende von Fotos. In seinem Schlafzimmer und Arbeitszimmer türmten sich Berge von Papieren. Und auch unser Abstellraum, der eigentlich nur für Koffer bestimmt war, und das im Turm gelegene vierfenstrige Arbeitszimmer boten den gleichen Anblick. René und die Gärtner schafften schubkarrenweise Zeitungen zum Tennisplatz hinunter – alte Jahrgänge der spanischen Stierkampfzeitschrift *Ruedo*, des Londoner *Economist* und anderer britischer, französischer und amerikanischer Wochenzeitschriften –, und dann machten wir ein großes Feuer. Während dieser Aufräumungsarbeiten wurde mir eine Leserbriefseite aus der *New York Times* geschickt. Dort hatte man einen Brief des Schriftstellers Glenway Wescott veröffentlicht, in dem er forderte, daß man mich daran hindern solle, Ernests Werk zu zerstören.

An den Wänden hingen fünf Gemälde von André Masson, eines von Paul Klee und zwei von Juan Gris. Da Ernest sie mir im Laufe der Jahre fast alle geschenkt hatte, wenn ich ihn Jahr für Jahr eines Morgens mit der Ankündigung überraschte, daß heute mein Geburtstag sei, fühlte ich mich berechtigt, sie mit in die Vereinigten Staaten zu nehmen – die Stierbilder von Roberto Domingo und einige andere Bilder ließ ich im Haus. Cecilio nahm die Maße der Bilder und fertigte danach eine Kiste an, in der sie verschifft werden sollten. Dann rief ich beim Kulturrat an und erklärte einem Beamten, was es für eine Bewandtnis mit der Kiste habe.

«Die Ausfuhr von Gemälden jeder Art ist verboten», sagte der Vertreter des Kulturrats.

Ich rief den Außenminister an, mit dem ich ja schon am Telefon über den Erwerb unseres Hauses durch die kubanische Regierung verhandelt hatte. Ich versuchte es mehrmals. Seine Sekretärin sagte, er werde zurückrufen, aber der Minister rief nicht zurück.

Unser Arzt, José Luis Herrera, ein glühender Revolutionär, war jetzt Chef des Sanitäterkorps in Castros Armee. Eines Abends kam er zu einer meiner kargen Mahlzeiten – die Tiefkühltruhe war fast leer –, und er war es dann, der mir aus meiner Zwangslage half. Er rief einen Adjutanten von

Fidel an und sagte ihm, ich hätte ein Problem und brauchte Hilfe. Eine halbe Stunde später rief der Adjutant zurück, um uns mitzuteilen, daß der Ministerpräsident am folgenden Nachmittag auf die Finca kommen werde. «Nachmittag» hieß bei Fidel, daß er praktisch jede Minute zwischen zwölf Uhr mittags und Mitternacht kommen konnte. In einer plötzlichen Laune kam mir der Einfall, Fidel mit dem traditionellen spanischen Willkommensgruß zu empfangen, bei dem sich alle Mitglieder des Haushalts zur Begrüßung des Gastes vor dem Haus aufstellen. Ich rief die Gärtner zusammen, den guten alten, tauben Mundo, der die Kühe versorgte, Ana, Juan und alle Hausangestellten. Sie waren alle zur Stelle und standen zur Begrüßung Spalier, als der Ministerpräsident gegen acht Uhr abends in seinem Jeep, lediglich von einem unauffällig wirkenden Wagen begleitet, ankam.

Im Wohnzimmer ging er sofort auf Ernests Sessel zu und hatte sich gerade gesetzt, als ich leise sagte, es sei der Lieblingsstuhl meines Mannes gewesen. Etwas verlegen erhob sich der Ministerpräsident.

«No, no, Señor, bitte bleiben Sie doch sitzen.»

Ich erklärte ihm, daß der Kulturrat mir die Ausfuhr einiger Gemälde, die mir mein Mann geschenkt habe, verweigert hätte. «Sie sind ein Teil dessen, was er mir hinterlassen hat, und ich habe das Gefühl, daß ich Kuba nicht ohne sie verlassen kann.»

«Warum bleiben Sie selbst nicht bei uns in Kuba?»

«Oh, Señor, ein interessanter Vorschlag. Aber den Nachlaß zu ordnen, wird noch viel Arbeit erfordern, die von hier aus nicht erledigt werden kann.» Wenn der Ministerpräsident sich die Mühe machen wolle, im Haus herumzugehen, könne er sehen, daß das Fehlen meiner paar Bilder gar nicht auffalle. Nach einigen Tassen starken kubanischen Kaffees – später sagte man mir, es wäre besser Whiskey gewesen – machten wir einen Rundgang durch das Haus, bei dem sich mein Gast besonders für die Tierköpfe interessierte. Als ich erwähnte, daß die Elenantilope unter allen Wildtieren Afrikas das beste Fleisch hätte, überlegte er, ob man sie nicht nach Kuba bringen und dort zähmen könne.

«Wer weiß? Es könnte schon möglich sein. Allerdings sind sie an eine Umgebung gewöhnt, die mindestens 2000 Meter hoch liegt.»

Er sah sich Ernests Schlafzimmer an und stieg auf die Turmterrasse, um über die Hügel bis nach Havanna und auf die Täler mit den schlanken, weißstämmigen Königspalmen zu blicken. «Ich nehme an, Señor Hemingway genoß diese Aussicht», sagte er.

«Ja, Sie haben recht – jeden Tag.»

«Ich werde Ihnen behilflich sein, mit Ihren Bildern», sagte der Ministerpräsident an der Haustür. Draußen bemerkte er dann unser *Little*

House, das in der Nähe der großen Treppe lag. «Ist das Ihr Gästehaus?»
«Ja, Señor.»
«Wir werden nichts daran verändern. Für Sie, falls Sie zurückkommen.»
«Vielen Dank, Señor.» Wofür eigentlich, fragte ich mich. Dafür, daß er sich Ernests wertvollen Besitz aneignete? Aber wenigstens hatten sie seine Manuskripte gut verwahrt.

Zwei Tage später rief der Adjutant Castros an und teilte mir mit, ich solle meine Kisten am nächsten Morgen um 8 Uhr an einen Kai im Hafen von Havanna bringen lassen. Mit einem alten, klapprigen Lastwagen aus dem Dorf gelang es uns, die Verabredung einzuhalten. Nach wenigen Minuten im Hafen begriff ich, wieso der Adjutant so prompt reagiert hatte. An dem Kai hatte nämlich das Boot eines Krabbenfischers aus Tampa festgemacht, das zu jenen Schiffen gehörte, die zwischen Kuba und Florida fischten und ihre Ladung, Krabben und anderen Fisch, in ihren Kühlräumen nach Florida brachten. Die Kühlanlage dieses Bootes war defekt, und die zur Reparatur nötigen Ersatzteile waren in Havanna nicht zu bekommen. «Dieses ist das letzte amerikanische Schiff, das die notwendigen Zollerklärungen von der Hafenbehörde besitzt», erklärte mir der Adjutant. Ich besichtigte den kleinen Laderaum, stellte fest, daß er trocken war, und nachdem ich mich bei dem Adjutanten bedankt hatte, versprach ich ihm, ich würde ihm einige Informationen über das Haus und Ernests Leben dort schicken. Vielleicht hielt das den Kulturrat davon ab, irgendwelche Märchen über die Finca Vigía zu verbreiten. Auf dem Krabbenfänger, der ungefähr die Größe der *Pilar* hatte, gab es keine Kabinen für Passagiere. So vereinbarte ich mit dem Kapitän, daß ich meine Kisten vom Lagerhaus seiner Schiffahrtsgesellschaft in Tampa abholen würde, sobald es mir möglich sei, dorthin zu kommen.

Jetzt waren noch einige andere Sachen zu erledigen. Gregorio Fuentes kam, um mit mir über die *Pilar* zu sprechen. Vor etwa fünfundzwanzig Jahren hatte Ernest sie nach Key West gebracht. Durch einige umfangreiche Reparaturen und Umbauten, unter anderem hatte sie ein neues Deck aus Teakholz erhalten, war sie immer ein gutes und seetüchtiges Schiff geblieben. Solange sie existierte – sie war immer Ernests Schiff gewesen. Ich liebte sie.

«Könntest du nicht den Motor und die Ausleger ausbauen, dann das Boot im Golfstrom versenken?» fragte ich Gregorio.

Die Furchen in Gregorios freundlichem Gesicht wurden noch tiefer. «Sie müssen sie wirklich aufgeben, Mary?»

Ich kannte das spanische Wort für «verzichten» nicht. «Weißt du, Gregorio, alles hat sich verändert, und nicht nur, weil Papa gestorben ist.

Hier ist alles anders geworden. Es gibt kein Benzin fürs Sportfischen mehr. Und angenommen, du könntest sie nach Key West bringen . . .»

«Das ist eine bessere Idee.»

«Auch dann wüßte ich nicht, ob ich sie dort halten könnte, mit oder ohne dich. Ich weiß nicht, ob ich das nötige Geld haben werde.»

«Ich könnte meine Familie nicht lange allein lassen.»

«Die Erbschaftssteuern im Norden sind sehr hoch, Gregorio. Hol dir auf jeden Fall, so schnell wie möglich, all unser Angelgerät. Die Ruten, Rollen und die Angelleinen – alles, was du selber gebrauchen oder verkaufen kannst. Tu, was du willst, bevor die Regierung die *Pilar* beschlagnahmt. Aber wenn es irgendwie möglich ist, fahr sie hinaus und versenk sie im Golfstrom.»

«Das wäre ein würdiges und passendes Ende für sie», sagte Gregorio. «Ich will es versuchen . . . und Sie wollen die See ganz aufgeben?»

«Ich muß. Wenigstens jetzt.» Ich konnte mich immer noch nicht an das spanische Wort für «verzichten» erinnern.

Die Kubaner benutzten die *Pilar* eine Zeitlang als Arbeitsboot und stellten sie später auf den Rasen der Finca – als Ausstellungsstück.

In meiner Handtasche hatte ich einen mit Gummiband umwickelten Umschlag, ein kleines Versteck für Juwelen und Edelsteine, die etwa eine halbe Million Dollar wert waren – Familienerbstücke, die ich für einen kubanischen Freund von uns zu seinen Verwandten in Miami schaffte. Es war der einzige Tag in meinem Leben, wenn ich mich richtig erinnere, an dem ich wissentlich ein Gesetz übertrat, und meine kleine Freude darüber wurde durch Schuldgefühle zunichte gemacht.

Valerie und ich holten die Kisten aus dem Lagerhaus in Tampa ab, flogen nach Chicago und nahmen von dort aus den bequemen alten Zug nach Shoshone, Idaho – es war eine lange, angenehme Fahrt durch den mittleren Westen zu den Rocky Mountains, und der Kellner des Speisewagens sprang bei jedem Halt aus dem Zug, und versuchte, kalifornischen Wein zu bekommen, der auf der Getränkekarte stand, aber im Speisewagen fehlte. In Idaho wurde gerade die Taubenjagd eröffnet, als ich ankam. Ich fuhr mit Dave Roberts, Don Anderson und ein paar anderen Freunden die Route 93 hinunter, schoß von verschiedenen Feldern aus auf die rosafüßigen hübschen kleinen Vögel, und verpulverte eine ganze Schachtel Patronen, holte aber nur zwei herunter. Es war ein Tag, der heilte und das Herz erwärmte.

Carlos Baker von der Princeton University wollte eine Biographie über Ernest schreiben. Ob ich ihm Einsicht in Briefe und andere Papiere geben könnte. Ja. Malcolm Cowley schlug vor, daß ein Komitee verantwortungsbewußter Schriftsteller und Kritiker mich von der schwierigen

Arbeit befreien könne, die Manuskripte von Ernest zu sichten und zu entscheiden, was davon publiziert werden solle. Nein. Eine gewissenlosere oder gewissenhaftere Witwe hätte vielleicht ja gesagt. Ernest hatte in seinem Testament nichts von irgendwelchen Komitees erwähnt. Ich antwortete Malcolm, mir erschiene das demokratische Prinzip, Entscheidungen durch Gleichgestellte zu fällen, als richtig. In der praktischen Anwendung hielte ich es aber für wertlos. Die Entscheidungen mußte ein einzelner treffen, der auch die Risiken und Konsequenzen auf sich nahm. Aber noch brachte ich nicht die Kraft auf, mich mit Ernests Manuskripten zu beschäftigen. Charles Scribner's Sons und andere Interessenten würden warten müssen.

Nachdem ich mein ganzes Leben lang immer von anderen chauffiert worden war, mietete ich mir jetzt einen Wagen in Sun Valley und nahm ein paar Stunden Fahrunterricht. Mit Valerie und Tillie Arnold fuhr ich dann unter einem wolkenlosen Himmel zu Picknicks außerhalb unserer Stadt. Am 16. Oktober schrieb ich: «Ich funktioniere wie ein Rad, das seine Nabe verloren hat.»

Alan Moorehead kam von London herübergeflogen, um mit New Yorker Lektoren und Verlegern über sein Nil-Buch zu verhandeln. Er rief mich Mitte November an und lud sich zum Wochenende ein. Ich picknickte mit ihm und Val am Fluß, und ab und zu sprangen wir herum, um uns warmzuhalten. Trotz der Kälte gingen wir mit den Arnolds auf Bud Purdys Ranch, stiefelten über frostbedeckte Stoppelfelder und hielten nach Enten in den Gräben zwischen den Feldern Ausschau, die teilweise der starken Strömung wegen nicht zugefroren waren. An einem dieser Gräben flogen drei Erpel vor Pappy Arnold auf, und wie durch Zauberei erwischte er alle drei mit einem einzigen Schuß. Als er sie aufgelesen hatte und wir weitergingen, fühlte ich ganz plötzlich in meiner Brust einen scharfen, stechenden Schmerz. Ich glaubte, es sei ein Herzanfall. George Saviers besuchte mich dann zu Hause, als ich im Bett war, und widersprach meiner Diagnose. «Wahrscheinlich ist es ein Magengeschwür», sagte er.

Obwohl ich mich unwohl fühlte, gab ich das übliche Thanksgiving-Essen für meine Freunde. Am nächsten Morgen, ich hatte seit Mitternacht nichts mehr gegessen, ging ich ins Krankenhaus, um mich röntgen zu lassen. Und da war es: ein Geschwür im oberen Teil des Magens. Man steckte mich ins Bett, gab mir Beruhigungsmittel und eine als Saft zubereitete Medizin. Eine Woche lang döste ich, schluckte meine Medizin und döste weiter. Als ich dann für ein paar Stunden wach bleiben durfte, gab man mir ein faszinierendes Buch. Es war eine 1893 zuerst erschienene Untersuchung über das Verdauungssystem mit dem Titel *Experiments* and Observations on the Gastric Juice and the Physiology of Digestion. Der Autor war Dr. William Beaumont. Ein Frankokanadier war von einer Gewehrkugel im Magen getroffen worden, und obwohl die Wunde – ein regelrechtes Loch – nie verheilte, überlebte er. Dr. Beaumont beobachtete monatelang den Magen seines Patienten durch dieses Loch und entdeckte als erster Physiologe, wie das Verdauungssystem funktionierte. Nach dreiwöchigem Krankenhausaufenthalt fühlte ich mich in bester Verfassung und wurde entlassen. Die Röntgenaufnahmen zeigten einige Tage später, daß das Geschwür ausgeheilt war.

Im Krankenhaus und während der eintönigen Tage vor Weihnachten hatte ich Zeit, über die Ereignisse des Jahres nachzudenken und zu manchen eine andere Einstellung zu finden. Zu mindestens bemühte ich mich darum. Ich war froh darüber, daß die Verhältnisse in Kuba mich gezwungen hatten, mich mit den Fragen der Ortung unseres materiellen Besitzes zu beschäftigen. Ich war dankbar, in Ketchum zu sein, wo ich von vielen Freunden umgeben war, die nicht immer wieder ihre Bestürzung und ihr Mitleid zu zeigen brauchten.

Ich sehnte mich danach, mein Gesicht an Ernests Brust zu kuscheln, nach der Berührung seiner Haut. Da war niemand, dem ich meine Zärtlichkeiten, Umarmungen und Küsse schenken konnte, und niemand der sie brauchte. Mir fehlte seine innere Festigkeit und seine Ermahnung, mich in Momenten wilder Begeisterung oder Angst auf mich selbst zu besinnen. Es war einfacher mit der Vorstellung fertig zu werden, daß ich ohne Ernest keine Party geben könne. Am Heiligen Abend bewirteten Val und ich einen Haufen Freunde ohne nennenswerte Schwierigkeiten.

Meine Freundin Clara Spiegel hatte auf ihrer ersten Safari in Afrika mit Patrick einige Antilopen und zwei stattliche Büffel geschossen, jedoch keinen Löwen. Jetzt lud sie mich ein, mit ihr nach Tanganjika zu gehen, wo sie den größten Löwen mit der schwärzesten Mähne schießen wollte. Die Safari sollte am 1. Juni beginnen. Ich war nicht begeistert von dem Gedanken, noch mehr Wildtiere zu töten, um ihre Köpfe als Trophäen an die Wand zu hängen. Ich hatte aus Kuba drei der hübschesten Tierköpfe mitgebracht. Doch ich wollte sie begleiten, wenn auch nur aus Vergnügen. Vor der Abfahrt mußte ich noch eine Unmenge von Papieren sichten, die Ernest vor langer Zeit – im Jahre 1938 – im Lagerraum hinter Sloppy Joe's Bar in Key West verstaut hatte. Ich fuhr am 18. von Idaho nach Key West. Wir liehen uns von den Barmännern große weiße Schürzen gegen den Staub aus, und dann arbeiteten Betty Bruce und ich einen Monat lang täglich sieben Stunden. Wir sortierten Papiere aus und stießen dabei auf Mäuse- und Rattenskelette und eine Menge toter Küchenschaben. Wir entdeckten viele Familienbriefe, erste Entwürfe zu Ernests frühen Short

Stories, einen Entwurf zu *Fiesta* und die mit Hand korrigierten Korrekturfahnen der Anmerkungen zu *Der Tod am Nachmittag.* Zum Schluß schickte ich ein halbes Dutzend numerierter Schachteln nach New York und behielt mir eine Liste ihres Inhalts.

Toby und Betty Bruce flogen mit mir nach Bimini. Dort ließ ich mir offiziell bestätigen, daß ein Grundstück an der Küste des Golfstroms, das Michael Lerner in den dreißiger Jahren Ernest geschenkt hatte, noch als sein Besitz eingetragen war. Ich überließ dem amerikanischen Museum für Naturgeschichte später dieses Gelände zur Benutzung. Auf der überbevölkerten Insel gehörte es zu den wenigen unbebauten Grundstücken.

Zurück in Ketchum, machte ich einen vergeblichen Versuch, das Manuskript von Ernests Parisbuch durchzusehen und vielleicht für den Druck vorzubereiten. Seine Worte, und besonders seine handschriftlichen Korrekturen engten mich in meiner Urteilsfähigkeit ein. Ich schrieb an Harry Brague, Ernests Lektor bei Scribner's, daß ich die Arbeit auf ein späteres Datum verschieben müsse. Nach nur zwei Wochen Arbeit und Einsamkeit in Ketchum fuhr ich, mit dem Manuskript im Koffer, nach New York in meine kleine Wohnung.

Ernests und meine Einkommensteuererklärung für die letzten zwei Jahre mußte ausgefertigt werden, und ich hatte es übernommen, Quittungen zu suchen und zu ordnen, die man vielleicht von der Steuer absetzen konnte. Aber Alfred Rice, der die Unterlagen für die Erbschaftssteuer zusammenstellen mußte, hatte eine weit schwierigere und lästigere Aufgabe. Er mußte alle Einkünfte der letzten fünf Jahre aus Ernests Werken aufführen, damit die Steuerbehörde eine Schätzung der künftigen Einnahmen machen konnte. Er arbeitete auf einem etwa zweieinhalb Quadratmeter großen Bogen braunen Packpapiers, den er auf den Boden seines Büros ausgebreitet hatte und mit genügend Zahlen und Hieroglyphen ausschmückte, um jeden Steuerrevisor zu beeindrucken. Trotzdem gingen zum Schluß fast die gesamten Ersparnisse von Ernest für die Steuer drauf.

Ich hatte in Kuba und Key West Hunderte von Briefen zusammengestellt, die Ernest von Freunden erhalten hatte, und Charles Scribner jr. stellte mir einen freien Raum in seinem Verlag zur Verfügung, wo Valerie sie ordnen und wo sie, soweit es sich lohnte, an die Absender schreiben konnte, um sie um Kopien von Ernests Briefen zu bitten.

Ende April erhielt ich eine Einladung aus dem Weißen Haus zu einem sonntäglichen Dinner für amerikanische Nobelpreisträger. Miss Letitia Baldridge hatte mir mitgeteilt, daß der Schauspieler Fredric March nach dem Essen Ernests Erzählung *Die Killer* vorlesen werde. Ich glaubte, es sei ein besserer Vorschlag, wenn Mr. March vielleicht eine Passage aus dem noch unveröffentlichten Buch vorlas, das ich *Die Seejagd* nannte.

Das Manuskript fand ich in Alfred Rices Büro, und nachdem ich eine Stelle daraus ausgewählt hatte, schickte ich Fotokopien an Mr. March und Miss Baldridge. Zuvor hatte mich Präsident Kirk von der Columbia Universität besucht und den Vorschlag gemacht, ich solle Ernests Manuskripte der Universitätsbibliothek vermachen. In Washington ging ich am Sonntagmorgen, begleitet von den Direktoren, durch die Kongreßbibliothek. Im Kellergewölbe zeigten sie mir Briefe von George Washington und Clare Boothe Luce. Weiter oben schauten wir uns einen hellen, freundlich wirkenden Raum an, in dem Wissenschaftler die Schätze der Bibliothek studieren konnten. Ich sagte Dr. Kirk und den Bibliothekaren in Washington, ich wolle es mir überlegen.

Während der Cocktailstunde vor dem Dinner im Weißen Haus war Mrs. J. Robert Oppenheimer die lebhafteste unter den Frauen. Ich sah Miss Pearl Buck eifrig Notizen auf einen halb verborgenen Block kritzeln und nutzte die Gelegenheit, Mrs. George Marshall zu sagen, wie sehr ich ihren Mann bewundert hatte. Dann wurde zum Essen gebeten.

Präsident Kennedy hatte Mrs. Marshall zu seiner Rechten, mich zu seiner Linken, und Dr. Carl Anderson, der kalifornische Nobelpreisträger für Physik, saß wiederum links von mir. Nach ein paar unverbindlichen Liebenswürdigkeiten sagte ich unserem Gastgeber, wie dumm, unrealistisch und wirkungslos ich die amerikanische Kubapolitik fände – besonders nach dem Fiasko in der Schweinebucht, fügte ich hinzu.

Präsident Kennedy reagierte mürrisch und ungeduldig. Als die Teller gewechselt wurden, wandte er sich an Mrs. Marshall und ich mich an Dr. Anderson. Ich fragte ihn: «Wenn ein Feind in diesem Augenblick diesen Raum bombardieren würde, wieviel technisches Wissen würde Ihrer Meinung nach dabei verlorengehen?»

«Nicht sehr viel», sagte Dr. Anderson. «Wie Sie sicher schon bemerkt haben, sind hier hauptsächlich ältere Leute. All die jungen Wissenschaftler, die in unseren Laboratorien arbeiten, wissen längst, was wir wissen, und werden die Forschung weiter vorantreiben.»

Als der Präsident sich für einen Augenblick von Mrs. Marshall abwandte, sagte ich: «Hören Sie, ich könnte jederzeit nach Kuba gehen. Die Kubaner mochten meinen Mann, und ich kenne Fidel.»

«Haben Sie *Das Narrenschiff* von Katherine Anne Porter gelesen?»

«Nein. Tut mir leid. Wenn ich mit Fidel reden würde . . .»

«Sie sind als politisch unzuverlässig bekannt», sagte der Präsident.

«Dann haben Sie sicher nicht meine M. I. 5-Akte angeschaut», sagte ich und ließ es dabei bewenden. Ich hatte nie irgendeiner politischen Partei angehört. Robert Kennedy und seine Frau brachten mich zu Bill Waltons Haus, wo ich wohnte.

30
Anfänge

Clara Spiegels Löwensafari sollte am 1. Juni in Arusha, Tanganjika, beginnen. Ich flog eine Woche vorher, frisch gegen Cholera und Tetanus geimpft, mit meiner schönen Mannlicher-Schoenauer und meiner Winchester Modell-21, meinen alten Jagdgefährten, nach Rom. Wir verließen Rom um Mitternacht, und als am nächsten Morgen die Strahlen der aufgehenden Sonne durch die Kabinenfenster fluteten, erwachte ich und sah als erstes, ganz nah zu unserer Linken den rosa-weiß schimmernden Mount Kenya. Die Maschine setzte bereits zur Landung an. Im New Stanley Hotel in Nairobi ging ich gleich wieder zu Bett, als der Gepäckträger mir die Koffer ins Zimmer gestellt hatte.

Fünf, sechs Stunden später nahm ich ein Bad und zog mich an. Und dabei mußte ich an Rocky und Maria Cooper denken, die im Frühling bei mir in Ketchum gewesen waren und mir einen Ausschnitt aus einer Modezeitschrift gezeigt hatten; ein Foto von einem hübschen jungen Mann war zu sehen, und darunter stand, daß Mr. Peter Beard, der an der Yale University studiert habe, an einem Buch über Afrika arbeite, das demnächst erscheinen werde – unter dem Titel *The End of the Game* – und daß er zu letzten Forschungsarbeiten nach Ostafrika gereist sei. Und Maria hatte gesagt: «Ist er nicht zauberhaft? Du mußt ihn unbedingt für mich ausfindig machen.»

«Darling, Ostafrika ist ziemlich groß. Hier sagen sie ja nicht einmal, in welchem Land er ist.»

«Oh, du wirst ihn schon aufspüren. Bestimmt weiß irgend jemand dort, wo er zu finden ist», sagte Rocky. «Du darfst es nur nicht vergessen – ich möchte ihn auch gern kennenlernen.»

Seit ich – vor acht Jahren – zum letztenmal hier gewohnt hatte, war das New Stanley Hotel umgebaut worden. Ich fragte an der Rezeption: «Was haben Sie denn mit der Bar gemacht?»

«Die ist oben», sagte ein blonder junger Mann, der, ein Stück weiter, auch am Empfang stand. «Ich möchte Sie zu einem Drink einladen.» Oben stellte er sich vor. «Peter Beard, aus New York.» Ein glückliches Vorzeichen für den sorglosen Ferienmonat, den ich mir erhoffte.

Ernests zweiter Sohn, Patrick, inzwischen einer der erfolgreichsten White Hunters in Tanganjika, kam von Arusha herauf, um mich abzuholen. Wir waren kaum eine halbe Stunde unterwegs, da erfüllte mich wieder der Zauber der afrikanischen Hochländer – da war der nach Blumen und Antilopen und Großkatzen duftende afrikanische Wind, da waren die geheimnisvollen Dornenbäume, in deren Kronen und in deren Schatten die verschiedensten Geschöpfe ruhten, da war die Vorfreude auf die Abenteuer und Gefahren eines jeden Tages, die mich nun einen Monat lang jeden Morgen erfüllen würde.

Clara und ich trafen uns im New Arusha Hotel, und am 1. Juni verließen wir Arusha und fuhren zum Serengeti-Nationalpark, der im Südwesten an das riesige Gebiet des Maswa-Reservats grenzt, das schon seit fünf Jahren für Löwenjäger gesperrt war. Patrick hatte die Genehmigung erhalten, eine Klientin mit hineinzunehmen und *einen* Löwen schießen zu lassen. Wir würden das ganze Gebiet für uns allein haben.

Patrick errichtete unser Lager mehr oder weniger in der Mitte unserer Jagdgründe, und am ersten Morgen, nach der unvermeidlichen Mühsal des Aufstehens – Moskitonetze hochbinden, die Stiefel ausschütteln, für den Fall, daß Schlangen hineingekrochen sind, die vom Tau nassen und eiskalten Sachen anziehen, mit heißem Tee eine Anti-Malaria-Tablette schlucken, Gewehre, Kameras, Filme, Patronen, Bücher und Pullover in den Land-Rover laden – fuhren wir nach Osten, Patrick am Steuer. Neben ihm hockte der greise Mumu, ein ehemaliger Wilderer und folglich einer der besten Fährtenfinder Ostafrikas. Er trug seinen Glücksbringerhut, der aus tausend Fetzen zusammengenäht war. Hinten saß zwischen Clara und mir Hamisi, Claras spezieller Held, mit dem sie schon auf ihrer vorjährigen Safari gejagt hatte. Hamisi gehörte dem Stamm der Nyamwezi an, dessen Angehörige vor einem Jahrhundert Livingstone zur Küste geleitet hatten, und er war immer noch stolz auf diese Ruhmestat.

Als wir am zweiten Tag unserer Safari zum westlichen Ende des Reservats fuhren, sammelten sich ganze Ringe von Gras- und Blumensamen unter unseren Ärmeln und Kragen und über unseren Gürteln an, ein Phänomen dieser trockenen Jahreszeit. Vor dem Mittagessen am Rande eines kleinen sprudelnden Baches schüttelten wir unsere Kleider aus. In einem Bericht, der später von *Life* veröffentlicht wurde, schrieb ich über unsere Rückfahrt an jenem Nachmittag:

«Am Ende der langen, heißen, von der Grassamenplage begleiteten Heimfahrt bot uns das Maswa-Reservat eine Art Luxus, wie man ihn nur auf einer Safari haben kann und nirgendwo sonst. Wir fuhren an einigen bis zu 20 Meter hohen abgeschieferten Granitfelsblöcken vorbei, da erblickten wir eine Löwin, die, hoch oben ausgestreckt, die Vorderpfoten fast über dem Felsrand, friedlich die Landschaft zu ihren Füßen betrachtete und zweifellos gerade überlegte, welches der auf der Hochfläche grasenden Tiere sie zum Abendessen verspeisen sollte. Wir rumpelten um die Felsblöcke herum, und auf der anderen Seite, die Felle von der Abendsonne golden gefärbt, lagen neun Löwinnen und zwei junge Löwen und blickten aus ihrer luftigen Höhe herab wie die besseren Stände aus ihren Logen auf der Opernbühne. Sie posierten für Porträts vermittels unserer Teleobjektive, bis wir bemerkten, daß das Licht verblaßte.

Im wegelosen Gras des Hochlands müssen Sie vor Einbruch der Dunkelheit zurück sein – oder die Nacht im Wagen verbringen. Und in Ostafrika senkt sich die Dunkelheit sehr schnell nach Sonnenuntergang herab. Weder die Scheinwerfer noch die Landmarken, an die sich die Afrikaner wie durch Zauberkraft nach Tausenden von Kurven jeden Tag erinnern, helfen Ihnen in der äquatorialen Finsternis.

So eilten wir im letzten Tageslicht zurück, fanden unseren letzten Bach und durchqueren ihn ohne Achsenbruch, und waren fast am Lager, als der Land-Rover plötzlich durch Geräusche zu verstehen gab, daß er den Dienst verweigerte. Er dampfte und war durstig, und Hamisi und Mumu stiegen aus, um ihm zu Diensten zu sein. Hamisi hatte die Kühlerhaube aufgeklappt, und Mumu hatte den großen Wasserkanister aufgeschraubt, als Clara plötzlich mit schwacher Stimme sagte: «Seht mal, da kommt ein Rhino.»

Und in der Tat, da näherte sich uns eine Rhinomutter mit einem großen Teenager-Sohn. Ganz unabsichtlich hatten wir den Pfad gekreuzt, den sie gerade nehmen wollten, und sie hatten unseren Geruch gewittert. Nichts bringt ein Rhino mehr in Wut, als wenn man seinen Pfad kreuzt. Mutter und Sohn stoppten plötzlich, schnaubten wütend, mit erhobenen Köpfen, um abermals den feindlichen Geruch zu wittern. Sie taten es, wirbelten herum in die Büsche und kamen auf uns zu, groß wie zwei Güterwagen, schwarz im Dämmerlicht.

Hamisi schlug die Kühlerhaube zu. Mumu sprang auf und landete auf den Kameras. Ich schrie und fotografierte durch die Luke im Autodach. Clara schrie und hielt sich fest, vernünftig wie sie war. Patrick steuerte den Wagen über Stumpf und Steine. Als wir wieder hielten, hatten die Rhinos uns verloren. Aber noch einmal witterten sie den Geruch und rasten zornig bellend auf uns zu, die Köpfe tief gesenkt, damit sie uns besser aufspießen und auf die Hörner nehmen konnten. Ich sah den Land-Rover schon vor mir, wie er verwundet auf der Seite lag, und uns, zerbrochen und zerschmettert, in den Dornenbüschen, vier Tagesfahrten vom nächsten Krankenhaus entfernt. Die Rhinos waren auf zehn Meter heran, im Dämmerlicht, als Patrick den Wagen wieder starten konnte, und diesmal fuhren wir bis in die Sicherheit des Lagerfeuers, ehe wir wieder hielten.»

Denis Zaphiro, Ernests und mein Freund seit 1953, war zu Besuch gekommen und saß ganz still an unserem Lagerfeuer, während er sich Claras und meinen zittrig vorgetragenen Bericht über den Hinterhalt anhörte, in den wir fast geraten waren.

«Ich dachte mir schon so etwas, als ich den Krach da drüben hörte», sagte Denis seelenruhig.

Im warmen, seichten Bad in einer Segeltuchwanne, vor dem Essen, sann ich darüber nach, ob es der Seltenheitswert war, was es so aufregend machte, von einem Rhinozeros gejagt zu werden. Und ich dachte auch, was für ein Glück es war, an diesem Abend hier, an diesem Punkt der Erde zu sein, obwohl Ernest fehlte.

Als ich Claras Einladung zur Löwenjagd annahm, hatte ich mich gefragt, wie die afrikanische Landschaft mir ohne Ernest im Vordergrund vorkommen würde. Und ich stellte mir vor, daß eine große Lücke in mir klaffte. Doch jetzt sah ich die Landschaft um die Lücke herum, und das war gut. Beim Abendessen prophezeite Denis, daß Clara am nächsten Morgen ihren Löwen kriegen würde. Froh legte ich mich schlafen, aber so schwer vom guten französischen Wein, daß der Morgen in Minutenschnelle da war.

Vor sieben Uhr am nächsten Morgen verließen wir das Lager. Denis und Patrick saßen vorn und plauderten, Clara, Hamisi und ich saßen gespannt und schweigend hinten.

Patrick fuhr in die Gegend, wo wir die neun sonnenbadenden Löwinnen auf dem hohen Felsen gesehen hatten. Wir kreuzten langsam durch das spärlich mit Bäumen bestandene Land, als Hamisi durch die offene Luke im Autodach und Denis mit meinem Glas gleichzeitig den Löwen mit drei Löwinnen und ein paar Babies am Fuße eines Baums erblickten. Clara konnte ihn vom Rücksitz aus nicht sehen, aber ich konnte es, durch die Luke, und ich sah die Löwinnen rechts von uns davonziehen, mit den Jungen, und der Löwe, ein großer, verschwommener, dunkler Fleck, verschwand im hohen Gras vor uns. Wir warteten, schweigend, aber er mußte unser Herzklopfen gehört haben. Er entfernte sich wieder etwa vierzig Meter, und Pat und Clara und Hamisi stiegen aus dem Wagen aus, Hamisi reichte Clara das Gewehr, und dann legte er seine Hand auf ihre Schulter und gab kleine beruhigende Laute von sich. Ich hätte auch eine beruhigende Hand brauchen können, ich zitterte vor Angst auf dem türlosen ungeschützten Rücksitz, während die Löwinnen, zehn Meter von mir entfernt in ihrer Deckung, mir böse Blicke zuwarfen.

Als der Löwe wieder hervortrat, sagte Pat wispernd zu Clara: «Schieß ihn jetzt, wenn du willst.» Nach einer Ewigkeit von höchstens fünf Minuten gab Clara kaum sichtbar in dem hohen Gras, einen Schuß ab. Der Löwe sprang auf ins Licht, stürzte zu Boden, sprang wieder und fiel auf den Rücken, und seine riesigen Pfoten zerkrallten die leere Luft. Pat flüsterte: «Gib ihm noch einen Kehlschuß, zur Sicherheit.» Clara schoß wieder. Als Patrick den Löwen später untersuchte, stellte er fest, daß der erste Schuß das Rückgrat durchbrochen und in das Herz gedrungen war.

In unserem zweiten Lager in Lolkisale, südlich von Arusha, erzählten uns dort ansässige Stammesangehörige, daß vor kurzem ein Leopard bei hellem Tageslicht eine Afrikanerin und ihr Kind, das am Wegrand spielte, angegriffen und das Kind in seinen Fängen auf einen Baum geschleppt und den Kopf des Babies vor der hilflos schreienden Mutter verspeist habe. «Es sollte dir nichts ausmachen, einen Leoparden zu töten», sagte Pat zu mir. Ich hatte die Afrikareise unternommen, weil ich das Land sehen wollte, nicht um Tiere zu töten. Aber in diesem Land der kinderfressenden Leoparden würde ich wohl einen schießen.

Wir schossen zwei Gazellen und hängten sie als Köder in Bäumen auf, und an den kurzen Abenden saß ich mit Patrick still und regungslos im hohen Gras und wartete darauf, daß der Leopard zum Abendessen kam. Wir hatten eine ganze Reihe nichtsahnender Besucher. Ein Eichhörnchen saß dicht vor mir auf einem Ast, wütend über irgend etwas, denn sein Schwanz zuckte, und es stieß rauhe Töne aus, unaufhörlich, ein ungewöhnliches Schimpfen. Eine Schlange glitt an unseren Stiefeln vorbei. Vögel stießen zu uns herab, und ein Bienenschwarm umsummte uns, laut wie ein Flugzeuggeschwader in der Stille.

Am fünften Abend – Pat las ein Mathematikbuch, ich John Donne – sah ich plötzlich den Leoparden, wie er sich gerade, vierzig Meter vor uns, über den Köder hermachte. Die Hinterläufe auf dem Ast, krallte er die Vorderpfoten in das Köderfleisch. Ich stieß Patrick an. Er nickte. Ich nahm Claras Winchester, richtete das Fadenkreuz auf die Stelle, wo zwischen den Schultern das Rückgrat war, und drückte leise ab. Seine Vorderpfoten lösten sich, und er sackte gegen den Köder. Dann fiel er zu Boden. Es war ein wunderschönes junges Tier, und ich hoffte nur, daß es der Übeltäter war.

Dann war da der Tag, an dem ich ebenso leicht einen Büffel hätte kriegen können. Wir fuhren mit Patrick, Denis, Hamisi im Land-Rover durch die Gegend, und da sah ich ihn, wie er dösend neben einem spindeldürren Dornenbaum stand. Ich stieg aus und pirschte mit gezückter Kamera auf ihn zu, um ein Porträtfoto von ihm zu machen. Als wir uns ihm auf dreißig Meter genähert hatten, blieb Patrick ungläubig stehen und flüsterte: «Der Traum eines jeden Touristen. Er hat einen mächtig großen Kopf. Du solltest ihn schießen.»

«Aber ich möchte ihn nicht schießen. Ich habe keine Verwendung für ihn. Ich will ihn nur fotografieren.»

Pat war schon dabei, jemanden zum Lager zurückzuschicken, und ein Gewehr holen zu lassen, mit dem er mir Deckung geben konnte, falls ich danebenschoß. Als wir uns von der Seite her dem Büffel näherten, hatte er sich ins Gras gekniet, um eine Siesta zu halten.

«Ich kann nicht ein schlafendes, unschuldiges Tier töten», protestierte ich.

Pat klopfte an einem Baumstamm. Der Büffel öffnete die Augen, und wie ein Blitz wandte er sich um und flüchtete. Ich hatte nicht einmal mein Gewehr erhoben. Ich freute mich für den Büffel und bedauerte nur die verpatzte Aufnahme.

Am Sonntag, dem 2. Juli, charterte ich in Nairobi ein kleines Flugzeug und flog mit Clara nach Südosten, um den Kilimandscharo, der wie ein mit Guß überzogener Napfkuchen auf einem Teller aus den Wolken emporragte, zu bewundern und für Ernest, der sich vor einem Jahr erschossen hatte, zu grüßen. Nach acht Jahren hatte Ostafrika mir so vieles wiedergeschenkt: milde, frische Luft, Meilen unverschmutzten, freien Landes, unbegrenzte und nur durch die natürliche Scheidung von Licht und Finsternis eingeteilte Zeit, die Stille, abgesehen von den Naturgeräuschen wie dem Rauschen des Windes, dem Plätschern des Wassers, den Stimmen der Vögel und der Tiere, und den Genuß der Vorfreude an jedem Morgen auf die Überraschungen des Tages. Nun kam noch ein weiteres Geschenk hinzu, das Gefühl, daß das Jahr des Zurückblickens für mich beendet war.

Wieder in New York, nachdem ich meinen Bericht für *Life* geschrieben hatte, gab es keinen Vorwand mehr, die Beschäftigung mit Ernests dicken Manuskripten, die ich aus Kuba mitgebracht hatte, hinauszuschieben. Bestimmt hätte Ernest erwartet, daß ich einiges, wenn nicht alles, was zu seinem Werk gehörte, veröffentliche. Malcolm Cowley, der sich im Laufe der Zeit durch Berge von Manuskripten hindurchlas und mir sein ruhiges, unbestechliches Urteil gab, erinnerte mich an den Schaden, den inkompetente Herausgeber an Teilen von Mark Twains Werk, die posthum veröffentlicht wurden, angerichtet hatten. Fanny Butcher, die fast fünfzig Jahre lang bei der *Tribune* in Chicago die Abteilung Buchbesprechungen geleitet hatte, erzählte mir von ähnlichen Mißhandlungen einiger der Schriften von Willa Cather. Ich suchte in den New Yorker öffentlichen Bibliotheken nach Anleitungsbüchern für die Verwaltung literarischer Nachlässe, fand jedoch nichts, was mir weiterhelfen konnte.

Aber irgendwo zwischen dem Maswa-Reservat in Tanganjika und der 62. Straße in New York formten sich zwei Grundsätze für das weitere Vorgehen. Der eine war, daß Charles Scribner's Sons und ich unter keinen

Umständen, wie groß auch die Verlockungen waren, irgend etwas veröffentlichen würden, das wir gemeinsam als von geringerer Qualität gegenüber den zu Ernests Lebzeiten veröffentlichten und von ihm gebilligten Werken ansahen. Der andere war, daß niemand, auch ich nicht, das Recht hatte, sich über Ernests Prosa herzumachen, um sie zu «verbessern». Abgesehen von der Zeichensetzung und den vielen, offenkundig übersehenen *«ands»* und *«buts»* wollten wir seine Prosa und Dichtung dem Leser in der Form bieten, wie er sie geschrieben hatte, und die Lücken belassen, wo sie waren. Wo es Wiederholungen und überladene Stellen gab, wollten wir kürzen. Aber wir würden nichts hinzufügen.

Da Ernest als nächstes Buch seine Paris-Erinnerungen hatte veröffentlichen wollen, holte ich das Manuskript hervor – den ersten Teil davon hatte ich vor fünf Jahren in Kuba getippt. Mit Ausnahme von zwei Kapiteln, die auch ihm Sorge bereitet hatten und die, wie ich meinte, nicht genügend dem Tenor des Buches entsprachen, fand ich, daß es sich sehr gut las. Dieser Meinung war auch Harry Brague bei Scribner's. Wir sahen gemeinsam Ernests letzte Fassung durch, machten noch ein paar Kürzungen und stellten um der Kontinuität willen einige der Kapitel um.

Wie ich später in der *New York Times Book Review* schrieb, war Ernest viele Male mit mir durch die Straßen des Pariser linken Seineufers gegangen, in denen er vierzig Jahre zuvor gelebt hatte. In seinem Buch schienen alle Namen zu stimmen. Aber ich machte mir Sorge, daß er vielleicht eine der Straßen irgendwo angesiedelt hatte, wo sie nicht hingehörte. Es machte nichts aus, wenn er die eine oder andere ausließ. Ich fragte mich, wie zuverlässig wohl Ernests Gedächtnis gewesen war, und im Oktober 1963 flog ich hinüber und ging den Schritten, die Ernest dort getan und in dem Buch beschrieben hatte, nach, zuerst allein und später mit Gordon Parks, dem Fotografen, Schriftsteller, Filmregisseur und Freund, der all diese Erinnerungsplätze für *Life* fotografierte – die Zeitschrift wollte Auszüge aus dem Buch veröffentlichen, das schließlich den Titel *A Moveable Feast* [*Paris, ein Fest fürs Leben*] erhielt. Ernest hatte zwei Straßennamen falsch geschrieben – das war alles. Sonst hatte ihn sein Gedächtnis nicht im Stich gelassen.

Ein neues Apartmentgebäude wurde in meiner Nachbarschaft in New York errichtet. Ich mietete eines der beiden Penthouses. Große Flächen Himmel hingen draußen vor den Fenstern, dazu ein paar Streifen vom Central Park, und von der Seite her ein Blick auf die Metropolitan Opera und, in der Ferne, New Jersey. Kurz vor Weihnachten zog ich ein. Und am Silvesterabend weihte ich die Wohnung mit ein paar Freunden ein. Wir saßen an einem niedrigen Tisch vor dem flackernden Kaminfeuer, tranken Champagner, aßen Fisch, Hummer und Krabben, zusammengekocht, à la Pamplona, und um Mitternacht schluckten wir jeder zwölf Trauben mit guten Wünschen für einen fernen Freund.

31
Unterwegs

Nach mehreren großen Reisen – Alaska, Neuseeland, Australien und zuletzt 1966 an die Küste Dalmatiens – kehrte ich nach Idaho zurück, wo mehrere Aufgaben mich erwarteten, darunter «Papas Geburtstagsfeier» am 21. Juli. Ich hatte wenige Jahre zuvor beschlossen, einmal im Jahr Ernests Freunde in Idaho zu einer Art Erinnerungsfeier zu versammeln. Den Gedanken an eine kirchliche Feierstunde oder eine Versammlung, bei der Reden gehalten wurden, hatte ich sofort verworfen. Es war eher in seinem Sinne, die Freunde zu einem Abendessen mit guten Getränken und Musik einzuladen. So vereinigten sich jedes Jahr etwa achtzig seiner alten Freunde zu ein paar festlichen Stunden in der Trail Creek Cabin, dem Blockhaus in Sun Valley, in dem Ernest und ich manche fröhliche Party gegeben hatten.

Ernests Schwester Ursula und ihr Mann kamen aus Honolulu, und nach ihnen beherbergte mein Gästezimmer noch eine ganze Folge weiterer Freunde. Im Herbst ließen wir die Straße so verlegen, daß sie vom Eingangstor zu einem Hügel hinter dem Haus hinaufführte, statt uns die Aussicht aus den vorderen Fenstern zu verderben. Am 1. September waren die Arbeiten beendet, und ich gab eine große, lustige Straßeneinweihungsparty. Ernests Freunde hatten die Gastgeberpflichten übernommen. Im folgenden Frühjahr legten wir einen schönen Rasen vor dem Haus an, der eine Augenweide war, und ein Feld zum Krokettspielen.

In den Wintermonaten, die ich in New York verbrachte, ergaben sich neue gesellschaftliche Verpflichtungen und Vergnügungen, und ich befolgte täglich die auf meinen Schreibtischkalender gekritzelten Anweisungen: Scheck an Notwehrfonds; 17–19 Uhr Architektenverband; Abendessen Ellisons – Wagen bestellen; Blumen für Ilka Chase Brown; Brunch, Frau Koltun; Scheck an World Wildlife; 20 Uhr 30 Rubinstein, Carnegie Hall; Jimmy Sheean anrufen; mit Dave und Tina Roberts nach Miami fliegen; Peter Schub zum Entenessen; Janet Murrow, Westbury;

Amory Thomas, Ankunft 17 Uhr; Peter Vanderwickens Geburtstag; Reiseschecks; Ballett, Sebby Littauer, Lunch, Sports Illustrated; Scheck an Audubon; W. Walton Abendessen.» Und so ging es immer weiter. Einige neue Namen erschienen, alte Namen kehrten wieder, und die leeren Seiten zeugten von meinen Reisen.

Im Sommer 1967 sammelte und sortierte William White, Professor für Journalistik an der Wayne State University in Detroit, die zahlreichen journalistischen Arbeiten, die Ernest von 1920 an für Zeitungen und Magazine geschrieben hatte. Als mir von Scribner's das Inhaltsverzeichnis geschickt wurde, in dem weniger als ein Drittel der Arbeiten aufgeführt waren, vermißte ich vor allem Ernests Depeschen über China, die 1941 in der inzwischen eingegangenen Zeitung *P. M.* erschienen waren. Professor White und der Verlag ließen sich überzeugen und nahmen die Berichte über China in das Buch auf, das 1967 unter dem Titel *By-Line: Ernest Hemingway* [Deutsch unter dem Titel: *49 Depeschen*] erschien.

Als man bei *Holiday* 1967 gern ganz schnell eine Reportage über Harry's Bar am Canal Grande in Venedig bringen wollte, meldete ich mich telefonisch bei Giuseppe Cipriani für den 5. Dezember zum Lunch an, flog am 2. Dezember nach Mailand und war am 10. wieder in New York mit meinem kleinen, mit Notizen angefüllten Block, auf dem ich mir sogar Arrigo Ciprianis Rezept für die berühmte Fischsuppe mit Krabben und Muscheln notiert hatte.

Anfang 1968 gelang es Lester Cooper, dem Autor, Regisseur und Produzenten von ABC-Fernsehsendungen, Alfred Rice (gewöhnlich «Mister No») zu überzeugen, daß ein sechzig Minuten langer Dokumentarfilm mit dem Titel *Hemingways Spanien* mit Zitaten aus Ernests Schriften über Spanien eine Sache sei, die für beide Seiten der Mühe wert war. Mitte März trafen Mr. Cooper und seine Frau Audrey und ich uns in der Bar des Hotel Palace in Madrid. Danach durchstreiften wir drei bei gutem und bei schlechtem Wetter das Land im Norden, Osten, Süden und Südwesten, und ich zeigte ihnen Gegenden, die den imaginierten kahlen Hügeln und Wäldern, Flüssen und Straßen, die mein Mann in *Wem die Stunde schlägt* und *Tod am Nachmittag* beschrieben hatte, ähnelten. Es war eine ernste Reise mit vergnüglichen Zwischenspielen, und wir gingen als Freunde auseinander und wollten uns im Juli in Pamplona wiedertreffen. Der Bürgermeister dort hatte mich zur feierlichen Enthüllung einer Büste Ernests draußen an der Stierkampfarena eingeladen, am Eröffnungstag der Fiesta von San Fermín. Willie Walton begleitete mich zu der kleinen Zeremonie. Wir flogen von New York zuerst nach London, wo wir ein oder zwei Tage im Claridge's wohnten, dann nach Paris und Biarritz, wo ein Mietwagen uns erwartete, der uns gemächlich zur baskischen Provinzhauptstadt fuhr. In Pamplona tanzten wir die halbe Nacht in den Straßen, tranken Wein aus einem Dutzend freundlich dargereichter *botas,* schrien *Olé* bei den Stierkämpfen und verließen den Trubel und das Gedränge einen Tag, bevor die Fiesta offiziell beendet wurde. (Am 21. Oktober 1968 strahlte die American Broadcasting Company Lester Coopers Film *Hemingways Spanien* in ihrem Fernsehprogramm aus, und ich fand ihn herrlich, ehrlich und poetisch.)

Einer der Gründe, weshalb wir Pamplona so zeitig verließen, war ein lauter und klarer Ruf aus Ketchum, Idaho. Carlos und Dorothy Baker wollten mich besuchen und Ernests dortige Freunde kennenlernen. Ernests Freunde in Ketchum hatten in Sun Valley ein kleines Stück Wald und Buschland mit Blick auf den Trail Creek erworben und dort, auf einer schlichten Säule, die von dem Bildhauer Robert Berks geschaffene Bronzebüste von Ernest aufgestellt. Robert Manning, gegenwärtig Herausgeber der Zeitschrift *Atlantic Monthly,* wollte bei der kleinen Feier, die aus diesem Anlaß am 21. Juli – Ernests Geburtstag – stattfinden sollte, eine Rede halten.

Das American Museum of Natural History veranstaltete im September 1968 eine Reise für Naturfreunde durch die UdSSR, die besonders zur Beobachtung der Vogelwelt Gelegenheit geben sollte. Ich stieß auf das Angebot eines Morgens in meiner Post und meldete mich sofort an. Unter der Führung des Ornithologen Dr. Charles Vaurie sollte innerhalb von drei Wochen das ganze europäische Rußland bereist werden, und ich fand, das war eine gute Gelegenheit für einen ersten Einblick in dieses weite Gebiet. Zu meiner freudigen Überraschung erzählte mir Dr. George Saviers, daß er sich auch für die Reise angemeldet hatte.

Unsere Gruppe von fünfundzwanzig Naturfreunden flog am 3. September vom Kennedy Airport nach Amsterdam und dann nach Leningrad, wo wir in dem neuen und modernen Sowjetskaja Hotel die junge Frau kennenlernten, die uns während der Reise begleiten und dolmetschen sollte. Sie hieß Galina, hatte große, leuchtende braune Augen und ein Hinterteil von erstaunlichen Ausmaßen. Eifrig und kenntnisreich unterrichtete sie uns über ihr Land. Beim Abendessen im Hotel – es gab Gurken, gepreßten Kaviar und Gulasch – hatten wir einen flüchtigen Eindruck vom geselligen Leben: ein Hochzeitsessen fand im Speisesaal statt. Die Braut trug ein weißes Chiffonkleid, das oberhalb ihrer hübschen Knie endete, und einen Schleier. Eine der Brautjungfern trug lila Strümpfe, die zu den lila Blumen auf ihrem Kleid paßten. Zu der Kapelle, die alte amerikanische Jazzmusik spielte, gehörte ein guter Trompeter. Die Sängerin hielt zwar den Ton, sang aber ohne Temperament. Vielleicht war das beabsichtigt. Von meinem Zimmer aus blickte ich auf einen kleinen Park. Der Raum war mit westlichem Komfort wie Spannteppich und einer Leselampe am Kopfende des Bettes ausgestattet – und draußen ratterten die Straßenbahnen bis 1 Uhr nachts und ab 5 Uhr morgens.

Nachdem wir zwei Tage lang mit Bussen durch die Stadt gefahren waren, stiegen wir in den als Erste-Klasse-Zug geführten Murmansk-Expreß, fuhren bis nach Petrosawodsk am Onega-See und froren wie tapfere, dumme Reisende die Nacht hindurch, ohne uns zu beklagen.

Von Petrosawodsk fuhren wir mit dem Luftkissenboot zur vierzig Meilen entfernten Insel Kischi, wo wir einen Tag lang durch die baumlose nördliche Landschaft mit ihren grasigen Hügeln und Tälern streiften und Vögel beobachteten und die hölzerne Kathedrale mit ihren zweiundzwanzig Zwiebeltürmen, die alte Windmühle und die hölzernen Bauernhäuser, die man hier versammelt hatte, fotografierten. Die Vegetation erinnerte mich ans nördliche Minnesota – auch hier wuchsen wilde Akelei, Farne, Goldrute, Ebereschen mit roten Beeren. Die meisten Vögel waren vernünftigerweise in den Süden gezogen. Der Nachtzug zurück nach Leningrad war so kalt und unbequem, wie er auf der Hinreise gewesen war.

Am Sonntag, dem 8. September, flogen wir nach Moskau, richteten uns im Hotel National ein und gingen noch am gleichen Abend zu einer Ballettvorstellung im großen, holzgetäfelten, mit roten Polsterstühlen eingerichteten Auditorium im Kreml. Am nächsten Morgen gingen wir wieder in den Kreml, wo wir in dem aus gelben Ziegeln errichteten Museum über den Prunk der einstigen Residenten, ihre Juwelen und Gewänder, ihr mit Smaragden, Rubinen und Diamanten geschmücktes Sattelzeug staunten. Ich sah mich um, entdeckte aber keine Vögel in Moskau.

Am Nachmittag begleitete mich die gewissenhafte, freundliche Frieda Lurie vom sowjetischen Schriftstellerverband, die – unerschütterlich wie ein Metronom – aus dem Russischen ins Englische und wieder zurück übersetzte, zur Redaktion der Zeitschrift für ausländische Literatur, wo wir bei Tee, Schokolade und Cognac plauderten. Später, im Büro des Schriftstellerverbandes, lernte ich zahlreiche Autoren und Übersetzer kennen.

Nach einem längeren Gespräch über Ernests Werk und meine Pläne für weitere Veröffentlichungen schweifte ich kurz vom Thema ab. Man habe hier sicherlich in den Zeitungen gelesen, erklärte ich, daß viele Menschen in den Vereinigten Staaten, an der Ostküste wie in den Bergen des Westens, entschieden gegen die Verstrickung unseres Landes in den Vietnam-Krieg protestierten. «Wir halten diesen Krieg für unmoralisch», sagte ich, «und wenn ich selber auch nicht auf der Straße demonstriert habe, so habe ich doch auf andere Art meinem Protest Ausdruck gegeben. Und das», fuhr ich fort, «kann ich Ihnen in aller Offenheit sagen, einerlei ob es hier oder anderswo veröffentlicht wird», sagte ich, «denn wir haben in meinem Land Redefreiheit.» Die junge Stenografin hinten im Raum nahm alles zu Protokoll. Das auf meine Worte folgende Schweigen dauerte wohl eine volle Minute.

Wir flogen von Moskau nach Rostow am Don in der Ukraine, besuchten einige arme Bauern in ärmlichen Bauernhäusern in den Steppen, fanden blaue und türkisfarbene Vögel, Blauraken wie in Afrika, eine Haubenlerche und einige weiße Reiher, und flogen dann weiter nach Pjatigorsk und in die bewaldeten Berge des unteren Kaukasus, und fuhren von von dort mit dem Bus zwischen Kornfeldern, Obstplantagen und Hanfpflanzungen nach Tbilisi (Tiflis). Unterwegs sahen die Vogelfreunde unter uns viele Schwalben, Würgfalken, Bussarde, Elstern, Trauertauben und schwarze Grasmücken.

Von Tbilisi flogen wir nach Baku, und dann über das Kaspische Meer ins blumenreiche Aschchabad, dicht an der afghanischen Grenze, beobachteten die Vögel in einer Oase mit einem kleinen See inmitten der weiten Wüste, wo jetzt größere Bewässerungsprojekte in Angriff genommen wurden, schauten den hübschen Turkmenen-Mädchen mit ihren leuchtenden koketten Augen und ihren langen schwarzen Zöpfen zu, wie sie mit handgefärbter Wolle Buchara-Teppiche webten, und man erzählte mir, daß so ein Teppich 400000 handgeknüpfte Knoten pro Quadratmeter enthält. Dann flogen wir ostwärts nach Duschanbe, picknickten an einem Gebirgspaß am Ufer eines rauschenden Baches, und weiter ging es nach Taschkent, nach Buchara und Samarkand – romantische Namen, und Ernest hätte seine Freude gehabt an den leuchtenden türkisenen Türmen.

Die letzte Etappe unserer Reise war Alma-Ata in Kasachstan, und auf dem Flug dorthin sahen wir die schneebedeckte Kette der Tien-schan-Berge, die sich nach China hineinziehen. Aber Alma Ata, 780 Meter hoch gelegen, prangte im Schmuck der Herbstblumen und Büsche in den vielen Parks mit den sprudelnden Brunnen – es war, wie ich fand, die dekorativste Stadt der UdSSR. Ich notierte: «Kein Fetzen Papier weht in diesem Land herum. Es liegt keine Zigarettenkippe in den Rinnsteinen. Ein verblüffender Gegensatz zu den schmutzigen öffentlichen Toiletten überall.»

Ich las damals Menrí Troyats ausgezeichnete Tolstoi-Biographie, und so wurden mir die sechs Stunden, die wir für den Rückflug nach Moskau brauchten, nicht lang. Am Abend lud ich die ganze Gesellschaft zu einer

Dinner-Party in unserem Hotel ein. Nach Dr. Vaurie hatten wir in Rußland 108 Vogelarten gesehen. Unsere Vogelfreunde waren überaus fleißig. Ich hatte etwa dreißig Arten gesehen. Am nächsten Morgen verließ die Gruppe Moskau, und ich traf mich mit einem jungen Moskauer Freund, Julian Semenow, zu einer Exkursion nach Jasnaja Poljana, Tolstois Landhaus in der Nähe von Tula an der Hauptstraße nach Süden von Moskau nach Sewastopol.

Wir fuhren mit Julians Wagen und kamen über eine Hochebene mit Wäldern und Feldern, die sich zu beiden Seiten der Straße meilenweit erstreckten. In dieser Gegend, unter einem Himmel voller Lämmerwölkchen, picknickten wir auf einer Wiese. Mischa, der Chauffeur, legte eine Zeitung über ein Brett, das er gefunden hatte, und Julian packte Speisen und Getränke aus, während ich auf der Weise herumtanzte, mich an der frischen Luft, der ländlichen Stille und dem hübschen Anblick eines nahen Gehölzes freute und rief: «Hier bin ich mitten in Rußland. Weit und breit kein anderer Tourist in Sicht! Ich bin die erste Amerikanerin, die den Fuß auf dieses Feld setzt.»

In diesem Augenblick stieß Julian etwas mit seinem Schuh zur Seite. Es war eine leere Marlboro-Packung.

In Jasnaja Poljana erwartete uns Nicolai Pawolitsch Pusin, der Kurator des Hauses, ein Nachkomme des Dichters Fet, der ein Freund Tolstois gewesen war, und zeigte uns alles vom Eingang bis zum Speisezimmer: der Tisch war mit Porzellangeschirr und Silberbesteck gedeckt, und es fehlte auch nicht die kleine Schüssel, aus der Tolstoi seine Gemüsesuppe zu essen pflegte. Ich sah das überraschend kleine Arbeitszimmer mit dem sehr niedrigen Stuhl – damit der kurzsichtige Tolstoi aus größerer Nähe auf die Papiere auf seinem Schreibtisch blicken konnte. An den Wänden seines Schlafzimmers hingen seine Flanellnachthemden, und auf seinem Nachttisch stand zwischen den Medizinfläschchen eine englische Keksdose. Sonjas Schlafzimmer war sehr viel größer. In der Ecke stand ein Waschtisch, und die Wände waren mit gerahmten Fotografien bedeckt, und überall standen Nippsachen herum.

Nicolai Pusin erzählte uns, wie man im Zweiten Weltkrieg das Haus Tolstois vor der Plünderung durch die Deutschen gerettet hatte: Man hatte alles bis in den letzten Winkel, einschließlich der Türklinken und Fensterriegel, fotografiert, dann die 22000 Bücher, alle Möbel, das Porzellangeschirr, das Silberbesteck, die Porträts, die Fotografien, die Kleider und das Schachbrett in eine sibirische Stadt zur Verwahrung geschickt. Die Deutschen hatten das Haus besetzt und ihre Pferde im Erdgeschoß eingestallt. Als sie schließlich abzogen, konnte alles wieder so, wie es früher gewesen war, hergerichtet werden.

An einem anderen Tage zeigte mir Frieda Lurie in Moskau das Stadthaus Tolstois, das mit seinen sechzehn großen Zimmern der Familie jahrelang als Winterresidenz diente. Als wir uns das Speisezimmer mit der Kuckucksuhr ansahen, zog ein kleines altes Mütterchen, das dort Aufsicht führte, einen Stuhl vom Tisch, stellte sich darauf und ließ den Kuckuck für uns zwitschern. Dabei sagte sie zu der jungen Kuratorin, die uns führte: «Ich kenne dieses Haus besser als du. Ich kannte IHN.»

Julian nahm mich auf eine nächtliche Fahrt zu einem Entenschießklub in der Nähe von Kalinin an der Wolga mit. Das Personal war, wie versprochen, für uns aufgeblieben und servierte uns hartgekochte Eier und Kaviar, dann Steaks und Kartoffeln und Wein. Die Leute dort klagten – genau wie die Jäger in Idaho –, daß es nur wenig Enten gebe, weil über die nördlichen Gebiete, wo die Tiere den Sommer verbrächten, noch keine Kältewelle hereingebrochen sei. Früh um halb sechs ruderte uns der Geschäftsführer des Klubs über das Wasser. Wind kam auf. Wir zogen das Boot zwischen Schilf und junge Pappeln, und ich erklomm einen etwas oberhalb der Wasserfläche errichteten hölzernen Stand, während Julian mir eines seiner Gewehre und eine Schachtel Patronen reichte. Kein Anzeichen von Enten, kein Flügelschlagen. Nur der Wind rauschte leise im Schilf. Ich sprang auf meiner hölzernen Plattform herum, um mich warmzuhalten.

Ich sah zwei Vögel, die mir wie Pfeifenten aussahen, etwa eine halbe Meile entfernt mit dem Wind davonfliegen. Graues Tageslicht brachte die herbstlichen Farben, das sanfte Braun und Gelb der Ufer zum Vorschein und das graue Gelb des Schilfs um mich herum. Gegen zehn Uhr kamen Victor, der Mann vom Klub und Julian, um mich abzuholen, und wir fuhren zum Klub zurück. Als wir an der Wolga entlangfuhren, flog ein stattliches Volk Stockenten auf. Sie waren fast in Schußweite. Aber unsere Gewehre waren sorgsam verpackt.

Serge Mikojan lud mich zu einem überwältigenden Mittagsmahl ein, und an einem anderen Tage bereiteten mir Konstantin und Larisa Simonow ein üppiges Abendessen in ihrer Wohnung. Sie begleiteten mich am nächsten Morgen zum Flugplatz.

Auch 1969 feierten wir Ernests Geburtstag in der Trail Creek Cabin, doch diesmal gab es etwas absolut Neues. Alle tanzten zu den Klängen unserer lokalen *steel band*, hielten aber oft inne, um erwartungsvoll zum fast vollen Mond hinaufzublicken. Neil Armstrong und Buzz Aldrin, die vor vier Tagen die Vereinigten Staaten verlassen hatten, gingen dort oben im Staub herum und sammelten Gesteinsproben.

Eines Morgens zeigte mir Betsy Douglas, die den Laden für Souvenirs und Geschenke im Sun Valley Lodge hatte, etwas Amüsantes, das ihr Mann Luther zugeschickt bekommen hatte. Als Mitglied des New Yorker Explorers Club hatte er eine Broschüre erhalten, in der die Freuden einer Reise in die Antarktis an Bord des neuen Schiffs *Lindblad Explorer*, das dem New Yorker Reisebürobesitzer Lars-Eric Lindblad gehörte, gepriesen wurden. Die Teilnehmer an der Kreuzfahrt würden Gelegenheit haben, sich mit Pinguinen, Seelöwen und einigen Wissenschaftlern, die in Wetterstationen auf dem eisbedeckten Erdteil tätig seien, zu unterhalten.

«Bestellen Sie mir nur einen Platz. Ich komme mit», sagte ich, und so waren wir unter den neunzig Passagieren an Bord, als das rote und weiße Schiff aus dem Hafen von Buenos Aires auslief und Kurs auf die Falkland-Inseln nahm.

Vor der Reise hatte ich Ernests Manuskript über Bimini, Kuba und die Seejagd auf deutsche Überlebende eines im Zweiten Weltkrieg gesunkenen U-Bootes gelesen und es zu Mr. Scribner gebracht und ihm vorgeschlagen, daraus ein Buch zu machen. Natürlich müsse es gekürzt werden, hatte ich gesagt. Als ich nach New York zurückkehrte und ihn anrief, war er begeistert. Er meinte, wir sollten uns sofort an die Arbeit machen. Wir arbeiteten getrennt wie auch gemeinsam und nahmen einen ganzen Abschnitt, der uns irrelevant erschien, heraus, fügten jedoch nichts hinzu. Ernest hätte wahrscheinlich verbindende Texte geschrieben, um die Teile des Buches stärker zu verschmelzen, aber ich hielt mich an meinen früher gefaßten Entschluß.

Wie gewöhnlich war ich sehr um die Umschlagzeichnung des Buches besorgt, und Mr. Scribner war ganz meiner Meinung, daß eine gute Seekarte der Gewässer vor Bimini und der Nordküste Kubas eine gute Illustration für den Schutzumschlag sei. Er fuhr zum Hauptquartier der New Yorker Küstenwache und fragte dort nach einer solchen Karte. Ein paar Tage später erschienen FBI-Agenten in seinem Büro und teilten ihm mit, er solle lieber ein amerikanisches Schlachtschiff anheuern, falls er plane, in diese Gewässer einzudringen. *Islands in the Stream* [*Inseln im Strom*] wurde im August 1970 veröffentlicht. Auf dem schönen grünen Umschlag war die Seekarte zu sehen, und die beiden von mir am meisten geschätzten Literaturkritiker, Cyril Connolly von der Londoner *Sunday Times* und Edmund Wilson vom *New Yorker*, reagierten positiv.

Seither hat man bei Scribner's *The Nick Adams Stories* (Februar 1972), darunter mehrere bis dahin unveröffentlichte Stories und im Mai 1974 den dicken Band *The Enduring Hemingway, An Anthology of a Lifetime in Literature*, die erste neu zusammengestellte Sammlung aus Ernests Werk mit einem gedankenreichen Vorwort von Charles Scribner junior veröffentlicht. Alle Papiere aus Ernests Besitz – veröffentlichte und unveröffentlichte Manuskripte, Briefe und Notizen – wurden der Kennedy Library der University of Massachusetts in Boston zur Verfügung gestellt.

Aber unsere editorischen Arbeiten sind noch nicht beendet. Zwei sehr lange Manuskripte sind noch unveröffentlicht und müssen durchgesehen werden. Das eine, das hauptsächlich in den zwanziger Jahren an der Riviera spielt und den Titel *The Garden of Eden* trägt, ist die Geschichte eines Schriftstellers und seiner häuslichen Dreiecksverbindungen und enthält sehr gute, für Ernest charakteristische Prosa. Das andere umfängliche Werk ist die ursprüngliche Fassung von *The Dangerous Summer*, das von den Rivalitäten in den spanischen Stierkampfarenen handelt und in gekürzter Fassung 1960 von *Life* veröffentlicht wurde. Viele der von *Life* gekürzten Bemerkungen über Spanien dürften eine Veröffentlichung verdienen, und viele seiner Beschreibungen der Arbeit mit *capa* und *muleta* in der Arena könnten vielleicht ruhig liegenbleiben. Außerdem befinden sich in New York noch einige Short Stories, die aus Erlebnissen im Zweiten Weltkrieg entstanden – Stücke, die Ernest gefielen, als er sie schrieb, und ebenso sein halb romanhafter Bericht über unsere afrikanische Safari, der in Auszügen von *Sports Illustrated* veröffentlicht wurde.

Die Ängste, die mich überfielen, als ich erfuhr, was für eine gewaltige Aufgabe Ernest mir in seinem Testament übertragen hatte, nämlich die Verwaltung seines literarischen Nachlasses, haben sich inzwischen gelegt. Unter anderem haben mir gelehrte Professoren für englische Literatur in Amerika und im Ausland, ohne es zu wissen, zu einer gewissen Sicherheit bei meiner Arbeit verholfen. Nach wie vor schreiben Professoren ganze Dissertationen oder Aufsätze für Fachzeitschriften über so zweifelhafte oder abstruse Themen wie Ernests «Fischsyndrom» oder daß sein *Über den Fluß und in die Wälder* eine «Imitation» der *Göttlichen Komödie* sei. Ob Ernest, fragte dieser Gelehrte an, von der *Poetik* des Aristoteles gesprochen, ob er Dante gelesen und mit mir oder anderen, während er das Venedigbuch schrieb, darüber diskutiert habe.

Ich habe über zwanzig solcher Bücher, die mir von den Autoren übersandt wurden, in meinem Bücherregal. Viele andere haben über Ernest geschrieben, ohne mir ihre Schriften zu schicken. Ich finde manche der Interpretationen erschreckend und irgendwie theatralisch, beim Lesen habe ich das Gefühl, in die herabhängenden Leinen eines aufsteigenden Ballons zu geraten, der mich vom Boden der Vernunft entfernt, in die Höhen von Absurditäten. Aber es ist tröstlich festzustellen, daß auch andere Menschen sich in ihrem Urteil irren, und ich bin Ernest heute dankbar dafür, daß er sich genügend auf mein Urteil verließ, um mir die Last der Verantwortung für sein Werk zu übertragen. Es hat meinem Leben Sinn und Ziel gegeben.

An einem kristallklaren Septembermorgen fuhr mein Nachbar in Ketchum, Sepp Froehlich, mit Sarah Boyden und Martha Vanderwicken und mir über die kurvenreiche Straße zum rundköpfigen Baldy hinauf, unserem 2700 Meter hohen Skiberg, um die Aussicht von dort oben über Hunderte von Meilen hin zu genießen. Die vorstehenden Schultern des Berges versperrten uns den Blick auf unser Dorf, aber ich entdeckte weit unten einen grünen Teich an einer Stelle, wo kein Teich hingehörte. Sepp erklärte mir, daß es der Tennisplatz eines neuen Feriengebietes sei – der einzige unwillkommene Fleck in unserer Landschaft. Sonst nur Kiefern, Espen, Steppengras und der klare Himmel darüber. Wir hofften, es werde immer so bleiben. Je mehr von meiner Zeit abläuft, um so mehr weiß ich Beständigkeit zu schätzen. Mit Ausnahmen natürlich.

Eine Ausnahme, ein Zwischenspiel, gab es im März 1975, als Denne Petitclerc, Bruce Tebbe und ich in den kräftigen Strömungen vor Cabo San Lucas an der Spitze von Baja California fischten. Ich hatte unzählige Male mit der Schleppangel Köder durch eine kabbelige See gezogen, und ich hatte oft einen Schwertfisch gesehen, aber nie einen gefangen. Im Golfstrom vor Kuba zeigen sie sich nur nachts, wenn die Berufsfischer sie fangen. Auf der *Pilar* haben wir nie auch nur einen Versuch unternommen.

Und jetzt, im Pazifik, keine zehn Meilen von der Küste entfernt, sahen wir plötzlich die Rücken- und Schwanzflossen von mindestens einem Dutzend großer Fische, Marline und Schwertfische. Wir hielten ihnen die Köder unter die Nase, lockten, beschworen und bettelten, aber sie bissen nicht an. Die Biester mußten irgendwo eine wohlgefüllte Speisekammer haben, und an diesem Morgen schienen sie einfach nur spazierenzuschwimmen. Bis unser Bootsmann nach einem der Fische einen lebenden Köder auswarf und der Fisch mit der Hinterflosse an meinen Haken geriet. Mit Dennes Hilfe – er packte mit seinem starken linken Arm zu – brachte ich ihn langsam heran, ließ die Leine nie erschlaffen, so daß er den Haken nicht abschütteln konnte, zerrte nicht, setzte ihm nicht zu sehr zu, zog nie so stark, daß der Haken das zarte Gewebe der Flosse durchschneiden konnte, stemmte mit den Füßen Löcher in das Deck, damit ich besseren Halt hatte und der Kraft des Fisches standhalten konnte. Der dumme Angelstuhl hatte keinen Fußbarren. Meine Lungen keuchten, aber meine rechte Hand erlahmte nicht, drehte langsam, aber beharrlich die Rolle. Nach fünfunddreißig Minuten hatten wir den Fisch herangebracht, und ich bekam das schönste Kompliment des Jahrzehnts zu hören. «*Qué buena pescadora!*» sagte der Bootsmann. «Was für eine gute Fischerin!» Mein Fisch wog 130 Pfund auf der Waage am Strand, und daß er falsch angehakt war, schmälerte meine Freude nicht.

32
Stürmisch, gelegentlich heiter

Mein Denken, das meine Bewegungen durch Raum und Zeit begleitet hat, stellt mir Fragen, auf die es keine Antwort gibt. Warum zum Beispiel hat der *Homo sapiens* bei all seinen hervorragenden Leistungen auf den Gebieten der Künste, der Philosophie und der Technik der Erhaltung seiner Art so wenig Aufmerksamkeit geschenkt, daß er fortfährt, bösartiger als irgendein anderes Lebewesen aus Machtgelüsten, Stolz oder Geldgier seine eigene Art zu zerstören? Ich frage mich, warum er den Nutzen von Anstand und Mitgefühl so unterschätzt, wie er den Nutzen der Maschine und ihre Mystik überschätzt, warum er eine halbe Milliarde Dollar und unschätzbare Energien für ein groß aufgebauschtes Händeschütteln im Himmel – Apollo – Sojus – verschwendet, dessen Sinn und Bedeutung er auf der Erdoberfläche verpatzt. Ich frage mich, wie es geschehen konnte, daß die großen Gehirne der Vereinigten Staaten so wenig Verantwortung gezeigt haben für die weniger entwickelten Gehirne, daß neunzehn Millionen von uns Analphabeten sind, oder daß unsere protzige Wirtschaft es zuließ, riesige Summen für defizitäre Programme zu verschwenden, um uns in einen mächtigen, hauptsächlich auf Sand und falsches Vertrauen in die Zukunft gebauten Turm einzuschließen, oder daß sechs Prozent der Erdbevölkerung sorglos vierzig Prozent der Güter der Erde verbrauchen? Was ist aus unserem Blick in die Zukunft geworden?

Ich frage mich, ob dem *Homo sapiens* ein unerkannter Selbstzerstörungsmechanismus innewohnt, oder ob all die Warnungen und der Club of Rome – Altruismus ist keine Wohltätigkeit, sondern eine Notwendigkeit – dazu beitragen werden, daß wir unsere schauerliche Haushaltsführung korrigieren. Können Forschung und eine weltweite Aktion ein Drittel der Bevölkerung unseres Planeten vor Unterernährung, vor geistigem und körperlichem Schaden oder dem Hungerstod bewahren?

Können sie verheerende klimatische Veränderungen – Ausbreitung der Wüsten – verhindern oder der Verschmutzung der Meere, Flüsse und der Luft und der Schädigung des «Ozonpuffers» der Erde Einhalt gebieten? Werden die Verschmutzer des 20. Jahrhunderts der Nachwelt irgend etwas anderes überlassen als die leere, ovale Schale unseres Planeten? Seit dem Beginn unseres Jahrhunderts hat der Mensch mehr von den natürlichen Ressourcen verbraucht als in der gesamten vorangegangenen Geschichte. Kann oder wird er dem Raubbau ein Ende machen? Wer wird eine solche weltweite Aktion in Gang setzen? Gibt es unter uns solche, die einsichtig genug, besorgt genug um die Menschheit und stark und entschlossen genug sind, um kriegführende Nachbarn von der Notwendigkeit des Lebens und Lebenlassens zu überzeugen und sie zur Mitwirkung bei der Rettung der Erde zu gewinnen? Vor einiger Zeit bekräftigte R. Buckminster Fuller, der sich wie kaum ein anderer mit diesen Fragen beschäftigt hat, seinen Glauben an die Fähigkeit des Menschen, sich einer sich verändernden Umwelt anzupassen, neue Fähigkeiten zu entwickeln und so zu überleben. «Wir haben die Wahl», sagte er. Ich finde seine kühle Einschätzung der Lage tröstlich, auch wenn eine Möglichkeit der Wahl noch nicht unbedingt Hoffnung bedeutet.

Vor zwanzig Jahren, als ich eines Abends allein an Paulines Schwimmbecken in Key West saß und den Widerschein der Sterne im Wasser betrachtete, fragte ich mich, wie es eigentlich gewesen war – was hatte mich hierhergeführt, welcher Schicksalsfaden hatte mich aus dem nördlichen Minnesota hierher verschlagen, auf einen Weg, der so anders war als der meiner Jugendfreunde. Unser Professor Smith in Bemidji hatte gesagt, die Kinder der Pioniere hätten oft den Drang, weiterzuwandern, und die meisten meiner Schulkameraden hatten sich auch weitergewagt – wenn auch nur eine Tagesreise oder so. Aber wenige waren so weit hinausgekommen wie ich, außer vielleicht im Krieg. War ich ein Einzelgänger, ein Außenseiter, ohne es zu wollen? (Mein Vater hatte immer gesagt: «Sei nie ein Schaf.»)

Unter all den vielen Entscheidungen, die die Richtung eines Lebens bestimmen, und von denen eine mich auch an jenem Tag an das Schwimmbecken gebracht hatte, war bei mir wohl der Entschluß, den ich mit achtundzwanzig Jahren in Chicago in der Redaktion der *Daily News* faßte, in meinen Sommerferien nach Paris zu fahren, die bedeutsamste Entscheidung gewesen. Sie hatte meinen Wunsch bestimmt, bei einer Londoner Zeitung zu arbeiten und Lord Beaverbrook zu überreden, mir eine Stellung zu verschaffen. Aus diesem Schritt ergab sich, wenn auch zufällig, meine Tätigkeit im Londoner Büro der Time Inc., dann meine

Begegnung mit Ernest und der Entschluß, ihn zu heiraten. Es mag Menschen geben, die ihren Lebensweg entwerfen, planen und es fertigbringen, ihm genau zu folgen. Aber ich finde es wunderbar, daß so vieles im Leben der Zufall bestimmt.

Genug der Leidartikelei, geduldiger Leser. Ich hoffe, du fandest diese Reise jedenfalls halb so angenehm, wie ich es fand, sie zu beschreiben...

«Moment!» rufen da einige gute Freunde. «Du hast uns überhaupt nichts über dich selbst erzählt.»

M. H.: «Wieso? Ein paar hundert Seiten lang.»

Freunde: «Nein, nein. Über *dich*.»

M. H.: «1,58 groß, Augen blau, 87,5 – 68,5 – 87,5. Zu dick mittschiffs.»

Freunde: «Nicht diesen Unsinn. Warum zum Beispiel hast du dieses Buch geschrieben?»

M. H.: «Wen kümmert das? Weil ich all die Tagebücher aufgehoben habe, wahrscheinlich, und weil ich fand, sie seien manchmal amüsant.»

Freunde: «Und warum führst du Tagebuch?»

M. H.: «Eine harmlose Marotte. Oder auch nicht. Zu einem Teil tat ich es, weil ich glaubte, es könne Ernest nützlich sein – Daten, Orte, Leute, Wetter. Was lächerlich war, denn er hatte ein Tonbandgerät im Kopf. Ich kann mich nicht erinnern, daß er sich je in Afrika Notizen gemacht hätte, aber als wir zu Hause waren, schrieb er vierzigtausend Wörter oder mehr über unsere Safari. Keine Daten, aber Beschreibungen der Landschaft und treffende Charakterisierungen der Leute, auch Dialoge. Ich fand es sehr unterhaltend.»

Freunde: «Du warst also nicht enttäuscht, daß deine Arbeit umsonst war?»

M. H.: «Nein. Ernest schrieb meist Romane und Erzählungen, und seine Safaribeschreibung war eine Erzählung auf der Grundlage von Tatsachen, aber lustiger als meine Tatsachen.»

Freunde: «Du sagst, du seiest eine Berichterstatterin. Aber du berichtest nichts über deine Gefühle.»

M. H.: «Wenn über Ereignisse angemessen berichtet wird, verstehen sich die Reaktionen von selbst. Wo habe ich meine Gefühle nicht angedeutet?»

Freunde: «Du sagst zum Beispiel sehr wenig über den Verlust deines Kindes.»

M. H.: «Das dürfte aber doch wohl klar sein, meine ich. Zuerst hatte ich das Gefühl, ein Versager zu sein, da ich nicht zum Fortbestand der Menschheit beitragen konnte. Aber mit Jammern und Klagen war da nichts zu reparieren. Später, als ich sah, wie viele von den Kindern meiner bewunderten, intelligenten Freunde sich zu kleinen autistischen Ungeheuern entwickelten, war mir etwas wohler. Vielleicht war es auch das Duncan-Shaw-Syndrom.»

Freunde: «Hattest du das Gefühl, für Ernest in Kuba ‹Sklavenarbeit› zu verrichten, wie du sagtest?»

M. H.: «Das war eine Übertreibung. Ich verrichtete Sklavenarbeit auf der Finca, genau wie Arthur Rubinstein am Flügel Sklavenarbeit verrichtet. Am besten sind alle diejenigen dran, die ihre Arbeit gern tun, meine ich.»

Freunde: «Und du tust all deine Arbeit gern?»

M. H.: «In Grenzen. Am meisten Freude habe ich daran, mit der englischen Sprache zu fechten, um sie meinen Absichten dienstbar zu machen. Aber für Freunde zu sorgen, mit Phantasie für sie zu kochen und mein Heim behaglich einzurichten – das ist Arbeit, die wahres Vergnügen macht. Vor langer Zeit habe ich mir Tricks ausgedacht, mit deren Hilfe sich Arbeiten, die ich ungern tue, ignorieren oder umgehen lassen. Zum Beispiel das Durchgehen von Bankauszügen.»

Freunde: «Bist du auch der Meinung, daß Männer chauvinistische Schweine sind?»

M. H.: «Nicht mehr als in dem Maße, in dem Frauen chauvinistische Säue sind. Ich bin dankbar für fast jeden Mann, den ich kennengelernt habe, und dankbar der Mutter, die ihn zur Welt gebracht hat. Ich habe mit männlichen Freunden enorm viel Glück gehabt, scheint mir. In all den Jahren hat nur ein einziger, soweit ich mich erinnere, mich ausgenutzt, und ich meine damit nicht Noel und daß er unser gemeinsames Bankkonto plünderte. Im übrigen endeten alle diese süßen Verbindungen, aus welchen Gründen auch immer, damit, daß wir gute Freunde blieben.»

Freunde (ein wenig verstimmt): «Und wie hast du das Trauma von Ernests Selbstmord überstanden?»

M. H.: «Ich finde, ich habe sehr viel darüber gesagt. Zu viel vielleicht. Zuerst mußte ich mich daran erinnern, ein- und auszuatmen. Dann mußte ich lernen, Probleme in logisch richtiger Reihenfolge anzupacken und mich auf mein eigenes Urteil über Menschen und Situationen zu verlassen. Dabei wird man als Frau leicht ein wenig arrogant, leider. Wie die Männer. Aber ich weiß kein Mittel dagegen.»

Freunde: «Es hat Gerüchte gegeben, daß du das Haus in Ketchum nach Ernests Tod verkaufen wolltest.»

M. H.: «Es waren nur Gerüchte, und völlig falsche. Ich liebe das Haus und die Aussichten von dort – die welligen braunen Berge, den weiten Raum, den leuchtenden Himmel und den Fluß, der murmelnd über die Steine plätschert. Ernest hätte nicht gewollt, daß ich es verkaufe, solange es mir so viel Freude macht. Ich fühle mich darin geborgen.»

Freunde: «Du glaubst also, daß du dich mit dem Witwendasein gut abgefunden hast?»
M. H.: «Seid nicht so herablassend. Wie soll man das sagen – ohne Vergleichsmöglichkeiten. Das Alleinleben war das schlimmste für mich. So ungefähr wie jene Jahre in London, als ich immer kalte Füße hatte. Nach ein paar Jahren hatte ich immer noch kalte Füße, aber ich merkte es nicht mehr. Jetzt merke ich nicht mehr, daß ich allein bin. Und wenn ich es merke, bin ich es manchmal sogar zufrieden. Es gibt keinen Streit in meinem Haus. Niemand widerspricht mir. Das ist selbstsüchtig, natürlich.»
Freunde: «Dann genügst du dir also immer und an jedem Tage?»
M. H.: «Nein, Darling. Allein zu Bett zu gehen ist das härteste für mich. Nicht so sehr wegen der Liebkosungen. Aber mir fehlen die Gespräche im Bett und der Trost des Beisammenseins. Bücher sind eine Hilfe im Bett. Aber sie reagieren nicht.»
Freunde: «Wie kommt es, daß du nicht wieder geheiratet hast?»
M. H.: «Niemand hat mich darum gebeten.»
Freunde: «Das bedauerst du sicher.»
M. H.: «Manchmal.»
Freunde: «Und was wirst du jetzt tun, wenn dieses Buch fertig ist?»
M. H.: «Ich habe davon geträumt, zu den Seychellen zu fahren, wenn ich ein gutes Schiff finden könnte, und dort mit ein paar Freunden zu kreuzen und die Riffs und die Strände zu erkunden. Ich brauche einen Kapitän, der sich in den Gewässern dort auskennt, und gutes Angelgerät brauche ich auch. Es könnte herrlich sein.»
Freunde: «Also ein Leben der Muße?»
M. H.: «Bestimmt nicht. Nur Ferien. Die Gewißheit, daß da Arbeit wartet, würzt die Muße. Dann geht es zurück an meinen Schreibtisch und an die Arbeit, eine schöne, befriedigende Arbeit.»

Ernest Hemingway
Gesammelte Werke

Hemingway hat die moderne Weltliteratur mitgeprägt wie kaum ein anderer Schriftsteller dieses Jahrhunderts. Diese Ausgabe der «Gesammelten Werke» enthält alle wichtigen Veröffentlichungen von Ernest Hemingway.

Inhalt

Die Sturmfluten des Frühlings / Fiesta / In einem andern Land / Haben und Nichthaben / Wem die Stunde schlägt / Über den Fluß und in die Wälder / Der alte Mann und das Meer / Inseln im Strom / Stories / Die fünfte Kolonne / Tod am Nachmittag / Die grünen Hügel Afrikas / Paris – ein Fest fürs Leben / 49 Depeschen / Die Nick Adams Stories

Vorwort von Rolf Hochhuth
Chronik und Bibliographie von Martin Christadler
3616 Seiten und 64 Bildtafeln
Bibliophile Leinenausgabe auf Dünndruckpapier in 6 Bänden
Taschenbuchausgabe in 10 Bänden

Rowohlt

Moderne amerikanische Autoren bei Rowohlt

James Baldwin
Beale Street Blues; Roman, 190 Seiten, geb. – Sag mir, wie lange ist der Zug schon fort; Roman, 432 Seiten, geb., Taschenbuch-Ausgabe: rororo 1863 – Gesammelte Erzählungen; Sonderausgabe, 256 Seiten, geb. – Gehe hin und verkünde es vom Berge; Roman, 272 Seiten, geb., Taschenbuch-Ausgabe: rororo 1415 – Giovannis Zimmer; Roman, Taschenbuch-Ausgabe: rororo 999 – Eine Straße und kein Name; das neue buch 23 – Teufelswerk; Ein Essay, das neue buch 83 – Sie nannten ihn Malcolm X; Ein Drehbuch, rororo 1750 – Des Menschen nackte Haut; Erzählungen, rororo 1789 – Schwarz und Weiß oder Was es heißt, ein Amerikaner zu sein; rororo 4055 – Eine andere Welt; rororo 4103

John Barth
Ambrose im Juxhaus; Fiktionen für den Druck, das Tonband und die menschliche Stimme, das neue buch 28 – Der Tabakhändler; Roman, 800 Seiten, geb.

Truman Capote
Frühstück bei Tiffany; Silhouette eines Mädchens, Nachttisch-Büchlein; geb., 180 Seiten, rororo 459 – Kaltblütig; rororo 1176 – Wenn die Hunde bellen; rororo 4038

Robert Crichton
Die Camerons; Roman, 456 Seiten, geb. – Das Geheimnis von Santa Vittoria; rororo 1959

E. L. Doctorow
Ragtime; Roman, 200 Seiten, geb.

Sumner Locke Elliott
Der Apfel rötet sich in Eden; Roman, 303 Seiten, geb., rororo 1916 – Der Mann, der verschwand; Roman 256 Seiten, geb. – Leise, er könnte dich hören; rororo 1269

William Faulkner
Licht im August; Roman, geb., 368 Seiten, rororo 1508 – Sartoris; Roman, geb. 340 Seiten

R. Buckminster Fuller
Bedienungsanleitung für das Raumschiff Erde und andere Schriften; 240 Seiten mit über 100 Abb., das neue buch 13

Shirley Ann Grau
Die Hüter des Hauses; Roman, 320 Seiten, geb., rororo 1464 – Der Kondor; Roman, 448 Seiten, geb. – Ein Mädchen aus New Orleans; Roman, 256 Seiten, geb., rororo 1856

Judith Guest
Eine ganz normale Familie; Roman, 280 Seiten, geb.

Alan Lelchuk
Amerikanische Streiche; Roman, 496 Seiten, geb.

Sinclair Lewis
Gesammelte Erzählungen; 256 Seiten, geb. – Babbitt; rororo 4024

Arthur Miller
Brennpunkt; Roman, 312 Seiten, geb., rororo 147 – Nicht gesellschaftsfähig; 168 Seiten, geb. rororo 446 – Ich brauche dich nicht mehr; Erzählungen, rororo 1620

Henry Miller
Wendekreis des Krebses [Sonderausgabe]; Roman, 368 Seiten, geb. – Wendekreis des Steinbocks [Sonderausgabe]; Roman, 336 Seiten, geb. – Sexus [Sonderausgabe]; Roman, 608 Seiten, geb. – Plexus; Roman, rororo Band 1285 – Nexus; Roman, rororo Band 1242 – Stille Tage in Clichy; Roman, Vorwort von Toni Miller, mit 28 Fotos von Brassaï, Sonderausgabe zum Film, 200 Seiten, br. – Jugendfreunde. Eine Huldigung an Freunde aus lang vergangenen Zeiten; 160 Seiten mit 7 Fotos, geb. – Mein Leben und meine Welt, rororo Band 1745 – Land der Erinnerung; rororo Band 934 – Der Koloß von Maroussi / Eine Reise nach Griechenland; rororo Band 758 – Big Sur und die Orangen des Hieronymus Bosch; rororo Band 849 – Lachen, Liebe, Nächte; sechs Erzählungen, rororo Band 227 – Schwarzer Frühling; Erzählungen, rororo Band 1610 – Sämtliche Erzählungen [Sonderausgabe]; 352 Seiten, geb. – Vom großen Aufstand; Henry Miller über Rimbaud, rororo Band 1974 – Henry Miller Lesebuch; herausgegeben von Lawrence Durrell, rororo Band 1461 – Lawrence Durrell/Henry Miller: Briefe 1935–1959. Herausgegeben von Georges Wickes; 352 Seiten, geb. – Walter Schmiele, Henry Miller. In Selbstzeugnissen und Bilddokumenten; rm Band 61 – Die Welt des Sexus; mit einem Vorwort von Lawrence Durrell; 160 Seiten, Pp. – Insomnia oder die schönen Torheiten des Alters; mit 12 Aquarellen von Henry Miller, rororo Band 4087

Vladimir Nabokov
Maschenka; Roman, 160 Seiten, geb. – Ada oder Das Vergnügen; Roman, 576 Seiten, geb., Taschenbuchausgabe: rororo Band 4032 – Fahles Feuer; Roman, 342 Seiten und 116 Seiten Marginalien, geb. – Lolita; Roman [Sonderausgabe], 448 Seiten, geb., Taschenbuchausgabe: rororo Band 635 – Gesammelte Erzählungen [Sonderausgabe]; hg. von Dieter E. Zimmer, 352 Seiten, geb. – Pnin; Roman, 208 Seiten, geb. – Das Bastardzeichen; Roman, 288 Seiten, geb. – Andere Ufer; ein Buch der Erinnerung, 244 Seiten, geb. – Das wahre Leben des Sebastian Knight; Roman, 232 Seiten, geb. – Einladung zur Enthauptung; Roman, 216 Seiten, geb., Taschenbuchausgabe: rororo Band 1641 – Verzweiflung; Roman, rororo Band 1562 – Gelächter im Dunkel; Roman, rororo Band 460 – Lushins Verteidigung; Roman, 264 Seiten, geb., Taschenbuchausgabe: rororo Band 1699 – König Dame Bube. Ein Spiel mit dem Schicksal; rororo Band 353 – Die Mutprobe; Roman, 256 Seiten, geb.

Ron Padgett
Große Feuerbälle; 120 Seiten, dnb 34

Richard Price
Scharfe Zeiten; Roman, 248 Seiten

Thomas Pynchon
Die Versteigerung von No. 49; Roman, 160 Seiten, dnb 42 – V; Roman, 560 Seiten, dnb 74

Philip Roth
Portnoys Beschwerden; rororo 1731 – Unsere Gang; Die Story von Trick E. Dixon und den Seinen, 144 Seiten, dnb 10

Hubert Selby
Letzte Ausfahrt Brookly; Roman, 288 Seiten, geb., rororo Band 1841

Isaac Bashevis Singer
Der Zauberer von Lublin; Roman, 232 Seiten, geb. – Gimpel der Narr; Ausgewählte Erzählungen, 372 Seiten, geb. – Jacob der Knecht; Roman, 320 Seiten, geb. – Mein Vater der Rabbi; 320 Seiten, geb. – Satan in Goraj; Roman, 192 Seiten, geb.

John Updike
Das Fest am Abend; Roman, 230 Seiten, geb. – Hasenherz; Roman, 398 Seiten, geb., Taschenbuchausgabe: rororo Band 1975 – Der Zentaur; Roman, 324 Seiten, geb. – Auf der Farm; Roman, 204 Seiten, geb. – Ehepaare; Roman, Taschenbuchausgabe: rororo Band 1488 – Unter dem Astronautenmond; Roman, 400 Seiten, geb. – Der Sonntagsmonat; Roman, 210 Seiten, geb. – Gesammelte Erzählungen; Sonderausgabe, 320 Seiten, geb.

Eudora Welty
Die Tochter des Optimisten; Roman, 160 Seiten

Thomas Wolfe
Briefe; Hg.: Elisabeth Nowell, 624 Seiten, geb. – Es führt kein Weg zurück; Roman, 624 Seiten, geb. – Sämtliche Erzählungen; 448 Seiten, geb. – Schau heimwärts, Engel!; rororo Band 275

Tom Wolfe
Das bonbonfarbene tangerinrotgespritzte Stromlinienbaby; 308 Seiten, Pp. – Radical Chic und Mau Mau bei der Wohlfahrtsbehörde; 112 Seiten, dnb 5 – Das silikongespritzte Mädchen und andere Stories von Amerikas rasendem Pop-Reporter; rororo 1929

Rowohlt

Erzählungen großer Autoren unserer Zeit in Sonderausgaben

JAMES BALDWIN · Gesammelte Erzählungen
GOTTFRIED BENN · Sämtliche Erzählungen
ALBERT CAMUS · Gesammelte Erzählungen
JOHN COLLIER · Gesammelte Erzählungen
ROALD DAHL · Gesammelte Erzählungen
HANS FALLADA · Gesammelte Erzählungen
ERNEST HEMINGWAY · Sämtliche Erzählungen
KURT KUSENBERG · Gesammelte Erzählungen
SINCLAIR LEWIS · Gesammelte Erzählungen
HENRY MILLER · Sämtliche Erzählungen
YUKIO MISHIMA · Gesammelte Erzählungen
ROBERT MUSIL · Sämtliche Erzählungen
VLADIMIR NABOKOV · Gesammelte Erzählungen
JEAN-PAUL SARTRE · Gesammelte Erzählungen
JAMES THURBER · Gesammelte Erzählungen
JOHN UPDIKE · Gesammelte Erzählungen
THOMAS WOLFE · Sämtliche Erzählungen

Rowohlt Verlag

rowohlts monographien
in Selbstzeugnissen und Bilddokumenten
herausgegeben von Kurt Kusenberg

BALZAC / Gaëtan Picon [30]
BAUDELAIRE / Pascal Pia [7]
BECKETT / Klaus Birkenhauer [176]
BENN / Walter Lennig [71]
BORCHERT / Peter Rühmkorf [58]
BRECHT / Marianne Kesting [37]
BÜCHNER / Ernst Johann [18]
WILHELM BUSCH / Joseph Kraus [163]
CAMUS / Morvan Lebesque [50]
CLAUDIUS / Peter Berglar [192]
DANTE / Kurt Leonhard [167]
DOSTOJEVSKIJ / Janko Lavrin [88]
DROSTE-HÜLSHOFF / Peter Berglar [130]
EICHENDORFF / Paul Stöcklein [84]
FALLADA / Jürgen Manthey [78]
FONTANE / Helmuth Nürnberger [145]
STEFAN GEORGE / Franz Schonauer [44]
GIDE / Claude Martin [89]
GOETHE / Peter Boerner [100]
BRÜDER GRIMM / Hermann Gerstner [201]
HAMSUN / Martin Beheim-Schwarzbach [3]
HAUPTMANN / Kurt Lothar Tank [27]
Hebel / Uli Däster [195]
HEINE / Ludwig Marcuse [41]
HEMINGWAY / G.-A. Astre [73]
HESSE / Bernhard Zeller [85]
E. T. A. HOFFMANN / Gabrielle Wittkop-Menardeau [113]
HÖLDERLIN / Ulrich Häussermann [53]
HOFMANNSTHAL / W. Volke [127]
HORVÁTH / Dieter Hildebrandt [231]
IONESCO / François Bondy [223]
JOYCE / Jean Paris [40]
KAFKA / Klaus Wagenbach [91]
ERICH KÄSTNER / Luiselotte Enderle [120]
KELLER / Bernd Breitenbruch [136]
KLEIST / Curt Hohoff [1]
KARL KRAUS / Paul Schick [111]
LESSING / Wolfgang Drews [75]
JACK LONDON / Thomas Ayck [244]
MAJAKOWSKI / Hugo Huppert [102]
HEINRICH MANN / Klaus Schröter [125]
THOMAS MANN / Klaus Schröter [93]
MARK TWAIN / Thomas Ayck [211]
C. F. MEYER / David A. Jackson [238]
HENRY MILLER / Walter Schmiele [61]
MOLIÈRE / Friedrich Hartau [245]
MORGENSTERN / Martin Beheim-Schwarzbach [97]
MÖRIKE / Hans Egon Holthusen [175]
ROBERT MUSIL / W. Berghahn [81]
NESTROY / Otto Basil [132]
NOVALIS / Gerhard Schulz [154]
POE / Walter Lennig [32]
PROUST / Claude Mauriac [15]
RAABE / Hans Oppermann [165]
RILKE / Hans Egon Holthusen [22]
ERNST ROWOHLT / Paul Mayer [139]
SAINT-EXUPÉRY / Luc Estang [4]
SARTRE / Walter Biemel [87]
SCHILLER / Friedrich Burschell [14]
F. SCHLEGEL / Ernst Behler [123]
SCHNITZLER / Hartmut Scheible [235]
SHAKESPEARE / Jean Paris [2]
G. B. SHAW / Hermann Stresau [59]
SOLSCHENIZYN / R. Neumann-Hoditz [210]
STIFTER / Urban Roedl [86]
STORM / Hartmut Vinçon [186]
SWIFT / Justus Franz Wittkop [242]
DYLAN THOMAS / Bill Read [143]
LEV TOLSTOJ / Janko Lavrin [57]
TRAKL / Otto Basil [106]
TUCHOLSKY / Klaus-Peter Schulz [31]
WALTHER VON DER VOGELWEIDE / Hans-Uwe Rump [209]
WEDEKIND / Günter Seehaus [213]
OSCAR WILDE / Peter Funke [148]
CARL ZUCKMAYER / Th. Ayck [256]

Gesetzt aus der Garamond auf der Linotron 505 C
Gesamtherstellung Clausen & Bosse, Leck/Schleswig